時効判例の研究

松久三四彦

時効判例の研究

学術選書
138
民 法

信山社

法は人のために
人は人のために

はしがき

本書は、一九八二（昭和五七）年から二〇一二（平成二四）年にかけて公刊等された時効に関する判例評釈五七編（[1]〜[54]、[56]〜[58]）と意見書二編（[55][65]）および論文六編（[59]〜[64]）を一書にまとめたものである。

構成は、序　全体の構成と内容、Ⅰ　時効通則（一　時効の援用、二　時効の中断、三　時効完成後の債務の承認）、Ⅱ　取得時効（一　占有、二　取得時効と登記）、Ⅲ　消滅時効・除斥期間（一　起算点、二　中断後の新たな進行、三　消滅時効期間、四　不法行為による損害賠償請求権の期間制限）、Ⅳ　論説等（時効援用権者の範囲――最近の判例を契機として、不動産の仮差押えと時効中断効、主債務の時効完成後の保証債務の承認と主債務の時効援用、ゴルフ会員権の消滅時効、不法行為賠償請求権の長期消滅規定と除斥期間、消滅時効の機能、犯罪被害者等給付金不支給裁決取消訴訟（北九州監禁殺人事件）意見書）、となっており、時効制度全体に亘っている。

いずれも時効判例を素材にしており、『時効判例の研究』と題した理由である。多くは前著『時効制度の構造と解釈』（有斐閣、二〇一一年）における時効論に到る元になったものであり、また、その時効論を具体的事案にあてはめたものである。その意味で、本書は前著の姉妹編をなすものであり、論稿中に引用されている前著収録の拙稿については前著の該当頁を付した。まもなく、民法（債権関係）の改正により時効についても大きく改正されるが、本書で扱った問題の多くは、改正法のもとでも意味を有するものである。

判例評釈は掲載誌の違いにより体裁も異なるため、項目の表現は統一を図ったが、初出の形を残しているものもある。文末に掲げた当該判例の評釈等は、初出後のものを追加しているほかは、元となった論稿をほぼそのまま収録した。

これまでの研究成果は誠に微々たるものであるが、多くの先生方のご教示がなければ、ここまで歩んでくることもかなわなかった。また、同僚諸氏、研究者仲間、研究者として巣立っていった方々、先輩に続こうと研究に励んでいる院生諸君、そして多くの教え子の皆さんとの楽しい語らいに溢れた大学生活に恵まれたことは、この上ない喜びであり、その幸せを深くかみしめている。学恩とご厚情に心から謝意を表する次第である。

本書の出版・編集については、信山社の袖山貴氏、稲葉文子氏、今井守氏に格別のご高配を賜った。また、北海道大学大学院法学研究科博士後期課程の濱口弘太郎氏と酒巻修也氏には、本書の校正と内容の確認をしていただいた。厚くお礼申し上げたい。最後に、これまで支え続けてくれた妻純子に深い感謝の意を表わしたい。

二〇一五年三月

松久三四彦

〈目 次〉

はしがき（*v*）

序――本書の構成と内容および民法（債権関係）の改正との関係（*xxiii*）

Ⅰ 時効通則

一 時効の援用 ―― *1*

1 取得時効の援用 …… *1*

［1］取得時効期間経過後の占有喪失と時効援用の可否（最判昭和五八年九月三〇日裁判集民事一三九号五八七頁）（*1*）

［2］土地賃貸人の敷地所有権の時効完成と土地賃借人による援用（東京地判平成元年六月三〇日判時一三四三号四九頁）（*7*）

［3］取得時効完成後の共同相続における時効の援用（最判平成一三年七月一〇日家月五四巻二号一三四頁）（*15*）

2 消滅時効の援用 …… *18*

［4］仮登記担保権の設定された不動産の第三取得者と当該仮登記担保権の被担保債権の消

滅時効の援用（最判昭和六〇年一一月二六日民集三九巻七号一七〇一頁）(18)
[5] 時効援用の効果（最判昭和六一年三月一七日民集四〇巻二号四二〇頁）(26)
[6] 売買予約に基づく所有権移転請求権保全の仮登記の経由された不動産につき抵当権の設定を受けた者と予約完結権の消滅時効の援用（最判平成二年六月五日民集四四巻四号五九九頁）(32)
[7] 援用権者――売買予約の仮登記のなされている不動産の第三取得者（最判平成四年三月一九日民集四六巻三号二二二頁）(41)
[8] 時効援用の可否――詐害行為の受益者（最判平成一〇年六月二二日民集五二巻四号一一九五頁）(46)
[9] 破産免責の効力の及ぶ債務の保証人とその債権の消滅時効の援用（最判平成一一年一一月九日民集五三巻八号一四〇三頁）(51)

二 時効の中断 ―――― 65

[10] 時効中断事由としての応訴――不動産占有者の所有者に対する移転登記手続請求の訴訟において、所有者が自己に所有権のあることを主張して請求棄却の判決を求めると、占有者のための取得時効は中断するか（最(大)判昭和四三年一一月一三日民集二二巻一二号二五一〇頁）(65)
[11] 主債務の消滅時効期間の延長と連帯保証（最判昭和四六年七月二三日判時六四一号六二頁）(76)
[12] 仮差押登記が競落により抹消された場合と時効中断の効力（最判昭和五九年三月九日判

時一一一四号四二頁）(82)
[13] 動産執行による時効中断の効力発生時期（最判昭和五九年四月二四日民集三八巻六号六八七頁）(90)
[14] 催告の内容証明郵便が不受領の場合に時効中断の効果が認められた事例（東京地判昭和六一年五月二六日判時一二三四号九四頁）(97)
[15] 交通事故の死亡被害者に法定相続人としての子がある場合加害者が死亡被害者の父に対してした一部弁済も債務の承認にあたるとされた事例（大阪地判昭和六一年一一月一三日判時一二四九号九〇頁）(105)
[16] 物上保証人の承認による被担保債権の時効中断の有無（最判昭和六二年九月三日判時一三一六号九一頁）(112)
[17] 一　地下鉄工事の騒音・振動等による精神的被害及び同工事に伴う地盤沈下による家屋の損傷につき請負業者と注文者に対する損害賠償請求が一部認容された事例 (116)
二　右の損害賠償請求権の消滅時効に関し、公害紛争処理法に基づく調停申立てをした原告らにつきその中断の効力が認められた事例——大阪市営地下鉄二号線工事損害賠償請求事件第一審判決（大阪地判平成元年八月七日判時一三三六号一八頁）(116)
[18] 不動産強制競売手続において抵当権者がする債権の届出と時効の中断（最判平成元年一〇月一三日民集四三巻九号九八五頁）(127)
[19] 連帯保証人に対する民法一五五条の通知と主債務の時効中断効（東京高判平成四年一月二九日高民集四五巻一号一頁）(144)
[20] 民事調停法に基づく調停の申立てと民法一五一条による時効中断の効力（最判平成五

年三月二六日民集四七巻四号三二〇一頁）(150)
[21] 物上保証人に対する担保権実行通知の送達と被担保債権の時効中断時期（高松高判平成五年七月一九日民集五〇巻七号一九〇七頁）(164)
[22] 物上保証人が債務者の承認により被担保債権について生じた消滅時効中断の効力を否定することの許否（消極）（最判平成七年三月一〇日判時一五二五号五九頁）(172)
[23] 主債務者の破産と弁済した保証人の求償権の時効（最判平成七年三月二三日民集四九巻三号九八四頁）(181)
[24] 物上保証人に対する不動産競売において被担保債権の時効中断の効力が生じる時期（最判平成八年七月一二日民集五〇巻七号一九〇一頁）(190)
[25] 連帯保証債務を担保する物上保証（抵当権）の実行と主債務の時効中断――最二小判平成八年九月二七日をめぐって（最判平成八年九月二七日民集五〇巻八号二三九五頁）(197)
[26] 仮差押えの効力――時効中断（最判平成一〇年一一月二四日民集五二巻八号一七三七頁）(209)
[27] 一 不動産競売手続において執行力のある債務名義の正本を有する債権者がする配当要求と時効の中断 (215)
二 執行力のある債務名義の正本を有する債権者が配当要求をした後に不動産競売の申立債権者が追加の手続費用を納付しなかったことを理由に競売手続が取り消された場合における右配当要求による時効中断の効力（最判平成一一年四月二七日民集五三巻四号八四〇頁）(215)
[28] 被担保債権が極度額を超える根抵当権の実行と消滅時効中断の範囲（最判平成一一年

九月九日判時一六八九号七四頁）（229）
[29] 別の訴訟物による訴訟の提起・係属と消滅時効の中断（最判平成一一年一一月二五日判時一六九六号一〇八頁）（236）
[30] 代位弁済した受託保証人による差押債権者の地位の承継申出と求償権の時効中断（最判平成一八年一一月一四日民集六〇巻九号三四〇二頁）（245）

三 時効完成後の債務の承認 249
[31] 木材商債務承認事件——時効完成後の債務の承認（最(大)判昭和四一年四月二〇日民集二〇巻四号七〇二頁）（249）

◆ Ⅱ 取得時効

一 占有 261
[32] 前主の無過失と一〇年の取得時効（最判昭和五三年三月六日民集三二巻二号一三五頁）（261）
[33] 農地の取得時効につき無過失であったとはいえないとされた事例（最判昭和五九年五月二五日民集三八巻七号七六四頁）（267）

二 取得時効と登記 283
[34] 時効完成前の譲渡と登記（最判昭和四一年一一月二二日民集二〇巻九号一九〇一頁）（283）
[35] 時効完成前の譲渡と登記（最判昭和四六年一一月五日民集二五巻八号一〇八七頁）（288）

[36] 取得時効の援用により不動産の所有権を取得してその旨の登記を有する者が当該取得時効の完成後に設定された抵当権に対抗するためその設定登記時を起算点とする再度の取得時効を援用することの可否（最判平成一五年一〇月三一日判時一八四六号七頁）（295）
[37] 時効完成後の譲渡と登記（最判平成一八年一月一七日民集六〇巻一号二七頁）（301）
[38] 抵当権を消滅させる競売や公売の買受人に賃借権の時効取得を主張することの可否（最判平成二三年一月二一日判時二一〇五号九頁）（308）

Ⅲ　消滅時効・除斥期間

一　起算点 ―――― 317
[39] 供託金取戻請求権と時効（最(大)判昭和四五年七月一五日民集二四巻七号七七一頁）（317）
[40] 一　虫垂摘出手術において、患者の症状等から虫垂の炎症部分を残置せざるを得なかった場合に、再手術が必要であることを説明しなかったことが医師の債務不履行にあたるとした事例（327）
二　診療債務不履行に基づく損害賠償請求権の消滅時効の起算点を、患者が治療に不完全があったことを知った時（治療から一四年後）とした事例（福岡地小倉支判昭和五八年三月二九日判時一〇九一号一二六頁）（327）
[41] 一　炭鉱の粉じん作業の従業員のじん肺罹患について使用者の安全配慮義務不履行に基づく損害賠償請求が認容された事例（341）
二　じん肺罹患及びじん肺による死亡についての安全配慮義務不履行に基づく損害賠

償請求権の消滅時効は、患者が最も重い行政上のじん肺管理区分等の決定を受けたときから進行するとした事例（長崎地佐世保支判昭和六〇年三月二五日民集四八巻二号六七二頁）（341）
[42] 無断転貸を理由とする土地賃貸借契約の解除権の消滅時効の起算点（最判昭和六二年一〇月八日民集四一巻七号一四四五頁）（357）
[43] いわゆる預託金会員組織のゴルフ会員権と消滅時効の成否（消極）（東京高判平成三年二月一三日民集四九巻八号二七八〇頁）（362）
[44] じん肺患者の損害賠償請求権の消滅時効の起算点——長崎じん肺訴訟（最判平成六年二月二二日民集四八巻二号四四一頁）（372）
[45] 消滅時効の起算点——政府の保障事業に対する請求権（最判平成八年三月五日民集五〇巻三号三八三頁）（376）
[46] 弁済供託における供託金取戻請求権の消滅時効の起算点（最判平成一三年一一月二七日民集五五巻六号一三三四頁）（381）
[47] 過払金返還請求権の消滅時効の起算点（最判平成二一年一月二二日民集六三巻一号二四七頁）（390）
二　中断後の新たな進行 ―― 399
[48] 更生手続参加により中断した時効の進行開始時期（最判昭和五三年一一月二〇日民集三二巻八号一五五一頁）（399）
三　消滅時効期間 ―― 405

[49] 被保険者の故意に基づく沈没事故により支払われた船舶保険金についての不当利得返還請求権の消滅時効期間は五年と解すべきである（大阪地判昭和六三年八月二六日判時一三一四号一二三頁）*405*

[50] 公立病院における診療に関する債権の消滅時効期間（最判平成一七年一一月二一日民集五九巻九号二六一一頁）*416*

四 不法行為による損害賠償請求権の期間制限 ―― *427*

[51] 民法七二四条後段の二〇年の性質（最判平成元年一二月二一日民集四三巻一二号二二〇九頁）*427*

[52] ハンセン病訴訟熊本地裁判決の民法七二四条論（熊本地判平成一三年五月一一日訟月四八巻四号八八一頁）*432*

[53] 民法七二四条前段の起算点――後遺障害等級の認定時ではないとされた事例（最判平成一六年一二月二四日交民集三七巻六号一五二九頁）*443*

[54] 一 B型肝炎ウイルスに感染した患者が乳幼児期に受けた集団予防接種等とウイルス感染との間の因果関係を肯定するのが相当とされた事例 *446*

二 乳幼児期に受けた集団予防接種等によってB型肝炎ウイルスに感染しB型肝炎を発症したことによる損害につきB型肝炎を発症した時が民法七二四条後段所定の除斥期間の起算点となるとされた事例（最判平成一八年六月一六日民集六〇巻五号一九九七頁）*446*

[55] 国鉄による採用候補者名簿不記載等の不法行為による損害賠償請求権の消滅時効の起算点――独立行政法人鉄道建設・運輸施設整備支援機構職員解雇事件（東京地判平成二

〇年三月一三日LLI／DB【判例番号】L〇六三三一九九〇）（468）
[56] JR採用候補者名簿不記載の不法行為と損害賠償請求権の消滅時効起算点（鉄道建設・運輸施設整備支援機構事件国労第一次訴訟控訴審判決）（東京高判平成二一年三月二五日判時二〇五三号一二七頁）（493）
[57] 民法一六〇条の法意に照らした同法七二四条後段の効果の制限（最判平成二一年四月二八日民集六三巻四号八五三頁）（502）
[58] 信用共同組合の出資勧誘における説明義務違反による不法行為損害賠償請求権の消滅時効の起算点（最判平成二三年四月二二日判時二一一六号六一頁）（507）

Ⅳ 論説等

[59] 時効援用権者の範囲——最近の判例を契機として（519）
[60] 不動産の仮差押えと時効中断効（537）
[61] 主債務の時効完成後の保証債務の承認と主債務の時効援用（550）
[62] ゴルフ会員権の消滅時効（561）
[63] 不法行為賠償請求権の長期消滅規定と除斥期間（573）
[64] 消滅時効の機能（592）
[65] 犯罪被害者等給付金不支給裁決取消訴訟（北九州監禁殺人事件）意見書（598）

事項索引（巻末）
判例索引（巻末）

〈評釈判例年月日順一覧目次〉

[31] 最(大)判昭和四一年四月二〇日民集二〇巻四号七〇二頁(木材商債務承認事件──時効完成後の債務の承認)……(249)
[34] 最判昭和四一年一一月二二日民集二〇巻九号一九〇一頁(時効完成前の譲渡と登記)……(283)
[10] 最(大)判昭和四三年一一月一三日民集二二巻一二号二五一〇頁(時効中断事由としての応訴──不動産占有者の所有者に対する移転登記手続請求の訴訟において、所有者が自己に所有権のあることを主張して請求棄却の判決を求めると、占有者のための取得時効は中断するか)……(65)
[39] 最(大)判昭和四五年七月一五日民集二四巻七号七七一頁(供託金取戻請求権と時効)……(317)
[11] 最判昭和四六年七月二三日判時六四一号六二頁(主債務の消滅時効期間の延長と連帯保証)……(76)
[35] 最判昭和四六年一一月五日民集二五巻八号一〇八七頁(時効完成前の譲渡と登記)……(288)
[32] 最判昭和五三年三月六日民集三二巻二号一三五頁(前主の無過失と一〇年の取得時効)……(261)
[48] 最判昭和五三年一一月二〇日民集三二巻八号一五五一頁(更生手続参加により中断した時効の進行開始時期)……(399)
[40] 福岡地小倉支判昭和五八年三月二九日判時一〇九一号一二六頁(一 虫垂摘出手術において、患者の症状等から虫垂の炎症部分を残置せざるを得なかった場合に、再手術が必要であることを説明しなかったことが医師の債務不履行にあたるとした事例/二 診療債務不履行に

基づく損害賠償請求権の消滅時効の起算点を、患者が治療に不完全があったことを知った時（治療から一四年後）とした事例）……………………（327）
[1] 最判昭和五八年九月三〇日裁判集民事一三九号五八七頁（取得時効期間経過後の占有喪失と時効援用の可否）……………………（1）
[12] 最判昭和五九年三月九日判時一一一四号四二頁（仮差押登記が競落により抹消された場合と時効中断の効力）……………………（82）
[13] 最判昭和五九年四月二四日民集三八巻六号六八七頁（動産執行による時効中断の効力発生時期）……………………（90）
[33] 最判昭和五九年五月二五日民集三八巻七号七六四頁（農地の取得時効につき無過失であったとはいえないとされた事例）……………………（267）
[41] 長崎地佐世保支判昭和六〇年三月二五日民集四八巻二号六七二頁（一　炭鉱の粉じん作業の従業員のじん肺罹患について使用者の安全配慮義務不履行に基づく損害賠償請求が認容された事例／二　じん肺罹患及びじん肺による死亡についての安全配慮義務不履行に基づく損害賠償請求権の消滅時効は、患者が最も重い行政上のじん肺管理区分等の決定を受けたときから進行するとした事例）……………………（341）
[4] 最判昭和六〇年一一月二六日民集三九巻七号一七〇一頁（仮登記担保権の設定された不動産の第三取得者と当該仮登記担保権の被担保債権の消滅時効の援用）……………………（18）
[5] 最判昭和六一年三月一七日民集四〇巻二号四二〇頁（時効援用の効果）……………………（26）
[14] 東京地判昭和六一年五月二六日判時一二三四号九四頁（催告の内容証明郵便が不受領の場合に時効中断の効果が認められた事例）……………………（97）

[15] 大阪地判昭和六一年一一月一三日判時一二四九号九〇頁（交通事故の死亡被害者に法定相続人としての子がある場合加害者が死亡被害者の父に対してした一部弁済も債務の承認にあたるとされた事例）…………105

[16] 最判昭和六二年九月三日判時一三一六号九一頁（物上保証人の承認による被担保債権の時効中断の有無）…………112

[42] 最判昭和六二年一〇月八日民集四一巻七号一四四五頁（無断転貸を理由とする土地賃貸借契約の解除権の消滅時効の起算点）…………357

[49] 大阪地判昭和六三年八月二六日判時一三一四号一二三頁（被保険者の故意に基づく沈没事故により支払われた船舶保険金についての不当利得返還請求権の消滅時効期間は五年と解すべきである）…………405

[2] 東京地判平成元年六月三〇日判時一三四三号四九頁（土地賃貸人の敷地所有権の時効完成と土地賃借人による援用）…………7

[17] 大阪地判平成元年八月七日判時一三二六号一八頁（一 地下鉄工事の騒音・振動等による精神的被害及び同工事に伴う地盤沈下による家屋の損傷につき請負業者と注文者に対する損害賠償請求が一部認容された事例／二 右の損害賠償請求権の消滅時効に関し、公害紛争処理法に基づく調停申立てをした原告らにつきその中断の効力が認められた事例 ―― 大阪市営地下鉄二号線工事損害賠償請求事件第一審判決）…………116

[18] 最判平成元年一〇月一三日民集四三巻九号九八五頁（不動産強制競売手続において抵当権者がする債権の届出と時効の中断）…………127

[51] 最判平成元年一二月二一日民集四三巻一二号二二〇九頁（民法七二四条後段の二〇年の

性質）…………427
［6］最判平成二年六月五日民集四四巻四号五九九頁（売買予約に基づく所有権移転請求権保全の仮登記の経由された不動産につき抵当権の設定を受けた者と予約完結権の消滅時効の援用）…………32
［43］東京高判平成三年二月一三日民集四九巻八号二七八〇頁（いわゆる預託金会員組織のゴルフ会員権と消滅時効の成否（消極））…………362
［19］東京高判平成四年一月二九日高民集四五巻一号一頁（連帯保証人に対する民法一五五条の通知と主債務の時効中断効）…………144
［7］最判平成四年三月一九日民集四六巻三号二二二頁（援用権者 —— 売買予約の仮登記のなされている不動産の第三取得者）…………41
［20］最判平成五年三月二六日民集四七巻四号三二〇一頁（民事調停法に基づく調停の申立てと民法一五一条による時効中断の効力）…………150
［21］高松高判平成五年七月一九日民集五〇巻七号一九〇七頁（物上保証人に対する担保権実行通知の送達と被担保債権の時効中断時期）…………164
［44］最判平成六年二月二二日民集四八巻二号四四一頁（じん肺患者の損害賠償請求権の消滅時効の起算点 —— 長崎じん肺訴訟）…………372
［22］最判平成七年三月一〇日判時一五二五号五九頁（物上保証人が債務者の承認により被担保債権について生じた消滅時効中断の効力を否定することの許否）（消極）…………172
［23］最判平成七年三月二三日民集四九巻三号九八四頁（主債務者の破産と弁済した保証人の求償権の時効）…………181

[45] 最判平成八年三月五日民集五〇巻三号三八三頁（消滅時効の起算点――政府の保障事業に対する請求権）……376
[24] 最判平成八年七月一二日民集五〇巻七号一九〇一頁（物上保証人に対する不動産競売において被担保債権の時効中断の効力が生じる時期）……190
[25] 最判平成八年九月二七日民集五〇巻八号二三九五頁（連帯保証債務を担保する物上保証（抵当権）の実行と主債務の時効中断――最二小判平成八年九月二七日をめぐって）……197
[8] 最判平成一〇年六月二二日民集五二巻四号一一九五頁（時効援用の可否――詐害行為の受益者）……46
[26] 最判平成一〇年一一月二四日民集五二巻八号一七三七頁（仮差押えの効力――時効中断）……209
[27] 最判平成一一年四月二七日民集五三巻四号八四〇頁（一 不動産競売手続において執行力のある債務名義の正本を有する債権者がする配当要求と時効の中断／二 執行力のある債務名義の正本を有する債権者が配当要求をした後に不動産競売の申立債権者が追加の手続費用を納付しなかったことを理由に競売手続が取り消された場合における右配当要求による時効中断の効力）……215
[28] 最判平成一一年九月九日判時一六八九号七四頁（被担保債権が極度額を超える根抵当権の実行と消滅時効中断の範囲）……229
[9] 最判平成一一年一一月九日民集五三巻八号一四〇三頁（破産免責の効力の及ぶ債務の保証人とその債権の消滅時効の援用）……51
[29] 最判平成一一年一一月二五日判時一六九六号一〇八頁（別の訴訟物による訴訟の提起・

係属と消滅時効の中断）……………………………………………………（236）
[52] 熊本地判平成一三年五月一一日訟月四八巻四号八八一頁（ハンセン病訴訟熊本地裁判決の民法七二四条論）………………………………………………（432）
[3] 最判平成一三年七月一〇日家月五四巻二号一三四頁（取得時効完成後の共同相続における時効の援用）…………………………………………………………（15）
[46] 最判平成一三年一一月二七日民集五五巻六号一三三四頁（弁済供託における供託金取戻請求権の消滅時効の起算点）……………………………………………（381）
[36] 最判平成一五年一〇月三一日判時一八四六号七頁（取得時効の援用により不動産の所有権を取得してその旨の登記を有する者が当該取得時効の完成後に設定された抵当権に対抗するためその設定登記時を起算点とする再度の取得時効を援用することの可否）…………（295）
[53] 最判平成一六年一二月二四日交民集三七巻六号一五二九頁（民法七二四条前段の起算点――後遺障害等級の認定時ではないとされた事例）……………………………（443）
[50] 最判平成一七年一一月二一日民集五九巻九号二六一一頁（公立病院における診療に関する債権の消滅時効期間）…………………………………………………………（416）
[37] 最判平成一八年一月一七日民集六〇巻一号二七頁（時効完成後の譲渡と登記）………（301）
[54] 最判平成一八年六月一六日民集六〇巻五号一九九七頁（一　B型肝炎ウイルスに感染した患者が乳幼児期に受けた集団予防接種等とウイルス感染との間の因果関係を肯定するのが相当とされた事例／二　乳幼児期に受けた集団予防接種等によってB型肝炎ウイルスに感染しB型肝炎を発症したことによる損害につきB型肝炎を発症した時が民法七二四条後段所定の除斥期間の起算点となるとされた事例）…………………………………………………………（446）

[30] 最判平成一八年一一月一四日民集六〇巻九号三四〇二頁（代位弁済した受託保証人による差押債権者の地位の承継申出と求償権の時効中断）……………………245
[55] 東京地判平成二〇年三月一三日ＬＬＩ／ＤＢ【判例番号】Ｌ〇六三三一九九〇（国鉄による採用候補者名簿不記載等の不法行為による損害賠償請求権の消滅時効の起算点――独立行政法人鉄道建設・運輸施設整備支援機構職員解雇事件）……………………468
[47] 最判平成二一年一月二二日民集六三巻一号二四七頁（過払金返還請求権の消滅時効の起算点）……………………390
[56] 東京高判平成二一年三月二五日判時二〇五三号一二七頁（ＪＲ採用候補者名簿不記載の不法行為と損害賠償請求権の消滅時効起算点（鉄道建設・運輸施設整備支援機構事件国労第一次訴訟控訴審判決））……………………493
[57] 最判平成二一年四月二八日民集六三巻四号八五三頁（民法一六〇条の法意に照らした同法七二四条後段の効果の制限）……………………502
[38] 最判平成二三年一月二一日判時二一〇五号九頁（抵当権を消滅させる競売や公売の買受人に賃借権の時効取得を主張することの可否）……………………308
[58] 最判平成二三年四月二二日判時二一一六号六一頁（信用共同組合の出資勧誘における説明義務違反による不法行為損害賠償請求権の消滅時効の起算点）……………………507

序――本書の構成と内容および民法（債権関係）の改正との関係

一　本書の構成

本書は、判例評釈五七編（[1]―[54]、[56]―[58]）と一審判決に対する意見書一編（[55]）を、時効通則（Ⅰ）、取得時効（Ⅱ）、消滅時効・除斥期間（Ⅲ）に分け、最後に、論説等（Ⅳ）として論文六編（[59]〜[64]）と一審係属中の事案に対する意見書一編（[65]）を収めている。Ⅰ―Ⅲの論稿（最高裁判決四六件、下級裁判所判決一二件）は各項目につき判例年月日順、Ⅳの論稿は執筆順となっている（条文の表記は、原則として執筆時を基準としている）。

二　本書の内容

(1)　時効通則（Ⅰ）

(a)　時効の援用　[1]―[9]は時効の援用に関するものであるが、三つに分けられる。第一は、表題のとおり、取得時効期間経過後に占有を喪失した者が時効を援用できるかについてであり（[1]）、時効制度の存在理由等から問題を検討するものである。(1)

第二は、時効にかかった権利の相手方（取得時効では占有者、消滅時効では債務者）の他に誰が時効を援用できるかという、援用権者の範囲に関するものであり、[2]、[4]、[6]―[9]がこれに当たる。[3]は被相続人の占有により取得時効が完成した場合において共同相続人の一人が取得時効を援用することができる限度に関するものであるが、広い意味ではこれもここに含めることができよう。これらは、私にとって時効の援用権者の問題を考える契機となり、あるいは、この問題につき私見とするところ(2)から事案を分析したものである。

第三は、時効の援用と時効の効果の発生との関係に関するものである（[5]）。この判決は、いわゆる不確定効果説（要件説）をとったものであり、この問題に対する私見(3)と一致するものである。

(b)　時効の中断　[10]―[30]は時効の中断に関するものであるが、七つに分けられる。第一に、時効中断の有無に関するものとして[10]（応訴）、[14]（催告）、[15]（一部弁済）、[16]（物上保証人の承認による被担保債権の時効中断の有無）、[17]（公害紛争処理法に基づく調停申立て〔調停係属中に当初の時効期間が経過した後で訴え提起〕）、[18]（不動産強制競売手続において抵当権者がする債権の届出）、[19]（連帯保証人に対する民法一五五条の通知と主債務の時効中断）、[20]（民事調停法に基づく調停の申立てと民法一五一条による時効中断）、[23]（主たる債務者の破産手続で債権全額を弁済した保証人の債権届出名義変更〔破産法一一三条参照〕の申出。なお、この申出による中断には民法一七四条の二の適用はないとする）、[27]（配当要求）、[30]（代位弁済した受託保証人による差押債権者の地位の承継申出と求償権の時効中断）がある。これらは、権利行使による時効中断の根拠(4)と関連する問題である。

第二に、時効中断の効力発生時期に関する[13]（動産執行）、[21]（物上保証人に対する担保権実行通知の送達）、第三に、ある権利の時効中断行為が他の権利の時効中断をもたらすかに関する[25]（連帯保証債務を担保する物上保証〔抵当権〕の実行と主債務の時効中断）、[29]（別の訴訟物による訴訟の提起・係属）、第四に、時効中断の範囲に関する[28]（「被担保債権及び請求債権」として記載された債権額が極度額を超える場合の時効中断の範囲）がある。これらも、同じく、権利行使による時効中断の根拠と関連する問題である。

第五に、主たる債務の短期消滅時効期間が民法一七四条の二によって一〇年に延長されるときは、これに応じて連帯保証人の債務の消滅時効期間も一〇年に延長されるかに関する[11]がある。これは、民法四五七条一項とそれを基礎づけているとする保証債務の付従性からの解釈や、保証債務の趣旨に照らした価値判断、あるいは当事者（債権者と保証人）が何を意欲したかという法律行為の解釈の問題とする従来の諸見解を検討するものである。

第六に、不動産に対する仮差押えによる時効中断の効力の継続性に関する[12]、[26]がある。[12]では、従来の判例・通説に反対し、継続説は時効制度の存在理由と相容れないのではないかとして非継続説を主張した。のちに非継続説は学説において有力化し、下級裁判所の裁判例も動揺したが、[26]の最高裁判決で継続説をとることが確認されたものである。

第七に、時効中断の効力が及ぶ者の範囲に関する[22]（物上保証人が債務者の承認により被担保債権について生じた消滅時効中断の効力を否定することの許否）がある。民法一四八条の意味(5)から解決される問題であるとするものであり、[22]の判決の原審判決は私見に依拠したものといわれている(6)。

(c)　時効完成後の債務の承認　[31]は、時効完成後の債務承認により時効が援用できなくなることの従来の判例の理由づけを変更した大法廷判決についてのものである。この判決のように、債務の存在を自認する行為があれば広く時効援用権を失うとしてしまうことは時効制度の存在理由に反するのではないかと主張するものであり(7)、時効制度の存在理由論、時効観が密接に絡んでくる問題である。

(2)　取得時効(II)

(a)　占　有　[32]は、二個以上の占有を併合して短期取得時効の完成が認められるには民法一六二条二項の「占有の開始の時」の善意・無過失は誰の占有について必要とされるかに関するものであり、[33]は、短期取得時効の要件である「無過失」に関するものである。

(b)　取得時効と登記　[34]、[35]、[37]は、不動産の所有権の時効取得者と所有権を譲り受けた第三書の優劣に関するものである。このうち、[34]は、時効取得者と取得時効完成前の譲受人の優劣に関するものであり、[35]は、時効取得を主張する第一買主がすでに売買契約により所有権を取得しているとき、民法一六二条の「他人の物」の占有という要件を満たす時点、すなわち、第一買主の取得時効の起算点はいつかに関するものである。また、[37]は、取得時効完成後に当該不動産を譲り受けて所有権移転登記を了した第三者が背信的悪意者である場合に関するものである。

[36]は、不動産所有権を時効取得し登記を有する者が当該取得時効の完成後に設定された抵当権に対抗するためその設定登記時を起算点とする再度の取得時効を援用することの可否に関するものであり、[38]は、抵当権を消滅させる競売や公売の買受人に賃借権の時効取得を主張することの可否に関するものである。(8)

(3) 消滅時効・除斥期間(Ⅲ)

(a) 起　算　点　[39]（供託金取戻請求権）、[45]（政府の保障事業に対する請求）は、民法一六六条一項の「権利を行使することができる時」の一般的な意味に関するものである。[40]（診療債務不履行に基づく損害賠償請求権）、[41]（じん肺患者の損害賠償請求権）、[42]（無断転貸を理由とする土地賃貸借契約の解除権）、[43]（預託金会員組織のゴルフ会員権）、[44]（じん肺患者の損害賠償請求権）、[46]（供託金取戻請求権）、[47]（過払金返還請求権）は、各種事案における具体的な起算点に関するものである。(9)

(b) 中断後の新たな進行　[48]は、更生手続参加により中断した時効の進行開始時期に関するものである。

(c) 消滅時効期間　消滅時効期間に関するものとして、[49]（被保険者の故意に基づく沈没事故により支払われた船舶保険金についての不当利得返還請求権）、[50]（公立病院における診療に関する債権）がある。

(d) 不法行為による損害賠償請求権の期間制限　民法七二四条前段の三年の消滅時効については、起算点に関する[53]、[55]、[56]、[58]がある。同条後段の二〇年の期間制限については、その法的性質は除斥期間であるとした[51]、起算点に関する[52]、[54]、除斥期間の効果の制限に関する[57]がある。(10)

(4) 論　説　等(Ⅳ)

[59]は、判例評釈の[2]・[3]・[4]・[6]－[9]とともに、時効援用権者の範囲の問題を検討するものであり、[61]は、主債務の時効完成後に自己の保証債務を承認した保証人が主債務の時効を援用して保証債務を免れることができるかを検討するものである。

[60]は、判例評釈の[12]・[16]とともに、不動産仮差押えによる時効中断効につき、非継続説を主張するものであり、[62]

は、ゴルフ会員権が消滅時効にかかるかという興味深く難しい問題を検討するものである。

[63]は、民法七二四条後段の二〇年を除斥期間とする判例を批判的に検討するものであり、[64]は、消滅時効の機能を三つにまとめて述べたものである。

[65]は、犯罪被害者等給付金支給法旧一〇条二項（「前項の申請は、……当該犯罪被害が発生した日から七年を経過したときは、することができない。」）所定の七年経過を理由とする不支給の裁定の取消を求めた犯罪被害者等給付金不支給裁決取消訴訟（北九州監禁殺人事件）の意見書である。所定の期間内の申請は不可能であるため不支給裁定は誠に妥当性を欠くものではあるが、意味明確な条文所定の制限期間経過後に申請した事案である。したがって、条文の適用を回避する判決が出る可能性は低いと予想していたが、嬉しくも、一審は請求を認容し、控訴棄却、上告・上告受理申立て棄却・不受理で確定したものである。

三　民法（債権関係）の改正との関係

現在、民法（債権関係）の改正作業は大詰めを迎えている。要綱仮案（二〇一四年八月二六日決定）の「第七　消滅時効」では、債権の消滅時効における原則的な時効期間につき、主観的起算点からの短期と客観的起算点からの長期からなる二重期間構成をとり、職業別短期消滅時効を廃止することにより消滅時効期間を単純化している。また、現行の時効中断事由を完成猶予（停止）事由と更新（中断）事由に分けるなど、大幅な改正がなされようとしている。[11]

改正法のもとでは、職業別短期消滅時効は廃止されるので、これまでのような短期消滅時効期間が適用されるかという問題（[49]・[50]参照）は生じない。また、不法行為による損害賠償請求権については、現民法七二四条後段の二〇年も時効である旨明示されるので、これまでの判例のように除斥期間としたうえで時効停止規定の類推適用や法意を根拠に同条後段の適用を制限すること（[57]・[63]参照）はなくなり、消滅時効として規律されることになる。

裁判上の請求（現民一四九条）による時効中断の根拠については、訴え提起の時点から時効が中断する（「中断」を新たに時効が進行することを指して用いるならば、厳密には「中断」ではなく時効の完成が猶予されるということであるが）点を重視する権利行使説と、裁判が確定した時から新たに時効が進行する点（現民一五七条二項）を重視する権利確定説があった。しかし、改正民法において裁判上の請求（等）が完成猶予事由とされ、確定判決による権利確定が更新事由とされると、両説の対立という状況はなくなる。もっとも、応訴は裁判上の請求に準ずるとする判例の考え方（[10]参照）が改正民法のもとでどうなるかは検討を要する問題である。権利行使説をとり、かつ、中断（更新）するには権利の実現のために十分な権利行使（原則として債務名義の取得につながるもの）でなければならないとする私見（[10]参照）からは、応訴は原則として継続的催告（いわゆる裁判上の催告の考え方を、裁判の場面以外にも拡げうる考え方）と解すべきであると考えている。ただし、事案類型によっては、確定判決に「準ずる」とする解釈はありうるであろう。

改正法では仮差押え・仮処分は完成猶予事由とされるが、要綱仮案は仮差押え・仮処分の効力が継続している限りは完成が猶予される（継続説）と考えているようである。改正法のもとでも、立法者意思に反対する解釈レベルでの争い（[12]・[16]・[60]参照）は続くものと思われる。

改正法のもとでも、消滅時効の客観的起算点は現民法の規律（現民一六六条一項・一六七条一項）と同じであり、その解釈は従来の判例・学説が基本となる。主観的起算点については不法行為による損害賠償請求権の短期消滅時効の起算点（民七二四条前段）の解釈と密接に関係してこよう。また、時効の援用に関する民法一四五条については基本的に現行法が維持されており（消滅時効については、「当事者」に「保証人、物上保証人、第三取得者その他権利の消滅について正当な利益を有する者」が含まれることが明記されるようである）、改正法は民法一四五条に関する問題には影響しない。(12)

（1）　松久三四彦『時効制度の構造と解釈』（有斐閣、二〇一一年）一頁以下参照。

(2) 松久・前掲注(1)『時効制度の構造と解釈』一八一頁以下、二一九頁以下参照。
(3) 松久・前掲注(1)『時効制度の構造と解釈』四一頁、一三六―一三七頁。
(4) 松久・前掲注(1)『時効制度の構造と解釈』五六頁以下参照。
(5) 松久・前掲注(1)『時効制度の構造と解釈』二四四頁以下参照。
(6) 近江幸治「判批」リマークス一一号（一九九五年）三〇頁。
(7) 松久・前掲注(1)『時効制度の構造と解釈』八三頁以下、一四二頁、五四五頁参照。
(8) いわゆる取得時効と登記の問題の私見については、松久・前掲注(1)『時効制度の構造と解釈』三四一頁以下、取得時効に関する判例法理の展開については、同二九一頁以下参照。
(9) 消滅時効の起算点については、松久・前掲注(1)『時効制度の構造と解釈』三七五頁以下参照。
(10) 民法七二四条については、松久・前掲注(1)『時効制度の構造と解釈』四一六頁以下、四五一頁以下、四八一頁以下参照。
(11) 松久三四彦「消滅時効」法律時報八六巻一二号五六頁（二〇一四年）、潮見佳男『民法（債権関係）の改正に関する要綱仮案の概要』（金融財政事情研究会、二〇一四年）参照。
(12) 時効の援用を信義則違反ないし権利濫用とする裁判例の分析については、松久三四彦「時効の援用と信義則ないし権利濫用――時効完成前の事情による場合――」『民法学における古典と革新（藤岡康宏先生古稀記念論文集）』（成文堂、二〇一一年）六九頁参照。

Ⅰ　時効通則

一　時効の援用

1　取得時効の援用

[1]　取得時効期間経過後の占有喪失と時効援用の可否

最高裁昭和五八年九月三〇日第二小法廷判決（昭和五七年（オ）第七〇号、境界確認等請求本訴、境界確認及び土地所有権確認等請求反訴事件）――上告棄却

（裁判集民事一三九号五八七頁）

〈参照条文〉　民法一四六条、一六二条、一六四条

〔事　実〕　事案はかなり複雑であるが、本判決の主要論点に必要な範囲で述べる。X_1は甲土地（山林、一四七三五平方メートル）を昭和二二年に取得した。他方、訴外Y'_1は昭和二一年に甲土地に隣接する乙土地（畑、三九六六平方メートル）の所有者から、甲土地の一部である丙部分（八五七平方メートル）も乙土地に含まれるとして乙土地を借り受け、丙部分に居宅を建て居住しその余を開墾して農業を営んでいた。その後、昭和二七年にY'_1は国から自作農創設特別措置法により乙土地の売渡を受け登記も取得した。このように、X_1が甲土地を取得した当時から丙部分はY'_1に占有されていたため、X_1は昭和二八年にY'_1を相手どり甲土地と乙土地の境界を確認する調停の申立をなし、昭和二八年六月二六日に右調停が成立した（第一次調停と呼ぶ）。その内容は、大略、丙部分をY'_1の所有と認めるものであった。しかし、X_1は右調停を不成立ないし無効と考えていたようである。第二審におけるX_2・X_9（X_1の相続人・訴訟承継人）の主張によると、昭和四七年一二月一三日（右調

停成立から一九年六か月後)、X_1に右調停調書正本が送達されたので、X_1はただちにY'_1の相続人Y_1・Y_5のうち、Y_1・Y_2に右調停は無効である旨の内容証明郵便を送達し、同月、Y_1・Y_2を相手どり丙部分の所有権確認の調停を申し立てたが、翌昭和四八年、この調停は不調に終ったため(第二次調停と呼ぶ)、続いて本訴を提起したということである。他方、訴外Z(日本道路公団)が丙部分を買収する話が昭和四七年に出ていたので、X_1は本訴提起後、丙部分を分筆登記した。この丙土地は昭和五二年に土地収用法に基づいて収用され、登記は同年三月二五日にX_1からZへ移転され、同時にY_1・Y_5は丙土地に対する占有を喪失した。しかし、丙土地の所有権については収用前からX_1とY_1・Y_5の間で争われていたので、収用補償金は同月一八日に供託されていた。そこで、X_1は、Y_1・Y_5に対して右収用補償金の還付請求権がX_1に属することの確認を請求した。これに対して、Y_1・Y_5は右還付請求権がY_1・Y_5に属することの確認を求めて反訴を提起した。

Y_1・Y_5は、第一次調停の成立、仮に右調停が無効であっても右調停後一〇年の取得時効、それが認められなくても二〇年の取得時効が完成していると主張した。これに対しX_1は、第一次調停の不成立ないし錯誤による無効と、時効が問題となるのは二〇年の取得時効であり、それは第二次調停の申立(とそれに続く本訴提起)により中断されたと主張した。

第一審判決(仙台地古川支判昭和五五年三月二六日)は、第一次調停成立後一〇年の取得時効を認めて(ただし、右調停の効力には言及せず)、本訴を棄却、反訴を認容した。判決直後にX_1死亡のため、X_1の相続人X_2・X_9が訴訟を承継して控訴。X_2・X_9は、第一審での主張に加え、(1)第一次調停は公簿上の区画を当事者の合意で変更しようとするものであって無効である。(2)不動産の二重譲渡において譲受人の一方が移転登記をうけると他方の所有権が否定されるのと同じく、本件ではZが移転登記をうけ所有権を確定的に取得したのであるから、もはやY_1・Y_5は取得時効を援用しえない、(3)取得時効完成後の占有喪失も民法一六四条の自然中断事由にあたるから、Y_1・Y_5は丙土地の占有喪失後に、還付請求権行使の前提として取得時効を援用することはできない、と主張した。

第二審判決(仙台高判昭和五六年一〇月一三日)は、(1)について、公法上区画されている一筆の土地と他の土地の境界を各土地所有者間の合意によって定めることはできないので、第一次調停は所有権の範囲を確認したものというべきであるが、調停調書の添付見取図と調停条項の内容を総合考察しても当事者間で確認した境界線を特定することは困難であるから既判力を生じない、として取得時効の成否の判断に入った。まず、(2)については、不動産の二重譲渡の例は、登記を取得した譲受人が他方の譲受人の所有権を否定する場合であり、本件では、ZはY1・Y5の所有権を否定している訳ではないので事案が異なるとし、(3)については、「土地の取得時効完成後の占有の喪失は、それが時効利益の放棄とみることができる場合以外には、取得時効を援用するのに何らの妨げとはならない」としてY1・Y5の一〇年の取得時効の援用を認め、控訴を棄却した。

これに対し、X2・X9は控訴理由に加え、過去の占有を理由として取得時効の援用を認め、原所有者に所有権を主張しうるならば、不動産所有権の移転を相対的なものとし、取引の安定を害するのみならず、時効制度の趣旨を没却する、として上告。

〔判　旨〕「不動産の占有者が民法一六二条二項所定の取得時効の要件を具備した場合、右占有者は、時効期間の経過後右不動産の占有を喪失しても、これが時効利益の放棄に該当しない限り、右時効の援用権者として、これを援用しうるものというべきであ(る。)」

【解　説】

一　本判決は、民集不登載ながら、取得時効完成後の占有移転(不継続)と時効援用の関係について判断を示した最高裁判決として注目される。これまで、右論点にふれた判例は見あたらず、学説も次に紹介する安達説を除き、この問題を論ずることはほとんどなかった。しかし、右論点は取得時効における権利変動の基礎的メカニズムを考察させる重要な視点を提供するものと思われる。そして、この取得時効による権利変動の仕組みをどう解するかは、結局、取得時効制度の存在理由をどう解するかにかかっている。

安達三季生教授は、長期取得時効(民一六二条一項)と短期取得時効(同条二項)を区別し、長期取得時効を法定証拠制度(真の権利者のための制度)と実体法上の規定(無権利者の権利取得)の二側面から把握され、短期取得時効を実体法上の規定と解される(川島武宜編『注釈民法(5)』〔有斐閣、一九六七年〕一六〇頁参照)。そして、法定証拠制度としての取得時効においては、「時効完成後に占有を任意に中止したり、他人から占有を奪われたまま放置している場合」には時効完成前の占有不継続と同じく法定証拠力は覆され、実体規定としての取得時効においても、時効完成後の占有不継続は「時効完成前に占有不継続が生じた場合と原則としては同じに扱うべきであろう」が、「占有不継続の期間が、占有期間の長さと対比して短期間であるか、もしくは、占有不継続が生じるについて占有者が善意（つまり、時効完成による権利取得を知らずに――最初から自己が権利者であると信じていた場合をも含めて――占有を中止したり、占有の奪われたのを放置した場合）であれば、当事者の利害の比較衡量の見地よりして、占有者の時効取得を認むべきではなかろうか」（同書二五三－二五四頁参照）とされる。これに対し、法定証拠説以外の立場からは、取得時効完成後の占有継続を援用の要件とする条文はないので、時効完成後の占有移転を時効利益の放棄（民一四六条参照）にあたるか否かの問題として扱うことが予想される（同書二五四頁参照）。本判決理由は後者の線に沿うものであるが、安達説からもY_1・Y_5の援用を認めた本判決の結論は肯定されよう。

そうすると、本判決理由については、少なくとも法定証拠説以外の立場からは自明の理を述べたにすぎず、本判決の結論についてはいずれの学説からも反対は予想されず、したがって、本判決に対しては特に問題とすべき、あるいは注目すべき点はないとの評価も下されそうである（民集不登載の理由はこの辺にあるのかも知れない）。しかし、本判決には考えさせられるところが多い。

二　まず、X_2・X_9は控訴・上告理由で、時効完成後の占有喪失も民法一六四条の自然中断事由にあたると主張した。しかし、自然中断が問題となるのは理論的には時効完成前の段階である。したがって、本判決が右主張を斥けたのは正当である（もっとも、自然中断により時効が中断する根拠と同一の根拠から、時効完成後の占有移転により時効援用を認めるべきではない場合があるか、という問題はあるが立入らない）。しかし、一〇年の取得時効完成後の占有喪失が時効利益の放棄に該当しない限り時効を援用しうるとの一般論（占有喪失の語は時効利益を放棄する意思のない場合を指すニュアンスが強いので、放棄意思のある場合も含めたより広い表現としては、例えば、占有移転・不継続等の語を用いるべきであろう。なお、本判決の理論は一〇年の取得時効に限られるのかという問題もあるが立入らない）からただちにX_2・X_9敗訴の結論を導いたことの当否は、次の設例との比較検討を抜きにして判断することはできない。

設例㈠――「Aの土地に対するBの取得時効完成後・援用前、にこの土地がA・C間で売買され登記もCに移転（B・C間ではいわゆる取得時効と登記の問題となるが、従来の判例理論ではBはCに時効取得を生張できない（大（連）判大正一四年七月八日民集四巻四一二頁、最判昭和三三年八月二八日民集一二巻一二号一九三六頁）。その後、時効を援用して」、（1）「BはAに対して損害賠償請求ないし不当利得返還請求できるか」、（2）「Cが売買代金未払の場合に、BはCに対して右代金の支払を請求できるか」。

設例㈡――「Aの土地に対するBの取得時効完成・援用後、にAがCにこの土地を譲渡し登記も移転」。（1）「㈠（1）に同じ」。（2）「㈠（2）に同じ」。

援用について通説の停止条件説をとると（私は、端的に援用を時効の効果発生の要件と考えるが、結論は同じ）、設例㈠は自己の土地の売買、設例㈡は他人の土地の売買ということになる。そして、設例㈠の（1）・（2）、設例㈡の（1）・（2）をどう解するかは時効観に左右されるが、私見では設例㈠の（1）・（2）はともに否定（理由は後述三参照）、設例㈡（1）は肯定したい（設例㈡（2）は留保。動産の即時取得者が代金未払の場合と整合的に解釈すべきであろう）。本件では、C（Z）の登記取得時にB（Y_1・Y_5）は占有を喪失したと認定されているが、なおBに占有ありとすると、Cの所有権取得が売買ではなく土地収用によるという違いはあるが、形式的には設例㈠の事案である。そして、設例㈠の（1）・（2）はともに否定されるとすると、本件でのB（Y_1・Y_5）の占有喪失を問題とするまでもなく、A（X_2・X_9）が勝訴すべきことになる（もし、設例㈠の（1）・（2）をともに肯定するならば、本判決には特に問題はない）。しかし、本件ではC（Z）が収用補償金を供託したという特殊事情がある。右供託がなされたのはCの所有権取得前から、A・B間で所有権が争われていたからである。そこで、この紛争、即ち、B（Y_1‐Y_5）の所有権主張の中に実質的な時効援用が認められるとすると、本件は設例㈠ではなく設例㈡の事案となる。B（Y_1‐Y_5）勝訴という本判決の結論とその理由はまずここに求められるべきであろう。そのうえで、B（Y_1‐Y_5）の占有喪失は援用権の存否を左右しない理由として本判決理由の一般論が述べられるべきではなかったろうか。なお、本件が実質的には設例㈡の事案だとすると、本判決は、設例㈡（2）を肯定することになる。その理論的説明はつきにくいが、本件では、Cの所有権取得がAとの売買ではなく、土地収用によるという点から説明されよう。すなわち、本件のC（Z）が負うのはAに対する売買契約上の債務ではなく、土地収用法に基づく所有者に対する債務であるから、BはCから収用補償金を受領する権限があり、したがって、還付請求権が認められることになろう。

ところで、AはBの時効援用前であればCに譲渡して対価を保持できるとすると（設例㈠の（1）・（2）の否定）、誰を買主（C）として選ぶかはAの自由な筈である。しかるに、本件ではAの意思と無関係に所有権を移転しなければならないCの出現に誘発されてBが時効を援用し、Aが所有権を失うというのは、Aに不利益を押しつけるようにも思われる。本件はCの所有権取得が通常の契約（売買）によるのではなく、土地収用によるという特殊な事案であり、A（X_2‐X_9）、B（Y_1‐Y_5）のいずれに還付請求権を認めるべきかは、右に述べたように、利益衡量上は微妙であり、理論的にも難しい問題である。その意味では、本判決は理論構成に問題はあるものの、右特殊事案の解決に一つの方向を与えるものとして民集に登載される価値はあったように思われる。

三　このように考えてくると、本件の本質的問題は、実は、時効完成後の占有移転と援用の可否という問題ではなかったことになるが、最後にこの問題に対する私の試論を、設例を追加して述べておきたい。

私は時効制度の目的を義務者保護（現状防衛）として一元的にとらえたい。取得時効における義務者とは占有者であり、その義務は、①目的物の使用・収益・処分等による利得の返還義務、②目的物の処分・毀損等による損害賠償義務、③目的物の返還義務、等である。そして、いずれの義務が消滅するかは状況によるが、通常は③が問題となり、目的物返還義務の消滅（この場合には①、②の義務も消滅する）の反射的効果として占有者が所有権を取得する。この前提に立つと、設例㈠で、Bの援用時における占有の有無にかかわりなく、（1）・（2）は否定、（3）「AがBに賠償請求ないし不当利得返還請求してきた場合に、Bは時効を援用してAの請求を拒絶することができるか」は肯定される。設例㈢「Aの土地に対するBの取得時効完成後、完成を知らずに土地をAへ返還した後に、Bは時効を援用してAに対してこの土地の再返還を請求できるか」は、いわゆる消滅時効完成後の債務承認の問題に対する判例（最（大）判昭和四一年四月二〇日民集二〇巻四号七〇二頁）・通説からは、Bは援用権を喪失することになろうが、私見からは、援用により消滅するBの返還義務は存在しないのでBの援用は問題とならない（あえていえば、Bは援用不可）。設例㈣「Aの土地に対するBの取得時効完成後にBがCにこの土地を譲渡し、その後にAがBに損害賠償請求ないし不当利得返還請求をした場合に、Bは時効を援用してAの請求を拒絶できるか」は肯定される。設例㈤「Aの土地に対するBの取得時効完成前にBがCにこの土地を譲渡して、Cのもとで時効が完成した後にAがBに損害賠償請求ないし不当利得返還請求をした場合に、Bは時効を援用してAの請求を拒絶できるか」は肯定される（この場合は、後主の占有の併合主張を認めることになる（民一八七条参照）。あるいは、この場合のBも民法一四五条の「当事者」ということになる）。

＊初出、民商九〇巻三号（一九八四年）四五四頁。

[2]　土地賃貸人の敷地所有権の時効完成と土地賃借人による援用

東京地裁平成元年六月三〇日判決（昭和六三年（ワ）八一二一号、土地妨害排除請求事件）——請求棄却（確定）
（判時一三四三号四九頁）

〈参照条文〉　民法一四五条、一六二条

〔事　案〕　Aは、昭和二六年五月一〇日、本件土地（甲地）が自己所有の乙地に含まれるものであるとの認識のもとに、これらをBに対し、建物所有の目的で賃貸する旨約し、右の土地全部をBに引き渡した。Bは右の土地全部がAの所有するものであるとの認識のもとにこれを借り受けて、間もなく同地上に息子のY名義で自宅を建築して居住し始めた。Bは、昭和四六年五月一〇日、右建物の所有名義と右の土地の賃借人の名義とを一致させるため、右の土地の賃借人をYに変更したいとAに申し込み、Aもこれを承諾した。本件土地に一一九〇分の一〇八四の持分を有するXは、昭和六三年、Yに対し、本件土地上の工作物等の撤去と土地の明渡しを求めて提訴。これに対し、YはAの本件土地に対する取得時効を援用した。

本判決は、「Aは、昭和二六年五月一〇日、Bを占有代理人として本件土地を所有の意思をもって占有し始め、昭和四六年五月一〇日までこれを占有したことが明らかである」として時効の完成を認定したうえで、つぎのように判示してXの請求を棄却した。

〔判　旨〕「時効の援用制度が時効によって生ずる権利の得喪と個人の意思の調和をはかるものであることに鑑みれば、民法一四五条の時効の援用権者には、時効により直接権利を取得し、又は義務を免れる者のほか、この権利又は義務に基づいて権利を取得し、又は義務を免れる者が包含されると解すべきであるから、本件において、本件土地の所有権を時効によって取得する訴外Aから賃借権の設定を受けたYは、同条の時効の援用権者にあたるということができる。」

【先例・学説】

一　土地の賃借人は賃貸人のその土地に対する所有権の取得時効を援用することができるか（以下「本問題」という）が争われた事案で、東京地判昭和四五年一二月一九日判時六三〇号七二頁（評釈として、福地俊雄・判評一五五号一六頁）は、「所有権の取得時効の場合、民法一四五条に規定する『当事者』とは、時効によって所有権を取得する者だけではなく、自主占有者の時効取得により反射的に訴訟の目的たる義務を免れ、または訴訟の目的たる権利が認容される地上権者、賃借人等の占有代理人等を包含するものと解する。」として、これを肯定した。しかし、その上告審判決である東京高判昭和四七年二月二八日判時六六二号四七頁は、「民法一四五条にいう当事者とは、時効の完成によって直接に利益を受ける者を指すのであって、これを所有権の取得時効についていえば、時効完成の結果所有権を取得する者に限られ、権利設定者が所有権を時効取得すべき不動産につき、同人から地上権、抵当権等の物権の設定を受けた者或いは賃借権等の債権的利用権を得たに止まる者は、時効の完成により間接に利益を受けるに止まるから、右の当事者に含まれないと解するのを相当とする。この解釈は、最高裁判所の判決がつとに採用するところであって（第三小法廷昭和四四年七月一五日言渡判決、民集二三巻八号一五二〇頁参照）、当裁判所は今にわかに右判例の見解を改めるべきものとするゆえんを見出すことができない。」として否定した。

類似の事案に関するものとして、右の東京高裁昭和四七年判決が引用する最判昭和四四年七月一五日民集二三巻八号一五二〇頁（解説・評釈として、豊水道祐・最判解民事篇昭和四十四年度（下）一一一九頁、金山正信・民商六二巻六号一〇一〇頁）は、建物賃借人による賃貸人の敷地に対する所有権の取得時効の援用につき、建物賃借人は「右土地の取得時効の完成によって直接利益を受ける者ではないから、右土地の所有権の取得時効を援用することはできない。」として否定した。また、前橋地判昭和四三年一〇月八日判時五六一号六五頁は、土地の使用借主は、貸主のその土地に対する所有権の取得時効を援用できないとした。

二　本問題に関する学説としては、前掲東京地裁昭和四五年判決に先立ち、時効の援用を肯定するものがあった（幾代通『民法総則』〈青林書院新社、一九六九年〈第二版、一九八四年〉〉五三八頁。理由は特に示されてはいない）。しかし、豊水・前掲解説一一二三頁は、Xの土地を時効取得しうるAは時効を援用せず、Aからその土地を賃借したYだけが援用した場合に、この時効援用が認められると、「賃借人であるYと土地所有者であるXとの間に右土地の賃借権が生ずるとしても、YとAとの間の賃貸借契約は消滅するわけではないから、Yは、AおよびXの両者との二重の賃貸借契約を締結したという結果を認めることとなり、矛盾抵触する法律関係が生ずることとなる」として否定する。これに対し、福地・前掲評釈一九頁は、「他人の所有地をYに賃貸したAは、他人の物の売主と同じ担保責任を負担するのであり（民五五九条・五六〇条・五六二条）、そのAがYとは無関係に時効利益を放棄することなどは、Yにたいする債務不履行であり、その後において賃貸人としての権利を信義則に従って主張することなどはありえず、二つの賃貸借間の矛盾抵触というようなことは、心配する必要がな」く、また、「XとYとの間の賃料や借地条件も、借地法の原則に準拠して処理すれば不都合はないであろう」として肯定する（私見では、後述するように、Yに時効援用を認めても、XY間に賃貸借関係が成立することにはならない）。

三　援用権者の基準に関して、最上級審判例は、大判明治四三年一月二五日民録一六輯二二頁（抵当不動産の第三取得者は被担保債権の消滅時効を援用できないとし、傍論で、物上保証人は被担保債権の消滅時効を援用できないとした）を始めとして、一貫して、時効の援用権者は時効により直接利益を受ける者であるとしている。しかし、援用権者の範囲を狭く解することには学説の批判が強く（川島武宜編『注釈民法（5）』〔有斐閣、一九六七年〕四四頁以下〈川井健〉参照）、最高裁は、この一般的基準は堅持しつつも、その具体的範囲を拡大しつつある。そのなかで、従来の大審院判決を変更したものとしては、次の三つがある。すなわち、最判昭和四二年一〇月二七日民集二一巻八号二一一〇頁は、「物上保証人も被担保債権の消滅によって直接利益を受ける者というを妨げない」として右大審院明治四三年判決を変更し、最判昭和四八年一二月一四日民集二七巻一一号一五八六頁は、抵当不動産の第三取得者は「抵当債権の消滅により直接利益を受ける者にあたる」として同じく右大審院明治四三年判決を変更し、最判平成二年六月五日判時一三五七号六〇頁は、「売買予約に基づく所有権移転請求権保全仮登記の経由された不動産につき抵当権の設定を受け、その登記を経由した者は、……予約完結権の消滅によって直接利益を受ける者に当た」るとして、大判昭和九年五月二日民集一三巻六七〇頁を変更した。

下級裁判所の裁判例には、最高裁とは異なる基準を採るものがある。なかでも、東京地判昭和三七年三月二七日下民集一三巻三号五五七頁は、「時効の援用権者は、『時効によって直接に権利を取得し、又は義務を免れる者及びその承継人』の他に『この権利又は義務に基いて権利を取得し又は義務を免れる者』をも包含するものと解するのが相当」であるとして、本判決と同様の基準を採るが、これは、我妻説（我妻栄『民法総則』〔岩波書店、一九五一年〕三四五頁）に従うものである。

四　援用権者の基準に関する学説は多いが、その主要なものは次のとおりである。

(1)　**我妻説**　我妻博士は、「時効の援用は、時効によって生ずる一般的な法律効果（権利の得喪）と個人の意思の調和をはかる制度だとすると、これらの関係者（保証人・担保不動産の第三取得者等―引用者注）のそれぞれについて援用と放棄の自由を認め、時効の効果を相対的に生じさせることがその目的に適するはずである」として、援用権者は「時効によって直接権利を取得しまたは義務を免れる者の他、この権利または義務に基づいて権利を取得しまたは義務を免れる者」であるという（我妻栄『新訂民法総則』〔岩波書店、一九六五年〕四四五―四四六頁）。

(2)　**川島説**　川島博士は、時効は権利の得喪という証拠に関する訴訟法上の制度であるとの時効観（訴訟法説）から、援用権者は「当該の訴訟上の請求について時効の主張をなす法律上の利益を有する者」であるという（川島武宜『民法総則』〔有斐閣、一九六五年〕四五四頁）。

(3)　**四宮説**　四宮博士は、援用は実体法的・訴訟法的二面性をもち、「実体法的援用については、時効を援用すれば権利を取得することができる者、および、時効を援用しなければ自己の権利がくつがえされる者（取得時効の場合）、あるいは、時効を援用すれば自己の義務や負担を免れることのできる者（消滅時効の場合）、という基準によるべく、訴訟法的援用については、時効を主張する訴訟法上の利益を有する者（時効の効果の発生によって当該訴訟において自己に有利な主張を基礎づけるような立場にある者）であれば誰でもよい（したがって、とくに援用権者の範囲を問題にする必要がない）」とされる（四宮和夫『民法総則第四版』〔弘文堂、一九八六年〕二九三頁、三二四頁）。

(4)　**遠藤説**　遠藤教授は、「時効の制度は非倫理的色彩をもつものであることは否定できないが、その非倫理性を少しでも除去しようとつとめる」べきであるとの考えから、「時効の援用権者は、時効によって自らの義務なり責任なりを免れる者に限定すべきであり、それによって自己の利益が増進するような者は含まれない」とし、具体例として、債権者は、債務者に対する他の債権者の債権の消滅時効を援用できず、また、債権者代位による援用も認められないといわれる（遠藤浩「時効の援用権者の範囲と債権者代位権による時効の援用」手研三一九号〔一九八一年〕六一頁以下）。

(5)　**星野説**　星野教授は、援用権者の範囲の問題は、「問題になっている者の類型（保証人か、第三取得者かなど）に応じ、きめ細かく考えるべきである」とされる（星野英一「時効に関する覚書」『民法論集第四巻』〔有斐閣、一九七八年〕三〇九頁）が、「根本的には時効制度の目的をどう考えるかという価値判断に関係するものであって」、「単に債権者と、当該第三者との利益考量だけの問題に止まらない。問題は、時効の効果を広く認めるのが適当か狭くするのが適当かという価値判断にある」ともいわれる（星野英一「判批」法協八五巻一〇号一四三三頁）。

【評　論】

一　本判決が、時効援用権者の基準につき最高裁判例に従わなかった点、土地賃借人に時効の援用を認めた点は妥当であると考えるが、本判決の時効援用権者の基準には賛成できない。

二　前述したように、最上級審判例は、時効の援用権者は時効により直接利益を受ける者に限られるとする。前掲大審院明治四三年判決は、その実質的理由をこう述べている。すなわち、時効の利益を直接に受ける者である債務者が援用しないのに、間接に利益を受ける者にすぎない物上保証人が被担保債権の消滅時効を援用する場合を例にあげ、このような援用が認められるならば、債権者は主たる債権を有しながら従たる抵当権を失うというような不都合を生じるという。しかし、この大審院明治四三年判決を変更した前掲最高裁昭和四二年判決や最高裁昭和四八年判決は、これを不都合とは解さなかったことになる。このように、物上保証人や抵当不動産の第三取得者などにも被担保債権の消滅時効の援用が認められるとなると、もはや時効の利益が直接的なものか間接的なものかは、援用権者の基準としては意味の乏しいものとなる。また、実際には間接的に時効の利益を受ける者にも「直接利益を受ける者」であるとして時効援用権者の具体的範囲を拡大しつつある判例からは、「直接利益を受ける者」か否かを決める実質的基準を見出すことも困難である。ここに判例理論の最大の難点がある。右判例理論が最高裁で堅持されている状況のもとで、本判決がそれに反する見解を示したことは、右判例理論が説得力を持たないことを示すものとして注目したい。

三　このように、本判決が従来の判例理論を排斥した点は高く評価されるべきものと考えるが、しかし、本判決の示した基準（我妻説）には賛成できない。

本判決は、「時効の援用制度が時効によって生ずる権利の得喪と個人の意思の調和をはかるものであることに鑑みれば」との理由づけから、ただちに「民法一四五条の時効の援用権者には、時効により直接権利を取得し、又は義務を免れる者のほか、この権利又は義務に基づいて権利を取得し、又は義務を免れる者が包含されると解すべきである」との結論（援用権者の基準）を導いている。しかし、右の理由づけ部分は、時効の利益を受けるためには各人の援用が必要であること（そして、援用した者にだけ時効の利益が帰属すること――援用の相対効）の説明にはなっても、援用権者の（範囲の）基準を導く理由としては何もいっていないか、少なくとも不十分であるように思われる。

また、考えとしては、時効の援用が法的に自己の利益となる者であれば誰でも援用できるとする無制限説と、援用権者の範囲に一定の制限を設けようとする制限説に大別されようが、本判決の基準はそのいずれであるのか明快とはいいがたい。おそらく、制限説と思われるが、この基準では援用権を有しない者を選別するのは困難であろう。

四　そこで、私見では、援用権者の基準は次のように解すべきであると考えている（詳しくは、松久三四彦「時効の援用権者」北法三八巻五・六合併号（下）〈一九八八年〉一五三三頁〔同『時効制度の構造と解釈』〈有斐閣、二〇一一年〉一八一頁所収〕、同「時効援用権者の範囲」金法一二六六号六頁〈一九九〇年〉参照）。なお、以下では、判例の用語と区別するために、時効の効果が発生すれば法律上の利益を受ける者のうち、取得時効完成の要件を満たした占有者や消滅時効が完成した権利の相手方を「直接の当事者」、それ以外の者を「第三者」と記すことにする。そうすると、「直接ことになる。

の当事者」が援用できることはいうまでもないから、問題は、「第三者」のうち、いかなる者が援用できるかという

(1)　**第一基準**　まず、取得時効と消滅時効に共通する時効の目的は、現状（事実上権利者であるような状態、事実上義務の履行を免れている状態）の維持を法的に正当化するために、義務者を義務から解放することにあると考える（ここでは、他人の物を権限なしに占有する者が負う返還義務や物上保証人の責任なども含む広い意味で義務という言葉を用いることにする）。したがって、時効の目的は義務からの解放にあるとすると、遠藤教授のいわれるように（ただし、理由づけは異なる）、援用権は時効の援用により自己の義務を免れる者にだけ認めればよく、援用により自己の利益が増進するような者にまで認める必要はない（たとえば、消滅時効にかかった債務者に対する他の債権者はその消滅時効を援用できない）ということになろう。

(2)　**第二基準**　「直接の当事者」が時効を援用すれば、「直接の当事者」の権利取得・債務消滅に基づき「第三者」も利益を受ける（援用の効果は援用した者についてだけ生じる—援用の相対効—というのは、「第三者」が援用した場合のことである）。したがって、「直接の当事者」が「第三者」のために援用すべきであると考えられる関係にある場合には、「直接の当事者」は「第三者」のために援用すべきである。しかし、他方、「直接の当事者」の援用は彼自身に時効利益を帰属させるが、「直接の当事者」には時効の利益を受けるか否かの自由、すなわち、援用するか否かの自由があるから、「直接の当事者」に援用を強いることはできない。ここに、直接「第三者」に援用権を与える必要がでてくる。したがって、「直接の当事者」が「第三者」のために時効を援用すべき関係にあることも、「第三者」に援用権が認められるための基準になると考える。

(3)　**第三基準**　しかし、事案に応じた検討の必要性は残されており、したがって、第二基準を満たさない場合でも、その他に「第三者」に援用権を認めるべき特別の理由が見出される場合には「第三者」に援用権を認めてよいであろう。

要するに、第一と第二、または、第一と第三の基準（要件）を満たす場合には「第三者」も時効の援用ができるというものである。

五　そこで、右の私見から本問題を検討すると、土地賃借人Yは時効の援用が認められれば工作物等の撤去と土地の明渡義務を免れるのであるから、右の第一基準を満たしている。また、賃借権を設定した「直接の当事者」Aは、賃借権の設定を受けたYに対して、賃借権を確定的に取得させるために時効を援用すべき関係にあると考えられるので右の第二基準も満たしている。したがって、Yには時効の援用が認められるべきであり、本判決の結論は妥当であると考える。

なお、前述したように、土地賃借人Yに援用を認めると、土地所有者XとYとの間に賃貸借関係が生じるということを前提とする議論があった（豊水、福地）。しかし、Yが援用しても、XとYとの間ではAが土地所有者として扱われる（すなわち、Yは土地の所有者から賃借していることになるから、Xに対して建物撤去・土地明渡義務を負わない）というにすぎない。すなわち、XとA、AとYとの法律関係に変動はない。したがって、Yが時効を援用すると、Yは賃料をAに支払い、AはXに対し土地明渡義務を負いながら、その履行ができないままに地代相当額を不当利得または不法行為による損害賠償として支払うべきことになろう。

＊初出は、リマークス二号（一九九一年）一五頁。

［3］　取得時効完成後の共同相続における時効の援用

最高裁平成一三年七月一〇日第三小法廷判決（平成一一年(受)第二二三号、土地所有権移転登記手続請求事件）――破棄差戻し

（家月五四巻二号一三四頁、判時一七六六号四二頁、判タ一〇七三号一四三頁、金法一六三一号九

五頁、金判一一三一号三頁）

〈参照条文〉　民法一四五条

〔事　実〕　本件不動産（土地・建物）は、昭和三五年にY（被告・控訴人・上告人）名義で購入されたが、購入当初からYの兄Aが居住し、二〇年以上占有していた。昭和六二年、Aが死亡し、Aの妻、長男、次男X（原告・被控訴人・被上告人）、および長女が相続人となった。XはAの占有によって完成した取得時効を援用し、本件不動産の全部につきXへの所有権移転登記手続を求めて本訴を提起した。一審・二審とも、Xの請求を全部認容。Yからの上告受理申立てに対し、本判決は、原判決には民法一四五条の解釈の誤りがあるとして次のように判示したうえ、「法定相続人の間で本件不動産の全部をXが取得する旨の遺産分割協議が成立したなどの事情があれば格別、そのような事情がない限り、Xは、Aの占有によって完成した取得時効の援用によって、本件不動産の全部の所有権を取得することはできない」ので、右事情の有無を審理するよう、原審に差し戻した。

〔判　旨〕「時効の完成により利益を受ける者は自己が直接に受けるべき利益の存する限度で時効を援用することができるものと解すべきであって、被相続人の占有により取得時効が完成した場合において、その共同相続人の一人は、自己の相続分の限度においてのみ取得時効を援用することができるにすぎないと解するのが相当である。」

【解　説】

一　本判決は、①被相続人の占有により完成した取得時効の援用は共同相続人全員でする必要はないということを前提に、②共同相続人の一人は、自己の相続分の限度においてのみ取得時効を援用することができる（援用すると、当該援用者はその相続分に応じた持分を取得する）というものである。すでに、同旨をいう大判大正八年六月二四日民録二五輯一〇九五頁、これに従う東京高判昭和三二年一二月一一日週間法律新聞八六号七頁がある。本判決は、最高裁としてもこの立場をとることを明らかにした初めてのものである。

二　前掲大判は、まず、（a）民法一四五条の「当事者」とは「時効ノ完成ニ依リ直接ニ利益ヲ受クヘキ者」であると述べたうえで、（b）「当事者ノ数人アル場合ニ於テ其一人若クハ数人カ各自独立シテ時効ヲ援用スルコトヲ得ヘキヤ否ヤニ関シ一般ニ規定スル所ナシト雖モ其援用ノ方法ニ付キ何等之ヲ制限スル規定ノ存セサルト又我民法カ当事者ノ援用ヲ竢ツテ始メテ時効ニ依リ裁判ヲ為シ得ヘキ制度ヲ採用シタル精神ニ鑑ミルトキハ」として、（c）「如上ノ場合ニ於テ各当事者ハ各自独立シテ時効ヲ援用スルコトヲ得ルト同時ニ裁判所ハ其援用シタル当事者ノ直接ニ受クヘキ利益ノ存スル部分ニ限リ時効ニ因リ裁判スルコトヲ得ヘク援用ナキ他ノ当事者ニ関スル部分ニ及ホスコトヲ得サルモノナリ」という。すなわち、上記①②の根拠として、（i）「当事者」とは「時効ノ完成ニ依リ直接ニ利益ヲ受クヘキ者」である、（ii）当事者数人ある場合の援用方法を制限する規定がない、（iii）民法一四五条が「当事者」の援用を要求している精神、を挙げている（①の根拠は（ii）（iii）、②の根拠は（i）（iii）といえようか）。本最高裁判決は、この大判の結論部分（（c））のみをほぼ同様の表現で述べたものである。

三　上記①②の根拠は、時効の利益はその利益を受けたい者にだけ与えるという民法一四五条の趣旨（松久三四彦「時効制度」『民法講座1巻』（有斐閣、一九八四年）五七七頁以下（同『時効制度の構造と解釈』（有斐閣、二〇一一年）一三五頁以下）参照）と、例外的に共同相続の場合にこれを制約すべき理由、すなわち、共同相続人の時効援用を不可分として、時効取得するときは当該占有物を共同相続人のみの共有としなければならない理由は見いだせないことに求められよう。そして、一つの物に対する共同相続人全員の総和としての時効利益が被相続人の有していた時効利益（本件では一個の所有権）であるから、共同相続人各自が有するのは、（潜在的）持分（これは相続分に対応する）を時効取得しうる援用権である。したがって、共同相続人中の誰かが相続を放棄して相続人ではなくなった場合は、残った共同相続人が時効取得しうる持分は増大する。これに対し、相続したうえで援用権を放棄した場合は、その者が時効取得しえた持分は従来の所有者のもとにとどまり、他の共同相続人が時効取得しうる持分に変化はないということになる。時効を援用したうえで、援用により取得した持分を他の共同相続人に帰属させることは自由であり、本判決がいう、「本件不動産の全部をXが取得する旨の遺産分割協議」とはこの帰属についての合意ということであろう。よって、本判決に賛成である。

なお、本判決（前掲大判も）は、「自己が直接に受けるべき利益の存する限度で時効を援用することができる」という。しかし、「直接に受けるべき利益」という表現が、民法一四五条の「当事者」、すなわち、時効援用権者の範囲を画する判例の基準からきているのであれば（前掲大判の判旨（a）参照）適当でない。本件は、いわゆる援用権者の範囲の問題ではなく、共同相続の場合援用権行使は不可分かという問題だからである。

〈評釈等〉　赤松秀岳・岡法五四巻四号八五〇頁、右近健男・リマークス二六号一〇頁、門広乃里子・法教二五九号一二二頁、平城恭子・判タ一一二五号二四頁、松本克美・判評五二二号一二頁（判時一七八五号一八二頁）、本山敦・月報司法書士三八七号四七頁、本山敦・横国一四巻三号二一九頁。

＊初出は、セレクト'01（二〇〇二年）一六頁。

2　消滅時効の援用

［4］　仮登記担保権の設定された不動産の第三取得者と当該仮登記担保権の被担保債権の消滅時効の援用 ——

最高裁昭和六〇年一一月二六日第三小法廷判決（昭和五七年（オ）五七八号、所有権移転登記手続等請求本訴ならびに仮登記抹消登記手続請求反訴事件）

—— 上告棄却

（民集三九巻七号一七〇一頁、判時一一八一号一〇二頁、判タ五八五号五二頁、金判七三九号三頁、金法一一二六号四七頁）

〈参照条文〉　民法一四五条、三六九条、四八二条

〔事　実〕　Y_1（被告・被控訴人）は、昭和三六年一月三〇日、X（原告＝反訴被告・控訴人・上告人）との間で、Xに対するビニール加工材料の買掛残代金五八〇万一〇八三円の債務について、同月三一日を第一回とし同年五月五日まで七回に分割して支払うこと、およびY_1が一回でも右支払を怠れば期限の利益を失い残金を一時に支払うことを約し、あわせて、右債務の担保として自己の本件（一）ないし（五）の各土地を目的物とする代物弁済予約を締結し、それを原因とする所有権移転請求権保全の仮登記がなされた。しかし、Y_1は第一回の弁済期に支払わなかったため期限の利益を失ない、同年二月一日に債務全額につき期限が到来した。その後、昭和三九年から同五三年にかけて、Y_2－Y_5（被告＝反訴原告・被控訴人・被上告人）はY_1から本件各土地（Y_2は本件（一）（二）の、Y_3は本件（三）の、Y_4は本件（四）の、Y_5は本件（五）の土地）の所有権を取得し、Y_6（被告・被控訴人）は債務者Y_2・Y_3から本件（一）ないし（三）の各土地の上に根抵当権の設定を受け、それぞれその旨の登記がなされた。Xは昭和五四年三月一六日、Y_1に対し右代物弁済の予約を完結する意思表示をなし、Y_1はこれを承諾する旨の書面を差入れた（Xはこのことが時効利益の放棄にあたると主張）。そこで、Xは本訴に及び、Y_1に対しては右仮登記に基づき代物弁済を原因とする所有権移転本登記手続を、Y_2－Y_6に対しては右本登記手続の承諾（不動産登記法一〇五条一項参照）を、また本件各土地を占有するY_2－Y_5に対しては本件各土地の引渡を請求した。これに対し、Y_2－Y_5（Y_6もか）は、Xの被担保債権および前記予約完結権は前記期限たる昭和三六年二月一日から一〇年の経過により時効消滅していると抗弁した。さらに、Y_2－Y_5は反訴を提起し本件各土地になされた前記仮登記の抹消登記手続を求めた。これに対しXは、Y_1は時効利益を放棄している、Y_2－Y_5（Y_6もか）は民法一四五条の「当事者」ではないので時効を援用できない等と主張して争った。

一審（奈良地判昭和五六年四月二八日民集三九巻七号一七〇七頁）は、Xの被担保債権は商事債権であり、最終弁済期の

昭和三六年五月五日から五年の経過により時効消滅し、代物弁済予約完結権も担保の附従性により同時に時効消滅したとしたうえで、Y_1については時効利益を放棄していないとし（放棄は真意に基づくものではないとの理由による）、Y_2－Y_6については、「直接なると間接なるとを問わず時効によって当然に法律上の利益を取得するもの」が民法一四五条の「当事者」であり、Y_2－Y_6はこれにあたるからY_1の債務の消滅時効を援用できるとして、本訴請求を棄却、反訴請求を認容した（一審の判決理由については、金判七三九号一〇頁参照）。X控訴。

原審（大阪高判昭和五七年三月一一日民集三九巻七号一七一五頁）は、Y_1の債務については一審と同じく五年の商事消滅時効が完成しているとしたうえで、Y_1は時効利益を放棄したと認定し、Y_2－Y_5は「XがY_1に対して有する右予約完結権の消滅によって直接利益を受けるのであるから、Y_2－Y_5はXに対し独自に右予約完結権の時効消滅を援用することができる。したがって、また、Y_1のなした時効利益放棄の効力はY_2－Y_5には及ばない。」とし、結局、Xのなした「代物弁済予約完結の意思表示はY_1・Y_6に対する関係において効力を生じている」（Y_6は間接の利益を受けるにすぎないということか）として、一審判決中、XのY_1・Y_6に対する各請求を棄却した部分を取消して右の各請求を認容したが、その余の控訴を棄却した。そこでXは、原審がY_2－Y_5に時効の援用を認めたのは民法一四五条の解釈適用を誤った違法があり、大判昭和九年五月二日民集一三巻六七〇頁に反する判断であるとの理由で上告。

〔判　旨〕「民法一四五条所定の当事者として消滅時効を援用しうる者は、権利の消滅により直接利益を受ける者に限定されるところ、所有権移転予約形式の仮登記担保権が設定された不動産の譲渡を受けた第三者は、当該仮登記担保権の被担保債権の消滅によって直接利益を受ける者というを妨げないから、右不動産によって担保された債権の債務者でなくても、その消滅時効を援用することが許されるものと解すべきである（最高裁昭和四五年（オ）第七一九号同四八年一二月一四日第二小法廷判決・民集二七巻一一号一五八六頁参照）。してみると、前示の事実関係によれば、Y_2－Y_5は、本件仮登記担保権の設定された本件各土地の譲渡を受けた第三者であるから、右仮登記担保権の被担保債権の消滅時効を援用しうる当事者であるというべきである。したがって、Xのした前記代物弁済予約完結の意思表示がY_2－Y_5に対しては効力を生ずるに由なく、また、本件仮登記がY_2－Y_5との関係では実体上の原因を欠くとした原審の判断は、結論において是認することができ、原判決に所論の違法はない。論旨は、右と異なる見解に基づき原判決を論難するものであって、採用することができない。」

【評　釈】

一　代物弁済の予約を原因とする所有権移転請求権保全の仮登記（不動産登記法二条二号参照）がなされた不動産の第三取得者が被担保債権の消滅時効を援用しうるかについては、これまで、下級裁判所の判決は分かれていた。すなわち、これを否定するものとして、大阪高判（第一〇民事部）昭和三八年五月二八日民集一九巻三号五七四頁（最判昭和四〇年四月六日民集一九巻三号五六四頁の原審判決〔時効により直接に利益を受ける者ではないという理由による〕）、大阪高判（第六民事部）昭和三八年一一月一六日高民集一六巻八号七二八頁（理由は本件上告理由中で引用されている）があり、肯定するものとして大阪地判昭和四一年六月一三日判時四七一号四六頁（債務者に準じて時効の利益を受ける地位にあるとの理由による）があった。本判決は、この問題に対し最高裁が初めて、かつ、これを肯定する判断を示したものである。もっとも、本件の事案は仮登記担保法施行（一九七九年）前のものである。しかし、同法施行後に出された本判決は、第三取得者の地位等につき同法を視野に入れたうえで判断を示したものと推測することは許されよう。また、仮登記担保の判例法時代と同法とで、本判決の結論を左右する違いが第三取得者の地位等に関して生じたとも思われない（仮登記担保法三条一項は、最大判昭和四九年一〇月二三日民集二八巻七号一四七三頁と異なり、第三取得者の清算金受領権限を否定してはいるが）。そうであるとすると、本判決は時効の援用権者の範囲に、仮登記担保不動産の第三取得者は被担保債権の消滅時効を援用できる、との新たな類型を加えたものとして先例的意義を有するといってよいであろう。なお、本件は代物弁済予約の事案であるが、本判決の射程が広く仮登記担保契約（仮登記担保法一条参照）の場合に及ぶことは疑いない。

二　ところで、上告理由はまず、原審判決は大判昭和九年五月二日民集一三巻六七〇頁に反すると主張する。この右大判は、再売買の予約を原因とする仮登記のある不動産の第三取得者もしくは抵当権者は予約完結権の消滅時効を援用できないとしたものである。しかし、右大判の事案では、本件で問題とされたような第三取得者の時効援用の対象となる被担保債権が存在しない。本判決は右の上告理由に対してはまったく答えていないが、それは、おそらくこのように本件と右大判とでは事案が異なるというところに理由があろう。もっとも、本判決は抵当不動産の第三取得者に被担保債権の消滅時効の援用を認めた最判昭和四八年一二月一四日民集二七巻一一号一五八六頁参照としている。これは、担保不動産の第三取得者という大枠の下では本件も抵当不動産の第三取得者も同じであるため両者を同一に扱うことを示したものと見ることもできよう。そして、その根底に第三取得者を担保付という負担から解放する必要性ありとの判断があるとするならば、同じ理由から、事案が異なるとはいえ、予約完結権を行使されうるという一種の負担付不動産の第三取得者にも予約完結権の消滅時効の援用を認めることが予想される。すなわち、右大判はいずれ変更されるであろう（ちなみに、学説はこぞって右大判に反対している。たとえば、我妻栄・判民昭和九年度五八事件評釈、末川博「売買の一方の予約に関する若干の実際問題」民商一〇巻一号一〇一頁（一九三九年）（同『民法論集』〔評論社、一九五九年〕所収）、川島武宜『民法総則』（有斐閣、一九六五年）四五四頁、川井健『注釈民法（5）』（有斐閣、一九六七年）四七頁、幾代通『民法総則〔第二版〕』（青林書院、一九八四年）五四〇頁）。また、本判決の射程外の事例ではあるが、担保を目的としない売買予約等に基づく仮登記ある不動産の第三取得者にも同じく予約完結権の消滅時効の援用が認められるであろう。

さて、上告理由は、続けて、前掲大阪高判昭和三八年一一月一六日の難解な判決理由を全面的に引用し、結論として「Y_2－Y_5は債務者（Y_1）の負担する貸金債務、又は予約上の債務そのものの承継債務者、若しくは担保物の第三取得者となるものではないから、現に自己に対して債権者（X）が債権又は担保権を行使するものとして、その行使を争い得る立場にはなく、したがって、右債務の消滅時効を援用することはできない」という。おそらく、右の趣旨は、判例のいう、時効によって「直接利益を受ける者」には該当しないということ、すなわち、「間接」性を主張するものであろう。しかし、そもそも最高裁は「直接」性を実質的判断基準としているようには思われない。それは、「直接利益を受ける者」という同一の基準によりながら、たとえば、大判明治四三年一月二五日民録一六輯二二頁が前掲最判昭和四八年によって変更されたことからも窺われよう。判例の流れは、当初の援用権者の範囲を狭く解する立場から、その拡大を主張する学説に呼応して、言葉本来の意味からすれば「間接に利益を受ける者」を「直接利益を受ける者」に組み入れるという拡大の過程をたどっている。学説においても、判例理論を尊重して「直接」性を基準の一つとするものがあるが、それもできるだけ援用権者を広げる方向で解釈されている（川井・前掲書四七頁、同「判批」民商五八巻五号（一九六八年）七七五－七七七頁、同・判評一二二号（一九六九年）三〇頁）。したがって、このような判例・学説の状況のもとで「間接」性を主張してみても勝訴の可能性は乏しく、このことは今後の判例に対する一般的予測としてもいえるであろう。

三　本判決が示した民法一四五条の「当事者」の判断基準は、前掲大判明治四三年が「直接ニ利益ヲ受クル者」

（既に、富井政章『民法原論第一巻総論下冊〔初版〕』（有斐閣、一九〇四年）五五〇頁が同じ表現をしている）として以来、大審院・最高裁が一貫して維持してきたものである。学説では、「直接なると間接なるとを問わず、『時効によって当然に法律上の利益を取得する者』」（柚木馨『判例民法総論下巻』（有斐閣、一九五二年）三五二頁）とか、「時効によって直接権利を取得しまたは義務を免れる者の他、この権利または義務に基づいて権利を取得しまたは義務を免れる者」（我妻栄『新訂民法総則』（岩波書店、一九六五年）四四六頁）、あるいは「当該の訴訟上の請求について時効の主張をなす法律上の利益を有する者」（川島・前掲書四五四頁）、などの基準が説かれている。しかし、いずれもこれらの基準で全ての場合に対する結論が得られるものではない。もっとも、右の学説が誰でも時効を援用しうるという無制限説であるならば（於保不二雄「時効の援用及び時効利益の放棄」法曹時報五巻七号（一九五三年）三二〇－三二一頁、園田格「時効の援用権者についての一反省」金沢大学法文学部論集法経編一号（一九五三年）七二頁、遠藤浩「時効の援用・利益の放棄についての再論一（二）」学習院大学法学部研究年報四号（一九六八年）二九七頁以下は、直接の当事者以外の第三者は誰でも援用なしに時効の利益を受けうるというもので、実質的には無制限説。なお、無制限説に近いものとして、四宮和夫『民法総則〔第三版〕』（弘文堂、一九八二年）三三五頁参照）、それも一つの考えであり、民法の沿革（旧民法証拠編九三条は「総テノ人」に援用権を認めたが、民法一四五条がこの文言を削ったのは、梅博士によると、「言ハヌデモ知レタコト」だからという（『法典調査会民法議事速記録一』（商事法務研究会、一九八三年）四一〇頁）。なお、フランス民法二二二五条は「利益を有するすべての者」に援用を認める）・起草者意思（もっとも、梅博士と富井博士（富井・前掲書五五〇頁参照）とでは考えを異にするように思われるが）に沿うものともいえる。しかし、たとえば、債務者に対する他の一般債権者の援用権のように、学説においても争われている（詳しくは、幾代・前掲書五四〇頁参照）問題がある。したがって、無制限説でよいかなお疑問がある段階では、また、かりに原則として無制限説でよいとしても例外はありうる訳であるから、個別的検討は欠かせないということになろう。そうすると、今までのところ、判例のいう「直接利益を受ける者」という基準は、表現と実際との差という点で問題はあるものの、援用否定例の余地を残す機能をもつという点ではなお意味があるということになる。結局、学説としては、当面、判例理論に代わる基準を求めるよりも、具体例の検討こそが重要と思われる（星野英一『民法概論Ⅰ』（良書普及会、一九七一年）二八四頁参照）。とりわけ、時効を基本的には直接の権利者と義務者（たとえば、債権の消滅時効では債権者と債務者）の間の法律関係を規律する法制度と考える（私見）ならば、それ以外の第三者のどの範囲の者にまでいかなる要件のもとで時効利益を与えるべきかは、個別的に検討せざるをえないといえよう。

四　では、本件をどう考えるべきか。最終的には論理的展開と利益考量とのかねあいによらざるをえないが、既に本件類似の事案、あるいは抵当不動産の第三取得者の事案について利益考量の見地から次のような考えが出されている。すなわち、被担保債権の消滅時効完成後に不動産を取得した場合（星野英一「判批」法協八三巻一号（一九六六年）六七頁〔同『民事判例研究第二巻1』（有斐閣、一九七一年）所収一一頁〕は、より細かな場合分けの必要を説くが）には、第三取得者は時効の利益を期待していたとみられるから援用を認めてよいが、取得後に時効が完成した場合には援用を認めないとする考え（野村豊弘「判批」法協九二巻九号（一九七五年）一二五五頁）である（このような場合分けに反対するものとして、山田卓生「時効の援用権者の範囲」『民法の判例〔第三版〕』（有斐閣、一九七九年）五〇頁参照）。しかし、第三取得者の時効完成に対する認識（期待保護）を基礎とすることには疑問がある。まず、被担保債権の時効期間の判断が必ずしも容易ではない（商事債権（商五二二条）か否か、など）だけでなく、抵当権の被担保債権の弁済期は登記事項ではなくなった（不動産登記法一一七条参照。「不動産登記法の一部を改正する法律」（昭和三九年法律第一八号）による）ため、さらに、仮登記担保においてはそもそも被担保債権についての記載すらされないため、少なくとも第三取得者が登記簿から時効完成時点を知ることはできないからである。

そこで、私見としては次のように考えたい。すなわち、第三取得者（抵当不動産もしくは仮登記担保不動産の）の出現は債権者に対して利益にも不利益にも働くべきではないということを原則としたい。なぜなら、一方、債権者に第三取得者の出現を監視させるのは酷であり、他方、第三取得者は担保の負担付きであることを知って取得するのであるから、被担保債権が消滅しない限りは担保権の実行を受けるということを覚悟すべきである。したがって、右の原則によって債権者・第三者間の公平が最も良く図れると思われるからである。右の原則をより具体的にいうと、第三取得者が援用できるのは債務者のもとで完成した消滅時効である。したがって、あえて不正確をおしていえば、第三取得者出現の前後を問わず、債務者に対して生じた中断の効果は第三取得者に及ぶということになる（担保不動産の第三取得者自身には、時効にかかる債務はないのであるから、このように「及ぶ」ということは正確ではないであろう）。ただし、債務者の時効利益放棄の効果は第三取得者には及ぼすべきではないと考える。それは、放棄の相対性からも説明しうるかもしれないが、むしろ、放棄により得られる債権者の利益は中断の場合と異なり、思わぬ利益の側面を持つこと、したがって債権者に与えられる利益が無担保の債権に縮限されてもやむをえないと思われるからである。

ちなみに、第三取得者が現われた後に債務者に中断事由が生じた場合については、民法四五七条一項の類推適用を認める説がある（柳川俊一「判批」金法七二三号（一九七四年）一七頁）。これは、右の私見と共通する考えに基づくものと思われる（第三取得者が抵当不動産を取得した時点で債務を承認したものとして、第三取得者に対する関係ではその時点で時効が中断されるとの説もある（野村・前掲「判批」一二五六頁）が、これでは第三取得者の出現が債権者に利益に働きすぎるのではないだろうか）。なお、債務者（もしくは担保権設定者）に中断事由が生じた後に、債務者から抵当不動産を譲受けた第三取得者は、民法一四八条の「承継人」に当たるとの解釈がなされている（星野・前掲民事判例研究第Ⅱ巻1一一頁、柳川・前掲「判批」一六頁）。しかし、この場合、第三取得者は債務を承継している訳ではないので右の解釈には疑問がある。

以上から本件に立ち返ると、Y_1の債務について消滅時効が完成しているので、Y_1の時効利益の放棄が認定されていても、Y_2－Y_5はY_1の債務の消滅時効を援用しうることになり、本判決は結論において正当といえよう。

五　なお、今後、理論的に問題となりうる点についてふれておきたい。

仮登記担保法によると、清算期間が経過し（二条参照）、清算金が支払われると被担保債権は確定的に消滅する（一一条参照）。そこで、右の消滅前に時効が完成している場合（未完成のうちに被担保債権が消滅してしまえば、もはや時効の完成はありえなくなる）に、右の消滅によりもはや第三取得者は時効を援用することができなくなるとすると（確定効果説によれば援用可の理論構成もできるが、確定効果説は民法一四五条に反しとりえない（詳しくは、石田喜久夫編『現代民法講義1』（法律文化社、一九八五年）二九八－二九九頁〔藤岡康宏＝松久三四彦〕参照）、第三取得者は（仮登記担保法五条二項の通知があってから）清算期間経過もしくは清算金支払までの間に援用しなければならないということになろう。しかし、それが妥当かはなお検討を要するように思われる。事案によっては被担保債権の消滅を理由に時効の援用を否定する債権者の主張を権利濫用でしりぞけることも考えられるが、実際には今後の判例にまたねばならない。

六　最後に、本件の事実に即して一点ふれておきたい。

Y_3の本件（三）の土地の所有権取得原因は共有物分割となっている。もし、分割前はY_1と共有関係にあったとすれば、XはY_1の持分の上に仮登記担保権を有していたことになる。そこで、本件（三）の土地の上に、Xに対する関係ではY_1の持分が存在し（抵当権につき、鈴木禄弥『物権法講義（三訂版）』（創文社、一九八五年）二九－三〇頁参照）、これについては、Y_1の時効利益の放棄が認定されている以上、Y_3はY_1の消滅時効を援用することはできないということになろう。

〈評釈等〉 加藤和夫・最判解民事篇昭和六十年度四一四頁（初出、曹時四一巻三号七二四頁）、同・ジュリ八五八号八二頁、東法子・手研四二一号二六頁、遠藤浩・セレクト'86一九頁、鎌田薫・法セ三八一号一五〇頁、同・最新判例演習室（法セ増刊、一九八七年）九四頁、竹屋芳昭・民商九六巻四号五四一頁、堀内仁・金法一一二一号四頁、堀内仁・手研三八四号三七頁、山川一陽＝益井公司・日法五二巻三号五五六頁、米倉明・法協一〇七巻一二号二〇七八頁。

＊初出は、判評三三二号（一九八六年）二四頁（判時一二〇一号一八六頁）。

[5] 時効援用の効果

最高裁昭和六一年三月一七日第二小法廷判決（昭和五九年（オ）第二二一号、所有権移転請求権保全仮登記抹消登記手続等本訴、所有権移転請求権保全仮登記本登記手続請求反訴事件）

――破棄差戻し

（民集四〇巻二号四二〇頁、金法一一三五号三七頁）

〈参照条文〉 民法一四五条、一六七条一項、農地法三条一項

【事　実】 Aは昭和三一年一二月一五日に本件土地（当時は農地）をBに売り渡し（以下「本件売買」という）、代金全額の支払を受け、所有権移転請求権保全仮登記（以下「本件仮登記」という）がなされた。本登記をするために必要な本件売買に対する農地法三条一項（当時）の知事の許可が得られないまま、Aは昭和三七年三月四日に死亡し、Xら（原告＝反訴被告・控訴人・被上告人）が相続人となった。また、Bは昭和四三年一一月四日に本件売買契約上の買主の地位をC（被告＝反訴原告・被控訴人〔一審係属中に死亡し、相続人であるYらが訴訟を承継し、本件土地を占有している〕・上告人）に

譲渡し、本件仮登記に所有権移転請求権移転の付記登記（以下「本件付記登記」という〔当時の不動産登記法では附記登記〕）がなされた。Xらは、知事に対する許可申請協力請求権は本件売買の日から一〇年後の昭和四一年一二月一五日の経過により時効消滅したので、農地の所有権が買主に移転するための法定条件（許可）の不成就が確定し、本件土地の所有権はXらに帰属することが確定したと主張して、昭和五一年二月九日、Bに対して本件仮登記の抹消登記手続を、Cに対して本件付記登記の抹消登記手続および本件土地の明渡しを求めて本訴を提起した（Bに対する請求は二審で勝訴し確定した）。これに対してCは、本件土地の現況は非農地なので農地法三条の許可を要せずに所有権移転の効力が生じているなどと主張して、本件付記登記に基づく本登記手続を求める反訴を提起した。一審（神戸地龍野支判昭和五六年七月二三日民集四〇巻二号四二七頁）は、Xらの本訴請求を棄却し、Cの反訴請求を認容したが（判例集には理由は掲載されていない）、二審（大阪高判昭和五八年一一月三〇日民集四〇巻二号四三六頁）は、Xらの主張を認めて本訴請求を認容し、Yらの反訴請求を棄却した。そこで、Yらは上告し、農地の売買の法定条件である知事の許可が時効等の理由で不成就に確定した後であっても売買契約は効力を失わないから、本件土地が非農地化したときには知事の許可は不要となり、A・B、B・C間の売買は無条件の売買として完全にその効力を生じ本件土地の所有権はCに帰属したとみるべきであると主張した。

〔判　旨〕「民法一六七条一項は『債権ハ一〇年間之ヲ行ハサルニ因リテ消滅ス』と規定しているが、他方、同法一四五条及び一四六条は、時効による権利消滅の効果は当事者の意思をも顧慮して生じさせることとしていることが明らかであるから、時効による債権消滅の効果は、時効期間の経過とともに確定的に生ずるものではなく、時効が援用されたときにはじめて確定的に生ずるものと解するのが相当であり、農地の買主が売主に対して有する県知事に対する許可申請協力請求権の時効による消滅の効果も、一〇年の時効期間の経過とともに確定的に生ずるものではなく、売主が右請求権についての時効を援用したときにはじめて確定的に生ずるものというべきであるから、右時効の援用がされるまでの間に当該農地が非農化したときには、その時点において、右農地の売買契約は当然に効力を生じ、買主にその所有権が移転するものと解すべきであり、その後に売主が県知事に対する許可申請協力請求権の消滅時効を援用してもその効力を生ずるに由ないものというべきである」。Yらは原審において本件土地はすくなくとも昭和四六年八月五日以降は雑木等が繁茂し原野（非農地）となったと主張しているので、Xらが許可申請協力請求権の消滅時効を援用する前（Xらは昭和五一年二月九日に提起した本件本訴の訴状において援用している）に本件土地が非農地化していたかどうか審理を尽くさせる必要がある。

【解　説】

一　問題の所在

農地の所有権を移転するには、原則として農地法所定の許可を必要とし（農地法三条一項）、許可が得られないと所有権は移転しない（同三条七項〔関係法令は現在の条数で示している〕）。この許可申請は、「当事者が連署」した許可申請書によりすることになっている（農地法施行規則一〇条一項柱書）。したがって、農地の売買の場合、買主は売主に対して許可申請協力請求権を有するが、この請求権は「民法一六七条一項の債権に当たる」ので、一〇年で消滅時効にかかるというのが判例である（最判昭和五〇年四月一一日民集二九巻四号四一七頁）。また、農地の売買契約後、許可を得ないうちに当該農地が非農地化した事案では、非農地化した経緯等をも考慮したうえで、もはや農地法は適用されなくなるとして、許可なしに所有権が買主に移転することを認める判例が続いている（最判昭和四二年一〇月二七日民集二一巻八号二一七一頁、最判昭和四四年一〇月三一日民集二三巻一〇号一九三二頁、最判昭和五二年二月一七日民集三一巻一号二九頁など）。そこで、本件では、許可申請協力請求権の消滅時効完成（本件売買の日から一〇年経過）後に非農地化した場合にも許可なしに所有権は買主に移転するかが問題とされたわけである。

二　本判決の意義

本判決は、まず、「時効による債権消滅の効果は、時効期間の経過とともに確定的に生ずるものではなく、時効が援用されたときにはじめて確定的に生ずる」とした。これは、時効の効果の発生時点について最高裁が初めて判示したものであり、しかも、大審院がいわゆる確定効果説をとっていた（大判明治三八年一一月二五日民録一一輯一五八一頁、大判大正八年七月四日民録二五輯一二一五頁）のに対し、今日の通説である不確定効果説（停止条件説、要件説）をとったものとして重要な意義を有するものである。本判決は、許可申請協力請求権の時効による消滅の時点を問題にしたため、消滅時効について不確定効果説をとることを明らかにしたが、その根拠として時効一般の通則である民法一四五条・一四六条を挙げている。したがって、本判決の考え方からは、取得時効についても不確定効果説をとるべきことになろう。

本判決は、次いで、許可申請協力請求権はその消滅時効が「援用されたとき」（時）に確定的に消滅することを理由に、「右時効の援用がされるまでの間に当該農地が非農地化したときには、その時点において、右農地の売買契約は当然に効力を生じ、買主にその所有権が移転する」とした。これは、許可申請協力請求権が消滅したときは、売主の買主に対する所有権移転債務がなくなるので、その後に当該農地が非農地化しても当初の売買契約によって所有権が移転することはないが、買主の売主に対する許可申請協力請求権が存在する間に当該農地が非農地化した場合は、農地法の適用はなくなり許可不要となるので許可なしに所有権は移転するとの考えに基づくものと思われる。

なお、最判平成六年九月八日判時一五一一号六六頁は、本判決を引用して、許可申請協力請求権の消滅時効完成後であっても援用前に買主（滑川市）が問題の土地を中学校の敷地として使用することを確定していれば、この売買契約後の農地法の一部改正により許可が不要とされた場合（地方公共団体が学校敷地に供するために農地を取得する場合）に該当し許可なくして買主に所有権が移転するとした。

三　従来の判例・学説の状況

時効の援用（民一四五条）と時効の効果（民一六二条・一六七条）発生との関係については、おもに、民法一四五条の存在理由および同条の「援用」の法的性質をどう考えるかという問題と結びついて論じられてきた（学説の状況については、松久三四彦「時効制度」星野英一編集代表『民法講座（1）』（有斐閣、一九八四年）五七七－五八二頁〔同『時効制度の構造と解釈』（有斐閣、二〇一一年）一三五－一三八頁〕参照）。学説は、まず、時効完成により時効の効果が確定的に発生するという確定効果説が（富井政章『民法原論（1）』（有斐閣、一九二二年〈上・下合冊版。下冊初版は一九〇四年〉）五五四頁〔「時効ノ援用ハ其効力発生ノ要件ニ非スシテ単ニ裁判ヲ為ス要件ニ過キス」という〕など）、次いで、時効完成により時効の効果は発生するが不援用・時効利益の放棄があるときはこれを解除条件的にとらえて初めから発生しなかったことになるとする解除条件説が（鳩山秀夫『法律行為乃至時効』〔巌松堂書店、一九一二年（合冊版。分冊版は一九一〇年）〕五八二－五八三頁など）、さらに、援用を停止条件的にとらえる停止条件説（穂積重遠『民法総論』〔有斐閣、一九三〇年（分冊版は一九二一年）〕四五七頁など）が説かれた。解除条件説と停止条件説はともに不確定効果説と呼ばれているが、停止条件説は解除条件説のような不確定な状態はないので端的に要件説とも呼ばれるようになっている。

確定効果説は、時効は各種の法律関係のもととなる社会的秩序に関する制度であるから誰に対しても一律にその効果が発生すべきであるとして、民法一六二条・一六七条の文理を重視するものと思われる。この確定効果説に対しては、裁判において当事者が援用しないときは、実体法上権利者でない者を権利者とし、義務者でない者を義務者として判決することを裁判所に命ずることになってしまい実体法と手続法との間に矛盾を生ずるとの批判がなされた（鳩山・前掲五八三－五八四頁）。これに対しては、民法一四五条は判決の基礎をなす事実の確定に必要な資料の提出を当事者の権能および責任とする民事訴訟法上の弁論主義の原則が適用されることを注意的に規定したものであり、援用は訴訟における攻撃防御方法にすぎないと説明された（石田文次郎『現行民法総論』〔弘文堂書房、一九三四年〕四九二頁など）。しかし、これに対しても、なぜ民法がこの民事訴訟法上の原則を時効についてだけ特にわざわざ規定しているのかという疑問に答えない限り、この説はいまだ十分な基礎づけを得ているとはいえないと批判されている（星野英一「時効に関する覚書－その存在理由を中心として」『民法論集（4）』〔有斐閣、一九七八年〕一八一頁。なお、近時においても確定効果説をとり、援用は権利抗弁であるとするものがある〔石田喜久夫ほか編『民法総則』〔法律文化社、一九九三年〕二四二頁〔金山直樹〕、金山直樹「時効における民法と訴訟法の交錯」法教二一九号一八頁〕。これに対する批判として、杉本和士「時効における実体法と訴訟法」『消滅時効法の現状と改正提言〔別冊NBL一二二号〕』〔商事法務、二〇〇八年〕六三頁参照）。

民法一四五条は時効の利益を受けるか否かを当事者の判断に委ねた規定である（その理由として、時効の利益を受けるか否かを当事者の良心に委ねたと解するものが多いが、これに対しては、法が認めた時効という利益を受けるか否かを良心に結びつけて理解することに批判がある。私見は、時効は義務からの解放を望む者にそれを認める制度なので、民法一四五条は時効の利益の押しつけはしないこととし、援用前の給付も有効とするための規定と考えている）との立場からは、確定効果説はとりえない。また、解除条件説に対しては、たとえば消滅時効完成後援用前の債務の履行は停止条件説では当然有効な弁済になるが、解除条件説ではその履行がまず時効不援用の表示であって、これによって債権が復活して、その債権が同じ履行によって消滅するという複雑な観念になるとの批判もあり（穂積・前掲書四五七頁）、かくて、停止条件説が通説となっていった。停止条件説（要件説）は、民法一四五条・一四六条を重視するものであり、本判決も確定効果説を退ける根拠として民法一四五条だけでなく民法一四六条も挙げているが、確定効果説をとることと時効利益の放棄を認めることとは論理的に矛盾するわけではないようにも思われる。そうであれば、民法一四六条は補充的根拠にすぎないといえよう。

四　確定効果説をとった判例の検討

なお、前掲大判明治三八年一一月二五日は、時効の援用がないにもかかわらず手形債権の時効消滅を前提に振出人に対する利得償還請求（手形法八五条参照）を認めた原判決は違法であるとして手形の振出人が上告したのに対し、確定効果説をとったうえで、手形債権の時効消滅については当事者間に争いがないことを理由に上告を棄却したものである。同様の結論は、確定効果説をとらなくとも、利得償還請求権の発生要件としては、手形債務の時効が完成していればよく、手形債務者の援用を要しないとの解釈によっても導くことができるものである（松久三四彦「時効の援用権者」北大法学論集三八巻五・六合併号（下）一五五〇頁注（2）〔同・前掲『時効制度の構造と解釈』二一〇頁注（8）〕、柴田・後掲一七一頁参照）。

また、前掲大判大正八年七月四日は、確定効果説をとり、援用は訴訟上の攻撃防御方法であるとして援用の撤回を認めるものでる。しかし、不確定効果説（要件説）においても、裁判上の援用、および、裁判外で援用したということの裁判上の主張は、訴訟法の観点からは同じく攻撃防御方法である。したがって、不確定効果説においても、同じ理由から、あるいは権利の処分（取得時効の援用の撤回の場合）・義務の負担（消滅時効の援用の撤回の場合）は当事者の自由であるという理由で、援用の撤回を認めることができよう。

〈評釈等〉　柴田保幸・最判解民事篇昭和六十一年度一六〇頁（初出、曹時四一巻九号二五七六頁）、遠藤浩・民事研修四四六号二〇頁、堀内仁・手形研究三〇巻一一号五〇頁、松久三四彦・判例セレクト'86二二頁、同・民商九六巻一号一一四頁、同・昭和六一年度重判解（ジュリ八八七号）六三頁、柳澤秀吉・名城法学三七巻一号八五頁。

＊初出は、民法判例百選Ⅰ総則・物権〔第六版〕（別冊ジュリ一九五号、二〇〇九年）八〇頁であるが、同〔第七版〕（別冊ジュリ二二三号、二〇一五年）八二頁を収録した。

[6]　売買予約に基づく所有権移転請求権保全の仮登記の経由された不動産につき抵当権の設定を受けた者と予約完結権の消滅時効の援用

最高裁平成二年六月五日第三小法廷判決（昭和六三年（オ）三五七号、所有権移転請求権保全仮登記抹消登記手続請求事件）――破棄自判

（民集四四巻四号五九九頁、判時一三五七号六〇頁、判タ七三六号九〇頁、金判八五二号三頁、金法一二六六号二九頁）

〈参照条文〉　民法一四五条、三六九条、五五六条

〔事　案〕　AはBと、昭和三五年一一月一〇日、B所有の本件土地（福岡県大牟田市船津町の田三三〇平方メートル）につき売買の予約をし、翌一一日、所有権移転請求権保全仮登記がなされた。Aは昭和五〇年に死亡し、Y_1ら三名（被告・控訴人・被上告人）が相続した。本件土地の所有権は、相続により、昭和四一年にBからCに、昭和五八年にCからDら六名に移転した。他方、X信用金庫（原告・被控訴人・上告人）は、昭和五五年六月二六日に四七五〇万円を株式会社Eに貸し付け、同日、この債権を担保するため、XC間で本件土地に抵当権設定契約をし、昭和六一年四月一七日にその旨の登記がなされた。XはEが右債務の弁済をしないので、昭和六一年、右抵当権に基づき本件土地の競売の申立てをし、同年六月六日競売開始決定がなされ係属中であるが、右競売事件は前記仮登記が存在するため進行できずXの債権回収に障害となっていた。そこで、XはYに対し、昭和六一年、本件仮登記の抹消登記手続を求めて本訴を提起し、右予約完結権の消滅時効を援用した。すなわち、本件売買予約成立日である昭和三五年一一月一〇日から一〇年の経過をもって本件売買予約完結権は時効消滅したと主張し、予備的に、Xは自己の債権・抵当権を保全するため債権者代位権に基づきDらに代位して消滅時効を援用すると主張した。

一審（福岡地大牟田支判昭和六二年二月一三日民集四四巻四号六〇四頁）は、事実認定の最後に、「右競売事件は前記仮登記が存在するため進行できずXの債権回収に障害となっていることを認めることができる。」とし、続けて、「右認定の事実によればXはAが本件土地につき取得した売買予約に基づく権利につきその消滅時効を援用し得る地位にあるものと認めるのが相当」であるとしてXの請求を認容した（一審の判決理由についてはそのコピーを参照した）。

二審（福岡高判昭和六二年一一月二五日民集四四巻四号六〇七頁）は、まず、Xが抵当権者として自ら本件売買予約完結権の消滅時効を援用しうるかについては次のように判示してこれを否定した。すなわち、「民法一四五条所定の当事者として消滅時効を援用し得る者は、権利の消滅により直接利益を受ける者に限定されると解するを相当とする」として、①最判昭和四二年一〇月二七日民集二一巻八号二一一〇頁、②最判昭和四三年九月二六日民集二二巻九号二〇〇二頁、③最判昭和四八年一二月一四日民集二七巻一一号一五八六頁、④最判昭和六〇年一一月二六日民集三九巻七号一七〇一頁を引用したうえで、Xは本件売買予約完結権の時効消滅により直接利益を受ける者には当たらないとして大判昭和九年五月二日民集一三巻六七〇頁を参照判例として掲げている。つぎに、債権者代位権に基づく消滅時効の援用については、「……抵当権者が抵当権設定者に対し、抵当不動産の担保価値を確保し、もって当該抵当権を保全すべきことを請求し得る債権を有すると解することができるとしても、(中略)、本件のごとく抵当権設定者が単に売買予約完結権の消滅時効を援用しないというのみではいまだ抵当不動産の担保価値を減少させる行為ということはできないから、抵当権者は、直ちに債権者代位権を行使し得るとは解し難い。」として、否定した。

そこでXは、上告し、原審が参考判例としている大判昭和九年五月二日民集一三巻六七〇頁は、抵当権付不動産の第三取得者に被担保債権の消滅時効の援用を認めた右③最判、仮登記担保権付不動産の第三取得者に被担保債権の消滅時効の援用を認めた右④最判により変更されているとして、「してみると、売買予約に基づく所有権移転請求権保全仮登記が設定された不動産につき、抵当権の設定を受けた第三者も、売買予約完結権が時効により消滅すれば仮登記による本登記の順位保全の効力が妨げられる結果抵当権を全うすることができることになるので、やはり、権利の消滅について直接の利益を受ける者に当たるというべきである。」と主張した。

〔判　旨〕「民法一四五条所定の当事者として消滅時効を援用しうる者は、権利の消滅により直接利益を受ける者に限定されるところ(最高裁昭和四五年(オ)第七一九号同四八年一二月一四日第二小法廷判決・民集二七巻一一号一五八六頁参照)、売買予約に基づく所有権移転請求権保全仮登記の経由された不動産につき抵当権の設定を受け、その登記を経由した者は、予約完結権が行使されると、いわゆる仮登記の順位保全効により、仮登記に基づく所有権移転の本登記手続につき承諾義務を負い、結局は抵当権設定登記を抹消される関係にあり(不動産登記法一〇五条、一四六条一項)、その反面、予約完結権が消滅すれば抵当権を全うすることができる地位にあるというべきであるから、予約完結権の消滅によって直接利益を受ける者に当たり、その消滅時効を援用することができるものと解するのが相当である。これと見解を異にする大審院の判例(大審院昭和八年(オ)第一七二三号同九年五月二日判決・民集一三巻六七〇頁)は変更すべきものである。」

【評　釈】

一　本判決は、売買予約(以下では特にことわらない限り、売買予約は担保目的でないものを指すことにする)に基づく所有権移転請求権保全仮登記がなされた不動産に抵当権の設定を受けた抵当権者が、右予約完結権の消滅時効を援用することができるかという問題に対する、初の最高裁判決である（大審院時代にも売買予約の事案は見当たらない。本判決が変更するとした大審院昭和九年判決は再売買予約の事案である）。

以前の下級裁判所の判決には、時効の援用を否定する大阪高決昭和三五年二月四日下民集一一巻二号二七六頁がある。本件一審判決は時効の援用を認め、二審は否定したが、本最高裁判決は時効の援用を認めた。これにより、今後の下級裁判決は本判決に従って統一されると予想されるが、後述するように、売買予約完結権は消滅時効ではなく除斥期間に服するとの解釈もありうるため、そのような判決の出現も考えられないではない。

なお、売買予約完結権の消滅時効期間については、民法一六七条一項の適用により一〇年であるとする大判大正一〇年三月五日民録二七輯四九三頁があるが、再売買予約の事案であった。本件では消滅時効期間は争点となっていないが、本判決には、売買予約の事案でその予約完結権の消滅時効期間を一〇年として時効援用を認めた初の最高裁判決としての意義も見出すことが出来る。したがって、本判決は、売買予約完結権の消滅時効期間を一〇年とする判例としても引用されることになろう（ちなみに、再売買予約完結権の消滅時効期間については、学説には争いがあるが、判例は一〇年であるとして、右大審院大正一〇年判決が先例として掲げている大判大正四年七月一三日民録二一輯一三八四頁が引用されるのが普通である）。

二　時効の援用権者（民法一四五条にいう当事者）は時効により直接利益を受ける者であるというのが、大判明治四三年一月二五日民録一六輯二二頁を初めとする大審院・最高裁判例の一貫した考えである。しかし、その具体的範囲は最高裁時代に入ってからはほぼ拡大の一途をたどっているといってよい（わずかに、援用権否定例として、最判昭和四四年七月一五日民集二三巻八号一五二〇頁がある。これは、Xの土地を時効取得しうるAから、その土地上のA所有建物を賃借しているYは、Aのその土地に対する取得時効を援用することはできないとしたものである）。たとえば、右大審院明治四三年判決は、抵当不動産の第三取得者は被担保債権の消滅時効を援用できないとし、傍論で、物上保証人は被担保債権の消滅時効を援用できないとしたものであるが、これらはいずれも最高裁により援用権者とされるにいたった。また、最高裁が新たな類型で援用権を認めたものもある。それらを年代順に示すと以下のとおりである。

まず、①最判昭和四二年一〇月二七日民集二一巻八号二一一〇頁は、「物上保証人も被担保債権の消滅によって直接利益を受ける者というを妨げない」として右大審院明治四三年判決を変更し、他人の債務のために自己の不動産をいわゆる弱い譲渡担保に提供した者は、「被担保債権の消滅によって利益を受けるものである点において、物上保証人となんら異なるものではないから、同様に当事者として被担保債権の消滅時効を援用しうる」とした。つぎに、②最判昭和四三年九月二六日民集二二巻九号二〇〇二頁は、債権者（後順位抵当権者）が債務者（抵当権設定者）に代位して、債務者が物上保証した先順位抵当権の被担保債権の消滅時効を援用した事案において、まず、右①最判を引用して物上保証人は被担保債権の消滅時効を援用できるとしたうえで、債権者は債務者が他の債権者に負っている債務または他人のために物上保証人となっている場合の被担保債権の消滅時効を債権者代位権にもとづいて援用できるとした（理由は特に述べられていない。なお、この判決には松田裁判官の反対意見がある）。そして、③最判昭和四八年一二月一四日民集二七巻一一号一五八六頁は、「抵当権が設定され、かつその登記の存する不動産の譲渡を受けた第三者は、当該抵当権の被担保債権が消滅すれば抵当権の消滅を主張しうる関係にあるから、抵当債権の消滅により直接利益を受ける者にあたる」として右大審院明治四三年判決は変更すべきものであるとした。最後に、④最判昭和六〇年一一月二六日民集三九巻七号一七〇一頁は、右③最判を引用して、「所有権予約形式の仮登記担保権が設定された不動産の譲渡を受けた第三者は、当該仮登記担保権の被担保債権の消滅によって直接利益を受ける者というを妨げないから、右不動産によって担保された債権の債務者でなくても、その消滅時効を援用することが許される」とした。

三　本判決はこれらに続くものであり、大審院判決を変更すると判示したものとしては右①・③最判に続く三つめの最高裁判決である。また、①・③・④最判は、いずれも、抵当権などの負担付不動産の「所有者」（当初からの所有者および第三取得者）に被担保債権の消滅時効の援用を認めたものであるのに対し、本判決は抵当権者に時効援用権を認めたものである。この点で、本判決は援用権者に新たな類型を加えたものといえよう。もっとも、本件では、売買予約完結権が行使され、仮登記の順位保全効により抵当権の登記が抹消されると、抵当権者は抵当権そのものを失う関係にある。時効援用の可否が自己の権利を保持しうるか否かを左右する点では「所有者」の場合と異ならないのである。したがって、後順位抵当権者は先順位抵当権の被担保債権の消滅時効を援用できるかという問題は、本件とは類型ないし利害状況を異にしており、本判決の射程外である（角紀代恵「本判決の解説」セレクト'90二〇頁）。本件とは異なり、担保目的で売買の予約がなされ仮登記がなされた場合、すなわち仮登記担保権つき不動産上の抵当権者は被担保債権の消滅時効を援用できるかという問題も同様である。

なお、本判決は②最判とも類型を異にするものである。②最判も抵当権者の援用権を問題とするものではあったが、そこでは被担保債務者に代位した援用が問題とされたのに対し、本件ではそもそも被担保債務者Eの援用権が考えられない事案だからである。もっとも、抵当権設定者の相続人であるDらに代位して援用するとのXの予備的主張は、②最判と同様の問題類型に属するといえよう。

四　本判決も、従来の判例同様、時効利益の「直接」性という基準で援用権者か否かを判断している。しかし、この基準で援用権者の範囲を画することが困難であることは、これまで学説がこぞって指摘してきたことである。「直接」か間接かを文字通りに判断すれば援用権者の範囲は不当に狭められ、拡大しようとすると間接的なものを直接であるという無理が生じることになる。第二審判決と本判決が結論を異にしながらも、ともに前掲③判決を引用しているという奇妙さは、「直接」性基準の難点を示すものであり、第一審判決が「直接」性基準をもちださなかったことは評価されるべきであろう。「大審院・最高裁を通じて『直接』性という判断基準を堅持しながら、その中身が正反対に異なり、かつては『直接』でなかったものが今では『直接』だといわれる、それも社会状勢の変化が背景にあるとでもいうならともかく、そうではないのに、がらりと態度を一変するのはあまり感心したこととは思えない。とりわけ法律の素人はどう受け取るであろうか。いかにも御都合主義、法律の解釈なるものはずいぶんいい加減なものだという感を抱くのではあるまいか。」（米倉明「前掲④最判の評釈」法学協会雑誌一〇七巻一二号（一九九〇年）二〇九一頁）とのまことに正当で痛烈な批判は、そのまま本判決にもあてはまるものである。

五　本判決が変更するとした、大判昭和九年五月二日民集一三巻六七〇頁は、再売買予約に基づく仮登記のある不動産の第三取得者や同不動産上の抵当権者による右予約完結権の消滅時効の援用を否定したものである（評釈として、我妻栄・判例民事法昭和九年度五八事件、田島順・法学論叢三一巻六号一〇五九頁、末川博『判例民法研究』（弘文堂、一九三七年）三三事件）。この大審院昭和九年判決は、いずれ変更されるであろうと予想されていたものではあるが（星野英一『民法概論Ⅰ』（良書普及会、一九七一年）二八五頁、松久三四彦「前掲④最判の評釈」判評三三二号（一九八六年）二五頁〔本書[4]所収〕、米倉・前掲評釈二〇九三頁など）、私は本件のような抵当権者が援用するケースではなく、第三取得者が援用するケースでの変更を考えていた。前掲①・③・④最判は、いずれも抵当権などの負担付不動産の「所有者」に被担保債権の消滅時効の援用を認めたものであるから、第三取得者ケースをその類型にあてはまるものと考えたのである。もっとも、前述したように、本件の抵当権者は「所有者」類似の利害状況にある。とはいえ、第三取得者にとって予約完結権の消滅は常に利益であるが、抵当権者の場合は、被担保債権が弁済されれば予約完結権が行使されようと何らの不利益を被らない。この違いを援用権の有無等の解釈に反映させるかどうかは、後述するように一つの検討すべき問題であろう。

六　時効の援用権者について、旧民法証拠編九三条一項は、「時効ハ総テノ人ヨリ之ヲ援用スルコトヲ得」と規定していたが、現行民法では削除された。「誰レデモ援用ガ出来ルト云フコトハ言ハヌデモ知レタコト」であるというのがその理由である（『法典調査会民法議事速記録二』（商事法務研究会、一九八三年）四一〇頁〔梅謙次郎〕）。したがって、民法起草過程では、援用権者の範囲には制限がないとする無制限説がとられていたようである。

学説は、古くは判例の「直接」性を基準とする考えに同調するものもあったが、近時は判例理論に代わるべき基準が求められ、時効観などとも関連した様々な考えが示されている（判例・学説の状況および私見の詳細については、松久三四彦「時効の援用権者」北大法学論集三八巻五・六合併号（下）（一九八八年）一五三三頁〔同『時効制度の構造と解釈』（有斐閣、二〇一一年）一八一頁所収〕、同「時効援用権者の範囲」金融法務事情一二六六号（一九九〇年）六頁〔本書[59]所収〕参照）。そのような多彩な学説も、制限説と無制限説に大別されるわけであり、無制限説からは本判決の結論は一応は妥当なものということになろうか（無制限説でも、後述の消滅時効か除斥期間かという問題は残る）。

これに対し、私見は、つぎのような制限説である。すなわち、①時効の目的は義務からの解放であるから、援用権者は時効の援用により義務を免れる者でなければならない、②直接の当事者（取得時効完成の要件をみたした占有者、消滅時効が完成した権利の相手方）が第三者のために時効を援用すべき関係にある場合には、それにもかかわらず直接の当事者に時効を援用させ時効利益を強制的に受けさせるわけにはいかないので、第三者に援用権が認められる、③そのような関係になくとも、他に第三者に援用権を認めるべき特別の理由が見出される場合には、第三者にも援用権が認められる、というものである（松久・前掲「時効の援用権者」）。

これに照らして本件を検討すると、予約完結権の時効消滅によりXは抵当権抹消義務を免れるから①の基準はみたすものの、②の基準をみたすかは一概にはいえない。たとえば、被担保債権の弁済期が未到来であるとか、到来していても債務者Eが弁済の提供をしている場合には、予約義務者であるDら（直接の当事者）は、抵当権者X（第三者）のために予約完結権の消滅時効を援用すべき関係にあるとはいえないからである。このことは、本判決の射程距離の判断にもかかわってくる。すなわち、本件では、抵当権者Xが本訴に先立ち抵当権の実行を申し立て競売開始決定を得ていたが、本件仮登記が存在するため競売手続は進行せず保留されていた（ちなみに、Xは本最高裁判決後に本件仮登記を抹消し、競売続行の上申書を提出、近く第一回入札が実施される見込みのようである。これらの資料入手については、原告代理人山中靖夫弁護士のご協力を得た）。この事実を、抵当権者に予約完結権の消滅時効援用が認められた要因と考える（牧山市治「本判決の評釈」金融法務事情一二七八号二一頁）かどうかである（一審判決はこの事実を重視しているように見える）。私見とする右基準との関係では、この事実があることにより②の基準をもみたし、本判決の結論自体は本件事案の限りで一応妥当なものと評価することができそうである。

七　しかし、限定つきとはいえ、抵当権者は予約完結権の消滅時効を援用できるとすると次の疑問が出てくる。

第一は、形成権である売買予約完結権が、消滅時効完成後であるにもかかわらず援用前に行使されると、もはや援用の対象がなくなり援用できなくなるのではないかということである（本件ではそのような問題は生じないが）。そうなれば、現状防衛という時効の機能は失われることになろう。これに対しては、抵当権者は仮登記ある予約完結権者の自己に対する登記請求権〔承諾請求権〕（不動産登記法一〇五条、一四六条一項）の消滅時効を援用すればよい（その前提として、右登記請求権は消滅時効にかかる）、との解釈が成り立つか検討する必要があろう。

第二は、抵当権者や第三取得者などの第三者に仮登記つき売買予約完結権の消滅時効の援用を認めることは援用の相対効に反することにはならないかということである。たとえば、抵当不動産の第三取得者が被担保債権の消滅時効を援用しても、第三取得者と債権者の間でだけ被担保債権は消滅したものとして扱われ、直接の当事者（債権者と債務者）間では債権それ自体は影響をうけない（援用の相対効）。これに対し、たとえば、売買予約に基づく仮登記つき不動産の第三取得者が予約完結権の消滅時効を援用して仮登記を抹消してしまうと、予約完結権者は所有権を取得できなくなるため、実質的には予約義務者との間でも予約完結権を失うに等しいことになるのではないか、そうであれば、援用の相対効に反することになるのではないかということである。これに対しては、第三取得者が時効を援用しても直接の当事者（予約完結権者と義務者）間では依然として予約完結権は存続しており、援用の相対効に反することにはならないとの反論が考えられないでもない。しかし、仮登記つき予約完結権行使の効果を売買契約の成立＝所有権移転と解するならば、やはり第三者が援用して仮登記が抹消されると、もはや予約完結権を行使しても所有権移転という重要な効果が失われることになる（他人の物の売買が成立することになろうか）のであるから、直接の当事者間でも、権利の実質に重大な変更を生じさせることになり、抵当不動産の第三取得者が被担保債権の消滅時効を援用した場合とは異なるのではないかと思われる。

以上の疑問から、売買予約完結権の期間制限は、消滅時効ではなく、援用なしに誰との関係でも消滅する除斥期間に服すると解すべきことにはならないかを検討する必要があるように思われるのである。私見はまだ固まっていないが、仮に除斥期間に服するとなると、第三取得者と抵当権者を区別する必要もなく、そもそも援用権者の範囲は問題とならないということになる。

〈評釈等〉　魚住庸夫・最判解民事篇平成二年度一六七頁（初出、曹時四四巻二号四八七頁）、青柳馨・判タ七六二号二〇頁、東法子・手研四六三号一四頁、石田喜久夫・民商一〇二巻一号九三頁、伊野琢彦・山院二二号一四七頁、角紀代恵・セレクト'90二〇頁、副田隆重・法セ四三四号一二二頁、永田真三郎・リマークス三号一八頁、西尾信一・手研四四八号五二頁、松久三四彦・法教一二四号九二頁、同・平成二年度重判解（ジュリ臨増九八〇号）六二頁、宮下尚子・立教大学大学院法学研究一二号四七頁、森田宏樹・法協一〇八巻八号一三五九頁。

＊初出は、判評三八八号（一九九一年）一三頁（判時一三七九号一五九頁）。

［7］援用権者――売買予約の仮登記のなされている不動産の第三取得者――

最高裁平成四年三月一九日第一小法廷判決（平成二年（オ）第七四二号、所有権移転登記承諾請求本訴、所有権移転請求権保全仮登記抹消登記手続請求反訴、当事者参加事件）――上告棄却

（民集四六巻三号二二二頁、判時一四二三号七七頁、判タ七八八号一四〇頁、金判八九八号三頁、金法一三二七号二三頁）

〈参照条文〉民法一四五条、五五六条

〔事　実〕　AはBに対し五万円を弁済期昭和三一年五月三一日として貸し付け、その担保のため、B所有の本件土地につき売買予約をし、その旨の所有権移転請求権保全仮登記を経由した。その後、右貸金債権と予約完結権はAからCらを経てX（原告・被控訴人・上告人）が取得し、右仮登記の移転登記もなされた。他方、本件土地はBからDらを経てY′（被告・控訴人）とZ′の共有（持分各二分の一）となったが、Y′の単独名義として所有権移転登記を受けた。Xは昭和五九年一〇月二〇日、予約義務者のBに対して右売買予約を完結する旨の意思表示をしたうえで、登記上の利害関係人であるY′に対し、右仮登記に基づき本登記手続をすることの承諾（不動産登記法一〇五条・一四六条一項）を求めて本訴を提起した。これに対してY′は、右弁済期から一〇年の経過による本件予約完結権の消滅時効を援用するなどしてこれを争った。なお、二審段階

でY´が死亡し、本件土地の所有名義は実体どおりY´の相続人Y（控訴人Y´の承継人・被上告人）とZ´の相続人Z（二審参加人・被上告人）の共有登記とされ、Zが訴訟参加した（以下、YZをYらという）。また、Yらは二審でXに対し本件仮登記の抹消登記手続を求める反訴を提起した。このため、Yらは右予約完結権の消滅時効を援用できるかが争点となった。一審（広島地判昭和六三年四月二六日民集四六巻三号二二七頁）はY´の援用権を否定してXの請求を認めたが、二審（広島高判平成二年二月二二日民集四六巻三号二三二頁）はYらには援用権があり、さらにBのCに対する弁済を認定しこの点からも予約完結権は消滅しているとしてXの本訴請求を棄却し、Yらの反訴請求を認容した。そこでXは上告し、①「予約完結権の行使は第三取得者に対してなされるのではないのであるから、第三取得者を援用権者とすることはできない」、②「予約完結権行使についての権利者・義務者間において不動産売買の完結をみた後に何故義務者でもない第三取得者が消滅時効の援用をなしうるかについては、原判決は全く理由を示さない」違法がある等と主張した。

〔判　旨〕「民法一四五条にいう当事者として消滅時効を援用し得る者は、権利の消滅により直接利益を受ける者に限定されるところ、売買予約に基づく所有権移転請求権保全仮登記の経由された不動産につき所有権を取得してその旨の所有権移転登記を経由した者は、予約完結権が行使されると、いわゆる仮登記の順位保全効により、仮登記に基づく所有権移転の本登記手続につき承諾義務を負い、結局は所有権移転登記を抹消される関係にあり（不動産登記法一〇五条、一四六条一項）、その反面、予約完結権が消滅すれば所有権を全うすることができる地位にあるから、予約完結権の消滅によって直接利益を受ける者に当たり、その消滅時効を援用することができるものと解するのが相当である。これと見解を異にする大審院の判例（大審院昭和八年（オ）第一七二三号同九年五月二日判決・民集一三巻六七〇頁）は変更すべきものである。」

【解　説】

一　民法一四五条は、「当事者」が時効を援用しなければ時効に基づく裁判をすることはできないとしている。そこで、時効の援用権者の範囲、すなわち同条の「当事者」に当たる者の範囲が問題となる。考え方としては、大別して、時効の援用が法的に自己の利益となる者であれば誰でも援用できるとする無制限説と、援用権者の範囲に一定の制限を設ける制限説がありうる。そして、いかなる理由でいずれをとるか、もし制限説ならばさらに援用権者を画する基準が問題となる（判例・学説の状況等については、松久三四彦「時効の援用権者」北大法学論集三八巻五・六合併号（下）〈一九八八年〉一五三三頁〔同『時効制度の構造と解釈』〈有斐閣、二〇一一年〉一八一頁〕参照）。

二　判例は、①大判明治四三年一月二五日民録一六輯二二頁を初めとして、民法一四五条の「当事者」とは時効により「直接」利益を受ける者であるとして制限説をとる（援用権者はこの「当事者」とその承継人であるという）。この①大判は、抵当不動産の第三取得者や物上保証人は被担保債権の消滅時効については間接に利益を受ける者にすぎないからこれを援用することはできないとしたものである（物上保証人については傍論）。その実質的理由として、直接利益を受ける者である債務者が援用しないのに、間接に利益を受けるにすぎない物上保証人などの援用が認められるならば、債権者は主たる債権を有しながら従たる抵当権を失うというような不都合が生じるからであるという。また、本判決が変更するとした、②大判昭和九年五月二日民集一三巻六七〇頁は、再売買の予約がなされ仮登記がなされた不動産の第三取得者や抵当権者は予約完結権の消滅時効を援用できないとしたものである。

しかし、このように援用権者の範囲を狭く解することには学説の批判が強く、最高裁は右の一般的基準は堅持しつつも、①・②大判の変更を明言し、消滅時効の援用権者の具体的範囲を広げてきた（ただし、取得時効については制限的である。最三小判昭和四四年七月一五日民集二三巻八号一五二〇頁〔Xの土地を時効取得しうるAから、Aがその地上に所有する建物を賃借しているYは、Aのその土地に対する所有権の取得時効を援用することはできないとした〕参照）。すなわち、③最二小判昭和四二年一〇月二七日民集二一巻八号二一一〇頁（他人の債務のために自己の不動産を弱い譲渡担保に供した者〔一般論として物上保証人〕は被担保債権の消滅時効を援用できる〔①大判を変更〕）、④最二小判昭和四八年一二月一四日民集二七巻一一号一五八六頁（抵当不動産の第三取得者は被担保債権の消滅時効を援用できる〔①大判を変更〕）、⑤最三小判昭和六〇年一一月二六日民集三九巻七号一七〇一頁（仮登記担保権つき不動産の第三取得者は被担保債権の消滅時効を援用できる〔④最判を引用〕）、⑥最三小判平成二年六月五日民集四四巻四号五九九頁（売買予約〔取得目的の事案）に基づく仮登記のある不動産の抵当権者は予約完結権の消滅時効を援用できる（②大判を変更））がそうであり、これらに続く本判決もその一つとして位置づけることができる。本判決は予約完結権の消滅時効の援用を認めた点で⑥最判と類似するが、売買予約が担保目的の事案であり、第三取得者の援用の可否が問題とされた点が異なる。

このように、最高裁は、援用権者の基準自体は堅持して制限説に立ちつつ、大審院が時効により「間接」に利益を受ける者にすぎないとした者を、今度は「直接」に利益を受ける者であるというのであるから、判例がいう「直接」と「間接」の区別は理解し難いものとなっている。ここに判例の最大の難点があるといえよう（もっとも、判例のとる基準の再評価の余地を指摘するものとして、森田宏樹「⑥最判の判批」法協一〇八巻八号〈一九九一年〉一三七六頁参照）。

三　学説は、制限説をとりつつも広く援用を認める立場が多数のようである。しかし、それでは判例の基準に代わるべき新たな基準をどこに求めるかとなると一致せず、しかも抽象的な基準にとどまるものが多い。たとえば、かつての有力説は、援用権者は「時効によって直接権利を取得しまたは義務を免れるものの他、この権利または義務に基づいて権利を取得しまたは義務を免れる者」であるという（我妻栄『新訂民法総則』〈岩波書店、一九六五年〉四四六頁）が、無制限説との区別がつきにくい。近時は、「問題になっている者の類型（保証人か、第三取得者かなど）に応じ、きめ細かく考えるべきである」といわれるようになり（星野英一「時効に関する覚書」『民法論集第四巻』〈有斐閣、一九七八年〉三〇九頁〈初出、法協九〇巻六号〈一九七三年〉九二四頁〉）、最近では、①時効の目的は義務からの解放であるから、援用権者は時効の援用により義務を免れる者でなければならないとしたうえで（これにより、たとえば、後順位抵当権者は先順位抵当権の被担保債権の消滅時効を援用できない）、②直接の当事者（取得時効完成の要件を満たした占有者や消滅時効が完成した権利の相手方）が第三者（時効の効果が発生すれば法律上の利益を受ける者のうち、直接の当事者以外の者）のために時効を援用すべき関係にある場合には、それにもかかわらず直接の当事者に時効を援用させ時効利益を強制的に受けさせるわけにはいかないので、第三者に援用権が認められる（したがって、第三者の時効援用の効果は当該第三者との関係でのみ認められ、直接の当事者には帰属しない－援用の相対効）、③そのような関係になくとも、他に第三者に援用権を認めるべき特別の理由が見出される場合には第三者にも援用権が認められる、とする説（松久・前掲「時効の援用権者」）がでてきた。ちなみに、この説から本件を見ると、右①の他に②も満たす（予約義務者は目的物を譲渡した以上、譲受人に所有権を確定的に取得させるべき義務があるから）ので、Yらは被担保債権や予約完結権の消滅時効を援用できることになる（ただし、予約完結権については次に述べるようになお検討すべき点がある）。

四　本件では、担保目的の売買予約であるから被担保債権の消滅時効の援用が考えられるが、本判決は第三取得者に予約完結権自体の一〇年（民法一六七条一項）の消滅時効の援用を認めた。これについては、本件のように完結権行使後でも援用できるのかを検討する必要がある（前記上告理由の②の問題であるが、判旨は答えていない。完結権自体はその行使により消滅するので、Yらに対する承諾請求権の消滅時効としてとらえるべきであろうか）。また、担保権者対第三取得者の争いという事案の類似性という点から、抵当不動産の第三取得者は抵当権の消滅時効を援用できるかという問題（民三九六条、三九七条参照。大判昭和一五年一一月二六日民集一九巻二一〇〇頁は、抵当権は後順位抵当権者〔傍論〕や第三取得者に対しては被担保債権とは離れて民法一六七条二項により二〇年の消滅時効にかかるとする〔ただし、当時判例は抵当不動産の第三取得者に被担保債権の消滅時効の援用は認めていなかった―これを認め①大判を変更したのは④最判である―ことに留意する必要がある〕）と同様に扱うべきか否かという検討も必要であろう。

〈評釈等〉　井上繁規・最判解民事篇平成四年度一二四頁（初出、曹時四六巻三号五六二頁）、同・最高裁時の判例Ⅱ（ジュリ増刊）三〇頁（初出、ジュリ一〇〇八号八八頁）、東法子・手研四八八号三〇頁、磯村保・リマークス七号一五頁、大窪誠『民法判例30講（民法総則・物権法）』（板橋郁夫ほか編）（成文堂、二〇〇〇年）九三頁、加藤学・判タ八二一号二〇頁、金山直樹・法教一四七号九二頁、同・民商一〇七巻六号九一九頁、草野元己・ジュリ一〇一六号一一一頁、高橋真・金法一三六四号四四頁、中田裕康・法協一一一巻二号二七九頁、半田吉信・判評四〇八号三五頁（判例時報一四三九号一九七頁）、松久三四彦・セレクト'92一九頁、松本崇・金判九〇六号三九頁、森井英雄・判タ八一八号四一頁、山野目章夫・法セ四五五号一二四頁、山本豊・実務取引法判例（平成四年版）（別冊NBL 三〇号）三四頁（初出、NBL五一

八号六〇頁）、同・平成四年度重判解（ジュリ臨増一〇二四号）六八頁。

＊初出は、民法判例百選Ⅰ総則・物権〔第四版〕（別冊ジュリ一三六号、一九九六年）九〇頁。

〔8〕 時効援用の可否――詐害行為の受益者――

最高裁平成一〇年六月二二日第二小法廷判決（平成六年（オ）第五八六号、所有権移転登記抹消登記手続請求事件）――破棄差戻し

（民集五二巻四号一一九五頁、判時一六四四号一〇六頁、判タ九七九号八五頁、金判一〇四八号二七頁、金法一五二三号六八頁）

〈参照条文〉　民法一四五条、四二四条

〔事　実〕　X（原告・被控訴人・被上告人）は、Aが代表取締役をするB会社に対して、金銭消費貸借契約及び準消費貸借契約に基づき、昭和五六年八月二二日から昭和五九年二月四日の間に生じた合計二一五〇万円の債権（①債権）を有し、Bの連帯保証人であるAに対し、同額の連帯保証債務履行請求権（②債権）を有していた。また、XはAに対して、昭和五二年七月六日から昭和五六年一二月二一日の間にAの依頼で立て替えた費用の合計一一八九万八九〇二円の求償債権（③債権）を有していた。Aは多額の債務を負担していたところ、Aとその内縁の妻Y（被告・控訴人・上告人）は、債権者を害することを知りながら、昭和六一年二月一日、A所有の本件不動産につき贈与契約を締結し、同年四月一八日、Yへの所有権移転登記を経由した。そこでXは、この贈与が詐害行為にあたるとして、その取消しと移転登記の抹消をもとめて訴えを提起した（一審―東京地八王子支判平成二年七月三〇日民集五二巻四号一二〇七頁参照）。これに対しYは、①債権につき

商事債権であるとして貸付けの日から五年の消滅時効を、③債権につき立替えから一〇年の消滅時効を援用した。原審（東京高判平成五年一一月三〇日民集五二巻四号一二一七頁）は、受益者にすぎないYは上記各債権の消滅時効を援用できないとして、Xの請求を認容した。Y上告。最高裁は次のように判示し、Yの上記各債権の消滅時効の援用を認めた。

〔判　旨〕「民法一四五条所定の当事者として消滅時効を援用し得る者は、権利の消滅により直接利益を受ける者に限定されるところ（最高裁平成二年（オ）第七四二号同四年三月一九日第一小法廷判決・民集四六巻三号二二二頁参照）、詐害行為の受益者は、詐害行為取消権行使の直接の相手方とされている上、これが行使されると債権者との間で詐害行為が取り消され、同行為によって得ていた利益を失う関係にあり、その反面、詐害行為取消権を行使する債権者の債権が消滅すれば右の利益喪失を免れることができる地位にあるから、右債権者の債権の消滅によって直接利益を受ける者に当たり、右債権について消滅時効を援用することができるものと解するのが相当である。これと見解を異にする大審院の判例（大審院昭和三年（オ）第九〇一号同年一一月八日判決・民集七巻九八〇頁）は、変更すべきものである。」

【解　説】

一　本判決は、大審院の判例（大判昭和三年一一月八日民集七巻九八〇頁）を変更し、詐害行為の受益者は被保全債権（③債権）の消滅により直接利益を受ける者に当たるから、その消滅時効を援用できるとした（前掲大審院判決は、被保全債権の時効消滅による受益者の利益は「時効ノ直接ノ結果ニ非サル」から援用できないとしていた）。また、主債務が消滅すれば連帯保証債務も当然に消滅するので、被保全債権である連帯保証債務（②債権）の主債務（①債権）の消滅時効も援用できるとした（これは、主債務の消滅時効の方が保証債務の消滅時効よりも先に完成する場合に実益がある）。この点も最高裁の新判例である。

二　民法一四五条は、「当事者」が時効を援用しなければ時効に基づく裁判をすることはできないとしている。そこで、時効の援用権者の範囲、すなわち同条の「当事者」に当たる者の範囲が問題となる。考え方は、時効の援用が法的に自己の利益となる者であれば誰でも援用できるとする無制限説と、援用権者の範囲に一定の制限を設ける制限説に大別される。そして、いかなる理由でいずれをとるか、もし制限説ならばさらに援用権者を画する基準が問題となる（判例・学説の状況等については、松久三四彦「時効の援用権者」北大法学論集三八巻五・六合併号（下）一五三三頁〔同『時効制度の構造と解釈』〈有斐閣、二〇一一年〉一八一頁所収〕、山本豊「民法一四五条」広中俊雄＝星野英一編『民法典の百年Ⅱ』〔有斐閣、一九九八年〕二五七頁参照）。

三　判例は、①大判明治四三年一月二五日民録一六輯二二頁を始めとして、民法一四五条の「当事者」とは時効により「直接」利益を受ける者であるとして制限説をとる（援用権者はこの「当事者」とその承継人であるという）。この①大判は、抵当不動産の第三取得者や物上保証人は被担保債権の消滅時効については間接に利益を受ける者にすぎないからこれを援用することはできないとしたものである（物上保証人については傍論）。その実質的理由として、直接利益を受ける者である債務者が援用しないのに、間接に利益を受けるにすぎない物上保証人などの援用が認められるならば、債権者は主たる債権を有しながら従たる抵当権を失うというような不都合が生じるからであるという。また、②大判昭和九年五月二日民集一三巻六七〇頁は、再売買の予約がなされ仮登記がなされた不動産の第三取得者や抵当権者は予約完結権の消滅時効を援用できないとし、その理由を次のようにいう。すなわち、これら第三者はなんら義務を負担するものではないから消滅時効の完成により直接利益を受ける者ではない。また、これら第三者に時効援用を認めると、予約義務者は第三者との関係では時効の援用をしたのと同一の結果となるので、時効の援用を当事者の意思にまかせた立法の精神に反するという。

しかし、このように援用権者の範囲を狭く解することには学説の批判が強く、最高裁は上記の一般的基準（直接性基準）は堅持しつつも、①・②大判を変更し、消滅時効の援用権者の具体的範囲を広げてきた。すなわち、③最判昭和四二年一〇月二七日民集二一巻八号二一一〇頁（他人の債務のために自己の不動産を弱い譲渡担保に供した者〔一般論として物上保証人〕は被担保債権の消滅時効を援用できる〔①大判を変更〕）、④最判昭和四八年一二月一四日民集二七巻一一号一五八六頁〔抵当不動産の第三取得者は被担保債権の消滅時効を援用できる〔①大判を変更〕〕、⑤最判昭和六〇年一一月二六日民集三九巻七号一七〇一頁〔仮登記担保権つき不動産の第三取得者は被担保債権の消滅時効を援用できる〔④最判を引用〕〕、⑥最判平成二年六月五日民集四四巻四号五九九頁〔売買予約〔取得目的の事案〕に基づく仮登記のある不動産の抵当権者は予約完結権の消滅時効を援用できる〔②大判を変更〕〕、⑦最判平成四年三月一九日民集四六巻三号二二二頁〔売買予約〔担保目的の事案〕に基づく仮登記のある不動産の第三取得者〔登記も経由〕は予約完結権の消滅時効を援用できる〔②大判を変更〕〕、⑧最判平成一一年二月二六日判時一六七一号六七頁〔譲渡担保権者から被担保債権の弁済期後に譲渡担保権の目的物を譲り受けた第三者は、譲渡担保権設定者が譲渡担保権者に対して有する清算金支払請求権の消滅時効を援用できる〕がそうであり〔援用を否定したものとしては、最判昭和四四年七月一五日民集二三巻八号一五二〇頁〔Xの土地を時効取得しうるAから、Aがその地上に所有する建物を賃借しているYは、Aのその土地に対する所有権の取得時効を援用することはできないとした〕、最判平成一一年一〇月二一日民集五三巻七号一一九〇頁がある〕、これらに続く本判決もその一つとして位置づけられる。

このように、最高裁は、援用権者の基準自体は当初からの直接性基準を堅持して制限説に立ちつつ、大審院が時効により「間接」に利益を受ける者にすぎないとした者を、今度は「直接」に利益を受ける者であるというのであるから、判例がいう「直接」と「間接」の区別は理解し難いものとなっている。ここに判例の最大の難点があるといえよう〔もっとも、判例のとる基準の再評価の余地を指摘するものとして、森田宏樹「⑥最判の判批」法協一〇八巻八号一三七六頁参照〕。

四　学説は、制限説をとりつつも広く援用を認める立場が多数である。しかし、それでは判例の基準に代わるべき新たな基準をどこに求めるかとなると一致せず、しかも抽象的な基準にとどまるものが多い。たとえば、かつての有力説は、援用権者は「時効によって直接権利を取得しまたは義務を免れるもののほか、この権利または義務に基づいて権利を取得しまたは義務を免れる者」であるという〔我妻栄『新訂民法総則』〔岩波書店、一九六五年〕四四六頁〕が、無制限説との区別がつきにくい。近時は、「問題になっている者の類型（保証人か、第三取得者かなど）に応じ、きめ細かく考えるべきである」といわれるようになり（星野英一「時効に関する覚書」同『民法論集（４）』（有斐閣、一九七八年）三〇九頁（初出、法協九〇巻六号九二四頁））、最近では、①援用権者は時効の援用により義務を免れる者でなければならない（時効の目的は義務からの解放であるから）としたうえで、②直接の当事者（取得時効完成の要件を満たした占有者や消滅時効が完成した権利の相手方）が第三者（時効の効果が発生すれば法律上の利益を受ける者のうち、直接の当事者以外の者）のために時効を援用すべき関係にある場合（直接の当事者に時効を援用させて時効利益を強制的に受けさせるわけにはいかないので、この場合には第三者に援用権を認める必要がある。したがって、第三者の時効援用の効果は権利者（時効により不利益を被る者）と当該第三者との関係でのみ認められ、直接の当事者には帰属しない（援用の相対効）ということになる）、または、③そのような関係になくとも、他に第三者に援用権を認めるべき特別の理由が見出される場合、には第三者にも援用権が認められるとする説がでてきた（松久・前掲「時効の援用権者」。この説では、詐害行為の受益者は①・②を満たすので被保全債権の消滅時効を援用できることになる（同一五六四頁））。

五　受益者は被保全債権の消滅時効を援用できるかにつき、従来の学説は、否定説もみられたが（内池慶四郎「時効における援用と中断との関係」法学研究三〇巻六号四五〇頁など）、肯定説が通説であった（我妻栄・前掲『新訂民法総則』四四八頁、幾代通『民法総則〔第二版〕』（青林書院、一九八四年）五四〇頁など）。本判決の評釈の多くも、理由は様々であるが肯定説をとり本判決の結論に賛成している（山本・後掲三一九頁〔政策判断〕、佐藤・後掲五九頁〔直接性基準を満たす〕、伊藤・後掲二五頁〔受益者は当該債権の対外的効力である詐害行為取消権を直接争う立場にある〕、草野・後掲一七頁〔受益者は債務者の承継人にあたる〕）。反対は、清水・後掲二四頁〔利益衡量〕）。

六　なお、本判決は、「記録によれば、Ｘが債務者の承認による時効の中断等の再抗弁を主張していることがうかがわれるから、消滅時効の成否について更に審理を尽く」す必要があるとして原審に差し戻している。これは、時効中断の「当事者」以外の者である受益者も中断の効力を否定できないということを前提とするものである。これは、一見すると民法一四八条の文理に反するかの如くであり、同条との関係ないし同条の意味が問題となる（小野・後掲曹時二二一九頁以下、松久三四彦「民法一四八条の意味」金沢法学三一巻二号四一頁〔同・前掲『時効制度の構造と解釈』二四四頁所収〕参照）。

〈評釈等〉　小野憲一・最判解民事篇平成十年度（下）六二三頁（初出、曹時五二巻七号二二一頁）、同・最高裁時の判例Ⅱ（ジュリ増刊）三二頁（初出、ジュリ一一四二号九一頁）、東法子・銀法五五七号四六頁、伊藤進・金法一五五六号二二頁、遠藤東路・判タ一〇〇五号四二頁、草野元己・リマークス一九号一四頁、桜井博子・立教大学大学院法学研究三〇号五三頁、佐藤岩昭・平成一〇年度重判解（ジュリ臨増一一五七号）五八頁、清水暁・判評四八六号二〇頁（判時一六七六号一八二頁）、辻伸行・法教二二〇号一二六頁、鶴藤倫道・関東学園大学法学紀要九巻一号二〇一頁、中井美雄・民商一二〇巻三号四五五頁、奈良次郎・法の支配一一三号九〇頁、山本豊・セレクト'86－'00（二〇〇二年）三二九頁。

＊民法判例百選Ⅰ総則・物権〔第五版新法対応補正版〕別冊ジュリ一七五号（二〇〇五年）九四頁（初出は、第五版、別冊ジュリ一五九号〔二〇〇一年〕九四頁）を収録。

［9］　破産免責の効力の及ぶ債務の保証人とその債権の消滅時効の援用

最高裁平成一一年一一月九日第三小法廷判決（平成九年（オ）四二六号、求償債権請求事件）――上告棄却

（民集五三巻八号一四〇三頁、判時一六九五号六六頁、判タ一〇一七号一〇八頁、金判一〇七九号一〇頁、金判一〇八一号五七頁、金法一五六八号四二頁）

〈参照条文〉　民法一四五条、一六六条、四四六条、破産法三六六条ノ一二、三六六条ノ一三

〔事　実〕　商人Aは、昭和五六年四月二七日にB銀行から二五〇万円を、昭和五七年六月二二日にC信用金庫から六〇〇万円を借り入れた。その都度、Aの委託に基づき信用保証協会X（原告・控訴人・上告人）は信用保証委託契約を締結し、Y（被告・被控訴人・被上告人）は、右信用保証委託契約に基づきAがXに対して負担する一切の債務につき連帯保証した。AのB・Cに対する返済（分割払）が滞ったため、Xは昭和五九年一〇月一九日、前記各信用保証委託契約に基づき、B・Cに弁済した。Aは昭和六〇年九月一三日、自己破産（同時廃止）し、昭和六一年八月一九日、免責決定を受け、右決定はそのころ確定した。XはYに対し、前記各連帯保証契約に基づく保証債務の履行を求める訴えを提起し、平成三年三月九日、X勝訴の判決が確定した。しかし、Xは、商事債権であるAに対する前記各信用保証委託契約に基づく各求償債権（以下、「本権債権」という）につき商事消滅時効の完成が間近に迫っており、これを中断する必要があるとして、平成八年一月一七日、Yに対し、再度、前記各連帯保証債務の履行を求めて本件訴えを提起した。

一審（京都地判平成八年六月六日民集五三巻八号一四一二頁）は、まず、連帯保証人に対する勝訴判決が確定しても短期消滅時効にかかる主債務の時効期間は延長（民一七四条ノ二第一項）されない（大判昭和二〇年九月一〇日民集二四巻八二頁）ので、「連帯保証人に対して既に確定判決を有している場合でも、連帯保証人が主債務の短期消滅時効を援用して債務を免れることを防ぐため、連帯保証人に対して同一請求権について再度の給付の訴えをする場合に訴えの利益があると認められることはありうる（東京高等裁判所平成五年一一月一五日判決・判例時報一四八一号一三九頁）。」とした。しかし、Aの免責により「本件の主債務については、これを債権者が訴えにより請求することも、執行を強制することもできなくなり（破産法三六六条ノ一二）、ただ債務者からの任意の弁済を受領することはできる、いわゆる自然債務と化したのであるから、かかる債務についての消滅時効を認める実益は認められないし、債権者からの債権の行使が考えられない以上、その権利を『行使することを得るとき』から進行するべき消滅時効の進行を観念する余地もないと解される。」とし、よって、連帯保証債務が確定判決によりその時効期間が一〇年となれば、連帯保証人は、破産免責を受けた主債務者の主債務の短期消滅時効を援用して自己の保証債務を免れることはできないとした。そして、本件債権の消滅時効期間は確定判決により一〇年となっており、時効完成までまだ三年七か月以上（原審で「四年五か月余り」に訂正）の期間があるので本件訴えは訴えの利益を欠くとして却下した。原審（大阪高判平成八年一一月二七日民集五三巻八号一四一九頁）も同旨の判断を示してXの控訴を棄却。X上告。最高裁は、次のように判示したうえで、本件訴えは訴えの利益を欠くとした。

〔判　旨〕「免責決定の効力を受ける債権は、債権者において訴えをもって履行を請求しその強制的実現を図ることができなくなり、右債権については、もはや民法一六六条一項に定める『権利ヲ行使スルコトヲ得ル時』を起算点とする消滅時効の進行を観念することができないというべきであるから、破産者が免責決定を受けた場合には、右免責決定の効力の及ぶ債務の保証人は、その債権について消滅時効を援用することはできないと解するのが相当である。」

【評　釈】

一　破産免責の効力が及ぶ主債務についても消滅時効が進行し完成しうるとすると、連帯保証人は免責主債務の時効を援用して連帯保証債務を免れることができるとの解釈も考えられる。その場合、債権者としてはこのような援用を予防するため、連帯保証人に対する訴えにより主債務の時効を中断したいところであるが（民四五八条・四三四条）、第一審判決も援用する古い判例（大判昭和二〇年九月一〇日民集二四巻八二頁）によれば、勝訴判決確定により短期消滅時効に服する主債務の時効期間まで一〇年に延長（民一七四条の二第一項）されるわけではない（学説にはこれを支持するものもあるが〔兼子一「判批」判民昭和二〇年度八事件〕、疑問とし〔我妻栄『新訂民法総則』〈岩波書店、一九六五年〉五〇一頁〕、あるいは延長を肯定するもの〔四宮和夫『民法総則〔第四版〕』〈弘文堂、一九八六年〉三一一頁以下、山野目章夫「判批」判評四一五号三八頁、など〕が多い）。そこで、債権者が連帯保証人に対する勝訴判決を得ていて連帯保証債務の時効完成までにはまだ時間的余裕があっても、主債務の時効中断のため再度連帯保証人に対し訴えを提起するということが考えられる。それが本件であり、Xは第一審・原審ともに、形式的には敗訴ながら主債務の時効を中断する必要はないという意味で自己に有利な判決を得たが、最高裁の判断を求め、あえて上告したものである。これに対し、最高裁は、免責の効力が及ぶ債権については、債権者は強制的実現をはかることができなくなり、消滅時効の進行を観念することができない（したがって、消滅時効の完成もない）ので、連帯保証人が破産免責の効力を受ける主債務の消滅時効を援用することはできないとした（「判批」等に、上野隆司・金法一五六八号四頁、村田利喜弥・金法一五七七号一頁、岩城謙二・法令ニュース六二八号二〇頁、水元宏典・法教二三七号一四六頁、上野隆司＝高山満・信用保険月報二〇〇〇年六月号四八頁、上原敏夫・平成一一年度重判解〔ジュリ増刊一一七九号〕一三六頁、佐藤鉄夫・リマークス二一号八頁、野澤正充・法セ五四八号一一五頁がある）。

このように、本判決は、連帯保証人は破産免責の効力が及ぶ主債務の消滅時効を援用できるかという問題（以下、「第一の問題」という）を、免責債務について消滅時効は進行するかという問題（以下、「第二の問題」という）を否定に解することによりその結論を導いたものである。本判決は、右二つの問題に関する、大審院・最高裁を通じ初めての最上級審判決であり（後述「第三の問題」についてもある程度の考えが窺われる）、これらの問題に関する下級裁判決も本件一審判決まで見当たらない。本件原審判決後には、未公表ながら、原告（国民金融公庫）が主債務の時効を中断して連帯保証人に対する債権を保全するため、破産免責を受けた主債務者に対して債権存在確認の訴えを提起した事案に関するものがある（平成一二年七月七日の札幌民事実務研究会の席上、裁判官から御教示を受けた）。その第一審、札幌地判平成一〇年一二月一五日（平成一〇年（ワ）第一八七九号）は、本件原審判決を引用し同旨を述べて請求を却下した。しかし、控訴審の札幌高判平成一一年九月九日（平成一一年（ネ）第一四号）は、「自然債務は消滅時効にかからないという見解が確立されていない状況のもとでは、本件債務が消滅時効にかかる可能性があることを慮り、かつ、連帯保証人に対する五年ごとの訴え提起という煩雑さを回避するために、主たる債務者である被控訴人を相手方として本件訴えを提起した控訴人側の必要性は、訴訟上も保護されて然るべきである。」として、第一審判決を取り消し請求を認容した。

二　本件訴訟は、破産法が破産者は免責決定確定により「責任ヲ免ル」（破産三六六条ノ一二）としながらも、免責は保証人や物上保証人等に対する破産債権者の権利に影響を及ぼさないとしている（破産法三六六条ノ一三）ところに起因する。同様の法律関係は、主債務の一部免除を内容とする和議認可決定（和議法五七条〔和議法は民事再生法施行により廃止〕、破産法三二六条二項）や会社更生計画認可決定が確定したとき（会更二四一条・二四〇条二項）、特別清算における協定の効力が生じたとき（商四五〇条三項）、民事再生計画認可決定が確定したとき（民再一七八条・一七七条二項）にも生ずる。

学説には、早くから、会社更生の場合を例に、免除された主債務の時効を中断する余地はないとの説があった（堀内仁・金法三五三号〔一九六三年〕二六頁、長谷部茂吉「会社更生手続における保証債務の時効」金法四三〇号〔一九六六年〕二八頁、吉原省三「主債務の会社更生手続開始と保証人に対する時効の中断」金法八五一号〔一九七八年〕三頁）。免責により債務も消滅するとの債務消滅説を根拠とするものであるが（堀内、吉原）、責任が消滅し債務はいわゆる自然債務として残るとの責任消滅説（自然債務説）をとっても、自然債務について時効ないし時効中断ということは考えられないだけでなく、自然債務について債権者が中断行為にでることは保証人も予想しないことであるから、その中断の効力を保証債務に及ぼさせることは適当ではないとの考えも示されていた（長谷部・前掲二七－二八頁〔更生債権または更生担保権の届出をしないために失権した場合につき〕）。もっとも、責任消滅説をとるときは主債務は存在するのでその消滅時効は進行するとし、その中断方法として債務者の承認、債務確認請求訴訟、連帯保証人に対する請求があるとの説もあった（小澤征行ほか「主債務者が法的整理に入った場合の保証債務の消滅時効」金法九九六号〔一九八二年〕二二頁）。原審判決に対し、学説は、その結論（時効進行否定説）を支持している。理由は、「消滅時効制度の中核たる弁済証拠に代わる時の経過という法定証拠を出す場面自体が存在しないものである。いいかえれば、消滅時効制度を適用する前提が失われているのであるから、免責以後は消滅時効制度そのものが適用されない」（酒井廣幸「主債務破産免責後の保証債務の時効管理」銀法五四七号〔一九九八年〕四七頁）、「請求をなしうることを前提とする消滅時効を認める実益はない」（高橋眞「連帯保証人に対する確定判決と時効中断のための主債務者への訴えの利益」銀行法務21五四九号八頁〔一九九八年〕）、など（菅野佳夫「消滅時効制度をめぐる論点」判タ九八九号〔一九九九年〕六二頁、寺田武彦「主債務について破産宣告・免責決定した場合の時効管理」銀法五六五号〔一九九九年〕三〇頁）である。

このように、責任消滅説に立っても免責債務につき消滅時効の進行を認める説とこれを否定する説があり、さらに否定説の理由にも、①自然債務に消滅時効を認める実益がないというもの（第一審判決は、①とともに、次の②も理由にする）、②民法一六六条一項を根拠に時効進行を観念できないというもの（本判決。もっとも、後述のように、本判決は責任消滅説に立つことを明言するものではない）、③消滅時効制度そのものが適用されないとするもの（酒井・前掲。同・銀行法務21五五二号三五頁も参照。この説は折衷説と呼ばれることもあるが、責任消滅説に属するものであり、論者も用いる消滅時効不適用説〔同・金判一〇六〇号九九頁参照〕の方がわかりやすい。なお、酒井説は、いわゆる法定証拠説による消滅時効制度の理解と結びついている）がある（もっとも、①－③には明確には区別しがたいところもあるが）。本判決の評釈には、その結論を支持するにあたり、右①②をあげるもの（佐藤・前掲一四八頁は、②とともに、消滅時効完成により債務は自然債務になるので消滅時効を重ねて観念することは無用であるという）、②を述べるもの（水元・前掲一四七頁）、③を理由とするもの（上原・前掲一三八頁、野澤・前掲一一五頁）がある。

三　本判決は、「第一の問題」の解釈を「第二の問題」の解釈から導いている。このアプローチにおいては、免責の効果につき債務消滅説をとるか責任消滅説をとるかで、少なくとも帰結の説明に違いが生じる。債務消滅説をとるときは、消滅時効進行の対象となる債務がないのであるから、それを理由に、本判決のように「消滅時効の進行を観念することができない」ということができる。しかし、本判決は、「債権者において訴えをもって履行を請求しその強制的実現を図ることができなくなり、右債権については、もはや民法一六六条一項に定める『権利ヲ行使スルコトヲ得ル時』を起算点とする消滅時効の進行を観念することができない」という。一審（および原審）判決のように、「いわゆる自然債務と化した」とまではいっていないことからすれば、かねて議論のある免責の効果論に立ち入ることを避け、「責任消滅説をとっても」という仮定的説示をしたに止まるとみることもできようが、責任消滅説（この立場からも、いわゆる自然債務となった免責債務の時効進行については考え方は分かれうるのであるが）に立つことを強く滲ませるものである。同様の判決に、本判決と同じ第三小法廷の最判平成九年二月二五日判時一六〇七号五一頁（「免責決定を受けてこれが確定したことにより、……訴えをもって履行を請求しその強制的実現を図ることができなくなったものであり（破産法三六六条ノ一二参照）、その結果詐害行使取消権行使の前提を欠くに至ったものと解すべきである」として、免責の効力を受ける破産債権に基づく詐害行為取消権の行使は許されないとしたもの。これは責任消滅説をとるものと見るものとして、原竹裕「判批」金判一〇四〇号五七頁、岡本岳「判批」判タ九七八号五七頁など。佐藤鉄男「破産免責と詐害行為取消権」白川和雄先生古稀記念『民事紛争をめぐる法的諸問題』（信山社、一九九九年）六〇二頁は、「自然債務説の立場を初めて明言したことにもなる」という）があり、本判決はこれに続くものである。

なお、本件は、主債務者である自然人が破産し免責を受けた場合にその連帯保証人は主債務の消滅時効を援用できるかが問題とされた事案であるが、最（二小）判平成七年九月八日金法一四四一号二九頁は、主債務者である法人が破産したため（ただし、破産廃止）継続的に連帯保証債務を履行してきた連帯保証人に主債務の消滅時効援用を認めた（「判批」等に、吉田光碩・判タ九〇一号一三頁、渡辺隆生・銀法五三二号五七頁、関沢正彦・金法一四七六号一八頁。原審の東京高判平成七年二月一四日判時一五二六号一〇二頁の「判批」等に、山田誠一・金法一四二八号二一頁、野口恵三・ＮＢＬ五八一号六四頁、山崎敏彦・リマークス一二号三七頁、高山満・銀法五三二号四六頁がある）。また、東京高判平成一一年三月一七日金法一五四七号四六頁（上告受理の申立て却下により確定〔金法一五六六号六四頁〕）は、「法人について破産手続が開始された後破産終結決定が行われた場合、当該法人に対する債権は消滅するが、右債権を担保するために設定された根抵当権の効力には影響を及ぼさず、その場合、独立して存続することになった根抵当権については、被担保債権ないしその消滅時効を観念する余地はないから民法一六七条二項の原則に従い二〇年の時効によって消滅すると解するのが相当である。」とした（「判批」等に、西尾信一・銀法五六三号七四頁、田高寛貴・判タ一〇〇九号六六頁、片岡宏一郎・判タ一〇一六号三五頁、上原敏夫・平成一一年度重判解〔ジュリ一一七九号〕一三六頁。第一審の東京地判平成一〇年四月二〇日金法一五一六号四四頁の「判批」等に、上野隆司・金法一五一五号四頁、西尾信一・銀法五五〇号五六頁、酒井廣幸・銀法五五二号三二頁、村田利喜弥・銀法五五六号二二頁、澤野芳夫・判タ一〇〇五号四八頁がある）。いずれも、本判決同様、主債務・被担保債務の消滅時効が進行・完成するかを考察の出発点としており、その意味では、本判決は右二判決と連続性がある。もっとも、右最判平成七年九月八日は主債務の消滅時効進行を認め、右東京高判平成一一年三月一七日は被担保債務自体消滅しているとした。両判決に整合性があるかどうかは検討を要する問題である（水元・前掲一四七頁）。

四　本判決は簡潔明瞭で間然するところがないかのようであるが、実質的理由づけといえるかとなると疑問が残る。確かに、民法一六六条一項は、起算点を「権利ヲ行使スルコトヲ得ル時」と表現したが、それは、旧民法証拠編一二五条が、期限到来・条件成就により行使できる権利の時効一般につき期限未到来・条件未成就を時効の停止事由としていたのを、消滅時効の起算点として再構成したものである（『法典調査会民法議事速記録一』（商事法務研究会、一九八三年）五三〇－五三一頁）。ここから、右規定は、「権利を行使することのできない時から進行するものではない、という消極的意味のものであった」（星野英一「時効に関する覚書」『民法論集四巻』（有斐閣、一九七八年）三一〇頁〔一九七八年、初出一九七四年〕）との評価にもつながるのである。したがって、仮に民法一六六条一項が起算点を「権利の発生時」（ドイツ民法一九八条は「請求権の発生時」とする）と表現したとしても妥当する理由づけこそが実質的理由となり望ましいように思われるのである。

のみならず、本判決のように、免責された債権については強制的実現を図ることができないのであるからもはや消滅時効の進行を観念することができないというと、主債務自体の消滅には至っていないようである。そうであれば、民法三九六条は抵当権は債務者・抵当権設定者に対しては被担保債権と同時でなければ時効消滅しないとするのであるから、同条を文字通りに適用すれば、破産債権者が物上保証人に対して有する抵当権は消滅時効にかからないということになりそうである（被担保債権は消滅し抵当権は独立して存続することになったのであるから二〇年の時効（民一六七条二項）にかかるとした前掲東京高判平成一一年三月一七日の考えは、少なくともそのままの形では持ち込むことはできない）。しかし、実際にそのような解釈・判決がなされることは考えられない。そうであれば、本判決は右の結論をいかなる理由で回避すべきかという問題を残したことになる（おそらく、将来の判例も、債務者免責により抵当権は被担保債権への附従性がなくなることを理由にするのであろう。そうであるならば、「第一の問題」の解釈も、免責による附従性の切断に則してなされるのが整合的であろう）。

また、免責債務がいわゆる自然債務であるとしても（本評釈は、破産免責の効果につきどう解すべきかに立ち入るものではない）、時効の援用による完全な消滅（消滅時効援用後は自然債務になるとの説をとるときは別論であるが）を認めることは妨げないであろう（ちなみに、奥田昌道『債権総論〔増補版〕』（悠々社、一九九二年）九一頁は、自然債務についても債務者の承認による時効中断を認める）。債権の完全な消滅を債権者に認識させることによる事実上の利益（例えば、支払い要請がなくなるなど）だけでなく、免責を受けた債務者が時効援用の事実を失念し支払い要請に応じて弁済した場合に、それを非債弁済として返還請求しうる（民七〇五条）という法的利益も考えられるからである。さらに、「債権者において訴えをもって履行を請求しその強制的実現を図ることができない債権であれば時効は進行しないという本判決の論理からは、貸金業規制法四三条のいわゆるグレーゾーンの利息債権（森泉章編『貸金業規制法〔第四版〕』（一粒社、一九九三年）二六九頁参照）についても時効が進行しないということになりそうであるがどうなのかとの疑問も残る（グレーゾーンについては利息制限法違反で無効であるから利息債権はないとの解釈も考えられるが、その場合には貸金業規制法四三条の構造の理論的説明が求められよう）。

なお、免責債務についても時効完成を認める実益はあるとの考えに対しては、それでは免責を受けた債務者が債務承認を求められ破産者の更生が妨げられるとの懸念もありえよう（水元・前掲一四七頁。なお、前掲札幌地判平成一〇年一二月一五日は、「応訴に費用、労力を割かねばならない」ともいう）。しかし、それは債務消滅説の論拠（伊藤眞『破産法〔全訂第三版〕』（有斐閣、二〇〇〇年）四七四頁以下参照）と軌を一にするものであり、免責の効果論の問題に帰着しよう。なお、責任消滅説をとるとき、債務確認の訴えや連帯保証人に対する請求により免責債務の時効を中断できるかは、免責債務は自然債務であるということから一律に決まるものではない。自然債務概念は十全の効力を欠く債権の総称にすぎず、自然債務の具体的性質については個々の自然債務の発生原因ごとに考える必要があるからである。

五　「第一の問題」の解釈の筋道としては、本判決のように、「第二の問題」から入るほかに、より端的に、Aの債務の消滅時効が進行・完成しうるものであるとしたとき、YはAの債務の消滅時効を援用できるのかを問題とすることが考えられる。これは、時効の対象となる権利の直接の当事者（債権の消滅時効においては債務者）以外の第三者にも援用権が認められる根拠からのアプローチである。もっとも、援用権者の範囲を「直接受益者」に限るとしながらその根拠を示すことなく（わずかに、大判明治四三年一月二五日民録一六輯二二頁は、例えば物上保証人が被担保債権の消滅時効を援用できるとすると、債権者は主たる債権を有しながら従たる抵当権を失うという不都合を生じるとして、抵当不動産の第三取得者についても被担保債権の消滅時効援用を否定する。しかし、最判昭和四二年一〇月二七日民集二一巻八号二一一〇頁、最判昭和四八年一二月一四日民集二七巻一一号一五八六頁が、援用権者の基準は維持しつつ右大判を変更したことにより、「直接受益者」に限る理由は不明となった）、実際の援用権者の範囲を広く認める判例理論からは、「第一の問題」を解決する糸口を見出すことはできない。したがって、本判決が「第二の問題」から入ったのにはそれだけの理由があったといえよう。

私見は、援用権者の範囲（「直接の当事者」以外にもいかなる「第三者」に援用権が認められるか）につき、①援用権者は時効の援用により義務を免れる者でなければならない、②「直接の当事者」が「第三者」のために援用すべき関係にある場合には「第三者」にも援用権が認められる、③「直接の当事者」が「第三者」のために援用すべき関係にあるとはいえない場合であっても、他に、「第三者」に援用権を認めるべき特別の理由がある場合には「第三者」にも援用権が認められる、と解するものである（松久三四彦「時効の援用権者」北大法学論集三八巻五・六合併号〔下〕〈一九八八年〉一五三三頁〔同『時効制度の構造と解釈』〈有斐閣、二〇一一年〉一八一頁所収〕）。Yは右①を満たすので、「第一の問題」は、右②に照らし、Aの免責された債務につき時効が完成したとすると、AはYのためにこれを援用してYの連帯保証債務を消滅させるべき関係にあるかを考えることになる。ところで、右②は次の理由から導かれるものである。すなわち、「直接の当事者」が時効を援用すれば、「直接の当事者」の権利取得（取得時効の場合）・義務消滅（消滅時効の場合）に基づき「第三者」も利益を受ける（援用の絶対効）。したがって、「直接の当事者」が「第三者」のために援用すべきであると考えられる関係にある場合には、一方では、「第三者」のために援用すべきであると考えられる。しかし、他方では、「直接の当事者」の援用は彼自身にも時効利益が帰属してしまうが、「直接の当事者」には彼自身が時効の利益を受けるか否かの自由、すなわち援用するか否かの自由を認めるべきであるから、「直接の当事者」に援用を強いることはできない。ここに、直接「第三者」に援用権を与える必要と、「第三者」が援用した場合は時効の効果は「直接の当事者」には生じない（援用の相対効）ことの実質的理由がでてくる（山本豊「民法一四五条」『民法典の百年Ⅱ』〔有斐閣、一九九八年〕三〇二頁は、「援用の効果を相対効と解する以上は、第三者に援用を許しても直接当事者の自己決定権が害されるおそれはなく、基準②は不要と解すべきではあるまいか（また、直接当事者が援用する義務を負っている場合であれば、時効の利益を受けるかどうかについての彼の自由を尊重する必要はそもそもないのではないか、という疑問すらある）」というが、次のようにいえよう。まず、援用の相対効が先に前提とされるのではなく、基準②が援用の相対効を実質的に基礎づけるのである。つぎに、直接当事者が第三者のために援用すべき関係にあるというのは、両面中の一面における評価であって、他面における第三者自身時効利益を受けるか否かの自由を奪うべきではないという評価と併存するものとして述べているのである。「時効の利益を受けるかどうかについての彼の自由を尊重する必要はそもそもない」との規範的評価と結びつくような、「直接当事者が援用する義務を負っている場合」とは表現していないのはそのためである）。

右の立場から本件を考えると、破産法三六六条ノ一三は、主債務者（A）の破産免責の場合に、連帯保証債務（Yの債務）の主債務に対する付従性を一般的に否定している。これは、連帯保証債務を主債務と切り離した独立の存在とするものである（もっとも、債権者の二重取りを許すものではないから、主債務者の弁済については附従性が残ることはいうまでもない）。したがって、仮に主債務が免責後いわゆる自然債務として存続しその時効が完成し主債務者が時効を援用したとしても、連帯保証債務には影響しないと解すべきである。そうすると、Yの債務はAの破産免責後には主債務とは独立に存在するので、もはやAはYのために時効を援用すべき関係にあるとはいえず、たとえ主債務につき消滅時効が進行・完成してもそれを援用することはできないということになる。要するに、「第一の問題」は、免責の効果につき債務消滅説をとるか責任消滅説をとるかにかかわらず、破産法三六六条ノ一三と援用権者を画する基準（右②）から否定に解されることになる。

もっとも、援用権者の範囲を画する基準について学説は多彩な状況にある（松久・前掲論文、山本・前掲論文参照）。右②の基準への賛否はともかく、少なくとも、「直接の当事者」が援用しても「第三者」の権利・義務に影響しない場合には「第三者」に援用権は認められない（「第三者」自身の債務の消滅時効援用のみが可能）ということについては、これまでの判例の具体的結論に抵触するわけでもなく、合意は得られるのではなかろうか。そうであれば、最高裁としても、本件は、破産法三六六条ノ一三により、たとえAの免責債務につき時効が進行・完成しうるとしても、Aの時効援用はYの連帯保証債務の消滅を来さないので、YによるAの免責債務の時効援用も認められないということができたのであり、そのようにいうべきであったと思われる。

なお、このように、保証債務（物上保証についても同様）は主債務免責後にはそれと独立に存在するとの立場からは、主債権の満足による消滅の場合を除き、保証債務（物上保証）の附従性はなくなる。具体的には、連帯保証債務の請求による時効中断により免責主債務の時効が中断すること（民四五八条・四三四条）はなく、免責主債務の時効中断が認められるとしてもそれが保証債務の時効を中断すること（民四五七条一項）はない。また、第三者設定の抵当権には民法三九六条の適用はなく二〇年の消滅時効（民一六七条二項）にかかるということになる。

法人の破産手続が終了した場合も、同意廃止による法人継続（破三四八条）の場合を除き、原則として（例外として、単純保証であれば、残余財産が発見されながら改めて清算を行なわなかったために破産債権が消滅時効にかかった場合に、清算すれば破産債権者への配当が見込まれる額につき被担保債務の消滅時効援用を認めるとの解釈はありえようか）、破産法三六六条ノ一三を類推適用し、自然人の破産免責の場合と同様に扱うべきではないだろうか（前掲最判平成七年九月八日が連帯保証人による主債務の時効援用を認めたことには賛成できない）。

六　本判決は、「第二の問題」については破産債務者の免責決定が確定した場合につき判示したものであるが、その射程は、主債務の一部免除を内容とする会社更生計画認可決定が確定したとき（会社更生法二四一条・二四〇条二項）、特別清算における協定の効力が生じたとき（商法四五〇条三項）、民事再生計画認可決定が確定したとき（民再一七八条一項本文・一七七条二項）にも及ぶものである。また、「第一の問題」につき連帯保証人による免責主債務の消滅時効援用を否定するものであるが、物上保証人についても同様である。

七　なお、本判決は、連帯保証人Yに対するXの勝訴判決が平成三年三月九日に確定しているので、本件訴えは訴えの利益を欠くとした。原審判決も同旨の見解に立つものであるという（「第一の問題」、「第二の問題」についても同旨ということではあるが）ところからすると、破産免責を受けた主債務者の連帯保証人に対する勝訴確定判決を得ている債権者の再度の訴えに訴えの利益があるかは、連帯保証債務自体の消滅時効の中断の必要性の有無、すなわち、時効完成時までの期間の長短によって判断されるとの考えが含まれているといえよう。そうであれば、時効再中断のための再訴に訴えの利益が認められるのは、時効完成前、どれほどの期間であるかという問題（「第三の問題」）が残る。本判決は、Yの債務の時効完成の一年四か月前（平成一一年一一月九日）に出されているので、少なくとも、これより短い期間を考えていることになる。下級裁判決例として、完成の約三か月前の再訴を認容したもの（静岡地沼津支判平成四年九月二二日。判決日は当初の時効期間満了後。連帯保証人である被告に資産がなく強制執行できないまま時間が経過したが、親が資産家で相続が見込まれた事案）が報告されており（平成九年度・信用保証協会顧問弁護士連絡会議会議録一一二－一一三頁）、時効停止規定（民一五八条以下）の六か月が一つのヒントになるのではないかともいわれている（前掲会議録一一三頁（山野目章夫発言）。これらにつき、上野・前掲五頁に紹介がある）。

これについては、給付判決取得後に進行した時効（民一五七条二項）の完成を阻止するためには、すでに債務名義（民執二二条一号）を取得しているのであるから差押え（民一四七条二号）によるのが筋であるとも考えられ、差押えであれば時効完成までの残り期間は問題とならない。しかし、債務者（連帯保証人）に差押さえるべき財産がない場合もあろうし、判例によれば、執行不能により時効中断の効力が認められない場合がある（動産執行において債務者の所在不明の場合（最判昭和四三年三月二九日民集二二巻三号七二五頁））ので、再度の訴えの提起を認める実務には理由がある（再度の訴えは給付の訴えか確認の訴えかに関する判例・学説の状況につき、本田純一「確定判決と時効」銀法五六五号〔一九九九年〕二五－二六頁参照）。そうであれば、時効完成前何か月であるかを問題とせずに訴えの利益を認めても、それが裁判所に格別の負担をかけるものではないのであれば（時効再中断のための訴えであるから、被告の応訴の負担も特に顧慮しなければならないほどのものとは思えない）、特に期間制限は必要ないとの考えも成り立つのではないかと思われる。しかし、債務名義取得後は、差押えによる時効中断が本来の方途であり、再訴による時効中断は便宜上格別の方途ゆえにみだりに訴えるものではないというのであれば、やはり、債権者に計算可能性を与える意味でも、今後は下級裁判決の段階から具体的期間を明示することが望まれる。その際には、時効完成間際まで債務者の所在不明や財産未発見が続いた状態に時効停止における権利行使困難状態に類する面があるとして、あるいは、時効完成間際まで債権回収に努めた点に債務者に催告をしていた状態に類する面があるとして、時効停止（民一五八条―一六〇条）や催告（民一五三条）における六か月の期間延長の利益を、いわば前倒しにして訴えの利益の認められる期間とするのも一つの考えであろう（これは山野目・前掲発言を正当化する試論である）。しかし、右の前倒しという説明には苦しいところがある。そこで、いま一つの考えとして、民法の最短の消滅時効期間は一年であり、これは、民法が中断措置をとることができる期間として満了時から逆算して最短の期間を一年とする（つまり、一年より前には中断できない）短期消滅時効を具えているということでもあるから、これを時効中断措置を許さない期間の限界ととらえ、時効完成前一年以内ならば訴えの利益ありとの解釈がありえよう（ちなみに、前掲研究会では、一年以内ならよいように思われるとの裁判官の発言があった）。選択肢は六か月か一年と思われるが、当初の勝訴判決で一〇年となった時効期間中、九年間も債権回収ができなかった（つまり、債務者は弁済しなかった）のであるから、債務者側有利に解釈する要請は乏しい（そもそも、早期の再中断はそれだけ新たな時効の満了時点を早めることでもあるから、一概に債務者側に不利とばかりはいえない）。権利者が権利を失いやすい解釈は格別の理由が見いだせる場合のほかは基本的に抑えるべきであり、ここでは余裕をもって時効中断措置をとりたいという債権者側の意向（債権者が多忙、長期不在の予定ありという場合もあろうし、多忙な訴訟代理人が適時に訴えを提起してくれるか債権者が心配するという場合もあろう）を尊重すべきであろう。そうであれば、右二説のうち後者の方が条文に依拠しやすいことからも、一年の方が妥当であるといえよう。

〈評釈等（初出の本文所掲に追加）〉　豊澤佳弘・最判解民事篇平成十一年度（下）六六七頁（初出、曹時五四巻五号一四八五頁）、同・最高裁時の判例Ⅲ私法編（2）（ジュリ増刊）二〇六頁（初出、ジュリ一一九三号一〇五頁）、池田秀雄・銀法五八四号五二頁、金山直樹・倒産判例百選第三版（別冊ジュリ一六三号）二〇四頁、工藤祐巌・NBL六九八号七一頁、小粥太郎・倒産判例百選第五版（別冊ジュリ二一六号）一八〇頁、菅野佳夫・リマークス二二号一四頁、中田裕康・金法一五八八号二九頁、奈良輝久・銀法五七九号七二頁、濱田陽子・法政六八巻三号八六七頁、牧山市治・金法一五八五号一二頁、吉岡伸一・岡法六一巻三号四五五頁。

＊初出は、判評四九九号（二〇〇〇年）九頁（判時一七一五号一八七頁）。

二　時効の中断

[10]　時効中断事由としての応訴 ── 不動産占有者の所有者に対する移転登記手続請求の訴訟において、所有者が自己に所有権のあることを主張して請求棄却の判決を求めると、占有者のための取得時効は中断するか

最高裁昭和四三年一一月一三日大法廷判決（昭和四一年（オ）第九八四号、土地建物所有権確認所有権取得登記抹消登記手続請求事件）── 上告棄却

（民集二二巻一二号二五一〇頁、判時五三六号一六頁、判タ二三〇号一五六頁、金判一五一号一二頁、金法五三一号三〇頁）

〈参照条文〉　民法一四七条一号、一四九条

〔事　実〕　Aは本件不動産（宅地四筆、そのうちの三筆の土地の上にある居宅一棟および付属建物四棟）と畑二筆を所有していたが、昭和一三年六月二七日に隠居して長女X_1が家督相続した。その際、AX_1の間で財産留保の特約がなされたが、それは確定日付ある証書によるものではなかった（民法旧規定九八八条は、「隠居者ハ……確定日附アル証書ニ依リテ其財産ヲ留保スルコトヲ得」としていた）。X_1はまもなく隠居し、その妹X_2が家督相続し、さらにX_2も隠居してその妹Bが家督相続した。Bは右の本件不動産および畑二筆につき、この家督相続（昭和一五年一二月一七日）を原因とする所有権移転登記を経たうえ、昭和三二年九月二〇日、本件不動産を$Y_1$$Y_2$（被告・被控訴人・被上告人）に売却し、翌日、所有権移転登記を済ませた。他方、Aは昭和三〇年四月九日に死亡した。そこで、Aの相続人であるX_1ら六名（原告・控訴人・上告人）は、

昭和三二年一一月二七日、Y_1らに対し、本件不動産はX_1らの所有（共有）に属するとして、Y_1らの登記の抹消を求める訴え（一審係属中に、X_1らの持分に応じた所有権移転登記および建物退去明渡し等を求める訴えに変更）を提起した（Bに対しても畑二筆について移転登記を求める訴えを提起し、Bは二審で敗訴したが上告しなかった）。X_1らはその所有権取得の原因として、第一に相続を主張した。すなわち、Aは隠居後も前記財産留保により本件不動産の所有権を失っておらず、したがって、X_1らは相続によりその所有権を取得したと主張した。また、予備的請求原因として取得時効を援用した。すなわち、かりにAの財産留保が認められないとしても、Aは死亡に至るまで本件不動産を所有の意思をもって平穏公然に占有し、A死亡後もその相続人であるX_1らにおいて右占有を継続してきたので、Aが所有権を失った昭和一三年六月二八日（隠居の翌日）から起算して二〇年を経過した昭和三三年六月二八日の到来とともに取得時効は完成したと主張した。

一審（広島地尾道支判昭和三八年七月四日民集二二巻一二号二五一五頁）ではX_1ら敗訴。二審（広島高判昭和四一年五月三日民集二二巻一二号二五二〇頁）は、まず、前記財産留保はAX_1の当事者間ではその効力を認めるべきであるが、確定日付ある証書によるものではないので、X_1らは本件不動産が留保財産であり、したがって相続によりその所有権を取得したことを第三者であるY_1らに対して主張することはできないとした。そして、取得時効については、Y_1らが本件不動産につき、「いずれも自己の所有なることを主張し、これと相容れないX_1等の所有権を否認して同人等の本訴請求を棄却するとの判決を求める旨の答弁書を原審昭和三三年三月四日の準備手続期日において陳述したのであるから、右Y_1等はこれをもって裁判上の権利行使をなしたものと言うべく、X_1等主張の取得時効は、ここに中断されたと解するのが相当である」として、控訴を棄却した。

そこで、X_1らは上告して、Y_1らの右答弁書の陳述が民法の定める時効中断事由のいずれに該当し、またはいずれに準ずべきものかを説示することなく、いきなりX_1らの取得時効が中断されたと判示したのは理由不備または法律の適用を誤った違法があると主張した。

〔判　旨〕　上告棄却（一五名の裁判官全員一致）。

原審の確定した事実を述べた後、つぎのようにいう。

「右の場合において、Y_1らの右答弁書による所有権の主張は、その主張が原審で認められた本件においては、裁判上の請求に準ずるものとして民法一四七条一号の規定によりX_1らの主張する二〇年の取得時効を中断する効力を生じたものと解すべきである。けだし、原判決は、本件係争物件につき、X_1らに所有権（共有権）に基づく所有権移転登記請求権がないことを確定しているに止まらず、進んでY_1らにその所有権（共有権）があることを肯定していると解されるのであるから、時効制度の本旨にかんがみ、Y_1らの前示主張には、時効中断の関係においては、所有権そのものに基づく裁判上の請求に準じ、これと同じ効力を伴うものとするのが相当であるからである。したがつて、取得時効の中断があったとした原審の判断は正当であって、原判決に所論の違法はなく、論旨は採用しえない」。

【解　説】

一　問題の所在

民法一四七条は時効の中断事由を定め、その一つとして、同条一号は「請求」をあげている。他方、一四九条以下は中断の効力が遡及的に消滅する場合、すなわち、中断の効力が失効する場合を定めているが、これらの規定を通して、右の「請求」が具体的に何であるかがわかる仕組みになっている。したがって、一四九条から、右の「請求」の一つに「裁判上ノ請求」があることまでは容易に理解される。そして、たとえば、所有者の占有者に対する占有物引渡請求の訴え、債権者の債務者に対する債務履行請求の訴えが、それぞれ所有権の取得時効、債権の消滅時効を中断することは疑いない。もしこれが否定されると、原則として自力救済は許されないため、権利者は自己の権利を保持ないし実現する手段をもたないことになってしまうからである。しかし、さらに進んで、右のような訴えのほかに、いかなる請求が裁判上の請求にあたるかとなると、裁判上の請求という民法の表現はやや包括的なため、その文理から答えを引き出すことは難しい。そのため、裁判上の請求にあたるか否かの判断基準は何か、さらには裁判上の請求に準ずるとして時効の中断を認めてもよい場合があるか、が問題とされてきた。

そして、これは本件のように被告として応訴する場合だけでなく、原告として請求する場合にも問題となる。

二　判　例

（1）　応訴の場合

大審院は、当初、裁判上の請求とは原告として訴えを提起することであるとし、被告が裁判上、抗弁として権利を主張しても裁判上の請求とはいえず時効は中断しないとしていた（大判大正九年九月二九日民録二六輯一四三一頁、大判大正一一年四月一四日民集一巻一八七頁など）。しかし、学説の批判（我妻栄・判例民法大正一一年度三〇事件評釈、山田正三『判例批評民事訴訟法一巻』〔弘文堂、一九二三年〕三三八頁以下）を容れてか、やがて判例を変更し、新たな考えは最高裁に受け継がれて（それが本判決である）現在に至っている。

すなわち、①債務者から提起された債務不存在確認訴訟の被告として債権者が債権の存在を主張し、原告の請求棄却の判決を求めた場合（大（連）判昭和一四年三月二二日民集一八巻二三八頁〔権利の上に眠る者でないことが表明された、消極的確認訴訟の請求棄却判決はその被告が原告となった積極的確認訴訟の請求認容判決と異ならない、との理由による〕）、②請求異議訴訟の被告として債権者が債権の存在を主張し、原告の請求棄却の判決を求めた場合（大判昭和一七年一月二八日民集二一巻三七頁〔請求が棄却されると、「実質上債権存在確定ト同様ノ結果ヲ見ルニ至ル」ことを理由とする〕）、本判決後は、③債務者である抵当権設定者が債務の不存在を理由として抵当権設定登記の抹消を求めて訴えたのに対し、債権者（抵当権者）である被告が被担保債権の存在を主張し、原告の請求棄却の判決を求めた場合（最判昭和四四年一一月二七日民集二三巻一一号二二五一頁〔被担保「債権についての権利行使がされたものと認められないことはない」という理由による〕）には、裁判上の請求に準じて時効の中断が認められるとした。

（2）　原告として請求する場合

この場合にも微妙なケースがある。たとえば、④所有者が登記名義人でもある占有者に対して移転登記抹消の訴え（占有物引渡しの訴えではないことに注意）を提起した場合には、取得時効は中断するという（大判昭和一三年五月一一日民集一七巻九〇一頁〔原告の「請求ハ土地ノ引渡又ハ所有権確認ノ請求ト均シ」いという理由による〕）。また、いわゆる一部請求の訴えが残債権について時効中断の効力を有するかという問題（具体的には、訴え提起後の請求の拡張、あるいは、後訴における残債権の主張が時効期間満了後になされたときに問題となる）について、⑤一部請求であることの明示があるときには残債権については時効は中断しないとし（最判昭和三四年二月二〇日民集一三巻二号二〇九頁〔裁判上の請求があったというためには権利が「訴訟物となったことを要する」という理由による〕）、他方、⑥一部請求であることが明示されていないときには、かえって、債権全部につき中断の効力が生じるという（最判昭和四五年七月二四日民集二四巻七号一一七七頁〔「請求額を訴訟物たる債権の全部として訴求したものと解すべ」きであるという理由による〕）。

三　学　説

裁判上の請求にあたるか否かの基準に関する学説には、大別してつぎの二つがある。

（1）　権利確定説

一つは、中断の根拠は権利の存在が明らかになることにあるとの立場から、時効の対象となっている権利の存在が裁判により確定される場合であることを要するとの説（山田・前掲、兼子一『新修民事訴訟法体系』〔酒井書店、一九五六年〕一七八頁）である。この説は、権利の確定は既判力（確定判決の主文に示された判断に与えられる拘束力。既判力が生じると権利関係が確定され、当事者は後訴においてこれに矛盾する主張をして争うことは許されなくなる）によるべく、したがって、当該権利が訴訟物（判決の主文で請求の当否について判断すべき権利関係。したがって、既判力は訴訟物について生じるといわれる）となっていることを要するとする（訴訟物説）。

なお、近時、権利の確定は争点効（学説が、一定の場合に判決理由中の判断に生じるとする既判力類似の効力〔新堂幸司『民事訴訟法〔第二版〕』〈筑摩書房、一九八一年〉四二五頁以下参照〕。ただし、判例はいまだ争点効を認めていない〔最判昭和四四年六月二四日判時五六九号四八頁、最判昭和五六年七月三日判時一〇一四号六九頁〕）による場合でもよいとの説が出されている（石田穣「裁判上の請求と時効中断」法協九〇巻一〇号一三〇二頁〔一九七三年〕。なお、水本浩・法セ二〇九号四八頁参照）。

（2）　権利行使説

いま一つは、中断の根拠は真実の権利関係と異なる事実状態、すなわち、時効の基礎となる事実状態の継続が破れることにあるとの立場から、裁判上で権利の存在を主張すればよいとする説である〔我妻栄『新訂民法総則』〔岩波書店、一九六五年〕四五八−四五九頁〕。この説では、必ずしも当該権利が訴訟物となっている必要はないので、権利確定説よりも広く中断を認めやすいといえる。

（3）　判例はいずれの立場か

まず、判例の表現に即して見ると、権利確定説をとるのは②・⑤・⑥の判決および「原判決は、……進んでY_1らにその所有権（共有権）があることを肯定していると解される」とする本判決、権利行使説をとるのは③の判決、残りの①・④の判決は折衷的な立場のように思われる。

つぎに、事案に即して見ると、中断を認めた①−④・⑥の判決および本判決のうち、時効の対象となった権利が訴訟物になっていると思われるものは少ない。すなわち、②の判決は、みずから、請求異議の訴えに対する判決は、異議の存否を確認するにすぎず、債権の有無を確定する効力はないと述べている。本件においても、X_1らの所有権はともかく、Y_1らの所有権が訴訟物になっていないことは明らかである。また、④の判決の既判力は、登記手続請求権を基礎づけるところの所有権自体の存否には及ばないと解することもできよう〔最判昭和三〇年一二月一日民集九巻一三号一九〇三頁参照〕。⑥の場合は、訴訟物も実際に請求している部分（一部請求）に限られると考えるのが素直であろう〔学説の状況については、民法判例百選I〔第二版〕一〇二−一〇三頁〔春日偉知郎〕参照〕。

したがって、判例の表現からは権利確定説をとるように見えるものが多いが、事案に即して考えると、かえって権利確定説からは説明のつかないものが多いということになる。しかし、今日の権利確定説は、必ずしも既判力による「確定」を意味せず、この「確定」を緩やかに解する傾向にある〔石田・前掲のほか、安達三季生「本件判批」判評一二二号三五頁〔判時五四四号一三一頁〕。なお、川島武宜『民法総則』〔有斐閣、一九六五年〕四七七頁以下参照〕。そのため、本判決を含めて、裁判上の請求をかなり緩やかに解する判例の態度は、権利確定説と権利行使説の対立にもかかわらず、学説の一般に支持するところとなっている（幾代通『民法総則〔第二版〕』〔青林書院、一九八四年〕五六二頁参照）。

四　検　討

（1）　文　理

前述したように、裁判上の請求の意味は文理上必ずしも明らかでない。しかし、そのニュアンスからは、すくなくとも原告としての請求と解するのが素直であろう。ちなみに、起草者は裁判上の請求とは訴えの提起であるとし、それ以外の場合をあげていない（梅謙次郎『訂正増補民法要義巻之一総則編』〔有斐閣、一九一一年〕三八一頁、富井政章『民法原論一巻』〔有斐閣、一九二二年〕六四五‐六四六頁）。被告として応訴した場合にも時効の中断を認める判例が、裁判上の請求に準ずるというのはそのためであろう。

（2）　時　効　観

時効に対する見方、つまり時効観はつぎの二つに分かれる。すなわち、時効はその基礎となる外形的事実（取得時効の場合には占有、消滅時効の場合には権利不行使）と真の権利関係の不一致（占有者は所有者ではない、権利は消滅していない）を前提とする制度であると見る立場と、一致する（占有者は所有者である、権利は消滅している）蓋然性が高いことを前提とする制度であると見る立場の二つである。一般に、前者は、時効を権利得喪の効果が生じる実体法上の制度と考えることになるとして実体法説とよばれ、後者は、時効を所有者や弁済者であることの証拠に関する訴訟法上の制度と考えることになるとして訴訟法説とよばれている（実体法説が多数説と思われるが、近時は訴訟法説も有力である）。

そうすると、実体法説は権利の存在を前提としたうえで、その権利が時効にかかると考えるものであるから、権利の存在が確定されること自体は、なんら中断の根拠とならない。したがって、実体法説は権利行使説と結びつく。これに対し、訴訟法説は権利確定説と結びつきやすいが、理論的には、権利行使により、権利の存在（取得時効の場合）

ないし不存在（消滅時効の場合）の蓋然性が破れるとして、権利行使説に結びつく余地はある。

（3）利益衡量

権利確定説と権利行使説のいずれにおいても、時効の中断が認められることは権利者の利益（保護）となる。したがって、権利者保護に重きを置くときは中断を広く認める方向の解釈となり、占有者・未弁済者保護に重きを置くときは中断を狭く認める方向の解釈となる。ところで、権利行使説は権利確定説よりも広く中断を認めやすいので、権利行使説の方が権利者保護に厚い解釈をしやすくなる。しかし、実際にも権利行使説の方が常に権利者保護に厚いかどうかは一応別問題といえる。なぜなら、一方、権利行使説をとりつつ、権利行使の意味を厳格に解する立場が、他方、権利確定説をとりつつ、確定の意味を緩やかに解する立場がありうるからである。

（4）裁判上の催告

右の利益衡（考）量の見地から、広く「裁判上の催告」という考えを用いて、暫定的中断を認めてはどうかとの説が有力に唱えられた（我妻・前掲書四六六頁。同「確認訴訟と時効中断」『民法研究Ⅱ』（有斐閣、一九六六年）二六五頁では「強き催告」とよばれている）。これは、裁判所における権利者の権利主張が、「裁判上の請求」、その他、各種の権利主張による中断事由（民一四七条一号・二号）にあたらない場合、あるいは、それらにあたるが訴えの却下などにより中断の効力が失効した場合に、その権利主張の係属するあいだ中、そのような主張にも時効の完成を六か月間延長する「催告」（民一五三条）の効力を認めようとするものである。最高裁も同様の考えを認めるに至り（最（大）判昭和三八年一〇月三〇日民集一七巻九号一二五二頁）、その後もこれを認める最高裁判決（最判昭和四五年九月一〇日民集二四巻一〇号一三八九頁、最判昭和四八年一〇月三〇日民集二七巻九号一二五八頁）、多くの下級裁判決が出ている（詳しくは、半田吉信「判批」ジュリ八五二号二一〇頁以下参照）。

（5）私　見

（a）権利確定説か権利行使説か　　時効観において実体法説に立ち（理由は、星野英一編集代表『民法講座（1）』

〔有斐閣、一九八四年〕五七三頁以下参照）、中断の根拠を後述のように解するため、権利行使説をとる。

ところで、訴訟法説に立ち、権利確定説をとるにしても、つぎのことが指摘されよう。まず、権利確定説は権利の存在が確定されることを中断の根拠とするものである。したがって、この考えを貫くと、権利の確定そのものが中断の基準となり、権利の確定時期と中断の時期が一致するはずである。しかし、裁判上の請求による中断の主な目的ないし機能は、訴訟進行中に時効期間が満了した場合に、いまだ時効は完成していない、すなわち中断したとして審理を継続し原告勝訴の判決を導くことにある。したがって、権利確定説といえども、権利行使説と同じく、権利行使の時点での中断を認めざるをえず、権利の確定は中断効が失効しないための要件であるということになろう。ここに、中断の根拠を貫いた解釈ができないという意味で、権利確定説の限界があることになる。

もっとも、もし右の中断の根拠を貫くならば、権利確定説の有用性は、時効期間満了前に判決が出た場合に限られることになる。しかし、そうすると、本件では、時効期間満了（昭和三三年六月二八日）後に一審判決（昭和三八年七月四日）が出されているので、中断を認めた本判決の正当化は難しくなる。

（b）　原告として権利行使する場合と被告として権利行使（応訴）する場合とで同じに考えてよいか　まず、時効制度の目的は、一定期間（時効期間）経過後は義務者（たとえば取得時効における非権利者〔占有物の返還義務を負う〕・消滅時効における債務者）を義務から解放する（そのために、権利の得喪が生じる）ことにあると考えたい。

そうすると、時効制度は、他方では、権利者に対して時効期間内での権利行使を要求することも意味するが、権利行使による中断（民一四七条一号・二号）の根拠は、まさに権利者がこの要求に応える点にある。そして、裁判上の請求にあたるためには、他の権利行使による中断事由にかんがみ、権利の保持ないし実現のために十分な権利行使であることを要すると考えたい。

具体的には、起草者と同じく、裁判上の請求とは訴えの提起と考える。そして、応訴は原則として裁判上の請求にあたらないと考える。被告である権利者は、反訴を提起しない以上、たんに応訴して勝訴しても債務名義（これがあると強制執行できる）を取得できず、したがって、権利の実現のために十分な権利行使とはいえないからである。また、たとえば債務不存在確認訴訟に対して応訴した場合も中断するとなると、原告（債務者）は訴えの提起を遅らせばよいわけで、そうすると、時効期間の計算をまちがえて時効は完成したと誤解したか、あるいは時効の完成をまてずに訴えてくれたために、被告（債権者）は思わぬ利益を得ることになるようにも思われる。

しかし、一応の権利主張はなされているので、先の利益衡量の観点から、応訴も「裁判上の催告」にあたると考えたい。もっとも、「裁判上の催告」という考え方に対しては、催告（民一五三条）をくり返しても、そのくり返しに催告の効力は認められない（最初の催告の時から時効期間が六か月延長されるにすぎない）ことを理由に批判がある。しかし、裁判上の催告は、これを全体として一個の催告と評価しようとするものであり、この一個の裁判上の催告のさらにくり返しという事態まで認めよというものではなく、また、そもそもそのような事態は考えられない。前述したように、最判および多数の下級裁判決の認めるところでもあり、利益衡量の観点をとり入れた妥当な解決のためにも、裁判上の催告はこれを広く認めてよいと考える。

（c）　取得時効と消滅時効とで同じに考えてよいか　　不動産の取得時効の場合には、登記の確保が権利の保持のために有効と考えられるのも、理由のあるところと思われる。登記が不動産に対する物権の対抗要件とされているからである（民一七七条）。したがって、占有物引渡請求の訴えだけでなく、原告として登記の獲得を目的とする訴えを提起した場合（前記④の場合）にも中断を認めてよいであろう。さらには、本件のように、被告として登記を保持するために応訴した場合にも、前述した「裁判上の催告」とするのではなく、裁判上の請求に準ずるとして完全な中断を認める余地はあるように思われる。

（d）　本判決の評価　　以上の私見からすると、本判決は微妙なケースではあるが妥当なものと思われる。とくに、本件では、事件の概要のところでは省略したが、Y_1らが昭和三二年一一月一日以降本件不動産の家屋部分に入居していることについては当事者間に争いがない（そのため、X_1らはY_1らに対し当該家屋からの退去・明渡し等も求めている）。

したがって、かりにX_1らの取得時効が自然中断（民法一六四条）していなかったとしても、Y_1らがX_1らに対して本件不動産の明渡しを求めて反訴を提起することは期待できなかったように思われる。このような、本件の事案の特殊性からしても、本判決が中断を認めたのは妥当といえよう。

ところで、中断の時期であるが、権利行使説では応訴の時となる（本件では、答弁書提出時となろう。提出時と陳述時の間に時効期間が満了する場合に、このようにいう実益がある）。権利確定説においても、本来ならば権利確定時と思われるが、前述したように、応訴の時となろう（ただし、兼子・前掲書一七九頁は訴え提起の時という）。

なお、本件が大法廷で審理された理由については、岡本坦「本件判批」民商六一巻一号七三頁、遠藤浩「裁判上の請求と時効の中断」『民法学の基礎的課題（上）』（有斐閣、一九七一年）八五－八六頁を参照されたい。

〈評釈等〉　小倉顕・最判解民事篇昭和四十三年度（下）一〇三七頁（初出、曹時二一巻四号八六八頁）、同・ジュリ四一九号八八頁、石田穣・法協八七巻一号一二八頁、同・民法判例百選Ⅰ（第二版）（別冊ジュリ七七号）一〇四頁、宇佐見大司・名法四九号一四二頁、内池慶四郎・判タ二三四号七七頁、江藤价泰・続民事訴訟法判例百選（別冊ジュリ三六号）九四頁、遠藤浩・昭和四三年度重判解（ジュリ臨増四三三号）四九頁、同・民事研修一五〇号八一頁、同・民事研修四四八号一二三頁、椿寿夫＝中川淳・法セ一六五号八四頁、徳本伸一・法学（東北大学）三三巻四号四九〇頁、早田尚貴・民事訴訟法判例百選（第三版）（別冊ジュリ一六九号）九〇頁、船越隆司・民事訴訟法判例百選（第二版）（別冊ジュリ七六号）一三四頁、武藤節義・不動産法律セミナー七巻六号六四頁、吉井直昭・民事訴訟法判例百選Ⅰ〔新法対応補正版〕（別冊ジュリ一四五号）一六〇頁。

＊初出は、民法の基本判例（別冊法学教室、一九八六年）四〇頁。

[11]

主債務の消滅時効期間の延長と連帯保証

最高裁昭和四六年七月二三日第二小法廷判決（昭和四五年（オ）第六二二号、求償金請求事件―破棄差戻）――破棄差戻し

（判時六四一号六二頁、判タ二六六号一七八頁、金判二七九号五頁、金法六二三号二四頁）

〈参照条文〉　民法一七四条ノ二、四四六条、四五七条

〔事　実〕　X信用保証協会（原告・被控訴人・上告人）は、昭和三五年二月三日、A会社のB信用金庫に対する金銭借入債務を、Y（被告・控訴人・被上告人。なお、小倉・末尾①によると、YはA会社の代表取締役）とともに連帯保証した。その際、YはXと、Xが将来右保証債務の履行によってAに対して求償金債権を取得するときはYはAと連帯してXに支払うこと、また、YがBに保証債務を履行してもXに対して求償しないこと、などを約定した。Aが期日に支払わなかったので、Xは同年一一月九日、Bに元利金を支払った。その結果、XはAとYに同額の求償金債権（商事債権）を取得した。XはAに対し求償金の支払を求めて訴えを提起し、昭和三六年九月五日、X勝訴の判決が確定した。昭和四二年になって、XがYに対して求償金の支払を求めて訴えを提起したのが本件である。Yは右判決確定の日から五年の経過により商事時効（商法五二二条）が完成していると主張した。これに対してXは、民法一七四条ノ二によりAのXに対する主たる債務は一〇年の消滅時効に服することになり、その連帯保証債務であるYの債務も、保証債務の付従性により、同様に一〇年の消滅時効に服することになったと主張した。一審（東京地判昭和四四年一月二〇日下民集二〇巻一・二号一九頁）は、YのXに対する債務は、AのXに対する求償金債務の連帯保証債務であることにつき当事者間で争いがなかったので、これを前提にXの請求を認容した。二審では、Yが、Yの債務とAの債務との関係は連帯債務であると主張したところ、二審はこの主張を認め、その結果、YのXに対する債務の消滅時効期間が一〇年に延長されることはないとして、一審判決を取り消してXの請求を棄却した。最高裁は、時効期間の延長については以下のように判示し、二審がYの債務を連帯債務と認定したことについては解釈を誤っているとして破棄差戻にした。

〔判　旨〕「民法一七四条ノ二の規定によって主たる債務者の債務の短期消滅時効期間が一〇年に延長されるときは、これに応じて連帯保証人の債務の消滅時効期間も同じく一〇年に変ずると解するのが、当裁判所の判例（最高裁昭和四三年（オ）第五一九号同年一〇月一七日第一小法廷判決、裁判集民事九二号六〇一頁）である」から、YのXに対する本件債務がAのXに対する求償金債務についての連帯保証債務であるとすれば、AのXに対する求償金債務と同じく昭和三六年九月六日から一〇年の消滅時効期間に服することになる。

【学説と判例】

一　民法一七四条ノ二により主たる債務の短期消滅時効期間が一〇年に延長された場合、（連帯）保証債務の消滅時効期間も一〇年に延長されるかという問題（以下「本問題」という）については、本判決引用の最一小判昭和四三年一〇月一七日判時五四〇号三四頁がある（以下「最高裁昭和四三年判決」という）。本判決は、これに続く二つめの最高裁判決である。最高裁昭和四三年判決は「調停」により、本判決は「確定判決」により主たる債務が一〇年に延長された事案であるが、いずれも本問題を肯定するものである。

なお、本問題とは逆の場合、すなわち、連帯保証債務が「確定判決」または「それと同一の効力を有するもの」によって確定した場合に、主たる債務の消滅時効期間が一〇年に延長されるかについては、これを否定する大判昭和二〇年九月一〇日民集二四巻八二頁がある（以下では、大審院昭和二〇年判決という）。

二　最高裁昭和四三年判決の事案は、以下のようである（森島・末尾⑤による）。債権者である電気製品メーカー（原告・被控訴人・被上告人）と主たる債務者である特約店との間で、特約店に納入した製品代金の支払についての調停成立後、債権者が連帯保証人（被告・控訴人・上告人）に支払を求めて訴えを提起したところ、被告は短期消滅時効を援用した。二審は、原告と主たる債務者間の調停成立により主たる債務の消滅時効期間が二年（民法一七三条一号）から一〇年に延長され、被告の連帯保証債務の消滅時効期間も民法四五七条一項により一〇年となったとして被告の時効援用をしりぞけた。そこで被告は、民法四五七条一項は、主たる債務者に対し時効中断事由が生じたときは、保証人に対して別個に民法一四七条各号の中断の措置がとられなくとも同時に保証人の債務の時効中断の効力を生ずることを定めたにすぎず、保証人の債務が一〇年に延長されるためには保証人に対する関係で民法一七四条ノ二の要件がみたされる必要がある、また、二審判決は大審院昭和二〇年判決に抵触する、として上告した。

これに対し、最高裁は、「民法四五七条一項は、主たる債務が時効によって消滅する前に保証債務が時効によって消滅することを防ぐための規定であり、もっぱら主たる債務の履行を担保することを目的とする保証債務の附従性に基づくものであると解されるところ、民法一七四条ノ二の規定によって主たる債務者の債務の短期消滅時効期間が一〇年に延長せられるときは、これに応じて保証人の債務の消滅時効期間も同じく一〇年に変ずるものと解するのが相当である。そして、このことは連帯保証債務についても異なるところはない」とし、また、大審院昭和二〇年判決は、「本件と事案を異にして適切でない」として上告を棄却した。

三　ちなみに、大審院昭和二〇年判決の事案はこうである。債権者から支払を求められ敗訴判決が確定した連帯保証人（原告・上告人）が、のちに、債権者（被告・被上告人）が主たる債務者に対して有している債権は商事債権であるから五年の消滅時効により消滅し、したがって連帯保証債務も消滅したとして、債権者に対して債務不存在確認の訴えを提起したというものである。一審は、連帯保証人に対する裁判上の請求は、民法四五八条・四三四条により主たる債務者に対しても消滅時効中断の効力を有するから、連帯保証人に対する債権について確定判決があれば、主たる債務者に対する権利についても確定判決により確定した権利といえるとして（判決の表現はわかりにくいが、こういう趣旨であろう）、原告の消滅時効援用をしりぞけた。しかし、大審院は次のように判示して、援用を認めた。

「民法第百七十四条ノ二所謂確定判決ニ依リテ確定シタル権利ハ十年ヨリ短キ時効期間ノ定アルモノト雖モ其ノ時効期間ハ之ヲ十年トストアルハ当該判決ノ当事者間ノミニ限リ発生スル効力ニシテ縦令債権者ト連帯保証人トノ間ノ判決ニ因リ債権確定シタルトキト雖モ該当事者ノ間ニ於テノミ短期時効ハ十年トナルニ過キスシテ当事者以外ノ主

タル債務者トノ関係ニ於テハ右確定判決ハ時効期間ニ付何等ノ影響ナク該債権ハ依然短期時効ニ服スヘキモノト解スルヲ相当トス」。

四　兼子博士は、民法一七四条ノ二による時効期間延長の効果は、「当事者間で確定判決のあったことに基く附従的効果であるから、確定判決の既判力の及ぶ者、したがって通常は当事者間に限り、又その確定された債権についてだけ生じると認めるのが当然である」として、大審院昭和二〇年判決に賛成する。ただし、本問題については、「民法四五七条一項が、主債務者に対する時効中断は、請求に限らずすべて保証人に対しても効力を生じる旨を規定するのは、時効の点では主債務と保証債務との足並をそろへさせて、主債務の方を押へておけば、保証債務だけが先に時効に罹らないやうにする趣旨と解される。したがって、主債務が確定判決によって、普通時効に服するやうに切替へられると、附従的に保証債務もこれに応じることになると見るべきであらう。」と述べていた（兼子・末尾⑥四〇頁）。少なくとも本問題については、兼子博士が述べるところと同じ考えをとったものといえよう。この最高裁昭和四三年判決は、民法四五七条一項と保証債務の付従性から結論を導いているようであり、本判決は、この昭和四三年判決を引用する他は特に理由づけをしていない。

学説は、最高裁昭和四三年判決も本判決も民集不登載のためか、近時の教科書でもとりあげていないものがあるが、本問題を肯定するのが通説といえよう。なお、逆の場合に主たる債務の消滅時効期間は延長されないとする大審院昭和二〇年判決については、賛成するもの（兼子・末尾⑥、末川・末尾⑦）と疑問とするもの（我妻栄『新訂民法総則』〔岩波書店、一九六五年〕五〇一頁、川島武宜編『注釈民法（5）』〔有斐閣、一九六七年〕三七一頁〔平井宜雄〕、四宮和夫『民法総則第四版』〔弘文堂、一九八六年〕三二一頁以下）に分かれている。

【学理上の問題点】

一　時効の中断は、中断行為に関与した当事者間で進行していた時効だけが中断するのが原則である（民法一四八条。松久三四彦「民法一四八条の意味」金沢法学三一巻二号（一九八九年）四一頁〔同『時効制度の構造と解釈』（有斐閣、二〇一一年）二四四頁所収〕参照）。その例外を規定するのが、民法四三四条・四五七条一項・四五八条である。この点につき、最高裁昭和四三年判決は、民法四五七条一項と、それを基礎づけているとする保証債務の付従性から本問題を肯定している。しかし、学説は、民法四五七条一項は保証債務の時効も中断することを定めたにとどまり、同項から直ちに保証債務も一〇年に延長されるとの結論が導かれるものではなく、また、保証債務の附従性の外延内包も必ずしも明らかではないという。そこで、本問題の解釈は、保証債務の趣旨に照らした価値判断によるべきものである（森島・末尾⑤二七頁）とか、当事者（債権者と保証人）が何を意欲したかという法律行為の解釈の問題であり、当事者の意思が明らかでないときは、当事者の合理的意思を推測して結論を出すべきであるといわれている（石田・末尾②六一頁）。

二　右のように、価値判断ないし合理的意思の推測によるとするとき、考え方は二つに大別されよう。一つは、保証制度は保証人にとって不利であり、不合理な面を有するので、できるだけ保証の存続を狭く解釈する立場である。ここでは、債務者は一〇年の延長を覚悟していたとは通常考えられない（だからこそ裁判で争われている）とか、保証債務の時効期間も一〇年に延長したければ、債権者は保証債務についても確定判決を取得できるのだからそうすべきであるとして、価値判断としても、本問題を否定する解釈がありえよう。

いま一つは、債権者は主たる債務と保証債務を同一の状態におきたいという期待を通常もっており、主たる債務者・保証人の側でもそれを予期している（森島・末尾⑤二七頁、石田・末尾②六一頁）として、本問題を肯定するものである。

三　なお、民法一七四条ノ二が設けられた理由としては、①権利の存在についての確証が生じたことや、②訴訟などを短期間にくり返すことの煩わしさがあげられているが、①を重視する立場は、本問題の解釈に影響するであろう。

すなわち、短期の消滅時効期間が一〇年に延長されるためには既判力によって権利の存在が争えなくなることが必要であるとし、その例外を認めないときは、本問題は否定されよう（ただし、そのような学説は見当たらないが）。

【実務上の留意点】

債権確保のため、短期消滅時効に服する主たる債務の消滅時効期間を一〇年に延長しようとするときは、主たる債務について確定判決を取得しておく必要がある。連帯保証債務についてだけ確定判決を取得することは、大審院昭和二〇年判決が維持され、主たる債務の消滅時効を援用されるおそれがあるからである。なお、本件の二審判決は、連帯債務については付従性がないから、他の連帯債務の時効期間は一〇年には延長されないとした。本判決はこの点までは言及していないが同様に解することを前提としていると思われる（小倉・末尾①二七頁）。したがって、連帯債務か連帯保証債務かはっきりしない場合、民法一七四条ノ二の適用を望む債権者は、関係者全員に対して確定判決を取得しておいた方が安全である。

〈評釈等〉

（1）　本判決について

①小倉顕・金法六二七号（一九七一年）二六頁、②石田喜久夫・判タ二七一号（一九七二年）五八頁、③小川善吉・金法六四六号（一九七二年）一四頁、④近藤弘二・ジュリ五一八号（一九七二年）一三二頁（一審判決の評釈）

（2）　最高裁昭和四三年判決について

⑤森島昭夫・判評一二四号（一九六九年）二五頁（判時五五一号一二三頁）

（3）　大審院昭和二十年判決について

⑥兼子一・判例民事法昭和二〇年度八事件、⑦末川博・民商二三巻四号二五三頁

＊初出は、担保法の判例Ⅱ（ジュリ増刊、一九九四年）一九六頁。

[12]　仮差押登記が競落により抹消された場合と時効中断の効力

最高裁昭和五九年三月九日第二小法廷判決（最高裁昭五八（オ）八二四号、債務不存在確認請求、請求異議事件）――上告棄却

（判時一一一四号四二頁、判タ五二五号九八頁、金判六九五号九頁、金法一〇六二号三八頁）

〈参照条文〉　民法一四七条二号、一五四条、民事訴訟法（昭和五四年法律第四号による改正前のもの）七〇〇条一項

〔事　実〕　XとYの間には、昭和三九年九月二三日頃、XがYに対して負っていた旧債務の合計一九六万八〇〇〇円を目的とし、弁済期を同年一〇月一五日とする準消費貸借契約が成立し、右契約に基づく請求権について執行受諾文言付公正証書が作成された。Yは昭和四〇年四月二三日、右債権（請求権）を保全するために不動産仮差押命令を申請し、右申請を認容する決定が下され、X所有の建物に仮差押登記がなされた。しかし、その後、右建物の所有権が第三者に移転され、かつこの新所有者の債権者からなされた強制競売の申立てにより昭和四三年九月二四日右建物が競落され、昭和四四年二月七日、民訴法（昭和五四年法律第四号による改正前のもの。以下、旧民訴法という）七〇〇条一項第二に基づき右仮差押登記が抹消された。次いでYは昭和五二年八月四日頃、右公正証書に基づきXの不動産強制競売の申立てをし、強制競売開始決定がなされた。そこでXが右債務の不存在確認と請求異議の訴えを提起したのが本件である。もっとも、Xは本訴提起後の昭和五三年一月二〇日、五〇万円を弁済供託し（第二審はこの事実をとらえて、いわゆる時効援用権の喪失を認定した―後述）、Yが同月二七日この供託金を受領したので、以後は残額一四六万八〇〇〇円の債権をめぐって次のように争われた。すなわち、Xが本件債権の消滅時効（弁済期昭和三九年一〇月一五日から一〇年経過）を援用したのに対し、Yは前記昭和四〇年四月二三日の仮差押えによる時効中断の効力は昭和四三年九月二四日に前記建物が競落されるまで継続しており、さらに、昭和五二年八月四日頃の本件不動産強制競売申立てにより新たな時効進行は再度中断したので本件債権の消滅時効は完成していないと主張した。

第一審（福島地郡山支判昭和五七年三月三一日金判六九五号一二頁）は、本件債権の消滅時効は、「先ず仮差押により、次いで差押により中断された」（もっとも、第一審は、「Yは、本件強制執行に先立ち、昭和四八年二月一〇日、本件公正証書に基づき、Xに対する給料債権差押並びに取立命令を申請し、その頃、これを認容する旨の決定が下され〔た〕」とも認定しているので、「差押」がこれを指すのか、あるいは本件強制執行を意味するのかは必ずしも明らかではない）としてXの請求を棄却した。そこでXが控訴したところ、第二審（仙台高判昭和五八年五月一三日金判六九五号一一頁）は、（イ）本件仮差押登記は本差押に移行しないうちに抹消されたので、「民法一五四条の法意に照らし、時効中断の効力を生〔ぜず〕」、したがって、Yの本件「不動産強制競売の申立も、時効期間経過後になされたものであるから、時効中断の効力を生じさせる余地はないというほかはない」とした。しかし、（ロ）Xは本訴提起後（＝時効完成後）に五〇万円を弁済供託したことにより、「信義則上、消滅時効の援用をすることができなくなったものというべきである（最高裁昭和四一年四月二〇日大法廷判決、民集二〇巻四号七〇二頁参照）」として控訴を棄却した。そこでXは、右（ロ）の点を争い、右五〇万円の弁済は全額弁済の趣旨、すなわち残余の債務の不存在を主張してなしたものであり、原判決引用の判例とは事案が異なるとして上告したが、最高裁は右（イ）の点につき次のように判示して上告を棄却した（事実関係をまとめるに際し、第一審・第二審判決についてはコピーを参照した）。

〔判　旨〕（1）「本件仮差押の登記は、本件建物が競落されたため、旧民訴法七〇〇条一項第二の規定に基づいて抹消されたというのであり、本件仮差押が、Yの請求によって取り消されたのでないのはもとより、Yが法律の規定に従わなかったことによって取り消されたものでもなく、本件仮差押の登記の抹消をもって、民法一五四条所定の事由があったものとはいえないと解するのが相当である」。（2）「したがって、本件仮差押による時効中断の効力は、右仮差押の登記が抹消された時まで続いていたものというべく」、（3）「その後、Yが、昭和五二年八月四日頃、Xに対し、不動産強制競売の申立をしたことは前示のとおりであり、また、本訴において、Xが本件債権の不存在確認を請求しているのに対し、Yがその請求棄却を求めて争っていることが本件訴訟の経過上明らかであるから、本件債権の消滅時効はいまだ完成していないものというべきである」。

【評　釈】

一　本判決は、仮差押登記のなされた不動産が譲渡され、新所有者の債権者からの強制競売申立てにより当該不動産が競落されて仮差押登記が抹消された場合（旧民訴七〇〇条一項第二、民執八二条一項三号参照）に、仮差押えによる時効中断効（民一四七条二号）は失効するかしないか（民一五四条参照）、失効しないとすると中断効はいつまで継続するか（＝新たな時効起算点はどこか。民一五七条参照）という、これまで先例がなく、学説もふれたことのない特殊な問題に最高裁が初めて答えたものとして注目される。また、本判決は、仮差押による中断後の新たな時効起算点に関する初めての最高裁判決として重要と思われる。したがって、本判決理由中、右の問題に答えた判旨（１）・（２）の部分の当否（私見は判旨（１）の理由づけを疑問とするが結論に賛成、判旨（２）に反対）および旧民訴法下の事案である本判決が現行民執法下で先例として有する意義について検討したい。

二　判旨（１）について。　本件仮差押登記抹消が民法一五四条所定の中断効失効事由に当たるか否かにつき、原審と最高裁で判断が分かれた。同条は、差押・仮差押・仮処分が「権利者ノ請求ニ因リ」取り消された場合と、「法律ノ規定ニ従ハサルニ因リテ」取り消された場合を失効事由とするが、まず、本件が前者に当たらないのは明らかである。問題は後者に当たるか否かであり、判旨（１）は、本件仮差押登記は旧民訴法の「規定に基づいて」抹消されたのであり、本件仮差押えはＹが「法律の規定に従わなかったことによって」取り消されたものではないから、民法一五四条所定の事由があったものとはいえない、とする。しかし、「法律ノ規定ニ従ハサルニ因〔ル〕取消」は個別的に規定されており（仮差押の場合の例として、民訴七四六条の説明を参照）、その意味では右取消も「法律の規定による取消」である（星野英一『民法概論Ｉ』（良書普及会、一九七一年）二六六頁を参照）から、判旨（１）はわかりづらいものとなっている。のみならず、「法律ノ規定ニ従ハサルニ因リテ」取り消された場合には中断効は失効するが、「法律の規定によって」取り消された場合には失効しないという判旨（１）の前提自体に疑問がある。仮に本判決の立場をとるにせよ、問題とされる取消が右いずれの取消に当たるかは、必ずしも当該取消規定の文言からただちに明らかとなるものではなく、何ゆえその場合に取り消されるのかという考察を抜きにしては判断できない場合もあろう。本件でいうと、何ゆえ旧民訴法七〇〇条一項第二の規定により仮差押登記が抹消されるのかという考察を抜きにしては、本件取消が「法律ノ規定ニ従ハザルニ因〔ル〕取消」か、「法律の規定による取消」かを判断することはできなかったはずである。本問題は、原審が「民法一五四条の法意に照らし」時効中断の効力は生じないとしたことでもあり、また、右に述べたように、一五四条の文理、あるいは旧民訴法七〇〇条一項第二という規定があるということから、ただちに結論が導かれるものではないのであるから、民法一五四条、広くは中断効失効事由が定められた趣旨から検討されるべきであろう。

民法は権利主張（行使）による時効中断の場合に中断効失効事由を定めている（民一四九－一五五条）が、権利主張による時効中断の根拠を権利行使（＝権利不行使状態が破られたこと）そのものに求める立場では、右中断効失効事由は当該権利主張が自ら取り下げられるか、あるいは当該権利主張が法律上求められる要件を満たさないために退けられるなど、権利を行使する意思がなくなったか、あるいは権利主張が認められないことにつき権利者側に責任があるために、当該権利主張に中断効を結びつける必要がなく、また結びつけるべきでもなくなった場合を規定したものと解される。

そこで本件を考えるに、本件で仮差押登記が抹消されるに至ったのは、Yが仮差押えの執行を継続するために民訴法が要求するところに従わなかったからではない。したがって、民法が中断効失効事由を定めた趣旨からすると、Yに中断効失効の不利益を帰せしめる理由はなく、本件仮差押えの取消は民法一五四条所定の事由に当たらないというべきであり、判旨（1）は結論において正当ということになる。

なお、旧民訴法下の実務として公告されているところによると、本件の事案の場合には、東京地裁・大阪地裁とも、新所有者の債権者の競売申立てを認め、旧民訴法七〇〇条の処理については、仮差押登記は競落人の引き受けざる負担記入として抹消し、換価金中、仮差押債権者の被保全債権額に相当する金額を供託していた（かっては仮差押登記を抹消せず、したがって換価金についても留保しない取扱例もあった）とされている（執行事件実務研究会編『債権・不動産執行の実務』（法曹会、一九七八年）二〇五頁）。本件も同様の扱いをうけ、被保全債権の満足が確保されていたのであれば、そもそも、本件仮差押登記抹消後の本件強制執行という事態が生ずることもなく、したがってまた、本件仮差押登記抹消による時効中断効失効の有無、新たな時効起算点が争われることもなかったと思われるが、事実関係の詳細不明のため、これ以上この問題には立入らない。

三　判旨（2）について　民法一五七条一項は、中断した時効はその「中断ノ事由ノ終了シタル時」より更に進行を始めると規定する。判旨（2）は、仮差押えによる中断後の時効進行における、右「中断ノ事由ノ終了シタル時」はいつかという問題に関する。そこでまず、この点に関する従来の判例・学説を見ておく。

（1）判　例

仮差押執行中は時効は進行しないとする大審院判例（①大判昭和八年一〇月二八日新聞三六六四号七頁）、下級裁判所の裁判例（②東京高判昭和四八年五月三一日金法七〇二号三三頁）がある。仮差押えをした債権者に督促手続によって本執行をなしうる債務名義が生じても仮差押えによる時効の中断は依然存続するとの判例（③大判昭和三年七月二一日民集七巻五六九頁）、仮差押えが本差押えに移行した場合には仮差押えによる時効中断の効力は本差押えに移るとする判例（④大判明治三七年一二月一六日民録一〇輯一六三二頁）、⑤東京控判昭和三年三月一四日新聞二八一四号一五頁）、仮差押えによる時効中断の効力は仮差押えの執行が確定判決に基づく本執行に移行した場合には本執行終了時まで継続するとの判例（⑥東京高判昭和五六年五月二八日判タ四五〇号九九頁）は、いずれもこの考え方を前提とするものといえよう。なお、この考え方に反対する唯一の裁判例として、仮差押えによって中断した時効は、後に確定した本案の判決に吸収され、本案判決確定の時から進行するとする、⑦福井地判昭和四四年五月二六日下民集二〇巻五・六合併号三八九頁がある。

（2）学　説

差押え・仮処分の場合も含めて、古くは、「執行行為の終了した時」（三猪信三『民法総則提要第三冊』（有斐閣、一九二一年）五六七頁、近藤英吉『註釈日本民法総則編』（巌松堂書店、一九三二年）五六八頁など）、「手続の完了した時」（鳩山秀夫『法律行為乃至時効』（巌松堂書店、一九一〇年）六四〇頁）とも説かれたが、現在は「手続の終了した時」とするのが通説である（我妻栄『新訂民法総則』（岩波書店、一九六五年）四七四頁、星野・前掲書二七一頁、幾代通『民法総則〔第二版〕』（青林書院、一九八四年）五八九頁）。しかし、「手続の終了した時」が具体的にどこであるかについては、解釈上問題となる場合も少なくない（川島武宜編『注釈民法（5）』（有斐閣、一九六八年）一二三四頁以下（岡本坦）参照）。本件との関連では、不動産に対する仮差押えの場合に、仮差押えの登記がされると通説のいう「手続」が終了したことになるのか、それとも仮差押えの状態が継続している間は「手続」も終了していないのかが重要な点であるが、必ずしも明らかでない（おそらく後者か。因に前記判例②は、「仮差押の登記の存在によってその執行は続いているのであるから、その間仮差押手続は依然として継続」しているという）。この点を明言するのは川井教授であり、前記判例①を引用して仮差押執行中は時効は進行しないとし、前記判例③・④は当然とされる（前掲『注釈民法（5）』一一七頁（川井健））。川島博士は、仮差押・仮処分の場合につき、「仮執行手続が本執行に移行する以前には時効中断は終了〔せず〕………本手続に移行〔しても〕本執行手続の終了した時まで中断の効力は継続する」と説かれる（川島武宜『民法総則』（有斐閣、一九六五年）四九九頁）が、これも仮差押執行中は時効は進行しないとの考えを前提とするものといえよう。

（3）　検　討

まず、本判決の位置づけをしておく。先に見たように、これまで大審院・下級裁判例は、前記判例⑦を除き、仮差押執行中は時効は進行しないとするか、あるいは右の考え方を前提とするものであった。本判決は、仮差押えが取り消された場合につき、取り消された時まで時効中断は継続するというのであるから、従来の大審院・下級裁判例の考えを最高裁が初めて確認したものとして位置づけることができよう。通説からも本判決は通説の具体例を示したものとして肯定されると思われる（もっとも、本件事実に即して考えるならば、前述したように、仮に本件仮差押登記抹消が適法ないし妥当なものでなかったとすると、通説からは仮差押登記抹消にも拘らず、依然として時効中断は継続しているとすることも考えられる）。

次に、本判決・通説の当否を検討する。まず、仮差押えによる時効中断はいつまで継続するかという問題の考え方としては、民法一五七条一項の文理解釈から、仮差押執行中は中断事由（仮差押）は終了しておらず、したがって中断も継続すると説くことが考えられる（前記判例①がこれに近い。学説には特に理中を示さないものが多いが、ニュアンスとして文理解釈を感じさせる）。しかし、必ずしも文理どおりに中断事由である仮差押えが民訴法上継続している期間と民法上時効中断が継続している期間を同一に解さなければならない理由はない。実際に、差押えによる中断の場合には、民訴法（民執法）上の強制執行の一段階としての「差押」終了時ではなく、全体としての強制執行の手続終了時まで中断は継続すると解されている（通説。なお、吉川大二郎『増補保全訴訟の基本問題』（有斐閣、一九五二年）二四六―二四七頁参照）。したがって、文理解釈は決め手にならず、この問題は時効中断制度の根拠・他の中断事由の場合とのバランス等を顧慮して考えなければならないものと思われる。かような観点から、川島博士は次のように説かれる。すなわち、「これら（差押え・仮差押え・仮処分をさす―筆者注）の手続が許されたという事実をとおしてこれらの手続の基礎となった権利の存在が公けに確証される段階に達するということが、時効中断の理由となる、と解すべきである」（川島・前掲書四九一頁）との立場から、「これら（仮差押え・仮処分をさす―筆者注）の仮執行は債務名義なしになされ得るものであるからそれ自体としては権利存在の公けの証拠となるのではなく、したがって、仮執行手続が本執行に移行する以前には時効中断は終了しないのはもちろんであるが、本手続に移行することによって終了することによっても時効中断が終了すると解すべきではなく、本執行手続の終了した時まで中断の効力は継続する、と解すべきものと考える」（同・四九九頁）と説かれる。しかし、債務名義取得後に仮差押がなされることもあれば、本執行に移行することが保全処分（仮差押え・仮処分）による時効中断の要件とされている訳でもないから、川島説は納得しがたい。やはり、保全処分が中断事由とされる根拠を権利の存在が公けに確証される点に求めるのは無理があり、権利主張そのものに求めざるを得ないように思われる。

ところで、ここにまず考えておかなければならない問題がある。それは、他の権利主張による時効中断事由と異なり、保全処分は制度的に必ずしも終了に向かって進行せず、いつまでも継続する可能性があり、その場合には時効中断もいつまでも継続するとしてよいかという問題である。もっとも、暫定的・仮定的な処分による浮動状態が長く続くのを除去するために、保全処分命令が発せられたにも拘らず債権者が本案訴訟を提起しないときは、債務者は、発令裁判所に対し起訴命令を申し立て、債権者がその命令に応じて本案を提起しなければ、そのこと自体を理由として保全処分命令の取消を求めうる申立権が認められている（民訴七四六条・七五六条）から問題はないとの考えが予想される。しかし、右申立権の行使を求めることは、真の債務者が保全処分をうけている場合には、債務者自らが履行請求を債権者に促すことを求めることであり、問題の解決にはならない。従来の判例・本判決・通説では、時効中断がいつまでも継続することを認めることになろうが、消滅時効制度は債務者といえどもいつまでも法的拘束状態に置かず、一定期間経過後は法律上債務者の地位から解放する制度であると考える私見（松久三四彦「消滅時効制度の根拠と中断の範囲（二）」北大法学論集三一巻一号（一九八〇年）二八〇頁〔同『時効制度の構造と解釈』（有斐閣、二〇一一年）四二頁〕参照）からは賛成できないことになる。私見と同じ考えは、既に前記判例③の宮崎孝治郎・判民昭和三年度五五事件評釈に示されている。すなわち、宮崎博士は、「強制執行保全の為めに暫定的に認められた仮差押の効力を本案の債務名義が確定した後まで存続せしめ当事者の権利関係を永く不確定の状態に置かしむべき理由は無い」として判例に反対した（前記判例⑦は宮崎説に従ったものといえる）。しかし、宮崎説にも、債務名義取得後の仮差押えの場合はどうなるのか、また、仮差押後に本案の起訴がなければどうなるのかという疑問が残る。したがって、宮崎説を更に押し進めて、被保全債権の債務名義確定時とは無関係に、保全処分による中断後の新たな時効起算点を定める必要があると考える。ではどの時点を新たな時効起算点とすべきかが問題として残されるが、仮差押え・仮処分ともに同一の基準時を定める必要があるのか等、検討すべき点が多い。ここではとりあえず、不動産に対する仮差押執行が登記の方法による場合には登記された時点を新たな時効起算点と解しておきたい。仮差押の登記がなされることにより債権保全の目的は一応達せられたと考えられるからである。

以上から本判決に立ち返ると、判旨（2）には賛成できないことになる。本件でXの消滅時効援用が認められないとしても、それは他の理由、例えば第一審の認定した本件強制執行に先立つ、昭和四八年の強制執行による時効中断を理由とすべきであったと考える。

四　最後に、本判決が民執法下で有する意義について検討しておく。まず、本件と同一の事案において仮差押登記が抹消されるとすると、民執法八二条一項三号が適用されることになる。しかし、同規定の解説によると、「仮差押えの登記後に所有権移転登記がされた不動産について、譲受人の債権者から強制競売の申立てがされた場合には、強制競売の開始決定と差押えの登記嘱託のみをしておき、仮差押えが本案訴訟で敗訴し、若しくは失効するか、又は仮差押えが本執行に移行した後に本執行事件が取下げ若しくは取消しによって終了するまで事件を進行させることはできないと解すべきであるから、右仮差押えの登記が右強制執行によって抹消されることはない」（香川保一監修『注釈民事執行法4』（金融財政事情研究会、一九八三年）二〇一頁注（12）（原田和徳））と解されている（同旨―最高裁判所事務総局編『民事執行事件執務資料』（法曹会、一九八一年）一一一頁、藤田耕三＝河村卓哉＝林屋礼二編『民事執行法の基礎』（青林書院、一九八三年）一一四頁（竹下守夫）。ただし、『不動産登記講座Ⅳ〔改訂版〕』（日本評論社、一九八二年）一〇五頁（小倉顕）は反対の趣旨か）。したがって、本判決が民執法下で同一の事案における先例として機能するかについては消極的な予想がされる。また、たとえ仮差押登記が抹消されるにしても、前述したように、被保全債権の満足が確保されるべきであり、そうなると本件のように時効中断後の新たな時効進行が問題となることもないと思われるが、実際のところは、仮差押登記後の新所有者の債権者からの強制競売申立てを今後実務がどう扱うかにかかっているといえよう。もっとも、民執法八二条一項三号が本来適用されるべき事案において、同規定に基づき被保全債権が満足することなく仮差押登記が抹消されることはあるのであり、むしろ本判決は事案は異なるとはいえその場合の先例として機能するのではないかと予想される。

〈評釈等〉　石井真司ほか（座談会）・手研三六二号三〇頁、大西武士・銀法一四巻一二号一二二頁、堀内仁・手研三五九号五六頁。

＊初出は、判評三〇九号（一九八四年）一九五頁（判時一一二六号一九五頁）。一部、除くなどの修正を施した。

[13]　動産執行による時効中断の効力発生時期

最高裁昭和五九年四月二四日第三小法廷判決（昭和五七年（オ）第七二七号、請求異議事件）――上告棄却

（民集三八巻六号六八七頁、判時一一一六号五八頁、判タ五二六号一三八頁、金判六九六号三頁、金法一〇六四号六一頁）

〈参照条文〉　民法一四七条二号、一五四条、民事執行法二条、一二二条

〔事　実〕　Y（被告・控訴人・被上告人）は、X（原告・被控訴人・上告人）に対して、貸金約四五万円とその利息の支払を求める訴えを提起し、昭和四六年八月七日、Y勝訴の判決が確定した。Yは右判決確定の日から一〇年の消滅時効期間（民法一七四条ノ二参照）が満了に近づいたので、昭和五六年七月一五日、右確定判決を債務名義として、執行官に対しXの動産に対する強制執行（動産執行）の申立てをなし、同年七月一七日、執行官がXの住所へ執行に赴いたところ、Xが他に転居していたため右執行は不能に帰した。そこで、Yは急遽Xの転居先を調査したうえ、右時効期間が満了する二日前の同年八月五日に、再度動産執行の申立てをなしたが、執行官による差押えがなされたのは時効期間満了後一二日を経た同年八月一九日であった。これに対して、XがYの債権は時効により消滅しているとして請求異議の訴えを提起したのが本件である。

一審（長野地上田支判昭和五六年一一月一六日民集三八巻六号六九三頁）は、Yが右一回目の動産執行による時効の中断のみを抗弁として主張したため、「差押えにより時効が中断するには『執行に着手しその手続を遂行することを要する』から、執行債務者が執行場所から転居してしまっていたためその執行が不能となったときは、時効中断の効力を生じない」として（最二小判昭和四三年三月二九日民集二二巻三号七二五頁を引用している）Xの請求を認容した（一審の判決理由については判決正本の写を参照した）。

そこで、Yが控訴し、右二回目の動産執行による時効中断を主張したところ、二審（東京高判昭和五七年四月八日民集三八巻六号六九四頁）はこれを容れ、右二回目の動産執行申立ての時に時効は中断したとして一審判決を取り消し、Xの請求を棄却した。これに対してXは、動産執行による時効中断の効力発生時期は、執行申立て時ではなく、執行官が差し押えた時であるから、Yの債権は時効により消滅しているとして上告した。

〔判　旨〕「民事執行法一二二条にいう動産執行による金銭債権についての消滅時効の中断の効力は、債権者が執行官に対し当該金銭債権について動産執行の申立てをした時に生ずるものと解するのが相当である。けだし、民法一四七条一号、二

号が請求、差押え等を時効中断の事由として定めているのは、いずれもそれにより権利者が権利の行使をしたといえることにあり、したがって、時効中断の効力が生ずる時期は、権利者が法定の手続に基づく権利の行使にあたる行為に出たと認められる時期、すなわち、裁判上の請求については権利者が裁判所に対し訴状を提出した時、支払命令を申し立てた時等であると解すべきであり（訴えの提起の場合につき最高裁昭和三六年（オ）第八五五号同三八年二月一日第二小法廷判決・裁判集民事六四号三六一頁参照）、差押えについては債権者が執行機関である裁判所又は執行官に対し金銭債権について執行の申立てをした時であると解すべきであるからである（不動産執行の場合につき大審院昭和一三年（ク）第二一九号同年六月二七日決定・民集一七巻一四号一三二四頁）。なお、不動産執行と動産執行とでは、手続を主宰する執行機関の点に差異はあるものの、執行手続としての基本的な目的・性格、手続上の原理等において格別異なるところはなく、特に申立てがあると、その後の手続は、いずれも、職権をもって進行され、原則として債権者の関与しないものであるから、不動産執行と動産執行とによって時効中断の効力が生ずる時期を別異に解すべき理由はない。もっとも、動産執行の場合、その申立ての時に時効中断の効力が生ずるものと解すべきであるといっても、民法一四七条の規定の趣旨・目的から同条にいう差押えを債権者として権利の行使にあたる行為に出たと認められる申立てをも含めた手続の意義に解釈するにすぎず、現実に差押えがされることを要することはいうまでもないのであるから、当該申立てが取り下げられ若しくは却下されたことにより、又は債務者の所在不明のため執行が不能になったことにより、結局差押えがされなかった場合には、動産執行の申立てによっていったん生じた時効中断の効力は、遡及して消滅することになるものと解すべきである（最高裁昭和四二年（オ）第一四一一号同四三年三月二九日第二小法廷判決・民集二二巻三号七二五頁参照）。以上の見解と異なる大審院の判例（大正一二年（オ）第九九一号同一三年五月二〇日判決・民集三巻五号二〇三頁）は、変更されるべきである。」

【解　説】

一　民法一四七条二号は、金銭債権を実現するための金銭執行手続の第一段階である差押えを時効中断事由としている。本判決は、この金銭執行のうち、動産執行（民執法一二二条以下参照）の場合には執行申立て時に時効が中断するとした。そして、さらに一般論（傍論）として、差押えによる時効中断の効力は執行を申し立てた時（民執法二条参照）に生じ、それは動産執行と不動産執行（民執法四三条以下参照）とで異ならないとしている。これは、差押えによる時効中断の時期に関する、最高裁として初めての、しかも動産執行の事案における大審院判決を変更してあらたな判断を示したものであり、判例法上はもちろん実務上も重要な意義を有するものといえよう。

二　本判決によって変更された、〔1〕大判大正一三年五月二〇日民集三巻二〇三頁は、時効期間満了一三日前に執達吏（名称は、執行吏をへて、現在は執行官）に動産執行を委任（執行官法〔昭和四一年法律一一一号〕による民訴旧五三三条の改正後は「申立（て）」）し、時効期間満了後一三日を経て執行の着手がなされた事案において、差押えによる時効中断の効力は執行着手時に生ずるものであるから既に時効は完成しているとして、時効完成を理由とする債務者の執行異議の訴えを却下した原判決を破棄差し戻した（評釈として、山田正三・法学論叢一二巻三号一一四頁以下、舟橋諄一・判民大正一三年度四〇事件一七三頁以下参照）。

ところで、かつて担保権の実行手続を規定していた競売法のもとでは、差押えという観念は不要とされていたため（三ケ月章『民事執行法』〔弘文堂、一九八一年〕四三三頁以下参照）、任意競売（担保権の実行としての競売）の手続中に差押えの段階はなかったが、任意競売もまた権利実行の手段として行なわれるところから、差押えと同様に時効中断事由になると解されていた（ちなみに、民事執行法では、担保権の実行も差押えによって開始されることになった〔民執法一八八条・一九二条・一九三条参照〕）。そして、この任意競売による時効中断の時期について、〔2〕大決昭和一三年六月二七日民集一七巻一三二四頁は、時効期間満了二日前に抵当権実行のための競売申立てがあり、即日競売開始決定がなされたが、その決定が時効期間満了後八日目に抵当債務者に送達された事案において、時効は競売申立て時に中断したとして、抵当債務者が時効の完成を理由としてなした競落許可決定に対する抗告を棄却した（評釈として、中村宗雄・民商九巻一号一二一頁以下、有泉亨・判民昭和一三年度八三事件三一四頁以下参照）。この〔2〕決定は、「不動産ニ対スル差押……〔ニヨル〕時効中断ノ効力ハ債権者カ競売申立書ヲ管轄裁判所ニ提出シタル時ヲ以テ発生スル」

との一般論を述べ、抵当権実行のためにする競売についても同様に解すべきであるとしたものである。そこで、右二つの判例に矛盾はないとすると、〔1〕判決は動産執行の場合には執行着手時、〔2〕決定は抵当権の実行（および不動産執行）の場合には競売（執行）申立て時に時効は中断するとしたものであるということになる。しかし、近時、動産執行の場合にも執行委任時に時効は中断するとした下級裁判決〔3〕札幌地判昭和四一年一一月二日下民集一七巻一一・一二号一〇四三頁、その控訴審判決である〔4〕札幌高判昭和四二年三月一五日高民集二〇巻二号一五〇頁）が現われ、本件原審判決もそれらに続くものであった。

三　〔1〕判決は、当時の通説と同じく、着手（差押え）時に中断するとした。この着手時説の根拠として、学説は、法文に「差押」とありその「申請」となっていない（中島玉吉『民法釈義巻之一〔改訂増補第一九版〕』〔金刺芳流堂、一九二七年〕八三八頁参照）と述べるにすぎないが、〔1〕判決は、〔5〕大判明治四二年四月三〇日民録一五輯四三九頁（債務者の住所不明のため動産執行が不能に帰した事案において、差押えが時効中断の効力を生ずるには「執行ニ着手シ其手続ヲ遂行スルコトヲ要スル」〔本件一審の判決理由は、これと同一の判断基準を用いている〕として時効中断を否定した）と、民法一五五条を挙げている。この二つを根拠とする意図は明確ではないが、二重弁済の危険回避の観点から、差押えによる時効中断の時期は債務者が執行の事実を知った時に一致させるべきであるとの考え（ちなみに、栗山・後掲解説は、〔5〕判決と同旨の後掲〔6〕判決を、この考えから正当化される）が伏在しているようにもとれる。そのためか、舟橋教授は、着手時説によれば、たしかに着手前に時効期間が満了したために弁済の証拠を処分してしまった弁済者が二重払いの不当を強いられる危険はなくなるとしながらも、大要次の理由で〔1〕判決に反対し委任時説を主張された。すなわち、第一に、実質的理由として、実際には執行債務者が未弁済者である場合が大半であり、この場合、「権利者に於ては、執行の委任により、既にその権利の実行として自己の為し能う限りを尽したるものであるから、その左右し得べからざる執行機関の手続の意外の遅滞に因り時効の満了を来し、従来その有せし権利を全然剥奪させるに至るを認めるが如きは、権利者保護に余りに欠くるものである」ということ、第二に、〔1〕判決は、裁判上の請求（民法一四九条参照）については訴え提起の時であり訴状送達の時ではないとし（大判大正四年四月一日民録二一輯四四九頁参照）、支払命令（民法一五〇条参照）については申請の時とする判例（大判大正二年三月二〇日民録一九輯一三七頁、大判大正四年五月二〇日民録二一輯七五〇頁参照）と調和しないということである（舟橋・前掲評釈参照。ちなみに、催告〔民法一五三条参照〕についても発信時に中断するとの解釈を示唆されるが、内地・後掲評釈八五三頁はこれに反対する）。

任意競売の事案ではあるが、右の主張を認めるかに見える〔2〕決定が出るに至り、学説は次の二つに分かれた。一つは、〔2〕決定を契機として〔1〕判決は改められるべきであるとする説（中村・前掲評釈）であり、いま一つは、〔1〕判決を維持し、債権者が裁判所に対して申し立てた場合（不動産執行の場合）には申立て時、執達吏に対して委任した場合（動産執行の場合）には着手時に中断するとの説（有泉・前掲評釈、兼子一『増補強制執行法』〔酒井書店、一九七一年〕一七〇頁、川井健『注釈民法（5）』〔有斐閣、一九六七年〕一一五頁）である。後説は、「執達吏に対する委任は必ずしも明確ではなく、又委任と執行着手との間に職権的な進行が保障されていない」（有泉・前掲評釈三二六頁）ことを理由づけの根拠としている（ドイツ民法二〇九条二項五号も根拠の一つとされているが、これに対する批判として、中村・前掲評釈一二七頁以下、川島・後掲評釈六一七頁参照）。しかし、この点については、〔4〕（〔3〕）判決および本件原審判決が、執行吏執行等手続規則・民事執行規則などに照らしてそれぞれ理由がないとした。また、近時は、前記舟橋評釈におけると同様の理由づけにより申立て時説が通説となっている。このような、判例の動向と学説の現状、および、近時「執行委任」という「私的性格を連想せしめる用語」（三ケ月・前掲書三六頁）が改正されただけでなく、動産執行に関する関係法令も整備されてきたこと（本判決の塚原解説の指摘）、さらには、時効中断の根拠は権利行使そのものに求められるべきであると考えられることからすると、本判決の結論にはまず異論のないところと思われる。

四　最後に、本判決が、一方で、〔5〕判決を援用している〔1〕判決を変更しながら、他方で傍論ながら、〔5〕判決と同旨の（債務者の所在不明のため動産執行が不能となった事案において、時効は中断しないとした）、〔6〕最判昭和四三年三月二九日民集二二巻三号七二五頁（解説・評釈として、栗山忍・最判解民事篇昭和四三年度（上）一七六頁、内池慶四郎・民商五九巻五号八四五頁、川島武宜・法協八六巻五号六一四頁参照）を確認している点についてふれておきたい。

調査官による〔6〕判決の解説では、〔6〕判決の妥当性は、債権者保護よりも二重弁済の危険回避を優先させる考え（これは着手時説につながりやすいが、〔6〕判決が着手時説をとるものか、それとも委任時説をとりつつ執行不能を中断の効力の失効事由とする趣旨〔本判決の傍論の立場〕かは明らかではない）に求められている（栗山・前掲解説）。しかし、申立て時説は、これまで見てきたように、これとは逆に、債権者保護を優先させるものであるから、申立時説をとりつつ、〔6〕判決を正当化することは困難なように思われる（ちなみに、本判決は、債務者の所在不明による執行不能の場合を、申立ての取下げや却下の場合と同列に論じているが、前者は債務者の一方的事情から生じた事態である点で後者と性質を異にする）。したがって、〔6〕判決の確認は傍論であること、また、〔6〕判決には批判が強いこと（内池・前掲評釈、川島・前掲評釈参照）、さらに、〔6〕判決は時効期間満了前に再度の執行委任が可能であった事案のようであり、本件は、この再度の執行申立てがなされかつ現実に執行もなされたために、〔6〕判決を前提としてもなお申立て時説をとることによって債権者を保護することができた事案であること、などを考えあわせると、最初または再度の執行不能という事態が時効期間満了後に生じた場合に、実際に〔6〕判決を援用して時効の中断を否定するのかどうか、今後の判例が注目される。

〈評釈等〉 塚原朋一・最判解民事篇昭和五十九年度一七〇頁（初出、曹時三九巻八号一四九七頁）、同・ジュリ八一八号七五頁、同・季刊実務民事法八号一六四頁、石井真司ほか（座談会）・手研三六二号三五頁、石川明・民商九二巻四号九五頁、河村好彦・法学研究（慶應義塾大学）五八巻六号九三頁、櫻井孝一・民事執行法判例百選（別冊ジュリ一二七号）一三〇頁、高橋恒夫・銀法五三二号四一頁、勅使河原和彦・民事執行・保全判例百選（別冊ジュリ一七七号）一二〇頁、野村豊弘・法セ三六三号一三二頁、堀内仁・金法一〇六五号四頁。

＊初出は、昭和五九年度重判解（ジュリ臨増八三八号、一九八五年）六八頁。

[14] 催告の内容証明郵便が不受領の場合に時効中断の効果が認められた事例

東京地裁昭和六一年五月二六日判決（東京地裁昭五五（ワ）二一三五号、損害賠償請求事件）――請求認容（訴えの取下げ）（判時一二三四号九四頁）

〈参照条文〉 民法一五三条、九七条

〔事　実〕 原糸や繊維品の販売を主たる目的としている会社Xは、繊維製品の企画、製造、販売を目的とする会社Y_1にニット製品の製造加工及び仲介販売等を委託していた。このX会社の東京支店に勤務していたY_3は、担当の取引先に約九千万円の未収金が生じたため、支店長から厳しい叱責を受けた。そのため、Y_3は、支店長に恨みを抱き、また、自分の現在及び将来の地位にも不安をもつようになり、東京支店に大きな損失を出させて支店長を失脚させようと図った。すなわち、昭和五一年七月下旬頃から数回にわたりY_1会社の代表取締役Y_2に、訴外A会社の倉庫に保管してあるX所有のニット製品をXの承諾を得ているように装い、Aの倉庫から不正に出荷させてこれを売却する話を持ちかけて教唆した。その結果、Y_2は製品を騙取しその売却代金をY_1会社の資金繰りに当てる決意をし、同年九月二〇日から数日にわたりXの製品を騙取した（詐欺事件）。翌一〇月初めころ、この詐欺事件が発覚したため、XはY_1との間の原糸の委託加工契約を解除した。この解除によりY_1は未加工分の原糸の返還義務を負うことになったが、その後Y_1の倒産による混乱などにより右返還義務は履行不能となった（履行不能事件）。また、Y_1はXから繊維品を預かり保管していたが、Y_2はこれを横領し他に売却した（横領事件）。そこで、Xが、Y_1－Y_3に対して不法行為（詐欺）による損害一億五一一七万余円とその支払ずみまでの遅延損害金を連帯して支払うよう（請求①）、Y_1に対して履行不能による損害七八五万余円とその支払ずみまでの遅延損害の支払を（請求②）、Y_1・Y_2に対して不法行為（横領）による損害二二三九万余円とその支払ずみまでの遅延損害金の支払を（請求③）、それぞれ求めて訴えたのが本件である。

本件では主として、不法行為による損害賠償請求権の消滅時効が完成しているか否かが争われた。すなわち、Y_1・Y_2は、請求①・③についてはXが損害の発生及び加害者を知ったのは昭和五一年一〇月一日であり、それから本訴提起（請求①については昭和五五年三月一三日、請求③については同月一七日に訴えを提起している）までに三年が経過しているので消滅時効が完成していると抗弁した（七二四条参照）。ところで、Xは、昭和五四年九月一九日、Y_1（Y_2の自宅宛）及びY_2に対し、本件各不法行為（詐欺、横領）につき、損害賠償金を支払うよう催告する旨の内容証明郵便を新橋郵便局に差し出していた。翌二〇日、埼玉県川口郵便局の局員が、Y_2方に右内容証明郵便を持参し、これを配達しようとしたが、Y_2が不在で、これを受領させることができなかったため、不在配達通知書をY_2方に差し置き、右内容証明郵便を一〇日以内に、川口郵便局に出頭して受領するよう催促した。しかし、Y_2は、右内容証明郵便を期間内に受領しなかったため、同年一〇月三日、右内容証明郵便は、Xに還付された。そこで、Xは、Xの催告は遅くとも同年一〇月一日までにY_1・Y_2に到達したものというべきであり、したがって、催告により延長された時効期間内に本訴を提起しているので時効は完成していないと主張して争った。

本判決は、この点につき、Xが不法行為による損害及び加害者を知った時を、請求①（詐欺事件）については昭和五一年一〇月一日、請求③（横領事件）については遅くとも同月一〇日と認定したうえで、次のように判示して、結局、Xの請求①－③をすべて認容した。

〔判　旨〕「催告は、債務者に対して履行を請求する債権者の意思の通知であって、これが債務者に到達することにより効力を生ずるものであることはいうまでもない。本件においては、右認定のとおり、Xの催告の趣旨を記載した昭和五四年九月一九日付け内容証明郵便が、Y_2の不在のためY_2により受領されずXに返戻されたものであって、Y_1及びY_2にこれが到達したものとはいい得ない。

しかしながら、消滅時効の制度の趣旨は、法律関係の安定のため、あるいは時の経過に伴う証拠の散逸等による立証の困難を救うために、権利の不行使という事実状態と一定の期間の継続とを要件として権利を消滅させるとするものであり、また権利の上に眠っている者は保護に値しないとして保護しないとすることにあるとされているが、催告を時効中断の事由とした理由は、催告により権利者の権利主張がされ、時効の基礎たる事実状態が破られるとともに、催告をした権利者はもはや権利の上に眠れるものとはいえないからにほかならないものと解される。

右のような時効制度の趣旨を前提として考えると、本件にあっては、Xは、催告の趣旨を記載した内容証明郵便を郵便局に差し出すことによって、既に自己のなし得る限りのことをなしたもので権利の上に眠っているとはいえないし、右の内容証明郵便が不在のためY_1・Y_2に到達しなかったとはいうものの、郵便局員が不在配達通知書をY_2方に差し置き、Y_1・Y_2が一挙手一役足の労によりこれを受領することが可能となっていたものであって、これにより権利者の権利主張がされ時効の基礎たる事実状態が破られたものと考えることができる。したがって、本件の催告は、遅くとも内容証明郵便の留置期間満了の日である昭和五四年九月三〇日の経過をもってY_1及びY_2に到達したものと同視し、催告の効果を認めるのが、時効制度の趣旨及び公平の理念に照らし、相当であると解される。」

【評　釈】

一　郵便が名宛人不在のため留置期間（通常は、一〇日間）満了後に差出人に還付された場合（郵便規則（昭和二二年一二月二九日、逓信省令第三四号）九〇条は、次のように規定している。「受取人不在のため配達することができなかった郵便物で、最初の配達の日（受取人があらかじめ当該配達を受け持つ郵便局に旅行その他の事由によって不在となる期間を届け出てある場合には、その期間（不在となる期間が三〇日をこえる場合にあっては、三〇日とする）の満了の日）から一〇日内に配達することも交付することもできないものは、差出人に還付する。」）、その郵便でなされた意思表示または意思の通知（たとえば、債務履行の催告）は効力を生ずるか。この点に関する裁判例としては、①東京地判昭和四三年八月一九日判時五四八号七七頁（延滞賃料支払の催告と停止条件付建物賃貸借契約解除の意思表示を内容証明郵便でなす。到達したとして解除を認容。）、②東京地判昭和四八年一〇月一八日判時七三二号七〇頁（土地賃貸借契約解除の意思表示を内容証明郵便でなす。到達していないとして解除を否定。ただし、その後の口頭による解除を認容。）、③福岡地判昭和五一年五月一三日判タ三五七号二九八頁（書留郵便で、不法行為による損害の賠償を請求。到達したとして催告による時効中断を認める。）、④大阪高判昭和五二年三月九日判時八五七号八六頁（賃貸借契約解除の意思表示を内容証明郵便でなす。特段の事情のない限り到達したとは解されないとして、解除を認めた原判決を破棄差戻。）、がある。本判決は、この種の事案に関する下級裁判所の裁判例に一裁判例を加えたものであるが、より限定的には、催告による時効中断の効力の発生の有無に関する、判例③に続く二つめの裁判例としての意義を有するといえよう。

二　本判決は、まず、「催告は、……債務者に到達することにより効力を生ずるものであることはいうまでもない。」として、催告による時効中断の効力の発生時点について到達時説をとり、時効中断の有無を到達の有無の問題としている。裁判例③も、「郵便が名宛人不在のため留置期間満了後返戻された場合、催告（民法一五三条）による意思表示は右留置期間の間継続してなされていたものと解するのが公平の観念に合致するものである。仮にそうでないとしても、遅くとも留置期間の満了をもって催告がなされたものと解するのが相当である。」と述べ、本件の催告は消滅時効完成前に「到達したものと解される」とした。このように、裁判例③および本判決はともに到達時説をとるものであるが、到達時につき、本判決は留置期間満了の日とし、裁判例③は第一次的には不在配達通知の日（郵便局員が配達すべく持参した日）とするようである（この場合、催告は留置期間の間継続してなされていたものと解するというのであるから、延長される六か月の時効期間の起算点は留置期間満了の日と解するのであろう）。本件では、発信時説をとるか到達時説をとるかは、結論に影響しないが、理論上のみならず、実際にも、今後この点が問題になる可能性があるので、ここに検討しておきたい。

民法九七条一項の「到達」の意義につき、大審院時代の判例は、意思表示が相手方にとって了知可能な状態におかれたことであって、相手方が現実にその意思表示の内容を了知したことではないと解し（大判昭和九年一一月二六日新聞三七九〇号一一頁、大判昭和一一年二月一四日民集一五巻一五八頁（この判決は、その理由を詳細に説いている）、大判昭和一七年一一月二八日新聞四八一九号七頁。立法趣旨および学説については、『注釈民法（3）』（有斐閣、一九七三年）二四三頁以下（高津幸一）参照）、また、意思の通知（民五四一条の催告）にも本条が適用されるとしていた（大判昭和二年一月二五日新聞二六六六号一四頁）が、最高裁もこの考えを踏襲している（最判昭和三六年四月二〇日民集一五巻四号七七四頁は、「隔地者間の意思表示に準ずべき右催告は民法九七条により被告に到達することによってその効力を生ずべき筋合いのものであり、ここに到達とは…それらの者にとって了知可能の状態におかれたことを意味する」という）。したがって、本判決は、意思の通知の効力発生時点につき、従来の判例に従い、民法九七条の（類推）適用により到達時説をとった（同旨の学説として、幾代通『民法総則〔第二版〕』（青林書院、一九八四年）五七三頁。なお、川島武宜『民法総則』（有斐閣、一九六五年）四八九頁は、東京控判明治四三年一月八日新聞六三二号一二頁「裁判外の請求にありては一般意思表示の効力発生時期に関する通則に従い其意思表示が相手方に到達することを必要とする」を引用して到達時説をとる）ものといえよう。

しかし、意思の通知にも民法九七条一項が類推適用されうるとしても、少なくとも、催告による時効中断の効力発生時点については、時効中断の根拠から発信時説をとることも、解釈としては許されるはずである。実際、学説には、「民法第九十七条の到達主義は、元来、意思表示の時期につき両当事者双方の利益を計る必要ある場合にその妥協点を定めたに過ぎないから、……先ず表意者一方の利益を計るべき……場合には之が適用なきものと解し、催告に付いても発信の時に条件的に時効中断の効力を生ずるものと考えられはしないだろうか」として、発信時説を問うものがある（船橋諄一・判例民事法大正一三年度四〇事件評釈一七八－一七九頁）。しかし、これに対しては、「権利者において権利実行のため『自己の為し能う限りを尽したか』否かの判断において、催告等の直接に相手方に対して為すべき通知については、その到達までは表意者の責任にある」として、反対がある（内池慶四郎「判批」民商五九巻五号八五三頁）。では、これをどう解すべきか。

この問題は、到達主義の根拠、催告が時効中断事由とされた理由、時効中断の根拠（時効中断事由には承認も含まれるが（民一四七条三号）、ここでは、特に、裁判上の請求などの権利行使による時効中断の根拠が問われよう）に照らして考えられるべきであろう。まず、発信主義と到達主義の実質的違いは、主として、後者をとると、紛失事故および延着の不利益は表意者に負担させる（すなわち、紛失事故の場合には効力を生ぜず、延着の場合には延着した時に効力を生ずる、とする）ところにある（前掲『注釈民法（3）』二四五頁参照）。したがって、催告による時効中断との関係では、特に、延着のため、または延着ではないが時効期間満了後に到達した場合に時効中断の効果を認めないことが妥当かが問題となる（不到達＝紛失事故の場合には、発信主義をとっても、時効中断効は失効するとして、到達主義と同様に扱うこともできる）。そうすると、起草者が民法九七条作成にあたり、この点の判断をしたうえで時効中断事由としての催告にも本条が適用されると考えていたかは明らかでなく、さらには、到達主義をとること自体に強い反対があったことをも考えると（民法九七条の起草過程については、星野英一「編纂過程から見た民法拾遺（二・完）－民法九七条・五二六条・五二一条論－」法協八二巻五号六一八頁（『民法論集第一巻』〔有斐閣、一九七〇年〕所収）が詳しい）、この問題を九七条の到達主義の合理性だけから基礎づけるのは難しいように思われる。そこで、催告が時効中断事由とされた理由を見てみると、それは、突然の訴え提起という弊害を避けるためであるという（梅謙次郎『訂正増補民法要義巻之一総則編〔三三版〕』（法政大学ほか、一九一一年）三八八頁）。しかし、これだけではいずれとも決し難い（催告を暫定的時効中断事由としたのは、債務者が任意に履行してくれそうか否かを観察する期間を債権者に与えたものであるというのであれば、観察の前提として到達時説をとることはできるかもしれないが）。やはり、最終的には、債務者を時効によってどこまで保護するのが妥当であるかの判断、それとの関連で、時効中断の根拠をどう考えるかにかかってくるといえよう。私見としては、催告も裁判上の請求等と同じく、権利主張そのものに中断の根拠が認められるべきであり、したがって、権利主張がなされた最初の時点で中断を認めるべきであること、また、他の権利行使による中断事由における中断時点（通説は権利行使の最初の時点と解している。判例も、たとえば、訴えの提起の場合は、権利者が裁判所に訴状を提出した時（その旨の判例として、最判昭和五九年四月二四日民集三八巻六号六八七頁は、最判昭和三八年二月一日裁判集民事六四号三六一頁を挙げている）、差押の場合は、執行申立時（大決昭和一三年六月二七日民集一七巻一三二四頁〔不動産執行の場合〕、最判昭和五九年四月二四日民集三八巻六号六八七頁〔動産執行の場合〕）としている）とのバランスからいっても、発信時説をとり、不到達の場合には中断効は失効すると解すればよい（ただし、事案によっては、例外的に、失効させるべきでない場合がありうるかもしれないが）と考えたい。なお、延長された時効期間（六か月）の起算点も、権利者に有利な到達時としてよいと思われる。

三　つぎに、最も重要な点であるが、本判決が催告による時効中断の効力を認めたことの当否を検討する。

本判決は、Xの催告はY_1、Y_2に「到連したものとはいい得ない」としながらも、しかし、遅くとも内容証明郵便の留置期間満了の日に「到達したものと同視」し、催告の効果を認めるのが相当であるとした。その理由は、時効制度の趣旨（判旨の、「Xは、催告の趣旨を記載した内容証明郵便を郵便局に差し出すことによって、既に自己のなし得る限りのことをなしたもので権利の上に眠っているとはいえない」という箇所を指すのであろう）と公平の理念（判旨の、Xは既に自己のなし得る限りのことをなしたのに対し、$Y_1$$Y_2$は「一挙手一投足の労によりこれを受領することが可能となっていた」という箇所を指すのであろう）に求められている。

まず、本判決は、端的に催告は到達したといわず、「到達したものと同視」するのが相当であるとした点で、意思表示ないし催告（意思の通知）の効力を認めた従来の裁判例①・③と（また、受領拒絶により差出人に還付された事案において意思表示ないし催告の効力を認めた判例（宮城控判昭和二年一月一〇日法律新報一三七号一八頁、大判昭和一一年二月一四日民集一五巻一五八頁、大阪高判昭和五三年一一月七日判タ三七五号九〇頁）とも）異なる。到達の概念を広く解するときは、あえて本判決のようにいう必要はないので用語の好みの問題にすぎないともいえるが、本判決のように、到達したのと同じに扱うとの説明の仕方は、意思表示ないし催告の効力の発生をより緩やかに認めるのが妥当な場合には素直な解釈であり、また、そのような場合を類型化して把握しようとする発想への契機を含むものであるともいえよう。

裁判例①は、催告による時効中断に限らず、広く一般的に、「郵便は……到達したものと解するのが相当である」というが、その理由は特に述べていない。裁判例③は、催告による時効中断につき、公平の理念を根拠に到達ありとする。本判決は、時効中断のための催告に限定して判示しているかに見える点で裁判例①と異なり裁判例③に類する

が、時効制度の趣旨をも根拠としている点で、裁判例③に一歩を進めるものである。では、裁判例①のように、「到達」の一般論から到達の有無を判断すべきか、それとも、本判決のように時効制度の趣旨をも考慮して、個別的に考えるべきか。

まず、意思表示ないし意思の通知がいかなる効果と結び付いているかを見ると、契約の成立や解除権の発生、時効中断など種々のものがある。前二者は再度の意思表示を要求しうるが、後者は時効が完成して援用されるともはや再度の催告を要求しえない。また、到達を容易に認めると解除のケースでは賃借人保護の要請に反し、到達を容易には認めないとなると時効中断ケースでは権利者に酷な結果になる。したがって、単に「到達」の一般論からだけではなく、類型に応じたきめこまかな判断が望ましく、その点で、本判決が裁判例①のような一般論を立てるのではなく、時効中断事由としての催告がなされたといえるかという個別的検討をしている点は積極的に評価しうると思われる（もっとも、判例①の方がすぐれているとの見解もある（野口恵三「本判決の解説」ＮＢＬ三八五号五九頁参照））。

ところで、不到達とした判例の根拠を見ると、裁判例②は、特段の事情のない限り、受領義務なしという。しかし、それでは、差出や配達についての立証の不利はあるものの、不在でも配達されるから普通郵便で出した方がよいということになる（配達証明や内容証明の取扱いは書留郵便物についてなし得る（郵便法五七条二項）。書留の取扱いについては、郵便法五八条参照）。すなわち、この根拠は、普通郵便よりも配達証明や内容証明などの郵便によることを選んだ、いわば債権の回収により慎重であった者の方を不利に扱うことになる。また、受領義務の有無は規範の問題であり、意思表示の到達主義（民九七条一項）における「到達」の有無は主として事実状態の評価の問題であるから、前者が後者の解釈に影響しうるとしてもそれは決定的なものではない。結局、右の根拠は妥当とは思われない。なお、裁判例④は、この裁判例②と同じ根拠の他に、郵便局員が受取人方に差置くいわゆる『不在配達通知』には、差出人の氏名はもとより、郵便物の内容たる物が現金である（現金書留）か、現金以外の物である（内容証明、特別送達郵便など）かも明らかにしない取扱いであることは公知の事実であるから、……他に特段の事情がないかぎり、右郵便物が本件賃貸借に関するもので、その差出人が被上告人であることを了知しえたものと推認することは困難」であるという。しかし、現行の集配郵便局取扱規定が定めている不在配達通知書の様式では、差出人の氏名欄の他、一般書留か現金書留か等の郵便物種類欄が設けられることになっている。したがって、少なくとも今後は右の根拠は妥当しないといえよう。本件の催告当時における不在配達通知書の様式は定かでないが、前述した催告が中断事由とされた理由および催告による時効中断は暫定的中断であること、さらには、債務者はもともと債務を履行すべき立場にあり時効は例外的に債務を消滅させる制度であること等からすると、催告の到達の認定は比較的緩やかに解してもよく、結局、本判決が催告による時効中断を認めたのは妥当なものと思われる。

四　最後に、今後の予測を若干のべておきたい。郵便が名宛人不在のため留置期間満了後に差出人に還付された場合に意思表示等が到達したといえるかという問題については下級裁判所の裁判例は分かれており（裁判例①・③は到達、②・④は不到達とする）、そのことは事案に応じた判断の必要性を示すものと思われるが、したがって、事案を類型的に把握し、各類型において到達の有無を決するより細かなメルクマールが何であるかを知るには今後の判例の集積をまたねばならないが、時効中断に結び付く催告については、前掲裁判例③（到達）に続き本判決（到達と同視）が時効中断を認めたこと、本判決の理由付けがおおむね妥当であること、時効中断事由としての催告の到達は比較的緩やかに認定してよいのではないかと考えられること等からして、今後も同様の結論をとる判決が続くものと思われる。ただし、前述したように、本判決は、発信によりもはや権利の上に眠っているとはいえないといいながら中断効の発生時点を内容証明郵便の留置期間満了時としているが、それでよいかは疑問がある。裁判例③では、この基準に並べて、留置期間中の催告継続という判断も示しているが、実際に、発信後留置初日前、または、留置初日以後留置期間満了前に時効期間が満了する事案において、裁判所がいかなる判断を下すかは今後にまたなければならない。両判決がいずれも、「遅くとも」留置期間の満了をもって到達したといっていることからすると、後者では中断が認められる可能性があるが、前者は予断を許さない。

〈評釈等（本文所掲に追加）〉　堀内仁・手研四〇二号三九頁。

＊初出は、判評三四七号（一九八八年）四三頁（判時一二五三号一八九頁）。

[15] 交通事故の死亡被害者に法定相続人としての子がある場合加害者が死亡被害者の父に対してした一部弁済も債務の承認にあたるとされた事例

大阪地裁昭和六一年一一月一三日判決（大阪地裁昭五八（ワ）六二七六号、損害賠償請求事件）——一部認容（控訴）
（判時一二四九号九〇頁、判タ六四四号一二二頁）

〈参照条文〉　民法一四七条三号、一五六条、七〇九条、七二四条、九一五条

【事　実】　訴外Aは、昭和五六年一二月三日、道路左側に駐車中の乗用車に右前部ドアから乗車しようとしていたところを、飲酒の上時速五〇キロメートル（制限時速四〇キロメートル）で走行してきたY_1運転の普通貨物自動車にはねられ、翌日死亡した。当時、Aには七歳の長女Bと六歳の長男Cがいたが、Bの親権者は離婚した元の妻Dであり、Cの親権者はAであった。Aが死亡したため暫くの間Cには法定代理人が存在しない状態が続いたが、昭和五七年五月二日、Cの親権者をDに変更する旨の裁判（審判か）が確定した。Dは同年六月一日、B・C両名の法定代理人として家庭裁判所に両名の相続放棄の申述をし、同日受理された。そこで、Aの父X_1と母X_2は、右相続放棄によりAの損害賠償請求権はX_1らが相続したとして、加害車両の運転者Y_1に対しては民法七〇九条に基づき、加害車両の所有者Y_2に対しては自賠法三条に基づき、Y_2の使用

者Y_3に対しては民法七一五条または自賠法三条に基づき、合計二〇〇〇万円（X_1・X_2に各一〇〇〇万円）の損害賠償を請求して本訴に及んだ。

これに対し、Y_1ら（Y_1－Y_3）は、DがB・Cの法定代理人としてなした右相続放棄の効力につき、Cの相続放棄は有効であるがBの相続放棄はDがAの死亡を知った時より三か月を経過した後になされたものであり無効であるから、Bが単独相続したことになり、したがって、X_1ら（X_1・X_2）はAの損害賠償請求権を相続により取得してはいないと主張した。なお、Y_3は、Y_2との使用者と被用者の関係を否認し、Y_3の業務執行上の指揮監督がY_2に及んでいたこともないから責任はないとも主張した。そこで、X_1らは、仮にY_1ら主張のようにBの相続放棄が無効だとしても、Bが相続した債権は、その法定代理人であるDからX_1らに対し、昭和六〇年一二月六日に債権譲渡されたと主張した。これに対し、Y_1らは民法七二四条前段の三年の消滅時効を援用し、右債権譲渡はその対象たる債権の時効消滅により効力を生じないと主張した。

そこで、X_1らとY_1の間でさらに次のように争われた。まず、X_1らは、Y_1は本件事故による懲役刑の服役を終えた後、昭和五八年九月一四日ころまでの間数回にわたりBに対する本件事故に基づく損害賠償債務の履行として一二万円を支払い債務を承認したので、時効は中断したと主張した。これに対し、Y_1は、右の支払はX_1に対する見舞金にすぎず、Bに対する損害賠償債務の一部弁済としてなされたものではない、また、当時Bはその効力の点はともかく、既に相続放棄の申述をしていたのであるから、Bに本件相続債権が帰属していることなど誰も考えてはいなかったとして、右の支払は債務の承認にはあたらないと主張した。

本判決は、まず、Y_1ら主張のように、Aの損害賠償請求権はBが単独相続したことになるとした。理由は、DがCの法定代理人（親権者）となったのは昭和五七年五月二日であるから、Cの相続放棄は、DがCの法定代理人としての立場でCのために相続の開始があったことを知った時から民法九一五条一項に定める三か月の熟慮期間が経過する前になされたものであり有効であるのに対し、A死亡当時既にBの法定代理人（親権者）であったDは、Aが死亡した当日である昭和五六年一二月四日にその事実を知りBについて相続が開始したことを知ったのであるから、Bの相続放棄は右の熟慮期間経過後になされたもので無効である、また、Bの相続放棄の申述は家庭裁判所によって受理されているが、相続放棄の申述の受理は、審判ではあっても、その実質は適式な申述がなされたことを公証するものにすぎず、実体上無効な相続放棄を有効ならしめるような効力を有するものではない、というものである。しかし、次に、X_1ら主張のように、Bが単独相続したAの損害賠償請求権はX_1がBの法定代理人Dから債権譲渡により取得したと認定した。そして、Y_1に対する損害賠償請求権の消滅時効の起算点は、Dが本件事故によるAの死亡および加害車両の運転者がY_1であると知った昭和五六年一一月一六日であり、それから既に三年が経過しているとしながらも、以下のように判示して時効の中断を認めY_1に対する請求を認容した。なお、Y_2・Y_3に対する請求は、前述したY_2の消滅時効の抗弁およびY_3の否認を認め棄却された。

〔判　旨〕「Y_1は、本件事故のために処せられた懲役刑の服役を終えた後、X_1方を訪れて本件事故による損害の賠償方を申入れるとともに、昭和五八年六月二三日、同年七月一九日、同年八月二三日、同年九月一四日の四回にわたり、各三万円宛をX_1の普通預金口座に振込入金したことが認められる。

ところで、消滅時効中断の事由である債務の承認は、その相手方たる債権者またはその代理人に対してなされなければならないのが原則であり、それ以外の第三者に対して債務の一部弁済をしても、これをもって時効中断事由である債務の承認をしたものということができないのが通例であるところ、Y_1による右振込入金当時、客観的には訴外Bがその権利者であって、X_1がその権利者でなかったことは前記のとおりであり、また、X_1が訴外Bの代理人であったとの点についてはその主張も立証もないから、右振込入金による一部弁済（承認）は権利者またはその代理人以外の第三者に対するものとして、時効中断事由たる債務承認としての効力を生じないものといわざるをえないかのごとくである。

しかしながら、右振込入金当時、前記相続放棄の申述がすでに受理されていたことから、関係当事者全員が、右相続放棄の結果、訴外Bらは本件相続債権の債権者たる地位を失い、X_1らがこれを取得してその権利者となったと思い込んでいたものと推認することができるのであって、このような状況の下においてなされた右振込入金による一部弁済は、たとえ客観的には権利者またはその代理人でない者に対してなされたものではあっても、時効中断事由たる承認に当たるものと解するのが相当というべきである。けだし、債務の承認が消滅時効の中断事由とされるのは、債務者が自ら相手方の権利を認める以上、権利者も債務者が後日その権利を否定するようなことはないものと信じて、直ちに積極的に権利行使に及ばないのが人情であり、したがってその権利不行使をもって権利の上に眠る者として時効によってこれを消滅させるのは酷であること、また、債務者自らが権利の存在を認めていることは、現実にその権利が疑問の余地なく存在していることの何よりの証拠であること、がその根拠であるが、本件の場合、相続放棄によって本件相続債権を失ったものと思っている訴外B（またはその法定代理人D）が自らその権利を行使するようなことは、債務者の承認の有無にかかわらず、もともと期待しえなかったところであって、債務者の承認が債権者の権利不行使の機縁となる余地はなかったのであり、また、債務者であるY_1が債権者と信じ、自らも債権者と思い込んでいるX_1に対し一部弁済して債務を承認しているのであるから、その承認は、現実に権利が疑問の余地なく存在していることの何よりの証拠であるということができるからである。

　そうすると、訴外BのY_1に対する本件相続債権の消滅時効は、右振込入金（一部弁済）により中断されたものであって、前記債権譲渡により同債権は有効にX_1らに移転したものというべきである。」

【評　釈】

一　本判決は、「消滅時効中断の事由である債務の承認は、債権者またはその代理人に対してなされなければならないのが原則」であるとしつつ、後日債権譲渡により真の債権者となった表見債権者（表見相続人）に対する債務承認にも時効中断の効力を認めたものである。債務承認の相手方が問題とされた判例としては、次に紹介する判例に続く久しぶりの、しかも、これまでにない新しい事案に関するものである。

二　民法上は、債務承認の相手方に関する規定はないが（ドイツ民法二〇八条は、義務者が「権利者に対して（dem Berechtigten gegenüber）」その請求権を承認したときは消滅時効は中断するとしている。そのためか、川島武宜『民法総則』（有斐閣、一九六五年）五〇三頁は、ドイツ民法第一草案理由書（Motive, Bd. I S. 326）の、「義務の存在についての確信の疑問の余地なき表示（die unzweideutige Erkläung des Überzeugtseins von der Verpflichtung）」が心要なのだとの説明と、Oertmannはその説明に批判的であるということを紹介している）、本判決が債務承認の相手方について述べる右原則は、早くから判例によって示されてきたものである。すなわち、まず、承認は債権者に対してなされることを要するとの点については、大判大正五年一〇月一三日民録二二輯一八八六頁が、債務承認は債務者から債権者にたいしてなす意思表示（かっては、学説も意思表示と解する説が有力であった。現在は観念の通知と解されており、大判大正八年四月一日民録二五輯六四三頁も同旨。詳しくは、川井健『注釈民法（5）』（有斐閣、一九六七年）一一九頁参照）であるから、銀行がその銀行内の帳簿に預金の利子を元金に組入れた旨を記入しただけでは承認による時効中断は生じないという。また、大決大正六年一〇月二九日民録二三輯一六二〇頁は、債務者が二番抵当を設定しても一番抵当権者に対する債務承認にはならないという。理由として、登記簿上一番抵当権がある以上、さらに他の債権者のために抵当権を設定しようとすると、債務者が一番抵当権の被担保債権を承認すると否とにかかわらず、二番抵当の形式をもって登記せざるをえないからであるといい、傍論として、債務の承認は「相手方タル債権者ニ対シテ之ヲ為スコトヲ要スルハ承認ノ性質上正ニ然ラサルヲ得サル所ナリ」という。

次に、債権者と一定の関係にある者に対する承認につき、大判大正一〇年三月四日民録二七輯四〇七頁（判民二八事件・平野義太郎評釈）は、債権者が他人（この判例は「代理人」とよぶが、正確には使者）をして債権取立の督促をさせたところ、債務者がその者に対して支払の猶予を求めたという事案において、「債務ノ存在ヲ認ムルハ即チ債務ノ承認ニシテ正当ノ意義ニ於ケル法律行為ナリト謂フヲ得サルヘシト雖モ性質ノ許ス限リ法律行為ニ関スル規定ヲ之ニ準用スヘク従テ民法第九十九条第二項ノ規定モ債権者ノ代理人ニ対スル債務ノ承認ニ準用スヘキモノト解スルヲ相当トス然ラハ即チ上告人カ債権者ノ代理人ニ対シテ為シタル債務ノ承認ハ債権者本人ニ到達スルコトヲ要セスシテ直ニ時効中断ノ効力ヲ生スルモノト謂フヘシ」という（大判大正一〇年二月一四日民録二七輯二八五頁（判民一五事件・末弘厳太郎評釈・穂積重遠付記）は、貸金請求の権限ある代理人は債務者から債務承認の意思表示を受ける権限をも包含するのが通常であるとして、時効利益の放棄としての債務承認の相手方につき同旨を述べる）。また、大判昭和一二年四月三〇日判決全集四輯一一号一三頁は、理由は特に述べないが、「債権者ノ代理人トモ亦機関トモ認メ難」い者に対する承認は「債権者ニ対スル承認トハナラス時効中断ノ効力ヲ生スル由ナシ」という（大判昭和一四年五月一二日新聞四四四四号一四頁も同旨）。

三　債務承認の相手方についての学説は大別して二つに分かれ、承認は債権者（時効中断によって利益をうける者）に対してなされることを要するというのが多数説であるが（鳩山秀夫『増訂改版日本民法総論』（岩波書店、一九三六年）六一一頁、柚木馨『判例民法総論下巻』（有斐閣、一九五二年）四〇九頁、川井・前掲一二〇頁、幾代通『民法総則〔第二版〕』（青林書院、一九八四年）五八三頁、鈴木録弥『民法総則講義』（創文社、一九八四年）二三三頁など）、要しないとの反対説もある（薬師寺志光『日本民法総論新講』（巖松堂書店、一九四一年）一〇八五頁以下）。また、原則として多数説をとりつつ、銀行の預金利子記入のごとき場合には相手方への個別的な表示を要しないとの説もある（我妻栄・判民昭和一〇年度一二事件評釈、同『新訂民法総則』（岩波書店、一九六五年）四七二頁）。

多数説はその理由を、承認が時効中断事由とされる根拠（鳩山・前掲六一〇頁以下は、（イ）承認がなされたときは、権利者が直ちに権利を行使しなくとも、あえて権利の行使を怠るものといえない、といい、我妻・前掲書四七〇頁は、（イ）とともに、（ロ）権利関係の存在か明らかになる、という根拠も挙げる。なお、梅謙次郎『訂正増補民法要義巻之一総則編』（和佛法律學校、一八九六年）三八〇頁は、承認の相手方には論及していないが、承認による中断の根拠については（イ）・（ロ）の二つを挙げている）から説明し、あるいは、承認の法的性質（観念の通知という準法律行為）よりみて、原則として相手方への表示を要するとみるべきことは当然であると説く（川井・前掲一二〇頁。鳩山・前傾六一一頁もこれを理由の一つとする）。これに対し、反対説の理由は、承認による中断の根拠を右の（ロ）に求めるところにある（薬師寺・前掲一〇八七頁）。

四　本判決は、まず、債務承認による消滅時効中断の根拠として、①「債務者が自ら相手方の権利を認める以上、権利者も債務者が後日その権利を否定するようなことはないものと信じて、直ちに積極的に権利行使に及ばないのが人情であり、したがってその権利不行使をもって権利の上に眠る者として時効によってこれを消滅させるのは酷であること」と、②「債務者自らが権利の存在を認めていることは、現実にその権利が疑問の余地なく存在していることの何よりの証拠であること」の二つを挙げ（①と②は前記学説の（イ）と（ロ）に対応する。根拠として①と②の二つを並列的に挙げる点は前記梅・我妻説も同様）、それに照らして中断の有無を判断しようとする。時効観との関係では、①はいわゆる実体法説に、②は訴訟法説につながるものである。しかし、そうすると、異なる時効観における中断の根拠を並列的に掲げうるものであるかが疑問となる。①の根拠は、前記鳩山説が示すように、承認は債権者に対してなすことを要するとの説に結びつきやすいのに対し、②を根拠とすれば、前記薬師寺説が示すように、必ずしも債権者に対してなすことを要しないということになろう。また、実際には、①で「承認」とされる行為はすべて②でも「承認」とされるであろうが、その逆はなりたたない。つまり、債務承認による中断の根拠を①と②のいずれに求めるかで、「承認」とされる行為の範囲が異なり、②を根拠とする「承認」は①を根拠とする「承認」を内包することになろう。要するに、第一に、①と②をともに中断の根拠とすることには理論的に疑問があり、第二に、その二つの根拠のいずれかを満たせば中断するというのであれば、実際には②だけを根拠として判断すればよいというのと変わりがないのではないかと思われる。

次に、本判決が、本件は①と②の双方の根拠を満たすといっているのであれば、①の根拠も満たすとすることの理由に疑問がある。すなわち、本判決は、「本件の場合、相続放棄によって本件相続債権を失ったものと思っている訴外B（またはその法定代理人D）が自らその権利を行使するようなことは、債務者の承認の有無にかかわらず、もともと期待しえなかったところであって、債務者の承認が債権者の権利不行使の機縁となる余地はなかった」という。これが、①の根拠は満たされているということの理由であるとすると、本件では債務者（Y_1）の債務承認（一部弁済）がなくとも時効中断が認められることになりかねない（もし、本判決が①の根拠は満たされてはいないが②の根拠は満たされているとして時効中断を認めるものであれば、この批判はあたらないが）。本判決としても、表見債権者（X_1）に対してではあれ、承認がなされたという事実を重視しているものと思われる。

さらに、本判決の理論構成は、Y_1のX_1に対する債務承認（一部弁済）により、Bの債権の消滅時効が中断し、その時効中断した債権がX_1らに譲渡されたのであるから、Y_1が時効を援用してもX_1らのY_1に対する請求は認められるというものである。しかし、そうすると、仮に、D（B）がX_1らに債権譲渡せずに自らY_1に請求してきた場合や、全くの第三者に債権譲渡し、その第三者がY_1に請求してきた場合にも同様に扱うことになるが、はたしてそれでよいであろうか。もしも、本判決が、承認の相手方が表見債権者とはいえ後日真正債権者となった点を重視したものであるとすれば、その点を盛り込んだ理由づけが望まれるところである。

本判決の理由づけには以上の疑問があり、また、私見は実体法説をとるため、②の根拠を満たすとして中断を認めることはできない。そこで、本判決と同じ結論（X_1らのY_1に対する請求の認容）をとるためには、さしあたり、次の三つが考えられる。すなわち、（1）いわばエストッペル（禁反言）としての信義則（米倉明『民法講義総則（1）』（有斐閣、一九八四年）九頁以下参照）を根拠とするもの、（2）本件のY_1の承認は、一方、自ら真正債権者と信じていた表見債権者（X_1ら）が後日真正債権者となっており、他方、債務者（Y_1）が表見債権者を真正債権者と信じていたのであるから、（真正）債権者に対する債務承認と同じく扱ってよいとの説明、（3）債権譲渡の事実認定を動かし、（a）D（B・C）の相続放棄の実質はX_1らに対する債権譲渡であるとするか、あるいは、（b）債権の取り立てをX_1らに一任するためのものであるとして、本件Y_1の承認を債権者に対する承認と同視するもの、である。（1）には、時効制度に信義則を持ち込むことには慎重を要するとの指摘（五十嵐清「判批」判評九五号二二頁）に留意する必要がある。①の根拠に照らして時効中断が認められるというためには、（2）は理由づけとしては弱く、（3）がもっとも適しているが、事実認定を変える必要がある。もっとも、本判決の事実認定のもとでも、（3）－（a）はいえなくもない。本件が（3）の実質をもたず、X_1らにとって、本件債権の取得が予期せぬ利益であるとすれば、実体法説に立つ限り、本件Y_1の承認によっては時効は中断しないとの解釈の方が素直であり、反対の解釈をする理由づけに苦しむことになる。

なお、本件Y_1の承認が時効完成後であったらどうか。時効援用権喪失を認める近時の判例（最（大）判昭和四一年四月二〇日民集二〇巻四号七〇二頁、最判昭和四五年五月二一日民集二四巻五号三九三頁。判例が援用権の喪失を認めたことについては多くの学説の支持を得ているが、小数ながら反対説もある（西村信雄「判批」民商五五巻六号九四五頁、本城武雄『ケースメソッド民法1』（有信堂、一九七四年）二一三頁、松久三四彦「消滅時効制度の根拠と中断の範囲（二・完）」北大法学論集三一巻二号（一九八〇年）八三六頁（同『時効制度の構造と解釈』（有斐閣、二〇一一年）八三頁）以下））からすると、喪失を認めることが予想される（四宮和夫『民法総則〔第四版〕』（弘文堂、一九八六年）三三八頁は、援用権喪失をもたらす自認行為の場合には相手方に向かって行なう必要がないのではないかという）。しかし、私見は援用後喪失理論に否定的なため、仮に本件が前記（3）の実質を有するものであるとしても、援用権を放棄する意思の有無に関係なく援用権を否定することには賛成できない。

＊初出は、判評三五一号（一九八八年）一九四頁（判時一二六六号一九四頁）。

[16]　物上保証人の承認による被担保債権の時効中断の有無

最高裁昭和六二年九月三日第一小法廷判決（昭和五八年（オ）第四五号債務不存在確認等請求事件）――上告棄却

（判時一二六号九一頁、判タ七〇二号八三頁、金判八二五号三頁、金法一一二九号六二頁）

〈参照条文〉　民法一四六条、一四七条、一四八条、一五六条

〔事　実〕　B（朝日屋商店）は、昭和四九年一一月三〇日、A（株式会社アラスカ商会）がY（日魯漁業株式会社、被告・被控訴人・上告人）に対して負っていた八六一万四六〇〇円の債務を引受け、同日、Yとの間でこの引受債務につき準消費

貸借契約を締結した。X（株式会社アラスカ興業、原告・控訴人・被上告人）はAの依託を受けて、Xの建物に、このYのBに対する債権を被担保債権とする抵当権を設定し、昭和五〇年三月四日、その旨の登記がなされた。しかし、Xは、①抵当権設定の仮登記をすることを承諾しただけであるから本件抵当権の本登記は錯誤に基づくもので無効である、②被担保債権の消滅時効を援用する、として、本件抵当権設定登記の抹消登記手続を求めて本訴を提起した。

第一審（東京地判昭和五七年一月二八日判時一〇四五号九七頁）は、右①の主張は理由がないとしたが、②につき、被担保債権は（商事債権であり）期限の定めのない債権であるから、BY間で準消費貸借契約が成立した昭和四九年一一月三〇日が消滅時効の起算点となり、それから五年を経過しているので時効は完成しているとした。しかし、他方、XがYに対し、昭和五四年一一月六日付の内容証明郵便で、「本件抵当権設定登記の抹消に目的があるとはいえ何らの条件も付さないで被担保債権の存在を承認し、物上保証人として代位弁済をする旨を申し込み、Yに右登記の抹消の意思の有無の回答を求めている事実」を認定し、Y主張の通り、この申込によりXは時効利益の放棄をしたことになり、仮に時効の完成を知らなかったとしても信義則上もはや時効の援用は許されないとして、Xの請求を棄却した。X控訴。

第二審（東京高判昭和五七年一〇月二七日判時一〇六〇号八一頁）は、Xの右申込は被担保債権の消滅時効完成前になされたものであるから、Xは時効援用権を喪失しているとのYの主張はそれ自体失当であるが、Yの主張が右申込は時効中断事由としての承認に当たるというものであるとしても、以下の理由で失当であるとした。すなわち、右代位弁済の申込が「BのYに対する債務の存在を論理的前提とするものであることはいうまでもないが、元来債権債務の存否は、債権者と債務者のみがこれを知っているものであり、債権者でも債務者でもない物上保証人は、債務の承認をなすべき立場にないものであるから、右代位弁済の申込のうちに時効中断事由たる承認と評価すべき債務承認の通知が包含されていると解することは相当でないのみならず、……右代位弁済の申込は、承諾の期間を申込の到達後一〇日以内と定めてなされたものであると認められるところ、承諾期間の定めのある申込は、期間内の承諾の通知がなされないときは効力を失う（民五二一条）のであって、右承諾のなされた場合はともかくとしてこれに対する承諾が期間内になされたことを認めるべき資料の存在しない本件において、そのような浮動的な効力を有するに過ぎない申込をしたからといって、Xが時効中断事由たる債務承認をなしたと評価することは相当でないというべきである」として、一審判決を取消し、Xの請求を認容した。Yは上告して、X

は被担保債権につき民法一四七条三号の承認をなしうる立場にあり、したがって、Xの代位弁済の申込により被担保債権の消滅時効は中断していた、また、申込が承諾期間内に承諾がないことにより効力を失ったとしても、申込に含まれる相手方（Y）の権利の存在の認識（観念の通知）という事実自体は消滅するものではない等と主張した。

〔判　旨〕「物上保証人が債権者に対し当該物上保証及び被担保債権の存在を承認しても、その承認は、被担保債権の消滅時効について民法一四七条三号にいう承認に当たるとはいえず、当該物上保証人に対する関係においても、時効中断の効力を生ずる余地はないものと解するのが相当である。」

【評　釈】

一　かつて、大判明治四三年一月二五日民録一六輯二二頁は、傍論（抵当不動産の第三取得者が被担保債権の消滅時効を援用した事案）ながら、物上保証人は被担保債権の消滅時効を援用できないとした。しかし、最判昭和四二年一〇月二七日民集二一巻八号二一一〇頁がこれを変更したことにより、物上保証人が債権者（抵当権者）に対し抵当権ないし被担保債権の存在を承認した場合、それにもかかわらず、後に、被担保債権の消滅時効を援用して抵当権の消滅を主張できるかが新たな問題となりうることとなった。本判決は、この問題に対する初の最高裁判決である。下級裁判所の判決も、本件下級審判決の他には見当たらない。もっとも、判例は、本件類似の事案である、保証人が債務を承認した場合については、主たる債務の消滅時効は中断せず、したがって、消滅時効完成後に、主たる債務者は主たる債務の消滅時効を援用でき（大判明治三四年六月二七日民録七輯六巻七〇頁）、保証人も主たる債務の消滅時効を援用して自己の保証債務を免れることができるとする（大判昭和五年九月一七日新聞三一八四号九頁、大判昭和一〇年一〇月一五日新聞三九〇四号一三頁）。また、連帯保証人が債務を承認した場合も、同様に、主たる債務の消滅時効は中断しないという（大判昭和一二年一一月二七日大審院判決全集四輯二三号一〇頁、大判昭和一五年一二月二一日大審院判決全集八輯七号一〇頁）。本判決が民集不登載とされたのは、すでに、保証人・連帯保証人が債務を承認した場合に関するこれらの判例（ただし、承認した債務が保証債務・連帯保証債務の場合なのか、主たる債務の場合なのか、両者の場合なのか、は必ずしも明らかでない）があるためではないかと推測される。

二　本判決は物上保証人が被担保債権の消滅時効完成前に当該物上保証および被担保債権の存在を承認した場合について判示したものであるが、その射程距離は、物上保証人だけでなく、抵当不動産の第三取得者（最判昭和四八年一二月一四日民集二七巻一一号一五八六頁は、抵当不動産の第三取得者に被担保債権の消滅時効の援用を認めた）が被担保債権の消滅時効完成前に抵当権およびその被担保債権の存在を承認した場合にも及ぶであろう。この者を区別して扱うべき理由は見出し難いからである。

三　原審の認定によれば、物上保証人Ｘによる代位弁済の申込には承諾期間が定められており、その期間内に債権者Ｙが承諾しなかったというのであるから、被担保債権の消滅時効の中断を認めなかった本判決の結論は妥当と思われる。私見では、中断事由としての「承認」を、権利行使を不要と思わせる行為と解するからである（松久三四彦「時効制度」『民法講座１』〔有斐閣、一九八四年〕五八六頁〔同『時効制度の構造と解釈』〈有斐閣、二〇一一年〉一四二頁〕参照）。しかし、本判決は、本件の事案に限定することなく、一般的に被担保債権の消滅時効の中断を否定している（理由は特に述べていないが、民法一四八条が根拠となろう）。したがって、たとえば、物上保証人が代位弁済を申込み、抵当権の実行の猶予を懇請してきたため、抵当権者が抵当権の実行を見合わせている間に被担保債権の消滅時効が完成してしまった場合でも、物上保証人は被担保債権の消滅時効を援用して抵当権を消滅させることができることになりそうであるが、はたしてそれが妥当な解釈といえるであろうか。右の設例で、仮に、物上保証人による被担保債権の消滅時効の援用は否定すべきであるとすると、その法的構成としては、承認（民一四七条三号）による時効中断と信義則違反ないし権利濫用（民一条二項・三項）の二つが考えられる。学説には、本件第一審判決の評釈に、物上保証人も時効援用権者とされている「点とのからみで考えると、時効の中断事由である『承認』の承認権者に、物上保証人も含まれると、考えてよいと思われる」と述べるものがある（橋本恭宏・判タ五〇五号一七頁）。また、保証人につき、保証人が自己の保証債務について債務の承認をした場合は、主たる債務も承認したものとして、主たる債務の消滅時効の援用を否定すべきであるとする説がある（前田達明『口述債権総論』（成文堂、一九八七年）三三四頁）が、この説では、おそらく、物上保証人についても同様に解するのではないかと推測される。これらの説のように、被担保債権の消滅時効の援用を否定する根拠を時効の中断に求めるときは、民法一四八条により、承認に関与していない被担保債務者にも中断の効力が及ぶとすることは無理であるから、物上保証人との関係でのみ中断するという、いわば相対的中断を認めるということになろう。本判決は、「当該物上保証人に対する関係においても、時効中断の効力を生ずる余地はない」として、このような中断をも否定するようであるが、はたして、右設例のような事案においても同様の判断を示し、被担保債権の消滅時効の援用を許すのか、今後の判例が注目される。

〈評釈等〉　塚原朋一・ジュリ九四〇号九四頁、同・金判八一七号二頁、同・金判八二六号二頁、東法子・手研四五五号一二頁、大西武士・銀法一九巻一六号六六頁、片岡宏一郎・手研四三五号二二頁、塩崎勤・金法一二四七号一〇頁、高山満・銀法五三二号四六頁、塚越豊・債権管理三六号四四頁、西尾信一・手研四三〇号四八頁、橋本英史・判タ七三五号三四頁、旗田庸・債権管理二六号六六頁、半田吉信・判評三七三号二二頁（判時一三三三号一八四頁）、平井一雄・リマークス一号二三頁、松本恒雄・法セ四二〇号九四頁、吉田光碩・判タ七一一号七六頁、同・判タ七二五号四五頁、同・担保法の判例Ⅱ（ジュリ増刊）三五四頁。

＊初出は、民商九八巻六号（一九八八年）八三〇頁。

[17]　一　地下鉄工事の騒音・振動等による精神的被害及び同工事に伴う地盤沈下による家屋の損傷につき請負業者と注文者に対する損害賠償請求が一部認容された事例

二　右の損害賠償請求権の消滅時効に関し、公害紛争処理法に基づく調停申立てをした原告らにつきその中断の効力が認められた事例――大阪市営地下鉄二号線工事損害賠償請求事件第一審判決

大阪地裁平成元年八月七日判決（大阪地裁昭五五（ワ）八六六六号・同五六（ワ）二六二五号・同五九（ワ）二四二号、損害賠償請求事件）――一部認容、一部棄却（控訴）

（判時一三二六号一八頁、判タ七一一号一三一頁、判例地方自治六七号二四頁）

〈参照条文〉民法一四七条一号、一四九条、四三四条、七〇九条、七一六条、七一九条、七二四条、公害紛争処理法三六条の二

〔事　実〕本評釈は表題二に関する判旨に限定するので、それに必要な範囲で事実を述べる。

大阪市（Y_1）は、昭和四三年に東梅田・天王寺間に開通した地下鉄二号線を北部方面へ延長するため、工事区間を東梅田側から九つの工区に分割し建設会社に請け負わせた。工事は昭和四四年に着工され、四七年から四八年にかけて竣工し、四九年に開通した。本件は、右工事のうち、第六工区ないし第九工区の各工事につき、沿線住民四〇世帯一五八名（Xら）が、右工事に伴う騒音・振動・地盤沈下等により家屋の損傷および精神的苦痛を被ったとして、工事注文者のY_1と施工業者である建設会社Y_2（第六工区担当）－Y_5（第九工区担当）に対し、昭和五五年一一月二二日（甲事件）、同五六年四月一八日（乙事件）、同五九年一月一八日（丙事件）の三次にわたり、総額三億二五六〇万円余の損害賠償を求めて訴えた事案である。

Xらは、Y_1には民法七一六条但書、予備的に民法七〇九条、Y_2－Y_5には民法七〇九条に基づく不法行為責任があり、Y_2－Y_5の各自とY_1との共同不法行為が成立すると主張したが、Y_2－Y_5は民法七二四条前段の三年の消滅時効を援用した。そこで、Xらは、①家屋被害に基づく損害賠償請求権については、その消滅時効の起算点は家屋被害に関するA株式会社の本調査報告の時であり、それから三年以内に本訴が提起されているので時効は中断していると主張した。また、②騒音・振動等に基づく慰藉料請求権については、Xらのうち、公害紛争処理法に基づき大阪府公害審査会に対しY_1を相手方として本件地下鉄

工事に係る紛争につき昭和四七年一〇月二三日に調停を申し立て、あるいは同四八年一一月二六日に右調停事件に参加申立てをしていた者は、右調停申立ておよび参加申立てはY_2－Y_5の主張する消滅時効完成時期前であり、右調停申立事件は現在も期日は追って指定のまま係属しているので、公害紛争処理法三六条の二により右調停申立時より時効は中断しており、この時効中断の効力は民法四三四条によりY_1と共同不法行為の関係にあるY_2－Y_5にも当然及んでいると主張した。これに対し、Y_2－Y_5は、共同不法行為者が負担する損害賠償債務はいわゆる不真正連帯債務であるから、連帯債務に関する民法四三四条の規定は適用されず、Y_1に対する時効中断の効力はY_2－Y_5には及ばないとして最判昭和五七年三月四日判例時報一〇四二号八七頁を援用し、また、係属中の調停事件に参加申立てをしたのみでは時効中断の効力は生じないと反論した。

本判決は、Y_2－Y_5の各自とY_1との共同不法行為責任を認めた（判旨（1））うえでY_2－Y_5の時効援用に対しては、まず、家屋被害の損害賠償請求権については、Xらの右①の時効中断の主張を認めた。次に、騒音・振動等による慰藉料請求権の消滅時効については、「継続的な本件地下鉄工事の騒音・振動等を全体として一個の不法行為とみて、その騒音・振動等の発生する土木工事の完了日であるY_2については昭和四七年一二月三一日、Y_3及びY_5については昭和四八年三月三一日、Y_4については昭和四八年七月一五日をもって右損害賠償請求権の消滅時効の起算日と解するのが相当であるから、右本件訴訟（甲・乙・丙）提起に至るまでに消滅時効は既に経過したものといわざるをえない」としつつも、次のように判示してY_1の債務の時効中断（判旨（2））および民法四三四条の適用によるY_2－Y_5の債務の時効中断を認め（判旨（3））、Xらの請求を一部（四四二八万円余）認容した。

〔判　旨〕（1）「本件地下鉄工事騒音・振動等及び地盤沈下は、同工事発注者であるY_1の注文上の又は指図上の過失（民法七一六条但書）と、同工事施工者であるY_2－Y_5の過失（民法七〇九条）とが関連競合して発生したものと解するのが相当であるから、Y_1と本件各工区のY_2－Y_5間には共同不法行為（民法七一九条）が成立し、Y_1－Y_5は本件地下鉄工事に起因しこれと相当因果関係にあるXらの後記第七の損害について賠償責任があると解すべきである。」

（2）「公害紛争処理法三六条の二は、同法三六条一項の規定により調停が打ち切られ、又は同条二項の規定により調停が打ち切られたものとみなされた場合において、当該調停の申立てをした者がその旨の通知を受けた日から三〇日以内に調停の目的になった請求について同法四二条の一二第一項に規定する責任裁定を申請し、又は訴えを提起したときは、時効の中断及び出訴期間の遵守に関しては、調停申立時に、責任裁定の申請又は訴えの提起があったものとみなす旨規定している。したがって、消滅時効期間の進行に関しては、調停申立時に消滅時効の中断の効力が生ずることになる。そうすると、本件では調停自体は打ち切られないままで本件訴えが提起されたものであり、同法三六条の二所定の調停打切りそのものではないけれども、弁論の全趣旨によれば、実質的には右調停手続きの打切りと同視される状態にあり、当事者のおかれている利益状況は同法三六条の二の規定する場合と実質的に異なるところはないので、同法を準用ないし類推適用すべきものと解するのが相当であり、調停申立てに係るXらについては調停申立時に本件慰藉料請求権の消滅時効が中断しているものと解すべきである。また、後に右調停手続に参加申立てをしたXらについて、被告らは、係属中の調停に参加したのみでは、時効中断の効力は生じない旨主張するけれども、そのように解すべき理由はなく、むしろ、係属中の調停手続への参加の申立て(同法二三条の四第一項)がなされた場合には、同法三六条の二の適用については、参加申立て時に参加申立てに係る請求について調停申立てがあったものと解するのが相当である。」

(3)「共同不法行為者が負担する損害賠償債務については、民法七一九条では共同不法行為者が各自連帯してその賠償責任を負わなければならない旨規定しているが、一般には同債務は連帯債務ではなく不真正連帯債務と解されている。そして右のように解する根拠として、共同不法行為者間には必ずしも連帯債務におけるような密接な主観的共同関係があるとは限らないのに、これを前提とした連帯債務の絶対的効力に関する規定を適用することは被害者の保護に失するというものである。

そうすると、Y_1とY_2 - Y_5間には前述のような契約関係により連帯債務におけると同様に本件地下鉄工事完成のための密接な主観的共同関係があり、また、本件において、民法四三四条を適用して時効中断の効力を認めることは右解釈の根拠とされた被害者の保護にも適うこととなる。

してみると、本件においては、Xらの調停申立て又はこれに対する参加申立てによりY_1を除くその余の被告らとの関係においても、本件工事に起因する損害賠償債権は時効中断したものと解するのが相当である。

なお、Y_2らの援用する最高裁判所昭和五七年三月四日判決は、本件とは事案を異にし適切ではない。」

【評　釈】

一　本判決（判旨(2)）は、公害紛争処理法三六条の二に関する初めてのものである（もっとも、公害紛争処理法に関する判例自体ごくわずかである）。また、Xらも援用しているように共同不法行為者の債務に民法四三四条は適用されないとの最高裁判例があるなかで、これとは反対の解釈をした（判旨(3)）ものとしても注目される。以下では、この二点につき検討する。

二　調停手続と訴訟手続が交錯する場合としては、①訴訟事件が調停に付される場合と、それとは逆に、②調停係属中に訴えが提起される場合が考えられる（民事調停規則五条参照）。そこで、後者においては、本件のように調停申立後・訴え提起前に時効期間が経過した場合に時効中断の有無が問題となる。公害紛争処理法に基づく調停の場合には、この問題に関連する規定としては同法三六条の二がある。しかし、同条は調停不成立（打切りまたはその擬制）により手続が終了した後で訴えが提起された場合に調停申請の時に訴えの提起があったものとみなす規定であるから、本判決は同条を「準用ないし類推適用」すべきであるとしたわけである。

本判決は、その理由として、「①弁論の全趣旨によれば、実質的には右調停手続きの打切りと同視される状態にあり、②当事者のおかれている利益状況は同法三六条の二の規定する場合と実質的に異なるところはない」という。たしかに、同法三六条の二は当初から訴えを提起した場合と比べて調停制度を利用した者の利益が害されることのないように保護を図った規定である（公害紛争処理問題研究会編著『公害紛争処理法解説』（一粒社、一九七五年）一一一頁）ということからしても②は妥当であろう。ただし、②が①を受けており、かつ、①が文字通り「調停手続きの打切りと同視される状態」にあることを同法三六条の二の準用ないし類推適用の要件とする趣旨であれば疑問である。調停手続の打切りと同視できない状態において訴えが提起された場合も、そのような場合はまれにしかないであろうが、やはり債権者には時効中断の利益が与えられるべきであると思われるからである。ちなみに、本件では、昭和五六年五月二六日の第八三回調停期日（以降の期日は追って指定のままとなっている）の前である同五五年一一月二二日に訴え（甲事件）が提起されている。したがって、理由づけは②だけでよかったのではないかと思われる。

三　では、調停係属中（ただし、当初の時効期間経過後）の訴え提起による時効中断の法的構成はどう解すべきか。まず、本判決のように、同法三六条の二の「準用ないし類推適用」が考えられる。そこでは、いうまでもなく、準用ないし類推適用の対象は、調停申請時に遡及する時効中断という効果だけであり、調停打切りの通知から三〇日以内に訴えを提起しなければならないという点は対象外である。したがって、もし、調停申請そのものに時効中断効が認められるならば、本件は調停申請による時効中断中に訴えが提起されたことになるので、同法三六条の二が「準用ないし類推適用」されるという必要はないことになる。

そこで、調停の申請（申立て）に時効中断効が認められるか否かを考えておきたい。この点に関して、大判昭和一六年一〇月二九日民集二〇巻一三六七頁は、金銭債務臨時調停法（時効中断に関する規定はない）に基づく調停の申立ての場合につき、「和解ノ性質ヲ有スル調停ノ申立モ亦民法第一五一条ヲ類推シテ時効中断ノ事由タルヘキモノト解スルヲ相当トス」とした（ただし、調停成立の事案）。その後の、昭和二六年に制定された民事調停法は、一九条で、調停不成立等の場合において、「申立人がその旨の通知を受けた日から二週間以内に調停の目的となった請求について訴を提起したときは、調停の申立の時に、その訴の提起があったものとみなす。」とし、訴えの提起に認められる時効中断の効果（民一四七条一号、一四九条）が調停申立時に遡及するとの構成をとった（この構成は公害紛争処理法三六条の二も同様である）。これは、民法一五一条が「和解ノ為メニスル呼出」（民訴三五六条一項の「和解ノ申立」）に時効中断の効力が認められることを前提として、その後に一定の事実が生じた場合（たとえば、和解不調後一か月内に訴えを提起しない場合）に時効中断の効力がなかったことにするのと、その法的構成を異にする。そこで、学説（詳しくは、石川明・梶村太市編『注解民事調停法』（青林書院、一九八六年）二六八頁以下（小島武司）参照）は二つに大別される。一つは、この差異は単なる表現法の違いではなく、法的規制の内容の違いであるとして、調停申立後に時効期間が経過し、当事者が時効を主張した場合の法規制はつぎのようになるという。すなわち、「この時効の主張は、調停不成立となり、適時の訴えの提起があった場合のその訴訟においては閉め出されるべき主張である。そこで、時効を主張する者は、訴訟にもちこまれるリスクとの兼ね合いでこの主張をすることになろう。他方、時効の主張は、調停においては、これを絶対的に閉め出す必要は存しない。調停においては、権利が（消滅時効によって）ないとすべきか、権利が（取得時効によって）帰属しているとすべきかの問題も、話し合いで処理しうべきものである」として、「調停申立後の時効の主張は時効の効果を確定するものではない」という（小山昇『民事調停法〔新版〕』（有斐閣、一九七七年）一九三－一九五頁）。いま一つは、調停申立てに時効中断効を認める説（幾代通『民法総則〔第二版〕』（青林書院新社、一九八四年）五六六頁、など多数）である。この説をとるためには、さしあたり、①民法一五一条を類推適用するとの解釈（ただし、同条の一か月内が、民事調停の場合は同法一九条により二週間以内に修正されたものとみることになろうか。この点については、『注釈民法（5）』（有斐閣、一九六七年）九八頁〔川井健〕参照）、②調停手続中は催告が継続しているとして、民法一五三条を類推適用するとの解釈（ただし、同条の六か月内は、民事調停であれば同法一九条により二週間以内に、公害紛争処理法に基づく調停の場合は同法三六条の二により三〇日以内に修正されたものとみることになろうか）、③前述の法文上の法的構成の違いにもかかわらず、民事調停法一九条（公害紛争三六条の二）は調停申立てにより時効が中断し、調停不成立等の場合に二週間（三〇日）以内に訴えを提起しないと時効中断の効力が生じなかったことになるとする規定であるとの解釈（民調一九条等を民法一五一条と法的構成を同じくするものとし、かつ同条の特則と解する説ともいえよう）、が考えられる（学説には①をとるものが多い）。

私見では、調停成立の効果は裁判上の和解（起訴前の和解と訴訟上の和解）と同じであるから（民調一六条）、また、権利者（時効により不利益を受ける者）の調停申立ては催告そのものではないとしても、催告ないし権利主張の側面を有しているところから、右①または②が妥当ではないかと思われる。ただし、公害紛争処理法に基づき行政機関が行う調停の場合は、その調停による合意の効力は民法上の和解契約としての効力を有するにとどまる（前掲『公害紛争処理法解説』一〇五頁）ことからすると、少なくとも公害紛争処理法に基づく調停申請については②をとりたい。

もっとも、時効中断に関して民事調停法一九条や他の調停法にも同趣旨の規定が設けられたなかで、あえて調停申立てに時効中断効を認める実益があるのかが疑問とされるかもしれない。この点については、たとえば、連帯債務者の一人（民四三四条）・主たる債務者（民四五七条）・連帯保証人（民四五八条）に対する調停係属中・時効期間経過後に他の連帯債務者・保証人・主たる債務者に対して債務の履行を求めた場合、これらの者の時効援用は許されないとするならば、その説明がしやすいということが挙げられよう（公害紛争処理法に基づく調停では、主たる債務者や連帯保証人に対する調停申請ということはないが）。さらには、調停係属中に時効期間が経過した後で相手方が時効を援用した場合、相手方は時効援用が認められるか否かにかかわらず調停を不成立にすることができるとはいえ、時効は調停申立てにより中断しているので援用できないとする方が、調停成立へ向けての手続を続行しうる蓋然性が高まるのではないか、もしそうならば、それは調停制度の目的にもかなうものといえよう。したがって、調停申立てに時効中断効を認める右の解釈には実益もあるといえるように思われる。

なお、法的構成はともかく、本判決が調停手続に参加したものにつき、参加申立時からの時効中断を認めたことに異論はないであろう。調停申請の場合につき、調停申請を民法一四七条一号の「請求」の一種として、右②の解釈で調停申請時に時効が中断すると解するときは、参加申立についても、調停申請と同様の権利主張として、右②の解釈がなされることになろう。

四　本判決（判旨（1））は、注文者が民法七一六条但書による責任を負い、請負人が民法七〇九条により責任を負うとき共同不法行為が成立するとする数少ない下級裁判所の裁判例（大阪高判昭和五六年九月三〇日判時一〇四三号六一頁）に一例を加えるものである。この点に言及する学説には、単に共同不法行為が成立するというもの（『注釈民法（19）』（有斐閣、一九六五年）三〇二頁（森島昭夫）、四宮和夫『不法行為』（青林書院、一九八八年）七二六頁、七六六頁）、「両者は共同不法行為者となる場合もあろう」というもの（『民法講義6』（有斐閣、一九七七年）二三〇頁（國井和郎））がある。周知の通り、共同不法行為の成立要件については解釈が多岐に分かれており（判例については徳本伸一『共同不法行為（1）（叢書民法総合判例研究㊸Ⅰ）』（一粒社、一九八七年）、学説については神田孝夫「共同不法行為」『民法講座6』（有斐閣、一九八五年）五六五頁以下参照）、その解釈いかんでは判旨（1）に異論の生まれる余地はあろうが（一般的問題としては、常に共同不法行為となるのか、民法七一九条の適用か類推適用か（この点につき、使用者あるいは代理監督者と被用者の不法行為責任の競合に関する、前田達明『民法Ⅵ（不法行為法）』（青林書院新社、一九八〇年）一五二頁参照）が考えられる）、ここでは立ち入らない。

五　本判決（判旨（3））は、本件の共同不法行為者には密接な主観的共同関係があること等を理由に民法四三四条を適用した。

共同不法行為に民法四三四条が（類推）適用されるかという問題について、かつての下級裁判所の裁判例は適用説と非適用説に分かれていた。すなわち、仙台高判昭和三三年二月一〇日下民集九巻二号一七二頁は、AがBの債務の時効消滅の絶対効（民法四三九条）を主張したところ、AとBが共同不法行為者として連帯責任を負うべきものとすれば、Aに対する「本訴請求はBにもその効力を生ずべきもの（民法第四百三十四条）であるから、Bの債務はAの債務と同様消滅時効にかかるいわれはな」いとして適用説をとりAの主張を退けた（したがって、この事案では、共同不法行為には民法四三九条は適用されないとの説をとるときは、民法四三四条の適用ありとする必要はなかったわけである）。しかし、東京地判昭和五四年九月一七日下民集三三巻五〜八号一〇二四頁は、Aに対する催告から六か月内にAとBを訴え、AとBは共同不法行為者であるからBにも催告による中断の効力が及んでいると主張した事案で、「共同不法行為者間には連帯債務の予定する緊密な主観的共同関係が認められないから、共同不法行為者の各損害賠償債務はいわゆる不真正連帯債務であり、民法七一九条に『各自連帯ニテ其賠償ノ責ニ任ス』とあるのは、各共同不法行為者が全部について賠償義務を負うものであることを示したものにすぎないと解するのが相当である。したがって、債権を満足させる事由以外の債務者の一人について生じた事由は、他の債務者に効力を及ぼさないものというべきであり、連帯債務に関する民法第四三四条の規定の適用はないものと解するのが相当である」として非適用説をとった。その後、最判昭和五七年三月四日判時一〇四二号八七頁（金判六四六号九頁は、一審・二審判決も掲載。評釈に、船越隆司・判評二八九号二七頁、椿寿夫・判タ五〇五号一三〇頁がある）は、「民法七一九条所定の共同不法行為者が負担する損害賠償債務は、いわゆる不真正連帯債務であって連帯債務ではないから、右損害賠償債務については連帯債務に関する同法四三四条の規定は適用されないものと解するのが相当であり（最高裁昭和四三年（オ）第四三一号同四八年二月一六日第二小法廷判決・民集二七巻一号九九頁、最高裁昭和四六年（オ）第一一〇九号同四八年一月三〇日第三小法廷判決・裁判集民事一〇八号一一九頁参照）、右の共同不法行為が行為者の共謀にかかる場合であっても、これと結論を異にすべき理由はない。」として、非適用説をとることを明らかにした。

学説もまた対立している。適用説には、①共同不法行為による債務を不真正連帯債務とみるか否かにかかわらず、民法四三四条の適用は当然であるというもの（川井健「共同不法行為の諸問題」『実務民事訴訟法講座3』（日本評論社、一九六九年）三二三頁）、②民法七一九条にいう「連帯」の効果を個々に判断するという立場から、「四三四条の類推適用もあるとみるのが被害者に有利であり、また被害者の意思に合う」というもの（前田・前掲一八八－一八九頁）、③「主観的共同不法行為にあっては、債務者間に緊密な人的関係があること、請求による中断効は債権の強化に仕える機能をもつことを考えると、主観的共同不法行為に関する限り、請求の中断効を肯定すべきではなかろうか」というもの（四宮・前掲七九〇頁）、などがある。これに対し、非適用説の論拠としては、④

「共同連帯的法処理は、共同事業関係（組合関係や組合に到らぬ共同事業関係）や共同生活関係を債務者間の典型的な実体関係として予想していた、と考えるべき」であり、したがって、「連帯債務における『一体的効力』（たとえば、民法四三四条・四三五条・四三八条など）は、債務者間の実体関係として、緊密な共同事業を前提にしていると解すべきであるが、共同不法行為者間には通常このような関係はみられない」（淡路剛久『連帯債務の研究』（弘文堂、一九七五年）一五九頁、一六三頁）、⑤「私は現行民法における連帯債務の性質を、弁済し債務を消滅せしめることについての主観的共同関係と捉えるが、共同不法行為の場合にはこのような共同関連は全くみられない」（船越・前掲三〇頁）、などと説かれている。

本判決は、右③説とほぼ同旨であり、前掲最判昭和五七年とは明らかに見解を異にする。しかし、本判決は前掲最判は本件とは事案を異にするというので、まず、この点を見ておきたい。前掲最判の事案はこうである。XはYから有望株式の買付を委任されたので、A証券会社の外務員Bに依頼して買付けたが、Bは約定に反し、A証券会社におけるXの口座から買付け代金を引き落として株券はYに引き渡したため損害を被ったとして提訴。Xは、BとYは共同不法行為者で、Bの使用者Aに対して訴えを提起しているのでYの債務の時効も中断されたと主張したが、一審は、共同不法行為の成立を否定し、仮に共同不法行為が成立していても「共同不法行為者の負う債務は、いわゆる不真正連帯債務であるから、その一人に対する請求の効力は、他の共同不法行為者に及ばないと解するのを相当とする」とし、二審でも維持された。前掲最判が、共同不法行為の成立は否定しつつ、仮定的に説示したものかははっきりしない。本判決が、前掲最判は本件とは事案を異にし適切でないというのは、前掲最判は、少なくとも本件のように「密接な主観的共同関係」の認められる事案ではないということであろうか。しかし、少なくとも、前掲最判の一般論に抵触することは明らかであり、単に事案を異にするというだけでは不親切であるとの感は否めない。

六　判旨（3）が民法四三四条適用の根拠とするのは次の二点である。第一に、本件の共同不法行為者間には密接な主観的共同関係があること、第二に、民法四三四条の適用は被害者の保護にかなうことである。これにより、本件では、共同不法行為者の債務が不真正連帯債務とされ連帯債務における絶対的効力に関する規定が適用されないことの根拠がなくなるという。その論旨からは、本件の共同不法行為者の債務は連帯債務であると解するかの如くであり、他方、学説により連帯債務と不真正連帯債務の区別基準として、あるいは絶対的効力を正当化するために説かれる「主観的共同関係」概念の不明確さが改めて感じさせられる。

そこで、まず検討すべきは、Y_2－Y_5の各自とY_1との間の主観的共同関係の有無ということになろうが、連帯債務における主観的共同関係を前記学説⑤のように解するときは、本件では主観的共同関係は無く、民法四三四条も適用されないことになる。しかし、前記学説⑤は、少なくとも契約により成立する連帯債務の本質を突いてはいるものの、民法四三四条を充分に正当化するものではないように思われる。したがって、より根本的には、民法四三四条の合理性がどこにあるのかというところからその（類推）適用される範囲を考えていくべきものであろう。

私見では、法律効果は当事者間で発生するのが原則であり、第三者に及ぼす場合には特別の根拠が必要であると考えるが、民法四三四条の合理性は、同様の規定をもつフランス民法一二〇六条（フ民二二四九条は承認による時効中断にも絶対的効力を認めている。それが妥当かはともかく、わが民法四三四条が請求にしか絶対効を認めない（承認は絶対的効力を生じないとする判例に、大判昭和二年一月三一日新聞二六七二号一二頁、などがある）ことの説明はつきにくい。）の説明（淡路・前掲九三頁、一〇〇頁以下）にも、わが国の学説にも納得しうるものは見出し難く、結局、立法論として民法四三四条を批判し、解釈論としてもその適用を限定的に解釈すべきであるとする説（淡路・前掲一六〇頁、二四〇頁）に賛成したい。この立場から、前記学説④をとり（この説に立っても、本件では「緊密な共同事業」は認められない）、判旨（3）には反対である。

もっとも、民法四三四条がなければ、連帯債務者の一人に請求した場合に民法四三九条により他の連帯債務者の負担部分につき時効援用が認められてしまい、あるいは民法四五八条が四三四条を適用するとしているため連帯保証人に請求した場合に主たる債務の時効を援用されてしまう（船越・前掲三〇頁参照）。この点は右立法論的批判説も認識しているところである（我妻栄『新訂債権総論』（岩波書店、一九六四年）四一五頁、淡路・前掲二四一頁注（1）。これに対しては、時効が中断した連帯債務者には民法四三九条は適用されないとするとか、連帯保証については四三四条の準用という構成によるのではなく独立の規定を設ける、などの立法論が考えられているのであろうか。）が、ここでは、連帯債務者の一人の債務の時効を請求により中断すれば、他の連帯債務者に対しても時効は中断したとして全額請求できることの根拠が問題とされているのである。また、本件では、共同不法行為には民法四三九条の適用はないとの裁判例（大阪高判昭和四一年一〇月一二日判タ二〇〇号一〇三頁、東京地判昭和四五年五月二七日判タ二五二号二五頁）に従うならば、民法四三四条適用の必要性もまたなくなる（もっとも、民法四三四条が適用されないからこそ民法四三九条も適用されないとの論法もありうるが。能見善久「判批」ジュリ六五四号一一八－一一九頁が、共同不法行為において時効の完成に絶対的効力を認めると、被害者は加害者全員を訴えない限り全額の賠償が得られなくなるとして民法四三九条の適用に反対するのはこの見解に立つものであろう）。

以上に述べたように、判旨（3）に反対ではあるが、前記学説①ないし③の考えも、消滅時効期間が三年という短期であることから、できるだけ被害者の保護を図ろうとする趣旨であると解するときは、傾聴すべきものであろう。しかし、それは民法七二四条前段の合理性自体の問題でもあり、立法論的批判をどこまで解釈論に取り入れることができるかという根本的な問題にも連なるものであり、ここで立ち入って論ずることはできない。

〈評釈等〉　井口実・ちょうせい一四号二四頁、伊藤浩・公害・環境判例百選（別冊ジュリ一二六号）一〇六頁、同・環境法判例百選（別冊ジュリ一七一号）八四頁、山本博・判タ七六二号一〇八頁。

＊初出は、判評三七七号（一九九〇年）二一二頁（判時一三四六号二一二頁）。

[18]　不動産強制競売手続において抵当権者がする債権の届出と時効の中断

最高裁平成元年一〇月一三日第二小法廷判決（平成元年（オ）第六五三号、土地抵当権設定登記抹消登記手続請求事件）――上告棄却

（民集四三巻九号九八五頁、判時一三三〇号四五頁、判タ七一三号六九頁、金判八三三号三頁、金法一二四一号二九頁）

〈参照条文〉　民法一四七条一号・二号、一四九条、一五二条、民事執行法五〇条

〔事　実〕（1）　B株式会社は、昭和五六年四月二四日現在、C株式会社に対し一一億六九〇九万二三六一円、X株式会社（原告・被控訴人・被上告人）に対し三三七六万一一六二円、CおよびXの代表取締役Dに対し一九二三万七一五〇円の各貸金債権を有していた。同日、CはXおよびDの右各債務を免責的に引受けて、右各債務と自己の右債務のうち一億一八八万一六八八円の合計一億五四八八万円を代物弁済により消滅させた。同日、BはCとの間で右残債権一〇億六七二一万六七三円につき準消費貸借契約を結び、XはCの右債務を併存的に引受けた。次いで、同日、BはXに対する右債権をXの異議なき承諾を得てAに譲渡した。Aは、同日、Xに対する右債権の担保のため、Xから本件土地（原野、山林、保安林の四九筆）に抵当権の設定を受け、同年七月九日登記がなされた。Aは昭和六〇年三月二六日に死亡し、Y_1ら一〇名（被告・控訴人・上告人）が相続した。

（2）　Xは、昭和六一年一〇月一日（富越調査官の後掲ジュリ八〇頁による）、Y_1らに対し、右抵当権設定登記の抹消登記手続きを求めて本訴を提起した。民集収録の一審の事実によると、請求原因は所有権とされ、Xは再抗弁として、①被担保債権の五年の消滅時効を援用する、②XはAとの間で、前記抵当権設定にあたって、「Xが銀行もしくはこれに準ずる正規の金融機関又はその事業協力者から借入れを行いその債権につき本件土地に第二順位の抵当権を設定した場合は、亡Aにおいて元利合計五億円を限度として前記抵当権の順位の一部譲渡を行うという合意をした」が、Aは右合意に反して前記抵当権の一部の譲渡の登記に必要な手続をしなかったので前記抵当権設定契約を解除した、と主張した（富越・後掲八〇頁によると、請求原因は、本件抵当権設定契約における特約違反を理由とする本件抵当権設定契約の解除であり、審理中に時効の援用による被担保債権の消滅を追加したとある）。これに対し、Y_1らは、Aは本件土地の一部（富越・後掲八〇頁によると二筆の土地）についてE株式会社が申し立てた不動産強制競売事件において、昭和五九年一月三一日、執行裁判所に対し前記債権を有する旨の債権届出書を提出したので、同債権の消滅時効は中断したと主張した。そこで、Xは、Y_1ら主張の不動産強制競売の手続は、民事執行法六三条二項（無剰余）により昭和六一年七月一〇日に取り消されたと主張し、Y_1らもその事実を認めた。

（3）　第一審（東京地判昭和六三年七月二六日民集四三巻九号九八九頁）は、次のように判示してXの請求を認容した。

（i）「本件土地に設定された亡Aの抵当権の被担保債権は、いずれも株式会社であるBとCとの間に昭和五六年四月二四日締結された準消費貸借契約に基づく弁済期の定めのない貸金債権であることにつき当事者間に争いがないから、右債権については右契約締結の日から相当期間（本件においては一か月を相当と認める。）を過ぎた日から五年を経過することにより消滅時効が完成するというべく、したがって右債権は昭和六一年五月二四日の経過によって時効消滅したというべきであり、Xの再抗弁……は理由がある。」

（ii）「Y_1らは、右再抗弁に対し再々抗弁として、本件土地の一部につき開始された不動産強制競売手続において亡Aが抵当債権者として前記債権にかかる債権届出書を右時効期間内に執行裁判所に提出したので、右時効は中断したと主張するが、右債権の届出は、民事執行法五〇条に基づいて執行裁判所の催告に応じ同条所定の債権者らの義務の履行としてなされる陳述に過ぎず、自己の債権を執行手続を通じて行使しようとする確実明瞭な意思の表われとみることは未だできないのであって、配当要求や仮登記担保契約に関する法律一七条による債権の届出あるいは破産債権の届出などと異なりその手続を欠くことにより自己の権利の行使につき制約を受けたり、債権の存在を否定される効力もないことを考えると、これが裁判上の請求や破産手続参加と同視すべき時効中断事由に当たるということはできず、またこれが民法一五三条の催告に当たるとしても催告の効力の止んだ時から六か月以内に同条所定の時効中断事由がさらに生じたことにつき主張がなく、また他の時効中断についての主張もないから、Y_1らの右再々抗弁は失当である。」

（4）第二審（東京高判平成元年一月三〇日民集四三巻九号九九七頁）において、Y_1らは次のような主張を加えている（富越・後掲八〇頁によると、第一審においても同様の主張をしているようである）。すなわち、Xは、昭和五八年七月一一日東京簡易裁判所に対し、Aを相手方として抵当権設定登記の抹消登記手続請求の調停を申し立てたが、その際、申立書の「紛争の実情」及び準備書面において、BとCとの間の昭和五六年四月二四日付準消費貸借契約に基づく借受金債務及びこれに対するXの併存的債務引受契約に基づく債務の存在を認める「承認」をなしたので、これにより時効は中断していると主張した。これに対し、第二審は、原判決の理由に次の理由を加えて控訴を棄却した。

「Y_1らは、時効の中断事由として、Xが亡Aを相手方とする抵当権設定登記の抹消登記手続請求調停事件において、本件抵当権の被担保債権につきその債務の存在を認めて承認した旨主張するが、……XがY_1ら主張のように債務を承認した事実を認めることはできず、かえって、右各書証によれば、Xは、Y_1ら主張の調停申立書並びに同準備書面において、本件抵当権設定はXの未経験、軽卒に由来する錯誤によるものであると主張して、その被担保債権につきその有効性を全面的に争っていることが認められ、これが債務承認したものでないことは明らかである。」

〔上告理由〕　第二「三　民法は第一四七条以下に於いて、時効中断事由を規定する。時効中断事由を、時効制度の機能・目的から基礎づけることができるとすれば、自己の権利を行使することによって、永続した事実状態を覆すに足りる事実であれば、時効を中断するものと思料しうる。

この点民法一四九条ないし一五三条は、「請求」として時効中断事由に該当するものであるが、これらの事由に類するものであり、自己の権利の行使の結果永続する事実状態を覆すものと思料される以上、右事由に限定されることはなく、例示規定と解することができる。

四　強制競売手続における債権の届出は、これに類似する規定として民法第一五二条が参照される。同条は破産手続参加が「請求」の一種に該当するものとして、それに時効中断の効果を認める。即ち破産法二二八条により、破産債権者が裁判所の定めた期間内に届出をなすことにより、届出時点に時効中断の効力を与えている。

他方、強制競売手続における債権者も民事執行法第五〇条に基づき、執行裁判所の定めた配当要求の終期までに債権の届出を為すことにより、即ち債権の存在、その原因及び債権額を明示することによって、売却代金の配当等を受領する旨の意思を表示し、同時に配当金受領手続への現実の参加をなすものといえる。

そうであれば、これも「請求」の一種として、自己の権利を行使することにより、永続した事実状態を覆すに足りる事実といえるのである。特に、これに引き続き売却代金の配当等が実施されれば、届出をなした債権者は、その有する債権の目的を達成することが出来ることに鑑みれば、時効中断事由に該当するものと断言できるのである。」

〔判　旨〕「民事執行法五〇条の規定に従い不動産に対する強制競売手続において催告を受けた抵当権者がする債権の届出（以下「債権の届出」という。）は、その届出に係る債権に関する「裁判上の請求」、又は「破産手続参加」に該当せず、また、これらに準ずる時効中断事由にも該当しないと解するのが相当である。けだし、「裁判上の請求」又は「破産手続参加」は、裁判又は破産の手続において権利を主張して、その確定を求め、又は債務の履行を求めるものであり、民法一四七条一号に掲げる「請求」の一態様として、右各手続において右権利主張が債務者に到達することが予定されているところ、債権の届出は、執行裁判所に対して不動産の権利関係又は売却の可否に関する資料を提供することを目的とするものであって、届出に係る債権の確定を求めるものではなく、登記を経た抵当権者は、債権の届出をしない場合にも、不動産に対する強制競売手続において配当等を受けるべき債権者として処遇され（民事執行法八七条一項四号）、当該不動産の売却代金から配当等を受けることができるものであり、また、債権の届出については、債務者に対してその旨の通知をすることも予定されていないことに照らせば、債権の届出をもって、強制競売手続において債権を主張して、その確定を求め、又は債務の履行を求める請求であると解することはできないからである。」

【評　釈】

一　本件の論点は、より一般化すると、強制執行としての不動産強制競売手続や担保権実行としての不動産競売手続における執行裁判所の債権届出催告に応じてなされた債権の届出（民執四九条・五〇条・一八八条。以下では単に「債権の届出」という）は、届出債権の時効中断事由に当たるかということである。本判決は、この問題に関する最高裁として初めてのものである。

二　旧法下の不動産強制執行においても、権利届出の催告の制度としては公課主官庁に対するものがあった（民訴旧六五四条）。私債権については登記簿に記入を要しない権利（一般先取特権など）者に対するもの（民訴旧六五八条九号）しかなかったが、実務では、剰余の有無等を判断するために、より広く不動産上の権利者に対して権利届出の催告が行われていたようである（鈴木忠一・三ケ月章編『注解民事執行法（2）』（第一法規、一九八四年）一〇四頁（三輪和雄））。したがって、本問題は旧法下でも意味をもっていたことになるが、判例はなく、学説もみあたらない。もっとも、本件にやや類似の事案に関する判例として、大判大正八年一二月二日民録二五輯二二二四頁は、有体動産に対する強制執行に際し他の債権者が配当要求（民訴旧五八九条）を申し立てた事案で、「民事訴訟法ノ規定ニ依ル配当要求ナルモノハ債権者カ強制執行手続ニ依リ債権ノ弁済ヲ受クルコトヲ要求スルモノナレハ民法第百四十七条第一号ニ所謂請求ニ該当シ……同法第百五十二条ノ破産手続参加ト同等ノ効力アルモノト為スヲ相当トス」という。また、大判昭和一二年六月二六日大審院判決全集四輯一二号一九頁は、一番抵当権者が申し立てた任意競売手続における二番抵当権者の売得金交付請求は「広キ意味ニ於ケル裁判上ノ請求タル性質ヲ有スル」が、「訴ニアラサルカ故ニ民法百四十九条ニ所謂裁判上ノ請求ニ該当セストスルモ単純ナル催告ト異ナルハ勿論ニシテ寧ロ同法百五十二条ニ規定セル破産手続参加ニ類似スルヲ以テ時効中断ノ効力ヲ有スルモノト做スヲ可（シ）」という。同じく任意競売手続において「換価代金の交付方を競売裁判所に申出」ることについて、東京地判昭和四八年三月二〇日金法六九三号三一頁は、民法一四七条二号の「差押」に該当するという。もっとも、競売法の下では、抵当権は競落により消滅し（競二条二項）、特別の交付請求をしなくても売得金は消滅した抵当権者に交付される（競三三条二項）。したがって、右の大審院昭和一二年判決や東京地裁昭和四八年判決の事案は、そこでいう売得金（換価代金）交付請求の具体的内容は明らかでない（高梨・後出五三頁、富越・後掲八二頁の指摘するところである）が、配当請求を必要とせずに売却代金の配当を受けうる地位にある者の債権の時効中断の問題に関するものであるという点で本件（民執八七条一項四号参照）にもっとも近いものといえよう（同旨、富越・後掲八二頁）。

民事執行法の下では、高松高判昭和六三年五月三一日判時一二九七号五八頁が、抵当権実行としての不動産競売の事案で、傍論ながら、最判昭和六二年一〇月一六日民集四一巻七号一四九七頁（「債務の支払のために手形が授受された当事者間において債権者のする手形金請求の訴えの提起は、原因債権の消滅時効を中断する効力を有する」としたもの）を引用し、手形金債権の届出により原因債権の消滅時効も同日以降配当金受領の日まで中断しているという。実務家には、中断しないという説（上野隆司「不動産競売手続における時効中断」『債権回収の法務と問題点　鈴木正和先生古稀記念』（経済法令研究会、一九八九年）三二八－三二九頁）と、債権の届出は配当要求の性質をも兼ねているとして中断を認めるべきであるとする説（高梨克彦「債権届出と時効中断」法律のひろば四〇巻七号（一九八七年）五三頁）、さらに、債権の届出自体は中断事由とならないが、抵当権者が配当を受けた場合は差押え類似ととらえ、中断効を執行申立時まで遡及させるべきである（物上保証の場合は競売開始を債務者に通知してはじめて中断する）とする説（酒井廣幸『時効の管理』（新日本法規、一九八八年）一一三頁以下。抵当権実行の場合を例としているが、強制執行の場合も同様であろう）があった（なお、秦光昭・金法一一二九号（一九八六年）二九頁は、税金滞納による差押えに際して税務署長に対してなされる抵当権者の現在債権額の申立てにも中断効が認められるべきであるという）。本判決の解説・評釈（後掲）は、秦評釈を除きいずれも本判決の結論に賛成である。

三　まず、上告理由とそれに対する本判決の対応について見ておきたい。上告理由の要旨は、債権の届出は、①破産手続参加（民一五二条）に類似するので、②請求（民一四七条一号）の一種として時効中断事由に該当する、というものである。①については、本件は破産の場合ではないので、むしろ差押え（民一四七条二号）に準ずるとの主張も考えられる（酒井・前掲一一五頁参照）が、前掲大審院昭和一二年判決があるために破産手続参加に類似すると主張したのであろうか。いずれにしても、上告理由は、②の解釈いかんでは、債権の届出は破産手続参加に準ずるとして中断事由を限定して主張しているのか、それに限らない趣旨であるのか必ずしも明らかではないが、前者と解するのが素直であろうか。これに対し、本判決は破産手続参加だけでなく裁判上の請求に準ずるか否かについても判断している。これは、右に述べたように、上告理由が必ずしも明確とはいえないためなのか（もしそうならば、差押えに準ずるか否か、催告に当たるか否かの判断も示してほしかった）、前掲大審院昭和一二年判決が「広キ意味ニ於ケル裁判上ノ請求タル性質ヲ有スル」とも述べているためなのか、それともそれ以外の理由によるものなのかは明らかでない。いずれにしても、今後は、催告（民一五三条）としての効力さえも認められないのかどうかが問題になると予想されるが、これについては最高裁の判断（少なくとも、直接的な判断）は持ち越されたわけである。本件では、債権の届出がなされた不動産強制競売手続が取り消されたのは昭和六一年七月一〇日であり、本訴の提起は同年一〇月一日、Y_1らが被担保債権の存在を主張してXの請求棄却を求めたのは同年一一月一〇日提出の答弁書によるようである（富越・後掲八〇頁）から、Y_1らの応訴は右取消から六か月以内になされたことになる。したがって、一審判決も債権の届出が

「民法一五三条の催告に当たるとしても催告の効力の止んだ時から六か月以内に同条所定の時効中断事由がさらに生じたことにつき主張がな（い）」とまでいっているのであるから（もっとも、Y_1らは債権の届出による時効中断しか主張していないが、しかし時効中断の主張はしているのであり、応訴の事実はY_1らの弁論から明らかなのであるから、催告に当たるか否か等を判断することは弁論主義に反するものとは思われず、したがって、この説示には疑問がある）、Y_1らとしては次のような主張もしておくべきであったといえよう。すなわち、債権の届出には少なくとも催告としての効力があるから、催告による時効中断中に、応訴による時効中断が生じているとして最判昭和四四年一一月二七日民集二三巻一一号二二五一頁（債務者兼抵当権設定者が債務の不存在を理由として提起した抵当権設定登記抹消登記手続訴訟において、抵当権者が請求棄却の判決を求め被担保債権の存在を主張したときは、右主張は裁判上の請求に準じるものとして被担保債権につき消滅時効中断の効力を生じるとするとしたもの）を援用しておくべきであったと思われる。

なお、仮にY_1ら主張のように債権の届出が破産手続参加に準ずるものであるとしても、それによる新たな時効の進行は執行手続が終了した場合に開始するのであって（民一五七条一項）、本件では債権の届出がなされた不動産強制競売手続が取り消されているのであるから、やはり、催告としての暫定的時効中断中の応訴による中断を主張すべきであったと思われる。

四　本判決は、債権の届出は裁判上の請求（民一四九条）にも破産手続参加（民一五二条）にも該当せず、また、これらに準ずる時効中断事由にも該当しないとした。その理由として、裁判上の請求も破産手続参加も、裁判又は破産の手続において、「①権利を主張して、その確定を求め、又は②債務の履行を求めるものであり、③民法一四七条一号に掲げる『請求』の一態様として右各手続において右権利主張が債務者に到達することが予定されている」が、債権の届出は①－③のいずれにも該当しないからであるという。

ところで、債権の届出は破産手続におけるものではないから、破産手続参加そのものではないことは明らかである。また、民法は裁判上の請求とは別に強制執行（民事執行法の下ではより広く民事執行というべきであるが）手続の第一段階である差押えも時効中断事由としている（民一四七条二号）ので、裁判上の請求とは判決手続における権利主張と解される。そうすると、債権の届出は裁判上の請求そのものでもないことになり、これも異論はないであろう。したがって、問題はそれらに「準ずる」ものでもないといえるかであり、本判決について検討すべきは、第一に、①又は②と③に該当しなければ裁判上の請求や破産手続参加に「準ずる」時効中断事由にも該当しないとする本判決の判断基準それ自体、第二に、債権の届出は①－③のいずれにも該当しないとしたこと、第三に、債権の届出は裁判上の請求や破産手続参加に「準ずる」時効中断事由にも該当しないという結論、の妥当性である。私見では、そもそも第一点に疑問があるので、第二点は必要な限りで後に触れることとし、次には第一点および第三点について述べたい。

五　(1)　まず、裁判上の請求や破産手続参加のように権利行使を経て権利の確定に至る中断事由においては、①に該当する場合は常に②にも該当している。すなわち、②は①を内包するものである。したがって、実益という点からは②だけでよく、①を「又は」として独立に挙げる必要はない。それにもかかわらず、本判決が「①又は②」とするのは、裁判上の請求と破産手続参加の二つを検討対象としているからではなく、おそらく、権利者側からする時効中断の根拠は権利の確定にあるとする権利確定説（川島武宜『民法総則』〈有斐閣、一九六五年〉四七三頁参照）と権利の行使それ自体にあるとする権利行使説（我妻栄「確認訴訟と時効中断」『民法研究Ⅱ』〈有斐閣、一九六六年〉二六三頁以下参照）の対立を念頭においているためではないかと思われる。もしそうならば、現行法の解釈としては理論的にも実際上も権利行使説をとるべきであると解するので（松久三四彦「時効制度」『民法講座1』〈有斐閣、一九八四年〉五八三頁〈同『時効制度の構造と解釈』〈有斐閣、二〇一一年〉一三九頁〉以下参照）、①を判断基準の一つとして挙げることには賛成できない。

確かに、学説が対立し、さらには権利確定説と権利行使説の双方の観点が両立しうるかのような説（四宮和夫『民法総則』〈弘文堂、第四版、一九八六年〉三一二頁）さえある状況では、裁判所がいずれの説をとるかを明らかにせず、あるいは両立するかのごとく述べるのも、結論に影響しない限りでは頷けなくもない。しかし、権利の存在が確定されることそれ自体に中断の根拠を求める権利確定説では、理論的には権利確定時をもって中断の効力発生時と解さざるをえなくなる筈であり、ここに最大の難点がある。なぜなら、例えば訴訟進行中に当初の時効期間が満了しても、いまだ時効は完成していない、すなわち時効は中断したとして審理を継続し原告勝訴の判決を導きうる可能性を維持するところに裁判上の請求による時効中断の主要な機能があるにもかかわらず、権利確定説ではこの機能が失われてしまうからである。権利確定説では、訴え提起時に中断するとの民訴法二三五条の説明に窮することになろう。また、時効制度を所有権の取得や債務弁済の証拠に関する制度と解する訴訟法説（私はこの説を採らないが）は権利確定説に結びつきやすいかのようであるが、必ずしもそうではない。訴訟法説は、例えば消滅時効についていうと、消滅時効で保護されるべきは弁済者であり未弁済者は弁済すべきであるとの考えに立つものである。ところが、権利確定説では権利行使説よりも真の債権者が時効完成を理由に債権を失いやすくなってしまうのであり、これは訴訟法説の意図するところとは逆の結果であろう。訴訟法説においても権利行使説をとることは矛盾せず、むしろ権利行使時までの時間が所有権の取得や債務消滅の蓋然性を形成すると考える方が無理がなく、また、権利行使説の方が時効中断の時期が早まるのであるから、権利者は権利を奪われるべきではないとの訴訟法説の考えにより親しむものと思われる。要するに、訴訟法説を採るにしても、権利の確定は時効中断の効力発生ための要件ではなく、発生した中断の効力が失効しないための要件と解すべきである。

（2）　ところで、裁判上の請求や破産手続参加に「準ずる」時効中断事由であるならば①又は②と③が満たされるとはいえても、その逆は必ずしもいえない。例えば、催告（民一五三条）は②と③を満たすが、裁判上の請求や破産手続参加のいずれに「準ずる」扱いもすべきではなく、あくまで催告として扱われるべきだからである。また、もしそうでなければ、②と③が満たされる場合、いずれに「準ずる」のかという問題も生じることになろう。したがって、①又は②と③を満たすことは、裁判上の請求や破産手続参加に該当ないし準ずるためのいわば必要条件であり十分条件ではない。しかも、②と③は暫定的中断事由である催告においても満たしているものであるから、本判決の判断基準は、時効中断事由に該当しない場合を選別する基準としてはせいぜい催告にもあたらない場合を選別しうるにすぎないことになり、基準としての有用性はごく狭いものとなる。換言すれば、およそ権利者側からの時効中断事由に該当するか否かが問題となるような場合には②と③を満たすのが通常であろうし、債権の届出についても、次に述べるように、本判決とは異なり限定つきながら②と③を満たしているとの解釈も成り立ちうると思われる。特に、債権の届出にはせめて催告としての効力を認めるべきであると考えるときは、②も③も満たさないとする本判決の立場は催告としての効力をも否定することになりかねず、したがって、②と③を満たすものであることを要するという基準も、本判決の結論を導くには不適切なものということになる。

（3）したがって、裁判上の請求または破産手続参加に「準ずる」か否かは、権利者側からする中断事由一般が有している要素によってではなく、裁判上の請求や破産手続参加の特質に照らして判断すべきであったと考える。そうすると、まず、破産手続参加に準ずるものといえるかであるが、これは無理であろう。債権の届出は破産手続におけるものではなく、破産手続における確定債権の債権表への記載は確定判決と同様の効力を有する（破二四二条・二八七条）のに対し民事執行では届出のなされた債権に同様の効力が生じることもないからである。また、私見では、裁判上の請求の特質は債務名義取得につながる裁判上の権利主張であることにあり、これに外れる権利主張には（裁判上の）催告としての効力を認めるべきであると考えるので（松久三四彦「消滅時効制度の根拠と中断の範囲（二・完）北大法学論集三一巻二号（一九八〇年）八〇八－八一一頁（同・前掲『時効制度の構造と解釈』六三一－六八頁））、債権の届出は裁判上の請求に準ずるものでもないということになる。結局、本判決の結論には賛成であるが、①－③に該当しないとの理由づけには賛成できず、「自己の債権を執行手続を通じて行使しようとする確実明瞭な意思の表われとみることは未だできない」という一審判決理由中の表現の方がまだよかったように思われるのである。

六（1）本判決は裁判上の請求と破産手続参加についてのみ判断しているが、最初に見たように上告理由との関係からはそれで十分ということになろうか（民訴四〇二条）。そこで、本判決の批評からはやや外れることになるが、残された問題であり、先に本判決の理由づけに賛成できないと述べたことにも関連するので、債権の届出はおよそ時効中断事由たりえないのかという問題について若干の考察をしておきたい。

(2)　今後は、本判決を踏まえて抵当権つき債権の回収を図る企業等においては、第三者（他の債権者または抵当権者）が抵当不動産に民事執行を申し立てた場合は、自らも重ねて民事執行を申し立てるか（民事執行は担保権実行の場合も含めて差押えにより開始するので（民執四五条・一八八条等）、民法一四七条二号の差押に当たる。なお、二重に競売開始決定をなし得ることについては民執四七条・一八八条参照）、あるいは被担保債権に基づく訴えを提起する（民一四九条）ことにより時効中断の措置を講じるであろう。しかし、このような用意周到さは広く抵当権者一般に期待できるものであろうか。抵当権者は配当を受けるために配当請求等をする必要はない（民執五九条一項、八七条一項四号、一八八条）のであるから、第三者の申立てによるものとはいえ抵当不動産に対して民事執行が開始され、自己の債権の満足に向けて手続が進行している以上、別途右中断手続をとるなどは抵当権者にとって考えもつかないということも大いにありうるであろうし、それもまたやむをえないように思われる（現に、本判決を正当とする判時一三三〇号四七頁の「解説」においてすら、「本件は、担保権者が見落としそうな論点について答えたもの」であるという）。すなわち、このような抵当権者は時効進行の基礎である権利の上に眠る状態にあるとはいいきれない状況に置かれているように思われるのである。前掲大審院昭和一二年判決や東京地裁昭和四八年判決が、売得金（換価代金）交付請求という具体的内容の明らかでないものに時効中断効を認めるという苦しい解釈をし、高松高裁昭和六三年判決が傍論ながら中断するとし、抵当権者の保護を図る学説がある（高梨、酒井、秦）のも、同様の理由によるものであろう。

(3)　そこで、せめて債権の届出に被担保債権の催告（あるいは、抵当権によって実際に配当を受けうる範囲の債権に限定する考えもありえようが、その範囲は配当前には分からない場合があり、催告による中断効は暫定的なものでもあるから、被担保債権全額についての催告としてよいと考える）としての効力を認める方向での解釈が採られるべきではないかと考えるが、そこでは、債権の届出は権利主張といえるか、仮にいえるとしても権利主張が債務者に到達することが予定されているかが問題とされよう。

まず、権利主張といえるかについては、差押前登記済抵当権者は債権の届出すらしなくとも配当を受けられるのであるから、「配当受領の意思がない場合こそ、債権届に『既に弁済受領済なので現在高零』という記載をし提出しなければならない。とすれば、通常の債権届提出は、無剰余有無の判断資料提供という性質とともに、弁済金交付（配当）要求の意向を明瞭に示した手続的意思表示…配当要求の性質をも兼ねているともいえよう」との指摘がある（高梨・前掲五三頁）。確かに、本判決のいうとおり、「債権の届出は、執行裁判所に対して不動産の権利関係又は売却の可否に関する資料を提供することを目的とする」ものではあるが（浦野雄幸『逐条解説民事執行法』（商事法務研究会、一九七九年）八七頁参照）、それは権利主張の性質をも有することを妨げるものではなく、実際にも、時効中断との関係では右学説のいうように「請求」の側面も有すると解すべきであると思われる。もっとも、債権の届出は請求の側面を有するとしても、直接債務者に対してなされるものではない。しかし、権利主張は相手方になされなければならないと考えられているのは、相手方に向けられた権利主張でなければ、通常は権利の実現に結びつかないので中断事由とするには不十分と解され、また、相手方に到達することもないからであろう。そうすると、債権の届出については、権利の実現の第一歩と評することができるのであるから、問題は相手方への到達に絞られることになる。

権利主張の相手方への到達が必要であることは民法一五五条からも窺われ、本判決もこれを必要としている。その理由であるが、民法一五五条の立法趣旨につき、起草者は、同条のようにしなければ「時効中断ノ原理ニモ反シ又実際ニ於テモ頗ル酷ニ失スルノ譏ヲ免レサルヘシ」といい（梅謙次郎『訂正増補民法要義巻之一』（有斐閣、一九一一年版復刻版）三九一頁）、最判昭和五〇年一一月二一日民集二九巻一〇号一五三七頁は、民法一四八条の原則を修正し、「時効の利益を受ける者が中断行為により不測の不利益を蒙ることのないよう」にしたものであるという。起草者のいう「時効中断ノ原理」が民法一四八条を指すのであれば、起草者にとって民法一五五条は民法一四八条を維持するための規定となり、この点で民法一四八条を修正するものであるとする右最判とは見解が異なるようにも見える。しかし、いずれにせよ、民法一四八条が時効の中断は「当事者」間においてのみその効力を有するとしているのは、中断行為の「当事者」間で進行している時効だけが中断するという趣旨であるとするならば（同条については、松久三四彦「民法一四八条の意味」金沢法学三一巻二号（一九八九年）四一頁〔同・前掲『時効制度の構造と解釈』二四四頁所収〕参照）、権利主張が相手方に到達したかどうかは民法一四八条とは別の問題であるように思われる。「当事者」間の権利主張であっても相手方不到達はありうるし、そもそも今問題にしているのは「当事者」間における到達の必要性である。では、「頗ル酷ニ失スルノ譏」とか、右最判のいう不測の不利益を蒙るというのはどうか。その意味するところとしては、弁済した者が時効期間満了後に安心して受取証などを破棄してしまった場合には二重弁済の危険が生じるということ、より一般的には権利行使に対する義務者側の反論の機会が失われるということがいわれている（星野英一「右最判の評釈」法協九四巻三号四二二頁参照）。

そこで、右の点に照らして本問題を検討するが、場合を分けて考えたい（以下の①・②は不動産に対する強制執行であり、③–⑦は抵当権の実行である。このような分類は酒井・前掲一一六頁以下に教えられた）。甲がA所有の不動産に民事執行を申し立て乙が債権の届出をする場合としては、①甲はAに対して債権を有し、乙はAに対して債権をAの当該不動産上に抵当権を有している場合、②甲はAに対して債権を有し、乙はBに対して債権をAの当該不動産上に抵当権を有している場合、③甲も乙もAに対して債権をAの当該不動産上に抵当権を有している場合、④甲はAに対して債権をAの当該不動産上に抵当権を有し、乙はBに対して債権をAの当該不動産上に抵当権を有している場合、⑤甲はBに対して債権をAの当該不動産上に抵当権を有し、乙はAに対して債権をAの当該不動産上に抵当権を有している場合、⑥甲も乙もBに対し債権をAの当該不動産上に抵当権を有している場合、⑦甲はBに対して債権をAの当該不動産上に抵当権を有し、乙はCに対して債権をAの当該不動産上に抵当権を有している場合、がある。

ところで、不動産に対する強制執行の場合、強制競売の開始決定は執行を申し立てた甲の債務者Aに通知される（民執四五条二項）。抵当権者乙は配当を受けるべき債権者である（民執八七条一項四号）から、その氏名・債権は配当表に記載され（民執八五条）、債務者Aは配当期日において配当異議の申出をすることができる（民執八九条一項）。抵当権の実行の場合は、不動産の強制競売の規定が準用される（民執一八八条）。準用される条文の「債務者」は「所有者」と読み替えるのが原則であるが（鈴木忠一＝三ケ月章編『注解民事執行法(5)』（第一法規、一九八五年）二八九頁注(3)（高橋宏志）参照）、物上保証の場合は、不動産競売の開始決定は所有者だけでなく申立人甲の債務者にも送達され（民執四五条二項の準用）、債務者も配当異議の申し出ができる（民執八九条一項の準用）ようである（田中康久『新民事執行法の解説〔増補改訂版〕』（金融財政事情研究会、一九八〇年）四〇八頁、四四六頁参照）。なお、民事執行法一八一条四項による文書の目録等の送付は、所有者だけでなく債務者にもなされているということである（鈴木＝三ケ月編・前掲『注解民事執行法(5)』二三三頁（高橋）参照）。

そうすると、乙の債務者も執行開始決定の通知を受ける①・③・⑤の場合には、乙が債権の届出をしたことについての通知を受けるわけではないが、当該執行手続により乙も配当を受けうることは乙の債務者の知るところとなる（⑥の場合も通知を受けるので、Bの委託によりAが物上保証している場合には同様にいえよう）。そうすると、これらの場合には、乙の債務者に二重弁済の危険はなく、また、反論（配当異議）の機会も与えられるのであるから、中断を認めてよいと考える。②・④・⑥・⑦の場合は乙の物上保証人に対する執行手続における債権の届出であるから、民法一五五条が類推適用されようか（酒井・前掲一一七頁参照。なお、前述した理由から、⑥でBの委託を受けてAが物上保証した場合は除く）。もっとも、物上保証人に対する相対的中断という構成（債権者と債務者との間では中断していないが、債権者と物上保証人との間では被担保債権の消滅時効は中断したものとして扱う考え）が認められるならば（塚原朋一「主債務者の時効援用は絶対効か」金判八二六号（一九八九年）二頁参照）、民法一五五条の類推適用による通知がなされていないからといって、物上保証人や甲の債務者は乙の被担保債権の消滅時効を援用して配当異議を申し出ることはできなくなるが、最判昭和六二年九月三日判時一三一六号九一頁は、物上保証人による物上保証および被担保債権の承認の事案でこのような相対的中断を否定している。

なお、②・④・⑦の場合、乙の債務者は配当異議を申し出ることのできる地位にないが、この点は催告の効力を認めることの妨げにはならないように思われる。反論の機会も強制的に二重弁済させられる危険を回避するために要請されるものであり、これらの場合に民法一五五条が類推適用されるならば、乙の債務者に二重弁済の危険が生じることもないからである。

(4)　右のように、一定の場合には債権の届出に催告としての時効中断効を認めるべきであるとすると、その効力の発生時点は、債権の届出時とするのが素直な解釈ではあろう。しかし、一方、抵当権者には前述したように配当を受ける期待があり、債権の届出時点は執行手続の進行に左右される面がある。他方、債務者には二重弁済の危険や反論の機会という点からは、執行開始決定通知時に中断するとしても特に不利益になるわけではない。そうすると、時効中断の効力発生時点につき、例えば、裁判上の請求〔民訴二三五条〕の場合は権利者が裁判所に対して訴状を提出した時であり、訴状が相手方に到達した時ではないこと〔最判昭和三八年二月一日裁判集民事六四号三六一頁〔ジュリ二七三号判例カード二四三〕参照〕、差押えの場合は執行申立時と解されている〔最判昭和五九年四月二四日民集三八巻六号六八七頁〔動産執行の事案〕〕ことからも、さらに遡って執行申立時に中断するとしてよいように思われる〔民法一五五条が類推適用される場合は、同条の解釈に従うことになる〕。

(5)　以上に述べてきたことからすると、本件は、①の事案であるので、催告による中断中の応訴ということになる。しかし、応訴にはいわゆる裁判上の催告としての効力しか認めるべきでないとする私見〔松久・前掲「消滅時効制度の根拠と中断の範囲〔二・完〕」八三四頁〔同・前掲『時効制度の構造と解釈』八一一頁〕〕からは、催告の繰り返しとなり、最初の催告〔債権の届出〕による中断効は民法一五三条により失効したということになる。結局、Xの請求が認容されたことは事案の解決としても妥当なものと思われる。

七　最後に、本判決のいわゆる射程距離を考えておこう。判旨は、不動産に対する強制競売手続における債権の届出に関して判示しているが、担保権実行としての不動産競売手続における債権の届出についても同様に解されることになろう。判旨の理由づけ（前記判断基準とその基準を満たしているかどうかの判断）は両者で異なるものではないからである。仮登記担保法一七条一項による仮登記担保権者の債権の届出については、本判決のふれるところではないが、本判決の前記判断基準によるならば中断事由として認められることになろう（第一審判決も、抵当権者と仮登記担保権者では異なるかの如く述べている）。私見も、配当要求として、差押えと破産手続参加のいずれに準ずるかはともかく、中断事由になると解する。

判旨は、債権の届出は裁判上の請求や破産手続参加にも該当せず、また、これらに準ずる時効中断事由にも該当しないというだけであるが、差押えなど他の中断事由にも該当しないとする趣旨であろう。問題は、催告にも当たらないとする趣旨を含むかであるが、少なくとも判旨の理由づけからは催告にもあたらないことになりそうである（富越・後掲八三頁、山崎・後掲六七頁）。しかし、すでに述べたとおり、催告に当たると解すべきであるとの私見からは、判旨の理由づけに先例としての価値を認めるべきではないということになる。いずれにせよ、本判決は催告については直接の判断を示していないのであるから、仮に将来、催告に当たるとする判決がでたとしてもそれは本判決に抵触するものではないといえよう。

〈評釈等〉富越和厚・最判解民事篇平成元年度三一四頁（初出、曹時四三巻二号五二七頁）、同・最高裁時の判例Ⅱ私法編（ジュリ増刊）三八頁（初出、ジュリ九四九号八〇頁）、東法子・手研四五六号一二頁、大西武士・判タ九三四号八五頁、塩崎勤・民事執行法判例百選（別冊ジュリ一二七号）六四頁、同・民事執行・保全判例百選（別冊ジュリ一七七号）六〇頁、同・金法一二五九号一八頁、髙橋恒夫・JA金法四六五号四六頁、髙森八四郎・リマークス二号一九頁、谷啓輔・手研四五二号二七頁、栂善夫・法セ四二六号一三四頁、徳本伸一・判評三七六号二三頁（判時一三四三号一八五頁）、沼田寛・民研四一三号三九頁、同・判タ七六二号二四頁、秦光昭・金法一二四六号四頁、峯崎二郎・銀法五三二号九頁、山崎敏彦・平成元年度重判解（ジュリ臨増九五七号）六六頁、山田卓生・担保法の判例Ⅱ（ジュリ増刊）三六〇頁、吉岡伸一・手研四五二号二〇頁。

＊初出は、民商一〇三巻一号（一九九〇年）九七頁。

[19] 連帯保証人に対する民法一五五条の通知と主債務の時効中断効

東京高裁平成四年一月二九日第一五民事部判決（平成二年(ネ)第四三六〇号、貸金請求事件）――控訴棄却（上告）
（高民集四五巻一号一頁、判タ七九二号一六六頁、金判八九一号三頁、金法一三六二号三八頁）

〈参照条文〉　民法一条二項、一四五条、一四七条一号・二号、一四九条、一五三条、一五四条、一五五条、一六六条、四三四条、四五八条、民事執行法四六条、一八八条

〔事　実〕　Y（被告・被控訴人）は不動産の販売・仲介会社Aからマンションを購入し、その代金を住宅ローン融資会社X（原告・控訴人）からの借入金で支払い、そのマンションについて所有権移転登記を経由した上、Xのため抵当権設定登記をする約定を関係者としていた。そして、Aは、この抵当権設定登記がなされるまでの間に限るということでYの債務を連帯保証し、BはこのAの連帯保証債務の物上保証人として、その所有する各不動産にXのために根抵当権を設定した（根抵当権としたのは、Yのような不動産購入者が継続して出現するからである）。Xが融資した金員は、Yの承諾を得てXの融資担当者が振込先の預金口座から引き出したが、マンションの所有者には支払われず、所有者からYへの所有権移転登記もなされていない。そのため、Yは昭和五九年七月二二日の第一回目弁済期日から弁済していないので（もっとも、本判決は、「YらがAに住宅ローン融資を受ける名義貸ないし融資金の転貸をしていたのではないかとの疑いも生じないわけではないが、……確たる証拠はなく」とも述べており、はたしてYの不払いが所有権移転登記がなされないためであるのか、その実情はわからない）、Xは、同年一〇月二六日、Bに対して根抵当権の実行として各抵当不動産の競売を申し立て、この競売

開始決定の正本は、同年一一月一四日と一二月二八日にAにも送達された。この競売については、Bから配当異議の訴えが提起され、その訴訟が係属中である。また、BはXに対して根抵当権設定登記の抹消登記手続を求める訴えを提起している。Xは、平成元年一〇月二六日、Yに対して貸金の返還を求めて本訴を提起したところ、Yは、右債務は商事債務であり、第一回弁済期日の昭和五九年七月二二日の不払いにより期限の利益を失ったので、それから五年の消滅時効が完成しているなどと主張した。これに対し、Xは、Bに対する根抵当権の実行が各種の時効中断事由にあたるとして争ったが、本判決（二審）は、以下のように判示して、Yの消滅時効の援用を認めた（本件では、Aとは別の連帯保証人も被告とされており、物上保証人も二名いるが、単純化して事案を紹介した）。

〔判　旨〕

（1）　差押えによる時効中断の有無について

「債権者から物上保証人に対し、担保権の実行としての競売の申立てがなされ、執行裁判所がその競売開始決定をした上、競売開始決定正本を当該債務者に送達した場合には、債務者は、民法一五五条により、当該被担保債権の消滅時効の中断の効果を受けるものと解すべきである（最高裁判所昭和五〇年一一月二一日第三小法廷判決・民集二九巻一〇号一五三七頁参照）。そうすると、本件においては、Bら所有の本件各不動産に対する競売開始決定正本が被担保債権の債務者であるAに送達されたことにより、AのXに対する連帯保証債務について消滅時効が中断されたということができる。／しかしながら、連帯保証人について生じた時効中断事由のうち、主債務者に対しても中断の効力を有するのは、連帯保証人に対する履行の請求の場合（民法四五八条、四三四条）に限られるのであって、本件においてAに生じた消滅時効の中断事由は、右のとおり民法一四七条二号の差押えであり、これに当たらないことは明らかであるから右の中断事由は主債務者であるYに効力を及ぼさないといわなければならない。」

（2）　裁判上の請求による時効中断の有無について

「差押えは、債権者が債権の弁済を得るために行う権利実行行為であり、債務者に対する意思表示の方法ではないから、債務者に対する履行を受けることを欲することの意思表示である『請求』と同一視することはできない。このことは、民法一四七条が『請求』と『差押え、仮差押え又は仮処分』とを明確に区別していることからも明らかである（大審院大正三年一〇月一九日第二民事部判決、民録二〇輯七七七頁参照）。……、物上保証人は何らの『債務』を負担するものではないから、債権者に対して給付すべき義務を負わず、単に担保権の実行を受忍すべき義務を負うにすぎない。したがって、自己の不動産に債務者のために根抵当権を設定した物上保証人の不動産に対する競売の申立ては、物上保証人に対して『債務』の履行を請求するものではあり得ない。また、物上保証人の不動産に対する競売の申立ては、担保に供された抵当不動産の換価により、債権の満足を図ろうとする権利実行行為であるから、競売開始決定が債務者に送達すべきものとされている（民事執行法一八八条、四六条一項。……。）ことを考慮に容れても、これを債務者に対して債務の履行を求める意思表示である『請求』と解し、又は債務者に対する『請求』の意思表示を含むものと解する余地はないというべきである。なお、民事執行法は、担保権の実行としての競売について、債務者を所有者とともに競売の申立人の『相手方』としていると解される（同法一八一条四項、一八二条、一八九条、一九一条、一九六条）が、これは、担保権実行の手続によって債務者の負う債務の消長を来たし、それ故に債務者が担保権の不存在又は消滅を理由として競売開始決定に対し執行異議の申立てをすることができる道を与える目的に出たものにほかならないのであって、これをもって、物上保証人の不動産に対する担保権の実行としての競売の手続が債務者に向けられた債務の履行を求める『請求』の手続又は『請求』を含む手続であるということはできない」。

（3）　裁判上の催告による時効中断の有無

「差押えは、債権者が債権の弁済を得るために行う権利実行行為であり、債務者に対する意思表示の方法ではないから、『催告』と同一視することはできない。しかも、物上保証人であるBは何らの『債務』を負担するものではない（……。）から、Xに対して給付すべき義務を負わず、単に担保権の実行を受忍すべき義務を負うにすぎない。したがって、Xのした本件競売の申立てがBに対して『債務』の履行を催告するものではあり得ない。そしてまた、本件各競売手続が債務者であるAに対して向けられた手続でないことは、前記〔右（2）のこと―筆者注〕において説示したところから明らかであるから、本件競売の申立てがAに対する『催告』としての効力を有するということもできない」。

【学説と判例】

一　連帯保証債務の物上保証人に対する（根）抵当権の実行により、主たる債務の消滅時効が中断するかは、本件を含む一連の判決により問題とされ、学説もそれらを契機に議論し始めたところである。

本件同様の事案（Yは異にするが）で、Xが本件提訴の同日と前日に訴えを提起した事件が本件を含め九件あるようである（後掲⑧判決でのXの陳述）。そのうち、公表された一審判決は、①東京地判平成二年八月二三日判時一三八六号一一六頁（のちに、民集五〇巻八号二四一三頁に登載）、②東京地判平成二年八月二七日判タ七五六号二二三頁、③東京地判平成二年八月三〇日判タ七五六号二二三頁、④東京地判平成二年一〇月二二日判タ七五六号二二三頁、⑤東京地判平成二年一〇月二五日金法一二九四号二六頁、⑥東京地判平成二年一二月四日判時一三八六号一一六頁、⑦東京地判平成三年一二月二〇日判タ七八三号一三八頁、の七件である（本件一審判決は未公表）。また、本件のBがYの主たる債務の時効消滅（これにより、Aの連帯保証債務が消滅し根抵当権も消滅する）などを理由にXに対して根抵当権設定登記の抹消登記手続を求めた裁判では、⑧東京地判平成二年三月二八日判時一三七四号五八頁、その控訴審判決の、⑨東京高判平成四年二月一七日判タ七八六号一八六頁、が出ている。

二　本判決は、連帯保証債務の物上保証人に対する根抵当権の実行としての競売の申立ては、被担保債務である連帯保証債務の消滅時効の中断事由としての「裁判上の請求」にも「催告」にもあたらないので、民法四五八条・四三四条による主たる債務の消滅時効中断の効果は生じないとした（判旨（２）・（３））。この点については、右の一連の判決のうち、③・⑥・⑦・⑧判決も催告にあたらないとする。これに対し、⑤・⑨判決（②判決もそうか）は単純な催告としての効力は認めており（ただし、時効は完成）、さらに、①・④判決は、いわゆる裁判上の催告（四宮和夫・『民法総則〔第四版〕』〔弘文堂、一九八六年〕三一五頁参照）による時効中断を認め、時効は完成していないとした。このように、下級裁判所の判決は、催告にもあたらないとするもの、催告にあたるとするもの、裁判上の催告にあたるとするものに分かれており、最高裁の判断が注目される。

学説は、催告にもあたらないとするもの（近江幸治「競売開始決定の連帯保証人への送達と主債務の消滅時効の中断」手研四五四号（一九九一年）八頁、塩崎勤「物上保証と時効中断の効力をめぐる最近の判例から〔下〕」債権管理五〇号（一九九一年）三四頁）と、裁判上の催告にあたるとするもの（山野目章夫「判批」判タ七五七号（一九九一年）五七頁、伊藤進「判批」リマークス四号（一九九二年）一四頁、清水暁「判批」判評三九六号（一九九二年）一七三頁）に分かれている。なお、銀行実務の側からは、予想されるところではあるが、時効中断を認めるべきであるとするものが多い（石井眞司「判批」判タ七五三号（一九九一年）六一頁、秦光昭「物上保証人に対する競売申立てと被担保債権についての時効中断効等」金法一三三〇号（一九九二年）一一頁は裁判上の催告にあたるとし、旗田庸「判批」債権管理四五号（一九九一年）五三頁は請求にあたるという。もっとも、和田照男「判批」金法一三四八号（一九九三年）一六頁は⑨判決に賛成する）。

三　なお、判旨（1）は、連帯保証人に対する差押えは主たる債務の消滅時効を中断するかという問題について、これを否定する従来の判例の考えを前提とするものである。すなわち、判旨（2）も引用する大判大正三年一〇月一九日民録二〇輯七七七頁は民法四三四条の「請求」は差押えを含まないとし、大判昭和一四年八月三〇日新聞四四六五号七頁は連帯保証人でもある抵当権設定者に対する抵当権（被担保債務が連帯保証債務か主たる債務かははっきりしない）の実行により主たる債務の時効は中断しないとし、東京高判昭和六三年八月二二日金法一二三一号三八頁は、執行受諾文言付公正証書に基づく連帯保証人に対する差押えの事案で、主たる債務の時効中断を否定した。

学説は、判例と同様に解するのが通説と目されるが、反対説もあり（学説の状況については、西村信雄編『注釈民法(11)』（有斐閣、一九六五年）八一頁、八三頁〔椿寿夫〕参照）、近時は民法一五五条の適用（野村重信・金法一一二九号一七頁、前掲東京高判昭和六三年の金法一二三一号三九頁のコメント）ないし類推適用（石田穣『民法総則』（悠々社、一九九二年）五八二頁－保証人に対する差押え）を説くものもある。

【学理上の問題点】

一　本判決は、判旨（1）に先立ち、（ア）「物上保証人に対する競売の申立ては、被担保債権の満足のための強力な権利実行行為であり、時効中断の効果を生ずべき事由としては、債務者本人に対する差押えと対比して、差異を設けるべき実質的な理由はない」という。そして、判旨（1）は、右の点と、時効利益を受ける者が中断行為による不測の不利益を被ることのないように考慮して民法一五五条が規定されているとの趣旨を述べたうえで、（イ）「Aに生じた消滅時効の中断事由は、右のとおり民法一五五条二号の差押えであり」、（ウ）差押えと民法四五八条・四三四条の「請求」とは異なるのでYの主たる債務の消滅時効は中断しないとした。また、判旨（2）・（3）は、物上保証人に対する根抵当権実行の申立て（差押え）は被担保債務（連帯保証債務）の消滅時効の中断事由としての「裁判上の請求」にも「催告」にもあたらないとし、その理由としては右（ウ）とほぼ同旨を述べている。

二　これを見ると、本判決は、物上保証人に対する根抵当権実行（差押え）が連帯保証人に対する権利行使としてはどのように評価されるかにつき、一方（判旨（1））では強力（かつ、より直接的）な権利実現行為である差押えと同視しつつ、他方（判旨（2）・（3））では、それより弱いともいえる催告にもあたらないとしているようであり、そうであれば、奇妙である。これは、右（ウ）の問題でもあるが、民法一五五条の合理性を右（ア）に求め右（イ）のようにいうことの当否も検討を要しよう。

三　本判決は、差押えと請求の違いを強調するが、それだけでB（物上保証人）に対する根抵当権実行がA（連帯保証人）の債務に対する請求を含まないと結論づけるのは形式論に過ぎよう。もともと、民法一四七条が請求（一号）と差押え（二号）を別々に挙げていることから、両者が別の概念であることは明らかである。しかし、もし、Bに対する根抵当権実行はAに対する差押えと同じであるというのであれば（そうではなく、民法一五五条による特別の中断であるとの考えなどもありえよう）、問題は、一方では時効中断の根拠との関係で、他方では民法四五八条・四三四条が「請求」を挙げていることの趣旨とその合理性（適用範囲を広げるべきか否か）に照らして、差押えの場合も同様に扱う（類推適用）のが妥当かどうかの判断にかかっているといえよう。また、Bに対する抵当権実行がAに対する請求を含むかについても（Aに対する請求と民法一五五条を介してY（主たる債務者）の債務の時効中断の有無を考えるのでなく、直接に、Yに対する請求（裁判上の催告－継続的催告）を含むかを問題とすることもできよう）、時効中断の根拠、民法四五八条・四三四条の趣旨とその合理性、Yの知らないうちにYの債務の時効が中断しうるとしてよいか、などの総合的な判断にかかってこよう。

【実務上の留意点】

債権保全のためには、連帯保証債務を被担保債務とする抵当権の実行手続の終了までに主たる債務の時効期間が経過する可能性があるとき、または、抵当権の実行だけでは債権全額の満足がはかれないおそれがあるときは、主たる債務者に対して直接に中断手続をとっておくのが無難である。また、時効の中断との関係では、抵当権の設定に際し、被担保債務は連帯保証債務ではなく主たる債務とすべきである。

〈評釈等〉　角紀代恵「本件判批」金法一三六四号一七頁、鈴木正和・金法一三三一号四頁、花本広志・金法一三八七号一〇二頁。

＊初出は、担保法の判例Ⅱ（ジュリ増刊）（一九九四年）三四八頁。

[20]　民事調停法に基づく調停の申立てと民法一五一条による時効中断の効力

最高裁平成五年三月二六日第二小法廷判決（平成四年（オ）第五八〇号、賃金等請求事件）――上告棄却

（民集四七巻四号三二〇一頁、家月四五巻七号四二頁、判時一四六三号六四頁、判タ八二一号一六八頁、金法一三七〇号二七頁）

〈参照条文〉　民法一四七条、一五一条、民事調停法一九条

〔事　実〕　X（原告・被控訴人・被上告人）は昭和五二年にY（被告・控訴人・上告人）会社の取締役に就任したが、Y会社は当時でも二〇名程度の零細企業であり、役員といっても名ばかりで、Xは引き続き一般の社員と同様営業の仕事に携わっていた。Xは、昭和五六年一二月の定時株主総会では再任されず、そのため翌年一月には役員手当が削られたが、さらに、それまで月額一九万四〇〇〇円であった基本給が一四万円に、昭和五八年四月には一一万五〇〇〇円に減額された（その後わずかずつ昇給し、平成二年四月には一二万五〇〇〇円になった）。そのためXは、平成元年二月二二日、XがYから支払いを受けるべき基本給が月額一九万四〇〇〇円であることの確認と差額の支払いを求める調停を京都簡易裁判所に申し立てたが、右調停は、同年一〇月一八日、不成立により終了した。そこでXはYに対して、平成元年一一月一六日、昭和六一年一月分からの賃金・賞与の差額と慰謝料あわせて八三一万円余りの支払いを求めて本訴を提起した。これに対してYは、右減額措置は有効であるとして争うとともに、給料債権の消滅時効期間は二年（労基法一一五条）であるから、本訴が提起された平成元年（一九八九年）一一月一六日の二年前までの分、すなわち昭和六二年（一九八七年）一一月一六日以前の分は時効により消滅したと主張した。Xは、「右調停継続中XのYに対する請求は継続しているから、同年一一月一六日Xが本件訴えを提起したことにより時効中断の効果は継続している」と反論した。

一審（京都地判平成三年三月二〇日民集四七巻四号三二一〇頁）は、Yがなした右減額は無効であるとしたうえで、「Xは差額賃金の支払いを求めて一九八九年二月調停の申立てをし、同年一〇月一八日不調となり、さらにそれから六か月以内の同年一一月一六日本件訴えを提起しているから、右調停申立てから二年前の一九八七年一月以前の分については時効により消滅しているものというべきである。」とした。Yは控訴して、本件では調停の不成立による終了から本訴提起まで二週間以上（二八日）経過しているから、民事調停法一九条により、本件調停申立ては時効を中断しない、「仮に、調停継続中は催告が二年でも三年でも続くとすれば、時効の問題に関するかぎり、民事調停法一九条は無意味となる（同条の訴え提起期間を六か月としたのと同じになる。）」、などと主張した。

二審（大阪高判平成三年一二月二五日民集四七巻四号三三一六頁）は、「調停終了から二週間以上経過して訴えが提起された場合には、右調停申立てをもって訴えの提起とみなすことができないのは、民事調停法上明らかであるが、調停申立てによって、権利行使の意思が表示された場合には、これに催告としての効力を認めることができるというべきである（最高裁判所昭和三五年一二月九日判決・民集一四巻一三号三〇二〇頁参照）。そして、右催告の効力は調停の係属中存続するものと解すべきであり、調停が終了してから六か月以内に訴えを提起することにより、右調停申立てによる権利行使意思の表示が確定的に時効中断の効力を有することになる。」とした。そして、「これを本件についてみるに、Xが平成元年二月二二日本件差額賃金の支払いを求めて調停を申立て、これによるXの権利行使意思の表示がそのころYに到達したこと、右調停は同年一〇月一八日不調により終了したが、これから六か月以内の同年一一月一六日に本訴が提起されたことは前述のとおりであるところ、そうであれば、昭和六二年二月二二日以降に履行期が到来した賃金債権については、その時効は確定的に中断されたものである。」として、一審と同様に解した。また、「Yは、このような解釈をとると、民事調停法一九条が時効に関し無意味となると主張するが、同条はその提訴期間内に提訴されたときに調停申立てを訴え提起とみなすもので、調停申立ての前六か月の間に催告があればこれをもって中断事由となしうるものであり、前記のように解したとしても同条を無意味にするものではない。」と述べた。Y上告。

〔上告理由〕　第二点　「原判決は調停申立とその権利行使の意思の表示の到達によって催告としての効力があり、その催告の効力は調停が不調になるまで継続し、その調停申立による意思表示が到達したとき（原判決は、これを平成元年二月二二日ごろというが明らかに誤りである。……）から時効が中断されると判示するが、これは明らかな法令の解釈適用の誤りである。」として、次のように主張した。すなわち、

前段の、催告の継続を認めるのは誤りであることの理由として、「訴訟や調停自体に時効中断の効力が認められる場合は、その訴訟等の期間全部に及ぶのは当然であるが、催告はどこまでも催告であって、催告に催告の継続とか期間の観念を認めるのはおかしいといわねばならない。調停申立書副本の送達に催告としての意義を認めるとしても、それはその中に請求の意思表示があるからで、その意思表示は到達したときに完結していると考えねばなるまい」と述べる。

また、後段については、「原判決は何の証拠もないまま右調停申立によるXの権利催告の意思表示が平成元年二月二二日

頃到達したと認定しているが」、その日は「調停申立の日であり、その日に調停の相手方たるYに調停申立人の意思が届くことは到底あり得ない」ので、「明白な事実誤認であり、一か月分七六、二〇〇円ではあるが明らかに判決に影響を及ぼすので原判決は破棄されるべきである」と述べる。

〔判決理由〕「民事調停法に基づく調停の申立ては、自己の権利に関する紛争を裁判所の関与の下に解決し、その権利を確定することを目的とする点において、裁判上の和解の申立てと異なるところがないから、調停の申立ては、民法一五一条を類推して時効の中断事由となるものと解するのが相当である。したがって、調停が不成立によって終了した場合においても、一か月以内に訴えを提起したときは、右調停の申立ての時に時効中断の効力を生ずるものというべきである。」

最高裁は、このように、調停不成立による終了から六か月以内に訴え提起があったからとする二審とは異なり、民法一五一条を類推し一か月以内に訴え提起があったことを理由として、「右調停の申立てがされた平成元年二月二二日に、消滅時効が中断したものというべきであるから」、原審の判断は結論において正当であるとした。

【評　釈】

一　(1)　便宜上、判決理由中、「民事調停法に基づく調停の申立ては、自己の権利に関する紛争を裁判所の関与の下に解決し、その権利を確定することを目的とする点において、裁判上の和解の申立てと異なるところがないから、調停の申立ては、民法一五一条を類推して時効の中断事由となるものと解するのが相当である。」を「理由部分」と呼び、「調停が不成立によって終了した場合においても、一か月以内に訴えを提起したときは、右調停の申立ての時に時効中断の効力を生ずるものというべきである。」を「結論部分」と呼ぶことにする。

(2)　民事調停による時効中断については、第一に、調停申立てによる時効中断のための調停不成立後の訴え提起は民事調停法一九条所定の二週間以内に限られるか、第二に、調停不成立後に訴えが提起された場合の時効中断効の発生時期はいつか、第三に、調停申立てそれ自体が時効中断事由になるか、が問題となる。本件の争点は右第一・第二に関するものであり、本判決の「結論部分」は右第一・第二に関する初めての最高裁判決である。また、右第三についても、「理由部分」はこれを肯定する説示を含むようにも見える。もし、右第三が肯定され調停申立てそれ自体が中断事由になるとすると、第四に、調停申立てによる時効中断の効力の発生時期はいつか（申立時か副本等到達時か）が問題となる。これは、右第二の時点と同じく解することになると思われるが、その場合は、右第二の、「調停不成立後に訴えが提起された場合の」という限定は意味がなくなり、したがって、第四とは別に右第二を問題とする意味がなくなる。そして、右第一における期間は、「ある時点」（それがどの時点かは右第四の問題である）に遡って時効を中断するために訴えを提起すべき期間ではなく、調停申立てにより「ある時点」で生じた時効中断効を失効（消滅）させないために訴えを提起すべき期間ということになろう。さらには、この解釈が、民法一五一条の和解のためにする呼出に実質的に民事調停の申立てを含めるものであるときは、調停申立てによる時効中断効を失効させないためにとるべき措置の種類についても、和解のためにする呼出の場合と同様に解することになろう。以下に、順次述べる。

二　（1）　民事調停法一九条は、調停が不成立により終了した場合（民調一四条・一五条・一八条二項）に、「申立人がその旨の通知を受けた日から二週間以内に調停の目的となつた請求について訴を提起したときは、調停の申立の時に、その訴の提起があつたものとみなす。」と規定している。この、「訴の提起」は時効中断事由であり（民一四七条一号・一四九条）、その中断効は「訴ヲ提起シタル時」に生ずる（民訴二三五条）。したがって、調停不成立後二週間以内に訴えを提起した場合は、「訴の提起」があったとみなされる「調停の申立の時」に時効は中断したことになる。そこで、二週間経過後に訴えを提起した場合には常に中断の効力は認められないのか、それとも一定期間内の訴え提起であればなお中断効が認められるのか、後者とすればその期間はどれだけか、が問題となる。

（2）　従来の下級裁判所の判決は、前者とする二週間説（①広島地福山支判昭和五九年七月六日交民集一八巻一号三七頁〔昭和五六年五月一五日に調停不成立、翌六月一〇日に訴えを提起した事案〕）―― 民事調停法「制定以前は判例上一般に和解の性質を有する調停の申立について民法第一五一条を類推適用して時効中断の効力が認められていたが、民事調停法制定後は同法第一九条が民法第一五一条の特則として後者の規定する一か月内の訴提起期間が前者の規定する二週間以内に修正されたものと解するのが相当である。」という）、後者とするもので、一か月説（②広島高判昭和六〇年二月一四日交民集一八巻一号三五頁〔①判決の控訴審判決〕）、六か月説（③盛岡地判昭和五四年六月二九日下級民集三三巻五－八号一〇〇八頁〔一か月説でも中断を認めることができた事案〕、本件一審・二審判決）に分かれていた。このような中で、本判決は、最高裁がこの問題について初めての判断を示し、一か月説をとることを明らかにしたものである（もっとも、後述するように、六か月説を否定する趣旨を含むかについては見方が分かれている）。

（3）　学説でこの点に言及するものは少ないが、民事調停法一九条と「民法一五一条との関係はやや問題だが、同条の一カ月内が二週間以内に修正されたとみるべきものと思われる。そうでなければ、民調法一九条を規定した意味がほとんどなくなるからである。」として、二週間説を説くものがある（川島武宜編『注釈民法（5）』〔有斐閣、一九六七年〕九八頁〔川井健〕。①判決はこれに従ったもの）。この説に対しては、調停係属中に出訴期間（民法二〇一条、家事審判法二六条二項との関連では民法七七七条参照）が経過する不利益を防止し調停利用者の保護をはかった民事調停法一九条の趣旨に反する（②判決、綿引・後掲一〇〇頁）とか、右二週間説は民事調停法一九条を民法一五一条の特則とみるもののようであるが、訴訟法規である民事調停法によって民事実体法規である民法の特則を定めるというのは立法技術としても異例である（綿引・後掲一〇〇頁）、との批判がある。前者の批判については、まず、起草者（立法者）の考えを知りたいところである。後者については、一定の手続が時効中断という実体的効果に結びつけられている場合には、当該手続を定める個別の法律の中で時効中断に関する規定をおくことも考えられないではない（時効に関する規定が各法規に散在することは、所在を分かりにくくするという意味で望ましくないといえるかもしれないが）。また、和解のためにする呼出（民一五一条）すなわち起訴前の和解（民訴三五六条）と民事調停とは類似するものではあるが別個の制度であるから、民事調停法一九条が時効中断についても規定しているとすると、厳密には、同条は民法一五一条の特則的なものとはいえても、特則そのものではない。問題は、和解のためにする呼出との類似性、民事調停法一九条の趣旨等から、時効中断に関して調停申立てを和解のためにする呼出と同様に扱うのがよいかどうかの判断（解釈）にかかっているといえよう。

（4）　立法過程を見ると、昭和二五年一〇月、政府から法制審議会に対して、「各種調停法規を改正統合する必要があると思われるが、その法案の要綱を示され度い。」との諮問がなされた。法制審議会は翌年二月、六点にわたり答申したが（この答申に基づいて、政府は直ちに法案の作成に着手し完成させたが、法案は議員提出となった）、その第三点で、「調停が成立しない場合において、その調停の目的の請求について一定の期間内に訴の提起があったときは、調停の申立の時に訴の提起があったものとみなし、その訴状に貼用すべき印紙額については、調停申立手数料の額を通算するものとする制度を採用すること。」とされた（民事裁判資料二五号七頁以下。石川明＝梶村太市編『注解民事調停法〔改訂〕』〔青林書院、一九九三年〕四四頁に紹介がある）。

民事調停法一九条はこれを受けたものであり、昭和二六年五月九日、衆議院法務委員会に審査を付託された原案の文言そのままである。同法律案の大綱として八点が説明されているが、同条（案）については第五点として、「調停不成立等の場合において、申立人が調停の目的となつた請求について、一定期間内に訴えを提起したときは、さかのぼつて調停の申立てのときに訴えの提起があつたものとみなし、訴状には調停申立手数料に相当する印紙は貼用したものとみなして、訴訟費用等の点で誠実な調停申立人を保護することとしたこと。」と述べられている（第一〇回国会衆議院法務委員会議録〔第一類第四号〕第二〇号六頁）。

右の答申と提案理由の説明にはまだ見られないが、翌日五月一〇日の逐条説明では、同条（案）は時効中断にもかかわるものとしてつぎのように述べられている。

「第十九条調停不成立の場合の訴えの提起、本条は、調停の申立てをした者が、出訴期間を徒過しまたは出訴に伴う時効中断等の利益を失うことを防止し、調停制度の利用者の保護をはかったもので、家事審判法第二十六条第二項と同趣旨の規定であります。すなわち、調停の不成立及び調停にかかわる決定の失効の場合に、調停を求めた請求について二週間内に訴えを提供《ママ》した場合には、訴訟係属の効果を調停申立てのときにさかのぼらせることとし、附則第十二条による民事訴訟用印紙法の一部改正と相まつて、調停の申立人の訴権の実行を容易ならしめ、ひいては調停を軽視する不誠意な相手方の調停に対する協力を促すこととなり、調停制度の実行的運営に資するものと思われます。当事者が調停の申立てを取下げた場合には、本条は適用されないのであります。」（右会議録第二一号三頁）。

同条（案）については、調停申立ての対象と調停不成立後の訴えの対象との同一性について質問がなされているのみである（右会議録第二一号七頁）。二週間に限定した理由、民法一五一条との関係でどう考えたかを窺い知ることはできない。むしろ、民法一五一条に何ら言及していないことからすると、同条との均衡を検討するという視点に欠けていたのではないかと推測される。なお、前掲②判決は、「立法当時、民事調停法の原案が当初法制審議会民事訴訟部会に諮問された際は、現一九条の規定はなく、実務家である調停委員の代表が臨時委員に選任され右部会に参加し提案した結果採用されたものであるが、その際に従前の前記大審院（大判昭和一六年一〇月二九日民集二〇巻一三六七頁のこと－松久注）以来の解釈を是正すべきであるとの意見が存したことは考えられない。」と述べている（そこで、北大民事法研究会の席上、田村善之助教授より、実務家の委員が、相手方の主張に対する不服等により調停不成立となった場合と下級審判決に不服がある場合との類似性から、上訴期間（民訴三六六条一項・三九六条）に合わせればよいと考えた可能性もあるのではないか、との趣旨の興味深い発言があった）。

（5）　右に見た限りでは、民事調停法一九条は、第一に、調停申立手数料の訴訟費用への充当を目的としていたようであり、その後、出訴期間徒過や時効完成の阻止が加わり、全体として調停制度の利用者の保護をはかったものであることが理解される。すなわち、時効中断につき少なくとも和解のためにする呼出の場合よりも権利者を不利に扱う意図は窺えず、むしろ不利な扱いは同条制定の趣旨に反するといえるように思われる。したがって、本判決が二週間説をとらなかったのは妥当と考える（松久三四彦「判批」判評三七七号（一九九〇年）五二頁（本書[17]所収）では、調停中立を中断事由と解すべきであるとしたが、二週間説を否定するまでには至らなかった）。では、一か月説（民法一五一条類推適用説）と六か月説（民法一五三条〔類推〕適用説）のいずれをとるべきか。

（6）まず、二審判決は、参照判例として最判昭和三五年を掲げるが、これは、賃貸借契約の解除における催告（民五四一条）との関係で、「本件調停申立が所論のごとく取下により終了しているとしても、これにより、調停申立によってなされた本件延滞賃料支払の催告の効力が当然消滅するものと解すべき理由はない」と述べたものであり、時効中断事由としての催告に関するものではない。また、何よりも、継続的催告を認めたものではないので、六か月説の根拠となるものではない。つぎに、六か月説は、二審判決がいうように、民事調停法一九条に時効中断との関係でも意味を持たせることができる（六か月説だと催告による時効中断中の調停申立ては二度目の催告になるから、調停申立時に再度中断するには同法一九条が必要となる）。しかし、民事調停法一九条に時効中断との関係で意味をもたせることができるということから、直ちに六か月説が妥当であるということにはならない。問題は、六か月説では、和解のためにする呼出にも、均衡上、民事調停の申立てと同様の解釈（民法一五一条の「一个月」を「六个月」に読みかえる）がなされることになりそうであるが、そうであれば民法一五一条が無視されることになるという点である。催告がなされ当初の時効期間経過後（ただし催告後六か月以内）に和解のためにする呼出や調停申立てがなされた場合には、すでに催告により時効完成は延長されているのであるから、和解や調停の不成立後のより強力な権利行使は、催告により延長された六か月よりも短い期間でよいとの立法政策はありうるところであろう。そして、少なくとも、民法一五一条についてはそのような政策判断のもとで制定されたものと解してよいであろう。したがって、民法一五一条を無視し和解のためにする呼出につき六か月説をとることはできないと考える。また、和解のためにする呼出は一か月としつつ、調停申立てについてだけでも六か月説をとるとの解釈も妥当でないと思われる。もっとも、和解のためにする呼出（起訴前の和解）については、「制度上の目的は調停と同一であり、かつ、裁判所の取扱を繁雑ならしめる」との理由から廃止が要望されたこともあり（民事裁判資料七三号〔一九五九年〕五五九頁）、もし廃止すべきものであるとすれば調停申立てについては民法一五一条にこだわる必要は小さくなるかもしれない。しかし、そのことは、民法一五一条が一か月と定めたことの妥当性自体を否定することにはならないのであるから、民法一五一条が残っている間は、同条に採用された一か月が意味をもつことになろう。なお、その後、起訴前の和解の存在意義に言及するものは、これを認めている（深沢利一「起訴前の和解に関する諸問題」『実務民事訴訟講座2』〔日本評論社、一九六九年〕二五四頁、斉藤秀夫編『注解民事訴訟法（5）』〔第一法規、一九七七年〕三六六頁〔佐々木平伍郎〕）。

結局、本判決が和解のためにする呼出との類似性から一か月説をとったのは妥当と思われる。なお、和解のためにする呼出は民法一五一条の明文により一か月、調停申立てについても解釈により一か月説をとるということは、いわゆる裁判上の催告という考えないしはその妥当する範囲について再考を促す契機をはらむものと思われるが（石田穣『民法総則』〔悠々社、一九九二年〕五七八頁参照）、ここでは立ち入らない。

（7）　本判決は、一か月説でも時効中断を認めることができた事案において、二審の六か月説に言及せずに一か月説をとっているので、六か月説について、これを否定する趣旨（綿引・後掲一〇〇頁）か、何もいっていない（徳本・後掲四四頁）のか、見方が分かれている。本判決は民事調停と和解のためにする呼出の類似性を根拠としており、民法一五一条（和解のためにする呼出）については六か月説はとれないこと、「理由部分」がこの民法一五一条の類推適用から一か月説を導いていることからすると、六か月説を否定する趣旨と解するのが素直であろう。

（8）　もっとも、和解のためにする呼出や民事調停の申立てには催告の側面がある。当初の時効期間内に数回にわたり催告がなされた場合は、最後の催告から六か月時効の完成が延長されると解されるので（幾代通『民法総則〔第二版〕』〔青林書院、一九八四年〕五七四頁注（三）参照）、起訴前の和解や民事調停の申立てが当初の時効期間内になされたときは、民法一五三条と一五一条の重畳適用が考えられてよいと思われる（遠藤浩ほか編『民法注解財産法第一巻民法総則』〔青林書院、一九八九年〕七二四頁〔松久三四彦〕）。すなわち、和解や調停の申立てから六か月以内、または、和解や調停の不成立から一か月以内に他の強力な権利行使により中断効は維持されると解したい。

三　本判決は、調停申立てによる意思表示の到達時を平成元年二月二二日頃とした原審認定は誤りであり、一か月分七六、二〇〇円ではあるが判決に影響を及ぼすとの上告理由を退けている。したがって、本判決が、「結論部分」で「調停の申立ての時」に時効中断の効力を生ずると述べたのは、単に、民事調停法一九条が「調停の申立の時」と規定しているところに従い、前記一か月説をとることをいうための言い回しの中で述べられたにすぎないというものではない。最高裁が、調停不成立後の訴え提起における時効中断の効力の発生時期を初めて判示したものとしての意義がある。

従来の考えには、副本（等）到達時説もあった（もっとも、申立人の申立書副本提出義務や、これを相手方に送達すべき規定はない。副本がないときは、期日呼出状到達時を考えることになろうか）。『民事調停手続実務録』（民事調停手続研究会、新日本法規出版、一九六四年）追七〇号五三六頁では、私法上の効力は、相手方になされることを要するので、「申立書の副本を相手方に送達したときは、その副本の送達により私法上の意思表示は相手方に到達し、その時より私法上の意思表示の効力が生ずるに至るのであろう。」とし、調停申立てにより実体上の効力の生ずる場合として、時効の中断をあげている（追七二号五三七頁）。しかし、中断の根拠は権利主張そのものに求められるべきであり、実際にも権利主張の相手方到達時に中断するとしては、権利主張がありながら時効の完成を阻止できないという不都合が生じうるので、本判決は妥当である。ちなみに、訴えの提起（裁判上の請求）は「訴ヲ提起シタル時」（民訴二三五条）であり、これは訴状を裁判所に提出した時と解するのが通説である（最判昭和三八年二月一日裁判集民事六四号三六一頁〔ジュリ二七三号判例カード二四三〕も同旨のようである）。なお、本判決が、民法一五一条の類推を根拠としているところからすると、和解のためにする呼出による時効中断効の発生時期についても同じく解することが間接的に示されているといえよう。

四　なお、本件の争点ではないが、調停の申立てそれ自体が時効中断事由になるかという問題がある。かつて、大判昭和一六年一〇月二九日民集二〇巻一三六七頁は、金銭債務臨時調停法に基づく調停につき、「和解ノ性質ヲ有スル調停ノ申立モ亦民法第百五十一条ヲ類推シテ時効中断ノ事由タルヘキモノト解スルヲ相当トス」と判示した。事案は、債権者Yが連帯保証人Xらに対して金銭債務臨時調停法に基づく調停を申立て、この調停が成立し、その執行力ある調停調書により強制執行したところ、Xらは、調停成立（債務の承認（民一四七条三号））は主たる債務の時効を中断しない（民四五八条・四三四条参照）として、主たる債務の時効を援用し、自己の連帯保証債務も消滅しているとして請求異議の訴えを提起したというものである。その後、昭和二六年に民事調停法が制定され同法一九条が規定されたことから、「疑問は解消された」ともいわれている（我妻栄『新訂民法総則』（岩波書店、一九六五年）四六三頁）。しかし、同法一九条の文理からは、調停の申立てに時効中断の効力があるのではなく、「訴えの提起があってはじめて時効中断の効果が生じ、その効果は、訴えの提起に結びつけられた効果として調停の申立ての時に遡って生ずる。」（小山昇『民事調停法〔新版〕』（有斐閣、一九七七年）一九四頁）ということになる。

本判決は、「民事調停法に基づく調停の申立ては、……民法一五一条を類推して時効の中断事由となる」というが、これは、直接には先の問題における一か月説を導くものである。したがって、本判決が、傍論ながら、民事調停申立てそれ自体が中断事由になるとの趣旨を含むものか、それとも、民事調停法一九条の解釈として、二週間の部分だけを時効中断との関係でだけ民法一五一条の類推適用により一か月と解するものかは明らかとはいえないにしても、右説示の一般的表現からは、前者と読むのが素直なように思われる。また、調停申立て自体が中断事由になるとするときは、実益もある。たとえば、連帯債務者の一人（民四三四条）・主たる債務者（民四五七条）・連帯保証人（民四五八条）に対する調停継続中、当初の時効期間経過後に他の連帯債務者・保証人・主たる債務者に対して債務の履行を求めた場合、これらの者は時効が完成していないのであるから時効の援用ができないことになる。また、連帯保証人（民四五八条）に対する調停成立後に、連帯保証人が、調停成立は債務の承認にすぎないとして主たる債務の時効を援用することができなくなる（前掲大判昭和一六年参照。もっとも、調停成立により確定判決と同一の効果が生じるので、調停申立は訴えの提起と同視されるとの解釈が成り立てばこの実益はない〔後藤忠弘「調停と時効中断」手研三六八号〔一九八五年〕七七頁参照〕)。さらに、調停継続中に当初の時効期間が経過した後で相手方が時効を援用することはできない。相手方は時効援用が認められるか否かにかかわらず調停を不成立にすることができるとはいえ、時効は調停申立てにより中断しているので援用できないとする方が、調停成立へ向けての手続きを続行しうる蓋然性が高まり、調停制度の目的にもかなうものといえよう。

本判決が、時効中断に関して、民事調停を和解のためにする呼出と同じに扱おうとするものであるとすると、民事調停の申立てにより、申立時に時効が中断し、調停不成立の場合に申立時の時効中断効を維持するためにとるべき措置も和解のためにする呼出と同じでよいということになろう(民法一五一条は「訴ノ提起」に限っているが、差押え・仮差押・仮処分を含み、承認によっても中断効は維持されると解されている)。これは、民事調停法一九条は、時効中断との関係では意味を失うということである。

五　最後に、本判決の考えが及ぶ範囲を、家事審判法、公害紛争処理法、建設業法による調停について検討しておく。

(1)　本判決が民法一五一条類推の根拠として説く「理由部分」が、民事調停成立の場合、調停調書の記載は裁判上の和解と同一の効力を有し(民調一六条・一八条三項・二四条の三第二項・三一条)、したがって確定判決と同一の効力を有する(民訴二〇三条)ことを意味するのであれば、家事審判法による調停にも確定判決と同一の効力がある(家審二五条三項)ので、家事調停(家審二六条二項参照)も民事調停と同じ扱いとなろう。

(2)　公害紛争処理法による調停は、民事・家事調停とは異なり、調停を行う機関は行政機関であり(公害紛争三条・一三条・二〇条)、調停の成立に確定判決と同一の効力はない(公害紛争三四条三項、公害紛争処理問題研究会編『公害紛争処理法解説』〔一粒社、一九七五年〕一〇五頁参照)ので、本判決の射程外である。もっとも、同法三六条の二では三〇日とされているので、本判決の射程を考える実益は乏しい。ただし、同法の調停においても、調停申立自体が中断事由となるかという問題はあり、その限りで、民法一五一条の類推適用というか民法一五三条の(類推)適用というかはともかく、中断事由になると解すべきであろう（大阪地判平成元年八月七日判時一三二六号一八頁、松久・前掲「判批」参照）。なお、同法が仮に確定判決と同一の効力を認める規定をおいたとしても、同法三六条の二のように、「時効の中断……に関しては」という規定をおいている場合には、本判決のような解釈は難しくなる。裏返していうと、民事調停法一九条が公害紛争処理法三六条の二のように「時効の中断……に関しては」と規定されていたならば、本判決のようにいうのは難しかったと思われる。

（3）　建設業法による調停（同法二五条）は、行政機関が行うものであり、確定判決と同一の効力もなく、公害紛争処理法三六条の二に相当する規定もない。したがって、本判決の射程外というべきである。ただし、建設業法による調停と時効中断の問題の解釈としては、民法一五一条の類推適用が考えられてよいと思われる。調停申立ては単なる催告にすぎないとしてこれを否定することは、調停中の、あるいは調停を経ない訴え提起を促進することになり、紛争当事者のいずれの利益にもならず、調停制度を設けた趣旨にも反することになると考えられるからである。否定説もみられるが（松葉佳文「調停の申請と時効中断」判例地方自治八六号〔一九九一年〕一〇八頁）、「この判例〔前掲大判昭和一六年一〇月二九日のこと〕は、今日でも時効中断に明文がおかれていない特別法上の和解類似の手続にはあてはまると解しうる」とし、「鉱業法に基づく和解（鉱業一二二以下）など法律上定められた和解類似の手続の場合にも本条〔民法一五一条〕を適用しうる」（前掲『注釈民法（5）』九八頁〔川井健〕）との考えに賛成したい。したがって、本判決の「理由部分」は、本件事案（民事調停）に民法一五一条を類推適用する根拠としては十分なものであるが、同条の類推適用の範囲を画する一般的基準を確定判決と同一の効力に求めているとすると、それは厳格に過ぎると考える。本判決は、このような一般的基準は述べていないと解すべきであろう。

〈評釈等〉　綿引万里子・最判解民事篇平成五年度（上）五二二頁（初出、曹時四六巻一一号二三九八頁）、同・最高裁時の判例Ⅱ私法編（ジュリ増刊）五〇頁（初出、ジュリ一〇三三号九九頁）、岩城謙二・法令ニュース二九巻三号一六頁、岡

本担・リマークス九号一六四頁、加藤美枝子・判タ八五二号二八頁、塩月秀平・銀法五三二号七六頁、徳本伸一・判評四二一号四〇頁（判時一四七九号一九四頁）、中田裕康・金法一三九六号二九頁、松久三四彦・平成五年度重判解（ジュリ臨増一〇四六号）七三頁。

＊初出は、民商一一〇巻四＝五号（一九九四年）九一九頁。

[21]　物上保証人に対する担保権実行通知の送達と被担保債権の時効中断時期

高松高裁平成五年七月一九日判決（平成四年(ネ)三七一号、根抵当権設定登記抹消登記手続請求控訴事件）――控訴棄却（上告）

（民集五〇巻七号一九〇七頁、判時一四八四号八〇頁、金判一〇〇四号七頁）

〈参照条文〉　民法一四七条二号、一四八条、一五五条、民事執行法四五条、一八八条

〔事　実〕　X_1・X_2（原告・控訴人、以下単にXという）は、一九七九年（昭和五四年）一二月四日、各自の所有地に、極度額一九〇〇万円、債権の範囲を、債務者Aと根抵当権者Y信用保証協会（被告・被控訴人）との保証委託取引とする根抵当権を設定し登記を経由した。Yは、一九九二年（平成四年）四月三日、右根抵当権に基づき競売の申立てをし、同月七日、不動産競売開始決定がなされた。そして、同月九日、差押登記がなされ、同年六月一三日、Aに不動産競売開始決定が送達された。Yの債権は、一九八二年（昭和五七年）四月一八日に確定した判決で確定した債権である。そこでXは、同日から本件確定債権の消滅時効は進行し、一〇年後の一九九二年（平成四年）四月一八日の経過を以て完成するところ、Aに対して不動産競売開始決定が送達されたのは、一九九二年（平成四年）六月一三日であるから、右送達は時効完成後のものであって中断の効力を生じないとして、Yに対して本件根抵当権設定登記の抹消登記手続を求めて本訴を提起した。これに対

してYは、①Aは、一九八二年（昭和五七年）一二月二二日、XがYに対して訴えを提起した根抵当権設定登記抹消登記手続請求事件において証人として審問された際、本件確定債権の存在を認める供述をしたから、主債務者による債務承認により時効が中断した、②不動産競売開始決定がAに送達されたことにより、本件確定債権の消滅時効中断の効力は、時効期間満了前である競売申立時の一九九二年（平成四年）四月三日に遡って生じた、と主張した。一審（高松地判平成四年一〇月五日金判一〇〇四号九頁）は右①の抗弁を認めてX敗訴。二審は次のように判示して、Xの控訴を棄却した。

〔判　旨〕「不動産執行による金銭債権についての消滅時効の中断の効力は、債権者が執行裁判所に当該金銭債権について不動産執行の申立てをした時に生ずるものと解するのが相当である。けだし、民法一四七条一号、二号が請求、差押え等を時効中断の事由として定めているのは、いずれもそれにより権利者が権利の行使をしたといえることにあり、したがって、時効中断の効力が生ずる時期は、権利者が決定〔法定か？－松久〕の手続に基づく権利の行使にあたる行為に出たと認められる時期、すなわち、差押えについては債権者が執行機関である裁判所又は執行官に対し金銭債権について執行の申立てをした時であると解すべきであるからである（動産執行の場合につき最高裁判所昭和五九年四月二四日第三小法廷判決・民集三八巻六号六八七頁、不動産執行の場合につき大審院昭和一三年六月二七日決定・民集一七巻一四号一三二四頁参照）。」とした。

そして、右の時効中断の効力が生ずるには、当該差押えが効力を生ずることが必要であるが、本件差押えの効力は不動産競売開始決定に基づく差押えの登記がなされた一九九二年（平成四年）四月九日に生じており、Yによる競売申立てがなされたのは時効期間満了前の同月三日であるから、本件確定債権に対する時効中断の効力は有効に生じたものと認められるとした。

【先例・学説】

一　本件の争点は、他人の債務のために（根）抵当権を設定した物上保証人（以下、単に物上保証人という）に対する抵当権実行による被担保債権の消滅時効中断時期は、不動産競売の申立時か、それとも不動産競売開始決定通知の債務者への到達時かである。これまで、下級裁判決を含め、先例のみあたらないところであるが、本判決はこの点につき、申立時説をとることを明らかにした。

本判決は、被担保債権である本件確定債権の消滅時効は、抵当権の実行により、民法一五五条に基づいて中断することを前提として〈《参照条文》に民法一五五条が挙げられている〉、同条による時効中断の時期につき申立時説をとったものといえよう。したがって、本判決について検討すべきは、第一に、本件が民法一五五条の適用される事案か、第二に、同条による時効中断の時期、である。

二　先　例

1　民法一五五条の適用事例についての先例　最判昭和五〇年一一月二一日民集二九巻一〇号一五三七頁〈以下では、最判昭和五〇年という〉は、本件同様、物上保証人に対する抵当権実行により被担保債権の消滅時効は中断するとして次のように判示した〈本判決は、旧競売法下の事案であるため、競売は「時効中断の事由として差押と同等の効力を有する」としたが、民事執行法のもとでは、この手続も差押によって開始する〈民執一八八条が四五条を、一九二条が一二二条を、一九三条二項が一四三条を準用している〉ので解釈上の疑義は解消された〈石田喜久夫編『現代民法講義1民法総則』二八八頁〔藤岡＝松久〕〈法律文化社、一九八五年〉参照〉〉。

「差押による時効中断の効果は、原則として中断行為の当事者及びその承継人に対してのみ及ぶものであることは、民法一四八条の定めるところであるが、他人の債務のために自己所有の不動産につき抵当権を設定した物上保証人に対する競売の申立は、被担保債権の満足のための強力な権利実行行為であり、時効中断の効果を生ずべき事由としては、債務者本人に対する差押と対比して、彼此差等を設けるべき実質上の理由はない。民法一五五条は、右のような場合について、同法一四八条の前記の原則を修正し、時効中断の効果が当該中断行為の当事者及びその承継人以外で時効の利益を受ける者にも及ぶべきことを定めるとともに、これにより右のような時効の利益を受ける者が中断行為により不測の不利益を蒙ることのないよう、その者に対する通知を要することとし、もつて債権者と債務者との間の利益の調和を図つた趣旨の規定であると解することができる。」

なお、最判昭和四三年一二月二四日民集二二巻一三号三三六六頁は、抵当不動産に対する競売開始決定に基づき差押えの効力が生じても、そのことが抵当不動産の第三取得者（未登記）に対して通知されない限り、この者の「取得時効についての中断事由とするに由ないことは、民法一五五条に徴し明らかである」としている。

2　時効中断の時期に関する先例　最判昭和五九年四月二四日民集三八巻六号六八七頁（以下では、最判昭和五九年という）は、債務者に対する動産執行による時効中断の時期についてのものであるが、その理由づけにおいて、一般論とその具体例として各種の権利行使による時効中断事由における中断の時期についても述べており、次のように判示している。

「民事執行法一二二条にいう動産執行による金銭債権についての消滅時効の中断の効力は、債権者が執行官に対し当該金銭債権について動産執行の申立てをした時に生ずるものと解するのが相当である。けだし、民法一四七条一号、二号が請求、差押え等を時効中断の事由として定めているのは、いずれもそれにより権利者が権利の行使をしたといえることにあり、したがつて、時効中断の効力が生ずる時期は、権利者が法定の手続に基づく権利の行使にあたる行為に出たと認められる時期、すなわち、裁判上の請求については権利者が裁判所に対し訴状を提出した時、支払命令を申し立てた時等であると解すべきであり（訴えの提起の場合につき最高裁昭和三六年（オ）第八五五号同三八年二月一日第二小法廷判決・裁判集民事六四号三六一頁参照）、差押えについては債権者が執行機関である裁判所又は執行官に対し金銭債権について執行の申立てをした時であると解すべきであるからである（不動産執行の場合につき大審院昭和一三年（ク）第二一九号同年六月二七日決定・民集一七巻一四号一三二四頁）。」

なお、札幌高判昭和三一年七月九日高民集九巻六号四一七頁は、債権仮差押え（後述のように、起草者は、これを民法一五五条が適用される一例と考えていたが、この判決は執行債権が中断するのは民法一五五条によるとはいってない－同条には触れていない）による時効中断の時期につき申請時説をとる。すなわち、電話加入権を含む債務者の財産に対する仮差押えによる消滅時効中断時期につき、「仮差押の申請、即ちその申請書を裁判所に提出した時」であるとしたものである。ただし、債務者は仮差押命令の執行着手時であるとして争った事案であり、本件のように、申立時か送達時かで消滅時効の完成の有無が異なる事案ではなかったようである。

3　本判決の位置づけ　本判決は、物上保証人に対する抵当権実行による被担保債権の消滅時効中断の時期に関する初めてのものである。そして、物上保証人に対する抵当権実行により被担保債権の消滅時効が中断するとした点は、最判昭和五〇年に従ったものと思われる。また、時効中断の時期については、本判決が援用しているように、最判昭和五九年（そしてこの判決が援用する大決昭和一三年六月二七日）に従ったものであり、前掲札幌高判昭和三一年七月九日にも符合する。しかし、最判昭和五九年や前掲札幌高判昭和三一年七月九日は、「物上保証人」ではなく「債務者」の財産に対する差押え・仮差押えの事案であることに留意する必要がある。なお、本判決は、「不動産執行による金銭債権についての消滅時効の中断の効力は、……」と書き出しているが、本件が物上保証人に対する根抵当権実行の事案であることを考えると、右「不動産執行」（民執四三条一項参照）は「不動産競売」（民執一八一条一項参照）の意味であろうか。

二　民法一五五条についての学説

1　起草者の考え　民法一五五条は、ボアソナード草案一四五三条三項、旧民法証拠編一一七条三項を踏襲した（いずれも差押えの場合についてだけ規定されていたが、これに仮差押え・仮処分の場合を加えた）規定である。法典調査会（梅博士は、「外ニハ余リ例ハアリマセヌガ、伊太利民法ニ此例ガアツテ既成法典モ或ハ此伊太利民法ノ例ニ倣ツタモノト思ヒマス」と述べている―『法典調査会民法議事速記録一』〔商事法務研究会、一九八三年〕四五三頁）での参照条文としては、イタリア民法二一二五条一項も挙げられている（私は、当時の同条項の内容をまだ探知していない）が、比較法的にはフランス・ドイツ等にも例のない珍しい規定である。

（1）　民法一五五条の適用事例　ボアソナードは、①債権差押え（債務者の第三債務者に対する債権の差押え）などを例にあげるが、本件のような物上保証人に対する抵当権実行の例はあげていない〔Boissonade, Projet, t.5, 1889, n°. 301〕。法典調査会で梅博士が例としてあげるのは、①のほか、②債務者B所有の財産がCのもとにある場合、③A所有の物を占有するBがそれをCに貸すなどしてCのもとにある場合〔取得時効の中断〕である。「何レノ場合ニ於テモ未ダ本人ガ知ラヌデ居ル、本人ノ知ラナイデ居ル間ニ時効ガ中断セラレテ居ルト云フコトハ」酷である〔前掲『速記録』四五三頁〕というのが、その理由である。本件で問題とされた、④物上保証人に対する抵当権実行の場合については、梅博士の旧民法の講義録〔梅『時効法〔和仏法律学校第四期講義録〕』〔和仏法律学校、一八九七年〕七七頁以下は、④を例にして、被担保債権の消滅時効が中断しないとすると債権者に酷であり、直ちに中断するとしては債務者不知の場合に穏当ではないので、その中間において最も適当な方法を規定したのが証拠編一一七条三項であるという〕と、『民法要義巻之一』〔明法堂、一八九六年、三三〇頁〕では挙げられているが、ここではでてこない〔金山・後掲「判批」四一頁と注(5)の指摘するところである〕。

(2)　民法一五五条の効果　同条の効果は、「時効ノ利益ヲ受クル者」に対する通知のときに時効が中断するということである〔「何時時効中断ノ効ガアルカナラバ差押ノトキデナイ其通知ノトキカラデアル、夫丈ケノ違ヒガアルノデ矢張リ此規定ガ必要デアルト考ヘマシタ」〔前掲『速記録』四五五頁〈梅〉〕〕。そこで、時効完成前に差押えても通知〔到達〕までの間に時効が完成しうるというのでは債権者にとって迷惑でつまらぬことであるから、本条は削除し、通知があれば中断する〔「第三債務者ニ対して送達スレバ夫レデ時効中断ノ効ヲ生ズル」〕としておく方がよいとの削除案が出された〔箕作〕、かなりの支持を集めたが〔横田、高木、長谷川。削除反対は、梅と磯部〕、採決により否決された。

2　学　説　(1)　民法一五五条の適用事例　本条により、物上保証人に対して差押えなどがなされると被担保債権が中断されると解するのが通説である〔我妻栄『新訂民法総則』〔岩波書店、一九六五年〕四六九頁、四宮和夫『民法総則〔第四版〕』〔弘文堂、一九八六年〕三一六頁〔前記②を例に挙げるが、最判昭和五〇年もその例であるとする〕、鈴木禄弥『民法総則講義〔改訂版〕』〔創文社、一九九〇年〕二九〇頁〕。

これに対しては、民法一四八条の原則に反すること、通説のように考えるならば、保証人に対する差押えが主たる債務者に通知された場合にも主たる債務の時効が中断することになるがそれは認められないなどの理由で反対する説があり（薬師寺志光『日本民法総論新講』〔巖松堂書店、一九五九年〕一〇八二－一〇八三頁）、それを受けて通説を疑問とするものがある（幾代通『民法総則〔第二版〕』〔青林書院、一九八四年〕五七六頁）。しかし、最近では、これとは逆に、保証人に対して差押えがなされた場合にも民法一五五条を類推適用すべきであるとして、その適用範囲を広げようとする説もでてきた（石田穣『民法総則』〔悠々社、一九九二年〕五八一－五八二頁）。

（2）　民法一五五条による中断の時期　　通知の到達時説が文理上も妥当な解釈であるとするものがある（友納治夫・最判解民事篇昭和五十年度五二一頁）。学説でこれに触れるものは少ないが、たとえば、我妻博士が、本条は「通知によって、中断の効力を生ずることを規定したもの」であるというのは（我妻・前掲四六九頁）、到達時説を意味するのであろうか。これに対して、最近、起草者の考えに反することは認めつつ、「他の時効中断の時期とのバランス上、差押えなどの申立ての時に中断すると解するのが妥当であろう」として、申立時説を明言するものがでてきた（石田・前掲五八二頁）。また、物上保証人に対する抵当権実行における通知が、物上保証人に対しては時効完成前に、債務者に対しては時効完成後に到達した場合につき、「たとえ実体法上債務者に時効が完成しても、なお物上保証人と債権者の関係においては、訴訟上時効中断が為されている」との解釈と、一般的に、物上保証人と債務者との関係においては、「物上保証人への差押には、民法一五五条の適用がなく、時効中断の効力が債務者に及ぶと解す余地もある」と述べるものもある（片山克行「最判昭和五〇年の判批」法学研究四九巻一二号〔一九七六年〕一四五八頁）。

【評　論】

一　立法の経緯および文理からは、民法一五五条が通知（到達）時に時効中断させるために規定されたことは明らかである。したがって、これに反する解釈はしにくい。しかし、妥当性という点からは、前記①－③のように、通知が制度として自動的になされるものであるときは（民執一四五条三項、民事執行規則一〇三条一項、民執一七〇条二項参照）中立時説に分があると思われる。本判決の理由部分は、これらの場合によくあてはまるものであり、今後の学説が中立時説に傾く契機になると思われる。

二　本件の事案（前記④）においても、不動産競売の開始決定は所有者だけでなく、債務者にも送達される（民執一八八条→同四五条二項の準用〔「債務者」を「所有者・債務者」と読み替えるのであろうか〕。田中康久『新民事執行法の解説〔増補改訂版〕』〔金融財政事情研究会、一九八〇年〕四〇八頁参照）。ただし、時効の利益を受けうる者が複数（物上保証人・債務者）存在するという特殊性があるので、前記①-③とは別個に検討すべき点があるように思われる。

本件については、まず、本判決がXの控訴を棄却したことには賛成したい。Yは、少なくとも物上保証人Xとの関係では権利の上に眠っていたことにはならないと考えるからである。では、Yの抵当権実行が認められるためには、Xが被担保債権の消滅時効を援用しえないことが必要であるとすると、その法的構成はどうすべきか。私見は固まっていないため、民法一五五条を適用し（たと思われる）、かつ、中立時説をとる本判決の考えにについて若干述べるにとどめたい。

三　同条の適用については、前記の批判ないし疑問（薬師寺、幾代）に関連するが、次の点についての検討も必要と思われる。すなわち、同条の適用があるとの考えは、民法一四八条（松久三四彦「民法一四八条の意味」金沢法学三一巻二号〈一九八九年〉四一頁〔同『時効制度の構造と解釈』〈有斐閣、二〇一一年〉二四四頁所収〕参照）の例外を認めることになるから、民法一四八条の例外である、連帯保証人・連帯債務者の一人に対する「請求」による主債務者・他の連帯債務者の債務の中断（民四五八条・四三四条）の場合にも、民法一五五条を類推適用し「通知」を必要とすべきだということにならないかである。それは無理だ（翻って、本件への同条適用も否定）との考えと、他方、たとえば、委託を受けない連帯保証人に対する「請求」により主債務が中断する場合を考えてみると、少なくとも主債務者と債権者との関係では、同条を類推適用し、かつ、到達時説をとるとの解釈も一考に値するとして、その前提として本件への同条適用を肯定するとの考えもありえよう。

四　いずれにせよ、少なくとも、本件のような物上保証人に対する抵当権実行の場合に同条の適用ありとするならば、本判決の考え（申立時説）を一般化してよいか（たとえば、委託を受けない物上保証の場合には、被担保債権の時効は、物上保証人との関係では申立時に中断し、債務者との関係では到達時に中断するとの解釈は無理か）ということのほか、中断するのは、抵当権実行により回収できる被担保債権に限られる（残部を債務者から取り立てるには、別個に債務者に対する中断行為が必要）との解釈なども検討されてよいと思われる。

〈評釈等〉　金山直樹・判評四二八号三七頁（判時一五〇〇号二三一頁）、吉田光碩・金法一三九八号四四頁。

＊初出は、リマークス一〇号（一九九五年）一〇頁。

＊＊上告審判決（最判平成八年七月一二日民集五〇巻七号一九〇一頁）については、本書[24]。

[22]　**物上保証人が債務者の承認により被担保債権について生じた消滅時効中断の効力を否定することの許否（消極）**

最高裁平成七年三月一〇日第二小法廷判決（最高裁平六（オ）二三二五号、土地根抵当権設定登記抹消登記手続請求事件）――上告棄却

（判時一五二五号五九頁、判タ八七五号八八頁、金判九六九号一四頁、金法一四二一号一二七頁）

〈参照条文〉　民法一四七条三号、一四八条、一五六条、三九六条

〔事　実〕　Y信用組合（被告・控訴人・被上告人）は、昭和五二年、Sとの信用組合取引による債権を担保するため、A（Sの父親）所有の本件土地に極度額を六〇〇万円とする本件根抵当権の設定を受け登記を経由した。本件土地は、昭和六三年、B（Sの兄）が相続した。Yは右信用組合取引契約に基づき、①昭和五二年に六〇〇万円（弁済期は昭和五二年八月から昭和五五年一月までの毎月末日）、②昭和五三年に一五〇万円（弁済期は昭和五三年七月三一日）、③昭和五四年に八〇〇万円（弁済期は昭和五四年四月三〇日）をSに貸し付けた（以下、「本件債権」という）。右①－③の各債務はいずれも弁済期の経過により遅滞となった（その後、Sは平成三年に五千円を支払っただけである）。他方、X（原告・被控訴人・上告人）もSに対し、昭和六二年七月一〇日、一三八万円を貸し付け（弁済期は同年八月九日）、Bがその連帯保証人となった。そこで、Xは、弁済期後の平成二年と三年にBを訴えて（主債務の元本と遅延損害金とを別個に請求したようである）勝訴したのち、Bが相続により取得した本件土地の強制競売を申し立て、平成四年一〇月、競売手続が開始された。これにより、Yの本件根抵当権の被担保債権の元本が確定した（民三九八条ノ二〇第一項四号）。Yは、平成五年一月、右強制競売手続において、本件債権の届出をした。Xは、平成四年（右強制競売手続開始との先後は不明）、Bに代位して（民四二三条）、Yに対し本件根抵当権設定登記の抹消登記手続を請求して本訴を提起した。Xはその根拠として、Bに代位して本件債権（本件根抵当権の被担保債権）の消滅時効を援用したので本件根抵当権は消滅した旨主張した。これに対しYは、SがYに対し、昭和六一年、六二年、六三年、平成三年、平成四年に債務の承認をしたと主張した。

一審（旭川地判平成六年四月六日。未公刊のためコピーを参照した）は、本件の争点は本件債権について「Bとの関係で、消滅時効の中断ないしは時効援用権の喪失事由を生じているか」であるとした。そして、まず、本件債権の消滅時効期間は五年（商五二二条本文）であり、本件債権（右①－③の債権）の消滅時効は各弁済期から五年の経過により完成しているとしたうえで、いわゆる消滅時効完成後の債務承認ありとした。すなわち、Sは、平成四年一月二三日、Yの支店を訪れ、本件債務の存在を前提に、Bと相談のうえで本件土地を処分するなどして弁済方法を検討する旨を述べたこと、「本件訴訟においても本件債務の支払義務を認めており、本件訴訟に至るまで本件債務の消滅時効を援用した事実もないこと」から、「Sは、Yに対し、平成四年一月二三日、本件債務の存在を承認した事実が認められ、Yにおいて、Sが本件債務の支払い義務を認め、将来、本件土地を処分するなどして債務の返済をしてくれることについて信頼関係を生じたものというべきであるから、Sが、本件訴訟において、本件債務の消滅時効を援用することは、右債務承認が時効の成立を知らないでなされたものであると推認できるとしても、信義則上許されない」ので、「Xが、Bを代位して、SのYに対する本件債務が消滅時効で消滅したことを理由とする、Sの時効援用権を援用することは許されない」とした。しかし、次に、「物上保証人であるBは、被担保債権の主債務者であるSとは別個に、民法一四五条の時効援用権者として、同条に基づき被担保債務の消滅時効を援用することができると解され（最高裁昭和四三年九月二六日判決、民集二二巻九号二〇〇二頁参照）、Xは、本件訴訟において、右BのYに対する固有の時効援用権を代位行使する趣旨も主張しているものと認められるところ、Yは、Bに対する時効中断事由ないしは時効援用権喪失事由の存在につき主張立証しない。」として、結局、Xの請求を認容した。Y控訴。

二審（札幌高判平成六年九月一三日金判九六九号一六頁）は、本件債権の消滅時効期間（五年）と弁済期について一審と同様の判断・認定をしながらも、Sが昭和六一年、昭和六三年、平成三年、平成四年に債務の承認をしたとのYの主張を認め、これにより「順次時効が中断したといえるから、本件債権は有効に存在することになる」として一審判決を取り消し、Xの請求を棄却した。本件債権の各弁済期からの消滅時効完成を認めなかったことについては、「Xは本件債権について昭和六一年三月一八日の債務承認により時効が中断したことを権利自白し、それを前提として同月一九日を起算日とする五年の消滅時効を援用するのであるから、原判決が説示するように、本件債権の各弁済期を起算日とする五年の消滅時効を認めることは、弁論主義に反し許されないというべきである。」という。Xは上告し、原判決は最判昭和四二年一〇月二七日民集二一巻八号二一一〇頁（時効の利益の放棄の効果は相対的であるとして、被担保債権の消滅時効完成の利益を債務者が放棄しても物上保証人は被担保債権の消滅時効を援用できるとした判例）に反すると主張した。これを補足してか、「債務承認の効果が相対的であることは、時効の利益の放棄と時効中断とで異なる理由はないから、原判決は、最高裁判所の右判例と相反する判断をしたことが明らかである。」という。

〔判　旨〕「他人の債務のために自己の所有物件につき根抵当権等を設定したいわゆる物上保証人が、債務者の承認により被担保債権について生じた消滅時効中断の効力を否定することは、担保権の付従性に抵触し、民法三九六条の趣旨にも反し、許されないものと解するのが相当である。右判断は、所論引用の判例に抵触するものではない。」

【評　釈】

一　本判決は、承認（民一四七条三号。より広くは、各種の中断事由）による被担保債権の消滅時効中断の効力を物上保証人（より広くは、抵当不動産の第三取得者や保証人など債務者以外の援用権者。以下、援用権者が物上保証人である事案を「物上保証人ケース」と呼ぶ）は否定することができるかという問題（以下、「本問題」といい、否定できるとの考えを「肯定説」、できないとの考えを「否定説」という）に関する、大審院・最高裁を通じて初めてのものである（「判批」・「解説」として、岩城謙二・法令ニュース五七一号二三頁、菅野佳夫・判タ八八一号七一頁、東法子・銀法五一五号七八頁、難波孝一・NBL五八七号五九頁、山野目章夫・リマークス一二号一〇頁、近江幸治・セレクト'95一九頁、半田吉信・金法一四六〇号二四頁、大沼洋一・判タ九一三号三四頁、片岡宏一郎・銀法五三二号五一頁、高山満・金法一四七六号二四頁、増成牧・神戸学院法学二七巻一・二号一六三頁）。なお、本判決は債権者代位権による消滅時効の援用につき時効中断を理由に当該援用を否定した原審判決を維持したものであり、債権者代位権による消滅時効援用についてはこれを認める最高裁の立場（最判昭和四三年九月二六日民集二二巻九号二〇〇二頁。反対意見あり）を前提とするものといえよう。

二　本問題に関する下級裁判決としては、大阪高判平成五年一〇月二七日判タ八四六号二一五頁（確定。以下、「大阪高判平成五年」ともいう。「判批」として、菅野佳夫・判タ八六四号五六頁、近江幸治・リマークス一一号二八頁）がある。本最高裁判決は右判決と同じ物上保証人ケースにおいて、右判決の理由づけの一部のみをもって同じ結論（否定説）をいうものである。すなわち、大阪高判平成五年は（／は改行を示し、①－③は筆者が付したものである）、「①時効中断の効力が及ぶ人的範囲の問題として、債務者の債権者に対する債務承認によって被担保債権の時効が中断しても、物上保証人に及ばないという見解も見受けられる。しかし、法は、時効の中断に関し、いかなる権利について進行していた時効を中断するかを前提として、その中断の効果が中断事由が生じた当事者の間で進行していた時効についてだけ生じ、その効果が当事者及びその承継人の間に限られることを規定している（民法一四八条）と解すべきである。／②物上保証人の場合、債権者との関係では、債権・債務の関係はなく、単に被担保債権について物的責任を負っているに過ぎない。したがって、債権の消滅時効の関係では、もともと時効にかかる権利関係についての当事者ではなく、時効中断の効力が及ぶ人的範囲の対象外の者として、そもそも同法条が適用される余地のない者というべきである。／③このように考えることは、担保権に附従性があることからも理解できるし、抵当権に関し、抵当権は、債務者及び抵当権設定者に対しては、その被担保債権と同時でなければ（被担保債権について時効中断を繰り返している限り、被担保債権は消滅しない）、時効によって消滅しないとの規定（民法三九六条）からも明らかである。」

という。本最高裁判決は、このうち、右③だけを理由とするものである。

右の大阪高判平成五年には、後述する私見を基本的に採用したものであるとの解説がある（判タ八四六号二一六頁、近江「前掲判批」三〇頁）ように、ほぼ賛成である。全面的には支持できないのは、右③が抵当権の付従性をも根拠としており、私見では、抵当権の付従性それ自体は根拠にならないと考えるからである。したがって、本最高裁判決が右③を根拠とする点、すなわち抵当権の付従性をも根拠とした点、および、すでに大阪高判平成五年が示した一般的な根拠（右①・②）に言及しなかった点には賛成できない。なお、右③がいう民法三九六条は補充的根拠ともいうべきものである。

三　本判決は担保権の付従性と民法三九六条の趣旨を理由として否定説をとるが、これは同旨の学説を採用したものであろう（四宮和夫「時効」『新民法演習1』〔有斐閣、一九六七年〕二四九頁は、「抵当権だけが、中断されないと仮定した場合における債権の時効期間による債権の時効を援用することによって消滅せしめられると解することは、債権を担保するものとしてこれに付従する抵当権の性質に反し、また、とくに、時効消滅に関して抵当権の債権への対応を規定した三九六条の趣旨にも反するであろう。」という）。

まず、第一の理由とされる担保権の付従性とは、普通には、「債権のないところに担保物権だけが存在することは不可能である」（我妻栄『新訂担保物権法』〔岩波書店、一九六八年〕一四頁）という意味に理解されていると思われるが、判旨の文脈からは、被担保債権が存在する限り担保権は存続するという性質までも含ませているかのようである。しかし、そのような性質を認めることは、民法三九六条を反対解釈する判例の立場、すなわち、「此ノ二者〔債務者・抵当権設定者－筆者注〕以外ノ後順位抵当権者抵当物件ノ第三取得者ニ対シテハ」被担保債権と独立に一六七条二項により消滅時効にかかるとの判例（大判昭和一五年一一月二六日民集一九巻二一〇〇頁）に反することになる。もし、右の大審院判決の考えを否定し、いまだ馴染みのない右のような抵当権の付従性概念を認めることにより本問題を解決するとしても、他にも時効援用権者が中断の効力を否定できないと解すべき事案があるならば（例えば、債務承認による時効中断のため時効は完成していないが、しかし中断がなければ時効完成後となる時点で債権者Bの一般債権者Aが当該債権に強制執行してきた場合、債務者CはAに対して時効は中断していないので完成しているとして時効を援用することはできないとするとき）、別個の理由が必要となる。

次に、第二の理由とする民法三九六条の趣旨は、本件事案に限り妥当するものであり（松久三四彦「民法一四八条の意味」金沢法学三一巻二号〔一九八九年〕八二頁の注（6）〔同・『時効制度の構造と解釈』〔有斐閣、二〇一一年〕二八七頁の注（64）〕参照）、右に述べたと同様、抵当不動産の第三取得者など他の事案では別個の説明が必要となる。なお、さらに考えてみると、物上保証人が被担保債権の消滅時効を援用できないのであればそもそも民法三九六条で「債務者」のほかに「物上保証人」を加える必要はないから、民法三九六条には物上保証人が被担保債権の消滅時効の援用権者であることが含意されている。そして、民法三九六条は、物上保証人は被担保債権の時効中断により抵当権の消滅時効が先に完成してもこれを援用できないとするものであるから、物上保証人ケースでの否定説の根拠となるものではある。しかし、さらにその根拠を辿り、なぜ被担保債権の時効が中断したため完成していないとき物上保証人は被担保債権の時効は自己との関係では完成しているとして援用することができないかというと、それは民法一四八条が後述の「第二の意味」の規定である（少なくとも、「第一の意味」の規定ではない）というところから説明しうる（山野目・前掲一一頁は、鋭くも、「〔松久・前掲「民法一四八条の意味」の〕論旨のいっそう明快な理解を得るうえで八二頁注（6）の論述を添えることが有用であったかは、やや疑問がなくはない」といわれる）。そうすると、民法三九六条そのものが、後述する民法一四八条が「第二の意味」の規定であることを前提にしているともいえよう。

四　本件事案に限らず、広く本問題に一般的理由をもって解答しうるか否かは、民法一四八条がいかなる規定であるのかと関連する。同条の意味として、その文理からまず考えられるのは、ある権利について生じた時効中断の効果を受ける者は「当事者及ヒ其承継人」に限られるというものである（第一の意味）。この立場では、物上保証人は被担保債務者の承認による被担保債務の時効中断の「当事者及ヒ其承継人」ではないので、物上保証人は自己との関係では時効は中断していないとして時効を援用できる（肯定説。鈴木禄弥『民法総則講義改訂版』〔創文社、一九九〇年〕一八六頁）というのが素直な解釈となる。しかし、そのような解釈は、時効は一度中断したため完成していないと考えていた債権者にとっては意外で不当な法律論と思われるであろう。また、肯定説をとるとき、債権者は物上保証人に対してとりうる被担保債権の時効中断措置はないので、時効完成が近づいたときはいきなり抵当権を実行しなければならず、それは物上保証人にとっても利益とはいえない。さらに、例えば、被担保債権の時効中断後、しかし中断していなければ時効が完成したことになる時点後に抵当不動産の第三取得者が現れた場合、第三取得者は被担保債権の承継人ではないから民法一四八条の「承継人」ではなく、したがって債権者は第三取得者に時効を援用されれば抵当権を失うことになってしまう。右の事例では抵当権者は第三取得者が出現すればとたんに被担保債権の時効援用による抵当権消滅の危険にさらされるのであるから、この結論は誰しも不当と考えるであろう。そこで、私は、文字通りに読めば右のようになる民法一四八条がなぜあるのか疑問を抱いたわけである（松久三四彦「判批」判評三三二号〈一九八六年〉二六頁〔本書[4]所収〕、遠藤浩ほか編『民法注解財産法民法総則1』〔青林書院、一九八九年〕七一二頁参照）。そこで外国法や起草過程などを調べた結果、同条制定時の外国法には同条と同様の表現の規定はなく、同条のもととなった草案作成者ボアソナードの考えは、中断行為に関与した「当事者」間で進行していた時効だけが中断し（第二の意味）、その中断の効力は「承継人」に承継されるというものであったと解するのがもっとも整合的であるとの理解にいたった（松久・前掲「民法一四八条の意味」参照。以下では、便宜上、右の内容全体を「第二の意味」と呼ぶ）。そして、第二の意味に解するときは、当事者の法律関係は法律上の総ての利害関係人に対してもそういう法律関係として扱われるというのが実体法の仕組みであるから（例えば、第三債務者Cは債務者BのCに対する債権を債権者Aとの関係で否定するということはできない）、「当事者」間で生じた時効中断の効力は、利害関係人たる時効援用権者との関係においても中断の効力はそのまま維持され、本問題は否定されることになる。

なお、この結論の妥当性は、時効援用権者の範囲に関する私見からも基礎づけられる。すなわち、私見は、「直接の当事者」（取得時効の完成の要件を充たした占有者や、消滅時効が完成した債権の債務者など、時効にかかる権利関係の当事者のこと）が「第三者」（「直接の当事者」ではないが、時効の援用が認められれば法律上の利益を受ける者のこと）のために援用すべき関係にあるにもかかわらず「直接の当事者」が援用しない場合には（「直接の当事者」が援用すれば時効の効果が発生し、それにより「第三者」も法律上の利益を受けるからもはや「第三者」の援用は不要となる）、その「第三者」に時効援用権が認められるというものである（松久三四彦「時効の援用権者」北大法学論集三八巻五＝六合併号下巻〈一九八八年〉一五五七頁〔同・前掲『時効制度の構造と解釈』一九八－一九九頁〕）。この考え方からは、時効援用権者たる物上保証人が被担保債権の消滅時効を援用できるのは、被担保債務者が消滅時効を援用できる、すなわち、消滅時効が完成していることが必要となるからである。

五　民法一四八条を「第二の意味」と解する（本判決の評釈中、私見に賛成のものは、山野目・前掲一三頁、増成・前掲一七七頁）ことに反対ないし疑問とする説は、その理由の一つとして同条の文理をいう（難波・前掲六二頁、近江・前掲「大阪高判平成五年の判批」三一頁、など）。たしかに、同条の文理からは「第一の意味」と解するのが素直であり、私自身も当初はそのように解したために、その不当性を痛感し、なぜそのような規定が置かれたのか疑問と興味を抱いたわけである。そして、同条の由来を探った結果が「第二の意味」であったこと前述の通りである。反対説は、「第一の意味」からの論理的帰結でよいとされる（つまり、自分には時効中断の効力は及ばないとして時効援用を認めてよい）事案を提示できるのであろうか。

反対説には、いま一つの理由として、「〔大阪高判平成五年〕の考えをおしすすめると、物上保証人に時効援用権を認めることと矛盾する可能性が出てくるのではなかろうか」というものがある（難波・前掲六二頁）。そこで引用されている菅野・前掲「大阪高判平成五年の判批」五七頁は、「〔民法一四八条が〕物的範囲を定めたものとした場合、人的範囲説であれば時効援用権者に中断の効力の及ぶ者と及ばない者の区別を認めることになるがそれでよいかとの設問と同じように、一四五条の『当事者』も、援用が問題とされる権利関係の当事者と解することになるように思われるので、逆の立場で同じような問題が起こりうるのではなかろうかとの疑問が涌く。仮にそのように考えることが許されるならば、物上保証人や担保目的物の第三取得者等は、責任負担者に過ぎず、援用が問題とされる権利関係の埒外にある者として、立法当初の『直接受益者』の考えに戻り、時効の援用権を否定すべしとの論に進むことになるのではなかろうか」という。右の説の趣旨は、「第二の意味」に解するとき（つまり、民法一四八条の「当事者」とは時効が進行している権利関係の当事者であると解するとき）は、民法一四五条の「当事者」も同様に時効が進行している権利関係の当事者と解すべきことになってしまい時効援用権者の範囲に関する近時の判例に抵触するというもののようであり、民法一四五条の「当事者」と民法一四八条の「当事者」を同様に解することが前提となっているようである。しかし、「第一の意味」に解するときも民法一四八条の「当事者」とは時効が進行していた権利関係の当事者であることに変わりはないから、民法一四五条の「当事者」と民法一四八条の「当事者」を同様に解することを前提とする限り、物上保証人の時効援用権が否定されてしまうのではないかとの右の危惧は何も変わらないことになる。問題は右の前提自体にあり、援用権者の範囲を拡大する判例の立場では、民法一四五条の「当事者」は民法一四八条の「当事者」よりもその範囲は拡大されているのである。因みに、私見でも、民法一四五条の「当事者」とは民法一四八条の「当事者」とは異なり、時効にかかる権利関係の当事者（前記の「直接の当事者」）だけでなく、前記の「第三者」のうち、一定の基準を充たした者も含まれることになる（松久・前掲「時効の援用権者」一五三四頁、一五五五頁以下〔同・前掲『時効制度の構造と解釈』一八一頁、一九七頁以下〕参照）。

六　最後に、本件事案に即して見ておく。本件債権の消滅時効期間の判断と弁済期の事実認定については一審・二審とも同一である。これを前提とすると、二審がSは昭和六一年、昭和六三年、平成三年、平成四年に債務の承認をしたというのはいわゆる消滅時効完成後の債務承認にあたる。これは時効利益（援用権）の放棄または援用権の喪失といわれるものであり、それによる不利益は当該の援用権放棄（喪失）者に限られ、他の援用権者の援用権の消長には影響しない（時効利益の放棄の相対効）。したがって、本件の解決としては、債権者代位権による時効援用が認められるとの前提にたつならば、一審判決が妥当ということになる。二審は、〔事実〕で記したように、「Xは本件債権について昭和六一年三月一八日の債務承認により時効が中断したことを権利自白し、それを前提として同月一九日を起算日とする五年の消滅時効を援用するのであるから、原判決が説示するように、本件債権の各弁済期を起算日とする五年の消滅時効を認めることは、弁論主義に反し許されない」というが、これは本来の時効中断（時効完成前の中断）の効果と時効援用権の放棄（喪失）の効果の違いに留意しないがためではないかと推測される。昭和六一年三月一八日に被担保債務者Sの消滅時効完成後の債務承認（援用権の放棄または喪失）があったことをXが認めても、物上保証人B（A）の被担保債務の消滅時効援用権には影響しない。したがって、Xは消滅時効の利益を求めており、Xが昭和六一年三月一九日を起算点として示したとしても、当該事実関係のもとで時効援用（時効完成）が認められるかが問題なのであるから、裁判所は、あるいは釈明権を行使し、あるいは本件債権の弁済期が認定されているのであればその弁済期を起算点とする時効完成を争う機会をYに与えたうえで時効完成の有無を判断すべきであろう。そうすると、原判決は最判昭和四二年一〇月二七日民集二一巻八号二一一〇頁に反すると主張するXの上告理由には理由があるように思われる。しかし本判決は、「右判断は、所論引用の判例に抵触するものではない。」として一蹴している。これは、Xが右上告理由を補足して述べたところが誤っていたため、すなわち、「債務承認の効果が相対的であることは、時効の利益の放棄と時効中断とで異なる理由はない……」と述べたために（債務承認による時効中断の効果も相対的であるというのは、民法一四八条を「第一の意味」に解するものである）、右の判旨となったのであろうか。いずれにしても、Xが二審において本件債権の弁済期を起算点とする消滅時効を援用し、Sの債務承認は時効完成後のものであり援用権の放棄（喪失）の効力はBに及ばないということを明確に主張していれば勝敗は逆転していたであろう。したがって、本件における債務者Sの承認は時効完成後のものであるが、本最高裁判決がいう「債務者の承認」とは時効完成前の承認と解すべきである。

〈評釈等（初出の本文所掲に追加）〉　加藤昭・民研六〇三号五五頁、関沢正彦・金法一六二五号四頁、難波孝一・別冊NBL四五号二〇〇頁、益井公司・旬刊経理情報七九六号一六頁。

＊初出は、判評四七七号（一九九八年）二八頁（判時一六四九号二〇六頁）。

[23]　主債務者の破産と弁済した保証人の求償権の時効

最高裁平成七年三月二三日第一小法廷判決（平成三年（オ）一四九三号、求償金請求事件）――破棄差戻し
（民集四九巻三号九八四頁、判時一五二七号八二頁、判タ八七七号一六六頁、金判九六九号三頁、金法一四二一号一二頁）

〈参照条文〉　民法一四七条一号、一五二条、一七四条の二、五〇一条、破産二六条、二八七条、二四〇条

〔事　実〕　信用金庫Aは、株式会社BCに、各一五〇万円と一六〇〇万円を貸付け（利息は、各八・二パーセントと七・五

パーセント）、信用保証協会X（原告・控訴人・被上告人）はBCから委託を受けて右債務を連帯保証した。その際、Y（被告・被控訴人・上告人）はXに対し、XがAに弁済したならばBCに対して取得する求償権（XとBC間の約定遅延損害金は年一四・六パーセント）を連帯保証した。BCはその後破産宣告を受け（昭和五四年）、Aは右貸付金残額について破産債権の届出をし、債権調査期日において異議がなかったので、その旨債権表に記載された（昭和五五年）。その後、XはAに債権全額を弁済し、BCの各破産手続において、破産裁判所に債権の届出をしたAの地位を承継した旨の届出名義変更の申出をし、その旨債権表に記載された。それから約九年後（平成元年）、XはYに対し、右弁済によるBCに対する求償債権の残額（一六八〇万余円とその遅延損害金）の支払いを求めて本訴を提起した。これに対し、Yは、自己の連帯保証債務の消滅時効（期間は五年と主張）を援用した

一審（津地四日市支判平成二年四月九日民集四九巻三号九九五頁）は、Yの時効援用を認めXの請求を棄却した。しかし、二審判決（名古屋高判平成三年六月二七日民集四九巻三号一〇〇〇頁）は、求償権およびYの連帯保証債務の時効期間は一〇年に延長されており、本件提訴は債権調査期日から起算しても一〇年を経過してはいないから時効は完成していないとして一審判決を取り消し、Xの請求を認容した。Y上告。本判決は次のように判示して二審判決を破棄し、本件各社（BC）の破産手続の終了時期を確定する必要があるとして差し戻した。

〔判　旨〕「債権者が主たる債務者の破産手続において債権全額の届出をし、債権調査の期日が終了した後、保証人が、債権者に債権全額を弁済した上、破産裁判所に債権の届出をした者の地位を承継した旨の届出名義の変更の申出をしたときには、右弁済によって保証人が破産者に対して取得する求償権の消滅時効は、右求償権の全部について、右届出名義の変更のときから破産手続の終了に至るまで中断すると解するのが相当である。けだし、保証人は、右弁済によって破産者に対して求償権を取得するとともに、債権者の破産者に対する債権を代位により取得するところ（民法五〇一条）、右債権は、求償権を確保することを目的として存在する附従的な権利であるから（最高裁昭和五八年（オ）第八八一号同六一年二月二〇日第一小法廷判決・民集四〇巻一号四三頁参照）、保証人がいわば求償権の担保として取得した届出債権につき破産裁判所に対してした右届出名義の変更の申出は、求償権の満足を得ようとしてする届出債権の行使であって、求償権について、時効中断効の肯認の基礎とされる権利の行使があったものと評価するのに何らの妨げもないし、また、破産手続に伴う求償権行

使の制約を考慮すれば、届出債権額が求償権の額を下回る場合においても、右申出をした保証人は、特段の事情のない限り、求償権全部を行使する意思を明らかにしたものとみることができるからである。

しかし、右の場合において、届出債権につき債権調査の期日において破産管財人、破産債権者及び破産者に異議がなかったときであっても、求償権の消滅時効の期間は、民法一七四条ノ二第一項により一〇年に変更されるものではないと解するのが相当である。けだし、破産法二八七条一項により債権表に記載された届出債権が破産者に対し確定判決と同一の効力を有するとされるのは、届出債権につき異議がないことが確認されることによって、債権の存在及び内容が確定されることを根拠とするものであると考えられるところ、債権調査の期日の後に保証人が弁済によって取得した求償権の行使として届出債権の名義変更の申出をしても、右求償権の存在及び内容についてはこれを確定すべき手続がとられているとみることができないからである。」

【先例・学説】

一　前提となる法律関係と論点の整理

Xは、Aへの弁済によりBCに対して求償権を取得し（民四五九条一項）、また、法定代位（民五〇〇条）によりAのBCに対する貸付金債権を取得する（以下、これを原債権という）。判例に従うと、本件求償権（信用保証協会が、保証を委託した商人である主債務者に対して取得する求償権）の時効期間は商法五二二条により五年である（最判昭和四二年一〇月六日民集二一巻八号二〇五一頁）から、右代位弁済から約九年経過後に提訴された本件の求償権の時効は、中断していなければ既に完成しており、Yはこの求償権またはその連帯保証債務の時効を援用できることになる（もっとも、連帯保証債務についてもこういえるかははっきりしない。主債務が短期時効にかかるとき、連帯保証債務の当初の時効期間が一〇年になることはないのかはっきりしないからである。これまで議論のないところである）。そこで、主債務の短期時効が中断し、新時効期間が民法一七四条ノ二により一〇年に延長されるときは、連帯保証債務の時効は中断する

（民四五七条一項）だけでなく、その新時効期間も一〇年に延長されるとの判例（最判昭和四三年一〇月一七日判時五四〇号三四頁、最判昭和四六年七月二三日判時六四一号六二頁）に従うと、Xの勝敗は本件求償権の時効が中断し、かつ、その新時効期間が一〇年に延長されたかにかかってくる。

ところで、本件原債権の時効は、Aの破産債権の届出により中断し（民一五二条）、その中断は破産手続の終了まで継続し（民一五七条一項）、新時効期間は原債権の債権表への記載が破産者に対して確定判決と同一の効力を有することから一〇年に延長されている（破二八七条一項、民一七四条ノ二第一項）。また、本件では、原債権の名義は破産手続中にXに変更されている。そこで、本判決は、①Xの原債権の届出名義変更の申出により、求償権の時効は中断し（以下、中断効という）、②原債権額が求償債権額を下回る場合でも特段の事情がない限り求償権全部について中断するとしたが、③新時効期間も原債権と同様に一〇年に延長される（以下、延長効という）かについては、これを否定した。本判決は、これらの問題に関する初の最高裁判決である。

二　先　例

本件と同様ないし類似の事案（③判決の被告は主債務者）に関するものには、本件下級審判決を含めると、①津地四日市支判平成二年四月九日民集四九巻三号九九五頁（本件一審判決）、②名古屋高判平成三年六月二七日民集四九巻三号一〇〇〇頁（本件二審判決）、③名古屋地判平成三年一二月四日判時一四四五号一六二頁（山野目章夫・判評四一五号三七頁、野村豊弘・判タ八二四号三五頁、秦光昭・金法一三五二号四頁）、④名古屋地判平成四年九月一四日金判九一五号一九頁（野村豊弘・判タ八二四号三五頁、清水暁・判評四二五号四三頁）、⑤大阪地判平成六年一月二六日金判九六二号三五頁、⑥大阪高判平成六年一一月二五日金判九六二号三一頁（⑤の控訴審判決）がある（村田利喜弥「弁済者代位の実務上の問題点」別冊NBL三一号一八八頁〔一九九五年〕では、さらに刊行物未登載の下級裁判所の判決が三件挙げられている）。いずれも、原告は信用保証協会である。

1　中断効　求償権の時効中断については、肯定判決（②③④⑥）と否定判決（①⑤）とに分かれている。肯定判決のうち、②③判決は、直接的には延長効を認めることの理由を述べるにとどまり、中断効を認めることはその前提として間接的に示されているにとどまる。④判決（裁判官と原告訴訟代理人は③判決におけると同じ）は、「原債権は求償権の従たる存在として、求償権の満足のための手段的な地位にあること」を理由に原債権の承継による求償権の時効中断を認めた。また、中断の範囲については、名義変更後の原告の具体的な権利行使を細かく認定したのち、「原告においてその損害金を除外して請求する意思であったとは認められない」として、求償権の全部（元本および損害金）について時効中断を認めた（もっとも、「手続的に明確性を欠く憾みがないわけではな」いとして、「破産債権名義変更届において、原告の求償権の範囲を明らかにすることが相当であったと思われる」という）。⑥判決は、「原債権は、求償権確保のための手段的なもの」であること、「求償権自体について破産債権の届出をしなければ、求償権の消滅時効中断の効果が認められないとすることは、代位弁済した求償権者の通常の期待に著しく反する結果となる」ことを理由に、中断効を認めた。

否定判決は、原債権と求償権とは別個のものであり（①⑤判決）、中断を認めなくても「保証人たる原告は将来取得すべき求償権を破産債権として届け出ることができたのであるから」特に不都合はない（⑤判決）という。

2　延長効　肯定判決（②③⑥）と否定判決（⑤）とに分かれている（①判決は中断効を否定したので、延長効については判示せず、⑤判決も中断効は否定したが、延長効について仮定的に判示している。④判決は、中断効が認められれば時効は完成しない事案であるため、延長効は争点とならなかった）。中断効を肯定した②③⑥判決が、いずれも延長効を肯定したのに対し、本判決は中断効は認めながらも延長効を否定した点が注目される。

肯定判決のうち、②判決は、原債権の時効期間延長により、その連帯保証債務（XのAに対する債務）の時効期間も延長する（前掲最判昭和四六年七月二三日を援用している）ことを媒介にして、求償権の時効期間も一〇年に延長されるという。③判決は、「原債権は求償権の従たる存在として、求償権の満足のための手段的な地位にあるのに、仮に求償権が短期に時効消滅するならば、原債権による執行が不能となる結果を債権者に甘受させることになって、結果として不当である」こと、民法一七四条の二の立法趣旨は、強い証拠力が発生した場合になお短期時効を適用することを不合理とするものであるから、当該事案では「原債権の存在については強い証拠力が付与されたと見られる結果、求償権についても証拠力が強化されたと見られ、短期の時効期間を適用することは不合理である」こと、原債権の連帯保証債務の時効期間は延長されるのに、「求償権のみ短期の時効期間が維持されるとするのはバランスを欠く結果となる」こと、を理由とする。⑥判決は、求償権ひいてはその連帯保証債務もまた原債権と同じく強い証拠力が付与されたものとみられることを挙げる。

これに対し、⑤判決は、「求償権や、まして求償権についての連帯保証債務履行請求権の存在は、破産債権の確定によって確定されるものではない」から、「民法一七四条ノ二の適用につきその基礎を欠く」として延長効を否定する。

三　学　説

学説は、右下級裁判所の裁判例が出てきたことから、それらの評釈等（以下、単に「判批」とする）の形で現れるようになった。本判決の「判批」（八木良一・ジュリ一〇七二号一一九頁、東法子・銀法五一六号六八頁、石井眞司＝伊藤進＝上野隆司「鼎談」銀法五〇八号三六頁、上野隆司・金法一四一六号四頁、大西武士・判タ八八三号八二頁、副田隆重・判タ八八五号五三頁、塚原朋一・金法一四二八号三二頁、廣渡鉄・金法一四二一号一一〇頁、村田利喜弥・銀法五一〇号一五頁、山野目章夫・判評四四三号五三頁）を含めた学説の状況はだいたい以下の通りである。

1　中断効　本判決の前後を通して、中断効を否定するものは見られない。肯定する理由としては、当事者間の公平（野村・前掲「③④判批」三九頁）、求償権の行使と評価されること（清水・前掲「④判批」四六頁、秦光昭「消滅時効における求償権と原債権の関係」金法一三九八号七二頁）、などがいわれている。中断の範囲については、一部請求の判例の考えによるもの（野村・前掲「③④判批」四〇頁、塚原・前掲「本判批」三三頁もそうか）や、原債権額の範囲内とするもの（秦・前掲論文七四頁）がある。

2　延長効　債権調査期日後の届出名義変更は、それが債権表に記載されても求償権確定の手続がとられていないことを理由に否定するものがある（秦・前掲論文七〇頁）。肯定説には、同一当事者間では、原債権の時効期間延長が認められるときは求償権についても同様に解するのが「公平に合致する」（野村・前掲③④「判批」三九頁）というものがある。また、「時効中断については原債権と求償権を結びつけて考えるのに、時効期間の延長については両者を切り離して考えるというのは、首尾一貫していない」（前掲「鼎談」三九頁〔伊藤〕）、一般人は、「原債権と求償権は、法律的には別個のものであっても、社会的・経済的には、これを同一視して認識している」（前掲「鼎談」四〇頁〔上野〕）との指摘がある。そして、時効期間延長の根拠は権利の公権的確定にあるから、保証人による弁済とそれに伴う名義変更届出が、債権調査期日の前であれば延長効は認められるが、後であれば、特別の事情が存しない限り認められないとする二分説が多くなっている（山野目・前掲「③判決の批評」三九頁、同・前掲「本件判批」五六－五七頁、前掲「鼎談」四五頁〔上野〕、塚原・前掲「本件判批」三四頁、副田・前掲「本件判批」五九頁など）。

【評　論】

一　まず、本件求償権の時効起算点であるが、本判決は、「免責行為をした時」（最判昭和六〇年二月一二日民集三九巻一号八九頁）、すなわち、代位弁済時が起算点となることを前提にしているものと思われる。もっとも、判旨が「破産手続に伴う求償権行使の制約」というように（判旨は、これを中断の物的範囲を求償権全額とする根拠とするが）、「制約」の程度いかんでは、求償権は破産手続中は行使できないので（塚原・前掲「本件判批」三五頁は、「破産法二六条は、いわば、破産手続においては、保証人に対し、事実上、原債権行使を要請したといっても過言ではない」という）、時効は進行しないとの解釈も考えられないではない（民一六六条一項参照。中断効だけを認める本判決の結論は、届出債権の名義が変更された場合、実質的には求償権の起算点を破産手続終結時としたのと同じである）。しかし、それでは届出債権の名義変更をしない場合にも求償権の時効起算点を破産手続終結時と解することになり、やはり右の解釈は無理であろう。

二　そこで、中断効を考えることになるが、判旨は、Xの取得した原債権は求償権確保を目的とする附従的権利であることを根拠に、本件の届出名義変更申出は、「求償権について、時効中断効の肯認の基礎とされる権利の行使があったものと評価するのに何らの妨げもない」として、中断事由に関する条文を示すことなく中断効を認めた。しかし、右の理由だけでは、普通保証人を訴えたときにも主債務の時効中断が認められかねない（民四五八条・四三四条参照）。原債権の担保的性質から、債務者自身が設定した抵当権の実行と同様に扱い、差押え（民一五四条）に準ずるとの見方も考えられるが、判旨のいう「破産手続に伴う求償権行使の制約」をも根拠として、破産手続参加（民一五二条）に準ずるという方が素直であろうか（破産手続参加による中断効が認められることと延長効が認められることは別であるから、本判決が延長効を否定してもこのようにいうことはできた）。いずれにせよ、判旨のように中断事由を示さないのは、検証可能性を狭くし望ましくない。なお、原債権額が求償債権額を下回る場合の中断の範囲は、一部請求の訴えの場合に類似しこれと同様に考えてよいとすると、一部請求の訴えは残部債権の「裁判上の催告」を含むと解する立場（松久三四彦「消滅時効制度の根拠と中断の範囲（二・完）」北法三一巻二号八一八頁〈一九八〇年〉の注（41）〔同『時効制度の構造と解釈』〈有斐閣、二〇一一年〉九九頁の注（43）〕）では、残額については破産手続終結時まで継続的催告があったと解することになる。ただし、判旨がいうように、「破産手続に伴う求償権行使の制約」を考慮して、本判決のように求償債権全額につき完全な中断効を認めるというのも一つの考えであり、微妙な問題である。

三　時効の中断事由（民一四七条）は、権利行使と承認に大別されるが、前者につき、民法所定の中断事由を見ると（具体的な中断事由は、中断効失効事由を定める民一四九条以下で示されている）、それらは、債務名義取得に向けた権利行使（催告や裁判上の請求など）、執行行為に向けた権利行使（差押えなど）、および、債権回収行為そのもの（破産手続参加）である。これは、権利の実現にとって実効性ある権利行使を中断事由とした（そして、債務名義が得られないときは中断効は失効する）ものといえよう。したがって、民法一七四条ノ二第一項の延長効も、権利実現の実効性という点から、確定判決と同一の効力により当該権利につき債務名義が付与され強制執行ができる（民執二二条七号）

かを基準に判断すべきであると考える。ちなみに、起草者も、確定判決により債権の存在が明らかになるということだけでなく、強制執行できるようになることを考慮している点にも留意したい（「是ハ債権者ヲ保護スルノデハナイノデス、時効ヲ延バサナカッタナラバ債務者ハイヂメラレル、判決ヲ受ケタラ直グニ執行サレル」という〔松久・前掲論文八一五頁の注（26）、同・前掲書九六頁の注（28）参照〕）。そうすると、本件求償権については債務名義は成立していないので、本判決が延長効を否定したのは妥当と考えるが（ただし、本判決が手形債権と原因債権の時効中断に関する最判昭五三年一月二三日民集三二巻一号一頁と整合性があるかは検討を要する問題である）、判旨が右条項の根拠を「債権の存在及び内容が確定されること」にあるというだけでは不十分と思われる。

なお、判旨は、債権調査期日前に名義変更がなされた場合についての判断を留保しているようにも見えるが、右私見からは、この場合も求償権の債務名義は生じないとすると、いずれも延長効は認めるべきではないと考えることになる。

〈評釈等（初出の本文所掲に追加）〉八木良一・最判解民平成七年度（上）三六二頁（初出、曹時五〇巻二号五四四頁）、同・最高裁時の判例Ⅲ私法編2（ジュリ増刊）一八〇頁（初出、ジュリ一〇七二号一一九頁）、上野隆司・銀法五三二号三〇頁、大西武士・NBL五九三号八三頁（別冊NBL四五号二五三頁所収）、河村好彦・法学研究六九巻七号一一六頁、小磯武男・金法一五八一号二〇二頁、坪川弘・旬刊経理情報七九五号二八頁、中西正・倒産判例百選（第三版、別冊ジュリ一六三号）一〇二頁、西澤宗英・平成七年度重判解（ジュリ臨増一〇九一号一一七頁）、秦光昭・銀法五三二号二五頁、平林慶一・判タ九一三号二七〇頁、福田泰明・金法一四七六号一六頁。

＊初出は、リマークス一三号（一九九六年）一一頁。

[24]　**物上保証人に対する不動産競売において被担保債権の時効中断の効力が生じる時期**

最高裁平成八年七月一二日第二小法廷判決（平成五年（オ）第一七八八号、根抵当権設定登記抹消登記手続請求事件）――破棄差戻し

（民集五〇巻七号一九〇一頁、判時一五八〇号一〇八頁、判タ九二一号一一四頁、金判一〇〇四号三頁、金法一四六九号六〇頁）

〈参照条文〉　民法一四七条二号、一四八条、一五五条、民事執行法四五条、一八八条

〔事　実〕　A・X_1（原告・控訴人・上告人。Aは上告後死亡し、X_1ないしX_4がAの地位を承継。以下単にXという）は、各自の所有地に、Y信用保証協会（被告・被控訴人・被上告人）のBに対する求償債権等を被担保債権（以下「本件債権（債務）」という）とする根抵当権を設定し登記を経由した。YはBに対して本件債務の履行を求める訴えを提起し、一九八二年（昭和五七年）四月一八日にY勝訴の判決が確定した。Yは、一九九二年（平成四年）四月三日、右根抵当権に基づき競売の申立てをし、同月七日、不動産競売開始決定がなされた。同月九日、差押登記がなされ、同年六月一三日、Bに不動産競売開始決定正本が送達された。そこでXは、本件債権の消滅時効は右判決確定の日から一〇年後（民一七四条ノ二第一項）の一九九二年（平成四年）四月一八日の経過を以て完成するところ、Bに対して不動産競売開始決定正本が送達されたのは、同年六月一三日であるから、右送達は時効完成後のものであって中断の効力を生じないとして、Yに対して本件根抵当権設定登記の抹消登記手続を求めて本訴を提起した。これに対しYは、①債務者Bは、一九八二年（昭和五七年）一二月二二日、本件債務を承認（民一四七条三号）したので時効は中断した、②不動産競売開始決定がBに送達されたことにより、本件債権の消滅時効中断の効力は、時効期間満了前である競売申立時の一九九二年（平成四年）四月三日にさかのぼって生じた、と主張した。原審（高松高判平成五年七月一九日民集五〇巻七号一九〇七頁）は、右②の主張を認めXの控訴を棄却した。X上告。最高裁は原判決を破棄し、Yの右①の主張につき審理させるため原審に差し戻した。

〔判　旨〕　「債権者から物上保証人に対する不動産競売の申立てがされ、執行裁判所のした競売開始決定による差押えの効

力が生じた後、同決定正本が債務者に送達された場合には、民法一五五条により、債務者に対し、当該担保権の実行に係る被担保債権についての消滅時効の中断の効力が生ずるが（最高裁昭和四七年（オ）第七二三号同五〇年一一月二一日第二小法廷判決・民法二九巻一〇号一五三七頁、最高裁平成七年（オ）第三七四号同年九月五日第三小法廷判決・民集四九巻八号二七八四頁参照）、右の時効中断の効力は、競売開始決定正本が債務者に送達された時に生ずると解するのが相当である。けだし、民法一五五条は、時効中断の効果が当該中断行為の当事者及びその承継人以外で時効の利益を受ける者に及ぶべき場合に、その者に対する通知を要することとし、もって債権者と債務者との間の利益の調和を図った趣旨の規定であると解されるところ（前掲昭和五〇年一一月二一日第二小法廷判決参照）、競売開始決定正本が時効期間満了後に債務者に送達された場合に、債権者が競売の申立てをした時にさかのぼって時効中断の効力が生ずるとすれば、当該競売手続の開始を了知しない債務者が不測の不利益を被るおそれがあり、民法一五五条が時効の利益を受ける者に対する通知を要求した趣旨に反することになるからである。」

【解　説】

一　問題の所在と本判決の意義

（1）　抵当権者の抵当権実行手続は差押えにより開始する（民執一八八条→四五条）ので、被担保債権の時効中断事由となる（民一四七条二号）。ただし、債権者が物上保証人に対して抵当権を実行した場合もそういえるか（以下「中断の有無の問題」という）は、民法一四八条との関係で問題がある。同条によれば、中断行為の「当事者」間で進行していた時効だけが中断するが（同条には「承継人」の語もあるのでわかりにくいところもあるが、それについては松久三四彦「民法一四八条の意味」金沢法学三一巻二号〈一九八九年〉四一頁〈同『時効制度の構造と解釈』〈有斐閣、二〇一一年〉二四四頁所収〉参照）、抵当権者と被担保債務者は同条にいう「当事者」にはあたらないように見えるからである。

しかし、この点については既に、①最判昭和五〇年一一月二一日民集二九巻一〇号一五三七頁がある。本判決は、①

最判を援用し、物上保証人に対する不動産競売の申立て（抵当権の実行）により競売開始決定正本が債務者に送達された場合に民法一五五条により被担保債務の時効が中断するとした（なお、①最判は抵当権実行が差押えにあたる旨の文言を欠く旧競売法下のものであるため、「抵当権実行のためにする競売法による競売は、……時効中断の事由として差押と同等の効力を有する」という）。

（2）　では、この場合の被担保債権の時効中断時期はいつか（以下「本問題」という）。本件では、この点につき不動産競売申立時（申立時説。ただし、Yの主張および判旨からも債務者に競売開始決定正本が到達することが前提となっている）か、債務者に競売開始決定正本が送達された時（到達時〔送達時〕説）かが争われた。原審判決は申立時説をとったが、本判決はこれを破棄し到達時説を相当とした（判旨は「送達された時」というが、債務者の「了知」を重視しているので、これは発信時ではなく、到達時の意味であろう）。このように、本判決はこの点が実際に争われた事案において本問題につき判示した初めての最高裁判決である。もっとも、本判決は「中断の有無の問題」につき、①最判とともに②最判平成七年九月五日民集四九巻八号二七八四頁を援用している。この②最判は、①最判を援用して中断を認めたうえで、「右送達が決定の正本を書留郵便に付してされたもの（民執二〇条、民訴一七二条参照）であるときは、右正本が郵便に付して発送されたことによってはいまだ時効中断の効力を生ぜず、右正本の到達によって初めて、債務者に対して消滅時効の中断の効力を生ずるものと解するのが相当である」としたものである。これは、到達時説をとるものであるかに見えるが、事案は書留郵便に付された決定正本が、留置期間満了により執行裁判所に返送されたというものである。したがって、②最判は本問題について少なくとも直接の判断を示してはいないといえよう。なお、本問題に関する下級裁判決も、本件原審判決のほかには見当たらない。上告理由で挙げられている津地四日市支判昭和三七年七月二七日下民集一三巻七号一五七四頁は、本最高裁判決と同じく、「〔債務者が競売開始〕決定の送達を受けた時に中断の効力が生じたものと解せられる」というが、争点は「中断の有無の問題」であり、本問題ではなかった。

二　本判決の根拠

（1）　本判決は到達時説の根拠につき、中立時説は「当該競売手続の開始を了知しない債務者が不測の不利益を被るおそれがあり、民法一五五条が時効の利益を受ける者に対する通知を要求した趣旨に反する」という。①最判は、民法一五五条は時効中断行為の当事者およびその承継人以外で「時効ノ利益ヲ受クル者」（本件でいうと債務者B）が中断行為により「不測の不利益」を被ることのないよう通知を要するとしたのであるとして「不測の不利益」を「通知」が必要とされる根拠としているが、本判決は、「不測の不利益」を中断時期につき到達時説をとることの根拠ともしたわけである。

（2）　では、判旨がいう、「不測の不利益」とは何か。判旨は具体例を挙げていないが、すでに、①最判の評釈で、民法一五五条の立法趣旨として同条がなければ債務者に「頗ル酷ニ失スル」（梅謙次郎『民法要義巻之一』〔訂正増補一九一一年版復刻〕〈有斐閣、一九八四年〉三九一頁）場合があるといわれていることの意味として、「弁済した者が時効期間満了後に安心して受取証書などを破棄した場合であり、……一般的には、債務者に差押え等に対する異議を述べる機会が与えられることの問題である」といわれている（星野英一「判批」法協九四巻三号四二二頁。なお、最判平成八年九月二七日民集五〇巻八号二三九五頁も、債務者への送達は債務者に不服申立ての機会を与えるためにされるという）。要するに、二重弁済の危険ということである。

（3）　たしかに、ここでの債務者は「弁済者」であると想定する限り、二重弁済させられるべきではないから異論はない。しかし、「未弁済者」を想定するならば、「不測の不利益」は生じない。実際には、本問題が生じる事案における「債務者」は「未弁済者」である場合が大半であろう（舟橋諄一「後出④大判の判批」判例民事法大正一三年度四〇事件一七七頁も、動産執行の事案で、「大多数の場合に於て、新たなる不利益を蒙ることなく」という）。また、「弁済者」の場合でも、物上保証人は担保権の実行を債務者に通知しておかなければ後に債務者に求償することができない（民三七二条→三五一条→四六三条一項）。したがって、債務者（弁済者）はこの通知を受けたならば執行異議（民執一八二条）

を申し立てればよい。そもそも、右通知を受けた際に物上保証人に対して弁済等による債務消滅を知らせて物上保証人に執行異議を申し立てさせればよいので、民事執行法一八二条にいう「債務者」に物上保証の場合の被担保債務者は含まれないとの説があるほどである（三谷忠之「担保権の実行」『金融取引法大系（6）』〔有斐閣、一九八四年〕二六三頁以下など）。債務者への通知は制度化されているのであるから（民執一八八条→四五条二項の準用〔「債務者」を「所有者・債務者」と読みかえる〕。田中康久『新民事執行法の解説〔増補改訂版〕』〔金融財政事情研究会、一九八〇年〕四〇八頁参照）、結局、「不測の不利益」としては、「未弁済者」が抱く時効利益に対する期待が外れるということ（これは、後出③最判では甘受すべきものとなる）のほかには考えにくく、そうであれば、「不測の不利益」の回避は到達時説の実質的根拠にはならないように思われる。

三　原審判決の根拠

（1）　原審の高松高判平成五年七月一九日民集五〇巻七号一九〇七頁（評釈として、吉田光碩・金法一三九八号四四頁、金山直樹・判評四二八号三七頁〔判時一五〇〇号二三一頁〕、松久三四彦・リマークス一〇号一〇頁〔本書21所収〕、がある）は、③最判昭和五九年四月二四日民集三八巻六号六八七頁を援用している。③最判は、「民法一四七条一号、二号が請求、差押え等を時効中断の事由として定めているのは、いずれもそれにより権利者が権利の行使をしたといえることにあり、したがって、時効中断の効力が生ずる時期は、権利者が法定の手続に基づく権利の行使にあたる行為に出たと認められる時期、すなわち、〔裁判上の請求については権利者が裁判所に対し訴状を提出したとき、支払い命令を申し立てた時等であると解すべきであり（……）〕、差押えについては債権者が執行機関である裁判所又は執行官に対し金銭債権について執行の申立てをした時であると解すべきであるからである」というが、原審判決は右③判旨の括弧内を省略したものである。

（2）　本判決のように到達時説をとるときは、時効完成の有無が偶然に左右される。これは債権者保護の観点から妥当ではないと考え、また、請求や差押え等による時効中断の根拠は権利行使そのものに求められると考え（権利行使説)、さらには他の中断事由における中断時期とのバランスを考えるときは、原審判決の方が正当となろう。もっとも、原審判決が依拠する③最判は本件とは異なり一般債権者が債務者の動産に対する執行を申し立てた事案、すなわち①最判や本判決からすると民法一五五条の適用のない事案で申立時説をとったものである。したがって、民法一五五条の適用により被担保債権が中断するという本件事案においても原審判決のようにいえるかが検討を要するところである。ちなみに、原審判決は民法一五五条には触れていない。民法一五五条の適用によることなく本件債権の時効中断が認められるということであろうか。また、③最判により変更された④大判大正一三年五月二〇日民集三巻二〇三頁が、動産執行による時効中断時期につき執行委任時ではなく執行着手時とした理由の一つに民法一五五条を挙げていたことは興味深い。

四　起草者の考え・学説

(1)「中断の有無の問題」につき①最判の立場を前提とすると、本問題は民法一五五条にいう「其者ニ通知シタル後ニ非サレハ時効中断ノ効力ヲ生セス」の解釈問題ということになる。同条は、ボアソナード草案一四五三条三項、旧民法証拠編一一七条三項を踏襲した(いずれも差押えの場合についてだけ規定されていたが、これに仮差押え・仮処分の場合を加えた)規定であり、ボアソナードはイタリア民法二一二五条一項にならったのではないかといわれている(『法典調査会民法議事速記録一』〔商事法務研究会、一九八三年〕四五三頁〔梅〕。以下『速記録』で引用。ヂョセフ・ヲルシェ著・光妙寺三郎訳『伊太利王国民法』〔司法省蔵版、一八八二年〕の同項の訳は、「期満ハ裁判上ノ請求ニ因テ(非管轄裁判官ニ向テ為シタル者ト雖モ)其流過ヲ妨阻セシメント欲スル其人ニ通報シタル督促若クハ勒抵ノ行為或ハ其人ノ責務ノ履行ヲ要催スル諸般ノ行為ノ効巧ニ因リ民法上ニ於テ中止セラル、者トス」となっている。現行イタリア民法にはこれに相当する条文はない)。

(2)起草者は、民法一五五条について通知の時(梅博士は、民事訴訟法の規定から通知または送達はでてくるとしながらも、中断の時期については債務者の認識を重視し差押時ではなく通知時であるというので、これは到達時の意味と解される）に時効が中断するとの考えであった（前掲『速記録』四五五頁）。そこで、時効完成前に差押えても通知までの間に時効が完成しうるというのでは債権者にとって迷惑でつまらぬことであるから、本条は削除し、通知があれば中断する（「第三債務者ニ対して送達スレバ夫レデ時効中断ノ効ヲ生ズル」）としておく方がよいとの案が出され、かなりの支持を集めたが採決により否決された。ちなみに、法典調査会での説明では、民法一五五条適用事例に本件事案（物上保証人に対する抵当権実行）は含まれていない（前掲『速記録』四五三頁〔梅〕。なお、梅・前掲書三九〇頁には記述あり）。

学説は、起草者意思や民法一五五条の文理に忠実に到達時説をとるもの（友納治夫・最判解民事篇昭和五十年度五二一頁〔①最判解説〕など）と、具体的妥当性や他の中断事由とのバランスなどから申立時説をとるもの（石田穣『民法総則』〔悠々社、一九九二年〕五八二頁、秦光昭・金法一三三〇号一二頁など。前掲の各原審判決評釈は原審判決に賛成ないし好意的）に分かれていた。

五　む す び

①最判を前提とし、民法一五五条の起草者意思・文理にしたがうときは本判決（到達時説）になる。しかし、その実質的根拠は乏しくむしろ原審判決（申立時説）が妥当であると考えるときは、②最判（被担保債権の時効中断は民法一五五条によるとの考え）の否定か、これを肯定しつつ民法一五五条の解釈として申立時説をとることになろう。前者をとるときは、被担保債務者は民法一四八条の「当事者」に準ずるとの解釈もありえよう。

いずれにしても、本判決により、今後、債権者は時効完成までに余裕をもった不動産競売申立て、あるいはこの申立てとともに自ら債務者に通知するか、別途、債務者に対し訴えの提起等の時効中断措置（民一四七条）をとることが必要になった。

〈評釈等〉　孝橋宏・最判解民事篇平成八年度（下）五四六頁（初出、曹時五〇巻一二号三〇六六頁）、同・最高裁時の判例Ⅱ私法編（ジュリ増刊）五四頁（初出、ジュリ一一〇五号一二二頁）、東法子・銀法五三三号六二頁、生熊長幸・金法一四九二号二一頁、伊藤進・金法一五八一号一六六頁、大西武士・バンキング二七巻五号一四〇頁、同・実務取引法判例（平成八－九年）（別冊NBL六二号）三八頁（初出、NBL六二一号六四頁）、同・判タ九三四号八五頁、小田洋・銀法五三二号一四頁、中本敏嗣・判タ九四五号三〇頁、半田吉信・判評四五九号三四頁（判時一五九四号一九六頁）、廣渡鉄・金法一四七六号二二頁、山下純司・法協一一七巻一〇号一五一八頁、山野目章夫・リマークス一五号一五頁。

＊初出は、平成八年度重判解（ジュリ臨増一一一三号）（一九九七年）五六頁。

〔25〕連帯保証債務を担保する物上保証（抵当権）の実行と主債務の時効中断――最二小判平成八年九月二七日をめぐって

最高裁平成八年九月二七日第二小法廷判決（平成七年（オ）第一九一四号、貸金等請求事件）――破棄自判

（民集五〇巻八号二三九五頁、判時一五八一号五七頁、判タ九二二号二〇四頁、金判一〇〇七号三頁、金法一四六九号六頁）

〈参照条文〉民法一四七条二号、一四八条、一四九条、一五三条、一五五条、四三四条、四五八条、民事執行法四五条、一八八条

〔事　実〕住宅ローン融資等を業とするX会社（原告・被控訴人・被上告人）は、A会社の販売又は仲介する不動産を購入した顧客との間で住宅ローン取引を行なっていた。Aは、昭和五九年二月八日ころ、Xに対し、Aの顧客がXから住宅ローンの融資を受けたことにより負担する債務につき、合計一億一〇〇〇万円を限度として、包括して連帯保証する旨を約した。

上告補助参加人Bらは、同年二月九日、Xに対し、Bら各所有の不動産に、XのAに対する右連帯保証契約上の債権を被担保債権とする極度額一億一〇〇〇万円の本件根抵当権を設定した。Xは、同年六月二七日、Aの顧客であるY_1（被告・控訴人・上告人）との間で、一九〇〇万円をY_1に貸し付ける旨の本件ローン契約を締結し、Y_2（被告・控訴人・上告人）は、同日、Xに対し、右契約に基づくY_1の債務を連帯保証する旨を約した。なお、Y_1は、真実マンションを購入する意思がないのに、Aの資金繰りのため、Aから三〇万円の謝礼を受け取る約束のもとに、マンション購入者として本件ローン契約を締結し、Xから一九〇〇万円の交付を受けたものであり、Y_2も、Aの勧誘に応じて右連帯保証をしたものである。Y_1は、同年八月七日、割賦金の返済を怠ったため、本件ローン契約所定の約定により、期限の利益を喪失した。Xは、同年一〇月二六日、本件根抵当権の実行としての競売を申し立て、Bら各所有の不動産についての各競売開始決定正本は、同年一一月一四日、一二月二八日、右各競売事件の債務者であるAに送達された。Xは、右競売手続係属中の平成元年一〇月二五日、Y_1に対しては本件ローン契約上の債務の履行を求め、Y_2に対してはその連帯保証債務の履行を求めて本件訴訟を提起した。これに対し、Y_1らは、本件訴訟において、Y_1の債務について五年（右期限の利益喪失日から五年の平成元年八月七日の経過）の商事消滅時効を援用した。

一審（東京地判平成二年八月二三日民集五〇巻八号二四一三頁）・二審（東京高判平成七年五月三一日民集五〇巻八号二四一九頁）は、本件根抵当権の実行手続はAに対していわゆる裁判上の催告としての効力があり本訴は主債務の時効中断により時効未完成のうちに提訴されたものであるとしてXの請求を認めた。しかし、最高裁は次のように判示して、本件根抵当権の実行によってはY_1に対する債権の時効は中断していないとして、Y_1・Y_2の時効援用を認めた。これには、河合伸一裁判官の意見が付されている。

〔判　旨〕「物上保証人所有の不動産を目的とする抵当権の実行としての競売の申立てがされ、執行裁判所が、競売開始決定をした上、同決定正本を債務者に送達した場合には、債務者は、民法一五五条により、当該抵当権の被担保債権の消滅時効の中断の効果を受けるが（最高裁昭和四七年（オ）第七二三号同五〇年一一月二一日第二小法廷判決・民集二九巻一〇号一五三七頁参照）、債権者甲が乙の主債務についての丙の連帯保証債務を担保するために抵当権を設定した物上保証人丁に対する競売を申し立て、その手続きが進行することは、乙の主債務の消滅時効の中断事由に該当しないと解するのが相当である。

けだし、抵当権の実行としての競売手続においては、抵当権の被担保債権の存否及びその額の確定のための手続が予定されておらず、競売開始決定後は、執行裁判所が適正な換価を行うための手続きを職権で進め、債権者の関与の度合いが希薄であることにかんがみれば、債権者が抵当権の実行としての競売を申し立て、その手続が進行することは、抵当権の被担保債権に関する裁判上の請求（同法一四九条）又はこれに準ずる消滅時効の中断事由には該当しないと解すべきであり、また、執行裁判所による債務者への競売開始決定正本の送達は、本来債権者の債務者に対する意思表示の方法ではなく、競売の申立ての対象となった財産を差し押さえる旨の裁判がされたことを競売手続に利害関係を有する債務者に告知し、執行手続上の不服申立ての機会を与えるためにされるものであり、右の送達がされたことが、直ちに抵当権の被担保債権についての催告（同法一五三条）としての時効中断の効力を及ぼすものと解することもできないことに照らせば、債権者が抵当権の実行としての競売を申し立て、その手続が進行すること自体は、同法一四七条一号の「請求」には該当せず、したがって、右抵当権が連帯保証債務を担保するために設定されたものである場合にも、同法四五八条において準用される同法四三四条による主債務者に対する「履行ノ請求」としての効力を生ずる余地がないと解すべきであるからである。

以上によれば、本件においても、Xがした本件根抵当権の実行としての競売の申立ては、本件ローン契約上の債権の消滅時効を中断しないというべきである。」

〔**河合伸一裁判官の意見**〕「競売の申立ては、債権者が被担保債権の弁済を得るためにする強力な手続であるから、直接的には抵当権の行使であっても、その背後に債務者に対して債務の履行を求める意思が含まれていることは明らかである」から、「債権者が競売を申し立て、これに基づく競売開始決定正本が債務者に送達されることは、民法一四七条二号の差押えとなることとは別に、同法一五三条の催告にも当たると解すべきである」。しかし、「いわゆる裁判上の催告として通常の催告を超える効力があるとされるのは、単に裁判所における手続で権利を主張したというだけでは足りず、（1）その手続において、当該権利の存否につき審理、判断されることが予定されているため、権利者が、その審理中、当該権利の存在を継続して主張していると認め得る場合、又は、（2）その手続が係属している間、権利者が別途当該権利の時効中断の手続をとることが著しく困難又は不合理であるなど、特段の事情があり、右の間の時効の進行を暫定的に中断しなければ権利者に酷であると認め得る場合であると考える」。抵当権の実行としての競売手続は、右（1）（2）のいずれにも当たらないので、「抵当権の実行としての競売手続が係属していることをもって、一般的に、被担保債権につきいわゆる裁判上の催告があったと解することはできない」。要するに、本件根抵当権の実行はAに対する催告となりY_1・Y_2に対する債権の時効も暫定的に中断するが、その催告はいわゆる裁判上の催告と解すべきではないから本件では時効が完成しているというものである。

【評　釈】

一　問題の所在

Yの主債務をAが連帯保証し、それをBが物上保証（抵当権設定）した場合、債権者Xの右抵当権実行により主債務の時効は中断するか。主債務の時効が中断するには連帯保証債務に対する「履行ノ請求」が必要であるから（民四五八条・四三四条）、それは、右抵当権の実行が被担保債務であるAの連帯保証債務に対する「履行ノ請求」にあたるか否かにかかってくる。本問題は、主債務者のほかは関係当事者（XAB）を同じくする近時の一連の判決（公表されたものは、後掲①－⑧の地裁判決、⑨－⑪の高裁判決）がでるに及び議論されるようになったものである。最初に提訴された事案は、Bが原告（被控訴人・被上告人）となり主債務の時効を援用した根抵当権設定登記抹消請求事件（①判決）である。その後、Xが原告となって一両日に提訴された貸金請求事件（Bは補助参加）が九件あるようである（①判決でのXの陳述。さらに、金融法務事情編集部作成の資料では、Bが原告となった配当異議事件が一件あり、全て最高裁第二小法廷にまわされた）。下級裁判所の判決は分かれていたが、本最高裁判決（⑬最二小判平成八年九月二七日（平成七年（オ）第一九一四号）民集五〇巻八号二三九五頁。一審は②判決、二審は⑪判決）により主債務の時効は中断しないということで決着した。また、同日出された、⑫最二小判平八年九月二七日（平成四年（オ）第一一一〇号）は、右⑬最判を引用し、Bによる主債務の時効援用による被担保債務（連帯保証債務）の消滅を認めた（一審は①判決、二審は

⑩判決）。これは、その裁判の争点とはなっていないものの、時効援用権者の範囲の問題に関する最高裁判例に、連帯保証債務の物上保証人（抵当権設定者）は主債務の時効を援用できるとの一事例を加えたことになる。ここでとりあげるのは、⑬最判である。

二　従来の判例・学説

（1）判　例　債権者X、連帯保証人A、その物上保証人Bを同じくする以下の判決がある（評釈・解説等は、「判批」を略し、複数の判決を対象としているものは判決日の遅い方に掲げる）。すべて一審は東京地裁、二審は東京高裁の判決であるが同一担当部のものはない。一審判決には、①東京地判平成二年三月二八日金法一二八一号二八頁（旗田庸・債権管理四五号五一頁、山野目章夫・判タ七五七号五六頁）、②東京地判平成二年八月二三日〔本件一審判決〕（浦野雄幸・NBL四六二号四八頁、畔柳正義・判タ七六二号二六頁、伊藤進・リマークス四号二頁）、③東京地判平成二年八月二七日（平成元年（ワ）第一四一四〇号）判タ七五六号二三三頁、④東京地判平成二年八月三〇日判タ七五六号二二三頁、⑤東京地判平成二年一〇月二二日判タ七五六号二二三頁、⑥東京地判平成二年一〇月二五日金法一二九四号二六頁、⑦東京地判平成二年一二月四日判時一三八六号一一六頁（石井眞司・判タ七五三号六一頁、菅野佳夫・判タ七六〇号三二頁、清水暁・判評三九六号一六八頁、後藤博・判タ七九〇号三四頁）、⑧東京地判平成三年一二月二〇日判タ七八三号一三八頁（西尾信一・手研四六九号六四頁）がある。①判決は、Bが主債務の時効援用による抵当権消滅などを理由にXに対して根抵当権設定登記の抹消登記手続を求めたものであり、他は本件同様の貸金請求事件である。二審判決には、⑨東京高判平成四年一月二九日高民集四五巻一号一頁〔一審判決未公表〕、角紀代恵・金法一三六四号一七頁、花本広志・金法一三八七号一〇二頁、松久三四彦・椿寿夫編『担保法の判例Ⅱ』〔有斐閣、一九九四年〕三四八頁〔本書⑲所収〕）、⑩東京高判平成四年二月一七日判タ七八六号一八六頁〔一審は①判決〕（松本恒雄・判タ七九四号二九頁、和田照男・金法一三四八号一六頁）、⑪東京高判平成七年五月三一日〔本件二審判決〕（山野目章夫・判タ八九三号三六頁、佐久間弘道・金法一四四九号一一頁・一四五〇号七二頁、金山直樹・リマークス一三号一五頁）がある。

物上保証人Bに対する根抵当権の実行は、被担保債務（Aの連帯保証債務）の時効の中断事由との関係でどのように評価されるかにつき、右諸判決は、第一に催告にもあたらないとするもの（①・④・⑦・⑧・⑨判決）、第二に単純な催告としての効力は認めるもの（⑥・⑩判決〔③判決もそうか〕）、第三にいわゆる裁判上の催告（四宮和夫『民法総則〔第四版〕』〔弘文堂、一九八六年〕三一五頁参照）にあたるとするもの（②・⑤・⑪判決）に分かれていた。本判決は、この問題に対する初めての最高裁判決であり、右第一説をとることを明らかにしたものである（河合裁判官の意見は右第二説）。

（2）学　説　学説は、右第一説（近江幸治「競売開始決定の連帯保証人への送達と主債務の消滅時効の中断」手研四五四号八頁、塩崎勤「物上保証と時効中断の効力をめぐる最近の判例から〔下〕」債権管理五〇号三四頁。菅野「前掲⑦判批」三六頁はXの帰責性の大きさを重視）と、第三説（山野目「前掲①判批」五七頁、伊藤「前掲②判批」一四頁、清水「前掲⑦判批」一七三頁、等）に分かれている。銀行等融資側関係者は、予想されるところではあるが、時効中断を認めるべきであるとするものが多い（右第二説として、和田「前掲⑩判批」一六頁、右第三説として、石井「前掲⑦判批」六一頁、秦光昭「物上保証人に対する競売申立てと被担保債権についての時効中断効等」金法一三三〇号一一頁、佐久間「前掲⑪判批」金法一四五〇号七六頁、がある）。

三　検　討

（1）解釈の指針　本件では、①物上保証（抵当権）の実行により被担保債務（連帯保証債務）の時効が中断し、それに連動して、②主債務の時効も中断するかが問われている。①はこれを認める最高裁判例の考え（検討の余地はあるとしても）を前提として考察する。②は、物上保証（抵当権）の実行が被担保債務につき民法四五八条・四三四条の「請求」にあたるかという問題である。時効は、中断行為の当事者間で進行していたものについてだけ中断するのが原則である（民一四八条。本条が「承継人」を含めていることについては、松久三四彦「民法一四八条の意味」金沢法学三一巻二号四一頁〈一九八九年〉〔同『時効制度の構造と解釈』〈有斐閣、二〇一一年〉二四四頁所収〕参照）から、その例外規定である民法四三四条・四五八条の解釈を通して当事者以外の者にも中断効を認めてよいかは、例外を認めるべき合理性があるかにかかってくる。したがって、以下では、右合理性の有無が決め手になることを念頭に置きつつ、本判決の従来の判例の流れにおける位置づけ、判旨に即した検討からはいっていきたい。

（2）　物上保証（抵当権）実行による被担保債務の時効中断の根拠　本判決は、物上保証としての抵当権の実行は民法一五五条により被担保債務（Aの連帯保証債務）の時効を中断するが、Y_1の主債務は中断しないという。理由として、抵当権の実行は被担保債務に対する裁判上の請求（民一四九条）またはそれに準ずる時効中断事由に該当せず、催告（民一五三条）としての効力もないので、民法一四七条一号の「請求」に当たらず、したがって、民法四五八条が準用する民法四三四条の「履行ノ請求」としての効力を生ずる余地がないという。では、Aの連帯保証債務の時効はなぜ民法一五五条により中断するのか。本判決が援用する最二小判昭和五〇年一一月二一日民集二九巻一〇号一五三七頁は、「抵当権を設定した物上保証人に対する競売の申立は、被担保債権の満足のための強力な権利実行行為であり、時効中断の効果を生ずべき事由としては、債務者本人に対する差押と対比して、彼此差等を設けるべき実質上の理由はない」からであるという。

（3）　連帯保証人に対する差押えは主債務の時効を中断するか　では、連帯保証人あるいは連帯債務者の一人に対して差押えがなされた場合、主債務者あるいは他の連帯債務者の債務の時効は中断するか。これは、民法四五八条が準用する民法四三四条の「履行ノ請求」は「差押え」を含むかという問題になる。この点につき、大判大正三年一〇月一九日民録二〇輯七七七頁は、民法四三四条の「請求」は差押えを含まないとした。理由は、請求と差押えは異なり（どう異なるかというと、「差押ハ債権者カ其債権ノ弁済ヲ得ンカ為メ自カラ行フモノニシテ本来債務者ニ対スル意思表示ノ方法トセルモノニ非サレハ債務者ニ対シ履行ヲ受ケント欲スルコトノ意思表示タル請求ト同一視スヘキニ非サルコト多言ヲ竢タサル」ところという）、民法一四七条も一号と二号で請求と差押えを区別しており、民法四三四条は民法四五七条一項と異なり「履行ノ請求」のみを規定しているからだという。連帯保証人に対する「差押え」の事案では、大判昭和一四年八月三〇日新聞四四六五号七頁が、連帯保証人でもある抵当権設定者に対する抵当権（被担保債務が連帯保証債務か主債務かははっきりしない）の実行により主債務の時効は中断しないとした。近時のものに、東京高判昭和六〇年二月二七日東高民時報三六巻一・二号二六頁（前掲大判大正三年一〇月一九日を援用している）、東京高判昭和六三年八月二二日金法一二二一号三八頁があり、いずれも主債務の時効中断を否定した。また、仮差押えは民法四三四条の「履行ノ請求」に含まれないので連帯保証人に対する仮差押えは主債務の時効を中断しないとした最高裁判決がある（最一小判平成五年四月二二日裁判集民事一六九号二五頁〔山野目章夫・判タ八三一号四四頁〕）。そうすると、これら従来の判例の考えを結びつけると、物上保証（抵当権）の実行により被担保債務たる連帯保証債務の時効は中断するが（前掲最二小判昭和五〇年一一月二一日）、主債務の時効は中断しない（前掲大判大正三年一〇月一九日等）ということになりそうである。したがって、本判決は従来の判例と整合的であり、右従来の判例の延長線上でとらえる限り（本件一連の下級裁判決は分かれていたことを別とすれば）予想されたものといえようか。

もっとも、本判決は、①物上保証（抵当権）の実行は、②被担保債務のための「差押え」と差を設けるべきでないが、③「差押え」は「請求」ではないから主債務の時効は中断しない（民四五八条・四三四条）、という図式ではなく、物上保証（抵当権）の実行は被担保債務の「請求」にあたらない（裁判上の請求にも当たらず、それに準ずるものでもなく、催告にも当たらない）から主債務の時効は中断しないという構成となっている。前掲最二小判昭和五〇年一一月二一日は、「競売の申立は、被担保債権の満足のための強力な権利実行行為」であるから、被担保「債務者本人に対する差押と対比して、彼此差等を設けるべき実質上の理由はない」としているので、本判決は、強力な権利実行行為である差押えと同様であるとしながら催告としての効力もないとはいいにくかったのであろうか。いずれにせよ、本件のような被担保債務が連帯保証債務である物上保証（抵当権）の実行は、連帯保証人の財産に対する差押えではないから、本判決のように、右①②③という「差押え」を媒介とする図式によるのではなく、直接的に「請求」該当性を論じるのは理解できるところである（このことは、物上保証〔抵当権〕の実行による被担保債務の完全な中断を認める前掲最二小判昭和五〇年一一月二一日の考えに検討の余地があるとの見方につながる)。

(4)　連帯保証債務を担保する物上保証(抵当権)の実行と催告の関係　しかし、「執行裁判所による債務者への競売開始決定正本の送達は、本来債権者の債務者に対する意思表示の方法ではなく……」として(このような言い方は、前掲大判大正三年一〇月一九日が差押えと請求の違いとして説くところと同じである)、右送達は催告としての効力もないというのはわかりにくい。そこでは、右送達と催告の法的性質の違いを重視しているかのようであるが、形式的な法的性質論は重要ではない(ちなみに、催告は意思の通知と解するのが一般であろう〔河合意見参照〕)。要は、民法一五三条は、訴え提起などの定型的なものでなくとも、「突然訴ヲ提起スルカ如キ弊ヲ避クル」ため(梅謙次郎『民法要義巻之一総則編〔訂正増補三三版復刻版〕』〈有斐閣、一九八四年〉三八八頁)、債務者に対する権利行使(主張)があれば、ひとまず時効完成を延期させ権利者を保護しようとするものであるから、その趣旨に照らして催告にあたるかどうかを判断すべきものである。そうすると、債権者の抵当権実行は被担保債権の満足を求めてなされるものであるから被担保債権の権利行使を含んでいると評価するのが素直で、その点では「河合意見」は常識的なものと思われる。もっとも、民法一五五条により物上保証(抵当権)の実行は被担保債務の時効を中断するということを前提とするときは、もはや被担保債務の時効中断の有無を考えるために物上保証(抵当権)の実行は被担保債務者への「請求」を含むかということを論じる必要も実益もない。これを問題とするのは、いうまでもなく、本件被担保債務は連帯保証債務であり、その中断が主債務の中断を及ぼすのかが争点だからである。そして、本件被担保債務(Aの連帯保証債務)の中断による主債務(Y_1の債務)の中断を認めてよいかは、1で述べたように、民法一四八条の例外を認めるだけの根拠があるかということであり、この点に留意して民法四五八条・四三四条を解釈しなければならない。

(5)　民法四三四条・四五八条について　民法四三四条は「請求」を絶対的効力事由としている。起草者(富井政章博士)によれば、絶対的効力を有する時効中断事由を民法一四七条一号の「請求」に制限する趣旨ではなかったようであるがはっきりしない。すなわち、旧民法債権担保編六一条一項は、「連帯債務者ノ一人ニ対シ債権者ノ利益ニ於テ時効ヲ中断シ又ハ付遅滞ヲ為ス原因ハ他ノ債務者ニ対シテ同一ノ効力ヲ有ス」として時効中断事由一般の絶対効を規定していたが、富井博士は民法四三四条（原案四三五条）につき、「履行ノ請求ガ効力ヲ生ズルト言ヘバ履行ノ遅延ノ為メノ賠償ト夫レカラ請求後ノ不可抗力ニ因ル目的物ノ滅失ト夫レカラ時効ノ中断此三ツニ帰スルデアラウト思ヒマス即チ既成法典抔ノ言葉ヲ籍テ言ハバ付遅滞ト時効ノ中断、デ是ハ既成法典ノ規定ト異ナルコトハアリマセズ」と説明している（『法典調査会民法議事速記録三』〔商事法務研究会、一九八四年〕一八〇頁。以下『速記録』）。しかし、梅謙次郎博士は民法四五八条（原案四六一条二項）の審議において、「時効中断抔ハ連帯債務者間デモ効力ヲ及ボサヌト云フコトニ変ツテ参リマシタ」（前掲『速記録』四七六頁）といい、『民法要義巻之三債権編（第三三版復刻版）』〔有斐閣、一九八四年〕一七五頁で、民法四三四条・四四〇条によれば「連帯債務者ノ一人ニ対スル履行ノ請求以外ノ方法ヲ以テスル時効ノ中断ハ他ノ債務者ニ対シテハ効力ナキモノトセル」と記している。

民法四五八条は、旧民法債権担保編二七条二項（「保証人ニ対シタル右同一ノ行為（時効ヲ中断シ又ハ債務者ヲ遅滞ニ付スル行為）ハ保証人カ債務者ノ委任ヲ受ケ又ハ債務者ト連帯シテ義務ヲ負担シタルトキニ非サレハ債務者ニ対シテ効力ヲ生セス」）における「保証人カ債務者ノ委任ヲ受ケ又ハ」を、主債務者は「履行ノ請求ヲ受ケタナラバ自分ガ受ケタト同ジニ見テ呉レソンナコトヲ頼ンデハ居ラナイ」などの理由で削り（二八条二項も削った）、連帯保証の場合については「連帯ノ規則ニ従フ方ガ当事者ノ意思ニモ適」うであろうというので、少し改めたものである（前掲『速記録』四七六頁〔梅〕）。

このように、民法四三四条は絶対的効力事由としての時効中断事由を旧民法よりも制限した形となっており、民法四五八条は当事者の意思に適うことを根拠としている。しかし、右に見た起草者の考えからは、その実質的根拠ない し民法一四八条の例外としての民法四三四条・四五八条の根拠は明らかではない。連帯債務者の一人に生じた事由が他の連帯債務者に影響を及ぼすいわゆる絶対的効力事由には、（a）他の連帯債務者の負担部分についてのみ影響を及ぼすものと、（b）そうでないものがあり、それに応じて根拠も異なるべきものであるが、右（b）に当たる民法四三四条を正当化しようとするならば、それは、連帯債務者間には通常は緊密な結合関係（西村信雄編『注釈民法⑾』〈有斐閣、一九六五年〉五一頁〔椿寿夫〕参照）があり、相互に情報交換があるところに求められよう（淡路剛久『連帯債務の研究』〔弘文堂、一九七五年〕一五九頁参照）。そうすると、一方で、民法四三四条が絶対効としての時効中断事由を「請求」に限定する合理性は疑わしいということになる（付遅滞の効果をも生じるものとして「請求」の語が使われたということはないのか）。それは民法四五八条にもあてはまるが、他方、連帯保証人に対する「請求」であっても、主債務者と連帯保証人の間に相互情報交換が期待できないような場合、すなわち、委託をうけずに連帯保証人になった場合には、主債務の時効中断は認められないとの解釈も十分ありえよう。実質的にも、主債務者の知らないところで連帯保証人がおり、連帯保証債務の時効中断により主債務の時効も中断するというのは不当であろう。

かような観点から本件を見ると、本件のＡは主債務者Y_1の委託を受けた連帯保証人ではない（のみならず、ＡがY_1に頼んで借主になってもらったという極めて不自然な取引であるが、ここでは立ち入らない）。したがって、本件物上保証（抵当権）の実行は被担保債務に対する催告としての効力もないとして主債務の時効中断を否定した本判決は妥当なものと思われる。では、委託を受けた連帯保証の場合はどう解すべきか。それは、委託を受けた連帯保証の場合に、前述のような相互情報交換がなされる（競売開始決定送達があったことが主債務者に伝わる）蓋然性が実際にも大きいといえるか、民法一四八条の例外規定をどの程度厳格に解すべきか等の点をどう考えるかにかかってくる。もっとも、本判決は委託を受けた連帯保証か否かを区別しない一般的な言い方をしているので、委託の有無にかかわらず催告としての効力も認めないというのが本判決の趣旨であろうか。

（6）　物上保証人は主債務の時効を援用できるか　　なお、本件は、主債務者に対する貸金返還請求の事案であるが、物上保証人が主債務の時効を援用して執行異議を申し立て（民執一八二条）、あるいは抵当権の登記抹消を請求できるかは、本判決の判断していないところである。しかし、後者の事案でこれを認める前掲⑫最判が出された。主債務者Y_1との関係では催告による主債務の時効中断は認められなくても、主債務の時効完成前に連帯保証債務の物上保証人Bに対して抵当権の実行を申し立てた以上、抵当権の実行手続中は物上保証人による主債務の時効援用は許されないとの解釈も考えられないではない。債権者としては右の解釈こそ妥当なものと考えるのも無理からぬところがある。しかし、主債務の時効は中断しないとする以上、主債務者の時効利益は確保されねばならない。そのためには、連帯保証人は主債務者に求償できず（抵当権実行により主債務が消滅していても、主債務者は主債務の時効援用により求償を拒めるのと同様の法的地位にあるということになろうか）、そうであれば、物上保証人も連帯保証人に求償できないということにしなければならない。そして、物上保証人の求償権が確保されない以上、物上保証人は主債務の時効を援用して物上保証（抵当権）の実行を阻止できてよいということになり、結局、前掲⑫最判は妥当であるということになる（時効の援用権者の範囲に関しては、松久三四彦「時効の援用権者」北大法学論集三八巻五・六合併号一五三三頁〈一九八八年〉〔同・前掲『時効制度の構造と解釈』一八一頁所収〕参照）。

（7）　河合裁判官の意見について　　なお、河合裁判官の意見中、裁判上の催告の該当基準として二つ挙げているのが注目される。ただし、もし本件のような事案で、さらに委託を受けた連帯保証の場合、その物上保証（抵当権）の実行が被担保債務たる連帯保証債務に対する催告に当たるとするならば、その催告は一回的なものではなく実行手続と一体化したいわゆる裁判上の催告と解する余地もありえよう。今のところ、右基準は狭すぎるようにも思われるが、いずれにせよ、右基準に照らした従来の裁判例の検討とともに、右基準自体の検討が必要である。

（8）　実務の対応・留意点　　債権保全のためには、連帯保証債務を被担保債務とする抵当権の実行手続の終了までに主債務の時効期間が経過する可能性があるとき、または、抵当権の実行だけでは債権全額の満足がはかれないおそれがあるときは、主債務者に対して直接に時効中断手続をとっておくのが無難である。また、債権回収を確実なものとするためには、主債務についても抵当権を設定することが望ましいことはいうまでもない。

〈評釈等〉　孝橋宏・最判解民事篇平成八年度（下）七六五頁（初出、曹時五〇巻一一号三〇七八頁）、同・最高裁時の判例

Ⅱ私法編（ジュリ増刊）四七頁（初出、ジュリ一一〇八号九一頁）、東法子・銀法五三四号三六頁、石田喜久夫・法教一九七号一二六頁、伊藤進・銀法五三二号二〇頁、近江幸治・金法一四九二号二五頁、大西武士・判タ九三四号八五頁、同・NBL六二一号六四頁、同・別冊NBL六二号三八頁、角紀代恵・セレクト'96一九頁、河野玄逸・リマークス一五号一九頁、小久保孝雄・判タ九四五号三二頁、竹内俊雄・銀法五三八号四〇頁、時岡泰・法の支配一〇六号八九頁、中田裕康・民商一一六巻四＝五号七五〇頁、野曽原悦子・金法一四七六号八頁、秦光昭・バンキング二七巻二号一三四頁、半田吉信・判評四五九号三四頁（判時一五九四号一九六頁）、松岡久和・金法一四八五号二二頁、山野目章夫・平成八年度重判解（ジュリ臨増一一一三号）五九頁。

＊初出は、金法一四六九号（一九九六年）一五頁。

[26] 仮差押えの効力——時効中断

最高裁平成一〇年一一月二四日第三小法廷判決（平成七年（オ）第一四一三号、債務不存在確認等請求事件）——破棄差戻し

（民集五二巻八号一七三七頁、判時一六五九号五九頁、判タ九九〇号一二七頁、金判一〇五八号一三頁、金法一五三五号五五頁）

〈参照条文〉　民法一四七条二号、一五四条、一五七条、一七四条の二

〔事　実〕　AはX（原告・被控訴人・被上告人）に対して合計二七五〇万円の本件貸金債権（弁済期は昭和五〇年と五一年）を有していた。Aは、昭和五一年、本件貸金債権の内金一〇〇〇万円を被保全債権とし、X所有の甲不動産（山林二

筆）と乙不動産（保安林一筆、建物一戸と敷地一筆〔それぞれ共有〕）に仮差押えをし、その登記がなされた。昭和五四年、AはXに対し本件貸金債権の支払を求める本案訴訟を提起し、翌五五年、A勝訴の判決が確定した。同年、Aの申立てにより、甲不動産について前記確定判決を債務名義とする強制競売手続が開始し、昭和五七年、Aが配当を受けて同手続は終了した。乙不動産については強制競売の申立てはされず、仮差押登記がなされたままであった（上告理由によると、乙不動産のうち保安林は評価額が低く換価に適せず、共有の建物と敷地については競売が難しく、先順位抵当権があるため持分に対し強制執行しても剰余の見込みもないため強制競売の申立てを見合わせていた）。前記配当から一一年以上経過した平成六年、XはAの相続人Y（被告・控訴人・上告人）に対し本件訴えを提起し、本件貸金債権の消滅時効を援用して債務不存在の確認を求めた。

一審（京都地判平成六年五月二六日民集五二巻八号一七五二頁）、原審（大阪高判平成七年二月二八日民集五二巻八号一七五四頁）とも、Xの請求を認容。原審は、「時効中断事由としての仮差押えは、その執行手続と仮差押命令の債務者への送達とが終わった時、不動産仮差押えの場合であれば、目的不動産への仮差押えの登記と仮差押命令の債務者への送達とが終わった時に終了し、その時から再び新たな時効が進行を開始するものと解するのが相当」であり、「仮に、以上のような見解を採りえないとしても、仮差押え後その被保全債権について最も基本的な中断事由である裁判上の請求がなされ、その勝訴判決が確定したような場合、仮差押えによる時効中断の効力はこの確定判決の時効中断効に吸収され、一〇年の時効期間の経過によって消滅するにいたるものと解するのが相当である」とした。Y上告。

〔判　旨〕　最高裁は、次のように判示して原判決を破棄し、仮差押えの被保全債権の残存額を明らかにさせるため（原判決はAに対する前記配当の額を認定していないので）、本件を原審に差し戻した。

（1）「仮差押えによる時効中断の効力は、仮差押えの執行保全の効力が存続する間は継続すると解するのが相当である（最高裁昭和五八年（オ）第八二四号同五九年三月九日第二小法廷判決・裁判集民事一四一号二八七頁、最高裁平成二年（オ）第一二一一号同六年六月二一日第三小法廷判決・民集四八巻四号一一〇一頁参照）。けだし、民法一四七条が仮差押えを時効中断事由としているのは、それにより債権者が、権利の行使をしたといえるからであるところ、仮差押えの執行保全の効力が存続する間は仮差押債権者による権利の行使が継続するものと解すべきだからであり、このように解したとしても、債務者は、本案の起訴命令や事情変更による仮差押命令の取消しを求めることができるのであって、債務者にとって酷な結果になるともいえないからである。」

（2）「また、民法一四七条が、仮差押えと裁判上の請求を別個の時効中断事由と規定しているところからすれば、仮差押えの被保全債権につき本案の勝訴判決が確定したとしても、仮差押えによる時効中断の効力がこれに吸収されて消滅するものとは解し得ない」。

【解　説】

一　金銭債権者は、将来の強制執行にそなえ一定の場合に債務者の財産を仮差押えにより保全することができる（民保二〇条、民執五九条二項・三項参照）。しかし、仮差押え後、債権者が債務者に対して本案訴訟を提起せず、あるいは、本案訴訟の勝訴判決が確定してもそれを債務名義（民執二二条参照）とする強制執行の申立てをしないまま長期間経過した場合には、被保全債権の消滅時効完成の有無が問題となる。これは、仮差押えによる時効中断（民一四七条二号）の効力はいつまで継続するか、すなわち、新たな時効起算点（民一五七条一項の「中断の事由が終了した時」）はどの時点かという問題である。

不動産に対する仮差押えの執行が登記をする方法でなされた場合（民保四七条一項参照）については、考え方は三つに大別される。第一は、仮差押えによる執行保全の効力が存続する間（仮差押えの登記がある間）は継続すると考える継続説である。第二は、仮差押執行行為の終了時（仮差押えの登記〔と仮差押命令の債務者への通知到達〕時）が新たな起算点になるとする非継続説である。第三は、仮差押えの執行行為終了後も継続するが、本案の勝訴判決が確定すればそれに吸収され、新たに一〇年の消滅時効が進行する（民一五七条二項・一七四条の二第一項）と考える吸収説である。

二　大審院は継続説をとり（①大判明治三七年一二月一六日民録一〇輯一六三二頁〔仮差押えが本差押えに移行したとき

は、仮差押えの時効中断効は本差押えの時効中断効に引き継がれるとした）、②大判昭和三年七月二一日民集七巻五六九頁、③大判昭和八年一〇月二八日新聞三六六四号七頁）、その後の下級裁判決には学説（宮崎孝治郎「②大判の評釈」判民昭和三年度二八六頁）の影響をうけてか吸収説をとるものもあったが（④福井地判昭和四四年五月二六日下民集二〇巻五＝六号三八九頁）、最高裁も継続説を前提とする判断を示した（⑤最判昭和五九年三月九日判時一一一四号四二頁〔不動産の仮差押え後に第三者の申立てによる強制競売手続があり、競落されて仮差押えの登記が抹消された場合には、仮差押えの登記が抹消された時まで時効中断効は続いているとした〕）。しかし、非継続説をとる学説が現れ（松久三四彦「⑤最判の評釈」判評三〇九号三三頁〔判時一一二六号一九五頁〕〔本書⑫所収〕）これが支持を集めたこともあってか、平成四年以降、下級裁判決には非継続説をとるものが現れ（⑥東京高判平成四年一〇月二八日高民集四五巻三号一九〇頁、⑦東京地判平成五年一一月一七日金法一三八八号三九頁参照、⑧京都地判平成六年五月二六日民集五二巻八号一七五二頁〔本件一審判決〕）、継続説をとるもの（⑨東京高判平成六年三月三〇日判時一四九八号八三頁①事件、⑩東京高判平成六年四月二八日判時一四九八号八三頁②事件）と対立した。平成六年、再び継続説を前提とする最高裁判決がだされたが（⑪最判平成六年六月二一日民集四八巻四号一一〇一頁〔仮差押えによる時効中断の効力は、仮差押解放金の供託により仮差押えの執行が取消された場合においてもなお継続するとした〕）、なお非継続説をとる本件原審判決（⑫大阪高判平成七年二月二八日民集五二巻八号一七五四頁）がだされ、他方で、吸収説をとるもの（⑬新潟地判平成九年三月一七日金判一〇三三号三〇頁参照）、継続説をとるもの（⑭東京高判平成九年一〇月二九日金判一〇三三号二七頁〔⑬の控訴審〕）があり、最高裁の判断がまたれていた。このようななかで、本問題を直接扱った本判決により、最高裁は継続説をとることを確認し（【判旨】（1））、また、本案訴訟との関係で吸収説をとらないことも明言した（【判旨】（2））。

学説は、②大判の評釈で吸収説が説かれたが（宮崎・前掲）、民法の教科書等では、民法一五七条一項の「中断の事由が終了した時」につき、差押え・仮差押え・仮処分を一括して「手続の終了した時」とし、仮差押えの場合の具体的な時点には触れていないものが多かった（我妻栄『新訂民法総則』〔岩波書店、一九六五年〕四七四頁、星野英一『民法概論Ⅰ〔改訂版〕』〔良書普及会、一九七四年〕二七一頁、幾代通『民法総則〔第二版〕』〔青林書院、一九八四年〕五八九頁）。言及するものには、宮崎説に反対し、本執行手続の終了した時とするものや（川島武宜『民法総則』〔有斐閣、一九六五年〕四九九頁、同編『注釈民法（5）』〔有斐閣、一九六七年〕一三六頁〔岡本坦〕。ただし、同「⑥判決の判批」後掲で改説）、石田穣『民法総則』〔悠々社、一九九二年〕五八九頁）、③大判を引用して仮差押え執行中は時効は進行しないとするものがあった（前掲『注釈民法（5）』一一七頁〔川井健〕）。しかし、⑤最判の評釈で非継続説が説かれると（松久・前掲「判批」。詳しくは、松久三四彦「不動産の仮差押えと時効中断効」金法一三九八号三六頁〔本書60所収〕）、これが急速に有力となった（中田・後掲六二頁。本判決前では、以下のものが非継続説をとり、あるいは非継続説が理論的であると述べていた。戸根佳夫「仮差押、仮処分による時効中断」姫路法学二号一八二頁。⑥判決の評釈で、上野隆司・金法一三五四号五頁、岡本坦・手研四八九号八頁、金山直樹・判評四一四号四六頁〔判時一四五八号二〇八頁〕〔同「⑨判決の評釈」リマークス一九九五（上）一五頁以下も参照〕、山本克己・金法一三九六号三六頁。⑪最判の評釈で、小山泰史・摂南法学一六号一九三頁、栗田隆・判評四四一号六八頁〔判時一五四〇号二一四頁〕、松岡久和・金法一四二八号二八頁。中田裕康・平成六年度重判解〔ジュリ一〇六八号〕六四頁も、無期限の時効中断の発生は問題であるという。論文では、野村・後掲。継続説をとるのは、石川明「⑪最判の判批」法学研究六八巻九号一五一頁）。

三　本判決は、継続説をとる理由として、第一に、「仮差押えの執行保全の効力が存続する間は仮差押債権者による権利の行使が継続するものと解すべきだからであり」、第二に、「このように解したとしても、債務者は、本案の起訴命令や事情変更による仮差押命令の取消しを求めることができるのであって、債務者にとって酷な結果になるともいえないからである」という。これらは、いずれも、時効制度の存在理由や時効中断の根拠、他の時効中断事由との均衡、保全処分制度の目的や性質・機能と時効中断効の関係のあり方をどのように考えるかにかかわってくる。

継続説が理由とする前記第一は、執行保全という仮差押えの機能を重視する考えに基づくものであり、消滅時効は本来二重弁済を避けさせるための制度であるとの考えからは支持されやすいといえよう。これに対し、非継続説は、永続的時効中断は権利の永久性を認めることになり時効制度と相容れないこと、仮差押えを時効中断事由のなかで特別扱いすべきでないこと、仮差押不動産の価値が被保全債権額を下回る場合に全額について時効中断効が存続するのは不都合であること、仮差押えの暫定性などを理由に、仮差押登記があることをもって時効中断事由としての権利行使が継続しているとはいえないとする。

永続的時効中断回避策として挙げられる前記第二のうちの本案の起訴命令は、非継続説からは、債務を負っている債務者にとっては自らに対して起訴せよとの申し立てをするはずはなく、債務者がわの対抗手段になりえないということになる。消滅時効が未弁済者の債務を消滅させるものであれば、本判決のいうところは妥当しないというのである。また、事情変更による仮差押命令の取消しについては、非継続説からは、義務からの解放がいつなされるかの計算可能性が低く、時効制度が現状維持の計算可能性を担保する制度であるならば不適当であるとの反論がなされよう。なお、継続説は、非継続説では債権者に酷な結果を強いると考えるのに対し、継続説は時効制度のもとでは改めて時効中断措置をとるべきであると考える。

四　本判決を前提とするときは、本執行へ移行した後で本執行の取下げや取り消しがなされた場合に中断効はどうなるのか、事情変更による仮差押命令の取消（民保三八条）はどのような場合に認められるのか、取消された場合は常に民法一五四条が適用されるのかが問題となる（詳しくは、小野①・後掲九二四頁以下、中田・後掲六二頁、片岡・後掲八五頁以下など参照）。

〈評釈等〉　本判決の解説・評釈として、小野憲一①・最判解民事篇平成十年度（下）九一一頁（初出、曹時五三巻三号七二八頁）、同②・最高裁時の判例Ⅱ私法編（1）（ジュリ増刊）四四頁（初出、ジュリ一一五一号一一七頁）、石川明・判評四八六号二五頁（判時一六七六号一八七頁）、浦野雄幸・登記研究六二三号二三頁、片岡宏一郎・判タ一〇〇四号八〇頁、小島浩・平成一一年度主判解（判タ一〇三六号）三二頁、坂田宏・法教二二六号一二六頁、塩崎勤・金法一五八一号一七

四頁、瀧浪武・銀法五六九号五八頁、円谷峻・判タ一〇〇二号五〇頁、中田裕康・平成一〇年度重判解（ジュリ臨増一一五七号）六一頁、中舎寛樹・リマークス一九号一八頁、並木茂・金法一五五一号一六頁、能見善久・金法一五五六号二六頁、松久三四彦・判例セレクト'86－'00三四二頁（初出、セレクト'99一四頁）、村田利喜弥・銀法五六〇号六一頁、吉岡伸一・バンキング二九巻四号七二頁、吉田光碩・銀法五六一号一〇頁。総合的なものとして、野村秀敏「仮差押えによる時効中断の時期（一）－（四・完）」判時一五六六号一〇頁、一五六八号三頁、一五六九号七頁、一五七一号三頁（比較法的にも詳細である）。座談会として、金法一三九八号二三頁、金法一四〇九号一二六頁。

＊初出は、民事執行・保全判例百選（別冊ジュリ一七七号、二〇〇五年）二四六頁であるが、〔第二版〕（別冊ジュリ二〇八号、二〇一二年）二〇二頁を収録。

[27]　一　不動産競売手続において執行力のある債務名義の正本を有する債権者がする配当要求と時効の中断

二　執行力のある債務名義の正本を有する債権者が配当要求をした後に不動産競売の申立債権者が追加の手続費用を納付しなかったことを理由に競売手続が取り消された場合における右配当要求による時効中断の効力

最高裁平成一一年四月二七日第三小法廷判決（平成九年（オ）第二〇三七号、求償金請求事件）――上告棄却

（民集五三巻四号八四〇頁、判時一六七五号七三頁、判タ一〇〇二号一三三頁、金判一〇六八号一七頁、金法一五五二号四〇頁）

〈参照条文〉　民法一四七条二号、民事執行法五一条一項、民法一五四条、民事執行法一四条

〔事　実〕　Aは、昭和五一年七月三一日、X信用保証協会（原告・控訴人・被上告人）の保証のもとにB銀行から二五〇万円を借り入れたが、元利金の支払が滞ったため、約定により期限の利益を喪失した。そこで、Xは、昭和五三年四月五日、Aの残債務二五〇万六五三一円（元金二四三万八〇〇〇円、利息六万八五三一円）をBに代位弁済し、昭和五七年七月、Aに対する本件保証委託契約に基づく求償債権の支払命令（旧民訴四三〇条。現在は支払督促〔民訴三八二条〕）を申し立て、同年九月九日、仮執行宣言付支払命令が確定した。他方、A所有の本件不動産上の根抵当権者Cの申立てにより本件競売手続が開始していた（開始決定は昭和五六年六月三〇日）ので、Xは右仮執行宣言付支払命令に基づき配当要求を申し立て、平成三年八月五日、受理された（配当要求の当初の終期は昭和五七年二月二二日）。しかし、本件競売手続は、Cが費用の追加予納命令に応じなかったため、平成七年七月二六日に取り消す旨の決定がなされ（民執一四条二項）、右決定は同年八月三日に確定した。そこで、Xは、A（平成四年一二月二八日死亡）の相続人Y_1ら（被告・被控訴人・上告人）に対し右求償債権の支払を求めて本件訴えを提起した。

Y_1らが右支払命令の確定日（昭和五七年九月九日）の翌日を起算点とする一〇年（旧民訴四四三条、民一七四条ノ二）の消滅時効を援用したため、Xは本件配当要求（平成三年八月五日）により時効は中断したと主張した。これに対し、Y_1らは、①Xの本件「配当要求は配当要求の終期後になされたものであり、差押えの効力を受けることができず、担保権者の競売手続における債権の届出に準じる効力しか有しない」ので時効中断事由にあたらない、②配当要求は、時効中断事由のうち、差押え（民一四七条二号）に準じるものであるから、本件競売手続の取消しにより時効中断の効力は生じない（民一五四条）として争った。

一審（岡山地判平成八年一一月一四日民集五三巻四号八五一頁）は、まず、本件のような執行力のある債務名義の正本を有する債権者の適式な配当要求は差押え（民一四七条二号）に準じて時効中断事由になるとした。その理由として、配当要求も、担保権者自らの競売申立てと同様、「債権の満足を得る一手段であるし、執行裁判所は適式な配当要求があった場合、債務者（所有者）に対しその旨を通知しなければならず（民執規則一七三条一項、二七条）、したがって執行力のある債務名義の正本を有する債権者は、配当要求をすることによって、債務者に対して自己の権利行使の意思を明らかにするとともに、その後の競売手続を通じて自己の有する債務名義の存在が公に確認されるに至る点において、強制競売の申立て、又は担保権者の競売の申立てに類似して」いるからであるという。そして、右①については、「配当要求と債権の届出とは、本来、その目的を異にし、債務者（所有者）への通知の有無等、執行手続における取扱いに大きな相違があるから、配当要求の終期後になされた配当要求といえども、債権の届出と同視することはでき」ず、「さらに、配当要求の終期は、その終期から三か月ごとに変更されることになり（民執一八八条、五二条）、右終期後になされた配当要求も適法なものとなる余地があり、そのために、右終期後になされた配当要求もその旨を債務者（所有者）に通知しなければならないのであるから（民執規則一七三条一項、二七条）、いずれにしても、時効中断事由にあたるかどうかを、右終期の前後で区別することは相当ではない」とした。しかし、右②については、民法一五四条によると、いったん差押えがなされても、その後法律の規定に従わないという理由で取り消されたときは時効中断の効力は生じないということになるが、本件競売手続はCが法律の規定に従わなかったために取り消されたものであるから（民執一四条一項、二項）、本件求償債権の消滅時効の中断効は最初から生じなかったことに帰するとし、「右競売手続の取消しは、配当要求したXの与かり知らないことではあるが、Xは、執行力のある債務名義の正本に基づいて自ら二重差押をすることができるにもかかわらず（民執四七条）、本件競売事件への配当要求という形で、他人の競売手続を利用して自己の債権の満足を得ようとしたのであるから、本件競売手続が取り消されることによる不利益を被ることもやむを得ない」として、本件求償債権の時効消滅を認め、Xの請求を棄却した。X控訴。

原審（広島高岡山支判平成九年七月一七日民集五三巻四号八六〇頁）は、次のように述べて一審判決を取り消し、Xの請求を認容した。

「民事執行法五一条は、一般債権者が配当要求をするには、執行力のある債務名義の正本または仮差押えを必要としているのであるから、同法の下においては、配当要求は、……時効中断効の関係では差押えに準じると解するのを相当とする。したがって、民法一五四条にいう差押えの取消しとは、配当要求についてみれば、配当要求が取り下げられたり、却下されたり、または配当異議の訴え等が提起されるなどして、配当要求に係る債権が配当から排除されることをいうと解すべきである。もとより配当要求の基本となる競売手続が取り消されるときは、配当要求はその効力を失うことになるが、競売手続の取消は、配当要求をした権利者の意思にもよらず、また配当要求が不適法であったことにもよらないのであるから、配当要求の時効中断の効力を失わせると解するのは相当ではない。

したがって、本件求償債権の消滅時効は、本件配当要求により一旦中断し、その後本件競売手続取消の時点から再度進行したものである」。Y_1ら上告。

〔上告理由〕　本件配当要求はその基本となる競売手続が中立債権者の追加予納命令違反により取り消されたことにより当然に遡ってその効力を失い、その時効中断効も遡って効力を失った。また、判例は権利の請求についてのみいわゆる裁判上の催告を認めているのであり、本件配当要求のような権利実行行為に認めるものではないから、裁判上の催告としての効力も認められない。

〔判　旨〕　一「執行力のある債務名義の正本を有する債権者は、これに基づいて強制執行の実施を求めることができるのであって、他の債権者の申立てにより実施されている競売の手続を利用して配当要求をする行為も、債務名義に基づいて能動的にその権利を実現しようとする点では、強制競売の申立てと異ならないということができる。したがって、不動産競売手続において執行力のある債務名義の正本を有する債権者がする配当要求は、差押え（民法一四七条二号）に準ずるものとして、配当要求に係る債権につき消滅時効を中断する効力を生ずると解すべきである。」

二「そして、右の配当要求がされた後に競売手続の申立債権者が追加の手続費用を納付しなかったことを理由に競売手続が取り消された場合において、右の取消決定がされるまで適法な配当要求が維持されていたときは、右の配当要求による時効中断の効力は、取消決定が確定する時まで継続すると解するのが相当である。なるほど、民法一五四条は差押え等が取り消された場合に差押え等による時効中断の効力を生じない旨を定めており、また、競売手続が取り消されればこれに伴って配当要求の効力も失われる。しかしながら、執行力のある債務名義の正本を有する債権者による配当要求に消滅時効を中断する効力が認められるのは、右債権者が不動産競売手続において配当要求債権者としてその権利を行使したことによるものであるところ、配当要求の後に申立債権者の追加手続費用の不納付を理由に競売手続が取り消された場合には、配当要求自体が不適法とされたわけでもなければ、配当要求債権者が権利行使の意思を放棄したわけでもないから、いったん生じた時効中断の効力が民法一五四条の準用により初めから生じなかったものになると解するのは相当ではなく、配当要求により生じた時効中断効は右の取消決定が効力を生ずる時まで継続するものといわなければならない。」

【評　釈】

一　本判決は、民事執行手続における配当要求（民執五一条一項、一〇五条一項、一二一条→五一条一項、一三三条、一五四条一項、一八八条→五一条一項、一八九条→一二一条→五一条一項、一九二条→一三三条）は消滅時効の中断事由にあたるか、あたるとすると、配当要求後に執行手続が取り消された場合に右配当要求による時効中断効はどうなるかという問題に関する初めての最高裁判決である。[1] 本判決は、右のうち、本件事案に即して、①不動産競売（不動産を目的とする担保権の実行としての競売（民執一八一条一項柱書））手続における執行力のある債務名義の正本を有する債権者がする配当要求（民執一八八条→五一条一項）は差押え（民一四七条二号）に準ずるものとして時効中断事由となり（判決理由一）、②右配当要求後に競売手続の申立債権者が追加の手続費用を納付しなかったことを理由に競売手続が取り消された場合（民執一四条二項）には、「右の取消決定がされるまで適法な配当要求が維持されていたときは、右の配当要求による時効中断の効力は、取消決定が確定する時まで継続する」（判決理由二）、と判示したものである。

二　旧民事訴訟法第六編（強制執行）と競売法を統合した民事執行法（昭和五五年一〇月一日施行）は、強制執行手続において配当要求することができる債権者を執行力ある債務名義の正本を有する債権者などに限定し（民執五一条一項など参照）、担保権実行手続における配当要求についても強制執行と同様に扱っている（民執一八八条→五一条一項、同一九二条→一三三条）。これに対し、旧民事訴訟法は強制執行における一般債権者の配当要求を広く認めていたが（旧民訴五八九条、六二〇条一項、六四六条一項）、担保権実行手続と形式的競売を扱う競売法には配当要求の規定がなかった。この旧法下（民事執行法施行前）の判例は、「民事訴訟法ノ規定ニ依ル配当要求ナルモノハ債権者カ強制執行手続ニ依リ債権ノ弁済ヲ受クルコトヲ要求スルモノナレハ……其性質上ヨリ考フルニ……民法一五二条ノ破産手続参加ト同等ノ効力アルモノト為スヲ相当トス」としていた（大判大正八年一二月二日民録二五輯二二二四頁）。[2] また、抵当権者が第三者の申し立てた競売法による任意競売手続で売得金（換価代金）の交付を請求することについては、抵当権者の売得金交付請求は民法一五二条の「破産手続参加ニ類似スル」とした大審院判決（大判昭和一二年六月二六日大審院判決全集四巻一二号一九頁）と、抵当権者が「換価代金の交付方を競売裁判所に申出でた」のは民法一四七条二号の差押えにあたるとした地裁判決（東京地判昭和四八年三月二〇日金法六九三号三二頁）がある。[3]

旧法下の学説は、右大判大正八年一二月二日を支持し配当要求を破産手続参加と同様に考えるものが多いが、[4]差押えと同様に解するものもあった。[5]また、すでに、執行力ある正本によらない配当要求は、当該債権の存否が債務者の認諾または確定判決によって確定に至る（旧民訴五九一条二項・三項、六四七条二項・三項）ので破産手続参加に準ずるが、執行力ある正本による配当要求は、債権確定手続（裁判手続）を必要とせず単なる配当手続（執行手続）を生ずるのみであるから（旧民訴五九一条、六四七条）、むしろ差押えに準じて時効中断効を生ずるとの説があり、[6]民事執行法施行後はこの考えが多数となった。すなわち、同法施行後は、配当要求による時効中断を疑問視する説[7]や民法一五二条を類推適用する説も見られたが、[8]民事執行法は無名義債権者の配当要求を認めておらず（民執五一条一項）、執行手続内で債権の確定（旧民訴五九一条二項・三項、六四七条二項・三項参照）も予定していないことなどを理由に、差押えに準ずるとの説がふえつつあった。[9]かようななかで、本件一審判決、原審判決、本判決も差押えに準ずるとの考えをとったわけである。[10]

三　権利者の当該行為が民法所定の時効中断事由そのものではなくとも、時効中断効を認めるべきか否かは、権利者の行為により時効が中断する根拠に照らして判断されるべきものである。右根拠については、権利行使そのものにあるとする権利行使説と、権利の確定に求める権利確定説に大別されるが、時効中断は権利行使の時点で認めるべきものであることから、権利行使説が妥当である。[11]もっとも、民法の規定（一四七条以下）を見ると、民法は権利の実現ないし満足に向けられた一定の法制度を自ら利用する権利行使を確定的時効中断事由としているといえよう。そうすると、配当要求もまた、権利の満足に向けられた法制度を利用する権利行使であるから、配当要求一般につき確定的時効中断効を認めてよいと考える。民法所定の中断事由のいずれに「準ずる」扱いをするかは、各中断事由のいずれに近いかによるが、配当要求は差押えに始まる民事執行手続上の制度であることから、差押えに準ずるというのが素直な解釈であろう[12]。

このような立場から判旨を見ると、本判決が「執行力のある債務名義の正本を有する債権者は、これに基づいて強制執行の実施を求めることができるのであって、他の債権者の申立てにより実施されている競売の手続を利用して配当要求をする行為も、債務名義に基づいて能動的にその権利を実現しようとする点では、強制競売の申立てと異ならない」ことを理由に、「不動産競売手続において執行力のある債務名義の正本を有する債権者がする配当要求は、差押え（民法一四七条二号）に準ずる」としたのは[13]、時効中断の根拠を権利行使に求め[14]、差押えとの近さから配当要求を差押えに準ずるとしているものであり、基本的に賛成である。本判決は、配当要求が差押えに準ずるためには配当要求債権者が自ら「強制執行の実施を求めることができる」者であることを要求しているようにも見えるが、そうではなく、事案に即して、不動産競売手続において執行力のある債務名義の正本を有する債権者がする配当要求に限定して述べているために、右債権者が執行の申立てをする場合と配当要求をする場合との類似性を述べる表現になったものと思われる。そうであれば、本判決の射程は民事執行手続における配当要求一般に及ぶと見ることもできるものであり、少なくとも、本判決は債務名義を有しない債権者の配当要求には差押えに準じた時効中断を認めないとの考えまで含むものではないといえよう[15]。

四　配当要求を差押えに準じた時効中断事由とするとき、後に民事執行手続が取り消された場合に配当要求による時効中断効が失効するか否かは、民法一五四条の類推適用の問題となる。したがって、同条の「取消サレタルトキ」とは、一審判決のように配当要求の基本となる競売手続（差押え）が取り消されたときと読むべきではなく、原審判決および本判決のように配当要求が取り消されたときと読み替えるべきである。そうすると、同条が時効中断効の失効原因とする「権利者ノ請求ニ因リ又ハ法律ノ規定ニ従ハサルニ因リテ取消サレタルトキ」とは、原審が同条に即して明快に述べるように、「配当要求が取り下げられたり、却下されたり、または配当異議の訴え等が提起されるなどして、配当要求に係る債権が配当から排除されること」を意味する[16]。本判決が、「配当要求の後に申立債権者の追加手続費用の不納付を理由に競売手続が取り消された場合には、配当要求自体が不適法とされたわけでもなければ、配当要求債権者が権利行使の意思を放棄したわけでもない」というのも同じことをいうものである。

このように、配当要求の基本となる民事執行手続の取消を配当要求による時効中断効の失効に結びつけるべきではないが、それは、直ちに確定的時効中断効を認めるべきことを論理的に意味するわけではない。継続的催告(17)による暫定的時効中断を認めるにとどまるとする解釈もありうるからである。民法は、権利の実現に結びつかず法定の手続にも依拠しない催告にとどまる請求には暫定的時効中断を認めるにとどまり(民一五三条)、一定の権利実現のための法制度を利用した権利行使にのみ確定的時効中断を認めるものであるが、確定的時効中断により同一時効期間が再度の進行を始めるのは、原則としてその制度において当該権利者が排除されることなく手続の最終段階まで進んで終了する場合を予定している(18)と解すべきであろう(19)(民一五七条一項・二項参照)。そうすると、配当要求の基本となる執行の申立てが取り下げられた場合や執行手続が中途で取り消された場合(20)は原則として暫定的時効中断効にとどまり(21)、配当要求債権者に時効中断事由にあたる再度の速やかな権利行使を要請する基礎が欠ける場合に(22)、例外的に確定的時効中断効を認めるというのでよいのではないだろうか(23)。本判決は、原審判決ほど明確ではないが、同一時効期間の再度の進行(確定的時効中断効)を認めるもののようである(24)。そうであれば、いわば便乗的権利行使をした配当要求債権者に過ぎた利益を与えるものではないかと思われる。

五　権利行使による時効中断の根拠につき権利行使説をとるときは、権利行使時を時効中断の時点と解すべきである。したがって、配当要求による時効中断の時点は、原則として配当要求時と解される(25)。判例は差押えによる時効中断時を執行申立時としており(最判昭和五九年四月二四日民集三八巻六号六八七頁)、本判決は配当要求を差押えに準ずるとしているので、この点が裁判で問題とされるときは、配当要求時が中断の時点とされよう。

なお、配当要求時を時効中断時とすると、配当要求債権者の債権の消滅時効期間が「差押え発効」(民執四六条一項参照)後・配当要求前に経過していた場合、すなわち、①最初の配当要求の終期(民執四九条一項参照)内に配当要求した債権者の債権の消滅時効期間が、差押え発効時には経過していないが配当要求時には経過していた場合、②変更された終期（民執五二条参照）内に配当要求した債権者の債権の消滅時効期間が、変更当初は経過していないが配当要求時には経過していた場合は、時効が完成してしまうことになる。しかし、右の場合には、「差押え発効」時に遡って時効中断効を認めてよいのではないだろうか。権利行使説からは、ここでも配当要求時を時効中断時と解すべきかに見えるが、配当要求の終期が示されている以上、手続法上はそれまでに配当要求すればよいのであるから、時効中断にもこれを及ぼし、配当要求が可能となった時点で時効が完成していなければ当該終期までの権利行使を認めるべきではないかと思われるからである。さらには、配当要求制度がある以上、第三者の民事執行申立てがあれば配当要求で債権の満足を図ろうとする債権者に時効の不利益を課すべきではないとして、[26] 右の「差押え発効」を「執行（競売）申立て」まで遡らせるという考えもありえよう。

（1）本判決の調査官解説として、孝橋宏『最判解民事篇平成十一年度』（法曹会、二〇〇二年）四一五頁（初出、曹時五四巻三号八九八頁）、最高裁時の判例Ⅱ私法編（ジュリ増刊）三六頁（初出、ジュリ一一六五号一〇九頁）、評釈等に、上野隆司・金法一五四七号四頁、梶山玉香・法教二三〇号一一〇頁、片岡宏一郎・金法一五五六号三八頁、金山直樹・判タ一〇〇九号五五頁、中澤貴・群馬法専紀要一四号六五頁、西尾信一・銀法五六五号七二頁、廣田民生・判タ一〇三六号二六二頁、松久三四彦・平成一一年度重判解（ジュリ一一七九号）六五頁、峯崎二郎・金法一五八一号一七六頁がある。また、原審判決の評釈等に、伊藤進・金判一〇四六号二頁、上野隆司＝浅野謙一・金法一五二九号六頁、江口浩一郎・銀法五五二号一頁、片岡宏一郎・銀法五五五号一六頁、酒井廣幸・金判一〇五〇号二頁、廣谷章雄・判タ一〇〇五号四六頁がある。

（2）有体動産に対する強制執行に際し他の無名義債権者が配当要求（旧民訴五八九条）を申し立てた事案。同旨のものに、この大審院大正八年判決を引用する大判昭和一一年二月二八日新聞三九六六号一七頁、「配当要求は一種の裁判上の請求として民法一五二条の破産手続参加と同視すべきものである」という大阪高判昭和三六年二月二五日下民集一二巻二号三七四頁がある。

（3）　高梨克彦「債権届出と時効中断」ひろば四〇巻七号（一九八七年）五三頁、富越和厚・最判解民事平成元年度一八事件三三一頁などは、競売法の下では、抵当権は競落により消滅し（競二条二項）、特別の交付請求をしなくても売得金は消滅した抵当権者に交付される（競三三条二項）ので、大判昭和一二年六月二六日や東京地判昭和四八年三月二〇日がいう売得金（換価代金）交付請求の具体的内容は明らかでないという。また、峯崎二郎「不動産競売手続における債権の届出・配当受領と時効中断」銀法五三二号一一頁（一九九七年）は、競売売得金の交付を請求する計算書の提出は、競売裁判所に対する請求にすぎず債務者に対する通知等を予定していないし、債権確定手続も予定していないので、時効中断効を認めた大判昭和一二年六月二六日には疑問があるという。これに対し、配当金等を受けられる債権者が配当金等を受領する場合は、執行裁判所に備え付けられている定型的な請求書及び受領書用紙に所定事項を記載して提出し、執行裁判所に対して配当金等の請求をすることになっており、この配当金等の請求・受領に時効中断効が認められるとする、上野隆史「不動産競売手続における時効中断」松本崇ほか編『債権回収の法務と問題点（鈴木正和先生古稀記念）』（経済法令研究会、一九八九年）三三〇頁、淺生重機「不動産競売手続における配当金の請求・受領と時効中断効」金法一三九八号六六頁（一九九四年）、高山満「不動産競売と時効の中断」金法一三七八号一一〇頁（一九九四年）、伊藤進「抵当不動産競売手続への申立以外の方法による参加と消滅時効中断効（下）」ジュリ一一四七号一一九－一二〇頁（一九九八年）がある。

（4）　石田文次郎『現行民法総論』（弘文堂書房、一九三四年）五〇一頁、柚木馨『判例民法総論下巻』（有斐閣、一九五二年）三九一頁、石本雅男『民法総則』（法律文化社、一九六二年）三九五頁、川島武宜編『注釈民法（5）』（有斐閣、一九六七年）一〇一頁（川井健）、幾代通『民法総則』（青林書院、一九六九年〔第二版、一九八四年〕）五六七頁、星野英一『民法概論Ⅰ〔改訂版〕』（良書普及会、一九七四年）二六六頁、など。

（5）　近藤英吉『註釈日本民法〔総則編〕』（巖松堂書店、一九三二年）五六七頁、田島順『民法総則』（弘文堂、一九三八年）五三一頁、川島武宜『民法総則』（有斐閣、一九六五年）四九三頁。

（6）　薬師寺志光『日本民法総論新講下巻』（明玄書房、一九五九年）一〇七六頁。

(7)　藤原総一郎「不動産競売と時効中断」自由と正義四八巻七号一一八頁（一九九七年）。なお、朝日慶市「不動産競売手続と時効管理」銀法五三〇号二三頁（一九九七年）は、執筆時までの最高裁判決および民事執行手続から実務としては配当要求には時効中断効がないものとして対応すべきという。

(8)　峯崎二郎「競売申立ての取下げ前に配当要求をした者の時効中断の効力」金法一二二九号二七頁（一九八六年）、川井健『民法概論1民法総則』（有斐閣、一九九五年）三八四頁（第二版、二〇〇〇年、四一三頁）、上野＝浅野・前掲注（1）九頁（配当要求は民法一四七条一号の「請求」にあたるという）。

(9)　酒井廣幸『時効の管理』（新日本法規出版、一九八八年）一一一頁（増補改訂版、一九九五年、一二五頁）、富越・前掲注（3）三三〇頁（初出、曹時四三巻二号五三三頁（一九九一年））、淺生重機「不動産競売における申立債権以外の債権の時効中断（下）」手研四七三号三七頁（一九九二年）（差押えおよび裁判上の催告に準じるとする）、片岡宏一郎・金法一三九八号九二頁（一九九四年）、など。なお、伊藤・前掲注（3）一一九頁は、個別的権利行使の面では差押えに準じ、包括的権利への参加という面では暫定的中断効も併存するという。

(10)　評釈や教科書では本判決の立場を客観的に解説するものが多いが、本判決の評釈（前掲注（1））で差押えに準ずるというのは、片岡・四〇頁、松久・六六頁。本判決後の教科書では、中野貞一郎『民事執行法〔新訂四版〕』（青林書院、二〇〇〇年）三六六頁、四宮和夫＝能見善久『民法総則〔第六版〕』（弘文堂、二〇〇二年）四〇九頁、近江幸治『民法講義1民法総則〔第四版〕』（成文堂、二〇〇三年）三三一頁。なお、中澤・前掲注（1）七三頁は、訴訟上の請求（民一四七条一号）に類似するものであるという。

(11)　松久三四彦「時効制度」星野英一編集代表『民法講座1』（有斐閣、一九八四年）五八四頁（同『時効制度の構造と解釈』（有斐閣、二〇一一年）一四〇頁）、同「判批」民商一〇三巻一号一〇六頁〈一九九〇年〉（本書[18]所収）参照。

(12)　配当要求は差押えに準ずるとすると、連帯保証人所有の不動産に対する不動産競売手続に連帯保証債権をもって配当要求した場合、主債務の時効は中断しないということになるのではないか（民四五八条→四四〇条、最判平成九年八月二七日民集五〇巻八号二三九五頁参照）との指摘がある（上野＝浅野・前掲注（1）一〇頁）。これは、連帯保証人に対する差押えは主債務の時効を中断するかという難しい問題をどう考えるかにかかってくる（松久三四彦「判批」金法

一四六九号二〇頁以下〔本書25〕参照)。

(13)　本判決より先、最判平成元年一〇月一三日民集四三巻九号九八五頁(以下「最判平成元年」という)は、不動産強制競売(民執四三条一項)手続において催告を受けた抵当権者がする債権の届出(民執五〇条)は、裁判上の請求(民一四九条)、破産手続参加(民一五二条)、これらに準ずる時効中断事由のいずれにも該当しないとした。また、最判平成八年三月二八日民集五〇巻四号一一七二頁(以下「最判平成八年」という)は、不動産競売手続における抵当権者の債権届出(民執一八八条→五〇条)についても右最判平成元年を引用して同様に判示したうえで、届出債権の一部配当を受けても残債権の時効は中断しないとした。右最判平成元年は、裁判上の請求や破産手続参加に準ずる時効中断事由にあたるためには、①権利の確定を求め、または、②債務の履行を求める権利主張であることと、③各手続において右権利主張が債務者に到達することが予定されていることが必要であるという。本件一審判決も右の基準に照らした判断をし、制度的に債務者(所有者)に対し配当要求があった旨の通知がなされること(右③に対応する)も重視して配当要求による時効中断を認めるかのように判示したが、この点を批判するものがあった(伊藤・前掲注(1)一二頁)。本判決(第三小法廷)は一審判決のように右①–③の基準に照らした判断はしておらず、最判平成元年(第二小法廷)、最判平成八年(第一小法廷)にもふれていない。

なお、もし抵当権者の債権届出には暫定的時効中断効さえも認められないとするならば(富越調査官・前掲注(3)五三六頁は、最判平成元年からは催告としての効力も否定されるであろうという)、本判決が配当要求による時効中断効を認め、さらに、その基本となる不動産競売手続が取り消されても失効しないとしたことにより、時効中断の点では配当要求と抵当権者の債権届出との扱いに大差が生じたことになる。この点につき、孝橋調査官・前掲注(1)四二一頁は、①債務名義を有する債権者による配当要求は一般債権者の強制履行請求権に基づく権利行使の方法であるという性格を有しているのに対し、抵当権者の債権届出は売却条件確定のための裁判所の資料蒐集への協力という意味合いを持つ、②配当要求をする債権者は法定文書を提出しなければならないのに対し、債権の届出をする抵当権者は債権証書等の提出を求められるわけではない、③配当要求は債務者に通知されるが、債権の届出の内容は債務者に通知されないとして両者の違いを強調される。しかし、配当要求しうる債権者は有名義債権者に限られているわけではなく、債権届出が資料提供を主目的とすることは、権利主張の性質をも有することを妨げるものではない。また、少なくとも、被担保債務者所有の不動産に対して強制執行または担保権が実行されるときは、債務者も執行開始決定の通知を受けるので抵当権者も配当を受けうることは債務者の知るところとなる。時効中断の点で抵当権者の債権の届出を配当要求に比べ圧倒的に不利に扱う解釈は、差押前登記済抵当権者はそれだけで配当等をうけるべき債権者として権利実現の面で厚く保護されている（民執八七条一項四号）ことと矛盾するのではなかろうか。そこで、債権届出による暫定的時効中断を執行申立時に遡ってみとめるべきであると考えたが（松久三四彦「最判平成元年の判批」民商一〇三巻一号一一二頁以下〈一九九〇年〉〔本書18〕）、近時は、民事執行が包括的権利行使の面を有することから抵当権者の債権届出に関係なく競売開始決定の送達自体に（浅生重機「不動産競売における申立債権以外の債権の時効中断（下）」手研四七三号（平成四年）三二頁〔差押え又は裁判上の催告に準ずる〕）、あるいは債権届出に暫定的時効中断効を認めようとする説（伊藤進「抵当不動産競売手続への申立以外の方法による参加と消滅時効中断効（上）」ジュリ一一四六号一四八頁（平成一〇年）、同・後掲注（21）六一頁、シンポジウム「民事執行手続と消滅時効中断効」金融法研究一五号（平成一一年）一九頁〔伊藤眞〕、同三八頁以下〔竹下守夫〕、中野・前掲注（10）三六六頁、村田利喜弥「不動産競売手続における債権者の諸行為と時効中断」銀法五六五号七頁（平成一一年））が有力に主張され支持を集めている。これは、抵当権の登記あるかぎり民事執行がなされなくとも被担保債権の時効は暫定的に中断されているというものではないから、抵当権の登記を有することのみをもって催告の効力を認めるもの（井上繁規・最判解民事平成八年度（上）一四事件三二八頁）ではない。本判決が、むしろ右有力説の追い風となり、裁判所も債権届出に暫定的時効中断効を認めるようになることを望みたい。

（14）　この点は、判決理由二の「執行力のある債務名義の正本を有する債権者による配当要求に消滅時効を中断する効力が認められるのは、右債権者が不動産競売手続において配当要求債権者としてその権利を行使したことによるものである」にも示されている。

（15）　孝橋・前掲注（1）四二八頁は、一般先取特権者の配当要求については、今後に残された問題であるという。

（16）　原審判決前に、すでに同旨を述べ配当要求による時効中断効は失効しないとするものに、清水湛「競売申立ての取下げと配当要求による時効中断の効力」金法三六〇号二八頁（昭和三八年）がある。酒井・前掲注（9）一一二頁（増補改訂版、二一五頁）は、民事執行法上の配当要求は時効中断事由としては差押えの一種と解すべきであり、手続後の債権の確定は考慮に入れる必要がないことを理由とする。

（17）「継続的催告」という表現は、いわゆる「裁判上の催告」よりも射程を広くとりやすいため用いられつつある（松久三四彦「判例解説」担保法の判例Ⅱ〈一九九四年〉三五〇頁〔本書[19]〕、同「判例解説」交通事故判例百選〈第四版、一九九九年〉一八一頁〔本書[45]〕、四宮和夫＝能見善久『民法総則〔第五版〕』〈弘文堂、一九九九年〉三六七頁など）。

（18）再度時効が進行するのは債権が満足をえられず消滅しない場合であるから、債権が満足をえて手続が終了することは必要ではない。したがって、たとえば、配当要求債権者への配当がないまま競売手続が終了しても、確定的時効中断効は失われない。孝橋・前掲注（1）最判解民事四三五頁の注（三一）参照。

（19）朝日・前掲注（7）二三頁が、執行申立てが取り下げられた場合に、配当要求にのみ時効中断効を認めるべき根拠はないというのも同旨か。なお、酒井・前掲注（1）二頁は、「基本たる競売手続が違法を理由に取り消された場合」は失効するとの見解を示すが、競売手続の取消が配当要求債権者とかかわりがない以上、右のような区別に親しまないと思われる（峯崎・前掲注（1）一七七頁も、同じ理由から、競売手続の取消か取下げかで違いはないという）。

（20）詳しくは、金山直樹「民法一五四条をめぐる解釈上の諸問題」銀法五六五号（一九九九年）一四頁参照。

（21）伊藤進「『民事執行法上の催告』による暫定的中断効と消滅時効中断効論」法論七一巻四＝五号（一九九九年）六〇頁も同旨。これに対し、確定的時効中断を認めるものに、峯崎・前掲注（8）二七頁、シンポジウム・前掲注（13）三八頁（佐久間弘道）、孝橋・前掲注（1）最判解四二八頁。金山・前掲注（20）一四頁、村田・前掲注（13）九頁もこの立場か。

（22）たとえば、無剰余を理由に競売手続が取り消された場合（水戸地判平成七年七月一〇日金法一四四七号五五頁参照）で、かつ、その後に配当要求債権者が自ら差し押さえても同様に無剰余を理由に取り消されることが明らかな場合はこれにあたろうか。

（23）この私見に対し、孝橋・前掲注（1）最判解四三七頁（注（三九））は、「債権者は時効期間中いつでも訴訟の提起等の時効中断の措置を執ることができるはずであるから、右のような区別は困難であると思われるという」。しかし、区別が困難かどうかは、配当要求債権者に再度の速やかな権利行使を要請する基礎が欠ける場合という範疇を抽出できるかどうかにかかるのであって、債権者はいつでも時効中断措置をとれるということとは関係がないといえよう。

(24)　孝橋・前掲注（1）最判解四二八頁、同・前掲注（1）ジュリ一一〇頁参照。なお、本件では、Xは暫定的時効中断としても時効完成前となる平成七年八月一一日（孝橋・前掲注（1）最判解四一六頁による）に訴えを提起しているようである。

(25)　片岡・前掲注（1）銀法二〇頁、孝橋・前掲注（1）最判解四二七頁。伊藤・前掲注（3）一一九頁は配当要求があったことが債務者に通知された時とする。なお、時効完成前ではあるが所定の終期に遅れた配当要求が時効完成後の終期の変更により正常な配当要求に組み込まれた場合も、配当要求時の時効中断を認めてよいであろう。

(26)　もっとも、債権者は、競売の申立てが取り下げられたり、却下されたために配当要求の機会が得られないまま時効が完成するリスクは負わなければならないが。

＊初出は、民商法雑誌一二八巻二号（二〇〇三年）二三九頁。

[28]　被担保債権が極度額を超える根抵当権の実行と消滅時効中断の範囲

最高裁平成一一年九月九日第一小法廷判決（平成八年（オ）第二四二二号、土地根抵当権設定登記抹消登記等請求事件）――破棄自判

（判時一六八九号七四頁、判タ一〇一四号一七二頁、金判一〇八二号八頁、金法一五六六号五二頁）

〈参照条文〉　民法一四七条二号、一五四条、三九八条の二第一項、民事執行規則一七〇条

〔事　実〕　本最高裁判決の理由中に示されたところによると、本件事案と原審判決の概要は次のようである。X（原告・控訴人・上告人）はY相互銀行（被告・被控訴人・被上告人）との間で、昭和五七年七月、YA間の昭和五九年六月末までの相互銀行取引により生ずるAのYに対する債務について極度額を五〇〇〇万円として連帯保証する旨の契約を締結した（以下この保証債務を「本件連帯保証債務」という）。また、XはYとの間で、昭和五八年五月、X所有の本件土地に、極度額一五〇〇万円、債権の範囲を相互銀行取引・手形債権・小切手債権、債務者をAとする根抵当権（以下「本件根抵当権」という）の設定契約を締結し登記を経由した。YはAに対し、昭和五九年四月、証書貸付の方法により三三〇〇万円を貸し付けた（以下この貸金債権を「本件貸金債権」という）。Aは、昭和六一年四月、東京手形交換所において取引停止処分を受け、本件貸金債権について期限の利益を喪失し、同年六月、破産宣告を受け本件根抵当権の担保すべき元本が確定した（民法三九八条ノ二〇第一項五号）。

Yは、昭和六二年五月、本件貸金債権等を請求債権として、本件土地について本件根抵当権の実行としての競売の申立てをし、同月二六日、競売開始決定がなされ、その決定正本がAの破産管財人および物上保証人Xにそれぞれ送達された。不動産競売申立書の債権目録には「被担保債権及び請求債権」として、「但し、下記債権のうち極度額一、五〇〇万円　元金合計四二、五九〇、五二一円」と記載されていたようである（金法一五六六号五二頁の本判決コメントによる）。

Xは、平成二年三月、本件連帯保証債務の不存在確認を求めて本件訴訟を提起した。Yは、本件訴訟において、平成六年九月、本件貸金債権が残存する旨（菅原・後掲「判批」五四頁によると、残元本二七三〇万円余）記載した準備書面を原審裁判所に提出し、Xはこれを受領したが、その時点では本件貸金債権の五年の消滅時効期間が経過していた。Xは、平成七年一月、Yに対し、本件根抵当権の極度額に相当する一五〇〇万円を支払い、Yは、同日、競売の申立てを取り下げた。その後、Xは、本件訴訟において、本件貸金債権につき五年の商事消滅時効を援用した。

原審（東京高判平成八年七月一一日）は、Yの不動産競売申立てに基づく競売開始決定正本が債務者Aの破産管財人に送達された昭和六二年五月ころ、本件貸金債権の全部についていったん時効が中断したが、右時効中断の効力は、Yが平成七年一月に右競売の申立てを取り下げたことにより、初めから生じなかったことになるとした。しかし、担保権の実行としての不動産競売の申立ては、被担保債権について債務者に対するいわゆる裁判上の催告に当たり、Yは、右催告の効力が継続中の平成六年九月、本件貸金債権の残額が存在する旨の主張を記載した準備書面を原審裁判所に提出し、Xがこれを受領したことにより、本件貸金債権の連帯保証人であるXに対して裁判上の請求に準ずる行為をしたということができ、その効力は主債務者であるAに及ぶから、本件貸金債権について消滅時効中断の効力が生じたとして、Xの請求を棄却した。

Xは、上告し、①原審判決は、債権の一部についてのみ判決を求める旨明示した訴えの提起と消滅時効中断の範囲に関する最二小昭三四年二月二〇日民集一三巻二号二〇九頁に反する、②競売開始決定の債務者に対する送達は民法一五五条を前提とした債務者に対する単なる差押えの事実の通知であり裁判上の催告ではないから不動産競売申立ての取り下げにより差押えによる中断の効力は遡及的に消滅する、等と主張した。最高裁は、右②を受け入れ次のように判示し、破棄自判した（Xの請求認容）。

〔判　旨〕（1）「債権者が、根抵当権の極度額を超える金額の被担保債権を請求債権として当該根抵当権の実行としての不動産競売の申立てをし、競売開始決定がされて同決定正本が債務者に送達された場合、被担保債権の消滅時効中断の効力は、当該極度額の範囲にとどまらず、請求債権として表示された当該被担保債権の全部について生じると解するのが相当である。」

（2）「債権者から物上保証人に対する根抵当権の実効としての競売の申立てがされ、執行裁判所が競売開始決定をした上、同決定正本を債務者に送達した場合には、時効の利益を受けるべき債務者に差押えの通知がされたものとして、民法一五五条により、債務者に対して当該根抵当権の実行に係る被担保債権について消滅時効の中断の効力を生ずる（最高裁昭和四七年（オ）第二三号同五〇年一一月二一日第二小法廷判決・民集二九巻一〇号一五三七頁参照）。しかし、債権者が根抵当権の実行としての競売を申し立て、競売開始決定正本が債務者に送達されても、根抵当権の被担保債権について催告（同法一五三条）としての効力が生ずるものではないと解すべきである（最高裁平成七年（オ）第一九一四号同八年九月二七日第二小法廷判決・民集五〇巻八号二三九五頁参照）。そして、物上保証人に対する不動産競売において、債務者に対する同法一五五条による被担保債権の消滅時効中断の効力が生じた後、債権者が不動産競売の申立てを取り下げたときは、右時効中断の効力は、差押えが権利者の請求によって取り消されたとき（同法一五四条）に準じ、初めから生じなかったことになると解するのが相当である。」

【評　釈】

一　問題の所在

Xは、YA間の取引から生ずるAのYに対する債務につき連帯保証（極度額五〇〇万円）し、根抵当権（極度額一五〇〇万円）も設定した。その主債務・被担保債務が本件貸金債権（元金は三三〇〇万円）である。Yが根抵当権実行のため不動産競売を申し立てると、Xは連帯保証債務不存在確認の訴え（本件訴訟）を提起した。Yは本件訴訟において本件貸金の残額が存在する旨の主張をしたが、それは本件貸金債権の消滅時効期間経過後の時点であった。その後、Xが極度額一五〇〇万円を支払ったためYが右不動産競売の申立てを取り下げると、Xは本件訴訟において本件貸金債権（主債務）につき消滅時効を援用した。そこで、第一に、抵当権の実行（不動産競売の申立て）は時効中断事由としての差押え（民法一四七条二号）にあたる（民事執行法一八八条・四五条一項）が、根抵当権の実行にあたり不動産競売申立書の被担保債権及び請求債権の項目に極度額を超える債権額（本件貸金全額）が記載されていた場合、消滅時効中断の範囲は記載された債権全部に及ぶかが争われた（全部に及ぶと、本件主債務の時効も中断したことになるので、Yの本件訴訟における前記主張は本件主債務の時効完成前になされたことになる。そして、前記主張により本件主債務が再度中断されたと解する余地がでてくる）。第二に、右競売申立ての取り下げにより時効中断効は失われるか（失われず、かつ、Yの前記主張により本件主債務が再度中断したならば、Xの時効援用は認められないことになる）が問題となった。

二　根抵当権実行による被担保債権の時効中断の範囲

（1）　民事執行の申立ては書面によることを要し（民事執行規則一条）、担保権実行としての競売の申立書には被担保債権と請求債権を記載しなければならない（被担保債権の表示につき同規則一七〇条二号）。請求債権の表示については直接の明文規定はないが、競売を申し立てる以上どの範囲で配当を求めるのかを明らかにする必要があり、民事執行規則一七〇条四号の規定は請求債権を表示すべきことを前提にしている。そして、請求債権と被担保債権は、一部請求の場合を除き原則として一致するので、普通、これらを「被担保債権及び請求債権」としてまとめて記載すれば足りるといわれている（東京地裁民事執行実務研究会編『不動産執行の理論と実務』（法曹会、一九九四年）三三頁）。これによると、「請求債権」とは「配当を請求する債権（額）」のことであるから、極度額を超える請求債権はありえず（上野隆司ほか「座談会・不動産競売と時効管理をめぐる実務上の留意点」金法一四六九号（一九九六年）二九－三〇頁の各発言もこのような理解の上になされていると思われる。なお、上告理由でも同旨が述べられている）、本判決のように、「根抵当権の極度額を超える金額の被担保債権を請求債権として……」というのは適切な表現ではないということになる（被担保債権及び請求債権として記載されている額が極度額を超えていても、それは被担保債権特定のための記載であり、極度額が請求債権となる）。もし、右の表現が、単なる用語法の違いにとどまらず、「請求債権」の語感と結びつき、権利行使は請求債権についてなされており、請求債権は記載された額全部であるから全部について時効中断の効力が生ずるとの解釈に繋がりやすいとするならば、極度額を超えた部分については、少なくとも、差押え同様の権利行使ありとの評価に結びつくものではないことに留意する必要があろう。いずれにしても、本判決のように記載された額全部が請求債権であるとするかに見える用語法もみられる（峯崎二郎・金法一一二九号（一九八六年）二五頁、後掲東京地判平成一〇年一〇月一五日、本判決掲載誌のコメントなど）ので、ここでは混乱を避けるため（例えば、「時効中断の範囲は請求債権の範囲に一致する」との表現はいずれの用語法であるかにより内容が異なる）、できるだけ、「請求債権」の語は用いないことにする。

（2）　本判決は、「被担保債権及び請求債権」として記載された債権額（以下「記載額」という）が極度額を超える場合の時効中断の範囲に関する初の最高裁判決である。学説には、本判決と同じく、記載額の全部に及ぶとする説があった（峯崎・前掲二五頁（理由は述べられていない）。金山直樹「根抵当権の実行と時効中断」金法一四八三号（一九九七年）三六頁もこの立場に共感を示す）。また、「複数の債権を併記してその極度額に『満つるまで』としたときは、一応、債権が全部あるということを主張しているとみられるので、債権全部について時効中断の効力が生ずるとみることができるのではないか」との説もあり（上野ほか・前掲三〇頁〔塩崎勤〕。酒井廣幸・銀法五四一号（一九九七年）三一頁もこれに賛成する。なお、塩崎判事は、「複数の債権のうちの特定の債権に絞り込んで競売の申立てをしたときは、その特定の債権だけについて時効中断が認められるにすぎない」とする）、これと同旨の東京地判平成一〇年一〇月一五日金判一〇六六号四八頁がある。他方で、本件のように債権が一個で極度額を超えている場合は、一部請求に関する最二小判昭三四年二月二〇日民集一三巻二号二〇九頁との整合性などから、極度額の限度しか中断しないのではないかとの考えも示されていた（上野ほか・前掲三〇頁〔山野目章夫〕。上野隆司「不動産競売手続における時効中断」松本崇ほか編『鈴木正和先生古稀記念・債権回収の法務と問題点』〔一九八九年〕三二四頁も同旨か）。本判決については、賛成評釈がでている（生熊長幸・リマークス〔二〇〇〇年〕二一号一三頁。他に、評釈として、菅原胞治・銀法五七七号〔二〇〇〇年〕五四頁）。

（3）　本判決は、記載額全部の時効が中断することの理由については何も述べていない。前掲東京地判平成一〇年一〇月一五日は、「『下記債権のうち極度額五〇〇〇万円の範囲』との記載は、本件根抵当権の極度額そのものなのであるから、本件根抵当権の実行に関する請求債権として、被担保債権として表示された本件貸付に係る債権の範囲を右金額に限定する機能を有するものではなく、単に当該被担保債権のうち極度額である五〇〇〇万円の範囲で優先弁済を受ける権利があるという本件根抵当権の性質上当然のことを注意的に示したに過ぎないものと解するのが相当というべきである。極度額を超えて根抵当権の被担保債権が存在する場合において、……、差押えの効力が極度額の限度でしか生じないと解さなければならないものではない。」という。これは、①差押えの効力は極度額に限られず記載額全部に及ぶので、②差押えによる時効中断の範囲も記載額全部に及ぶということなのであろうか。もしそうならば、右①については（①の内容もはっきりしないが）、根抵当権者は後順位担保権者がいなくても極度額を超えて配当を受けることはできないとする判例（最一小判昭和四八年一〇月四日金法七〇一号三〇頁）・実務（東京地裁民事執行実務研究会編・前掲五四三頁参照）との整合性も問題となろう。

（4）　本判決は、明示的一部請求の訴えは残部の時効を中断しないとした前掲最二小判昭和三四年に抵触しないという。形式論としては、右最二小判昭和三四年は中断事由が裁判上の請求（民一四九条）であるから、そのようにいうこともできようが、実質的には抵触するものと思われる。私見は、右最二小判昭和三四年に反対であり、一部請求の訴えは残部の放棄でない限り継続的催告（いわゆる裁判上の催告）として残部につき暫定的時効中断効を認めるべきではないかと考える（このようなものに、最一小判昭和五三年四月一三日訟月二四巻六号一二六五頁がある）。そして、本件のように不動産競売の申立てにおいて極度額を超える債権が記載された場合にも同様に解すべきであると考える。当該差押えは記載額全額を回収しうる権利行使ではないので全債権について通常の時効中断効を認めるほどの権利行使があるとはいえないが、他方では、全債権回収のための権利行使の第一歩ではあり、また、極度額満額の配当が得られるかはっきりしない以上、配当後の残債権額もはっきりしないのであるから、競売手続中に別途残債権につき時効中断措置をとるべきであるとまではいえないように思われるからである（金山・前掲三六頁も、「たとえ債権の総体が明確でも回収できる額が限定されているか不明確であるといった権利実現に固有の障害がありうる」という）。本判決のように確定的時効中断効を認めると、極度額を超える部分についての一部弁済が計上されずに債権（額）が記載された場合には、債務者は一部弁済の受取証書を当初の時効期間を超えて保管しなければ二重弁済の危険に陥るという不利益を被ることにもなろう（だからといって、このような場合、債務者は不動産競売開始決定に対する執行異議（民執一八二条）を申し立て債権の記載を訂正させることはできないであろう。できるとしても、それをしなければ時効中断の不利益を被るというのは妥当であろうか）。

（5）　本判決（判旨（1））が最高裁の考えとして定着するかはなお予断を許さないが（ちなみに、民集不登載）、記載額全部につき時効中断効が生ずるとする本判決によるときは、根抵当権者は、登録免許税の節約をとるか時効中断の利益をとるかという悩み（上野ほか・前掲二九頁－三〇頁参照）から解放されることになった。

三　物上保証人に対する不動産競売申立ての取下げと時効中断効の帰趨

（1）　一般債権者が債務者の不動産に対する強制競売申立てを取り下げた事案については、判旨（2）と同じ結論の大判昭和一七年六月二三日民集二一巻一三号七一六頁がある。本判決は、①担保権者が不動産競売の申立てを取り下げた事案に関するものであること、②不動産競売の申立てが被担保債権の催告を含むものであるならば、右申立てを取り下げても催告としての効力は残ると解する余地がでてくるが、原審判決直後の最二小判平成八年九月二七日民集五〇巻八号二三九五頁（連帯保証債務を被担保債務とする根抵当権の実行は被担保債務に対する催告としての効力もないとして、主債務の暫定的中断効も否定した）を援用して右の解釈を否定したところに判例法上の意義がある。

（2）判旨（2）は、特に限定することなく、物上保証人に対する不動産競売の申立てを取り下げると、差押えが権利者の請求によって取り消されたとき（民一五四条）に準じ時効中断効は遡及的に生じなかったことになるという。しかし、たとえば、物上保証人から極度額相当額の支払いを受けたため申立てを取り下げざるをえない場合もこれに含まれ、取り下げ直後に残額につき被担保債務者を訴えても時効の抗弁を受けるというのは妥当ではない（ちなみに、本件Xは連帯保証人でもあったので根抵当権消滅請求権をもたず〔民三九八条ノ二二第三項〕、Yは競売申立てを取り下げる必要はなかった〔菅原、生熊、前掲各「判批」の指摘するところ〕）。学説も、民法一五四条の制限的解釈が有力であり（その状況につき、生熊・前掲一二頁参照）、判旨（2）の射程距離は一定の範囲に限られることになろう。

〈評釈等（初出の本文所掲に追加）〉　大沼洋一・判タ一〇六五号三四頁、小野秀誠・金判一〇九九号五三頁、片岡宏一郎・判タ一〇三七号六五頁。

＊初出は、金融判研一〇号（金法一五八八号）（二〇〇〇年）二一頁。

[29]　別の訴訟物による訴訟の提起・係属と消滅時効の中断

最高裁平成一一年一一月二五日第一小法廷判決（平成八年（オ）七一八号、建物保存登記抹消登記手続等請求事件）――破棄自判

（判時一六九六号一〇八頁、判タ一〇一八号二〇四頁、金判一〇八四号二五頁、金法一五七一号一一七頁）

〈参照条文〉　民法一四七条一号、一五三条

〔事　実〕　X会社（原告・被控訴人・被上告人）は、昭和六一年七月一八日、Y（被告・控訴人・上告人）から本件建物の新築工事を代金五一〇〇万円で請け負い、同年一〇月二五日にこれを完成させてYに引き渡した。XはYに対し、昭和六三年一一月一八日、本件訴えを提起し、Yは請負代金の一部しか支払っていないとして本件建物のY名義の保存登記の抹消登記手続を求めた。Xは、一審係属中の平成二年九月一九日、右請求を請負残代金請求に交換的に変更した。一審判決（熊本地判平成七年四月五日（昭和六三年（ワ）第一一三五号））は、Xの請求を一部（一七四〇万円）認容したので、Yは控訴し、全額弁済ずみであると主張するとともに、請負代金支払期である建物完成時（昭六一年一〇月二五日）から三年が経過したとして、請負代金債権の消滅時効（民一七〇条二号）を援用した。これに対し、Xは、本件訴えの提起による時効中断を主張した。

原審（福岡高判平成七年一二月二六日判時一五六八号六三頁）は次のように判示し控訴棄却としたため、Y上告。

「本件訴え提起時には請負代金請求権が直接の訴訟物となっていなかったことは明らかであるが、Xは、本件訴え提起の当初から、本件建物保存登記の抹消請求の前提として請負代金の残額があることを主張しており、これにつき請求の意思があることを明らかにしていたということができるし、原審での主たる争点も、当初から請負代金の弁済の有無であった。そして、本件建物の所有権が、その完成により、当然に請負人たるXに帰属すると解すべきかどうかについては、議論のあるところと考えられるが、請負人にとっては、請負代金の弁済を受けるまでは、本件建物の所有権を確保することにより、担保としての機能を果たさせようと意図するのは無理からぬところであり、当初の請求はその目的に出たものと認められる。

一方、注文主たるYが代金全額を弁済することにより、建物の所有権は完全にYに帰属し、Xによる保存登記の抹消請求も認められなくなる関係にあり、その意味で、本件訴え提起当時の訴訟物と訴え変更後の訴訟物とは密接な関係があるということができるのである。このほか、原審では、終始X本人によって訴訟が追行されたことをも併せ考慮すると、本件のような事実関係の下においては、本件訴えの提起によって、本件請負代金請求権についての裁判上の請求に準ずる権利主張があったものとして、同請求権につき消滅時効中断の効力があると解するのが相当である（なお、訴訟物が異なることをもって、裁判上の請求に準ずるものと解することができないとしても、前記認定の事実関係に照らすと、Xの本件訴状による主張は、本件請負代金請求権につき、すくなくともいわゆる裁判上の催告の限度では効力を有するものと認めるべきであるところ、右時効中断の効力は、訴えの提起という訴訟行為によるものであるから、その提起時から前記訴えの交換的変更に至るまで継続して存在するものというべく、右訴えの交換的変更（請求）によって、確定的に消滅時効中断の効力が生ずるに至ったものと認められる。）。」

〔判　旨〕「本件訴訟における当初の請求は、建物所有権に基づく妨害排除請求権を行使して本件登記の抹消登記手続を求めるものと解されるのに対し、訴え変更後の請求は、請負契約に基づく履行請求権を行使して請負代金の支払を求めるものであり、訴訟物たる請求権の法的性質も求める給付の内容も異なっている。

そうすると、本件訴訟の提起を請負代金の裁判上の請求に準ずるものということができないことはもちろん、本件登記の抹消登記手続請求訴訟の係属中、請負代金の支払を求める権利行使の意思が継続的に表示されていたということも困難であるから、その間請負代金について催告が継続していたということもできない。」

【先例・学説】

一　本判決は、建築請負人が代金未払いのため注文者名義の建物保存登記の抹消を求める訴え（前訴）を提起し、のちに訴えを請負残代金請求（後訴）に交換的に変更した事案において、前訴は右請負残代金債権の裁判上の請求に準ずるものとはいえず、前訴の係属中催告が継続していたということもできないとして、前訴には請負残代金債権の消滅時効中断の効力は認められないとした。最高裁として初の判断であり、原審判決のほかには同種事案の下級裁判決も見当たらない。

二　本件の論点は、請負人の注文者に対する建物保存登記抹消請求の訴えが請負代金債権の消滅時効を中断するか否かである。したがって、原告の権利甲の主張が原告の権利乙の消滅時効を中断するか否かに関する判例をとりあげると以下のとおりである（いわゆる一部請求の事案もここに含めることにする）。

１　中断肯定例　①大判昭和五年六月二七日民集九巻六一九頁は、基本的法律関係（保険金受取人の地位）確認の訴えは、保険金請求権の時効を中断するとし（保険金請求権を実現する手段であり、権利の上に眠っていないから）、②最判昭和四三年一二月二四日裁判集民事九三号九〇七頁は、農地譲受人の譲渡人に対する所有権移転登記請求の訴えは、譲渡人に対する知事の許可申請協力請求権につき継続的催告の効力があり（農地法三条に基づく知事の許可により本件農地の所有権が原告に移転することを当然の前提とするものであるから）、許可申請手続請求の追加的変更により、右請求権の時効は確定的に中断するとした。③最判昭和四五年七月二四日民集二四巻七号一一七七頁は、「一個の債権の一部についてのみ判決を求める趣旨が明示されていないときは、請求額を訴訟物たる債権の全部として訴求したものと解すべ」きであり、「この場合には、訴の提起により、右債権の同一性の範囲内において、その全部につき時効中断の効力を生ずる」とし、④最判昭和五三年四月一三日訟月二四巻六号一二六五頁は、明示的一部請求の事案ながら、残額請求権についてもその権利の存在することの主張を維持し債務の履行を欲する意思を表し続けていたとして残額請求権の継続的催告による暫定的中断を認めた原審判決を維持した。また、⑤最判昭和六二年一〇月一六日民集四一巻七号一四九七頁は、債務の支払のために手形が授受された当事者間において債権者のする手形金請求の訴えの提起は、原因債権自体に基づく裁判上の請求に準ずるものとして、原因債権の消滅時効を中断するとし（両債権は経済的には同一の給付を目的とすること、債権者の通常の期待、中断を認めないのは不合理な結果となることを理由とする）、

⑥最判平成一〇年一二月一七日判時一六六四号五九頁は、不法行為に基づく損害賠償請求の訴えを、不当利得返還請求の訴えに交換的に変更した事案において、両者は基本的な請求原因事実を同じくし、経済的に同一の給付を目的とする関係にあることを理由に、前者は後者の権利の継続的催告にあたるとした。

2　中断否定例　⑦大判昭和二年九月三〇日新聞二七七一号一四頁は、債務者に対する譲渡担保目的物の引渡請求訴訟は被担保債権の時効を中断しないとした。明示的一部請求の訴えにつき、⑧最判昭和三四年二月二〇日民集一三巻二号二〇九頁は、「裁判上の請求があったというためには、……いわゆる訴訟物となったことを要する」として、残部債権は訴訟物になっていないので残部債権の時効は中断しないとし（中断するとの少数意見あり）、⑨最判昭和四三年六月二七日訟月一四巻九号一〇〇三頁も、被告たる加害者の地位を不当に長期に不安定にするおそれがあることを理由に残部債権の時効中断を否定した。⑩最判昭和三七年一〇月一二日民集一六巻一〇号二一三〇頁は、詐害行為取消しの訴えは、先決問題たる関係において債権を主張するにとどまり、直接、債務者に対し裁判上の請求をするものではないとして、債権者の債務者に対する債権の時効を中断しないとした。⑪最判昭和五〇年一二月二五日金法七八〇号三三頁は、貸金返還請求の訴え提起後、立替金返還請求の訴えを予備的に併合した事案で、「本件貸金債権と本件立替金債権とは基本的事実関係が同一であったといいうるにしても、右貸金請求訴訟と右立替金請求訴訟とは訴訟物を異にするばかりでなく、実質的にも全く別個の紛争である」として、原審判決とは異なり、貸金返還請求の訴えによる立替金債権の時効中断を否定した（なぜ「実質的にも全く別個の紛争」なのかは不明）。

三　本件は、一般化すると、権利甲の主張が権利乙の時効中断事由となるほどの権利乙の主張を含むかが問題となっている。したがって、権利乙の主張の強弱の程度と時効中断の有無という観点から、参考までに、被告の抗弁としての権利主張に消滅時効中断効を認めた判例を見ておく。これには、裁判上の請求に準ずるとして確定的時効中断を認めたものと、継続的催告（いわゆる裁判上の催告）として暫定的時効中断を認めたものがある。すなわち、⑫大（連）判昭和一四年三月二二日民集一八巻二三八頁は、債権者が債務者から提起された債務不存在確認訴訟の被告として債権の存在を主張し請求棄却を求めた場合につき（権利の上に眠っていない、条理、を理由に）、⑬大判昭和一七年一月二八日民集二一巻三七頁は、債権者が請求異議訴訟の被告として債権の存在を主張し請求棄却を求めた場合につき（実質上債権存在確定と同様の結果である、時効制度の立法の趣旨、を理由に）、⑭最判昭和四四年一一月二七日民集二三巻一一号二二五一頁は、抵当権者が債務者兼抵当権設定者の債務不存在を理由とする抵当権設定登記抹消登記手続請求訴訟の被告として被担保債権の存在を主張し請求棄却を求めた場合につき（被担保債権についての「権利行使がされたものと認められないことはない」との理由で）、裁判上の請求に準ずるとした。また、⑮最（大）判昭和三八年一〇月三〇日民集一七巻九号一二五二頁は、債権者が債務者からの物の引渡請求訴訟の被告として留置権を主張した場合につき、被担保債権の継続的催告にあたるとした（裁判上の請求に準ずるとの意見あり）。

四　裁判上の請求（民一四九条）による消滅時効中断の根拠及び裁判上の請求にあたるか否かの基準について、学説は次の二つに大別される。一つは、裁判上の請求とは、権利の存在（取得時効の中断においては占有者の権利の「不存在」）が裁判により確定される場合であるとする権利確定説である。この確定は既判力によるべく、したがって、当該権利が訴訟物となっていることを要するというのが、この説の当初の典型的な考えであった（山田正三『判例批評民事訴訟法第一巻』（弘文堂、一九二三年）三四五－三四六頁、兼子一『新民事訴訟法体系〔増補版〕』（酒井書店、一九六五年）一七八頁。その後は、必ずしも既判力による確定にこだわらないかに見えるもの（川島武宜『民法総則』〔有斐閣、一九六五年〕四七五頁は、応訴による中断も認めている）や、争点効（新堂幸司『新民事訴訟法』〔弘文堂、一九九八年〕五九九頁以下参照）による確定でもよいとするもの（石田穣「裁判上の請求と時効中断」法協九〇巻一〇号〔一九七三年〕一三〇三頁）もある。権利確定説は、消滅時効中断の根拠を権利の存在が明らかになる点に求めており、時効観においていわゆる推定説（訴訟法説）をとるものといえよう。いま一つは、中断の根拠は権利不行使という時効の基礎となる事実状態の継続が破れることにあるとの立場から、「裁判上の請求」とは「裁判上で権利の存在を主張すること」であるとする権利主張（行使）説である（我妻栄『新訂民法総則』〔岩波書店、一九六五年〕四五八－四五九頁)。権利確定説からは、本件の前訴は請負残代金債権の裁判上の請求にはあたらないことになる。権利主張説では、裁判上の請求または継続的催告にあたるとするものから、いずれにもあたらないとするものまで、考えが分かれよう。

【評　論】

一　本判決は、従来の判例と整合性を有するであろうか。まず、本件と同じく訴えの交換的変更の事案でありながら、継続的催告ありとした⑥最判は、両請求権は基本的な請求原因事実を同じくすること、また、経済的に同一の給付を目的とする関係にあることを理由としている。これに照らすと、本件X主張の二つの権利(所有権〔に基づく登記抹消請求権〕と代金債権)は経済的に「同一」の給付を目的とする関係にあるとはいえないので、⑥最判と整合的でないとまではいえない。つぎに、権利主張の実体に照らすと、本件は、被担保債権確保の目的で担保となる物の支配を目指した点で、⑦大判に近いと見ることもできよう。そして、⑦大判が時効中断を否定していることから、本判決は⑦大判の延長線上にあると見ることもできよう。また、詐害行為取消の訴えは債権の存在を前提としながらも、⑩最判はその債権の時効中断を認めていない。したがって、本件Xの前訴が請負代金債権の存在を前提とするものであったとしても、本判決が請負代金債権の時効中断を否定したのは⑩最判とも整合的であるとの見方もできよう。このように、右に見た限りでは、本判決は従来の判例と整合性を有する、あるいは、整合性を欠くものではないといえそうである。

しかし、他方において、判例は債権者の抗弁的権利主張においても時効中断効を認めており、それには裁判上の請求に準ずるとするものと(⑫⑬⑭最判)、継続的催告(裁判上の催告)としての効力を認めるものがある(⑮最判)。両者を振り分ける基準は明らかではないが、一つの見方としては、前者は、原告(債務者)の債務不存在の主張に対し被告(債権者)が債権の存在を主張してこれを否定するというように、時効中断の有無が問題となる債権がいわば直接的に主張されている場合であり、後者は、債務者の物引渡請求に対し直接的には留置権が主張されており、時効中断の有無が問題となる被担保債権はいわば間接的に主張されている場合であるといえようか(もっとも、私見では、このような違いは中断効の強弱に結びつけるべきでなく、いずれも継続的催告として扱うべきであるが）。そうであれば、本件Xに所有権が認められるためには通常は請負代金債権の存在が前提となる点は、留置権が被担保債権の存在を前提とするのと近似しており、⑮最判と本件の事案には類似性がある。そうすると、⑮最判が、間接的な、しかも抗弁的な権利主張にも継続的催告の効力を認めていることと、債権者が原告として登場していながら全く時効中断効を認めない本判決は均衡を失するように見える（同じことは⑮最判と⑩最判との間についてもいえる）。

二　では、本件はどう解すべきか。まず、裁判上の請求による消滅時効中断の根拠であるが、権利確定説は権利主張者における権利の存在が確定されることを中断の根拠と考えるものである。したがって、この考えを貫くと、権利の存在の確定時と時効中断時点が一致しなければならないはずである。しかし、それでは、訴訟進行中に時効期間が満了した場合に、いまだ時効は完成していない、すなわち中断しているので時効の援用はできないとして審理を継続しうるものとするという、裁判上の請求による中断の主たる目的に反する結果となる（そのため、兼子・前掲一七八頁は、権利確定説をとりつつ、起訴時に中断するというが、論理的に無理がある）。したがって、時効観において権利得喪説（実体法説）をとるか推定説（訴訟法説）をとるかにかかわりなく、権利主張説をとるべきである（権利の確定は、裁判上の請求による時効中断効が失効しないための要件として位置づけられるべきものである）。

もっとも、権利主張説をとるとしても、いかなる権利主張を裁判上の請求ないしそれに準ずるものと解するかは考えの分かれうるところである。権利得喪説に立つならば、これは、権利者保護と義務者免責という相対立する要請の調和点をどこに求めるかの判断にかかってくることになろう。私見としては、裁判上の請求といえるためには、権利の保持ないし実現のために十分な権利行使であることを要すると考えたい。したがって、原則として、債務名義の取得につながるところの給付の訴えであることを要し、債務名義の取得につながらない訴え提起の場合には、権利の保持ないし実現のために十分な権利行使といえるかという観点から判断されることになる。そして、裁判上の請求にはあたらなくとも、権利主張が認められるものはこれを継続的催告（いわゆる裁判上の催告であるが、訴訟手続における権利主張に限定すべきではない）として暫定的時効中断効を認めるべきであると考える（松久三四彦「時効制度」『民法講座1』〈有斐閣、一九八四年〉五八四頁〔同『時効制度の構造と解釈』〈有斐閣、二〇一一年〉一四〇頁〕参照）。したがって、本判決が裁判上の請求としての中断効を認めないことには賛成である。しかし、本判決は、①「訴訟物たる請求権の法的性質も求める給付の内容も異なっている」とし、「そうすると」として、請負代金の裁判上の請求に準ずるとはいえないだけでなく、②「請負代金の支払を求める権利行使の意思が継続的に表示されていたということも困難である」という。たしかに、事案が①のように抽象化されると、そこからは②の結論が導かれやすいであろう。しかし、判例は、訴訟物になっていない権利主張（抗弁的権利主張）にも時効中断効を認めているのであり、形式論理として②が自動的に導かれるものでもない。重要なのは、①の場合であっても当該事案の実体に即した分析（原審判決の立場がこれである）として②がいえるかである。

たとえば、請負契約の内容がある動産の製作であった場合、請負人が代金回収をあきらめ当該動産の返還だけを求める意図で返還請求をするということは考えられないではない。しかし、注文に応じて注文者（ないし第三者）の所有地上に建築した建物の所有権を請負人が主張し、明渡しや注文者名義の保存登記抹消を求めて訴えた場合は、代金回収と離れて右訴えを提起したとは考えにくく、それは被告（注文者）側も通常は認識している筈である（したがって、訴え提起後も消滅時効の進行を認めなければ、注文者に二重弁済の危険が生じるという事態も考えにくい）。右訴えが代金回収の意思ないし権利主張を含まないというのは、特段の事情がある場合であり、それは被告（注文者）側で主張立証すべきものであろう。さらに、本判決を前提とすると、請負人には、たとえば建物の所有権はあるが代金債権は消滅時効により失うという事態もありえそうである。そうであれば、注文者の一部弁済にとどまるため請負人に所有権ある建物が注文者の所有地上にある場合の法律関係および妥当な処理のあり方をどう考えるかという問題を抱えることにもなり、いっそう本判決には賛成しがたいのである。以上、要するに、目的物が動産の場合も含め、請負人が所有権ないし所有権に基づく権利を裁判上で主張している場合には、それが、請負契約解除後のものではない限り、原則として請負代金債権の継続的催告にあたると解すべきであると考える。したがって、原審判決の理由と結論（第一次的には裁判上の請求に準ずるとした点を除き）に賛成である（本判決の評釈に、川島四郎・法セ五五二号一一八頁、原審判決の解説・評釈に、野村豊弘・判タ九二四号五五頁、波床昌則・判タ九四五号三六頁がある）。

なお、本判決がYの未払いを認定しXの残代金請求を認容した原審判決を消滅時効を理由に破棄したことは、時効制度につきいわゆる権利得喪説（実体法説）をとることを意味しよう。

〈評釈等（初出の本文所掲に追加）〉　金築亜紀・判タ一〇六五号三八頁。

＊初出、リマークス二三号（二〇〇一年）六頁。

[30]　代位弁済した受託保証人による差押債権者の地位の承継申出と求償権の時効中断

最高裁平成一八年一一月一四日第三小法廷判決（平成一七年（受）第一五九四号、求償金請求事件）——破棄自判

（民集六〇巻九号三四〇二頁、判時一九五四号三九頁、判タ一二二七号一一六頁、金判一二六〇号二二頁、金法一七九四号四二頁）

〈参照条文〉　民一四七条二号、一五五条、五〇一条、民事執行規則一七一条

〔事　実〕　A信用金庫のBに対する貸付債権を担保するため、Cらは所有する不動産に根抵当権を設定し、X信用保証協会（原告・被控訴人・上告人）はBの委託を受けて連帯保証した。また、Y（被告・控訴人・被上告人）はXがAに弁済した

ならばBに対して取得する求償権を連帯保証した。その後、Bは手形交換所の取引停止処分を受け、Aとの約定に基づき本件債務の期限の利益を喪失したため、Aは根抵当権に基づいて不動産競売を申し立てた。この競売手続中に、XはBの本件債務の残元本と利息二五〇〇万円余りを代位弁済してAから本件根抵当権の一部移転の付記登記を受け、地方裁判所に債権届出書等を提出し、Aの差押債権者の地位の一部承継を申し出た。裁判所書記官は承継があったことをBに普通郵便で通知したが、転居先不明のため到達しなかった。本件競売手続は、Xには三三二万円余りが配当された後、終了した。そこで、XはYに対し、求償残元金二一〇四万円余りと遅延損害金についてその連帯保証債務の履行を求めて本訴を提起した。これに対し、Yは、本訴の提起された時点では、XがAに代位弁済した時点から五年が経過しているので、XのBに対する求償権は商事時効により消滅したため、XのYに対する連帯保証債務履行請求権も時効消滅していると抗弁した。これに対し、Xは、差押債権者の地位の承継の申出により時効は中断したと再抗弁した。原審（福岡高判平成一七年四月二七日民集六〇巻九号三四二二頁）はXの請求を棄却。

〔判　旨〕「債権者が物上保証人に対して申し立てた不動産競売について、執行裁判所が競売開始決定をし、同決定正本が主債務者に送達された後に、主債務者から保証の委託を受けていた保証人が、代位弁済をした上で、債権者から物上保証人に対する担保権の移転の付記登記を受け、差押債権者の承継を執行裁判所に申し出た場合には、上記承継の申出について主債務者に対して民法一五五条所定の通知がされなくても……上記代位弁済によって保証人が主債務者に対して取得する求償権の消滅時効は、上記承継の申出の時から上記不動産競売の手続の終了に至るまで中断すると解するのが相当である。」

【解　説】

保証人は、弁済により主債務者に対して求償権を取得するとともに、債権者が主債務者に対して有していた原債権とそれを担保する抵当権などの担保権を代位により取得する（民五〇一条）。判例は、この原債権とその担保権は、求償権を確保することを目的として存在する「附従的な性質」を有するものであるという（最判昭和六一年二月二〇日民集四〇巻一号四三頁）。そこで、本判決は、上記判旨の理由として、①差押債権者の地位の「承継の申出」は代位により取得した原債権と担保権を行使して求償権の満足を得ようとするものであるから、これによって求償権について時効中断効を肯認するための基礎となる権利の行使があったものというべきであるという（前掲最判昭和六一年二月二〇日、最判平成七年三月二三日民集四九巻三号九八四頁〔破産手続における破産債権（原債権）の債権者の地位を承継した旨の届出名義変更の申出による求償権の時効中断を認めたもの〕を引用している）。そして、②物上保証人に対する不動産競売の開始決定正本が主債務者に送達された場合には、差押債権者の承継は求償権の時効について主債務者に不利益を生じさせるものではなく、③主債務者は自ら弁済するなどして競売手続の進行を止めない限り、受託保証人が代位弁済して差押債権者の承継を申し出るということは当然に予測すべきことであるから、時効受益者が不測の不利益を被ることがないようにするという民法一五五条の法意に照らし、上記承継の申出については、時効受益者たる主債務者に対する時効中断の問題に関する限り、主債務者に通知することを要しないという。

本判決は、受託保証人による差押債権者の地位の「承継の申出」（これは求償権に基づく「差押え」（民一四七条二号）そのものではないので、「差押え」に準ずると考えるものであろう〔齋藤・後掲二四一頁参照〕）は求償権の時効を中断し、この場合には民法一五五条の適用はないことを明らかにした初めての最高裁判決である。本判決の射程は、上記③からは、主債務者の委託を受けないで保証した場合には及ばないと解される（齋藤・後掲二五二頁、酒井・後掲八五一号一〇七頁）。なお、原債権の時効期間、求償権の時効期間が短期の場合には、原債権者の抵当権実行により時効中断した原債権、受託保証人による「承継の申出」で時効中断した求償権につき時効期間の延長（民一七四条の二）はないと解すべきである（理由は、松久三四彦「前掲最判平成七年三月二三日の判批」リマークス一三号一四頁〔本書[23]所収〕参照。結論同旨のものとして、齋藤・後掲二五三頁、吉岡・後掲五七頁）。本件とは異なり、まず受託保証人が代位弁済により取得した原債権について抵当権の実行を申し立て、競売開始決定正本が主債務者に送達された場合にも、本判決の考えからは、同じく求償権の消滅時効は中断することになろう（関沢・後掲四頁、山野目・後掲二九頁）。なお、原債権額が求償権額を下回る場合に、「承継」により求償権全額につき中断するかという問題がある（松久・前掲「判

批」一四頁、齋藤・後掲二五三頁以下参照)。

〈評釈等〉　絹川泰毅・最判解民事篇平成十八年度(下)一一七二頁(初出、曹時六〇巻一号二八七頁)、同・最高裁時の判例Ⅵ(ジュリ増刊)九七頁(初出、ジュリ一三四〇号九七頁)、青山隆徳・信用保証一一三号七四頁、階猛＝上原敬・銀法六七一号六四頁、草野類・別冊判タ二二号三四頁、古積健三郎・速報判例解説(法セ増刊)二号八三頁、齋藤由起・商学討究五八巻二＝三合併号二二九頁、酒井廣幸・NBL八五〇号三八頁、同・NBL八五一号一〇一頁、関沢正彦・金法一八〇二号四頁、高橋眞・民商一三六巻六号六九五頁、同・平成一九年度重判解(ジュリ臨増一三五四号)六六頁、谷本誠司・銀法六七四号四七頁(銀法六八六号四五頁所収)、原田昌和・法セ六三一号一一八頁、山野目章夫・金法一八一二号二六頁、吉岡伸一・判タ一二三二号五四頁、吉田光碩・判評五八四号八頁(判例時報一九七四号一八六頁)、同・金法一八一一号四頁、良永和隆・ハイ・ローヤー二六一号六四頁。

＊初出は、セレクト'07(二〇〇八年)一三頁。

三　時効完成後の債務の承認

[31]　木材商債務承認事件――時効完成後の債務の承認

最高裁昭和四一年四月二〇日大法廷判決（昭和三七年（オ）第一三一六号、請求異議事件）――上告棄却

（民集二〇巻四号七〇二頁、判時四四二号一二頁、判タ一九一号八一頁、金法四四一号六頁）

〈参照条文〉　民法一四六条

〔事　実〕　Xは製材および製品販売を営んできた木材商である。Xは終戦の少し前頃訴外Aから木材製品の注文を受け前渡金を受け取ったが、その一部を履行した後に原木の入手が困難となり残部の履行ができないでいた。Aは昭和二四年五月二九日Xの自宅を訪れ、Xの履行遅滞を責め、前渡金のうち不履行分に相当する金額の返還を迫ったので、Xはこれを支払うため、同日Aと同道して来ていたYから七万八〇〇〇円を弁済期昭和二四年八月二九日、利息月五分の約束で借り受け、Aに支払った。その際に、XはYの求めに応じて、公正証書作成のためYに白紙委任状および印鑑証明書を交付した。ところが、Yは勝手にその白紙委任状を利用し、元本を一〇万九〇八〇円、履行遅滞の場合の違約損害金を日歩七〇銭とする公正証書を作成した。Xは弁済期がきても弁済せずにいたが、昭和三三年三月七日付の手紙で、Yに対し、本件借用金を元金だけにまけてもらいたい、そうしてくれるなら同年中に何とかして四、五回くらいに分割して支払う旨を述べた。しかし、Yはこれに応ぜず、昭和三四年七月二五日、右の公正証書に基づき、Xに対して二二七万一四九〇円の債権を有するとしてX

の有体動産に対して強制執行をした。そこで、Xは本件請求異議の訴え（民訴旧五六二条。民執三五条参照）を提起し、右の公正証書は白紙委任状を濫用したものでありXの債務額は公正証書に記載された額よりも少額である、また、本件債務は商事債務であるから五年の時効（商五二二条）によって消滅していると主張した。これに対しYは、Xは前記手紙によって債務を承認しているから時効利益を放棄したことになると主張した。第一審（秋田地湯沢支判昭和三五年九月二八日民集二〇巻四号七一二頁）はXの請求を全面的に認容してYの強制執行を許さないとしたため、Y控訴。第二審（仙台高秋田支判昭和三七年八月二九日民集二〇巻四号七一五頁）は、まず、右公正証書の効力につき、貸金元本七万八〇〇〇円をこえる部分は無効であり、また、遅延損害金の約定も当時の利息制限法（旧利息制限法二条）上の制限利息に引き直した年一割をこえる部分は無効であるとした。つぎに、この有効な部分としての本件債務は五年の商事時効の適用を受け、昭和二九年八月二九日をもって時効消滅したとした。しかし、時効完成後にXがYにあてた前記手紙により「本件債務を承認したことが看取されるのであって、元来商事債務が五年の時効によって消滅することは商人間に周知されているものと認めるべきであるから、反証のない限り商人たるXは本件債務が五年の商事時効の適用を受けること及び既に右の期間の経過したことを知りながら、前述のように本件債務を承認し以て時効の利益を放棄したものと推定するのが相当である」が、本件ではこの推定を覆す事実の立証がないとして、結局、Xの請求を一部棄却した（Yの強制執行は債権額七万八〇〇〇円および年一割の遅延損害金をこえる部分についてのみ許されないとした）。そこでXは上告し、第一に、原判決は、債務の減額を請求したということから直ちに債務を承認し時効利益を放棄したと認定するには「之ヲ首肯スルニ足ル特殊事情ヲ判示セサルヘカラス」との大判昭和一四年二月二一日民集一八巻一二二頁に反する、第二に、小学校を出ただけで、さらには数年前まで精神分裂症で入院していた病症の持主であるXが時効とか時効利益の放棄などということを知る筈もないのに、原判決が、Xは五年の商事時効およびその完成を知っていたと推定し、したがって時効の利益を放棄したものと推定したのは、経験則に違背して事実を推定した違法なものであると主張した。これに対し、最高裁は裁判官全員一致で、つぎのように判示して上告を棄却した。

〔判　旨〕「案ずるに、債務者は、消滅時効が完成したのちに債務の承認をする場合には、その時効完成の事実を知っているのはむしろ異例で、知らないのが通常であるといえるから、債務者が商人の場合でも、消滅時効完成後に当該債務の承認をした事実から右承認は時効が完成したことを知ってされたものであると推定することは許されないものと解するのが相当である。したがって、右と見解を異にする当裁判所の判例（昭和三五年六月二三日言渡第一小法廷判決、民集一四巻八号一四九八頁参照）は、これを変更すべきものと認める。しからば、原判決が、Xは商人であり、本件債務について時効が完成したのちにその承認をした事実を確定したうえ、これを前提として、Xは本件債務について時効の完成したことを知りながら右承認をし、右債務について時効の利益を放棄したものと推定したのは、経験則に反する推定をしたものというべきである。しかしながら、債務者が、自己の負担する債務について時効が完成したのちに、債権者に対し債務の承認をした以上、時効完成の事実を知らなかったときでも、爾後その債務についてその完成した消滅時効の援用をすることは許されないものと解するのが相当である。けだし、時効の完成後、債務者が債務の承認をすることは、時効による債務消滅の主張と相容れない行為であり、相手方においても債務者はもはや時効の援用をしない趣旨であると考えるであろうから、その後においては債務者に時効の援用を認めないものと解するのが、信義則に照らし、相当であるからである。また、かく解しても、永続した社会秩序の維持を目的とする時効制度の存在理由に反するものでもない。そして、この見地に立てば、前記のように、Xは本件債務について時効が完成したのちこれを承認したというのであるから、もはや右時効の援用をすることは許されないといわざるをえない。」

【解　説】

一　問題の所在

民法一四六条の反対解釈として、時効完成後は時効利益（援用権）を放棄することができると解されている。そこで、本件のように、時効完成後に債務者が時効利益の放棄については言及せずに債権者に対して債務の減額や支払延期を願い出るなど、放棄の意思は明示されていないものの、債務の存在を前提とする行為があった場合に、これが時効利益の放棄にあたるか否かが問題となる。

二　判例の展開

①大判明治四四年一〇月一〇日民録一七輯五五二頁は、約束手形の債務につき債務者が債務の承認証を作成交付した事案において、「此承認ハ右手形債務ニ付キ時効進行中ニ在テハ民法第百四十七条第三号ノ承認ニ該当シテ其進行ヲ中断スヘク又時効完成シタル場合ニ在テハ此承認ニ依テ時効ノ利益ヲ放棄スル効果ヲ生スヘキハ極メテ明白ノ事理ナリトス」として、債務の承認が時効完成前であれば時効の中断事由となり、完成後であれば時効利益の放棄になるという。この①大判は、時効完成後の債務承認は当然に時効利益の放棄になると解するもののようである（川島武宜『民法総則』〔有斐閣、一九六五年〕四六五頁参照）が、放棄という構成をとる以上は、放棄の意思の存在を時効利益の放棄という効果発生の要件とせざるをえなくなる。また、この援用権を放棄する意思の存在は、必ずしも時効完成の知を理論的前提とするものではないが（そうでなければ、時効完成前の放棄ということもありえず、したがって、時効完成前の放棄をわざわざ無効とする一四六条はなくてもよいということになる。また、時効完成後においても、「時効が完成しているかいないかは知らないがとにかく放棄する」との意思表示はありうる）、時効完成後に債務承認等をする場合は時効の完成を知らなければ放棄の意思もないのがふつうであるから、放棄の意思の有無は主として時効完成の知・不知をめぐって争われることになる。そこで、②大判大正三年四月二五日民録二〇輯三四二頁は、約束手形の振出人が支払猶予を求めて後日の支払を約束した事案において、「時効ノ放棄ハ完成シタル時効ノ効力ヲ消滅セシムルノ意思表示ナレハ完成シタル時効ノ存在ヲ知ルニアラサレハ之ヲ為シ得ヘキモノニアラス」として、債務者が時効完成を知っていたか否かについて判断せずに放棄を認めた原判決を破棄した。こうなると、裁判における放棄意思の有無（時効完成の知・不知）についての事実認定のあり方が新たな問題となる。かくて、③大判大正六年二月一九日民録二三輯三一一頁は、金銭債務者が時効完成後に月賦弁済の約束をした事案において、「普通債権カ十年ノ時効ニ因リテ消滅スヘキコトハ一般周知ノモノト認ムヘキモノナルカ故ニ右期間ヲ経過シタル後ニ至リ債務者カ債務ノ承認ヲ為シタルトキハ時効完成ノ事実ヲ知リテ其承認ヲ為シタルモノト一応推定スルヲ妥当ナリトス」と判示した。この、債務承認者は時効完成を知っていたものと推定され、債務者に時効完成不知の証明責任があるとの考えは、以後くりかえ

し大審院で確認された（大判大正六年三月二日民録二三輯三六〇頁、大判大正六年四月二六日民録二三輯六七二頁、大判大正一〇年二月一四日民録二七輯二八五頁、大判昭和一三年一一月一〇日民集一七巻二一〇二頁、など）のち、④最判昭和三五年六月二三日民集一四巻八号一四九八頁により最高裁に踏襲された。しかし、この判例理論は、次に紹介するように学説から強く批判され続けてきた。そこで、時効完成の知を推定する④最判を変更したうえで、時効完成後の債務承認により承認者が時効完成を知らなかったときでももはや時効を援用することはできなくなるとしたのが本判決である。大審院によって確立され、最高裁においても踏襲された判例理論を、③大判から数えておよそ五〇年ぶりに大法廷で変更したものとして画期的な意義を有するものである。

三　学説の状況

1　本判決前　前記③大判に始まる一連の判例には、時効完成不知の証明ありとして援用権放棄を否定した小数の判例もある（大判大正一〇年二月七日民録二七輯二三三頁、大判昭和六年一〇月二日新聞三三二二号八頁、など）が、多くの判例はその証明を認めないため、時効完成後に債務の承認がなされた場合は、事実上は時効完成についての債務者の知・不知を問わず時効の援用を許さないのと同じ結果になった。学説の多くは、この事実上の結果は妥当としつつも、その理論構成には批判を加えてきた。理由は、時効完成後に債務の承認をした者が後になって時効を援用するのは、時効の完成を知らずに債務の承認をしたためであると考えるのが常識的な解釈であり、時効完成を知っていたものと推定する判例の立場は経験則に反するというのである（末弘厳太郎「判批」判民大正一〇年度一五事件四五頁、於保不二雄「④最判の批判」民商四四巻一号一一五頁）。そこで、従来の判例の推定法理に代わる法的構成ないし援用権行使を否定する根拠が学説によって種々唱えられた。まず、法的構成としては、①時効の効力の発生につきいわゆる停止条件説をとり、時効完成後とはいえ援用前（したがって、時効の効力発生前）の承認なのであるから、時効完成前の承認に準じて時効中断と同様の効果を生じるとする説（穂積重遠・判民大正一〇年度一五事件付記四八頁。遠藤浩「時効の援用・利益の放棄」『総合判例研究叢書（8）』〔有斐閣、一九五八年〕一四四－一四五頁も同旨か）、②時効期間の計算方法につき、裁判上時効が問題になっている時点から逆算するいわゆる逆算説の立場から、そもそも時効利益の放棄はありえないとの説（末弘厳太郎「時効期間の逆算」『民法雑記帳（上）』〔末弘著作集Ⅱ〕〔日本評論社、一九五三年〕一八五頁）、③時効援用権者の効果意思に関係なく生ずる「援用権の喪失」という構成を主張する説（川島・前掲『民法総則』四六六頁）、などがある。また、援用権行使を否定する根拠としては、④「一般的法律感情の命ずるところである」として道義的判断をもちだす説（於保不二雄「時効の援用及び時効利益の放棄」曹時五巻七号二二―四頁）、⑤信義則に基づき（判例のように時効完成の知を推定するのではない）、債務者に債務の承認が真実の放棄でなかったことの証明責任を負わせるとの説（柚木馨『判例民法総論下巻』〔有斐閣、一九五二年〕三六八―三六九頁）、⑥債権消滅の蓋然性を破る有力な客観的反対証拠が現れたわけであるから（舟橋諄一『民法総則』〔弘文堂、一九五四年〕一七七頁）、あるいは、権利関係は当時者間では明瞭になったのであるから（我妻栄『新訂民法総則』〔岩波書店、一九六五年〕四五四頁）、後に時効の援用を認めることは時効制度の趣旨に反するとの説、などがある。

2　本判決に対する評価

（1）　推定理論の変更について　本判決（解説・評釈として、桝田文郎・曹時一八巻六号九四〇頁、同・判夕一九一号五二頁、同・金法四四四号一七頁、畔上英治・金法四五二号一六頁、乾昭三・法時三八巻一〇号一一六頁、五十嵐清・判評九五号一八頁、上野雅和・法経学会雑誌一六巻四号五四七頁、遠藤厚之助・民法判例百選Ⅰ（第二版）一〇〇頁、遠藤浩『判例演習民法総則（増補版）』〔有斐閣、一九七三年〕二四五頁、岡本坦・法セ二七八号九四頁、川島武宜・法協八四巻四号五一〇頁、四宮和夫・昭和四一・四二年度重判解三〇頁、高木多喜男『民法の判例〔第二版〕』〔有斐閣、一九七一年〕三七頁、西村信雄・民商五五巻六号九三頁、水本浩・法セ一一九号四〇頁、などがある）が時効完成の知を推定する従来の判例理論を変更した点については、学説はこぞって賛成している。

（2）　「消滅時効の援用をすることは許されない」ということの意味　本判決は、債務者が時効完成後に債権者に対し債務の承認をした以上、債務者が時効完成の事実を知らなかったときでも、「消滅時効の援用をすることは許されない」という。その意味をめぐって、本判決は援用権の喪失を認めたもの（川島・前掲判批五一三頁）か、それとも援用権はあるもののその行使は許されないとしたもの（桝田・前掲判タ五四頁）かについて見解がわかれていた。しかし、その後、最判昭和四五年五月二一日民集二四巻五号三九三頁は、時効完成後の債務承認後に再び時効は進行するから再度完成した時効を援用することができるとした。これにより、後者の見解では「論理的にいえば、援用権があるのだから、承認のときから消滅時効が進行するということは矛盾である」（遠藤浩〔右最判四五年の判批〕民商六五巻一号一六二頁）として、判例は援用権の喪失を認めるものであることが明らかになったといわれている（遠藤浩・法学教室〈第二期〉二号一八九頁）。

（3）　援用権の喪失について　　本判決が援用権喪失の主たる根拠を信義則に求めた点を疑問視するものもある（五十嵐・前掲判批二一頁以下）が、援用権の喪失を認めたことについては多くの学説の支持を得ている（前掲本件判批の多数および岡孝・民法の争点Ⅰ九五頁、幾代通『民法総則〔第二版〕』〔青林書院、一九八四年〕五五二頁、など）。しかし、少数ながら反対説もある（西村・前掲判批、三島宗彦・中川淳編『ケースメソッド民法1〔総則〕』〔有信堂、一九七四年〕二一三頁〔本城武雄〕、松久三四彦「消滅時効制度の根拠と中断の範囲（二）完」北大法学論集三一巻二号八三六頁以下〔同『時効制度の構造と解釈』〈有斐閣、二〇一一年〉八三頁以下〕）。本判決は、時効完成後の債務承認により債権者においても「債務者はもはや時効の援用をしない趣旨であると考えるであろう」から、その後においては債務者に時効援用を認めないものと解するのが信義則に照らし相当であるという。そこで、西村教授は右の理由は不当であるとして次のようにいう。すなわち、①時効完成を知らないからこそ債務の承認をするのが通例である以上は、債権者としても、時効完成後に債務の承認をした債務者は時効完成を知らずに承認したものと推測するのが通例であり、したがって、常識のある債権者であれば、債務者が後に時効完成に気がつけば時効を援用するかもしれないと考えるのが普通である、②債権者も時効完成を知らなかったとすれば、「債務者はもはや時効の援用をしない趣旨であると考える」などということはありえない、③もし債権者が時効完成を知っていたとすれば、債務承認を楯にとってもはや時効の援用はできないと主張することは、債務者の無知に乗ずるものというべきであり、債権者の方がかえって信義則に反するものといわなければならない、というのである。なお、本判決に対しては、「わが国の現状では時効の知識が必ずしも普及していないことを考えると、債務者にいささか酷であるとの感じを免れない」（乾・前掲「判批」一一八頁）とか、「過去の判例が、挙証責任にかこつけて、具体的な利益考量をしていたと解するならば（その点不明）、今回の大法廷判決は法的安定性のために具体的妥当性を犠牲にした、と評することもできる」（五十嵐・前掲判批二一頁）といわれ、あるいは、「時効完成を知ったとの推定技術は、大審院により、必ずしも機械的一律性をもって運用されていたのではなく、個々の事例について時効の援用を許すことが妥当か否かが、かなり具体的に考慮されていた」（『演習民法（総則物権）』（青林書院新社、一九七一年）二九八頁（内池慶四郎））との指摘があり、さらには、本判決による判例変更を用意した有力学説の論者の一人である川島博士自身、本件のXの減額懇請を「債務承認」として援用権喪失の効果を認めてよいかについては慎重である（川島・前掲判批参照）ことも注目される。

（4）　本判決の射程距離　　本判決は、援用権喪失事由を「債務の承認」に限っている。そこで、本件のように書面による減額とその分割払の懇請のほかに何が「債務の承認」にあたるかが問題となる（五十嵐・前掲判批二一頁）。もっとも、学説には、「債務の承認」を狭い意味で用い、「債務の承認」のほかに何が援用権喪失事由になるかを考えるものもある（『注釈民法（5）（有斐閣、一九六七年）』六二頁以下（川井健）、幾代・前掲書五五三頁）が用語法の違いにすぎない。いずれにしても、時効利益の放棄の成否という角度から問題としてきた従来の判例の事案（その分析として、川島・前掲書四六八頁以下参照）が参考になると考えられている。なお、将来の判例の予測とは別に、どうあるべきかという点では、援用権喪失事由を広く解するもの（四宮和夫『民法総則〔第四版〕』（弘文堂、一九八六年）三一八頁は債務の自認行為により援用権を喪失するという）から、狭く解すべきであるとするもの（乾・前掲判批一一八頁）まで幅がある。

四　評　釈

本判決の援用権喪失の理由づけには、前記西村教授に指摘された弱点があり、それに対する反論もみられない。もっとも、西村教授が、援用権の喪失理論は「法律に精通して時効制度を利用する才智を具えた者が得をし、無学愚直で時効制度の何たるかも知らない者は損をするという結果になるであろう」といわれる〔西村・前掲判批九五四頁〕ことに対しては、「債務者でありながら債務の履行を免れることが異例に属する」として、「法律知識を有する者は例外的にうまいことをしたと思われるのであって、法律知識を有しなかった者にまで異例の利益をおしかぶせてやることはあるまい」〔水本・前掲判批四六頁〕との反論がある。しかし、異例とはいえ、法が時効制度を設け一定の要件〔時効完成〕のもとで時効の利益を認めた以上、その利益は放棄しない限り時効制度の知・不知にかかわらず時効完成の要件を満たした者すべてに与えられるべきものであろう。

本判決の結論を正当化するには時効観に応じて次の二つが考えられる。一つは、消滅時効を債務消滅の証拠に関する制度とみるいわゆる訴訟法説に立ち、時効完成後の債務承認により債務の存在が明らかになったことを根拠とするものである。いま一つは、消滅時効は債務を消滅させる制度であるとするいわゆる実体法説に立ち、時効完成後の債務承認により生じた債権者の信頼〔弁済してもらえるとの期待〕を保護すべきであるとするものである。しかし、後説には無理があるように思われる。まず、実体法説では、時効完成後の債権者は債務者の時効援用を覚悟すべき立場に置かれるのであるから、一般的に右債権者の信頼を法的保護に値するといえるかは疑問である。また、本判決は時効完成後の承認を完成前の承認と同様に扱う結果となるが、実体法説において時効完成前の承認が時効中断事由とされるのは、承認がなされたために時効中断手続をとらなかった債権者を保護する必要があるからである。そうすると、すでに債権者にとって中断手続をとれる可能性がなくなった時効完成後の時点における承認を、時効完成前の承認と同様に扱うことはできないように思われる。したがって、私見は、実体法説をとるため、援用権の喪失を認める本判決には賛成できないということになる〔詳しくは、松久・前掲論文、同「時効制度」『民法講座1』〔有斐閣、一九八四年〕五八六頁〔同・前掲『時効制度の構造と解釈』〈有斐閣、二〇一一年〉一四二頁〕参照〕。

〈評釈等（初出の本文所掲に追加）〉　枡田文郎・最判解民事篇昭和四十年度一四六頁（初出、曹時一八巻六号九四〇頁）、浅生重機・金法一四三二号一〇八頁、同・一五八一号一四八頁、遠藤厚之助・民法判例百選Ⅰ総則・物権〔第三版〕（別冊ジュリ一〇四号）九六頁、大塚勝美・法政論集（北九州大学）九巻一号一六九頁、大道友彦・民研一二九号三四頁、金山直樹・民法判例百選Ⅰ総則・物権〔第六版〕（別冊ジュリ一九五号）八四頁、田村耕作『民法判例30講〔民法総則・物権法〕』（板橋郁夫ほか編）（成文堂、二〇〇〇年）一〇一頁、椿寿夫・法セ一五九号一一六頁、平井慎一・帝塚山法学一九号一五〇頁、本間輝雄・企業法研究一四一輯四三頁、松嶋泰・銀行実務二五巻一九号九四頁、松久三四彦・法学ガイド3（民法Ⅰ）（別冊法セ）一八六頁、若狭勝・民研五七八号六一頁。

＊　初出は、石田喜久夫・湯浅道男編『判例演習民法Ⅰ〔民法総則〕』（成文堂、一九八八年）二〇六頁。

Ⅱ 取得時効

一 占有

[32] 前主の無過失と一〇年の取得時効

最高裁昭和五三年三月六日第二小法廷判決（昭和五二年（オ）第六五八号、土地所有権確認等請求事件）——破棄差戻し

（民集三二巻二号一三五頁、判時八八六号三八頁、判タ三六二号二〇八頁、金判五四七号一九頁、金法八五八号三三頁）

〈参照条文〉 民法一六二条二項、一八七条

〔事　実〕 Bの妻子X_1－X_4（原告・被控訴人＝附帯控訴人・被上告人）は、Bの先代Aが取得した北海道の原野をBの家督相続を経てさらにBの死亡により昭和二六年に相続によって取得した。しかし、登記名義はAのままであった。Y_1（国－一審被告）は、昭和二九年にこの土地を農地法四四条（当時）に基づいて買収することにしたが、国の買収事務担当機関であった北海道知事は、登記簿上の所有名義人Aが所在不明であるとして、農地法五〇条三項（当時）により買収令書の交付に代える公告をなし、買収対価を供託して買収手続を完了した。その後、この土地は新たに分割され農地法六一条（当時）に基づいて数人に売渡されたが、転々譲渡され、各土地はY_1・Y_2（北海道－被告・控訴人＝附帯被控訴人・上告人）・Y_3（早来町－一審被告）の所有名義になった（未墾地等に関する農地法旧第三章〔四四条－七五条の一〇〕は農地法等の一部を改正する法律〔平成二一年法律第五七号〕により削除された）。そこで、Xらは、Y_1の買収処分は必要な調査を尽くさず、漫然と死者Aを相手に公告によってなされたもので無効であるとして、Yらに対し、各土地の所有権確認、登記名義の回復、

土地引渡しを求めて訴えを提起した。本件上告事件は、このうちの、Y_1→C→Y_1→D→Y_2と譲渡された約二万坪の土地についてのものである。

Y_2は、買収処分は有効であると主張し、予備的に、善意・無過失のC（約四年占有）からY_1（約三年占有）そしてD（約四年占有）へと移転する間に一〇年が経過したとして短期取得時効を援用した。

一審判決（東京地判昭和五一年六月二四日民集三二巻二号一四七頁）は、まず、北海道知事において本件土地の登記簿の記載を手がかりに簡単な調査をしさえすれば、Aはすでに死亡しXらが承継していることおよびその住所等を容易に判明しうる状況にあったのであるから、本件買収処分は手続上の瑕疵のため無効であるとした。次に、取得時効については、「たとえ自己及び前々主の占有が瑕疵のないものであるにせよ、瑕疵のある中間者の占有期間を併せて主張する以上は、全体として瑕疵のある占有となると解するのが民法一八七条二項の法意」であり、本件の中間占有者Y_1の占有は有過失であるから短期取得時効は完成していないとして、Xらの請求を認めた。Y_2は控訴したが、原審（東京高判昭和五二年三月二三日民集三二巻二号一七二頁）も一審判決を支持した。

そこでY_2は、最初の占有者であるCがその占有開始時に善意・無過失であれば、占有の主体が変更しても民法一六二条二項が適用され一〇年で取得時効が完成すると解すべきである、として上告。

〔判　旨〕　最高裁は原判決を破棄し、Cの善意・無過失を審理させるため本件を原審に差し戻した。

「一〇年の取得時効の要件としての占有者の善意・無過失の存否については占有開始の時点においてこれを判定すべきものとする民法一六二条二項の規定は、時効期間を通じて占有主体に変更がなく同一人により継続された占有が主張される場合について適用されるだけではなく、占有主体に変更があって承継された二個以上の占有が併せて主張される場合についてもまた適用されるものであり、後の場合にはその主張にかかる最初の占有者につきその占有開始の時点においてこれを判定すれば足りるものと解するのが相当である。」

【解　説】

一　問題の所在と本判決の意義

民法一六二条二項は、自主占有者が「占有の開始の時」に善意・無過失であることを一〇年の短期取得時効完成の要件としている。他方、民法一八七条一項は、自己の占有に「前主」（「前の占有者」）の占有を併せて主張することを認め、同条二項は、その場合は前主の「瑕疵をも承継する」と定めている。そして、この「前主」は直前の前主に限らず、二人以上の前主があるときは任意に選んだ前主以下の占有を併合できるというのが判例（大判大正六年一一月八日民録二三輯一七七二頁）・通説である。そこで、二個以上の占有を併合して短期取得時効の完成が認められるには、民法一六二条二項の「占有の開始の時」の善意・無過失は誰の占有について必要とされるかが問題となる。考え方は、最初の占有者とするもの（第一占有者基準説）と、全占有者とするもの（全占有者基準説〔二個の占有が併合された場合は双方基準説と呼ぶことにする〕）に大別されるが、本判決は、この点につき、民法一六二条二項は「占有主体に変更があって承継された二個以上の占有が併せて主張される場合についてもまた適用され」、その場合には、善意・無過失は「その主張にかかる最初の占有者につきその占有開始の時点においてこれを判定すれば足りる」として、第一占有者基準説をとった。理由は示されていないが、この考え方は、すでに大判明治四四年四月七日民録一七輯一八七頁のとるところであった。本判決により、最高裁としても上記大判の考えを踏襲することが明らかになったわけである。

二　事案の類型

第二占有者以降に瑕疵（悪意または過失）がある場合の基本類型としては、〔第一例〕甲（善意・無過失）→乙（悪意または有過失）、〔第二例〕甲（善意・無過失）→乙（悪意または有過失）→丙（善意・無過失）がある。前掲大判明治四四年四月七日（被告が複数でその相互関係は分かりにくいが、併合されている占有には二個と三個のものがあるかのようである）は後続の占有者の「占有の開始の時」における善意・無過失の有無を判断することなく被告の短期取得時効援用を認めたものであるが、本件は、〔第二例〕の事案で（もっとも、短期取得時効を援用しているのは丙〔D〕ではなく、丙〔D〕の特定承継人Y_2が丙〔D〕のもとで短期取得時効が完成したとしてその時効を援用しており、これは時効援用権者の範囲の問題でもある）第一占有者基準説をとることを明らかにしたものである。本判決の一般論（「二個以上の占有が併せて主張される場合」は第一占有者基準説をとる）からすると、〔第一例〕でも短期取得時効の完成が肯定されることになると思われる。しかし、本判決直後に、〔第一例〕の事案で双方基準説をとり短期取得時効の完成を否定し、二〇年の長期取得時効の援用のみを認めて原告敗訴とした下級裁判決がでている（釧路地帯広支判昭和五三年四月一七日訟月二四巻六号一二四七頁。控訴審の札幌高判昭和五五年九月四日はこれとは異なる理由により、すなわち、原告は売買により所有権を失っているとして敗訴させ、上告審の最判昭和五七年四月二三日もこれを維持した）。

三　〔第一例〕について

学説には、〔第一例〕と〔第二例〕で結論を異にするものもある。そこで、まず〔第一例〕についていうと、「後主」（後の占有者）についても善意・無過失を要求する双方基準説（石田喜久夫『口述物権法』〔成文堂、一九八二年〕二五二頁、四宮和夫『民法総則〔第四版補正版〕』〔弘文堂、一九九六年〕三〇四頁、内田貴『民法Ⅰ〔第四版〕』〔東京大学出版会、二〇〇八年〕四一五頁など。後掲文献では、幾代、宇佐見、田中、成田博、能見、東川、藤原）と、第一占有者基準説（四宮和夫＝能見善久『民法総則〔第八版〕』〔弘文堂、二〇一〇年〕三六七頁、河上正二『民法総則講義』〔日本評論社、二〇〇七年〕五六〇頁など。後掲文献では、伊藤、田尾、成田信子、半田、吉井）に分かれている。双方基準説には、条文の文理などのいわば形式的根拠として、民法一八七条二項の反対解釈により（同項は直接には、「前主の占有に瑕疵があったこと」は承継するということを規定していると解するのであろう）、「前主の占有に瑕疵がなかったこと」は承継しない、つまり、承継人の固有の占有に付着する瑕疵を治癒する効果を有するものではないというものがある（幾代通『民法総則〔第二版〕』〔青林書院、一九八四年〕四九八頁）。また、民法一八七条はもっぱら時効に関する規定であるとされるが（星野英一『民法概論Ⅱ〔合本新訂〕』〔良書普及会、一九七六年〕九九頁）、そうであれば、併合された最初の占有が悪意または有過失の場合はそもそも民法一六二条二項により短期取得時効は完成しえないのであるから、民法一八七条二項の存在理由は〔第二例〕においても短期取得時効は完成しないとするところにある。そして、〔第一例〕でも〔第二例〕との均衡上やはり短期取得時効の完成は認められないとするものがある（宇佐見・後掲一二七－一二八頁）。これに対し、第一占有者基準説からは、民法一八七条二項は、「瑕疵を承継する」ではなく、「瑕疵をも承継する」というのであるから、承継人に有利な点はもとより不利な瑕疵をも承継することを注意的に規定したにすぎないとの反論がある（田尾・後掲五〇頁）。

では、立法者はどう考えていたか。ボアソナードは双方基準説であったが（Boissonade, Projet., t. 1 n° 301）、民法起草者の考えは明らかではなく（『法典調査会民法議事速記録一』〔商事法務研究会、一九八三年〕六三九頁）、少なくとも、本問題が文理解釈により解決されることを意図して民法一八七条二項が作られた形跡はない。実際にも、本問題は同項の文理からは明らかとは言い難く、上記学説の対立は実質的判断の違いからくるものと思われる。ここに実質的判断とは、乙を保護すべきかについてである。双方基準説は、短期取得時効は不動産取引の安全のための制度であるから、乙が悪意または有過失であれば乙の取引は短期取得時効による保護に値しないと考えるものである。また、旧民法の短期（一五年）取得時効が正権原（真の所有者であれば所有権を移転しえた法律行為）創設時の善意を要件としている（証拠編一四〇条一項、財産編一八二条一項）ことの理由として、ボアソナードは契約時にすでに悪意であった者と後に悪意になった者との道徳的差異を強調している（Boissonade, Projet., t.5, n° 347）。そこで、民法一六二条二項が「占有の開始の時」における善意・無過失を要件としている立法趣旨が上記のようなものであるとするならば、それが妥当するのは占有主体に変更がない場合であるとして双方基準説をとるものもある（藤原・後掲五九頁）。

これに対し、第一占有者基準説の実質的根拠としては、本来短期取得時効により保護されるべきは甲であるが、そのためには乙を保護しなければならないとの考えが重要である。たとえば、甲から不動産を買受けた乙のもとでの短期取得時効の完成を否定すると、乙は売買契約を解除して甲に対し売買代金の返還等を請求できることになり（民五六一条）、結局、乙の短期取得時効援用を否定することは甲を保護しないということになる。そこで、第一占有者基準説は、短期取得時効完成前に乙への移転があるとはいえ、甲の占有開始から一〇年以上経過しているのに甲が保護されないのは、甲がそのまま占有していた場合と権衡を失し妥当でないと考えるのである（吉井・後掲最判解六一頁）。私見もこれに賛成である。

四　〔第一例〕と〔第二例〕を区別すべきか

〔第二例〕において乙と丙の占有を併合した部分は、民法一八七条二項により瑕疵（悪意または過失）ある占有となるから、〔第二例〕は〔第一例〕と等しくなるとも考えられる。そのため、多くの学説はこの二つを同様に考え（私見もこの立場をとる）、あるいは〔第二例〕に言及しない。これに対し、短期取得時効の援用者自身が善意・無過失であるかどうかを重視する立場から、〔第一例〕では双方基準説をとりつつ、〔第二例〕では第一占有者基準説をとるものもある（成田博・後掲二八五頁〔乙悪意の場合〕、能見・後掲一七七七頁以下）。

五　特定承継と包括承継の場合を区別すべきか

学説には、悪意または有過失の承継人が自己の意思で承継した（特定承継）か否（包括承継）かの違いを重視し、〔第一例〕で特定承継の場合には双方基準説をとって短期取得時効の完成を否定し、包括承継の場合には第一占有者基準説をとって肯定するものもある（幾代・前掲書四九九頁〔ただし、同・後掲書七八頁は、相続は不労所得であり相続放棄の自由もあるとして慎重である〕、能見・後掲一七八〇頁）。しかし、両者は同様に解すべきであると考えるものが多い（後掲文献中、田尾、田中、東川、藤原。私見もこの立場）。判例には、包括承継の事案につき本判決と同様の考え方を前提としていると思われる、最判昭和三七年五月一八日民集一六巻五号一〇七三頁、最判昭和五一年一二月二日民集三〇巻一一号一〇二一頁がある（いずれも、包括承継人の善意・無過失に触れることなく短期取得時効の完成を認めている）。

〈評釈等〉　吉井直昭・最判解民事篇昭和五十三年度五〇頁（初出、曹時三三巻一一号三〇一一頁）、同・ジュリ六六九号七九頁、幾代通・法教四四号一三頁（同『民法研究ノート』〔有斐閣、一九八六年〕六〇頁）、伊藤進・判タ三七〇号四〇頁、宇佐見大司・法時五〇巻一一号一二四頁、反町めぐみ・現代社会文化研究三五号一六九頁、田尾桃二・金判五五五号四七頁、田中整爾・判評二三八号二二頁（判時九〇三号一三六頁）、同・昭和五三年度重判解（ジュリ臨増六九三号）六一頁、成田信子・民事研修二五二号一八頁、成田博・法学（東北大学法学会）四三巻二号二八二頁、能見善久・法協雑誌一〇二巻九号一七七三頁、野村豊弘・Law School 七号一一四頁、半田正夫・判タ三九〇号三〇頁、東川始比古・法研論集（早稲田大学大学院）二六号二三七頁、藤原弘道・民商八〇巻一号四九頁。

＊初出は、民法判例百選Ⅰ総則・物権〔第二版〕（別冊ジュリ七七号、一九八二年）一四六頁であるが、同〔第七版〕（別冊ジュリ二二三号、二〇一五年）九二頁を収録した。

[33]　農地の取得時効につき無過失であったとはいえないとされた事例

最高裁昭和五九年五月二五日第二小法廷判決（昭和五八年（オ）第一〇六四号所有権移転登記手続請求事件）――一部破棄自判、一部上告棄却

（民集三八巻七号七六四頁、判時一一三三号七〇頁、判タ五四〇号一八六頁）

〈参照条文〉　民法一六二条二項、農地調整法（昭和二四年法律第二一五号による改正前のもの）四条一項・三項、農地法三条一項・四項

〔事　実〕　Aは昭和二〇年暮頃、甲地（畑・三〇〇平方メートル）とその地上にあった鶏舎を三男X（原告・控訴人―被控訴人・被上告人）に贈与し引渡した。Xはこの鶏舎を住居に改造して翌年一月頃から今日まで居住しており、甲地の現況は

宅地となっている。他方、Aは甲地の登記をXに移転しないまま、昭和二一年二月六日死亡し、長男Bが家督相続した。Bは、自作農創設特別措置法による買収が予想された土地を事前に弟らに贈与することにし、Xに対しては昭和二三年七月頃、乙地（山林・一四九〇平方メートル）、丙地（畑・七〇七平方メートル）、および丁地（畑・六四八七平方メートル。昭和四八年一二月一三日、土地改良法による換地処分として①ないし⑨の土地九筆に対する換地として指定されたもの）の従前地の一部である①の土地（畑）等を贈与し引渡した。XはBに対し、昭和二四年頃から再三これら受贈土地の登記移転を求めてきたところ、Bはこれに応ずるかの如き態度をとりながら、昭和四九年頃になってこれを拒絶するに至った。そこで、XはBに対して本件各土地の所有権移転登記手続を求めて、昭和五〇年三月一八日、豊橋簡裁に提訴したが調停に付された。Bの長男Y（被告・被控訴人＝控訴人・上告人）はBに代って調停期日に出頭していたが、この調停中の昭和五〇年七月二日、YはBから甲・乙・丙・丁の本件各土地の贈与を受け、同月七日、登記簿上は同月二日付売買を原因として所有権移転登記を経由した。Bは翌年二月一九日に死亡したが、Yはただちに相続を放棄し、結局、右調停は不調に終った。そこで、XがYに対し、甲・乙・丙地の所有権および丁地の持分の移転登記手続を求めて訴えたのが本件である。

XはBY間の本件各土地の売買は仮装のものであるから無効、そうでないとしてもYは背信的悪意者であると主張した。これに対し、第一審（名古屋地豊橋支判昭和五三年六月二〇日民集三八巻七号七七三頁）は、右の請求のうち、甲・乙地に関する請求を認容、丙・丁地に関する請求を棄却した（判例集では判決理由の記載は省略されている）。X・Y双方から控訴。

第二審では、XはYに対して、（イ）本件贈与に基づく真正なる登記名義の回復を原因として、甲・乙地については所有権移転登記手続を、丙・丁地については農地法三条の許可を受けたうえ所有権（丁地については持分）移転登記手続をすることを求め、（ロ）選択的に、時効取得（甲地については一〇年、乙・丙・丁地については一〇年または二〇年の取得時効を援用した）を原因として、甲・乙・丙地の所有権および丁地の持分八〇〇三分の二〇七三（これは前記①ないし⑨の土地の総面積に対する①〔九〇平方メートル〕と②〔一九八三平方メートル〕の土地の面積の和の割合）の移転登記手続を求めた。

第二審（名古屋高判昭和五八年五月三〇日民集三八巻七号七七五頁）はこれに対し次のように判示した。

「本件甲ないし丙の各土地の所有権及び本件丁の土地の持分八〇〇三分の九〇はＢの生前にＸとＹに二重に譲渡されたこととなるところ、Ｙはすでにこれらにつき所有権取得の登記を経由したものであるが」、本件の「事情の下でＹがＸの登記の欠缺を主張してその所有権の取得を否定することは、不動産登記法五条に準ずる背信的行為に該る」ので、Ｘは「贈与による所有権取得をもってＹに対抗することができる。……しかしながら、本件丙及び丁の各土地は農地であるから、これにつき所有権を移転するには農地法三条による知事の許可が必要であるところ、右許可申請義務者は、右各土地（丁の土地については前記持分）の贈与者である亡Ｂの相続人であって、Ｙではないから、右各土地につきＹに対し右許可を得たうえ所有権移転登記手続をなすべく求めるＸの本訴請求は、すでにこの点において失当として排斥を免れない（Ｘとしては、右許可申請義務者の協力を得て右許可を受けたうえ、Ｙに対し所有権移転登記手続を求めるか、又は右協力も得られない場合には、右の者とＹの双方を相手方として提訴すべきものであった。）」。しかし、丙および①の土地については一〇年の取得時効が完成しており（②の土地については、使用貸借に基づく他主占有をしていたので時効取得できないとした）、「時効による農地所有権の取得には農地法所定の許可を要しないと解すべきであるから、Ｘは、前記時効の完成により、本件丙の土地の所有権及び本件丁の土地の八〇〇三分の九〇の持分権を取得した」。そして、Ｙは前記同様Ｘの登記の欠缺を主張することは許されないとして、第一審でＸが敗訴した丙・丁地に関する請求についてもこれを認容した（ただし、丁地については一部認容）。Ｙ上告。

〔上告理由〕（一および三）…判例集では記載されているが省略。

（二）「原判決は理由六項において本件丁土地につき一〇年間の取得時効を①の土地相当分について認めているが、占有の開始において農地法により愛知県知事の許可を得なければ農地の所有権を得られないことを当然承知すべきであったから過失ありというべく法令解釈に誤りがある。

１　本件丁の一部たる①の土地の占有につき、それが贈与により得たとするならば当然愛知県知事の許可を要するところであり、許可に関する何らの書類を得たこともないまま占有したとしたなら重大な過失があるというべきである。一般的にいっても許可等を要する場合、それが効力発生要件であるなら、それを得ないでする占有は過失ありということになる。とすると本件の場合二〇年間の取得時効となる。

2　ところで本件においては①の土地は昭和二三年七月から昭和四〇年までしかXは占有していなかった（理由六―1、三五丁）のだから占有期間は満二〇年に達しないから二〇年間の取得時効も認められないこととなる。」

（四）「原判決はYを背信的悪意者とし登記の欠缺を主張できないとしたが、これも法令の解釈を誤っている。」

〔判　旨〕（上告理由二について）「Xが本件贈与に基づき①の土地の占有を開始した昭和二三年七月当時においては、農地の所有権を移転するためには、農地調整法（但し昭和二四年法律第二一五号による改正前のもの）四条一項及び三項、同法施行令（但し同年政令第二二四号による改正前のもの）二条の各規定に従い、都道府県知事の許可（以下「知事の許可」という。）を受けることが必要であり、右移転を目的とする法律行為は、これにつき知事の許可がない限り、その効力を生じないとされていたのである。したがって、農地の譲渡を受けた者は、通常の注意義務を尽すときには、譲渡を目的とする法律行為をしても、これにつき知事の許可がない限り、当該農地の所有権を取得することができないことを知りえたものというべきであるから、譲渡についてされた知事の許可に瑕疵があって無効であるが右瑕疵のあることにつき善意であった等の特段の事情のない限り、譲渡を目的とする法律行為をしただけで当該農地の所有権を取得したと信じたとしても、このように信ずるについては過失がないとはいえないというべきである。本件において、原審の認定するところによると、Xは、昭和二三年七月ころ農地である①の土地の贈与を受けたが、右贈与については知事の許可がなかったというのであり、また、記録に照らすと、Xは、原審において、前示の特段の事情のあることを主張・立証していなかったことが明らかであるから、Xが本件贈与を受けたことのみによって①の土地の所有権を取得したと信じたとしても、このように信ずるについては過失がなかったとはいえないというべきである。したがって、Xに右過失がなかったとした原審の判断には、民法一六二条二項の解釈適用を誤った違法があるものというべきであり、この違法は原判決に影響を及ぼすことが明らかであるから、論旨は理由があり、原判決中Xの本件丁の土地に係る請求のうちY敗訴の部分は、破棄を免れない。そして、原審の確定した前記の事実関係及び右に説示したところによれば、右請求は理由がなく、これを棄却すべきことが明らかであるから、これと結論を同じくする第一審判決は相当であり、したがって、右部分についてのXの本件控訴は、これを棄却すべきものである。」

（同四について）「原審が適法に確定した事実関係のもとにおいては、Yは、いわゆる背信的悪意者に該当するから、Xの本件甲ないし丙の各土地の所有権の取得につき登記の欠缺を主張することができないとした原審の判断は、正当として是認することができる。」

【評　釈】

一　本件丙・丁地についての争いは、第一に、右土地がXへ贈与された当時の農地調整法四条（現行の農地法三条に相当。したがって、以下の問題は現在においてもあてはまる）の知事（または現行農地法では農業委員会）の許可（以下では単に許可という）を受けていない贈与契約、より広くは所有権移転契約（この場合、許可を受けていないので所有権は移転しない―農地調整法四条三項、農地法三条四項参照）に基づく譲受人の占有が自主占有となり当該農地を時効取得しうるか、第二に、その占有は譲受人が所有権を取得していないことにつき善意である場合に過失ある占有となるか、第三に、農地、より広くは不動産所有権の時効取得者と時効完成後に原所有者からその不動産を譲り受けた者との優劣を決する場合にも、背信的悪意者排除の理論が適用されるか、という問題を含む。そして、本判決は、右第二の問題に関する初めての最高裁判決としての意義を有する。もっとも、第二の問題は基本的には個々の事案ごとに判断されるべきものであるから、本判決は過失ある占有につき一事例を加えたものにすぎないといえるかもしれない。しかし、本判決は許可未済の事実が過失の判断に際しどのように評価されるかにつき一般論を述べ、それに基づいて結論を導いているため、この一般論が今後の判決に影響を及ぼすことは十分に予想される。なお、第三の問題に関しては、非農地ケースにつきすでに下級裁判所判決の蓄積があり、そのいくつか（大阪高判昭和四九年七月一〇日判時七六六号六六頁、福岡高判昭和五二年七月二一日訟月二三巻一二号二一三〇頁）は最高裁に上告されているようである。その年月日からしてすでに最高裁判決も存するのではないかと思われるが、私はまだ探知していない。少なくとも、本判決は農地ケースについては初めての最高裁判決であるといえよう。

ところで、第一の問題に対する最高裁の態度は、後述のとおり、一貫性を欠くようにも見えるため、その後の判決が注目されていた。したがって、本判決が第一の問題に対する判断を前提とするものであれば、本判決の意義はさらに大きなものとなる。逆に、この点の判断をまったく含まないとすると、少なくとも第二の問題に関する先例としての意義は減少しよう。かりに譲受人の自主占有が否定されるとすると、時効期間を決するために許可未済の事実と過失の有無の関係が問題となることはなくなるからである。これに対し、相続のように契約に基づかない農地の占有開始による時効取得はありうる（最判昭和五〇年九月二五日民集二九巻八号一三二〇頁参照）ので、かりに第一の問題が否定に解されても、なお第三の問題に関する先例としての意義は残されることになる。そこで、以下では第一の問題も含めて順次検討することにしたい。

二　まず、許可未済の農地譲渡契約に基づく譲受人の占有が自主占有となるか。

1　従来の判例　この問題に関する最高裁判決としては、一般に次の二つが挙げられてきた。一つは、①最判昭和五〇年四月一一日民集二九巻四号四一七頁である。この原審判決（大阪高判昭和四九年七月一六日民集二九巻四号四二七頁）は、許可未済の売買契約の買主（代金完済、二〇年以上占有）の主張する一〇年または二〇年の取得時効（民一六二条）につき、「農地の売買契約にあっては知事の許可がない限り買主は農地の所有権を取得しえないのであり、かつ前記認定事実によると、〔買主〕は本件売買契約当時農地の売買について知事の許可が必要であることを知っていたものということができるから、本件農地の所有権を取得していないことを知っていたといわねばならない。してみると〔買主〕の本件土地占有は、所有の意思に基づかないものというほかなく、時効取得するに由ないものというべきである」とした。この判決に対する上告理由第二点（判例集では記載が省略されているが、ここに買主の占有を他主占有とした原審の判断に対する違法の主張が含まれていたものと推察される）に対して、「原審の判断は、……正当として是認することができる」としたものである。

いま一つは、②最判昭和五二年三月三日民集三一巻二号一五七頁である。これは、農地の賃借人がその農地を賃貸人から買い受けた（代金完済、二〇年以上占有）が許可未済のため二〇年の取得時効を援用した事案につき、「農地を賃借していた者が所有者から右農地を買い受けその代金を支払ったときは、……〔許可〕手続がとられていなかったとしても、買主は、特段の事情のない限り、売買契約を締結し代金を支払った時に民法一八五条にいう新権原により所有の意思をもって右換地の占有を始めたものというべきである」として、右援用を認めたものである。

両判決の関係については、「真正面から対立する立場に立つものであることは否定できないであろう」（藤原弘道「②最判の批評」民商七七巻五号六八九頁）とするものから、「〔②最判〕では〔①最判〕の原審のように、所有権の移転がないことについての悪意は積極的に認定されておらず、むしろ〔②最判〕の原審においては買受農地についてすでに移転登記を完了しているものと誤信していた事実が認定されているから、これらの事実関係の差異に注目すれば直接抵触しないと解しうる余地もある」（藤原弘道＝大沼容之「②最判の批評」判タ三六七号八頁）とか、「〔①最判〕の事案は、買主として、当該農地について、はじめてなした占有が、その当初から自主占有か否かが問題であるのに対して、〔②最判〕の事案は、すでに有効な賃貸借契約に基づき他主占有をしていた賃借人の占有が、許可未済の売買契約によって自主占有に変ずるか否かが問題になったものであ」り、「現に有効な賃借権その他の使用収益権を有する者は、すでに農地取得資格を有するから、その者の所有権取得は、許可申請すれば殆んどの場合に、許可が得られるものと考えられるので、無許可のままで時効取得を認めても、農地法の見地からは、実質的にはあまり問題がない」から、「両者は矛盾もしないし、〔②最判〕によって〔①最判〕が変更されたわけでもない、と理解することが可能であろう」（宮崎俊行「農地の売買と取得時効」日法四七巻四号〔一九八二年〕五七〇―五七一頁）というものまで、見方が分かれている。いずれにしても、両判決には抵触の疑いがあるため、その後の判決の動向が注目されていたことは確かである。

2　本判決の位置づけ　本件はこの問題に対する最高裁の考えを引き出す絶好の事案であったが、Yは上告理由においてXの自主占有をまったく争わなかった。そのため、最高裁の判断は明示されないままに終った。しかし、自主占有は取得時効の基本的要件であるところ、本判決は丙地についてXの時効取得を認めたのであるから、本判決はXの自主占有を前提としたもの、したがって前記②最判の考えに沿う、あるいは一歩進めた〔②最判のような、譲渡契約に先立つ他主占有がない事実である本件においても譲受人の自主占有が認められた、という意味で）ものと位置づけることもできよう。もっとも、右の見方に対しては、上告裁判所の審査は、職権で調査すべき事項のほかは上告理由に基づく不服の限度に限られている（民訴四〇二条・四〇五条）ので、本件上告理由で自主占有について争われていない以上、本判決はこの点について判断していないのではないか、あるいは、本判決では自主占有の推定規定（民一八六条一項）が適用されたにすぎないのではないか、との批判があるかもしれない。しかし、上告理由となる法令違反のうち、少なくとも、原判決中の請求の当否に関する法律判断について生ずる法令違背、すなわち判断上の過誤は、事案について法規を適用することが裁判所の職責である以上、上告理由として指摘されなくとも調査の対象となるというのが通説のようである（『注解民事訴訟法（6）』〔第一法規、一九八〇年〕三四五頁（小室直人）、新堂幸司『民事訴訟法〔第二版〕』〔弘文堂、一九八一年〕五六五頁、三ケ月章『民事訴訟法〔第二版〕』〔弘文堂、一九八五年〕五四一頁参照）。また、本件のように占有開始原因たる事実（権原）が明らかな場合には権原の性質から自主占有か否かを判断すべきであり、かりに、許可を受けていない農地贈与契約という本件での権原の性質が明らかでないとしても、その判断は裁判所の職責であるから、本件では右推定規定の適用はないと考えるべきであろう。したがって、やはり、本判決中、少なくとも丙地についてXの時効取得を認めた部分は（丁地については占有期間が足りないことを理由に時効取得を否定したが、これは、たとえ自主占有であったとしてもという仮定的判断にすぎないともいえるので、丙地についての判断が決め手となろう）、Xの占有が自主占有であることの判断を含むものと見ることもできよう。

3　検　討

では、この問題をどう考えるべきか。これは、結局、所有権移転について許可を要求する農地調整法や農地法の立法趣旨（農地法一条参照）の尊重ないし譲渡人の保護よりも、許可未済ながら占有を継続してきた譲受人の保護を優先させて時効取得を認めるのが妥当か否かという、利益考量によって決すべき問題であるといえよう。

その判断の基準時としては、一応、占有開始時と現時点の二つが考えられるが、現時点での所有権帰属が争われているのであるから後者でよいであろう。そうすると、（ⅰ）今日では農地法の許可規定の立法趣旨を過大視するのは相当でないとして前記②最判に賛成するものが多い（藤原・前掲六九〇頁、藤原＝大沼・前掲七頁、東條敬「②最判解説」曹時三二巻一〇号一七五七頁。なお加藤正男「判批」民商七四巻六号九七四頁参照）こと、（ⅱ）相続を新権原（民一八五条参照）とする農地の時効取得を認め、その場合には許可不要とした前掲最判昭和五〇年九月二五日や、国の農地買収・売渡処分（この場合は許可不要―農地法三条一項一号・三号参照）に瑕疵がある場合に、売渡しを受けた者について取得時効が成立することを前提とした判決がいくつも出ている（最判昭和三九年一〇月二〇日民集一八巻八号一七四〇頁ほか。詳しくは、岨野悌介・曹時三〇巻二号三五二頁の（注二）参照）ことなどを考えあわせると、許可未済の契約に基づく占有開始の場合にも自主占有を認めてよいのではないかと思われる（加藤一郎『農業法』〔有斐閣、一九八五年〕一四四頁も農地の時効取得を認める）。

ところで、この問題を詳論される宮崎教授は、許可未済の農地売買の場合には代金支払を自主占有の要件とし、さらに、その売買が転用目的（農地法五条の許可を受けるべき場合）で現況が非農地となっているが、それに対して農地法八三条の二による原状回復命令を出す要件が存在する場合には他主占有であるとする（宮崎・前掲五七四―五七九頁）。しかし、農地、より広く不動産売買において、代金支払や登記移転が所有権移転の要件とされている場合でも、代金支払等の有無は、一般に善意や過失の判断資料とすべきではないだろうか。自主占有と善意ないし悪意占有とは別概念であり、実際にも、二〇年以上占有している場合に、時効の成否を代金支払や登記の有無にかからせるのは妥当ではないと思われるからである（同旨、藤原前掲六九二頁。辻・判評二六〇号一一頁は反対か）。もっとも、賃借人に対する売却のように、他主占有が先行する場合には、売主の主観としては代金完済・登記移転まで買主を引き続き賃借人として見ているかもしれず、そのために買主に対して代金請求あるいは売買契約を解除して返還請求することを怠っていたとしても、あながち権利の上に眠る者とはいえないような場合には、さらに検討の余地があるかもしれない。つぎに、売買が転用目的で前記原状回復命令を出す要件が存在する場合も自主占有を肯定し、その命令は時効取得者に対して出せばよいとの考えもありえよう。原状回復の必要性と所有権を売主に復帰させる必要性とは同じものではないと思われるからである。

三　以上のように、許可未済の契約に基づく譲受人の占有も自主占有と考えてよいとすると、次に、譲受人が善意の場合に過失の有無が問題となる。

1　下級裁判決・学説　従来の下級裁判所判決には、過失ある占有としたものとして、ⓐ名古屋高判昭和四七年一〇月三一日判時六九八号六六頁（昭和二九年頃贈与に基づいて占有を開始した事案につき、当時農地法の許可規定は一般に周知されていた、という。時効完成を否定）、ⓑ高松高判昭和五二年五月一六日判時八六六号一四四頁（昭和二四年頃占有開始の事案につき、許可を要することは一般に周知の事実、という。賃借権の二〇年の取得時効完成）があり、過失のない占有としたものとして、本件原審判決のほか、最判昭和五一年五月二五日民集三〇巻四号五五四頁の第一審判決ⓒ水戸地判昭和四九年七月二九日民集三〇巻四号五五七頁。昭和二四年に贈与を受けてから二〇年以上占有していた事案につき、一〇年の取得時効を認めた）がある。

これに対し、学説は、一般に過失ある占有になると考えているようである（宮崎・前掲五七〇頁、同・不動産取引判例百選〔増補版〕一九三頁、川井健「判批」法協九五巻三号五九一頁、中尾英俊「最近の農地移動判決について」農業法研究一四号〔一九八〇年〕二八頁。加藤・前揚書一四四頁も同旨か）。

2　農地行政実務も、過失ある占有として扱っているようである。すなわち、農林省（構造改善局長）は法務省（民事局長）に対し、農地について時効取得を登記原因とした権利移転又は設定の登記申請があった場合には、登記官からその旨を関係農業委員会に対し通知するよう指導することを依頼し（昭和五二年七月二七日・五二構改B第一六七三号）、それをうけて、法務省（民事局第三課長）は関係部局に依命通知を出した（昭和五二年八月二二日・法務省民三第四二三九号）。そこで、農林省は、登記官から右通知があった場合には、農業委員会は取得時効の要件が満たされているかを調査し、その際、二〇年の取得時効が認められることに留意するよう通達を出している（昭和五二年八月二四日・五二構改B第一六七三号。以上の通達等については、農林水産省農政課農地業務課監修『農地法関係通達集（既墾地の部）Ⅱ』〔農政調査会、一九八二年〕二〇頁以下を参照した。この点にふれるものとして、宇津木旭「農地の取得時効」手研二七七号〔一九七八年〕四四―四五頁参照）。

3　検　討　本判決は、「通常の注意義務を尽すときには」、許可がなければ所有権を取得できないことを「知りえた」という。考え方としては、まず、知りえたかどうかという、いわば事実の問題と、知るべきであったという規範的問題のいずれに重きを置くかによって結論の違いが生じえよう。前者に重きを置く（これが本判決の立場か）とすれば、本件では昭和二三年当時において「知りえた」かを問わねばならない（昭和二四年頃占有開始の事案である、前記ⓑ、ⓒ判決では判断が分かれた）。後者に重きを置く（学説の多く、および農林省はこの立場か）ならば、法の不知は許さずとの考えから、あるいは農地法等の立法趣旨尊重の観点から、できるだけ時効取得を認めるべきではないとして、過失ある占有とされやすいであろう。

しかし、右の考えは、いずれも問題を過度に抽象化するものであり（次の（2）のケースのように、過失ある占有とされるほうが取得時効を援用する者にとって有利となる場合もある）、事案の妥当な解決のためには、誰と誰の間のいかなる紛争で時効取得が主張されているかに応じた検討が必要と思われる。そこで、ここでは、譲受人の時効取得が譲渡人との間で問題になる場合と、第二譲受人との間で問題となる場合に分けて考えたい。

（1）　当事者（対譲渡人）ケース　所有権移転契約が存在する場合、当事者間での所有権移転は、本来、当事者間の公平（売買の場合には、主に対価的バランス）を最もよく実現するはずの当該契約に基づくべきものであろう。すなわち、譲受人は譲渡人に対して、当該契約に基づく許可申請協力請求権が存在する限りそれを行使すべきである。そして、右請求権は、「第一に、農地の贈与・売買契約が締結されただけで引渡が行なわれていない場合には、受贈者・買主の許可申請協力請求権は債権的状況の下で行使されるのであって、その性質は債権的性質をもち、一〇年の消滅時効」にかかるが、「しかし、第二に、右の契約に基づき農地の引渡が行なわれた場合には、受贈者・買主側に物権的秩序が築かれており、許可申請協力請求権は、物権的請求権類似の性格をもち、それは独立して消滅時効にかからないとみるべき」（川井・前掲五八九頁）であるとの考えには説得力がある（もっとも、右第二の場合には二〇年の消滅時効にかかると考える余地もあろう）。しかし、この二つを区別せず、一般的に右請求権は一〇年で時効消滅するというのが判例（最判昭和五〇年四月一一日民集二九巻四号四一七頁、最判昭和五六年一〇月一日判時一〇二一号一〇三頁）である。したがって、この判例の考えを前提とするならば、右第二の場合に取得時効が問題とならざるを得ない。そこで、時効取得を認めるにしても、許可申請協力請求権の消滅時効について前述の考えをとるならばなおのこと、当該契約が有償契約の場合は当事者間の対価的バランスを重視した解釈をすべきであろう。すなわち、売買の場合には、代金完済ならば無過失として、許可申請協力請求権の時効消滅と農地の時効取得の時点を一致ないし接近させるべきである。これに対し、代金未払の場合には、完済まで他主占有との考えもありうるが（前掲②最判、甲斐・後掲「本件判批」〔一九八五年〕二七頁参照）、前述したように、一般的には自主占有としたうえで過失ある占有と考えるべきであろう。なお、分割払においては、完済時を許可申請協力請求権の消滅時効の起算点ならびに一〇年の取得時効の起算点とすべき場合が多いのではないかと思われる。

（2）　第三者（対第二譲受人）ケース　　この場合には、いわゆる取得時効と登記の問題に関する判例理論を前提としたうえで、第一譲受人と登記を取得した第二譲受人のどちらを優先させるかの判断が決め手になると思われる。ところで、取得時効は基本的に占有者と当該所有者との間で一定の要件が満たされた場合に完成するのであり、対抗力を備えた新所有者に対しては新たに時効が進行すべきものと考えることもできよう。そうすると、新所有者である第三者の登場が、時効完成の前か後かを問題とせず、登記を取得した第三者は原則として時効取得者に優先することになる。しかし、判例は、第三者の登場が時効完成前であれば、第三者の登記が時効完成の前か後かに関係なく時効取得者が優先するとしている（最判昭和四一年一一月二二日民集二〇巻九号一九〇一頁、最判昭和四二年七月二一日民集二一巻六号一六五三頁）。そこで、一方、この判例理論を前提にし、他方、取得時効と登記の問題について右の自説を生かそうとするときは、時効取得を主張する者の占有が過失ある占有か否かの判断を操作することにより、できるだけ登記を有する第三者を保護することになろうか（農地の第一譲受人の占有が一〇年以上二〇年未満で、第二譲受人が一〇年以内に登場し登記も得たという場合のように、第一譲受人の有過失を認定することで、登記を有する第三者を保護することが可能な場合が存在する）。

以上の考えを本件丁地にあてはめてみよう。まず、最高裁が、原審の認定した事実として理解しているところによれば、本件は、第一譲受人Xの占有（昭和二三年から同四〇年頃までの約一七年）喪失後に第二譲受人Yが登場（昭和五〇年）し、かつ登記も得ている事案といえよう。そうすると、本件は判例法理によっても時効完成後の第三者であるYが優先することになる（なお、本件は、占有喪失後の時効援用の事案ということになるが、この点については、松久三四彦「判批」民商九〇巻三号〈一九八四年〉四五四頁〔本書[1]所収〕参照）。つまり、本件ではXの一〇年の取得時効しか成立の余地はなく、他方、Yの所有権取得は一〇年経過後であり登記も得ているのであるから、本来ならば、Xの過失の有無を問題とするまでもなく、Yが優先するケースであった。それにもかかわらず、本件でXの過失の有無が問われたのは、いうまでもなく、Yは背信的悪意者とされたため（この点の判断は妥当であろう。背信的悪意者の基準については、『民法講座2（1）』〈有斐閣、一九八四年〉一〇六—七、一二七頁〔鎌田〕参照。相続放棄はしていないが、本件類似のものとして、東京地判昭和三九年一月二三日下民集一五巻一号五四頁がある）、Xの時効取得が認められればXが優先したからである。しかし、そうであるならば、かようなYとの紛争で、あえてXの占有を過失ある占有として時効取得を否定し、Bの相続人に対して丁地の持分移転につき許可申請協力請求をして許可を受けたうえで、再度Yに対して登記移転手続請求をせよとする必要がどこにあるのか、大いに疑問である。本件ではXの占有を過失のない占有としてよかったのではないかと思われる。

ところで、Xは原審において、丁地の持分（①の土地）に対する一〇年または二〇年の時効取得を主張していたところ、原審は約一七年間の占有を認め一〇年の取得時効が完成したとした。たしかに、一〇年の取得時効を認めるためには一〇年以上の占有を認定すれば足りる。しかし、Xは二〇年の取得時効も援用していたこと、上告審において過失ある占有とされることもありうること、さらには占有の有無は微妙な場合もあることからすると、右のような事実認定をするについては特に慎重を要することはいうまでもないが、事実認定（とくに、なぜ占有を失ったか）の根拠を明示することが望まれる。もっとも、原審は、右一七年間の耕作を認めたものであり、それ以後Xが占有を失ったとまでは認定していないようにも読める（民集三八巻七号七九六頁参照）。もしそうならば、最高裁としては、丁地についてXの二〇年の取得時効が完成していないかを審理させるため、原審に差戻すべきであったということになろう。

四　最後に、背信的悪意者に対する権利行使のあり方について考えておきたい。

まず、時効取得者と第三者の優劣についても民法一七七条が適用されるとする以上、ここでも背信的悪意者排除の理論が適用されることには問題ないであろう。

時効取得者（X）が、原所有者（B）からの譲受人である背信的悪意者（Y）の有する登記を回復しようとする訴えには、これまで、（Ⅰ）XがYに対し抹消登記手続請求をし、Bに対し移転登記手続請求をするもの（札幌高判昭和五一年六月七日下民集三四巻九〜一二号一〇四五頁、和歌山地裁新宮支判昭和五一年八月二〇日訟月二二巻一一号二五六七頁、神戸地判昭和五一年九月二〇日判時八五四号九四頁）と、（Ⅱ）XがYに対し直接に移転登記手続請求をするもの（広島地裁呉支判昭和五一年五月二〇日訟月二二巻七号一八九七頁）とがあった。本判決（丙地に関する部分）は（Ⅱ）の訴えを最高裁が認めたものとして参考になろう。YはBとの関係では無権利者ではないとすると、少なくとも、（Ⅱ）の訴えも認められてよいであろう。

ところで、本判決は、丁地につき、いまだ時効取得していないXはB（の相続人）に対して許可申請協力請求をして許可を受けたうえで、背信的悪意者Yに対して移転登記手続請求をせよとの原審判決の考えを前提とするもののようである。しかし、一度B・Y間で許可申請をしYに登記が移転している農地につき、再度、B・Xが許可申請をしても、はたして許可が得られるのか、少なくともB・XはYが背信的悪意者であることを知事に説明しなければならないであろう。そして、Yが背信的悪意者か否かは、Yがこれを否定するときは、最終的には判決にまたねばならないのであるから、許可を得るには少なくとも事実上の困難を伴うように思われる。かりに、右の懸念は実務上問題ないとしても、前記（Ⅱ）と同じくXのYに対する移転登記手続請求を許すなら、さらにYに対する許可申請協力請求も認めてさしつかえないのではないか。むしろ、二当事者間の訴訟で解決がつくという実益もあろう。したがって、本件でXが丁地についてYに対し許可申請協力請求ならびに移転登記手続結末をしたことにも理由がないわけではないといえよう。結局、本件丁地についても、Xの主張した二つの請求原因のいずれによってもXを勝たすことのできた、また勝たすべき事案であったように思われる。

〈評釈等〉　柴田保幸・最判解民事篇昭和五十九年度二三九頁（初出、曹時四一巻二号四〇六頁）、大村敦志・法協一〇三巻五号九八五頁、甲斐道太郎・判評三一八号二五頁（判時一一五四号一八七頁）。

＊初出は、民商法雑誌九三巻六号（一九八六年）八八六頁。

二　取得時効と登記

[34]　時効完成前の譲渡と登記

最高裁昭和四一年一一月二二日第三小法廷判決（昭和三八年(オ)第五一六号、所有権確認等請求事件）――破棄差戻し
（民集二〇巻九号一九〇一頁、判時四六八号三三頁、判タ二〇〇号九二頁）

〈参照条文〉　民法一六二条、一七七条

〔事　実〕　X（原告・控訴人・上告人）の主張するところによると、本件不動産（土地建物）の所有者であったA会社は、昭和二六年一一月二八日、これをY会社（被告・被控訴人・被上告人）に売渡し移転登記もなされた。そこでXは、AY間の売買に先立つ昭和二三年七月末にAから本件不動産の贈与を受け所有権を取得した、予備的に、昭和二三年七月末から一〇年後の昭和三三年七月末日の経過により本件不動産の所有権を時効取得したとして、昭和三三年九月二二日、Yに対し所有権確認と所有権移転登記手続を求めて本訴を提起した。

一審（福岡地判昭和三四年一二月二三日民集二〇巻九号一九〇七頁）、二審（福岡高判昭和三八年一月三一日民集二〇巻九号一九一〇頁）とも以下の理由でXを敗訴させた。まず、贈与による所有権取得の主張については、仮に贈与されていたとしても民法一七七条により登記のないXは所有権取得をYに対抗できないとした。次に、時効取得の主張に対しては、時効完成前に原所有者から第三者に所有権移転登記がなされた場合には、それ以後さらに取得時効期間が経過しなければ時効

取得の効力は生じないので本件では時効は完成していないとした。そこでXは、原判決は時効取得の判断につき最判昭和三五年七月二七日民集一四巻一〇号一八七一頁に反し民法一七七条の解釈を誤るものであるとして上告した。

〔判　旨〕「時効による不動産所有権取得の有無を考察するにあたっては、単に当事者間のみならず第三者に対する関係も同時に考慮しなければならないのであって、この関係においては、結局当該不動産についていかなる時期に何人によって登記がなされたかが問題となるのである。そして、時効が完成しても、その登記がなければ、その後に登記を経由した第三者に対しては時効による権利の取得を対抗することができないのに反し、第三者のなした登記後に時効が完成した場合においては、その第三者に対しては、登記を経由しなくても時効取得をもってこれに対抗することができるものと解すべきことは、当裁判所の判例とするところであって（昭和三三年（オ）三四四号同三五年七月二七日第一小法廷判決、集一四巻一〇号一八七一頁以下、同三四年（オ）七七九号同三六年七月二〇日第一小法廷判決、集一五巻七号一九〇三頁以下）、これを変更すべき必要を認めない。」として原判決を破棄し、Xの時効取得に関する主張について審理を尽させるため、本件を原審に差し戻した（差戻審は、所有の意思をもってする占有ではなく、無過失ともいえないとして時効取得を否定。その上告審である最判昭和四六年一一月一一日判時六五四号五二頁も上告を棄却した）。

【解　説】

一　問題の所在

登記は不動産の取得時効の要件とはされていない（民一六二条・一六三条）。したがって、原所有者（時効の進行開始時の所有者）Aの不動産を登記なしに時効取得したBは、登記がなくともAに対し時効取得を主張し登記の移転を求めることができることについては異論はない。しかし、物権変動を第三者に対抗するには登記が必要とされているため（民一七七条）、Aから当該不動産を譲り受けたCとの関係については、学説が鋭く、かつ、複雑に対立している。

二　判例理論

時効完成時を基準として対抗問題発生の有無を決する考えは、大判大正七年三月二日民録二四輯四二三頁を初めとして、大判大正一三年一〇月二九日新聞二三三一号二一頁（右大審院大正七年判決を参照判例としている）などのとるところである。しかし、判例には動揺がみられたため、大（連）判大正一四年七月八日民集四巻四一二頁は右の考えをとることを明らかにした（右大審院大正一三年判決を参照判例としている）。この考えは、最高裁に引き継がれ、判例理論は次のように確立している（便宜上、第一ないし第四原則と呼ぶことにする）。

（1）　時効完成前の譲受人との関係　　AがBの時効完成前に不動産をCに譲渡した場合は、Bは登記なしに時効取得をCに対抗できる―〔第一原則〕―本判決。これは、Cの登記がBの時効完成後になされた場合でもかわらない（最判昭和四二年七月二一日民集二一巻六号一六五三頁）。

（2）　時効完成後の譲受人との関係　　AがBの時効完成後に不動産をCに譲渡した場合は、Bは登記がなければ時効取得をCに対抗できない―〔第二原則〕―前掲大（連）判大正一四年七月八日、最判昭和三三年八月二八日民集一二巻一二号一九三六頁。

（3）　起　算　点　　（2）の場合には、占有開始時を起算点として時効完成時を決定すべきであるから、BはCの譲り受け後に時効が完成するように起算点をずらして時効取得を主張することはできない―〔第三原則〕―最判昭和三五年七月二七日民集一四巻一〇号一八七一頁。もし任意に起算点を選択できるとすると、〔第二原則〕が骨抜きになるからである。もっとも、Bにとって占有開始時点を確定することができない場合もありうる。したがって、〔第三原則〕は、Bが現時点から逆算するなどしてCの譲り受け後の時効完成を主張する場合は、登記を経由しているCはAから譲り受けた時点（前掲最高裁昭和四二年判決があるので、登記の時点ではない）以前にBの時効が完成していたことを抗弁として主張できるとの趣旨も含むと解すべきであろう。

（4）　再度の時効完成　　（2）の場合に、Cの登記後新たに時効が進行し、再度時効が完成するとBは登記なくして時効取得をCに対抗できる―〔第四原則〕―最判昭和三六年七月二〇日民集一五巻七号一九〇三頁。

三　本判決の意義

本判決（解説・評釈として、栗山忍・最判解民事篇昭和四十一年度四五四頁、遠藤浩・民商五六巻六号九六七頁、廖緑明・法協八四巻一一号一五六三頁、石田喜久夫・民法の判例〔第三版、ジュリ増刊〕六七頁がある）は、先例として最高裁の前掲昭和三五年判決と昭和三六年判決を挙げている。しかし、事案との関係では、前者は〔第三原則〕を、後者は〔第四原則〕を明らかにしたものであり、〔第一原則〕の説示はいずれも傍論であるとして（廖、石田・各前掲解説など）、本判決を〔第一原則〕を確認した最高裁の先例として位置づけるものが多い。

四　判例理論に対する批判

学説は右の判例理論に反対し、Cが民法一七七条の「第三者」にあたるか否かを、時効完成時を基準にして考えるのは均衡を失すると主張する。たとえば、Bの占有開始時から一五年目にCがAから譲り受け登記も経由し、二一年目にBC間で紛争が生じた場合、Bが善意・無過失で一〇年の取得時効（民一六二条二項）を援用すれば〔第二原則〕によって負け、かえって善意・無過失ではないため二〇年の取得時効（民一六二条一項）を援用すれば〔第一原則〕によって勝つというのはおかしいというのである。

五　学説の状況

学説は多彩であるが、概略は以下のとおりである。

（1）　登記尊重説　登記のない時効取得者よりも登記を得た第三取得者の方を保護すべきであるとして、〔第一原則〕を否定する説である（我妻栄『物権法』〔岩波書店、一九五二年〕七七頁）。この説は、登記を時効の中断事由とするような結果になるが、登記を取得時効の中断事由とする規定はない（民一四七条参照）。そこで、根拠については、①時効の遡及効（民一四四条）に求め、時効完成前の譲受人も時効取得者とは互いに民法一七七条の「第三者」として扱われるとする説（広中俊雄『物権法〔第二版増補〕』〔青林書院、一九八七年〕一五六頁。ただし、広中教授は後述の類型説をとり、境界紛争型では占有尊重説をとる－一五八頁）、②登記の効力に求める説（安達三季生「取得時効と登記」法学志林六五巻三号〔一九六八年〕一頁以下は、登記を物権変動の先後関係の法定証拠とする。良永和隆「登記時効中断論の再構成」私法五一号〔一九八九年〕一四八頁は「登記の保全力」という。なお、於保不二雄「時効と登記」法学論叢七三巻五・六号〔一九六三年〕一七一頁参照）がある。なお、③時効の対象である「他人」物（民一六二条）となるのはCの登記時（または所有権取得時）であるとして起算点を問題にする説もある（田井義信「取得時効と登記」同志社法学三一巻五・六号〔一九八〇年〕七二〇頁、大久保邦彦「自己の物の時効取得について（二・完）」民商一〇一巻六号〔一九九〇年〕七九三頁。なお鎌田薫「取得時効と登記」法セ三〇四号〔一九八〇年〕三九頁参照）

（2）　占有尊重説（登記不要説）　時効取得者は誰に対しても登記なくして時効による権利取得を対抗できるとして、〔第二原則〕を否定する説である。その法的構成としては、①今からさかのぼって時効期間が経過していれば時効の利益が受けられるとする逆算説（川島武宜『民法総則』〔有斐閣、一九六五年〕五七二頁）、②時効取得に関しては対抗問題を生じないとする一七七条非適用説（原島重義「『対抗問題』の位置づけ」法政研究三三巻三＝六号〔一九六七年〕三五二－三五四頁）がある。

（3）　折　衷　説　基本的には時効取得者の保護を優先するが、前述の占有尊重説ほど徹底して時効取得者を保護するものではない。これには、判例（時効完成時基準説――時効完成後の第三取得者に対しては登記がなければ時効取得を対抗できない――）とは異なり、①援用時基準説（半田正夫「取得時効と登記」『不動産法大系Ⅰ〔改訂版〕』〔青林書院、一九七五年〕一九一頁、滝沢聿代「取得時効と登記（二・完）」成城法学二二号〔一九八六年〕二五頁）、②判決確定時基準説（舟橋諄一『物権法』〔有斐閣、一九六〇年〕一七二頁）、③時効取得者が登記をなしうることをはっきり認識しながら他人名義の登記を放置し、それを信頼した第三者がその土地を取得したときには、九四条二項を類推適用する説（加藤一郎「取得時効と登記」法教五号〔一九八一年〕五八頁）がある。

（4）　類　型　説　全く新しい分析視角から、二重譲渡型（譲受人の一方が占有し、他方が登記を経由した場合）、境界紛争型というように、問題となる類型ごとに解釈するものであり注目されている（山田卓生「取得時効と登記」『民法学の現代的課題』〔岩波書店、一九七二年〕一〇三頁、星野英一「取得時効と登記」『現代商法学の課題（中）』〔有斐閣、一

九七五年〉〔同『民法論集四巻』〈有斐閣、一九七八年〉三一五頁以下所収〕）。

〈評釈等（初出の本文所掲に追加）〉　栗山忍・最判解民事篇昭和四十一年度四五四頁（初出、曹時一九巻二号三六七頁）、上野雅和・岡山大学法経学会雑誌一七巻二号二八一頁、遠藤浩・民事研修四五六号四八頁。

＊初出、不動産取引判例百選〔第二版〕（別冊ジュリ一一二号、一九九一年）五二頁。

[35]　時効完成前の譲渡と登記

最高裁昭和四六年一一月五日第二小法廷判決（昭和四二年（オ）第四六八号、土地所有権確認等所有権取得登記抹消登記手続本訴並に建物収去明渡反訴請求事件）――破棄差戻し

（民集二五巻八号一〇八七頁、判時六五二号三四頁、判タ二七一号一六八頁、金判例二九四号二頁、金法六三四号四四頁）

〈参照条文〉　民法一六二条、一七七条

〔事　実〕　Ｘ（原告・反訴被告・被控訴人・上告人）は、昭和二七年一月二六日、Ａから本件土地を地上建物と共に買い受け、同年二月六日引渡しを受け、以後これを占有してきた。地上建物の登記はＡ死亡後の昭和三〇年一一月二二日、中間省略によりＸに移転したようであるが、本件土地の登記は移転されなかった。本件土地は、昭和三三年一二月一七日、Ａの相続人からＢに譲渡され（同月二七日に移転登記）、昭和三四年六月頃、ＢからＣへ代物弁済として所有権が譲渡され、同年六月九日、Ｙ（被告・反訴原告・控訴人・被上告人）がＣからこれを買い受け、翌一〇日、中間省略によりＢから直接Ｙに

所有権移転登記がなされた。そこでXは、Aから本件土地の引渡しを受けた昭和二七年二月六日から一〇年の経過により本件土地の所有権を時効取得したとして、Yに対し、本件土地がXの所有に属することの確認と、その所有権移転登記手続を求めて訴えを提起した。他方、Yは、反訴を提起し、Xに対し、地上建物収去・本件土地明渡しと、賃料相当の損害金の支払いを求めた。

第一審（京都地判昭和四一年三月一五日民集二五巻八号一〇九七頁）は、Xの時効取得を認め、Xの請求を認容、Yの反訴請求を棄却した。しかし、原審（大阪高判昭和四二年一月二六日民集二五巻八号一一一三頁）は、「不動産を占有する第一の買主が時効取得による所有権を主張する場合の時効の起算点は、第二の買主が所有権移転登記をなした時と解すべきである」（最判昭和三六年七月二〇日民集一五巻七号一九〇三頁）を参照としている）からXの取得時効は完成していないとしてXの請求を棄却し、Yの反訴請求の一部（地上建物収去・本件土地明渡しと損害金の一部）を認容した。

〔判　旨〕「不動産の売買がなされた場合、特段の意思表示がないかぎり、不動産の所有権は当事者間においてはただちに買主に移転するが、その登記がなされない間は、登記の欠缺を主張するにつき正当の利益を有する第三者に対する関係においては、売主は所有権を失うものではなく、反面、買主も所有権を取得するものではない。当該不動産が売主から第二の買主に二重に売却され、第二の買主に対し所有権移転登記がなされたときは、第二の買主は登記の欠缺を主張するにつき正当の利益を有する第三者であることはいうまでもないことであるから、登記の時に第二の買主において完全に所有権を取得するわけであるが、その所有権は、売主から第二の買主に直接移転するのであり、売主から一旦第一の買主に移転し、第一の買主から第二の買主に移転するものではなく、第一の買主は当初から全く所有権を取得しなかったことになるのである。したがって、第一の買主がその買受後不動産の占有を取得し、その時から民法一六二条に定める時効期間を経過したときは、同法条により当該不動産を時効によって取得しうるものと解するのが相当である（最高裁判所昭和四〇年（オ）第一二六五号、昭和四二年七月二一日第二小法廷判決、民集二一巻六号一六四三頁参照）。

してみれば、Xの本件各土地に対する取得時効については、Xがこれを買い受けその占有を取得した時から起算すべきものというべきであり、二重売買の問題のまだ起きていなかった当時に取得したXの本件各土地に対する占有は、特段の事情の認められない以上、所有の意思をもって、善意で始められたものと推定すべく、無過失であるかぎり、時効中断の事由がなければ、前記説示に照らし、Xは、その占有を始めた昭和二七年二月六日から一〇年の経過をもって本件各土地の所有権を時効によって取得したものといわなければならない（なお、時効完成当時の本件不動産の所有者であるYは物権変動の当事者であるから、XはYに対しその登記なくして本件不動産の時効取得を対抗することができることというまでもない。）。」

【解　説】

一　問題の所在

本件の争いは、不動産二重譲渡における、登記未経由のまま占有していたため時効取得を主張する第一買主と登記を経由した第二買主の優劣である。これは、いわゆる、「取得時効と登記」の問題であるが、それに先立ち、時効取得を主張する第一買主がすでに売買契約により所有権を取得しているとき、民法一六二条の「他人の物」の占有という要件を満たす時点、すなわち、第一買主の取得時効の起算点はいつかが問題になる。

二　本判決の意義

本判決は、上記の問題につき、起算点は第一買主の占有開始時であるという従来の判例の立場を踏襲しつつも、所有権は第二買主の登記時に売主から第二買主に直接移転するから、未登記の第一買主の占有は当初から「他人の物」の占有にあたるとの法的構成を、最高裁として初めて示したものである（同旨の大審院判決〔大判昭和五年一一月一九日評論二〇巻民法一一五頁〕がある）。いわゆる取得時効と登記の問題については、従来の判例に従い、後述の〔第二原則〕を当てはめたうえ、第一買主の占有は特段の事情の認められない以上、所有の意思、善意が推定され、無過失である限り、一〇年の取得時効が進行するとした。

本判決が先例として引用する「最判昭和四二年」は、家屋の贈与を受けその所有権を取得したが登記未経由のまま占有を続けた者が、その家屋を競売によって買い受け登記を経由した者に対し取得時効を主張した事案で、「所有権に基づいて不動産を占有する者についても、民法一六二条の適用がある」とした（広中・後掲五五頁は、「所有権に基づいて不動産を占有する者」についても「類推適用」というべきであったという)。いわば、自己の物に対する取得時効を正面から認めたのである。これに対し、本判決は、「第二の買主に対し所有権移転登記がなされたときは、……第一の買主は当初から全く所有権を取得しなかったことになる」として、第一譲受人は占有の当初から「他人の物」の占有者であるとした。「最判昭和四二年」を引用し、買主は売主に対する関係でも時効による所有権の取得を主張することができるとする判例(最判昭和四四年一二月一八日民集二三巻一二号二四六七頁)は、本判決により、いわば支柱をはずされた形になったといえよう(広中・後掲五五頁)。

三　取得時効と登記

1　判例は次のように確立している(便宜上、第一ないし第五原則と呼ぶことにする。A・B・Cは本件とは関係ない)。

(1)　Aの不動産をBが時効期間占有して時効取得した場合のA・Bの関係　　Bは登記がなくとも時効取得をAに主張できる(〔第一原則〕―大判大正七年三月二日民録二四輯四二三頁)。

(2)　時効完成前の譲受人との関係　　AがBの時効完成前に不動産をCに譲渡した場合は、Bは登記なしに時効取得をCに対抗できる(〔第二原則〕―最判昭和四一年一一月二二日民集二〇巻九号一九〇一頁)。これは、Cの登記がBの時効完成後になされた場合でも変わらない(最判昭和四二年七月二一日民集二一巻六号一六五三頁)。

(3)　時効完成後の譲受人との関係　　AがBの時効完成後に不動産をCに譲渡した場合は、Bは登記がなければ時効取得をCに対抗できない(〔第三原則〕―大(連)判大正一四年七月八日民集四巻四一二頁、最判昭和三三年八月二八日民集一二巻一二号一九三六頁)。

(4)　起　算　点　　(2)の場合には、占有開始時を起算点として時効完成時を決定すべきであるから、BはCの譲受け後に時効が完成するように起算点をずらして時効取得を主張することはできない(〔第四原則〕―最判昭和三五年七月二七日民集一四巻一〇号一八七一頁)。もし任意に起算点を選択できるとすると、〔第三原則〕が骨抜きになるからである。もっとも、Bにとって占有開始時点を確定することができない場合もありうる。したがって、〔第四原則〕

は、Bが現時点から逆算するなどしてCの譲受け後の時効完成を主張する場合は、登記を経由しているCはAから譲り受けた時点〔前掲最判昭和四二年があるので、登記の時点ではない〕以前にBの時効が完成していたことを抗弁として主張できるとの趣旨も含むと解すべきであろう。

(5)　再度の時効完成　(3)の場合に、Cの登記後新たに時効が進行し、再度時効が完成するとBは登記なくして時効取得をCに対抗できる〔〔第五原則〕―最判昭和三六年七月二〇日民集一五巻七号一九〇三頁〕。

2　学説は上記の判例理論に反対し、多くは、Cが民法一七七条の「第三者」にあたるか否かを、時効完成時を基準にして考えるのは均衡を失すると主張する。たとえば、Bの占有開始時から一五年目にCがAから譲り受け登記も経由し、二一年目にB・C間で紛争が生じた場合、Bが善意・無過失で一〇年の取得時効〔民一六二条二項〕を援用すれば〔第三原則〕によって負け、かえって善意・無過失ではないため二〇年の取得時効〔民一六二条一項〕を援用すれば〔第二原則〕によって勝つというのはおかしいというのである。また、〔第二原則〕は、取得時効完成時に所有権取得の効果が発生するとの確定効果説をとるためC・Bは所有権得喪の当事者となり、Cの所有権をBが時効取得すると解することに基づくようであるが〔前掲大判大正七年三月二日、最判昭和四二年七月二一日民集二一巻六号一六五三頁参照〕、援用時に時効の効果が発生するとの判例〔最判昭和六一年三月一七日民集四〇巻二号四二〇頁〕と整合的でないとの批判がある〔松久三四彦「取得時効と登記」鎌田薫ほか編『新・不動産登記講座(二)』〔日本評論社、一九九八年〕一二八頁、一四二頁〔同『時効制度の構造と解釈』〔有斐閣、二〇一一年〕三四五頁、三五七頁〕〕。

3　学説の状況　学説は多彩であるが、概略は以下のとおりである。

(1)　登記尊重説　登記のない時効取得者よりも登記を得た第三取得者の方を保護すべきであるとして、〔第二原則〕を否定する説である〔我妻栄『民法講義Ⅱ 物権法』〔岩波書店、一九五二年〕七七頁〕。この説は、登記を時効の中断事由とするような結果になるが、登記を取得時効の中断事由とする規定はない〔民一四七条参照〕。そこで、根拠については、ⓐ時効の遡及効〔民一四四条〕に求め、時効完成前の譲受人も時効取得者とは互いに民法一七七条の

「第三者」として扱われるとする説（広中俊雄『物権法〔第二版増補〕』（青林書院、一九八七年）一五六頁。ただし、広中教授は後述の類型説をとり、境界紛争型では占有尊重説をとる（同書一五八頁））、ⓑ登記の効力に求める説（安達三季生「取得時効と登記」志林六五巻三号（一九六八年）一頁以下は、登記を物権変動の先後関係の法定証拠とする。良永和隆「登記時効中断論の再構成」私法五一号（一九八九年）一四八頁は「登記の保全力」という。なお、於保不二雄「時効と登記」法学論叢七三巻五＝六号（一九六三年）一七一頁参照）、ⓒBが第一譲受人の場合に時効の対象である「他人」物（民一六二条）となるのは第二譲受人Cの登記時（または所有権取得時）であるとして起算点を問題にする説（田井義信「取得時効と登記」同志社法学三二巻五＝六号（一九八〇年）七二〇頁、大久保邦彦「自己の物の時効取得について（二完）」民商一〇一巻六号（一九九〇年）七九三頁、松久・前掲「取得時効と登記」一四八頁（同『時効制度の構造と解釈』三六三頁）、辻伸行「取得時効の機能」民法の争点八八頁。なお鎌田薫「取得時効と登記」法セ三〇四号（一九八〇年）三九頁参照）。

（2）　占有尊重説（登記不要説）　時効取得者は誰に対しても登記なくして時効による権利取得を対抗できるとして、〔第三原則〕を否定する説である。その法的構成としては、ⓐ今からさかのぼって時効期間が経過していれば時効の利益が受けられるとする逆算説（川島武宜『民法総則』（有斐閣、一九六五年）五七二頁）、ⓑ時効取得に関しては対抗問題を生じないとする一七七条非適用説（原島重義「『対抗問題』の位置づけ」法政研究（九州大学）三三巻三－六号（一九六七年）三五二－三五四頁）がある。

（3）　折　衷　説　基本的には時効取得者の保護を優先するが、前述の占有尊重説ほど徹底して時効取得者を保護するものではない。これには、判例（時効完成時基準説－時効完成後の第三取得者に対しては登記がなければ時効取得を対抗できない）とは異なり、ⓐ援用時基準説（半田正夫「取得時効と登記」中川善之助＝兼子一監修『不動産法大系Ⅰ〔改訂版〕』（青林書院、一九七五年）一九一頁、滝沢聿代「取得時効と登記（二完）」成城法学二二号（一九八六年）二五頁）、ⓑ判決確定時基準説（舟橋諄一『物権法』（有斐閣、一九六〇年）一七二頁）、ⓒ時効取得者が登記をなしうることをはっきり認識しながら他人名義の登記を放置し、それを信頼した第三者がその土地を取得したときには、九四条二項を類推適用する説（加藤一郎「取得時効と登記」法教五号〔一九八一年〕五八頁）がある。

（4）類型説　新たな分析視角から、二重譲渡型（譲受人の一方が占有し、他方が登記を経由した場合）では登記を尊重し、境界紛争型では占有を尊重するというように、問題となる類型ごとに解釈するものである（山田卓生「取得時効と登記」来栖三郎＝加藤一郎編『民法学の現代的課題』〔岩波書店、一九七二年〕一〇三頁、星野英一「取得時効と登記」鈴木竹雄先生古稀記念『現代商法学の課題（中）』〔有斐閣、一九七五年〕八二五頁、同『民法論集（4）』〔有斐閣、一九七八年〕三一五頁以下所収）。

四　本判決の問題点

本判決のように遡及的に「他人の物」になるというのであれば、時効完成前の第一買主と第二買主の優劣も、遡及的に民法一七七条で決着させるべきことになりそうである（前記三3（1）ⓐ説参照）。また、〔第二原則〕の根拠である、時効完成前は登記を経由できないとの理由は、未登記で占有する第一買主にはあてはまらない。不動産物権変動の対抗要件主義（民一七七条）からは、未登記の第一買主は登記を経由した第二買主に負けるのであるから、判例の立場が支持されるには、第一買主の占有継続という事実がこの対抗要件主義の原則を破るだけの実質的理由を有することの積極的な理由づけができるかにかかっているといえよう。

〈評釈等〉　輪湖公寛・最判解民昭和四十六年度六三八頁（初出、曹時二四巻一〇号一九六五頁）、家崎宏『民法判例三〇講〔民法総則・物権法〕』〔板橋郁夫ほか編〕（成文堂、二〇〇〇年）一三六頁、池田恒男『民法の基本判例〔第二版〕（法教増刊）』（有斐閣、一九九九年）五四頁、磯村保・民商八〇巻一号一一七頁、宇佐見大司『新演習民法破棄判例 総則・物権』〔谷口知平ほか編〕（法律文化社、一九八九年）九一頁、児玉寛・民法判例百選Ⅰ〔第六版〕（別冊ジュリ一九五号）一〇八頁、小林英樹・民研五八〇号五五頁、谷口茂栄・金法六五六号一六頁、椿寿夫・法セ二二二号一一四頁、広中俊雄・法教一三五号五四頁、安永正昭・法時四四巻七号一二九頁、柳澤秀吉・志林七〇巻四号九一頁、山田卓生・民法判例百選Ⅰ〔第五版新法対応補正版〕別冊ジュリ一七五号一一六頁、吉原節夫・判評一七一号一三頁（判時六九七号一二七頁）。

＊初出は、不動産取引判例百選〔第三版〕（別冊ジュリ一九二号、二〇〇八年）八八頁。

[36] 取得時効の援用により不動産の所有権を取得してその旨の登記を有する者が当該取得時効の完成後に設定された抵当権に対抗するためその設定登記時を起算点とする再度の取得時効を援用することの可否

最高裁平成一五年一〇月三一日第二小法廷判決（平成一二年（受）第一五八九号、抵当権設定登記抹消登記手続請求事件）――破棄自判
（判時一八四六号七頁、判タ一一四一号一三九頁、金判一一九一号二八頁、金法一七〇一号六〇頁）

〈参照条文〉　民法一四四条、一四五条、一六二条、一七七条、三九七条

〔事　実〕　X（原告・被控訴人・被上告人）は、昭和三七年二月一七日にA所有の本件土地の占有を開始し、二〇年の取得時効が完成した同五七年二月一七日以降も占有を継続していた。Aは、昭和五八年一二月一三日、B株式会社を抵当権者とし、債務者をC有限会社とする債権額一一〇〇万円の本件抵当権を設定してその旨の登記を了した。Y（被告・控訴人・上告人（株式会社整理回収機構））は、平成八年一〇月一日、Bから本件抵当権を被担保債権と共に譲り受け、同九年三月二六日、本件抵当権の設定登記につきYへの抵当権移転の付記登記がなされた。Xは、本件土地につき昭和三七年二月一七日を起算点とする二〇年の取得時効を援用し、平成一一年六月一五日、「昭和三七年二月一七日時効取得」を原因とする所有権移転登記を了した。さらに、Xは、本件抵当権の設定登記の日である昭和五八年一二月一三日から一〇年間本件土地の占有を継続したことにより時効が完成したとして再度取得時効を援用し、本件抵当権は消滅したと主張して、Yに対し、本件抵当権設定登記の抹消登記手続を求めて訴えを提起した。

一審（鳥取地米子支判平成一二年三月二七日金判一一九一号三六頁）・原審判決（広島高松江支判平成一二年九月八日金

判一一九一号三五頁）ともXの請求を認容した。原審判決の理由（一審の判決理由に若干の付加、訂正、削除したもの）は以下のとおりである。

「一　不動産の取得時効が完成しても、その登記がなければその後にもとの所有者との間で抵当権設定登記を締結して抵当権設定登記を経由した第三者に対しては時効による権利の取得を対抗して抵当権設定登記の抹消を請求することはできないが、第三者のなした右登記後に占有者がなお引き続き時効取得に要する期間占有を継続し、時効が完成した場合には、その第三者に対し、登記を経由しなくても時効取得をもってこれに対抗できるといわなければならない（最高裁昭和三六年七月二〇日判決・民集一五巻七号一九〇三頁参照）。そして、時効取得は原始取得であるから、時効取得者は、右第三者に対し、抵当権設定登記の抹消を請求できるというべきである（民法三九七条）。

二　これを本件についてみるに、前記『争いのない事実等』によれば、Xは、昭和三七年二月一七日から二〇年間占有を継続したことにより本件土地を時効取得したが、所有権移転登記を経由しないうちに、株式会社BがAから本件抵当権の設定を受けて本件抵当権設定登記を経由するに至ったところ、Xにおいて右抵当権設定登記が経由された昭和五八年一二月一三日の後なお引き続き時効取得に要する期間占有を継続した場合には、株式会社B及び同社から本件抵当権を譲り受けたYに対し、登記を経由しなくても時効取得をもって対抗できるというべきである。

ところで、右時効取得に要する期間は、Xが昭和三七年二月一七日から二〇年間占有を継続したことにより本件抵当権設定登記の日である昭和五八年一二月一三日の時点において本件土地を既に時効取得していることからすると、右登記後の継続した占有は善意、無過失の占有であると認めることができるから、一〇年間で足りるというべきである。

そうすると、Xは、昭和五八年一二月一三日から一〇年間占有を継続したことにより、本件土地をさらに時効取得したから、右時効による所有権の取得を、その旨の登記を経由しなくとも、株式会社B及び同社から本件抵当権を譲り受けたYに対抗することができるというべきである。」

これに対し、Yは上告受理の申立てをし、Xの占有は、占有開始時から悪意または有過失の占有であり、本件抵当権設定登記の日である昭和五八年一二月一三日から起算される再度の時効取得に必要な期間は二〇年であるから、再度の取得時効は完成していないと主張した。

〔判　旨〕　破棄自判。「Xは、……時効の援用により、占有開始時の昭和三七年二月一七日にさかのぼって本件土地を原始取得し、その旨の登記を有している。Xは、上記時効の援用により確定的に本件土地の所有権を取得したのであるから、このような場合に、起算点を後の時点にずらせて、再度、取得時効の完成を主張し、これを援用することはできないものというべきである。そうすると、Xは、上記時効の完成後に設定された本件抵当権を譲り受けたYに対し、本件抵当権の設定登記の抹消登記手続を請求することはできない。」

【評　釈】

一　いわゆる取得時効と登記に関する判例によれば、不動産の原所有者甲が占有者乙の取得時効完成後に当該不動産を第三者丙に譲渡し登記も経由すると丙が乙に優先する。しかし、丙の登記後新たに取得時効が進行し、乙が再度完成した取得時効を援用すると乙は登記なくして時効取得を丙に対抗できる。そこで、乙の取得時効完成後に甲が債権者丙のために当該不動産に抵当権を設定し登記を経由した場合にも、その時点から再度乙のために取得時効が進行し乙が再度完成した取得時効を援用すれば、時効取得は原始取得であるから丙の抵当権は消滅するということになるのかが問題となる。本件では、丙の抵当権の登記がなされた後で乙がそれ以前に完成した取得時効を援用して所有権の登記を取得しているため、本最高裁判決は、このように既に時効取得を原因とする所有権の登記を有する乙は確定的に所有権を取得しているので再度の取得時効を援用して抵当権の消滅を主張することはできないとした。

二　いわゆる取得時効と登記の問題（甲所有の不動産を乙が占有し、丙が甲から譲り受けた場合の乙丙の優劣）につき、判例は次のように確立している。〔第一原則〕甲が乙の取得時効完成前に当該不動産を丙に譲渡した場合は、乙は登記なしに時効取得を丙に対抗できる（最三小判昭和四一年一一月二二日民集二〇巻九号一九〇一頁）。これは、丙の登記が乙の時効完成後になされた場合でも変わらない（最二小判昭四二年七月二一日民集二一巻六号一六五三頁）。〔第二原則〕甲が乙の時効完成後に当該不動産を丙に譲渡した場合は、乙は登記がなければ時効取得を丙に対抗できない（最一小判昭和三三年八月二八日民集一二巻一二号一九三六頁）。〔第三原則〕甲が乙の時効完成後に当該不動産を丙に譲渡した場合に、乙は丙の譲り受け後に時効が完成するように起算点をずらして時効取得を主張することはできない（最一小判昭和三五年七月二七日民集一四巻一〇号一八七一頁）。〔第四原則〕甲が乙の時効完成後に当該不動産を丙に譲渡し登記も経由したため〔第三原則〕により丙が乙に優先する場合に、丙の登記後新たに時効が進行し再度時効が完成すると乙は登記なくして時効取得を丙に対抗できる（最一小判昭和三六年七月二〇日民集一五巻七号一九〇三頁）。

本件は、右〔第三原則〕の判例のように所有権をめぐる争いではないが、原所有者との取引によって取得した物権を時効取得者に対抗できるかが問題となっている点では同じである。したがって、〔第三原則〕によれば、Xは最初の取得時効（起算点は昭和三七年二月一七日）の援用により所有権を取得したものの、時効完成後にBが原所有者から抵当権の設定を受け登記を備えているので、この抵当権を否定することはできないということになる。そこで、さらにXが占有を継続すると〔第四原則〕が適用されるのかが問題となる。原審判決はこれを肯定したが、本判決は、Xが最初の取得時効援用により確定的に本件土地の所有権を取得したので、再度取得時効を援用することはできないとした。これは、「自己の物」の取得時効援用を認めた従来の判例（大判昭和九年五月二八日民集一三巻八五七頁〔所有者である前主の占有を併合して取得時効を援用することを認めたもの〕、最二小判昭和四二年七月二一日民集二一巻六号一六四三頁〔二重譲渡における第二譲受人が登記を取得するまでの第一譲受人の占有を時効期間に算入するもの〕、最一小判昭和四四年一二月一八日民集二三巻一二号二四六七頁〔買主による売主に対する時効取得の主張を認めたもの〕）とは整合的でない。しかし、所有権の時効取得の効果はあくまで所有権の取得にとどまり対抗要件まで取得するものではないから、自己の物であることが認定される場合には、時効取得を認めるべきではないと考える（松久三四彦「取得時効と登記」鎌田薫ほか編『新・不動産登記講座（2）総論2』一四七頁以下〈日本評論社、一九九八年〉〔同『時効制度の構造と解釈』〈有斐閣、二〇一一年〉三六一頁以下〕参照）。したがって、本判決が既に取得時効の援用により所有権を確定的に取得した物について再度の取得時効の援用は認められないということには賛成である（自己の物であることが認定される場合にも取得時効の進行を認める従来の判例の方が見直されるべきである)。

三　もっとも、Xは本件土地を時効取得しても、その後に抵当権が設定されているため、〔第二原則〕によりBの抵当権を否定できないという点で、抵当権の登記ある不動産の第三取得者と類似の状況にある。そして、最三小判昭和四三年一二月二四日民集二二巻一三号三三六六頁は、抵当不動産の受贈者が、抵当権実行による競落人からの譲受人に対して、贈与を受けた時から一〇年(競落後の時点)の時効取得を理由に移転登記を求めた事案で、占有者において占有の目的不動産に抵当権が設定されていることを知り、または、不注意により知らなかった場合でも、善意・無過失の占有者というを妨げないとして、受贈者の請求を認めた原審判決を維持した(横山長・最判解民昭和四三年度一三八四頁は、時効取得するのは「他人の物」であるとの立場から第三取得者に民法三九七条は適用されないとした大判昭和一五年八月一二日民集一九巻一三八八頁は「もはや明確に否定されたものというべきであろう」という)。この最高裁昭和四三年判決に従うならば、本件においてもXは再度の時効取得が可能であり、Xが本件土地に抵当権が設定されていることを知っていても悪意占有とはならないのであるから、原審判決のようにAの抵当権登記の時から一〇年の取得時効が進行するといえそうである(もっとも、その後にYへの抵当権移転の付記登記がなされているので、〔第二原則〕から、原審判決とは異なりYの抵当権は消滅しないことになろう(尾島・後掲四頁、草野・後掲「法教」一〇五頁))。したがって、本判決は、最高裁昭和四三年判決とは整合的でないが、確定的に所有権を取得した以上は再度の時効取得はないとする本判決の考えからは、自己の物でも時効取得することを前提とする最高裁昭和四三年判決とは異ならざるを得なかったのであろう。

四　しかし、本判決の立場からも、民法三九七条による抵当権消滅は抵当不動産の時効取得によるものではないとの説をとるときは(民法三九七条に関する判例・学説の状況については、草野元己「抵当権と時効」伊藤進ほか編集代表『現代民法学の諸問題(玉田弘毅先生古稀記念論文集)』(信山社、一九九八年)四五頁参照)、やはり民法三九七条によりAの抵当権は登記時から一〇年または二〇年で消滅するといえることになる。もっとも、Xの「善意・無過失」の対象は抵当権の存在についてであり、抵当権の登記がある以上、「善意・無過失」は原則として認められないとすると（梅謙次郎『民法要義巻之二物権編〔訂正増補版〕』（法政大学ほか、一九〇一年）五九一頁は、無過失の例として「登記官吏カ誤リテ其抵当権ヲ登記簿謄本中ヨリ脱落シタルトキ」を挙げ、被担保債権の弁済期前において民法一六六条二項の適用があるのは勿論であるという）、Xは抵当権につき悪意または有過失なので、XがAの抵当権の消滅をいうには抵当権登記時から二〇年の占有が必要である。したがって、Xの占有期間はこれに満たないので、Xの請求は認められないとする本判決の結論は変わらない。

五　なお、①Xが取得時効の援用をしただけでいまだ登記を了していなかった場合も、所有権の時効取得の効果はあくまで所有権の取得にとどまり時効取得した所有権と原所有者から譲り受けた所有権ないし設定を受けた抵当権等との優劣は対抗要件の具備によると解する立場からは、Aの抵当権の登記時から再度Xの取得時効が進行することはないということになる。また、②Xが取得時効の援用をしていなかった場合も、〔第三原則〕により起算点をずらすことはできないとするときは、援用後は右①の場合と同じになり、Aの抵当権登記後のXの占有継続は民法三九七条の問題に移行することになる。しかし、これらの点につき今後の判例がどのような判断を示すかははっきりしない。また、Aの抵当権登記後のXの占有が二〇年を越えている事案で、今後の判例が本判決と同じくAの抵当権は消滅しないとするかも必ずしも明らかではない。したがって、抵当権の設定を受けようとする者は、〔第二原則〕との関係では、債務者・抵当権設定者以外の者で抵当権設定後に取得時効が完成する自主占有者がいないか注意する必要がある（民三九六条参照）。また、民法三九七条との関係では、抵当権の登記後も抵当不動産を二〇年（本判決の安定性がはっきりしないとすれば一〇年）以上自主占有する者がでてこないように対処するのが無難であるといえよう。

〈評釈等〉　新井敦志・立正大学法制研究所研究年報一一号四一頁、生熊長幸・リマークス三〇号一四頁、池田恒男・判タ一一五七号一〇四頁、尾島茂樹・金沢法学四七巻二号一二三頁、岡田愛・法時七七巻二号一一二頁、岡本詔治・民商一三一巻二号三二〇頁、川井健・NBL七八四号七七頁、金子敬明・千葉大学法学論集二七巻三号一頁、鎌野邦樹・市民と法三〇号八〇頁、草野元己・法教二八六号一〇四頁、同・銀法六四二号八三頁、久須本かおり・愛知大学法学部法経論集一六七号一頁、塩崎勤・登記インターネット六巻七号一四五頁、辻伸行・判評五四八号二一頁（判時一八六四号一九九頁）、谷本誠司・銀法六三二号六五頁（銀法六四四号三八頁所収）、原田剛・法セ五九四号一一五頁、秦光昭・金法一七〇四号四頁、平林慶一・判タ臨増一一八四号一六頁、武川幸嗣・受験新報六四〇号一〇頁、岡伸一・金法一七四五号二七頁、良永和隆・セレクト'04一五頁。

＊初出は、金融判例研究一四号（金法一七一六号、二〇〇四年）三〇頁。

＊＊本判決後の関連判例として、最判平成二四年三月一六日民集六六巻五号二三二一頁は、「不動産の取得時効の完成後、所有権移転登記がされることのないまま、第三者が原所有者から抵当権の設定を受けて抵当権設定登記を了した場合において、上記不動産の時効取得者である占有者が、その後引き続き時効取得に必要な期間占有を継続したときは、上記占有者が上記抵当権の存在を容認していたなど抵当権の消滅を妨げる特段の事情がない限り、上記占有者は、上記不動産を時効取得し、その結果、上記抵当権は消滅すると解するのが相当である。」とした。

[37]　時効完成後の譲渡と登記

最高裁平成一八年一月一七日第三小法廷判決（平成一七年（受）第一四四号所有権確認請求本訴、所有権確認等請求反訴、土地所有権確認等請求事件）——一部破棄差戻し、一部上告棄却

（民集六〇巻一号二七頁、判時一九二五号三頁、判タ一二〇六号七三頁、金判一二四八号五九頁、金法一七七八号九六頁）

〈参照条文〉　民法一六二条、一七七条

〔事　実〕　Xら（本訴原告・反訴被告・被控訴人・上告人）は、鮮魚店を開業する目的で土地を購入したが、開業資金の融資を受ける予定の取引銀行から、公道に面する間口が狭いとの指摘を受けた。そこで、その間口を広げる目的で、平成八年二月、隣地である本件土地（地目ため池、地積五二㎡）を代金八〇万円で購入し、同月一三日、所有権移転登記を了した。しかし、本件土地の大部分と重なる本件通路部分は、コンクリート舗装がされており、本件土地の西側に位置する土地とその土地上の建物を所有している有限会社Y（本訴被告・反訴原告、控訴人、被上告人）が、公道から同建物への専用進入路として使用していた。そこで、XらはYに対して、本件係争地が本件土地に当たるとして、その所有権の確認とともに、同地上のコンクリート舗装の撤去を求めて訴えを提起した。これに対し、Yは、本件係争地のうち本件通路部分と重なる部分につき、Yの所有地に当たる、仮にこれが認められないとしても、Yは、前主の占有を併せて一〇年が経過したことにより所有権または通行地役権を時効取得したなどと主張した。また、Yは反訴を提起し、主位的にYが本件通路部分につき所有権を有することの確認を求め、予備的にYが本件通路部分につき通行地役権を有することの確認を求めた。第一審（徳島地判平成一四年三月二六日民集六〇巻一号三七頁）は、本件通路部分の一部（「本件通路部分A」）につきYの所有権を認めたが、本件通路部分からこの一部を除いた部分（「本件通路部分A'」）の一〇年の時効取得については、所有権についても通行地役権についても認めなかった。そこで、Yが控訴し、前々主からの占有を併せて二〇年の時効取得を主張した。Xらは、Yの時効取得については登記の欠缺を主張し、これに対してYは、Xらが背信的悪意者に当たると主張した。

原審（高松高判平成一六年一〇月二八日民集六〇巻一号四七頁）は、Yの二〇年の時効による所有権取得を認めた上で、Xらが本件土地を購入したのは銀行からの指摘を受けたためでありYを困惑させる目的であったことは認められないが、本件土地購入の時点で、本件土地の大部分と重なる本件通路部分A'は、Yが、専用進入路としてコンクリート舗装した状態で利用しており、Yがこれを使用できないとすると、公道からの進入路を確保することは著しく困難であることを知っていたことが認められ、そして、Xらにおいて調査すれば、Yが本件通路部分A'を時効取得していることを容易に知り得たというべきであるから、Xらは、Yが時効取得した所有権についてその登記を経由していないことを主張するにつき「正当な利益を有しない」として、Yの反訴請求（主位的請求）を認容した。Xらより、原審の判断は背信的悪意者に関する判例に反するとして上告受理申立て。

〔判　旨〕（1）「時効により不動産の所有権を取得した者は、時効完成前に当該不動産を譲り受けて所有権移転登記を了した者に対しては、時効取得した所有権を対抗することができるが、時効完成後に当該不動産を譲り受けて所有権移転登記を了した者に対しては、特段の事情のない限り、これを対抗することができないと解すべきである（最判昭和三三年八月二八日民集一二巻一二号一九三六頁、最判昭和三五年七月二七日民集一四巻一〇号一八七一頁、最判昭和三六年七月二〇日民集一五巻七号一九〇三頁、最判昭和四一年一一月二二日民集二〇巻九号一九〇一頁、最判昭和四二年七月二一日民集二一巻六号一六五三頁、最判昭和四八年一〇月五日民集二七巻九号一一一〇頁参照）。

Xらは、Yによる取得時効の完成した後に本件通路部分A'を買受けて所有権移転登記を了したというのであるから、Yは、特段の事情のない限り、時効取得した所有権をXらに対抗することができない。

（2）「民法一七七条にいう第三者については、一般的にはその善意・悪意を問わないものであるが、実体上物権変動があった事実を知る者において、同物権変動についての登記の欠缺を主張することが信義に反するものと認められる事情がある場合には、登記の欠缺を主張するについて正当な利益を有しないものであって、このような背信的悪意者は、民法一七七条にいう第三者に当たらないものと解すべきである（最判昭和四〇年一二月二一日民集一九巻九号二二二一頁、最判昭和四三年八月二日民集二二巻八号一五七一頁、最判昭和四三年一一月一五日民集二二巻一二号二六七一頁、最判昭和四四年一月一六日民集二三巻一号一八頁参照）。

そして、甲が時効取得した不動産について、その取得時効完成後に乙が当該不動産の譲渡を受けて所有権移転登記を了した場合において、乙が、当該不動産の譲渡を受けた時点において、甲が多年にわたり当該不動産を占有している事実を認識しており、甲の登記の欠缺を主張することが信義に反するものと認められる事情が存在するときは、乙は背信的悪意者に当たるというべきである。取得時効の成否については、その要件の充足の有無が容易に認識・判断することができないものであることにかんがみると、乙において、甲が取得時効の成立要件を充足していることをすべて具体的に認識していなくても、背信的悪意者と認められる場合があるというべきであるが、その場合であっても、少なくとも、乙が甲による多年にわたる占有継続の事実を認識している必要があると解すべきであるからである。」

（3）「以上によれば、XらがYによる本件通路部分A'の時効取得について背信的悪意者に当たるというためには、まず、

Xらにおいて、本件土地等の購入時、Yが多年にわたり本件通路部分A'を継続して占有している事実を認識していたことが必要であるというべきである。

ところが、原審は、XらがYによる多年にわたる占有継続の事実を認識していたことを確定せず、単に、Xらが、本件土地等の購入時、Yが本件通路部分A'を通路として使用しており、これを通路として使用できないと公道へ出ることが困難となることを知っていたこと、Xらが調査をすればYによる時効取得を容易に知り得たことをもって、XらがYの時効取得した本件通路部分A'の所有権の登記の欠缺を主張するにつき正当な利益を有する第三者に当たらないとしたのであるから、この原審の判断には、判決に影響を及ぼすことが明らかな法令の違反がある。」（判旨中に引用されている判例は略記した）

【解　説】

一　本判決（判旨（2）後段）は、最高裁として初めて、不動産の時効取得者は取得時効完成後に当該不動産を譲り受けて所有権移転登記を了した第三者が背信的悪意者であれば登記なくして時効取得を対抗できる旨を明確に判示し、かつ、悪意の認定を緩和する判断基準を示したものである（背信的悪意者であるとした原判決は誤りであるとの上告理由を含んでいたが上告棄却としたものに、最判平成六年九月一三日判時一五一三号九九頁がある。下級裁判所の裁判例については、詳しくは、石田・後掲立教法学七四号一二八頁以下参照」）。

二　本判決は、まず、判旨（1）で取得時効と登記に関する従来の判例の考えを確認しているが、判旨（2）で背信的悪意者は排除されるとすることから、従来の判例には見られなかった「特段の事情のない限り」との文言が付加されている。判旨（1）は、直接には所有権の時効取得について述べているが、「特段の事情のない限り」というのは、他の権利の時効取得者と第三者の間にもあてはまるものといえよう。なお、判旨（1）のいう「特段の事情」と、判旨（2）前段のいう「登記の欠缺を主張することが信義に反するものと認められる事情」が同じであるかははっきりしないが、表現上は、時効取得を対抗できない民法一七七条の「第三者」から排除される者に背信的悪意者以外の者も含ませることが可能な枠組である。「第三者」から排除される者、あるいは「特段の事情」の有無の判断が、所有権の時効取得と他の権利の時効取得とで異なりうるのかは、今後の判例の蓄積をまつことになる。

三　ついで、判旨（2）前段で民法一七七条の「第三者」について背信的悪意者を排除する従来の判例の立場を述べる。そこでは、背信的悪意者の要件として悪意と背信性が挙げられ、悪意とは「実体上物権変動があった事実を知る」こととされている。そして、判旨（2）後段は、「乙（第三者）が、当該不動産の譲渡を受けた時点において、甲（時効取得者）が多年にわたり当該不動産を占有している事実を認識」していれば悪意の要件を満たす旨の判断を示した。もっとも、時効の効果は援用により発生すると解されるので（消滅時効の事案であるが、最判昭和六一年三月一七日民集四〇巻二号四二〇頁）、ここでの悪意とは、文字通りの「実体上物権変動があった事実を知る」ことではなく、時効完成を知っていることとなる。そうすると、本判決が、第三者（譲受人）が「多年にわたり当該不動産を占有している事実を認識」していれば悪意と認定する旨を判示した実益は、時効取得者は必ずしも譲受人が時効期間にわたる占有の事実を認識していたことを立証しなくてもよい、すなわち、「多年」は時効期間に満たなくともよいところにあるといえよう。そうであっても、譲受人が占有期間を取得時効期間に満たないものと考えていたとき（譲受人がこれを立証できたとき）は、時効完成を知らないという意味でも、また、通常は当該不動産を譲り受けることを背信的と評価することはできないということからも、背信的悪意者の前提要件としての悪意認定はできないというべきであろう。

なお、民法一七七条は不動産の「物権の得喪」としているが、援用前に登記を経由した第三者が背信的悪意者とされる場合は、厳密には、時効によって取得した所有権というよりも、時効援用権が背信的悪意者排除論を内包する民法一七七条により保護されているといえよう。二重譲渡の第一譲受人に所有権が移転しない間（たとえば、契約書で約定した所有権移転時期より前）に登記を経由した第二譲受人が背信的悪意者とされる場合も同様であり、この場合は民法一七七条により第一譲受人の特定物債権が保護されているといえよう。

四　原審判決は、未登記通行地役権に関し、「通行地役権（通行を目的とする地役権）の承役地が譲渡された場合において、譲渡の時に、右承役地が要役地の所有者によって継続的に通路として使用されていることがその位置、形状、構造等の物理的状況から客観的に明らかであり、かつ、譲受人がそのことを認識していたか又は認識することが可能であったときは、譲受人は、通行地役権が設定されていることを知らなかったとしても、特段の事情がない限り、地役権設定登記の欠缺を主張するについて正当な利益を有する第三者に当たらない」とした最判平成一〇年二月一三日民集五二巻一号六五頁（以下、「平成一〇年判決」という）の影響を受けたもののように見える。平成一〇年判決は、「このように解するのは、右の譲受人がいわゆる背信的悪意者であることを理由とするものではないから、右の譲受人が承役地を譲り受けた時に地役権の設定されていることを知っていたことを要するものではない」と付言しているところからも明らかなように、背信的悪意者排除論とは別の民法一七七条の「第三者」該当性を否定する構成である。また、判例の背信的悪意者排除論は、実際には悪意者排除に近いとの指摘や（詳しくは、松岡久和「判例における背信的悪意者排除論の実相」林良平先生還暦記念『現代私法学の課題と展望（中）』（有斐閣、一九八二年）六五頁、同「民法一七七条の第三者・再論」『奥田昌道先生還暦記念 民事法理論の諸問題（下）』（成文堂、一九九五年）一八五頁）、「取得時効の完成を知って原所有者と取引した第三者は背信的悪意者として扱われることを、原則とすべきである」との学説もある（広中俊雄『物権法（第二版増補）』（青林書院、一九八七年）一五七頁）。かような中、本判決は、原審判決を破棄することにより、本件のような事案では、平成一〇年判決の構成は採らず、背信的悪意者排除論によることを明らかにし、そこでは、悪意のほか背信性も必要であることを確認したものである。平成一〇年判決の構成は、通行地役権のように所有権と両立しうる権利に限ってあてはまるということになる。

五　本判決は、「取得時効の成否については、その要件の充足の有無が容易に認識・判断することができないものである」ことから、「時効取得者が多年にわたり当該不動産を占有している事実を認識」していれば悪意の要件を満たすとして、悪意要件の認定を緩和したものである。したがって、本判決の直接の射程は、取得時効完成後の譲受人が背信的悪意者に当たるかどうかにおける悪意認定に限定されるが、より広く、背信的悪意における悪意認定にも及ぶ可能性を示唆するものがある（石田・後掲立教法学七四号一六八頁）。

〈評釈等〉　松並重雄・最判解民事篇平成十八年度（上）四四頁（初出、曹時六一巻一号二七三頁）、同・最高裁時の判例Ⅵ（ジュリ臨増）九九頁（初出、ジュリ一三五六号一八八頁）、足立清人・北星学園大学経済学部北星論集五一巻一号九五頁、新井敦志・立正大学法制研究所研究年報一二号四九頁、井口良・タートンヌマン一一号一九四頁、池田恒男・判タ一二一九号三八頁、石田剛「背信的悪意者排除論の一断面（一）、（二・完）」立教法学七三号六三頁、七四号一一九頁、同・平成一八年度重判解（ジュリ臨増一三三二号）六八頁、同・民法判例百選Ⅰ総則・物権〔第六版〕（別冊ジュリ一九五号）一一四頁、笠井修・金判一二四八号二頁、鎌田薫・リマークス三四号一四頁、河津博史・銀法六六二号四〇頁（同六七二号一一三頁所収）、桐ヶ谷敬三・判タ一二四五号二八頁、小西史憲・季刊不動産研究四九巻一号二九頁、小山泰史・立命三四一号六二六頁、関武志・判評五七七号一一頁（判時一九五三号一八九頁）、高田淳・法セ六一六号一一九頁、田口勉・神奈川ロージャーナル一号七九頁、田中淳子「『取得時効と登記』と背信的悪意者排除論の連関について」愛媛法学三三巻一＝二号二頁、野澤正充・速報判例解説（法セ増刊）一号八五頁、福永礼治・ＮＢＬ八二九号一〇頁、舟橋秀明・登情四七巻七号七〇頁、松尾弘「不動産物権変動における対抗の法理と無権利の法理の交錯」川井健先生傘寿記念『取引法の変容と新たな展開』（日本評論社、二〇〇七年）一六三頁、松岡久和・セレクト'06二一頁、武川幸嗣・受験新報六六八号一八頁、良永和隆・ハイ・ローヤー二五〇号八四頁。

＊初出は、不動産取引判例百選〔第三版〕（別冊ジュリ一九二号、二〇〇八年）九〇頁。

[38]

抵当権を消滅させる競売や公売の買受人に賃借権の時効取得を主張することの可否

最高裁平成二三年一月二一日第二小法廷判決（平成二一年（受）第七二九号、建物収去土地明渡等請求事件）——上告棄却

（判時二一〇五号九頁、判タ一三四二号九六頁、金判一三六五号一八頁、金法一九二七号一四〇頁）

〈参照条文〉　民法一六三条、六〇一条、六〇五条、民執五九条一項、国税徴収法一二四条一項

〔事　実〕　Aは、昭和一六年一〇月五日、本件土地所有者との間で賃貸借契約を締結し、同土地上に建物を所有し、本件土地を占有していた。Aは、昭和二七年四月一五日に死亡し、妻Y_1（被告・被控訴人・上告人）が地上建物と賃借権を相続し、以後も、本件土地所有者に対し地代を払い続け、本件土地の占有を継続してきた。大蔵省（現財務省）は、平成八年一二月二〇日、本件土地に抵当権設定登記を経由したが、その登記前にY_1は、借地権について登記したり、本件各建物について所有権保存登記をするなどして借地権についての対抗要件を具備することはなかった（Y_1は、平成一四年八月一三日、地上建物について所有権保存登記をした）。また、本件土地には、平成一八年四月三日、債権者を財務省とする同年三月三〇日武蔵野税務署担保物処分の差押えを原因とする差押登記がされ、平成一八年一二月一一日、公売（国税徴収法八九条・九四条参照）により、X（原告・控訴人・被上告人）が本件土地の所有権を取得し、同月二五日、その旨の所有権移転登記を経由した。

Xは、本件土地の所有権に基づき、Y_1に対して、本件各建物の収去土地明渡しなどを求め、地上建物に居住するY_2－Y_4（被告・被控訴人・上告人）に対して、各占有部分についての建物退去土地明渡しを求めて訴えを提起した。これに対して、Y_1らは、Y_1は本件土地の賃借権を時効取得しており、これをXに対抗できるなどと主張して争った。

第一審（東京地判平成二〇年六月一九日金判一三六五号二六頁）は、Y_1は亡夫Aが本件土地の賃貸借契約を締結し賃借権を取得した昭和一六年一〇月五日から遅くとも二〇年経過した昭和三六年一〇月五日には本件土地の賃借権を時効取得したことが認められるとしたうえで、「借地権の取得時効が完成しても、その登記がなければその後に抵当権設定登記を経由し

た抵当権者に対しては時効による権利の取得を対抗し得ないが、抵当権設定登記後に引き続き借地権の時効取得に必要な期間占有を継続するなどした場合には、その抵当権者に対し、登記を経由しなくとも時効取得をもって対抗することができる」ので、Y_1は本件抵当権設定の日である平成八年一二月二〇日から一〇年経過した平成一八年一二月二〇日をもって時効取得した本件土地の賃借権を抵当権者に対抗することができ、その間の平成一八年一二月一一日に公売により本件土地の所有権を取得したXに対し登記なくして賃借権を対抗できるとしてXの請求を棄却した。

これに対し、控訴審（東京高判平成二一年一月一五日金判一三六五号二一頁）は、判例が土地賃借権の時効取得を肯定するのは、「継続した事実状態を保護する結果として土地の用益を続けてきた者を保護する反面、当該状態を漫然と放置し、所有権という権利の上に眠る者を保護しないこととしたものと解される。その意味では、本件において、賃貸人である土地所有者との関係で本件土地の賃借権の時効取得を認める余地はないともいえる」という。さらに、「抵当権は土地利用権としての賃借権に何らの影響を及ぼすものではないから、……抵当権設定登記を起算点とする賃借権の時効取得を認めることは困難であり、また、仮に抵当権設定後の占有使用により賃借権を時効取得したとしても、既に抵当権の設定登記を経ている抵当権者に対抗し得るに至るものとは解し難い」として、対抗できるとした場合の不都合（抵当権者は原則として第三者による賃借権の時効取得を中断する手段を有していない、不動産担保融資に混乱が生ずる）等を詳細に述べたうえ、一審判決を取り消し、Xの請求を認容した。そこで、Y_1らは、時効による所有権取得と登記に関する前掲最判昭和三六年七月二〇日を引用するなどして、上告受理の申立てをした。

〔判　旨〕「①抵当権の目的不動産につき賃借権を有する者は、当該抵当権の設定登記に先立って対抗要件を具備しなければ、当該抵当権を消滅させる競売や公売により目的不動産を買い受けた者に対し、賃借権を対抗することができないのが原則である。②このことは、抵当権の設定登記後にその目的不動産について賃借権を時効により取得した者があったとしても、異なるところはないというべきである。③したがって、不動産につき賃借権を有する者がその対抗要件を具備しない間に、当該不動産に抵当権が設定されてその旨の登記がされた場合、上記の者は、上記登記後、賃借権の時効取得に必要とされる期間、当該不動産を継続的に用益したとしても、競売又は公売により当該不動産を買受けた者に対し、賃借権を時効により取得したと主張して、これを対抗することはできないことは明らかである。／④これと同旨の原審の判断は、正当として是認することができる。⑤所論引用の上記判例は、不動産の取得の登記をした者と上記登記後に当該不動産を時効取得に要する期間占有を継続した者との間における相容れない権利の得喪にかかわるものであり、そのような関係にない抵当権者と賃借権者との間の関係に係る本件とは事案を異にする。」（①－⑤の番号は筆者が付したものであり、／は改行を意味する）

【評　釈】

一　いわゆる取得時効と登記に関する判例によれば、不動産の原所有者が占有者（有効に所有権を譲り受けた者でもよい）の取得時効完成後に当該不動産を第三者に譲渡し登記も経由すると第三者が時効取得者に優先するが（最判昭和三三年八月二八日民集一二巻一二号一九三六頁）、第三者の登記後新たに取得時効が進行し、再度時効が完成すると時効取得者は登記なしに時効取得をその第三者に対抗できる（最判昭和三六年七月二〇日民集一五巻七号一九〇三頁）。これは、時効取得者の所有権と原所有者からの譲受人の所有権の優劣に関するものであるが、本件では、土地賃借権の時効取得と抵当権の優劣が争われた。すなわち、賃借権者が対抗要件を備えることなく賃借してきたところ、賃貸借契約に基づく使用開始から約五五年後に抵当権の設定と登記がなされ、それから一〇年が経過する九日前に公売がなされたため、賃借人が買受人に対して賃借権の時効取得を主張した。そこで、上記の判例の考え方が、賃借権と抵当権の優劣にもあてはまるかが問題になったものである。

二　いわゆる取得時効と登記の問題に関する判例の基本的な考え方は、次のとおりである（以下、便宜上、第一－第五原則と呼ぶ）。まず、当事者（時効完成当時の所有者）に対しては時効取得を登記なしに主張できるとする。すなわち、原所有者（時効進行開始時の所有者）に対して登記なしに時効取得を主張でき（大判大正七年三月二日民録二四輯四二三頁〔直接的には次の第二原則を述べるものであるが〕。第一原則）、時効完成前に原所有者から所有権を譲り受けた者にも登記なしに時効取得を主張できる（前掲大判大正七年三月二日、最判昭和四一年一一月二二日民集二〇巻九号一九〇一頁。第二原則）。後者では、二重譲渡における第一譲受人にも占有開始時から取得時効が進行すること（自己の物の取得時効）を認めている（前掲最判昭和三六年七月二〇日参照）。これに対し、取得時効完成後に原所有者から所有権を譲り受けた第三者に対して時効取得を主張するには登記が必要であるとする（前掲最判昭和三三年八月二八日。第三原則）。このように、譲受人の出現が時効完成の前か後かで時効取得との優劣が異なることから、時効取得者は第二譲受人の譲り受け後に時効が完成するように起算点をずらして時効取得を主張することはできないとし（最判昭和三五年七月二七日民集一四巻一〇号一八七一頁。第四原則）、さらに、時効完成後の譲受人が先に登記を経由したため第三原則により時効取得を対抗できないときは、登記の時から再度時効が進行し、再度の時効完成当時の所有者には登記なしに時効取得を主張できるとする（前掲最判昭和三六年七月二〇日。第五原則。判例・学説の状況と私見については、拙著『時効制度の構造と解釈』（有斐閣、二〇一一年）三四一頁以下、賃借権の取得時効については、同三三二頁以下参照）。

三　本判決は、所有者（原所有者ないしその承継人）の所有権と時効取得者の所有権が衝突する場合における上記の判例の考え方を、時効取得した賃借権と抵当権（ないし抵当権を消滅させる競売〔民執五九条一項〕や公売〔国税徴収法一二四条一項〕の買受人の所有権）の衝突の場面にもあてはめることができるかという問題に関する初めての最高裁判決である。

第一審判決は、上記の判例の考え方をあてはめ、第五原則により、時効取得した本件土地の賃借権を抵当権者に対抗でき、再度の取得時効完成までの間に公売により本件土地の所有権を取得した買受人Xにも登記なくして賃借権を対抗できるとしたが（第五原則により再度時効取得したY_1と買受人Xとの優劣については第二原則が適用されているのであれば、本件事案とは異なり、Xの買い受けがY_1の賃借権の取得時効完成後であるときは、Y_1はXに賃借権の時効取得を対抗できなくなる）、本判決は、前掲最判昭和三六年七月二〇日は本件とは事案を異にするとしてあてはめを否定した。

この問題は、まず、判例原則の根拠に照らして検討する必要があるが、第二原則の根拠は、時効完成時に占有者が所有権を取得し（確定効果説）、所有者の所有権が消滅するので、時効完成当時の所有者は、時効取得者に対する関係においては、承継取得における当事者たる地位にあるものとみなすことができるからであるといわれている（前掲大判大正七年三月二日。そのため、時効取得の登記は移転登記の方法による（大判昭和二年一〇月一〇日民集六巻五五八頁））。そうすると、賃借権の時効取得者と抵当権者の間には、時効取得した権利を抵当権者が失うというような承継取得における当事者たる地位にあるとみなすことができるような関係はないのであるから、第二原則と同様の関係は存在せず、第二原則をあてはめることはできない。また、賃借権を時効取得しても抵当権者から賃借権を承継的に取得するような関係にない以上、抵当権の登記がなされた時点で抵当権者と将来賃借権を時効取得するかもしれない占有者が時効の取得時効と登記の問題における時効の当事者のような関係になるわけではないので、第五原則もあてはまらない。なお、判例が、所有権を有効に譲り受けた第一譲受人の占有を尊重し自己の物の時効取得を認めるのは、第二原則の適用という実益があるからである。したがって、第二原則の適用がないのであれば、有効な賃貸借契約に基づいて賃借権を有する者に別途賃借権の時効取得を認める必要はない。

四　もっとも、上記の分析は、所有者（原所有者ないしその承継人）の所有権と時効取得者の所有権が衝突する場合の判例の考え方を厳密に維持した場合のものである。これに対し、賃借権の時効取得が認められるときは抵当権の把握している権能の一部が賃借権の負担を負う分だけ消滅するに等しく、抵当権者と賃借権の時効取得者は承継取得における当事者に類する関係にあるとして、取得時効と登記の判例原則を類推的に適用することは、解釈としては考えられないではないようにも思われる。

しかし、そのときは、賃借権の時効取得による不利益を被る抵当権者側の立場も考慮した総合的な判断が要請されよう。控訴審判決は、その判断のあり方を示すものであり、説得力があると思われる。

五　本判決は、判旨①はそのとおりであり、②のようにいえるかがポイントであるが、その理由とする⑤は、取得時効と登記の判例原則の根拠に厳密に照らすならば本件にはあてはまらないとして上述したところを意味するもの思われる。これは、単に判例原則の根拠を厳密にとらえただけではなく、判例原則の類推的なあてはめも妥当ではないとの判断はすでに控訴審判決が丁寧に判示していることから、同様の判断を経た上での結論と思われる。なお、判例の第二原則の根拠に照らして本判決の射程を考えるならば、地上権の時効取得と抵当権が衝突する場合も、賃借権の時効取得と抵当権が衝突する本件と同様に解すべきことになるように思われる。

六　本判決により、今後、不動産賃借権の対抗要件を備えていない不備を、賃借権の時効取得の主張で補完することは原則として認められないことになる。例外的に認められるのは、買受人が背信的悪意者とされるか、買受人からの建物収去土地明渡請求等が権利濫用になる場合に限られることになる（対抗要件を備えていない賃借権を賃貸不動産の第三取得者に主張できるかどうかは、一般に権利濫用法理で処理されているが〔最判昭和三八年五月二四日民集一七巻五号六三九頁、最判平成九年七月一日民集五一巻六号二二五一頁など〕、背信的悪意者論で処理する裁判例もある〔東京高判昭和五八年八月三〇日判タ五一一号一四一頁、大阪地判平成二年七月二日判時一四一一号九六頁など〕。ちなみに、本件控訴審でも、Y_1らは、Xは背信的悪意者であり、また、Xの請求は権利濫用であると主張したが、いずれも認められなかった）。したがって、抵当権を消滅させる競売や公売の買受人は、最先順位の担保権に対抗できる賃借権がなければ、原則として引受となる賃借権は存在しないと考えてよいことになり、取引の安全が高まったといえよう。

〈評釈等〉　青木則幸・登記情報六〇四号七九頁、秋山靖浩『民事判例Ⅲ』（現代民事判例研究会編）（日本評論社、二〇一一年）四七頁、石田剛・私判リ四四号一八頁、大久保邦彦・判例セレクト二〇一一［Ⅰ］一五頁、香川崇・法時八四巻一二号一〇七頁、金子敬明・千葉大学法学論集二七巻三号一頁、草野元己・民商一四五巻四＝五号五三二頁、黒田直行・JA金融法務四八二号五二頁、古積健三郎・ジュリスト一四四〇号七〇頁、同・（法セ増）新判例解説 Watch 一〇号五七頁、常岡史子・法の支配一六三号六七頁、中川敏宏・法セ六八〇号一五〇頁、浜秀樹ほか・判タ一三六三号二三〇頁、宗宮英俊ほか判例紹介プロジェクト・NBL九五七号一二三頁。

＊初出は、金融判例研究二二号（二〇一二年）三三頁。

Ⅲ　消滅時効・除斥期間

一　起算点

[39]　供託金取戻請求権と時効

最高裁昭和四五年七月一五日大法廷判決（昭和四〇年（行ツ）第一〇〇号、供託金取戻請求の却下処分取消請求事件）——上告棄却

（民集二四巻七号七七一頁、判時五九七号五五頁、判タ二五一号一六六頁、金法五八七号二六頁）

〈参照条文〉　供託法一条ノ三、八条、供託規則三八条、民法一六六条、一六七条、四九六条、会計法三〇条、行政事件訴訟法三条

〔事　実〕　X（原告・被控訴人・被上告人）は、Aの宅地二二坪の賃借権をBから譲り受けたとしてAに対し賃料の提供をしたが受領を拒絶されたため、昭和二七年五月七日から地代二か月分四千円ずつを弁済のため供託してきた。その後、AはXに対して建物収去土地明渡しの訴えを提起したが、昭和三八年一月一八日、裁判上の和解が成立し、Xは賃借権の不存在を認め建物を収去し土地を明渡し、Aは右明渡しまでの賃料相当の損害金債権を放棄することとなった。そこで、Xは、昭和三八年五月九日、供託官Yに対し供託金の取戻しを請求したところ、Yは、Xが昭和二八年二月二七日までに供託した合計二万四千円については供託の時から一〇年を経過しているのでその取戻請求権は時効消滅したとして右請求を却下（供託規則三八条参照）した。そこでXは、右却下処分の取消しを求めて本件訴えを提起した。一審（東京地判昭和三九年五月二八日民集二四巻七号八〇〇頁）・二審判決（東京高判昭和四〇年九月一五日高民集一八巻六号四三二頁）とも、本件での供託金取戻請求権の消滅時効の起算点は供託の時ではなく、裁判上の和解成立の時であるから消滅時効は完成していないとし

てXの請求を認容した（時効期間は、一審は一〇年、二審は五年という）。Y上告。

〔判　旨〕　上告棄却。（1）「もとより、債権の消滅時効が債権者において債権を『行使スルコトヲ得ル時ヨリ進行ス』るものであることは、民法一六六条一項に規定するところである。しかし、弁済供託における供託物の払渡請求、すなわち供託物の還付または取戻の請求について『権利ヲ行使スルコトヲ得ル』とは、単にその権利の行使につき法律上の障害がないというだけではなく、さらに権利の性質上、その権利行使が現実に期待のできるものであることをも必要と解するのが相当である。けだし、本来、弁済供託においては供託の基礎となつた事実をめぐつて供託者と被供託者との間に争いがあることが多く、このような場合、その争いの続いている間に右当事者のいずれかが供託物の払渡を受けるのは、相手方の主張を認めて自己の主張を撤回したものと解せられるおそれがあるので、争いの解決をみるまでは、供託物払渡請求権の行使を当事者に期待することは事実上不可能にちかく、右請求権の消滅時効が供託の時から進行すると解することは、法が当事者の利益保護のために認めた弁済供託の制度の趣旨に反する結果となるからである。したがつて、弁済供託における供託物の取戻請求権の消滅時効の起算点は、供託の基礎となつた債務について紛争の解決などによつてその不存在が確定するなど、供託者が免責の効果を受ける必要が消滅した時と解するのが相当である。」

（2）「なお、弁済供託における供託物払渡請求権の消滅時効の期間に関し、原審判決は、……会計法三〇条の規定により五年の消滅時効にかかるものと解している。しかしながら、弁済供託が民法上の寄託契約の性質を有するものであることは前述のとおりであるから、供託金の払渡請求権の消滅時効は民法の規定により、一〇年をもつて完成するものと解するのが相当である。」

【解　説】

一　問題の所在

供託には、弁済供託（民四九四条以下）、担保供託（民訴一一二条・一九六条、民保一二条・二五条）、執行供託（民執一五六条一項）、保管供託（民三九四条・五七八条、商五二七条）、没収供託（公選九二条）がある。また、供託金「払

渡」請求権には、債権者（被供託者）の有する供託金「還付」請求権と、供託者（本件ではX）の有する供託金「取戻」請求権がある（民法四九六条、供託法八条、供託規則二二条以下参照）。本判決は、これらのうち、弁済供託における供託金「取戻」請求権の消滅時効が問題となった事案において、最高裁として初めて右請求権の消滅時効の起算点と期間につき判示したものである（もっとも、時効期間については、より一般的に、供託金「払渡」請求権について判示している）。起算点については民法一六六条一項・四九六条等の解釈が、時効期間については民法一六七条一項（一〇年）と会計法三〇条（五年）のいずれが適用されるかが問題となる。以下では、起算点を中心に述べ、時効期間については最後に簡単に触れることにする。なお、本判決は、XがYのなした処分の取消しを求めて提起した本件抗告訴訟（行政事件訴訟法三条二項参照）を適法なものと判示した（下級裁で、この種の事案について抗告訴訟によるべきか民事訴訟によるべきかの判断が分かれていたため）。本判決はこの点でも重要な意義を有するが、ここでは扱わない。

二 判例の展開

（1） 本判決前の法務局の取扱い（以下に引用する回答や通達は各種の文献に収められているが、『現行供託総覧（3）先例（上）』〔新日本法規、一九七〇年〕を参照した）は、「弁済供託金の取戻請求権及び還付請求権は、訴訟係属中でも、供託の時から一〇年の経過によって消滅する」というものであった（昭和三九年九月一四日民事甲第三〇四八号民事局長回答の要旨。Xの上告理由では、これが従来の裁判例であるとして、その決定が八件挙げられている）。したがって、Yは先例（供託時説）に従ったわけである。しかし、本件一審判決である、①東京地判昭和三九年五月二八日民集二四巻七号八〇〇頁（起算点は「供託による免責の利益を享受する必要の存しなくなつたとき」〔和解成立日〕。田中真次「判批」判評七一号〔判時三七七号〕一四頁）、同二審判決である、②東京高判昭和四〇年九月一五日高民集一八巻六号四三二頁（起算点は「供託の原因となつた債務について、紛争の解決、時効の完成等によつて、その不存在が確定的となり、供託者が免責の効果を受ける必要が全く消滅したとき」〔和解成立日〕。下森定「判批」判評九一号〔判時四四四号〕一四頁）は、起算点につき右先例に反する考えをとった。その後の下級裁判所の判決（以下の裁判例は、判例体系〔第二期版〕の民法四九六条の項で検索したものである）、すなわち、③旭川地判昭和四一年三月二八日下民集一七巻三・四号一八六頁（弁済供託者に債務免責の利益を享受する必要が消滅した時）、④富山地判昭和四一年三月三一日訟月一二巻八号一一二六頁（国に対する不当利得返還請求権の成否との関係で供託金「還付」請求権の消滅時効が問題となった。「権利の性質上その行使が現実に期待できる」時（和解成立日））、⑤大阪地判昭和四一年五月一三日下民集一七巻五・六号四〇六頁（払渡請求時）、⑥名古屋地判昭和四一年七月九日判時四六四号二三頁（「弁済供託は、供託者において供託の必要が消滅することを不確定期限とする寄託契約」であるとして、不確定期限到来時。村松俊夫「判批」金法四六二号二〇頁）、⑦名古屋高判昭和四二年一月一七日高民集二〇巻一号一頁（⑥の控訴審判決。「原説示のごとく弁済供託の供託者において供託を維持する必要のなくなったとき」）、⑧東京地判昭和四二年九月二二日判時五一三号五三頁（紛争終結時）、⑨広島地判昭和四三年三月五日判時五二〇号三七頁（供託を維持する必要がなくなった時）、⑩仙台高判昭和四三年八月一九日高民集二一巻四号三九五頁（「供託を維持する必要がなくなった時」（一審も同様のようである））、⑪大阪地判昭和四四年二月一五日判タ二三三号一七九頁（供託を維持する必要がなくなった時）、⑫札幌高判昭和四四年二月一九日下民集二〇巻一・二号六五頁（③の控訴審判決。「供託金取戻請求権（還付請求権も同じ）の消滅時効の起算点は、…供託の原因となつた債務について紛争の解決、時効の完成等により不存在が確定し、供託者が民法四九四条所定の免責の効果を受ける必要が全く消滅したとき」）、⑬東京高判昭和四四年一二月二五日判タ二四六号二九九頁（⑧の上告審判決（原審判決維持））、も同様に先例に反する考えを示した。そこで、最高裁大法廷が、本判決をもって、①判決以来多数現れた下級裁判決の考えを支持したのである（調査官解説・判批として、中川哲男・曹時二三巻八号一九三二頁、水田耕一・判評一四四号（判時六一五号）一八頁、遠藤浩・ジュリ四八二号（昭和四五年度重要判例解説）四二頁、甲斐道太郎・民商六四巻五号八七七頁、伊東乾＝斉藤和夫・慶應法学研究四四巻一一号二〇六五頁、石田穣・法協八九巻三号三四二頁、水本浩・法セ二二二号四四頁）。

判旨は、「消滅時効の起算点となる『権利を行使し得るとき』とは、単に法律上、形式的に、権利の行使が可能であるだけでなく、権利の行使がその性質上期待され予想される場合でなければならら」ないとする一審判決（①判決）に近いものとなっている。

（2）　これに伴い、新たな通達（昭和四五年九月二五日民事甲第四一二号法務省民事局長通達）が出され、供託実務も改められた。その通達の内容は、（a）「弁済供託における払渡請求権の消滅時効は、供託の基礎となつた事実関係をめぐる紛争が解決する等により、供託当事者において払渡請求権の行使を現実に期待することができることとなつた時点から進行するものと解するのが相当である。」、（b）「供託官は、供託後十年以上経過している弁済供託金について払渡請求があつた場合には、供託書、供託金払渡請求書及びその添付書類等の供託法令所定の書類により前項の時効の起算点を知りうる場合で消滅時効が完成していると認められるものを除き、これを認可してさしつかえない。」、（c）「従前の当職回答等により消滅時効の完成を理由に払渡請求を却下した供託金について、再度その払渡請求があつたときは、前項により処理するものとする。」というものである（供託先例判例百選〔別冊ジュリ一〇七号〕一四四頁〔遠藤浩〕参照）。

（3）　右各判決は、不動産の賃貸借（本件、⑥・⑦、⑪）、売買（③・⑫、④、⑤、⑧・⑬、⑨）をめぐって供託された事案が多く（⑩は借受金の元金等を供託）、供託時または供託開始時は、昭和二三年（③・⑫、⑧・⑬）、二六年（④）、二七年（本件）、二八年（⑤、⑨）、二九年（⑩）、三二年（⑪）である（⑥・⑦は掲載誌からは不明）。そこで、右一連の下級裁判決が続いたのは、「特に賃料をめぐる争いにおいて裁判が長期化し、判決が確定したときには消滅時効が完成しているとして払渡請求が却下されるケースが多く見られるようにな」り、「その結果の不都合と国庫に漁夫の利を占めることを許す不合理への反省」によるものといわれ（『注釈民法（12）』〔有斐閣、一九七〇年〕三二六頁〔甲斐道太郎〕）、さらにその背景として、当時の地価高騰による地代家賃の値上げに伴う紛争の多発が指摘されている（水本浩・前掲「判批」四七頁。なお、昭和二五年以後の大幅な地価上昇については、瀬川信久『日本の借地』〔有斐閣、一九九五年〕一五九頁以下参照）。

三　学説の状況

供託金払渡請求権の消滅時効は、当事者である債権者債務者にとって利害の大きい問題であるが、ながく論じられることはなかった。ようやく、①判決直後に公表された論文（朝岡智幸「弁済供託金に対する取戻請求権還付請求権の消滅時効」判タ一六六号五三頁〔一九六四年〕。〔執筆は①判決前とのこと－五九頁の注（2）〕）で、①判決と同様の考えが示された。そこでは、裁判官である著者が、従来の先例による処理では当事者だけでなく裁判所も「途方に暮れざるを得ない」（五三頁）と書き出しているが、本問題の所在を的確に表すものとして印象的である。その後は、田中・前掲「①判批」が判旨に賛成し、下森・前掲「②判批」が一つの論理構成を示した（後述）。⑥判決は、この下森説に近いが、村松・前掲「⑥判批」は、「根幹の考え」は①判決と同じであるという。本判決は、①判決とほぼ同旨であるが、本判決の評釈（前掲）も判旨に賛成し（水田、遠藤、伊東＝斉藤、石田）、反対するものはみられない。

四　評　釈

（1）　民法一六六条一項の解釈　民法一六六条一項は、旧民法証拠編第四章「時効ノ停止」の最初の条文である一二五条（「権利ノ行使カ権利上又ハ恩恵上ノ確定若クハ不確定ノ期限ニ服シ又ハ其発生カ停止条件ニ繋ルトキハ其期限ノ満了又ハ条件ノ成就ノ時ニ非サレハ時効ハ進行ヲ始メス」）が、期限到来・条件成就により行使できる権利の「時効一般」につき、期限未到来・条件未成就を時効の「停止」事由としていたのを、「消滅時効」の「起算点」として再構成したものである（『法典調査会民法議事速記録一』〔商事法務研究会、一九八三年〕五三〇－五三一頁参照）。鳩山博士は、同項にいう「権利ヲ行使スルコトヲ得ル時」とは、「権利ノ内容ヲ実現スルニ付テ法律上ノ障碍ノ存セサル時」をいい、「権利行使ニ対する事実上ノ障碍ハ時効ノ進行ヲ妨ケス」と説いた（鳩山秀夫『法律行為乃至時効〔合本版〕』〔巖松堂書店、一九一二年〕六九三頁）。以後、権利を行使する上で障害となる事態を法律上の障害と事実上の障害に分け、前者のみが時効の進行を妨げるとする考えは、その簡明さもあってか、広く学説・判例の採るところとなった（遡ると、山口地判大正七年五月三日新聞一四四九号二二頁に「法律上の障碍」の表現が見られる）。

しかし、本判決は、「『権利ヲ行使スルコトヲ得ル』とは、単にその権利の行使につき法律上の障害がないというだけではなく、さらに権利の性質上、その権利行使が現実に期待のできるものであることをも必要と解する」とした〔以下、便宜的に「期待時説」と呼ぶ〕。この説では、権利行使が期待できるか否かの判断基準がさらに問われることになるが、星野教授は、「『権利ヲ行使スルコトヲ得ル時』から進行するというのは、本来は、主として条件・期限に関するもので、権利を行使することのできない時から進行するものではない、という消極的の意味のものであった。したがって、厳密に、法律上権利を行使することができる時から進行すると解しなければならない必然性はない。法律的に権利が発生していたか否かが裁判所で始めて明らかになる場合も少なくなく、そのさいに、債権者とりわけ素人にその判断の危険を負担させることは酷である」として、「『権利を行使しうることを知るべかりし時期』すなわち、債権者の職業・地位・教育などから、『権利を行使することを期待ないし要求することができる時期』と解すべきである」〔星野英一「時効に関する覚書（四・完）」法協九〇巻六号（一九七三年）九二四－九二五頁〔同『民法論集四巻』〈有斐閣、一九七八年〉三一〇頁〕〕と主張された。では、これをどう考えるべきか。

この問題は、消滅時効制度のとらえ方とも関連する〔学説の状況については、松久三四彦「時効制度」『民法講座1』〈有斐閣、一九八四年〉五四一頁以下〔同『時効制度の構造と解釈』〈有斐閣、二〇一一年〉一一四頁以下所収〕参照〕。権利の上に眠っていた権利者を咎めて権利を奪う制度であると見るならば、咎められる事情の有無を権利者ごとに細かく判断するというのも一つの考え方であり、右星野説はこれに馴染みやすい（もっとも、星野教授は、消滅時効は基本的には二重弁済を避けさせるための制度であるべきだという〔星野・前掲書三〇三頁〕）。これに対し、債務者を債務から解放する制度であるとして、一定期間の権利不行使による債務解放効を強調するときは、権利不行使の個別事情はできるだけ顧慮しないということになろう。私見は、消滅時効を債務から解放する制度と捉える視点に立ちつつ、債権者保護（権利行使の機会確保）と債務者保護（消滅時効の恩恵）の調和点を探るということから、権利行使を期待できるか否かの判断は、職業・地位・教育など当該債権者の個人的事情を捨象した通常人を基礎としてなされるべきであると考えている〔松久三四彦「判批」判評三〇三号（判時一一〇八号）三五－三六頁〔本書[40]所収〕、石田喜久夫編『現代民法講義1民法総則』〈法律文化社、一九八五年〉二七七―二七八頁参照。私見に対する評価ないし批判として、松本克美「時効規範と安全配慮義務」神奈川法学二五巻二号〈一九八九年〉二八九―二九二頁参照）。したがって、本判決は、供託物払渡請求権の消滅時効について「期待時説」を述べるにとどまるが、それはより広く妥当するものと思われる。ただし、消滅時効の起算点一般にまで広げられるかはなお検討の余地があろう（たとえば、不当利得返還請求権は、発生当初から権利の存在を知らないか、あるいは知りえない場合が多いと思われるが、ここに「期待時説」をあてはめてもよいであろうか。ちなみに、原審②判決は、「弁済供託の場合は例外をなす」という）。なお、「期待時説」をとっても、実際には、起算点は法律上の障害の有無で決まる場合が多く、本件のように通常人に権利行使を期待できない事情が認められる事案はさほど多くないであろう。

（2）　本件の解釈　　Yは、上告理由で、Xは民法四九六条一項に基づき本件供託金を供託の時から取戻請求できるのであるから、民法一六六条一項により供託時が起算点であると主張した。これに対し、本判決は、右「期待時説」の立場から、供託時説をしりぞけ、供託者の免責の必要が消滅した時が起算点になるとした。妥当な考えであり、具体的には、本件では和解成立日（一審①判決、原審②判決は明言）ということになろう（なお、民法一四〇条により初日不算入）。

本判決（期待時説）は、消滅時効が問題となる当事者の置かれた状況を、いわば利益衡量的に斟酌するものであるのに対し、学説には、純理論的説明を意図するものがある。すなわち、下森教授は、「供託は供託所との関係においては、一種の不確定期限付の寄託契約であり、期限は供託者の利益の為にのみあるのであるから、債権者又は第三者の利益を害さない限り、取戻は認められるが、その返還請求権を行使しない間は、供託者は被供託者に対する債務免責の効果を伴う保管請求権を行使しているのである。そしてこの返還請求権は保管請求権を否定することを前提としてはじめて成りたつものであるから、供託物取戻請求権の時効は、この保管請求権に対する法的保障がなくなった時点、つまり供託原因消滅の時点から進行を開始するものと解すべき」であるという（下森・前掲「②判批」一七―一八頁)。また、伊東・斉藤教授は、下森説を一歩すすめ、「供託関係では、保管請求権と供託金取戻請求権は本来両立し得ないと構成すべきではないか」として、「債権者が供託受領の意思表示をしたこと、又は供託の原因となつた紛争の解決又は供託の原因たる債権の時効が完成したこと等によりはじめて供託金取戻請求権が発生する」と主張したいといわれる(伊東＝斉藤・前掲「本判決の判批」二〇七〇頁)。しかし、「保管請求権」を媒介として弁済供託を不確定期限付寄託契約と解することには疑問がある(なお、返還時期の定めのない寄託〔民六五七条・六六二条・一三六条参照〕における寄託物返還請求権の消滅時効の起算点は寄託契約成立時であるというのが判例である〔大判大正九年一一月二七日民録二六輯一七九七頁〕)。「保管請求権」という考えを持ち出すのであれば、「保管請求権」が消滅した後は取戻請求権というよりもむしろ引取義務(ひいては供託所に引取請求権)が発生することになりはしないであろうか。また、右学説は、起算点を供託所に預かってもらえなくなる時点ととらえることになるように見えるが、もしそうならば、取戻請求権を行使できる時点としてとらえる本判決の方が民法一六六条一項の解釈としても文理に即しており素直であるように思われる。

なお、本件は、弁済供託の基礎となった事実をめぐって供託者と被供託者との間で争いがあるため供託し、民法四九六条一項により取戻請求した事案であるが、それ以外の場合(供託原因〔民法四九四条参照〕、取戻請求の根拠〔民法四九六条一項、供託法八条二項参照〕が本件と異なる場合)にどうなるかは、個別に検討しなければならない。例えば、債権者行方不明による供託の場合の取戻請求権については、債務の消滅時効完成時が考えられるが、供託が中断事由としての承認(民法一四七条三号)にあたるかも問題となろう(受領不能〔所在不明〕による供託金の「還付」請求権の消滅時効起算点の照会に対し、昭和六〇年一〇月一一日民四第六四二八号民事局第四課長回答は供託時とする。妥当と考えるが、この回答は「取戻」請求権の消滅時効起算点も同様に解しているようであり、そうであれば疑問である)。

五　時効期間

下級裁判決は一〇年(①・③・④・⑦〔還付と取戻につき〕・⑫判決)と五年(②・⑧・⑬判決)に分かれていた。本判決は、弁済供託は民法上の寄託契約の性質を有するものであるとし、民法一六七条一項を適用して一〇年とした。学説は、これを支持するものが多い（遠藤、伊東＝斉藤、石田の前掲「本件判批」）が、原審②判決と同様に供託上の法律関係は公法関係であるとして会計法三〇条の五年を支持するものもある（下森・前掲「②判批」）。また、立法論として除斥期間を設けるべきであるとするものがあり（五年くらい〔遠藤〕、例えば三〇年〔石田〕というものがある）、立法論としての五年説に反対するものもある（水本・前掲「本件判批」五〇頁は、「いくら事務処理の便宜とはいえ私権の切捨御免ともいうべき措置であり、賛成できない」という）。現行法の解釈としては、以下の解釈が説得的であろう。すなわち、「供託関係が公法関係か私法関係かを決めてそこから演繹するのではなく、民法と会計法のどちらを適用した方が適切、妥当か、から決めるべきである。供託においては、長時間の経過によって二重払いの危険が生ぜず、しかも、他人のために金銭を管理するのが供託のそもそもの任務であることを考えると、消滅時効期間は、会計法上の五年よりも、民法上の一〇年とするのが妥当であると思われる」（石田・前掲「本件判批」三四八頁）。

〈評釈等（初出の本文所掲に追加）〉中川哲男・最判解民事篇昭和四十五年度（下）六二五頁（初出、曹時二三巻八号一九三二頁）、神長勲・行政判例百選Ⅱ（別冊ジュリ六二号）三七〇頁、坂井芳雄・金法六〇九号一六頁、白井皓喜・行政判例百選Ⅱ〔第四版〕（別冊ジュリ一五一号）四〇八頁、椿寿夫＝山崎寛・法セ一九五号一三三頁、戸部真澄・行政判例百選Ⅱ〔第六版〕（別冊ジュリ二一二号）三二二頁、藤原淳一郎・昭和四五年度重判解説（ジュリ臨増四八二号）二四頁、同・供託先例判例百選〔第二版〕（別冊ジュリ一五八号）二四頁、細川俊彦・行政判例百選Ⅱ〔第五版〕（別冊ジュリ一八二号）三二〇頁。

＊初出は、石田喜久夫＝湯浅道男編『判例演習民法3債権総論』（成文堂、一九九六年）二五七頁。

[40]　一　虫垂摘出手術において、患者の症状等から虫垂の炎症部分を残置せざるを得なかった場合に、再手術が必要であることを説明しなかったことが医師の債務不履行にあたるとした事例
二　診療債務不履行に基づく損害賠償請求権の消滅時効の起算点を、患者が治療に不完全があったことを知った時（治療から一四年後）とした事例

福岡地裁小倉支部昭和五八年三月二九日判決（昭五五年(ワ)二三七号、損害賠償請求事件）――一部認容（確定）
（判時一〇九一号一二六頁、判タ五〇二号一七六頁）

〈参照条文〉　民法六五六条、一六六条、七〇九条、七一〇条

〔事　実〕　X_1は昭和四〇年四月ころ、内臓外科を専門とする開業医Yにより、急性虫垂炎と診断され、ただちに虫垂摘出手術を受けた。しかし、その後も体調はすぐれず、昭和五四年までの一四年間に、胃炎、下痢、腹痛等により六一九日（年平均四四日）にも及ぶ病欠勤を繰り返した。その間、幾つかの病院で受診したが、すでに虫垂手術痕が存在するため虫垂の炎症を疑われることもなく、原因の判明が遅れた。ところが、症状悪化のため、昭和五四年一月三〇日に他の病院に入院したところ、はじめてX_1の不調の原因が虫垂の残存によることが判明し、同年二月一三日、三月二七日の二回にわたる再手術の結果、病名は虫垂粘液嚢腫と判定され、X_1の体調も回復した（しかし、職務（X_1は運輸省に勤め船上の仕事に従事していた）に耐えられるほどではなく、本訴提起後の昭和五六年七月に退職）。そこで、X_1とその妻X_2は、昭和五五年三月一二日、Yに対し、Yが虫垂を完全に摘出しなかったこと、あるいは手術後に再手術の必要性等の説明を怠ったことは債務不履行ないし不法行為にあたるとして損害賠償（X_1は一二〇三万二七五九円、X_2は五五〇万円）を求めて本訴を提起した。これに対しYは、帰責事由の不存在と、仮に賠償義務を負うとしても、消滅時効が完成していると主張したが、裁判所は次のように判示してX_1の請求を一部（三三三万二七五九円）認容した（X_2については近親者が慰籍料を請求し得る場合には当たらないとして請求棄却）。

〔判　旨〕（1）「虫垂摘出手術を担当する医師は、契約上原則として虫垂全部を摘出すべき注意義務を負担するものであるが、例えば開腹後周囲臓器、組織との癒着が著しいため通常の腰椎麻酔の効果時間（約一時間）内に虫垂全部の摘出が困難であり且つ当該手術環境の人的物的設備が全身麻酔に切替えて手術を完遂できる程充分に整備されていない場合或は患者の全身状態が虫垂全部の摘出完了に耐えない程悪い場合等虫垂全部の摘出を困難ならしめる特段の事情がある場合には例外的に虫垂の一部、例えば炎症部分のみを切除摘出することにより契約上の義務は履行されたものと解すべきである。しかして右例外の場合においては、手術を担当した医師としては、予後を充分に備えさせるため、患者又はその家族に対し、当該手術の経過と内容を良く説明すべき具体的義務を新たに負担するに至るが、更に患者の病態に従い虫垂の炎症部分を残置せざるを得なかった場合においては腹膜炎等を併発するおそれが極めて高いのであるから、速やかに自ら又は他の医療機関による再手術の必要を説明し且つ指導すべき具体的義務を負担するものと解すべきである。

これを本件についてみるに、前認定の事実によれば、本件手術により、YがX_1の虫垂をその一部か全部かは証拠上必ずしも明らかではないが、少なくとも完全に摘出していなかったことは明らかであり、本件手術が三時間にも及んだことや、応援医師を要請したことをも考え併せると、開腹時のX_1の症状はすでに虫垂全部の完全な摘出には困難な状況にあったものかあるいは虫垂の発見が困難な状況にあって、これが摘出をしなかったものと推認することができる上、その後の病状の経過、特に本件手術直後からの腹痛、胃炎、下痢症状等の継続は虫垂の炎症部分の残置を窺知せしめるに充分であるところ、Yは本件手術後X_1又はその家族に対し手術の経過と内容についてはもとより再手術の必要性についてなんらの説明ないし指導を与えた形跡がないのであるから、YがX_1に対し本件診療契約上の債務を不履行し、右債務不履行につき少なくとも虫垂手術を担当した医師として患者に対する説明義務等を怠った帰責事由を有することは疑う余地がない。」

（2）「一般に消滅時効は『権利ヲ行使スルコトヲ得ル時』から進行するが、右の『権利ヲ行使スルコトヲ得ル時』とは債権を行使するについて厳密に法律上の障害がなくなった時を指称するものではなく、権利者の職業、地位、教育及び権利の性質、内容等諸般の事情からその権利行使を現実に期待ないし要求できる時、換言すれば『権利を行使できることを知るべかりし時期』を意味するものと解するのが相当である。けだし、権利者の地位、権利の性質等諸般の状況に照し権利行使を期待等することが事実上不可能な場合にまで時効の進行を容認することは、権利者に対し正当な権利行使を制限することになって過酷であり、引いては時効制度の本旨にもとる不当な結果を招来するに至るからである。

これを本件についてみるに、確かに、Yの診療契約上の債務不履行（不完全履行）により、X_1がYに対し追完（再手術）の請求ないし損害賠償の請求をなすべき法律上の障害は消滅したということができるけれども、同時に、前（記）認定のX_1の手術、疾病及び治療の経過に徴すれば、X_1は患者としてYの債務不履行の後においても、早くとも昭和五四年一月三〇日医学的に虫垂の残存が確認された時（本件の場合不法行為による損害賠償請求権における損害及び加害者を知った時に一致する）までは、その不完全な所以を覚知できる立場になかったものと認めるが相当であるし、従ってまた右同日までは損害賠償請求権の現実の行使を期待することが事実上殆ど不可能であったと認められるから、その間消滅時効は進行するに由なきものというべきである。

しかして、本訴債務不履行に基づく損害賠償請求権の消滅時効は右の昭和五四年一月三一日を起算日として進行を開始したと認むべきところ、本訴提起が昭和五五年三月一二日であることは記録上明らかであるから、未だ消滅時効は完成していないものといわなければなら（ない）。」

【評　釈】

一　判旨（2）は、消滅時効の起算点につき、従来の判例・通説とは異なる基準を示しかつ適用した点で注目すべきものである。また、本件で問題とされた債務不履行に基づく損害賠償請求権の時効起算点については、不法行為に基づくそれとは対照的に、これまで特に学説の関心を集めることはなく、この問題を独立に取り上げた論稿も見られない。したがって、本評釈では、債務不履行に基づく損害賠償請求権の時効起算点ならびに消滅時効の起算点一般の問題に対する私見を明らかにすることを通して判旨（2）を検討することに主眼を置き、判旨（1）については、いわゆる医療過誤判例としての簡単な位置づけをするにとどめたい。

二　最近の医療過誤訴訟においては、医師の説明義務を問題とするものがふえている（判例・学説の状況については、饗庭忠男「医療水準と説明・転送義務」判タ四一五号（一九八〇年）六一頁以下、同『医療事故の焦点』（日本医事新報社、一九八二年）五七頁以下、野田寛「最近の医療過誤訴訟の動向」ジュリ七二四号（一九八〇年）一八頁以下〔同・『医療事故と法』（新有堂、一九八二年）所収二三五頁以下〕、金川琢雄「医療における説明と承諾の問題状況－医師の説明義務を中心として」（第一二回日本医事法学会（一九八二年）報告）法時五五巻四号（一九八三年）七一頁以下参照。なお、外国における問題状況を教える最近の研究として、河原格「医師の義務としての説明の範囲－西ドイツの裁判例を中心に」法学研究（慶大）五五巻五号（一九八二年）五九〇頁以下、青柳文雄「医師の説明義務」立正法学論集一六巻一・二合併号（一九八二年）一頁以下、山下登「医師の説明義務をめぐる最近の論議の展開－ドイツの判例・学説を中心として（1）・（2）」六甲台論集三〇巻一号九六頁以下、三号三三頁以下（一九八三年）等がある）。この説明義務の違反を理由に損害賠償を求めるには、右義務を診療契約上の債務の内容として債務不履行構成することも、また、右義務を不法行為法上の注意義務の一つとして不法行為構成することもできるが（中川善之助＝兼子一監修『実務法律大系5（医療過誤・国家賠償）』（青林書院、一九七三年）一二三頁（江田五月）、村上博巳「医療過誤訴訟における債務不履行構成の再検討」判タ四一五号（一九八〇年）七四頁、金川・前掲報告七六頁参照）、本判決は前者を採ったものである（この点については、川井健・判評一五〇号（一九七一年）二二頁以下（虫垂炎誤診を債務不履行とした判例の評釈で、債務不履行と不法行為のどちらの問題か判然としない事案については、二者択一的構成によるのではなく、各事案・過誤類型に即した解決方法を探究すべきであるとする）参照）。学説には、判例の分析を通して、この説明義務の内容となる説明を、（a）二つ（①承諾の有効要件としての説明、②結果回避義務の一内容としての説明）（野田・前掲論文一八頁参照）、ないし（b）三つ（①患者の有効な承諾を得るための説明、②療養方法等の指示・指導としての説明（治療行為の内容としての説明）、③転医勧告としての説明）（金川・前掲報告七一頁参照）に類型化するものがあるが、それによると、本件は（a）②ないし（b）②の説明義務違反類型の事案といえよう（この類型に属する最近の判例としては、札幌地判昭和五五年四月一七日下民集三一巻九－一二号一三八七頁（一側性腸空置術の施術後に発生の予想される盲のう症について患者側に説明をしなかった過失があるとした事例。ただし、病院経営者たる医師には債務不履行、帰省中に手術を手伝った息子の医師には不法行為ありとした）がある）。いずれにしても、認定された事実からすると、本件はＹに当該説明を要求しうる事案であり、この説明が適時になされていたならばX_1の損害も生じなかったと考えられる。したがって、本判決が債務不履行構成を採ったことの妥当性は措くとして（時効との関連で後述）、Ｙに説明義務ありとし、その義務違反を理由に損害賠償責任を認めた判旨（1）は正当なものと評価してよいように思われる。

なお、医学書によると、虫垂炎の「手術を最初に行なったのは一八八四年 Krönlein といわれ、その後、本症の臨床病理の面に著しい飛躍がみられ、今日では危険なく手術が行なわれるようになった」（西村正也・陣内傳之助・光野孝雄・井口潔編『新外科学2〔第二版〕』（南山堂、一九六九年）四九八頁）とある。しかし、他方、症状の乏しいもの、非典型例の診断は必ずしも容易ではなく、他のあらゆる急性腹症と鑑別しなければならないため、急性虫垂炎の誤診率は六－一〇％といわれ、また一五人に一人が一生のうちに一度は虫垂炎にかかるといわれるほど頻度の高い疾患である（綿貫喆監修・佐藤寿雄編集『外科学Ⅲ』（日本医事新報社、一九七八年）一四一－一四二頁）こともあってか、虫垂炎の医療をめぐる裁判例は累積されつつある（中川＝兼子・前掲書一一六頁以下（江田五月）、松倉豊治「『虫垂炎』をめぐる裁判例とその医療側の事情」判タ三二三号（一九七五年）一一四頁以下、同『医事紛争　医療側の問題』（永井書店、一九七六年）一九頁以下参照）。本判決も、右類型の裁判例にさらに一例を加えるものである。

三　次に判旨（2）を検討する。まず、時効の起算点に関する判例・学説の状況を眺めておく。

（1）従来の判例・通説　鳩山博士は、消滅時効の起算点、すなわち「権利ヲ行使スルコトヲ得ル時」（民一六六条一項）とは、「権利ノ内容ヲ実現スルニ付テ法律上ノ障碍ノ存セサル時」をいい、「権利行使ニ対スル事実上ノ障碍ハ時効ノ進行ヲ妨ケス」と説いた（鳩山秀夫『法律行為乃至時効〔合本版〕』（巖松堂書店、一九一二年）六九三頁）。以後、権利を行使する上で障碍となる事態を法律上の障碍と事実上の障碍に分け、前者のみが時効の進行を妨げるとする考え方ないし説明のし方は、その簡明さもあってか、広く学説・判例（遡ると、山口地判大正七年五月三日新聞一四四九号二二頁に「法律上の障礙」の表現がみられる）の採るところとなった（幾代通「消滅時効の起算点」『総合判例研究叢書民法（8）』（有斐閣、一九五八年）七頁以下参照）。この、法律上の障碍の有無という画一的基準によって、多くの場合は起算点もまた画一的に定まることになるが、中には見解の一致をみないものもある。その一例が、本件で問題とされた債務不履行に基づく損害賠償請求権の時効起算点である。

この場合の先例として一般に挙げられる判例は、契約解除に基づく原状回復義務の履行不能による損害賠償請求権の時効起算点について、「損害賠償義務は本来の債務の物体が変更したに止まり、その債務の同一性に変りはないのであるから……右債務の消滅時効は本来の債務の履行を請求し得る時から進行を始めるものと解すべきである」（最判昭和三五年一一月一日民集一四巻一三号二七八一頁。この判例の評釈・解説として、山中康雄・民商四四巻六号九七七頁、北村良一・最判解民事篇昭和三十五年度四〇一頁、がある。この判決理由は、大判昭和一八年六月一五日法学一三巻四号二六五頁の判決理由をほぼそのまま受け継ぐものであるが、一八年判決の事案は不明）として、原状回復請求権の成立時（契約解除時）を起算点とした（通常、「本来の債務」は「契約上の債務」を指すが、この判決のいう「本来の債務」は「原状回復債務」を指す（山中・前掲「判批」九八〇頁参照）。すなわち、「損害賠償債務」発生の前提となる債務を指して「本来の債務」といっている点では通常の用語と同じであるが、右の点で異なることに注意を要する。なお、安全配慮義務違反による損害賠償請求権の時効起算点に関する判例は流動的であるが、それについては、星野雅紀「安全配慮義務と消滅時効」判タ四九五号（一九八三年）二五頁以下、新美育文「東京高判昭和五八年二月二四日判時一〇七三号七九頁の判批」法時五五巻九号一四三頁以下、前田達明「安全配慮義務と消滅時効」判タ五〇二号（一九八三年）九頁以下参照）。

学説は、大別して、（a）債務不履行に基づく損害賠償請求権一般につき、右三五年判決と同じく、「債務の同一性」（これについては、我妻栄『新訂債権総論』（岩波書店、一九六四年）一〇一頁参照）を理由に、本来の債務の履行を請求しうる時とする説（川島武宜『民法総則』（有斐閣、一九六五年）五一六頁（理由は明言しないが結論同じ）、幾代通『民法総則』（青林書院、一九六九年）五〇六頁。なお、我妻栄『債権各論上巻』（岩波書店、一九五四年）二〇七頁以下参照）、（b）同じく損害賠償請求権一般につき、損害賠償請求権を行使しうる時とする説（川島武宜編『注釈民法（5）』（有斐閣、一九六七年）二九八頁（平井宜雄））、（c）「債務の同一性」を基準とする点では（a）説と同じであるが、積極的債権侵害による損害（「結果損害」）の賠償請求権は本来の債務と同一性がないとして、右損害が発生した時点から時効が別個に進行するとの説（北川善太郎「損害賠償法における理論と判例」『民法学の基礎的課題（於保不二雄先生還暦記念上』（有斐閣、一九七一年）一〇三―一〇四頁）がある。本件のように、いわゆる医療過誤を債務不履行構成した場合の時効起算点に言及するものには、この（c）説を引用し、あるいは同旨を述べて、損害賠償請求権を行使しうる時とするものが多い（中川＝兼子・前掲書四四頁（石垣君雄）、村上博巳・前掲論文七六頁、『民法学6』（有斐閣、一九七五年）四二頁（平林勝政）。なお、座談会「医療過誤紛争をめぐる諸問題（三）」曹時二六巻二号（一九七四年）二七四頁（『医療過誤紛争をめぐる諸問題』（法曹会、一九七六年）一〇七頁）（加藤一郎発言）参照）。

（2）　新たな学説　　法律上の障碍の有無を基準とする通説に対し、星野教授は、「『権利ヲ行使スルコトヲ得ル時』から進行するというのは、本来は、主として条件・期限に関するもので、権利を行使することのできない時から進行するものではない、という消極的の意味のものであった。したがって、厳密に、法律上権利を行使することができる時から進行すると解しなければならない必然性はない。法律的に権利が発生していたか否かが裁判所で始めて明らかになる場合も少なくなく、そのさいに、債権者とりわけ素人にその判断の危険を負担させることは酷である」として、「『権利を行使しうることを知るべかりし時期』すなわち、債権者の職業・地位・教育などから、『権利を行使することを期待ないし要求することができる時期』と解すべきである」（星野英一「時効に関する覚書―その存在理由を中心として（四・完）」法協九〇巻六号（一九七三年）九二四―九二五頁（同『民法論集第四巻』（有斐閣、一九七八年）三二〇頁））とされる。すなわち、この説は、事実上の障碍は時効進行を妨げずとする従来の学説とは異なり、事実上の障碍であってもなお一定の場合には時効進行を妨げると解するものである。この考えに類する判例として、「弁済供託における供託物の払渡請求、すなわち供託物の還付または取戻の請求について『権利ヲ行使スルコトヲ得ル』とは、単にその権利の行使につき法律上の障害がないというだけではなく、さらに権利の性質上、その権利行使が現実に期待できるものであることを必要とするのが相当である」とした最（大）判昭和四五年七月一五日民集二四巻七号七七一頁がある（この判決の評釈・解説のうち、石田穣・法協八九巻三号三四七頁、中川哲男・最判解民事篇昭和四十五年度（下）六二五頁は判旨に賛成するが、遠藤浩・ジュリ四八二号四四頁、水本浩・法セ二二二号五〇頁は判旨の一般化に慎重である）。しかし、星野説が、当該権利者の能力等のいわば個人的・主観的事情を総合的に考慮するのに対し、右四五年判決は、「権利の性質上」といういわば個人の特性を離れた客観的基準を示している点で差異があるように思われる。したがって、従来の判例の流れおよび学説との関連からすると、「権利者の職業、地位、教育及び権利の性質、内容等諸般の事情からその権利行使を現実に期待ないし要求できる時……」（傍点筆者）とする本判決は、星野説をほぼ全面的に採用しつつ、右四五年判決の見解を併せ含むものとして位置づけることができよう。

なお、学説では、谷口教授が不当利得返還請求権の時効起算点につき星野説に賛成される（谷口知平編『注釈民法(18)』（有斐閣、一九七六年）七一三頁（谷口知平）、なお、谷口知平『不当利得の研究』（有斐閣、一九四九年）五八三頁以下参照）ほか、商行為である金銭消費貸借に関し利息制限法所定の制限を超えて支払われた利息・損害金についての不当利得返還請求権の消滅時効期間は一〇年（民一六七条一項）であるとした最判昭和五五年一月二四日民集三四巻一号六一頁（ただし、この判決は時効起算点については触れていない）の評釈で、高木教授は一方で右時効期間は五年（商五二二条）として債務者に有利に、他方で時効起算点については権利者に有利な星野説を採ることにより妥当な調整をはかるべきであるとされる（高木多喜男・判タ三七七号六〇一頁（ただし、原審・東京高判昭和五三年六月一九日民集三四巻一号七三頁の評釈）、同・ジュリ七四三号七三頁。なお、半田正夫・判タ四三九号一〇二頁は、判旨に賛成しつつも時効起算点については高木説（星野説）に同調的、江頭憲治郎・法協九九巻六号九三七頁は判旨に賛成するが、時効起算点につき星野説を採るならば時効期間は五年と解してさしつかえないかもしれないとする。これに対し、大河純男・判タ三九〇号三九頁、森泉章・民商八三巻二号三一一頁以下は高木説に批判的ないし慎重である）。など、本判決の出現を考えあわせると、星野説はしだいにその支持を拡げつつあるように思われる。

(3)　判例・学説の検討と本判決の評価

（ア）　まず、消滅時効の起算点一般を考える前に、債務不履行に基づく損害賠償請求権の時効起算点を本来の債権の時効起算点に一致させるべきか否かという観点から前記（a）・（b）・（c）の各説を検討する。なぜなら、（a）・（b）・（c）各説は起算点一般につき法律上の障碍の有無を基準とする通説を理論的前提としなければならないものではなく、時期的にも星野説に先行するものであり、損害賠償請求権の時効起算点を「本来の債務の履行を請求しうる時」あるいは「損害賠償請求権を行使しうる時」としても、それぞれにつき、法律上の障碍の有無を基準とするか否かという、時効起算点一般の問題は残されるからである。

（a）・（c）説は、判例と同じく「債務の同一性」を根拠とするが、（b）説の立場から、「これは、起算点が本来の履行を請求しうる時だと解することの実質的な理由を何ら明らかにして（おらず）」、理論的にも、損害賠償請求権発生前の時効進行を認めることになる難点がある、と批判されている（前掲『注釈民法（5）』二九八頁〔平井宜雄〕）。

これに対し、新美助教授は、填補賠償の場合は、「本来的給付の履行請求権の遡及的消滅により、本来的給付に代わる填補賠償請求権発生の前提がなくなる」から理論的難点はないとされる（新美・前掲「判批」一四四―五頁）。しかし、本来の債務の履行請求権の時効完成後に填補賠償請求権が発生・併存している場合（北川・前掲論文九七頁以下参照）にはこのようにいえるとしても、本来の債務の時効完成前に履行不能により填補賠償請求権が発生した場合には、その時点で本来の債務の履行請求権は消滅し（これは遡及的消滅ではない）、もはや時効消滅は問題とならないのであるから、右の説明は填補賠償一般にはあてはまらないのではないだろうか。

私見では、（a）・（c）説のいう「債務の同一性」は、本来の債務の履行を請求しうる時を起算点とすることの実質的、あるいはむしろ理論的根拠そのものであると考えるが、その意味するところが十分明らかにされていなかったために、前記平井教授からの批判を招いたように思われる。私は、「債務の同一性」は、遅延賠償債務と填補賠償債務でそれぞれ異なる側面を指すと考える。すなわち、前者では、遅延賠償債務の発生は本来の債務の存在を前提とする側面を、後者では、それに加えて填補賠償債務は本来の債務が内容を変更したにすぎず、経済的には同一の意義を有するという側面を指すと考える。したがって、遅延賠償債務と填補賠償債務は共に本来の債務と同一性を有しながらも、本来の債務が時効により遡及的に消滅した場合にはともに消滅する点で共通するが、債権者は本来の債権と遅延賠償請求権の双方の満足が認められるのに対し、填補賠償請求権の場合には択一的満足しか認められないという違いが出てくることになる。右の理解を前提に、以下、個別に検討すると、まず、遅延賠償請求権については、右請求権を行使しうる時が起算点となるが、本来の債務の履行請求権の時効による遡及的消滅（民一四四条）により、この請求権を前提とする遅延賠償請求権も消滅すると考える（二役的構成。あたかも元本債権と利息債権の関係と同じに考える訳である）。次に、填補賠償債務は、本来の債務と経済的に同一の意義を有するものであるから、時効期間および起算点も本来の債務のそれを基準とすべきである（前記平井説の問う「実質的理由」は、この「経済的同一性」に求められよう。あるいは、むしろ、（b）説に対して、本来の債務と経済的に同一の意義を有する填補賠償債務を本来の債務の時効期間を超えて存続させる実質的理由が問われるのではないか）。残された、遅延・填補以外の賠償債務についても、原則として、「債務の同一性」、すなわち、当該賠償債務は本来の債務の存在を前提としているか、あるいは、本来の債務と経済的に同一の意義を有しているか、という観点から、当該賠償債務ごとに検討し（前記（a）・（c）各説が、債務不履行の種類ごとにではなく、賠償債務の種類ごとに論じているのには十分理由がある。第一に、「本来の債務との同一性」を基準にする以上、賠償債務の性質に着目する必要がある。第二に、債務不履行は、遅滞・不能・不完全履行に尽される訳ではなく、また、債務不履行の種類はただちに一定の種類の賠償債務に結びつくものでもないからである（例えば、履行遅滞により遅延賠償債務が発生するが、右遅滞を理由に契約を解除した場合には、填補賠償債務も現実化する））、右いずれにも当たらない場合には、当該損害賠償請求権はそれを行使しうる時から時効の進行を始めると解すべきである。

例えば、いわゆる積極的債権侵害による「拡大された損害」「結果損害」（北川・前掲論文一〇二頁参照）、あるいは、付随義務違反による「付加損害」（林良平＝石田喜久夫＝高木多喜男『債権総論〔改訂版〕』（青林書院、一九八二年）九七頁（林良平）参照）といわれるものの賠償債務（本件で問題とされたYの賠償債務はこれに属すると思われる）は必ずしも本来の債務の存在を前提とせず（例えば、家具の搬入に際して在来の家具を毀損し損害が生じたが給付された家具は無傷であったとか、本件で虫垂を残したYの手術もやむをえなかったとすると、本来の債務（無傷の家具の給付義務、虫垂を完全に摘出する手術をする義務）は消滅するが、損害賠償債務は発生する）、また、本来の債務と経済的意義における同一性を有していない、すなわち、権利者には本来の債権（右の設例では、無傷の家具の給付請求権（給付された家具も毀損した場合）、虫垂を完全に摘出する手術の請求権（最初の手術で虫垂を残すべきではなかった場合））と損害賠償請求権の双方の満足が認められるから、損害賠償請求権を行使しうる時が時効起算点となる。

もっとも、右の見解のうち、経済的意義における同一性を根拠に填補賠償請求権の時効起算点は本来の債務の履行を請求しうる時であるとする考えは、消滅時効の存在理由を弁済（等）による債務消滅の証明困難を救済する弁済者保護の制度と解する立場には受け入れられないように思われる。弁済者保護説からは、損害賠償請求権消滅の蓋然性が高まりうる理論的に最初の時点、すなわち、右請求権を行使しうる時が起算点となろう。要するに、経済的意義における同一性が根拠となるのは、弁済者保護説とは反対に、消滅時効を未弁済者（債務者）保護の制度と解する立場においてである。なぜなら、国家の強制力を背景にした権利行使ができるという権利者の利益は時効期間内に限定されると考える未弁済者保護説の立場では、権利の内容が経済的意義における同一性を有している以上、請求の趣旨および原因の変更（契約に基づく請求から債務不履行に基づく損害賠償請求への変更）によって、権利者の権利行使可能期間を延長すべき理由は出てこないからである（もちろん、未弁済者保護説を採りながら、延長の必要性ありとして、異なる結論を導くことは理論的に未弁済者保護説に矛盾するものではないが、私は延長すべき理由はないと考える）。結局、填補賠償債務の場合には時効観（私見については、松久三四彦「消滅時効制度の根拠と中断の範囲（一）」北大法学論集三一巻一号（一九八〇年）二八〇頁（同『時効制度の構造と解釈』（有斐閣、二〇一一年）四二頁）、同・Low School No.54（一九八三年）四二頁以下、同・私法四五号（一九八三年）一八五頁以下参照）が決め手となり、それを抜きにした議論はあまり意味がないように思われる。

（イ）　次に、消滅時効の起算点一般の基準について考える。まず、星野教授の指摘されるように、起草者意思（梅謙次郎『民法要義巻之二』（明法堂、一八九六年）一六六条）からも、理論的にも、通説を積極的に基礎づけるものは出てこない。ここでも、時効起算点は原則として時効制度の存在理由に適合的に見出されるべきであろう。少なくとも、存在理由に適合的な起算点はどこかという検討を抜きに論ずることはできない。そこで、存在理由論の基本型として、既に挙げたが、弁済者保護説と未弁済者保護説（前者の正当化根拠は、時の経過により弁済等による債務消滅の高度の蓋然性が生じるということ、後者のそれは、債務者といえどもいつまでも権利不行使という不安定な状態に置かれるべきではない（法的苦痛ないし拘束状態から解放する必要性あり）ということに求められよう。そうすると、学説が一般に挙げる「権利の上に眠る者は保護に値しない」という言葉（その由来と意味が明瞭ではないことにつき、内池慶四郎「時効の目的とその根拠について―時効要件としての時間経過の意味―」私法二八号（一九六六年）九〇頁参照）が、右いずれの根拠を指すかは、論者の意図するところに応じて異なりうることに注意しなければならない）の二つを措定して（実体法説・訴訟法説の分類は、於保不二雄「時効の援用及び時効利益の放棄」曹時五巻七号（一九五三年）三〇二頁以下以後一般的となったが、あまり意味のある分類ではない。時効は実体法上の制度か訴訟法上の制度かという観点から、時効利益を受けるべき者は誰か、あるいはその者に時効利益を与える正当化根拠は何か、等の重要論点の解答が導き出されるものではないからである。また、学説も右の観点を常に意識している訳ではない。遠藤浩『民法総則』（日本評論社、一九八一年）一三二頁、一三七頁が、星野教授の存在理由論を「新実体法説」と呼ぶのも、従来の分類の不適切さを示しているように思われる）、本判決がほぼ全面的に依拠した星野説を検討したい。

星野説は、①「権利を行使しうることを知るべかりし時期」と、「権利を行使することを期待ないし要求することができる時期」を等置し、②右時期は、債権者の職業・地位・教育などを基礎として判断すべきである、とするものである。弁済者保護説では、弁済の蓋然性発生の起点まで時効起算点もずれることになろうが、星野説もその線に沿うものといえる（星野教授は、消滅時効は原則として、弁済者保護の制度であるとされる（星野・前掲書三〇三頁））。しかし、星野説は、むしろ、未弁済者保護の要請の反射として権利者に権利行使を要求する未弁済者保護説に馴じむものであり（弁済者保護説を徹底すると、権利者が権利をいつ行使するかは全く権利者の自由となろう）、私見としても解釈の方向としては賛成である。しかし、細部において賛成できない点がある。

まず、②は当該権利者の具体的事情を判断の基礎とするものであるが、私は未弁済者保護説の立場から、債務者に債務免責という時効利益が与えられるか否かは、権利者の職業・地位・教育という、一種の個性に左右されるべきではないと考える。したがって、権利行使を期待しうるか否かは権利者の個性を捨象した通常人を基礎として判断すべきであると考える。なお、通常人には期待しえなくとも、当該権利者には彼の特別事情により権利行使を期待しうる場合が考えられる。しかし、権利行使の要請は第一次的なものではなく、あくまで債務者免責の反射的・一般的要請であり、権利者の個性に応じて右要請に強弱の差が出てくるものではない。したがって、この場合にも通常人を基礎にすべきであるが、通常人を超えた当該権利者の能力等は、損害賠償額算定における過失相殺の問題として顧慮すべきであろう。例えば、本件のX_1も医師であったとすると、星野説からは、Yの説明義務違反時点から時効が進行する可能性がある。しかし、私は、X_1が素人の場合には時効は進行しないとするならば、X_1が医師の場合にも同じく解し、ただ、X_1においてYの説明義務違反を知りえたあるいは知っていたにもかかわらず損害避止ないし拡大防止策をとらなかった場合には、それは過失相殺の問題とすべきであると考える。

次に、右①は、権利を行使しうることを知るべかりし時期を起算点とするが、形式論的には、これでは知るべかりし時期がくるまではいつまでも時効は進行しないがそれでよいかという疑問がわく（法典調査会における、土方寧の、七三二条但書（現行民法七二四条後段）は不要ではないかとの質問に対し、梅謙次郎は、「サウハ往カヌ知ラナケレハ百年テモ二百年テモ権利カ生スルカラ」と答えている（『法典調査会民法議事速記録四一巻』一三八丁）。もし、右の基準を立てるならば、七二四条後段の如き、二段構成をしておく必要はないだろうか。また、「権利を行使しうることを知るべかりし時期」は、常に「権利を行使することを期待ないし要求することができる時期」に一致するとは限らない。後述する理由から、後者のみを基準としたい。

私見では、通常人に権利行使が期待できない場合にまで時効の進行を開始させるのは権利の実質を損なうと考えるので、星野説のいう、「権利を行使することを期待ないし要求することができる時期」を起算点とすることには基本的に賛成である。しかし、右の時期を通常人を基礎に判断することは、通常は、通説のいう法律上の障碍の無い時に一致するであろう。また、時効制度運用の実際的便宜のために客観的基準が望ましいという点からも、通説の、法律上の障碍の有無という基準を原則としてよいと考える。ただし、問題は、この原則に例外を全く認めなくてもよいかということである。なぜなら、右の原則といえども、通常人に対して権利行使を要求しうる場合であることという大前提の上にあるからである。したがって、通説の区分からすると事実上の障碍に当たる事由であっても、なお時効の進行開始を妨げるとするのが妥当な場合があれば、個別的に時効援用を権利濫用とすることも考えられるが、むしろ、これを正面から時効の進行開始を妨げる事由として認めてよいように思われる。このような場合を便宜的に、客観的事実上の障碍（他を主観的事実上の障碍）と呼ぶと（名称にこだわるものではない）、何がそれに当たるかはなお問題として残される。しかし、それは事実上の障碍であってもなお時効の進行を開始させるべきではない事案の出現に備えて、予め、解釈の受け皿としての概念ないし範疇を用意しておくことに意味があり、具体的に何がそれに当たるかはそのつど考えざるを得ない性質の問題であるように思われる。ともあれ、一応の基準を立てるならば、権利を行使しうることを知っていても、通常人を基礎に判断して権利を行使することを要求できない場合、としておきたい。これは、客観的事実上の障碍に該当する事由をできるだけ制限的に解釈し、通説を基本的に維持したいとの判断と、若干の具体例を考えてのことである。例えば、最（大）判昭和四三年一一月一三日民集二二巻一二号二五二六頁は、利息制限法所定の制限を超えて弁済した利息の元本充当後の過払分は不当利得として返還請求できるとした。この場合は、通常人を基礎として判断しても、右判決が出されるまでは、右請求権を「行使しうることを知るべかりし時期」（前記の星野説②前段参照）は未到来ということになろう。しかし、私見では、右判決の一〇年以上前に利息を過払いしていた者が、右判決を契機に不当利得返還請求をしても、時効は完成しているとしてよいように思われる。これに対し、前掲四五年判決で問題とされた供託物払渡請求権に関しては、仮に供託者が右請求権を行使しうることを知っていたにしても、当事者間に債権の存否または債権額等につき争いのある場合は、通常は、右請求権の行使を要求するのは無理であり、この場合には当事者間の紛争が止む時まで時効の進行を開始させるべきではないと考える（つまり、これが客観的事実上の障碍の一例となる）。したがって、「権利を行使しうることを知るべかりし時期」と「権利を行使することを期待ないし要求することができる時期」を区別し、前者を客観的事実上の障碍の判断基準から外した方がよいと考えるのである。

なお、右客観的事実上の障碍という言葉は、講学上はともかく、少なくとも判決理由中に使うには適当でないとすると、その意味するところを、前掲四五年判決に倣い、「権利の性質上、その行使を現実に要求できない場合」と表現するのがよいかもしれない。そうすると、民法一六六条の解釈の結論としては、時効進行の開始を妨げる事由は、法律上の障碍と、事実上の障碍であっても、権利の性質上、（たとえ権利者が権利を行使しうることを知っていても、通常人を基礎として判断すると）権利の行使を現実に要求することができない場合である、あるいは、「権利ヲ行使シウル」とは、法律上の障碍がなく、且つ、権利の性質上その行使を現実に要求することができることである、と解することになる。

（ウ）以上の検討から本判決に立ち返ると、まず、本判決が、当該権利者を基礎とした基準を示しかつ適用したことに賛成できない。もしも、右基準が、債務不履行構成を採りながら、医療過誤訴訟における被害者（患者）救済の要請から、Yの時効援用を否定するために、あえて従来の判例・通説に反してまで立てられたのであれば、そもそも債務不履行構成を採ること自体が吟味されるべきであろう。

確かに、いわゆる医療過誤訴訟において債務不履行構成を採ることの実益の一つに時効期間（の長いこと）が挙げられるが、本件は債務不履行と目される時点から既に一〇年以上を経過している事案であり、短期時効の適用があるとはいえ、加害者または損害の不知という事実上の障碍が時効進行開始を妨げるとされている不法行為構成の方が権利者（被害者）側に有利な事案ではなかったか。実際にも、X_1は請求原因として、債務不履行と不法行為を選択的に主張していたのであり、本判決自体、その理由中で、本件債務不履行による損害賠償請求権の時効起算点は、不法行為構成による場合の短期消滅時効の起算点（民七二四条前段）に一致するとしている。さらに本件Yの説明義務違反が債務不履行になるとしても、それはいわゆる付随義務の違反であり、これは不法行為規範をも採り入れた処理が妥当と考えられる領域である（四宮和夫『請求権競合論』（一粒社、一九七八年）九七頁参照）。したがって、近時の請求権競合論からすると、時効については権利者に有利な規範による（四宮『前掲書』一〇一頁参照）、すなわち、本件では不法行為規範（民七二四条）によるべきであったとの解釈も成り立つこと、等を考えると、裁判所はむしろ不法行為構成を採るべきであったと考える。

では、債務不履行構成を採りつつ、Ｙの時効援用を否定するには、本判決のような基準を立てる他はなかったのだろうか。前述したところからすると、本件の債務不履行に基づく損害賠償請求権は本来の債権の存在を前提とせず、また、本来の債権と経済的意義における同一性も有していないから、右請求権を行使しうる時が時効起算点となる。しかし、本件における右請求権を行使しうる時を、損害発生の起点である債務不履行（説明義務違反）時とすると、実際には本来の債務の履行を請求しうる時と大差はなく、特にX_1の有利にはならない。ところが、本件は一回の債務不履行によって損害が継続的に発生する場合である（一回的（完結的）不法行為によって損害が継続的に発生する場合の時効起算点の問題については、藤岡康宏「不法行為による損害賠償請求権の消滅時効―総合判例研究―」北大法学論集二七巻二号（一九七六年）二〇四頁以下、およびそこに引用の文献参照。なお、債務不履行による場合については学説はほとんど論じていない）という特殊性がある。そこで、考え方としては、全損害を一個として、全損害が出そろった時点を起算点とするとか（義務者には不利であるが、権利者の損害避止ないし拡大防止義務違反による過失相殺によって額を調整することも考えられよう）、あるいは進行中の損害については、その進行のやんだ時から起算する」と定める鉱業法一一五条二項の類推適用、さらには権利濫用などがあろう。しかし、事実を直截に見るならば、全損害を一個とみなすのは、権利者保護のための一つの擬制であり、客観的には、X_1に日々発生する損害の賠償請求権、すなわち、金銭債権は可分であり全損害の賠償請求権から分割して行使することも可能である。また鉱業法の規定を類推適用することへの抵抗感は措くとしても、その背景の同質性の説明は必要である。さらに、医師と患者という特殊な関係を理由に権利濫用の法理を持ち出すことには、基本的に、時効利益は債務者一般に画一的に与えられるべきではないかという観点から疑問が残る（もっとも、例えば郵便局が時効を理由に貯金を返還しないとするとそれは望ましいことではなく、権利濫用法理を適用するのが止むをえない場合と、適当でない場合を画するのは難しい問題である）。したがって、私見では、いわゆる進行性被害も、その進行が止むまでは、全損害の算定の不可能、各損害ごとに権利行使を要求することの不都合等の理由から、先に述べた客観的事実上の障碍ありと解すべき一例ではないかと考える（なお、私見では、法律上の障害がないという意味では権利を行使しうるが、客観的事実上の障碍がある場合には、時効は進行しないのであるから、時効進行開始前の権利行使が認められる場合が理論的にありうることになる。例えば、進行性被害における被害の逆行は客観的事実上の障碍であるとすると、進行性詐害の損害賠償を求める集団訴訟において、被害者Ａの相続人が、Ａ死亡（進行性被害が止んだ時）までは時効は進行を開始していなかったとする主張も、生存中の被害者Ｂが被害進行中に求めている賠償請求もともに認めてよいということになる）。

もっとも、本件が右進行性被害の事案といえるかは別問題であり、X_1がＹの説明義務違反により慢性疾患に罹った場合等と区別すべき理由があるかを考えると、これを消極に解することになろうか。
以上を要するに、本判決が下した時効起算点には賛成できるが、それは本件の不法行為構成（民七二四条前段の適用）から導かれるべきであった。たとえ債務不履行構成を採るにしても、前掲四五年判決に倣い、「権利の性質上、その行使を現実に要求することができる時」という基準から本判決と同じ起算点を認定することが難しいとすると、Yの時効援用を否定する理由は、望ましくはないが、権利濫用に求めるほかなかったと考える。

〈評釈等（初出の本文所掲に追加）〉　岡孝・判タ五二二号八四頁、櫻井節夫・医療過誤判例百選（別冊ジュリ一〇二号）二〇二頁。

＊初出は、判評三〇三号（一九八四年）三一頁（判時一一〇八号一七七頁）。

[41]　一　炭鉱の粉じん作業の従業員のじん肺罹患について使用者の安全配慮義務不履行に基づく損害賠償請求が認容された事例

二　じん肺罹患及びじん肺による死亡についての安全配慮義務不履行に基づく損害賠償請求権の消滅時効は、患者が最も重い行政上のじん肺管理区分等の決定を受けたときから進行するとした事例

長崎地裁佐世保支部昭和六〇年三月二五日判決（長崎地裁佐世保支部昭五四（ワ）一七二号・同五五（ワ）一一七号・同五六（ワ）八二号・同五七（ワ）五号、損害賠償請求事件）――一部認容（控訴）

（民集四八巻二号六七二頁、判時一一五二号四四頁、判タ五五一号三五一頁、労判四五三号一一四頁）

〈参照条文〉　民法一六六条、一六七条、四一五条

〔事　実〕　被告Y会社（日鉄鉱業株式会社〔日本製鉄株式会社の採掘部門が独立したもの〕）は昭和一四年に設立後、炭鉱の開発・経営にあたってきた。Yの本件各坑（合計一〇坑）での採炭は昭和一四年から四〇年にかけて始まり、同二九年から四七年にかけてそれぞれ終掘した。原告X_1ら一五七名（第一次から第四次訴訟までの合計）は、Yと雇傭契約を結び本件各坑で働いた生存元従業員（三七名）、および死亡元従業員（二六名）の相続人（一二〇名）である。

本件各坑における作業（職種）には、掘進、採炭、仕繰等の坑内作業と、チップラー操作、選炭等の坑外作業があるが、いずれにおいても多量の粉じんが発生していた。そのためX_1ら元従業員は、その稼動期間・作業坑・職種は区々であるが、いずれも右粉じんを吸引してじん肺に罹患した。そこで、X_1らがYに対し、雇傭契約上X_1ら元従業員がじん肺に罹患しないように配慮すべきYの安全配慮義務の不履行によって損害を被ったとして、生存者死亡者を問わず被害者（元従業員）一人あたり一律金三〇〇〇万円の損害賠償金を支払うよう求めて訴えたのが本件である。

これに対して、Yは次のように争った。すなわち、石炭鉱山においてけい肺罹患者が発生する可能性のあることが一般的に初めて知られるようになったのは昭和二五年頃であるから、それまではX_1らがじん肺に罹患することをYは予見しえず、それ以降においては、当時の工学技術の水準、法令等に基づき、Yがなすべき妥当な防止措置を実施してきたからYに責任はない。また、仮にYに賠償責任があるとしても、X_1らの損害賠演請求権は、X_1ら元従業員の退職時から、そうでなくとも「要療養」（じん肺法二三条参照）の段階に達したとされる行政上の認定のあった時点から、さらに死亡した者については死亡日の翌日から時効期間は進行を開始しているので、すでに消滅時効が完成しているものについてはこれを援用する。また、X_1ら元従業員のうち、Y以外の粉じん職場で働いたり、タバコを喫煙していた者に対しては賠償額が減額されるべきであり、防じんマスク不着用、療養懈怠等の者については過失相殺が、労災保険法および厚生年金保険法による保険給付金を受給した者については損益相殺がなされるべきである、などと主張した。

〔判　旨〕

一　安全配慮義務について

（1）　安全配慮義務の内容　「本件で問題となる債務不履行は昭和一四年五月二〇日のY設立時から遅くとも同四七年のYの本件各坑における最終の操業停止の時までという長期に亘るもの」であるから、「本件雇傭契約上の安全配慮義務の内容を確定するに当っては、契約環境とも言うべき」その間の「時代的事情を考慮に入れなければなら」ず、本件では、「本件請求が炭鉱の粉じんによるじん肺罹患から生ずる損害の賠償請求である点に鑑み、じん肺に関する医学的知見、炭鉱における粉じん防止対策に関する工学技術的知見等が右考慮すべき事情の中心となる」とした。そして、Y設立時から第二次世界大戦終結日まで、それ以降Yがけい肺症患者取扱内規を定めた昭和二八年の前年まで、同二八年以降旧じん肺法公布日（昭和三五年三月）までの三期に区分して、各期における安全配慮義務の存在および内容を認定したうえで次のように判示した。

「以上各期毎に安全配意義務の内容を検討して来た。時代によって重点のおきどころに若干の差はあるが、少なくとも各時代共通して次のような事項を安全配慮義務の内容であると認めることができる。そして、昭和三五年三月の旧じん肺法制定後右同様の内容の安全配慮義務が認められることは言うまでもない。

1　粉じんの発生を抑制するために、

（一）各作業現場の適当な箇所、作業工程において、撒水、噴霧する。

（二）削岩機は湿式のものを湾入し、これを湿式削岩機として有効に使用するよう当該作業員を指導、監督する等の措置をとる。

2　発生した粉じんが、作業現場に滞留することのないよう、適切な通気を確保する。

3　防じんマスクを支給し、作業の際これを装着するよう指導、監督する。

4　発破を伴う作業においては、発破により発生した粉じんが除去され、沈下するまで作業現場に立入ることのないようにし、上り発破（作業終了時に発破をする作業方法）、昼食時発破（昼食直前に発破する作業方法）等の、粉じん曝露を回避する作業方法をとらせる。

5 岩粉散布のような防爆目的のために岩粉を散布せざるをえないときは、その岩粉をできる限り人体に有害度の少ないものとする。とくに、けい酸分の少ない岩粉を選択する。

6 じん肺についての医学的知見、予防法等について教育し、じん肺防止対策の重要性を認識させる。

7 健康診断、じん肺検診を実施して、じん肺患者の早期発見、早期治療、健康管理に努め、じん肺所見の認められた者に診断結果を通知する。

8 じん肺に罹患した者を粉じん作業職場から離脱させるよう努める。」

(2) 安全配慮義務の不履行　1 昭和一四年五月から同二五年頃まで　Yの設立時である昭和一四年五月から炭則上けい酸質区域指定の改正があった同二五年前後頃までは、Yはけい肺を含む炭肺ないしじん肺についてこれが石炭鉱山に発生するという認識がなかったのであるから、当然これらの防止を目的とした措置を何ら講じなかったこととなる。

しかし、Yは右期間においても少なくとも炭じん爆発防止のために炭じんの発じん防止及びその迅速な坑外排出のための通気の保全等の措置を講じたこと、そのうち発じん防止のための措置としては昭和二三年頃より主として採炭切羽や戸樋口又は捲立てにおける撒水、大肩の噴霧をしたこと、さらに、一般衛生的見地から通気の保全に配慮したこと、昭和二四年ころ以降一部の直接員《ママ》に防じんマスクを支給したことを指摘することができる。

それゆえ、右期間中においては、Yは石じん等の炭じん以外の粉じんの発生防止、したがって少なくとも掘進現場における撒水等の措置、防爆目的を越える程度の炭じん発生防止の措置、右以外の者に対する防じんマスク備付・貸与・着用督励、防爆・一般衛生目的の程度を越える通気の保全、発破後粉じん回避等の労働条件の改善、けい肺を含む炭肺防止のための健康診断、これに伴う配置転換、職場離脱の勧告及び補償、けい肺を含む炭肺防止のための教育といった本件安全配慮義務を履行しなかったこととなる。防爆又は一般衛生的見地からとった前記の措置が副次的に本件安全配慮義務の一部の履行をした結果となる限度において、これを履行したにすぎないものといわなければならない。

防爆目的とけい肺を含む炭肺ないしじん肺防止目的とでは単純な比較は許されないとしても、少なくともじん肺対策が防爆対策よりもより入念な撒水、噴霧その他の防止じん措置を必要としたはずである。

そして、さらに、防爆対策のみの場合とじん肺防止対策がこれに加わる場合とを比べると、作業員が対策実施に向う意欲は後者の場合より強く発現されることは経験則上明らかである。じん肺（けい肺）教育不足がこれに加わったことにより、じん肺（けい肺）防止の対策が不十分となる結果となった。

2　昭和二五年頃から同四七年まで　Yは昭和二五年頃けい肺が石炭鉱山にも発生することを知って以後は、行政指導、監督及び法令の動きに従って、すでに防爆等別の目的のために実施している対策の流用を含め、けい肺を含む炭肺ないしじん肺防止のための相応の措置をとる方針をその都度定めて来たけれども、実際にはとくに末端においては必ずしも十分に方針どおり実施されず又実効をおさめなかった。

それゆえ、その限度では本件安全配慮義務を履行したことになるけれども、右のとおり実施した方策が結果において不十分であるうえ、前記のとおり、行政法令、行政指導、監督は安全配慮義務の上限を画するものではないので、これに従ったからといっても本件安全配慮義務を尽したとはいえないので、この両面において不十分な義務履行しかなかったことになる。」

二　消滅時効について

「本件損害賠償請求は雇傭契約から信義則上生じる安全配慮義務違反による損害賠償の請求である。すなわち、雇傭契約上Yは本来の給付義務として賃金支払債務の他、労働場所提供の債務をも負っていたところ安全性に欠ける労働場所を提供し、その他安全配慮義務を履行しなかったためにX_1ら元従業員がじん肺に罹患して健康障害等の損害を受けた、というものである。右安全配慮義務は本来の給付義務に附随するがその内容を成すものではない。このような場合には右安全配慮義務の不履行は積極的な債権侵害として本来の給付義務の不履行の場合と異なって理解すべきであり、右安全配慮義務不履行による損害賠償請求権は本来の給付義務と共に消滅するものと解すべきではない。さらに、本件にそくして実質的にみるに、後記認定のとおりじん肺はその発症まで長期の潜伏期間があり、一定の程度に至った病状は治ることなく進行するものであることを考えると、遅くとも本来の給付義務の履行請求可能な最終時である退職時から時効期間たる一〇年以上経過したのちに発症したときは、損害賠償請求権の行使の機会は全く失われることとなる。したがってこのような具体的妥当性の観点からも右安全配慮義務の不履行による損害賠償請求権が本来の給付義務と共に消滅すると解すべきではない。

しかしながら、本件損害賠償請求権は債務関係上の損害賠償請求権であるので民法一六六条、一六七条の適用を受けるものと解すべきである。それゆえ、権利行使の可能な時をもって時効の起算点とすべきである。すなわち、それは権利行使をするにつき法律上の障害がなくなった時と解すべきところ、本件にそくして言えば損害が発生したことを債権者において認識し又はその可能性がある時と解することができる。

ところで損害が発生しこれと牽連一体をなす損害で、当時すでに予見することが可能なものについては、その範囲にある損害について権利行使が可能であるので時効が進行するものというべきであり、このことは損害が進行し、拡大する場合も右の範囲内に含まれる限り同様であると解すべきである。

これを本件についてみるに、《証拠略》を総合すると、X_1ら元従業員（後記Aを除く）がじん肺に罹患したことを確定的に認識するに至ったのは、じん肺（けい肺）に関する行政上の決定（旧じん肺法上の健康管理区分決定、新じん肺法上のじん肺管理区分の決定）を知った時であり、かつ、少なくとも各人にとって最も重い各行政上の決定を知った時にはすでにじん肺（けい肺）についての知見がX_1ら元従業員間にも普及し、じん肺（けい肺）に罹患すれば死に至るかもしれないとの認識があり、又、その認識が可能であったことが認められる。したがって、X_1ら元従業員が口頭弁論終結日から遡ってみて各人にとって最も重い行政上の決定を受けた日、すなわち最終行政決定の日をもって死亡を含む損害について予見可能であったとみるべきであり、右各行政決定の日又はその通知書の日付のいずれか遅い日をもって一〇年の時効の起算日とすべきである。」

なお、原告のうち、右最終行政決定の日よりも前に死亡した一名については、「田中重信は死亡に先行する入院中にすでに死に至るかもしれないじん肺罹患の事実を知悉していたこと、同人がじん肺により死亡したことが認められるので、死に至るであろうじん肺に罹患したことを確定的に認識したのは遅くとも死亡の日というべきである」として、死亡時を起算点とした（別紙7で、同人の損害賠償請求権の消滅時効完成日が同人の死亡日である昭和四〇年一一月二七日となっているのは、昭和五〇年の誤りであろう）。

三　他粉じん職歴による減額等について

本件では、①減額事由となる他粉じん職歴等を認定できず、②過失相殺の事由もなく、③労災保険法および厚生年金保険法による給付は、財産上の損害の填補、生活保障を目的とするものであるから、慰藉料から右給付金を控除することは許されない、とした。

以上のように判示してYの賠償責任を認めたが、X_1らのうち、元従業員二〇名（そのうち一二名は提訴前死亡、四名は提訴後死亡）の損害賠償請求権については消滅時効が完成しているとした。そして、X_1らの請求を慰藉料請求と解したうえで、X_1ら元従業員の慰藉料額を、じん肺法上の管理区分に従って三つに分け、死亡を含む管理区分4該当者には二三〇〇万円、管理区分3該当者には一八〇〇万円、管理区分2該当者には一〇〇〇万円とし、X_1ら八〇名の請求を一部認容した。なお、弁護士費用として各認容額の七・五パーセントを認めた（X_1らの内訳〔元従業員の数、時効の完成により敗訴した者の数、など〕を知るについては、判タ五五一号四〇八－四一一頁掲載の「別紙5」。「別紙7」をも参照した）。

【評　釈】

一　本件は、これまでに判決が出されたじん肺訴訟に比べ、原告数および弁護団の規模において最大の集団訴訟であり、また、昭和一四年に遡る早い時期からの使用者（企業）の責任を問うものであるため、現在各地で争われているじん肺訴訟の判決を占う意味でも、関係者の強い関心を集めるものであった（河西龍太郎・岩城邦治「長崎じん肺判決の到達点と闘争の展望」「本判決の批評」労働法律旬報一一二四号四頁以下、外井浩志「後述⑦判決および本判決の批評」労働法令通信三八巻二〇号一六頁以下参照）。そこで、以下では、本判決の判断のうち、先例としての意義を有すると思われる、安全配慮義務に関する部分（判旨一）と消滅時効に関する部分（判旨二）について検討したい。

二　本判決は、これまでのじん肺判決、すなわち、①京都地判昭和五〇年一二月二三日判タ三三五号三〇四頁（共立陶業事件）、②大阪高判昭和五三年七月二一日判時九一七号二〇四頁（大阪日倫工業事件）、③大阪地判昭和五四年四月二三日下民集三一巻一～四号二五七頁（佐野安船渠事件）、④神戸地裁尼崎支判昭和五四年一〇月二五日判時九四三号一二頁（昭和電極①事件）、⑤大阪地判昭和五七年九月三〇日訟月二九巻四号五九九頁（植田満俺製錬所事件）、⑥京都地判昭和五八年一〇月一四日判時一一一四号七五頁（日本陶料事件）、⑦福島地裁郡山支判昭和五九年七月一九日判時一一三五号一六頁（日本電工事件）等（この他にも、東京地判昭和五六年九月二八日判時一〇一七号三四頁（日本化工クロム労災判決）や、神戸地裁尼崎支判昭和五六年一〇月三〇日判時一〇二三号三頁（昭和電極②事件）など、原告側にじん肺患者が含まれている事案がある）に続くものであるが、炭鉱におけるじん肺発生に対する使用者の賠償責任が問題とされたのはこれが初めてのようである。したがって、本判決（判旨一（1））は、炭鉱を経営する企業（使用者）がじん肺防止のためにつくすべき安全配慮義務の内容について、初めて、具体的かつ詳細に判示したものとして重要な先例的意義を有するといえよう。また、じん肺症の発生する作業場の環境には共通するところが多いことからすると、本判決は、今後、炭鉱以外の作業場におけるじん肺防止のための安全配慮義務の内容を判断する際にも、前記⑦判決とともに（岩村正彦「⑦判決の批評」ジュリ八二五号五五頁は、⑦判決を、それまでの「裁判例で示された義務をほとんど採り入れており、じん肺症についての使用者の安全配慮義務の具体的内容を集大成した」ものと評価している）、先例としての価値をもつものと思われる。

ところで、前記④・⑤・⑦判決は、安全配慮義務を、使用者が予見可能であった結果（じん肺症罹患）を回避する義務と把握している。本判決もまた、当時のじん肺に対する医学的知見をも考慮して右義務の内容を認定していること、また、Y設立時から終戦日までの右義務について、「炭粉も有害でこれを大量に吸入するとけい肺を含む炭肺に罹患する可能性があることを予見して右同様の措置を講ずべき義務がある」（傍点筆者）としていることからすると、同じく考えるものといえようか。

さて、このように安全配慮義務を予見可能な結果の回避義務とし、他方、安全配慮義務の内容を特定し、かつ、義務違反に該当する事実を主張・立証する責任は義務違反を主張する被害者側にあるとする、最判昭和五六年二月一六日民集三五巻一号五六頁に従うと、被害者はまず、安全配慮義務の内容を特定するために、使用者が当該結果の発生について予見可能であったことを主張・立証しなければならないことになる（岩村・前掲五六頁）。しかし、そうすると、右立証は被害者（債権者）にとってきわめて困難なものとなりそうであるが、はたしてそれでよいであろうか。これに対しては、一方で、「その困難さは、安全配慮義務が当事者の合意等によって予め明確にされていないことに起因するのであり、債権者にこれを甘受させたとしてもあながち不当とはいえまい」（新美育文「『安全配慮義務』の存在意義」ジュリ八二三号（一九八四年）一〇〇頁（以下、「存在意義」とし、頁数を示す）参照。もっとも、新美助教授は、ここでは前記最判昭和五六年の妥当性をこのように述べているのであって、安全配慮義務の内容は予見可能な結果の回避義務と解すべきであるといっているわけではない）との考えもありえよう。しかし、他方、たしかに安全配慮義務の肥大化現象に歯止めを掛ける必要性はあるにしても、事案によっては、たとえ使用者に損害発生の予見可能性がなかったとしても、生じた損害の賠償責任を使用者に負わせるのが妥当な場合もあるのではないだろうか。そして、かような場合として、本件のように、企業の経営が被害者従業員の労働の上に成り立っており、かつ、作業に従事する以上、従業員には損害を回避する余地のない事案を挙げうるのではないだろうか。これは、一面、いわゆる報償責任の考えに接近することになるが、安全配慮義務一般につき使用者の無過失責任を認めるべきであるとまで主張するものではない。要するに、安全配慮義務の内容は使用者において予見可能な損害を回避する義務に限られるか否かという問題は、理論的に決着がつくものではなく、被害者救済と加害者免責という相対立する要請をどこで調和させるのが妥当かという、すぐれて実質的判断の問題であって、個々の事案ごとに考えられるべきものではないのか、というのである（この点、不法行為におけるいわゆる新過失論・新受忍限度論（幾代通『不法行為』（筑摩書房、一九七七年）一〇七－一〇八頁参照）を想起すべきであろう）。そうであるとすると、裁判所が安全配慮義務の内容を認定するに際して、使用者における結果（損害の発生）の予見可能性をも認定することはさしつかえないが、それは理論的に必要とされているわけではなく、むしろ、右予見可能性にふれることなく安全配慮義務の内容を認定するほうが無用の争点（訴訟の遅延、被害者救済の遅れに直結しよう）を呼び起こさないという意味で、望ましい場合も多いのではないかと思われる。

以上の考えから本判決をみると、まず、本件は、被害者が進行性・不可逆性の悲惨な病症に罹患した者であり、損害補償の必要性が大であること、また、被った損害の補償は労災保険法による保険給付等では著しく不足していること、したがって被害者に残されている手段は使用者（企業）に対する賠償請求のみであること、そして先に述べたように、企業の経営が被害者従業員の不可避的損害を伴う労働に基礎を置くものであること等からして、報償責任的考えによる解決がよりよく妥当しうる本案であると思われる。したがって、第一に、Yにおけるじん肺発生の予見可能性について、少なくとも前記④・⑦判決ほど前面に出していないのは望ましいと思われる。第二に、本判決が認定したYの安全配慮義務の内容についてであるが、多数の文献に基づく医学的知見や、炭鉱における粉じん防止対策に関する工学技術的知見等を考慮し、さらに、じん肺法その他の関連諸法規ならびに従来の判例をふまえたものであるからというだけでなく、むしろ、そこで認定された内容そのものが、じん肺防止に必要な措置をほぼ網羅しており（悪化防止措置も含まれているが）、したがって、じん肺症患者が発生したというだけで安全配慮義務不履行との評価に結びつきやすくなっている点で妥当と思われる（なお、判旨一（1）は、原告主張のうち、離職者に対するじん肺対策、じん肺対策の研究を除き、ほぼ認めたものである）。そして、この義務に照らしてYの不履行を認定した判旨一（2）も、前述したように、本件は被害者に賠償請求権を認めるべき事案であるとの考えから、妥当と思われる。特に、「行政法令、行政指導、監督は安全配慮義務の上限を画するものではないので、これに従ったからといっても本件安全配慮義務を尽したとはいえない」との判示は、これまでのじん肺判決中はじめてのものであり、重要である。結局、前記①ないし⑦判決および本判決は、すべて使用者の安全配慮（保護、衛生）義務違反による損害賠償責任を認めたわけであり（もっとも、①判決では、まだ安全配慮義務の語は見られない）、このことは、今後のじん肺判決をある程度予測させるとともに、実際に被害者の賠償請求が認められるか否かは、次に述べる消滅時効の完成の成否にかかってくることを窺わせる。

三　周知のように、安全配慮義務の存在についての一般論を最初に述べた、⑧最判昭和五〇年二月二五日民集二九巻二号一四三頁は、右義務違反による損害賠償請求権の消滅時効期間についても判示し、それは民法一六七条一項により一〇年であるとした。しかし、その起算点についてはなんらふれておらず、いまだこの問題に関する最高裁判決は出ていない。そこでまず、その後の下級審判決および学説にあらわれた右起算点を見ておこう。

1　判　例　起算点について判示したものとしては、前記①（休業後に会社に対して損害賠償を請求。起算点は後述。時効完成せず）・④（退職後に会社に対して損害賠償を請求。退職時を起算点とし、時効完成）判決、⑨東京地判昭和五四年一二月一一日下民集三一巻一～四号三〇八頁（自衛隊員がX線業務に従事中に被曝し続けた結果、退職後に死亡。遺族が国に対して損害賠償を請求。退職時を起算点とし、時効完成）、⑩名古屋高判昭和五五年三月三一日下民集三一巻一～四号三二六頁（自衛隊員が機雷の爆破処分中、イペリットガスを吸入して中毒となり、定年退官後に国に対して損害賠償を請求。事故時を起算点とし、時効完成）、⑪東京地判昭和五七年三月二九日訟月二八巻六号一一三五頁（爆発事故により自衛隊員二名が死亡、一名が負傷（両眼失明）し、国に損害賠償を請求。除隊後に訴えた右負傷者につき、事故時を起算点とし、時効完成）、⑫東京高判昭和五八年二月二四日下民集三三巻五～八号一二四五頁（⑨の控訴審判決。原判決を維持）、⑬東京高判昭和五八年四月二七日下民集三三巻五～八号一二五六頁（⑪の控訴審判決。原判決を維持）がある。

これを、起算点の一般的基準として判示しているところから見ると、（a）「原告が、その損害即ちじん肺の罹患したことを知り、権利を行使しうることになった」時とする説（①判決）、（b）本来の債務の履行を請求しうる時とする説（⑨・⑩・⑫（もっとも、原⑨判決の判旨を支持引用したうえで、具体的安全配慮義務が損害賠償債務に転化した時とも述べているので、次の（c）説に入れることもできようか）判決）、（c）債務不履行時（④判決）、あるいは履行不能時（⑪判決）とする説、に分かれる。

また、前述したところと重複するが、具体的認定時から見ると、（イ）じん肺に罹患していることを医師から告げられ、調査の結果、じん肺法の管理区分4と認定・通知されていることを知った時（①判決）、（ロ）事故時（⑩・⑪・⑬判決）、（ハ）退職時（②・⑨・⑫（判旨からすると、むしろ事故時となりそうであるが、原⑨判決を維持している）判決）に分かれる。ここでは、（ロ）と（ハ）の違いは、一回的事故か否かという事故の態容の違いに対応しているが、必ずしも起算点の一般的基準（（b）説か（c）説か）とは対応していないという事実を指摘しておきたい（これらの判例を分析するものとして、新美育文（⑫の判批）法時五五巻九号（一九八三年）一四三頁以下（以下、「判批」とし頁数で示す）が有益である。なお、星野雅紀「安全配慮義務と消滅時効」判タ四九五号（一九八三年）二五頁以下がある）。

2　学　説　この点に論及するものには、（i）「不法行為の場合（二〇年の除斥期間）と同じように損害賠償請求権発生時を起算点」とする説（四宮和夫『請求権競合論』（一粒社、一九七八年）一〇四－五頁の注（8）。ただし、「逸脱行為」による安全配慮義務違反の場合に関する）、（ii）「民法四一五条の要件事実が全て発生した時」とする説（前田達明「安全配慮義務違反と消滅時効」判タ五〇二号（一九八三年）九頁）、（iii）「損害賠償請求権を法律上行使しうる時」とする説（新美・前掲「判批」一四五頁。ただし、七二四条前段の類推適用の余地を検討すべきであるとし（一四六頁）、同・前掲「存在意義」一〇四頁では、民法七二四条が適用されるべきであるとする）があるほか、実務家からは、（iv）損害・加害者を知った時とする考え（岡村親宜（⑨の判批）労働法律旬報一〇三〇号九頁参照）も主張されている。

3　検　討　以上の判例・学説の検討を通して本判決を吟味していきたい。

（1）　時効期間　まず時効期間であるが、前記①・④・⑨－⑬判決および本判決は、⑧最判に従い一〇年としている。これに対し、学説には、不法行為規範（民七二四条）を適用すべきであるとの主張がある（円谷峻「製造物責任と安全配慮義務」Law School 二七号（一九八〇年）三五頁、新美・前掲「存在意義」一〇四頁）。また、四宮教授は、請求権競合論（全規範統合方式）の立場から、当該契約の履行と「内的関連」を有する行為によって安全義務が侵された場合（「内的関連行為による場合」）に一〇年（契約責任規範によるリスク配分。ただし、人格権侵害の場合等は例外）、「内的関連」をもたない行為による安全義務違反の場合（「逸脱行為による場合」）には、「一方、損害賠償請求権発生時を起算点とする一〇年の時効と、他方、『損害及ビ加害者ヲ知リタル時』を起算点とする三年の時効および侵害行為時を起算点とする二〇年の除斥期間によって決定される期間とのうち、具体的場合において債権者＝被害者にとって有利なほうによる」（四宮・前掲書九九―一〇二頁、二一九―二二〇頁参照。本件が、「内的関連行為による場合」であっても、例外的に契約責任規範によらない、人格権侵害の場合に該るとすると、結局、「逸脱行為による場合」と同じく扱われようか）と説かれる。

私見としては、まず、七二四条のみを適用する説には、三年の時効期間が被害者に不利となりうることから賛成できない。その意味で判例（一〇年）を支持したいが、さらに請求権競合の問題をふまえるならば、よりよく被害者を保護しうる四宮説に賛成すべきであろうか。

（2）　債務不履行による損害賠償請求権の時効起算点 ―― 本来の債務との関係　そこで、安全配慮義務違反は少なくとも債務不履行と評価されるべきだとすると、右義務違反による損害賠償請求権の時効起算点の問題は、より広げると、債務不履行による損害賠償請求権（時効期間は一〇年）の時効起算点の問題（私見については、松久三四彦「判批」判評三〇三号二四―二五頁〔本書[40]所収〕、石田喜久夫編『現代民法講義1民法総則』（法律文化社、一九八五年）二七五頁参照）ということになる。この点につき、⑭最判昭和三五年一一月一日民集一四巻一三号二七八一頁（原告が被告にエンジンの修理を委任してそれを引渡したが、修理してくれないので右委任契約を解除し右物件の引渡を請求したが、被告がそれを喪失したので、原状回復債務の履行不能による損害賠償を求めた事案）は、「損害賠償義務は本来の債務の物体が変更したに止まり、その債務の同一性に変りはないのであるから……右債務の消滅時効は本来の債務の履行を請求し得る時から進行を始めるものと解すべきである」とした（原状回復債務〔本来の債務〕の履行を請求しうる時〔契約解除時〕を起算点とした）。

前記判例（b）説はこれに従ったものであるが、しかし、それは右⑭最判の射程距離を誤解したものといわなければならない。なぜなら、本来の債務（これは、「本来の債権」〔我妻栄『新訂債権総論』〔岩波書店、一九六四年〕一〇一頁参照〕、「本来の履行請求権」〔北川善太郎「損害賠償法における理論と判例―問題史的分析―」『民法学の基礎的課題（上）〔於保還暦記念〕』〔有斐閣、一九七一年〕一〇一頁〕に対応する概念であり、「本来的給付義務」〔林良平＝石田喜久夫＝高木多喜男『債権総論〔改訂版〕』〔青林書院、一九八二年〕九六頁〔林〕〕と同じ意味であると解してよかろう）の履行を請求しうる時が、損害賠償債務の時効起算点との関係で意味をもつのは、填補賠償債務（本来の債務と経済的に同一の意義を有するから、本来の債務が存在していたならば時効にかかったであろう時点で、填補賠償債務を時効にかからせるのである）と遅延賠償債務（この債務自体の時効は、その履行を請求しうる時から独立に進行するが、本来の債務の時効による遡及的消滅により、この債務もまた発生の前提を失い消滅する）の場合であって（⑭最判は、填補賠償債務のケース）、安全配慮義務違反による損害賠償債務はこのいずれにもあたらない（それは、安全配慮義務が「本来の債務」ではなく、「附随義務」である〔⑧最判の明言するところである〕ことによる）からである。すなわち、（b）

説をとった判例は、安全配慮義務を指して「本来の債務」と呼んでいるようであるが、たとえその用語の混同は許されるにしても、安全配慮義務はその義務違反により塡補賠償債務に転化したり、あるいは右義務自体が時効にかかる性質のものではないのであるから、⑭最判の一般論（これは塡補賠償債務の場合にのみ妥当する）を安全配慮義務違反による損害賠償請求権についてもあてはめることはできないのである（ほぼ同旨は、すでに、新美・前掲「判批」の指摘するところであり、本判決に影響を与えたのではないかと思われる）。

したがって、本判決が、従来の下級審判例の主流を占めた（b）説を排し、「右安全配慮義務は本来の給付義務に附随するがその内容をなすものではない。……右安全配慮義務不履行による損害賠償請求権は本来の給付義務と共に消滅するものと解すべきではない」としたのは極めて正当である。本判決が、これまでの判例の混乱に終止符を打つものとなることを願いたい。

結局、一般論としては、安全配慮義務不履行による損害賠償請求権を行使しうる時が起算点となるが（前記学説（i）—（iii）はこれと同趣旨とみてよかろう）、それは、民法一六六条一項の「権利を行使することをうる時」に帰着したこと以上を示すものではない。

（3）　権利を行使することをうる時　では、これをどう解すべきか。周知のように、権利を行使する上での障害を法律上の障害と事実上の障害に分け、前者のみが時効の進行を妨げるというのが判例・通説である。しかし、明らかにその例外を認める判例がある。すなわち、⑮最（大）判昭和四五年七月一五日民集二四巻七号七七一頁は、「弁済供託における供託物の払渡請求、すなわち供託物の還付または取戻の請求について『権利ヲ行使スルコトヲ得ル』とは、単にその権利の行使につき法律上の障害がないというだけではなく、さらに権利の性質上、その権利行使が現実に期待できるものであることをも必要とするのが相当である」とした。また、学説においても、星野教授により「『権利を行使しうることを知るべかりし時期』すなわち、債権者の職業・地位・教育などから、『権利を行使することを期待ないし要求することができる時期』と解すべきである」（星野英一『民法論集第四巻』（有斐閣、一九七八年）三一〇頁）との考えが有力に主張されている（星野説にほぼ従いつつ、⑮最判の考えをもとり入れたものとして、福岡地裁小倉支判昭和五八年三月二九日判時一〇九一号一二六頁がある）。

私は、「権利を行使することをうる」か否かは通常人を基礎として判断すべきである（すなわち、債権者の職業・地位等は原則として考慮しない）と考えるが（松久・前掲「判批」三五頁（本書[40]三二四頁）、石田喜久夫編・前掲書二七八頁参照）、いずれにしても、右⑮最判および有力学説の存在を考えると、もはや事実上の障害であっても時効の進行を妨げる場合がありうる（以下では便宜上、このような時効の進行を妨げる事実上の障害を、権利者の主観によってではなく、客観的に判断されるべきものとの考えから、客観的事実上の障害と呼ぶことにする）ことは否定できないと思われる。

そこで本判決を見ると、起算点はⓐ「権利行使をするにつき法律上の障害がなくなった時と解すべきところ」、ⓑ「本件にそくして言えば損害が発生したことを債権者において認識し又はその可能性がある時」であるとした。理論的には、ⓑは事実上の障害に関するから、ⓐと矛盾するが、前述したように、法律上の障害の有無を起算点の絶対的基準とすべきではないとするならば、右矛盾をもって本判決を批判するのはあまり意味がない。問題とすべきは、ⓑの当否である。まず、ⓑは前掲①判決に近いが、損害の認識可能性を含める点で異なる。これは、債権者における損害の認識のみを基準とすることの不都合（債務者が浮動状態に置かれる）を減少させるが、一方で、七二四条前段を想起させ、他方、それならばなぜ加害者の認識（可能性）をも含ませないかが疑問となる。また、本判決は、具体的には最終行政決定の日（それ以前に死亡した一名については死亡時）を起算点とした。これに対しては、たとえば、じん肺の管理区分3と認定されてのち一〇年以上経過してから提訴し、時効完成を理由とする敗訴後に管理区分4と認定されたらどうなるのか、という疑問が残る。

（4）　本件の解釈　　では、本件はどのように解釈されるべきか。まず、本件の事案の特徴は、継続的な債務不履行とその間の継続的な損害の発生、および進行性被害とが重なったケースであるという点にあろう。そうすると、（α）継続的債務不履行による継続的損害の賠償請求権の時効起算点の問題と、（β）債務不履行により生じた進行性被害の賠償請求権の時効起算点の問題が併存することになる。いずれもこれまで議論されたことはないようであるが、不法行為の場合について既に論議されているところ（徳本伸一「損害賠償請求権の時効」『民法講座6』（有斐閣、一九八五年）七一三頁以下参照）が参考とされるべきであろう。もっとも、本件で実際に争われている起算点は、債務（安全配慮義務）不履行の終了（X_1らの退職等、粉じんが発生する職場からの離脱）後についてであるから、ここでは（β）だけ検討することにする（（α）について一応の見解を示せば、生命・身体等に対する人格的権利が侵害された場合には、継続的債務不履行が止んだ時、ただし、それ以後に損害が発生した場合には損害発生時が起算点となると考える）。

まず、進行性被害については、進行が止むまでは法律上の障害があるとの考えもありえよう。しかし、たとえば、死に至る進行性被害の賠償請求権の時効は常に死亡時まで進行しないとするのは、いかに被害者保護に重きを置くにしても偏りすぎであろう（ちなみに、本件における原告側主張によると、提訴の時点まで時効は進行しないとするが、これでは実際上本件における時効の進行を否定するに等しく、およそ裁判所に受け入れられる可能性は乏しいように思われる）。また、被害の進行が法律上の障害であるとすれば、被害進行中における賠償請求はできないこととなるが、そのように解して被害者の賠償請求を否定することの不合理さはいうまでもあるまい。したがって、進行性被害のケースは、前記客観的事実上の障害にあたるか否かの問題として事案ごとに考えるべきことになろう（もっとも、私見としては進行性被害であるというだけで、客観的事実上の障害にあたるとすることは難しいように思われる。またかりにそれにあたるとしても、被害進行中のどこかを起算点としなければならないであろう）。なお、その際、被害者救済の必要性が強いとして、たとえば、前記学説（ⅳ）のように、時効期間は一〇年としながら、起算点は民法七二四条前段の三年の時効起算点と全く同じに解することはできない。（ⅳ）説においては、民法七二四条後段の二〇年の期間制限に相当するものを考えなければならないであろうし、そうであれば、端的に民法七二四条を適用するのが本筋であろう。

ところで、本件において、事実上権利を行使しえなかった事情としては何が考えられるか。本判決は、それを被害者における損害の認識（可能性）の欠如に求めているようである。しかし、むしろ、実際には、じん肺症に罹患していること（損害）は知っていても、法律上その損害賠償をYに対して請求できるということを知らなかったということこそ、権利行使を妨げていた事情とみるべきではないだろうか。そして、本件において、起算点が損害発生時（通常はこの時点で権利を行使しうる）ではなく、それ以降にずれこむとするならば、それは、通常人をしても安全配慮義務の不履行（又は不法行為）を理由に損害賠償を請求できるとの法的評価をなしえなかったということが、前記客観的事実上の障害事由とされるからではないだろうか。そうであるとすれば、判示のしかたとしては、一つには、初めてのじん肺判決である①判決の時点ないし前後を目安として、⑮最判の一般論に続けて具体的に起算点を示すことも考えられよう。いま一つは、あくまでそれは目安として、一方、時効完成の要件事実の立証責任は時効を援用する者にあることから、他方、⑮最判にならい、「少くとも提訴前一〇年以上前においては、本件損害賠償請求朧の性質上、その権利行使を現実に期待しえなかった」として、起算点を具体的に示さず、時効は完成していないとすることもできるのではないだろうか。やや技術的ではあるが、被害者救済の要請が極めて強い事実においては、そして本件がまさにそれに該当すると思われるのであるが、右のような判決も問題がないだけでなく、むしろそうあるべきではないだろうか（なお、①・④・⑨－⑬判決および本判決では、遺族から、あるいは退職後に被害者から提訴されたケースがほとんどである。雇用中の訴え提起は事実上難しく、これを一般的に客観的事実上の障害事由とすることはできないまでも、事案ごとの個別的検討の余地は残されているのではないだろうか）。したがって、本判決からは全体として、Yの賠償責任を厳しく認定し、もってX_1ら被害者の救済をはかろうとする姿勢が読みとれるが、そして、それは時効起算点の認定にもあらわれているが、さらに一歩を進めるべきではなかったかと思われるのである。

（5）　安全配慮義務違反による損害賠償請求権の消滅時効の起算点　最後に、前述したように、請求権の競合につき四宮説をとった場合の二〇年の起算点についてふれておきたい。右二〇年の起算点について、学説には一六六条一項と関連づけて論じるものはほとんどない（わずかに、内池慶四郎「不法行為による損害賠償請求権の時効起算点－被害者における認識の原理とその限界－」法学研究四四巻三号（一九七一年）四五一頁をあげうる）。しかし、私は、民法七二四条の二〇年の時効起算点も民法一六六条一項を排除するものではなく、したがって、損害賠償請求権を行使することをうる時を起算点とし、この場合には、民法一六七条一項の一〇年に比べ、倍の期間が認められていることに鑑み、法律上の障害がなくなった時から時効は進行すると解したい。

要するに、安全配慮義務違反による損害賠償請求権は、右請求権を行使することをうる時（法律上および客観的事実上の障害がなくなった時）から一〇年で時効にかかり、請求権の競合を顧慮すると、七二四条による方が被害者にとって有利な場合（この場合の二〇年の期間は、法律上の障害がなくなった時から進行する）にはそれによる、と考える。なお、一〇年の起算点を右のように解するならば、あわせて民法七二四条後段を類推適用すべきであろう（すなわち、客観的事実上の障害があっても、法律上の障害がなくなった時から二〇年で時効にかかる）。

〈評釈等（初出の本文所掲に追加）〉　山口浩一郎・労働経済判例速報一二五四号二五頁。

＊初出は、判評三三三号（一九八六年）三四頁（判時一一七〇号一九六頁）。

〔追記〕控訴審の福岡高判平成元年三月三一日民集四八巻二号七七六頁は、消滅時効は最初の行政上の決定を受けた時から進行するとしたが、上告審の最判平成六年二月二二日（平成元年（オ）第一六六七号）民集四八巻二号四四一頁（本書[44]）は、最終の行政上の決定を受けた時から進行するとした。

[42] 無断転貸を理由とする土地賃貸借契約の解除権の消滅時効の起算点

最高裁昭和六二年一〇月八日第一小法廷判決（昭和五八年（オ）第四五七号、建物収去土地明渡請求事件）――上告棄却

（民集四一巻七号一四四五頁、判時一二六六号二三頁、判タ六六二号七二頁、金判七九〇号三頁、金法一一二四号二六頁）

〈参照条文〉民法一六六条、一六七条、六一二条

〔事実〕Y_1（Y_1―Y_5は被告・被控訴人・被上告人）の先代は、X（原告・控訴人・上告人）の先々代が自己所有不動産を管理するために設立した会社Aから、昭和一一年、本件（一）土地を賃借し、その上に三戸（（五）・（六）・（七）建物とよび、その敷地部分をそれぞれ（二）・（三）・（四）土地とよぶことにする）一棟の建物を所有していた。昭和二〇年に先代を家督相続したY_1は、（五）・（六）建物をそれぞれY_2・Y_3に賃貸し、（七）建物を昭和二五年一二月七日Y_4に譲渡した。Y_4はそれをY_5に賃貸している。他方、Xは昭和三四年に相続により（一）土地の所有権を取得した。また、訴外AはY_1に対し、昭和五一年七月一六日到達の書面をもって、（四）土地の無断転貸を理由に（一）土地の賃貸借契約を解除した。そこで、Xは右の解除に基づき（さらに、（六）建物はY_3賃借後に類焼したためY_3が新築したもので所有権もY_3にあるから、（三）土地

も無断転貸になると主張）、Y_1に対しては（五）建物の収去と（一）土地の明渡し、Y_2に対しては（五）建物からの退去と（二）土地の明渡し、Y_3に対しては（六）建物の収去と（三）土地の明渡し、Y_4に対しては（七）建物の収去と（四）土地の明渡し、Y_5に対しては（七）建物からの退去と（四）土地の明渡しを求めて本訴に及んだ。これに対し、Y_4を除く（本最判の理由中ではY_4及びY_5を除くとなっているが）他の被告はY_1に対する右解除権は時効により消滅していると主張した。また、Y_4・Y_5は、Y_4はY_1を地主と信じて賃借人として本件（四）土地を占有してきたからXとの関係でも転借権を時効により取得している、と主張して争った。原審判決（後掲判例⑦）は、まず、（六）建物の所有権はY_1にあると認定し、したがって、「その敷地である（三）土地についてはY₁からY₃に対して転貸がなされたと見るべき余地はない」から（これは、借地人が借地上に建物を建てそれを第三者に賃貸しても借地の転貸にはならないとの考え（大判昭和八年一二月一一日裁判例（七）民二七七頁参照）を前提にするものである）、Y_3に対する（三）土地の転貸を前提とするXの請求は失当であるとした。次に、Y_1に対する右解除権は「（三）土地（（四）土地の誤り―解説者注）の転貸がなされた……昭和二五年一二月七日」から一〇年の経過とともに時効により消滅したとして、（一）土地の賃貸借契約の解除を原因とするXのY_1・Y_2・Y_3に対する請求も失当であるとした。さらに、Y_4は遅くとも昭和四六年一月一日には（四）土地につきXに対抗できる転借権を時効により取得したから、XのY_4・Y_5に対する請求も認められないとし、結局、XのY_1－Y_5に対する各請求をすべて退けた。そこでXは上告し、無断転貸を理由とする解除権は無断転貸状態が継続する間不断に発生していると解すべきであるから、Y_1に対する解除権は時効消滅していない、また、Y_4は転借権を時効取得していない、などと主張した。これに対し、最高裁は、前者につき次のように判示して右解除権は時効により消滅したとし、また、後者の理由も採用できないとして上告を棄却した。

〔判　旨〕「賃貸土地の無断転貸を理由とする賃貸借契約の解除権は、賃借人の無断転貸という契約義務違反事由の発生を原因として、賃借人を相手方とする賃貸人の一方的な意思表示により賃貸借契約関係を終了させることができる形成権であるから、その消滅時効については、債権に準ずるものとして、民法一六七条一項が適用され、その権利を行使することができる時から一〇年を経過したときは時効によって消滅するものと解すべきところ、右解除権は、転借人が、賃借人（転貸人）との間で締結した転貸借契約に基づき、当該土地について使用収益を開始した時から、その権利行使が可能となったものということができるから、その消滅時効は右使用収益開始時から進行するものと解するのが相当である。」

【解　説】

一　本判決（解説として、松久三四彦・法教九〇号九四頁）は、賃借権の無断譲渡・転貸を理由とする契約解除権（民六一二条二項）の時効期間および起算点に関する、大審院・最高裁を通じて初の最上級審判決である。本判決の直接に判示するところは、土地賃借権の無断転貸による解除権の消滅時効についてであるが、その射程距離は、より広く賃借権の無断譲渡・転貸による解除権の消滅時効に及ぶとみてよいであろう。

二　従来の下級裁判所判決は、もっぱら時効の起算点を問題とし、大別して二つに分かれていた。一つは、無断譲渡・転貸（信頼関係破壊）の継続する間は右解除権は不断に発生するとするものであり、いま一つは、解除権を行使しうる時（無断譲渡・転貸時）を起算点とし、それから一〇年で消滅時効にかかるとするものである。前説をとるものとして、①東京地判昭和四三年三月二五日判時五四〇号四五頁、②東京地判昭和四五年一〇月一五日判時六二一号五五頁、③東京地判昭和四五年一〇月三〇日判時六二一号五五頁、④名古屋高裁金沢支判昭和五三年九月二〇日金判六一三号八頁（後掲判例⑨の原審判決）、後説をとるものとして、⑤東京地判昭和四九年三月二八日判時七五〇号六六頁、⑥東京高判昭和五四年九月二六日判時九四六号五一頁、⑦大阪高判昭和五八年一月二六日民集四一巻七号一四六一頁（本判決の原審判決。評釈として、田畑豊・季刊実務民事法四号二〇四頁、織田博子・法時五六巻八号一一七頁）、⑧東京地判昭和五九年一一月二七日判時一一六六号一〇六頁（評釈として、高畑順子・法時五八巻七号一一四頁）がある。本判決が後説をとったことにより、今後は下級裁判決も後説に統一されるであろう。

三　本判決の論理は、無断転貸による賃貸借契約の解除権は、（ア）「形成権であるから、その消滅時効については、債権に準ずるものとして」、（イ）「民法一六七条一項が適用され」、（ウ）「その権利を行使することができる時」が消滅時効の起算点になるというものである。まず、（ア）から（イ）の結論を導くのは、期間制限の規定がない形成権についての従来の判例の態度（大判大正四年七月一三日民録二一輯一三八四頁、最判昭和四二年七月二〇日民集二一巻六号一六〇一頁、など）と一致する。（ウ）は、条文を明示してはいないものの、明らかに消滅時効の起算点の原則を規定する民法一六六条一項と同旨である（したがって、（ウ）も（ア）からの帰結であると見る必要はない）から、本件解除権は消滅時効に服するということを前提にする以上、特に異論はないであろう。なお、解除権を行使することができる時は、信頼関係が破壊された時ともいえるが、本判決は（ウ）のより具体的な時点を、「当該土地について使用収益を開始した時」という。これは、解除権の発生要件を規定する民法六一二条二項の文言、および、無断譲渡・転貸の契約が締結されただけでは足らず、無断で「賃借物ノ使用又ハ収益ヲ為サシメタルトキ」に初めて解除しうるとの判例（大判昭和一三年四月一六日大審院判決全集五輯九号八頁）に従うものである。

四　問題は、不断に解除権が発生するとの説（前説）と本判決の考え（後説）のいずれが妥当かである。まず、右に見た本判決の論理は、必ずしも前説を理論的に排斥するものではないように思われる。前説においても、観念的には時効期間一〇年の解除権が不断に発生しそれぞれ時効が進行しているとして、後説に接続することは可能だからである。そうだとすれば、この問題は右に見た本判決の論理の当否の検討だけでは解決できないものであるということになる。そこで、両説の実質的な違いに注目すると、後説ではいわば一個の解除権を考え一つの時点を起算点とするため時効が完成しうるのに対し、前説ではいわば無数の解除権が不断に発生するため、実質的には解除権は時効にかからないというのとほぼ同じことになる（したがって、時効期間を問題とする必要もない。ちなみに、前掲判例①―④はいずれも時効期間には言及していない）。わずかに、前説では、転貸終了後でも解除できる（最判昭和三二年一二月一〇日民集一一巻一三号二一〇三頁）との前提に立った場合に、転貸終了時を起算点とする解除権の時効消滅が考えられるにすぎない。したがって、両説のいずれをとるかは、一方、時効制度や民法六一二条の存在理由に遡った検討をせまられるとともに、他方、賃貸人保護と賃借人（転借人）保護のいずれに重きをおくか、あるいは、両者の調和点をどこに求めるかという価値判断ないし利益衡量によるところも大きいといえよう。学説には、前説に批判的ないし反対するものがあり（平井一雄「賃貸借の解除」ＬＳ四五号（一九八二年）三六―七頁、牧山市治「無断転貸を理由とする契約解除権の消滅時効」判タ三九九号（一九八〇年）二二頁、田畑・前掲二〇五頁、岨野悌介＝渡邊雅文「賃貸借契約解除権の消滅時効」司法研修所論集六九号（一九八二年）三七頁。なお、鈴木禄弥『借地法下巻〔改訂版〕』（青林書院、一九八〇年）一二七九頁は、賃貸人が異を唱えずに長期間が徒過したときは黙示の承諾があったとみるべきであるという）、私見（消滅時効の起算点については、石田喜久夫編『現代民法講義1民法総則』（法律文化社、一九八五年）二七七―二七八頁参照）としても、基本的には本判決に賛成したい。ただし、賃貸人が無断譲渡・転貸の事実や使用収益の開始に気がつきにくいときもあるであろう（そのため、岨野＝渡邊・前掲三八頁は、賃貸人が無断譲渡・転貸を知ったときを起算点とすべきであるという）。そのような事案においては、本判決が具体的な起算点とする「使用収益開始時」を弾力的に認定するか、あるいは時効の援用を信義則違反ないし権利濫用として否定すべき場合（前掲判例⑥・⑧参照）でもあるように思われる。

五　なお、⑨最判昭和五五年一二月一一日判時九九〇号一八八頁（評釈として、辻正美・民商八五巻一号二二四頁、月岡利男・法時五三巻一一号一四一頁）は、最判昭和五二年一〇月二四日裁判集民事一二二号六頁（金判五三六号二八頁）を引用して、「解除権が時効によって消滅したとしても、賃借権の無断譲受人に対する賃貸目的物の明渡請求権になんらの消長をきたさない」という。したがって、一方、本判決のように解除権は時効消滅するとし、他方、これらの判例を前提にすると、転借権の取得時効を認める実益がある（五十川直行「土地賃借権の時効取得（二・完）」法政研究五三巻一号（一九八六年）一〇一頁参照）。実際に、本件ではY_4・Y_5が転借権の取得時効により保護されているが、XのY_2・Y_3に対する請求は、㈣土地の無断転貸を理由とする㈠土地の賃貸借契約解除権（一部の無断転貸により全部の解除権を生じることについては、最判昭和二八年一月三〇日民集七巻一号一一六頁、最判昭和三四年七月一七日民集一三巻八号一〇七七頁、参照）は時効消滅したとの理由だけで退けられている。Y_2・Y_3は、敷地の転借人ではないからY_1と同様に扱われるということであろう。

〈評釈等（初出の本文所掲に追加）〉　田中壮太・最判解民事篇昭和六十二年度五九一頁（初出、曹時四二巻五号一二一八頁）、同・ジュリ九〇七号六八頁、東法子・手研四四一号二〇頁、井上郁夫・判タ七〇六号二八頁、野口恵三・NBL四〇三号四六頁、平井一雄・民商九九巻四号五四〇頁、平田健治・判評三五五号四一頁（判時一二七九号二〇三頁）、松本恒雄・法セ四〇五号一一八頁、同・最新判例演習室（法セ増刊、一九八九年）七六頁、横山美夏・法協一〇六巻五号八七四頁。

＊初出は、昭和六二年度重判解（ジュリ臨増九一〇号、一九八八年）六九頁。

[43]　いわゆる預託金会員組織のゴルフ会員権と消滅時効の成否（消極）

東京高裁平成三年二月一三日判決（平成二年（ネ）三〇四六号、ゴルフ会員権確認請求控訴事件）――取消・請求認容（上告）
（民集四九巻八号二七八〇頁、判時一三八三号一二九頁、金判九八九号一八頁）

〈参照条文〉　民法一六六条、一六七条

【事　実】　一審判決（東京地判平成二年八月二一日〔のちに、民集四九巻八号二七七七頁に登載〕）のコピーも参照して事実をまとめると、次のとおりである。

X（原告・控訴人）は、ゴルフ場を経営するY会社（株式会社東松山カントリークラブ、被告・被控訴人）と、昭和三七年一一月一五日、当時の代表取締役Aとの間で、三〇万円の入会金を預託してゴルフクラブ（東松山カントリークラブ）の個人正会員としての入会契約を締結したとして、この個人正会員の地位の確認を求める訴えを提起した。これに対し、Yは、①Xの主張する契約は入会契約ではなく、会員権を担保として取得する契約である、②AはYの代表取締役としての権限を濫用しYに入会金を入金する意図がないのに本件契約を締結したのであり、Xは本件契約時右の事情を知りまたは知り得べきであったので民法九三条但書により本件契約は無効である、③Xは昭和四四年一月一日以降本件ゴルフ場施設を利用しておらず、右同日現在Xの会員権に係る預託金返還請求権の据置期間が経過していたので、Xの会員権は昭和五四年一月一日の経過により時効消滅した、と主張した。

一審判決は、右①・②の主張を斥けたが、③については次のように判示してこれを認めた。すなわち、「本件のような預託金会員組織のゴルフ会員権は、ゴルフ場施設の優先的利用権と、据置期間経過後退会とともに行使する預託金返還請求権とを中核とする債権であり、消滅時効にかかるものと解すべきである。本件において、Xが、昭和四四年一月一日以降、本件ゴルフ場施設を利用していず、右同日現在、Xの会員権に係る預託金返還請求権の据置期間が経過していたことは、当事者間に争いがない（なお、前掲甲四号証によれば、Xは昭和四四年以降会費を支払ってないことが認められる。）。よって、Xの会員権は、昭和五四年一月一日（商事債権と解するときは昭和四九年一月一日）の経過により時効消滅したことになる。Yが本訴において右時効を援用していることは、当裁判所に顕著である。なお、退会の意思表示は据置期間経過後いつでもすることが可能であり、預託金返還請求権は退会の意思表示とともに行使することができるのであるから、現実にXが退会の意思表示をしたか否かは、消滅時効の進行に無関係というべきである。」としてXの請求を棄却した。そこで、X控訴。

二審は、消滅時効について次のように判示し、一審判決を取消し、Xの請求を認容した。

〔判　旨〕「Xの有する右個人正会員の地位は、いわゆる預託金会員組織のゴルフ会員権と呼ばれるものに該当し、会員としてのゴルフ場施設の優先的利用権、年会費納入等の義務、据置期間経過後に退会とともに行使しうる預託金返還請求権などの債権債務関係を内容とする契約上の地位であるから、たとえXが長期間会員としての権利を行使せず、あるいはYがXを長期間会員として認めてこなかったとしても、Xの個人正会員の地位それ自体が消滅時効にかかることはあり得ないというべきである（付言すれば、右個人正会員の地位の内容をなす個々の債権債務の消滅時効の成否はこれと別個に検討すべき問題であり、例えばゴルフ場施設優先的利用権は、会員の地位にあることによって常時有するものであるから消滅時効を論ずる余地はなく、各年度の年会費支払義務はそれぞれの支払時期から消滅時効が進行し、また、預託金返還請求権は、据置期間が経過しても、会員は退会を強制されるわけではないから据置期間経過により当然に消滅時効が進行するものではなく、会員が退会を申し出て初めて消滅時効が進行するものである。）。」

【評　釈】

一　いわゆる預託金会員組織（預託金会員制）のゴルフクラブの「会員の地位」または「会員権」と消滅時効の関係が裁判で問題とされるようになったのは、最近のことである。すなわち、地裁判決として①東京地判平成元年九月二六日判タ七一八号一二七頁と、②本件一審判決である東京地判平成二年八月二一日があり、③それに続く本判決が初の高裁判決である。①判決と本件一審判決は、ともに民事第八部の、同一被告に対する裁判であり、判示内容もほぼ同一で消滅時効にかかる（何が消滅時効にかかるのかについては後述）とするものであるが、異なる裁判官によるものである。問題が新しく学説は見当たらない。

二　本判決を検討するには、これと異なる見解をとる①判決と一審判決をもあわせて検討する必要がある。そこで、以下ではまず、①判決を詳しく紹介しておきたい（一審判決については本判決の〔事実〕で紹介したとおりである）。

①判決の事案はこうである（Y・Aは本件のY・Aと同じ）。原告は、Yが昭和三九年に当時の代表取締役Aに発行した個人正会員権を、A→B→C→原告という経緯で昭和四四年五月頃取得し、昭和六三年二月一〇日頃Yに対し名義書換を求めたが拒絶されたので、「個人正会員としての地位を有すること」の確認を求めるとしてYを訴えた。判決は、原告への譲渡につきYの承諾があったとはいえないので、「原告は、Yとの間では、本件クラブの会員としての地位（本件会員権）を有していない」として原告の請求を棄却したが、Yが名義書換え請求権の時効消滅、預託金返還請求権の時効消滅、会員権の時効消滅、も主張していたためか、傍論として次のように判示した。

「本件クラブの会員としての地位は、これを会員の権利という面から見ると、ゴルフ場施設の優先的利用権と預託金の返還請求権（本件においては、資格保証金としての性質を有しており、保証金の返還は据置期間経過後、退会して初めて行われる（甲第一一号証の三））とを中核とする契約上の権利の総体であり、一種の債権として、消滅時効にかかるものと解すべきであるから、会員が優先的利用権やその他の会則上の権利の行使を認められている間は、預託金返還請求権の存在も承認されていることになるから、預託金返還請求権についても消滅時効は進行しないが、預託金返還請求権を行使することもできるようになっている場合において、会員が優先的利用権その他の会員としての権利の行使を全くしていないときは、預託金返還請求権を含む会員としての権利全部につき、消滅時効が進行するものと解するのが相当であり、その時効消滅に伴い、会員としての地位〔会員の義務としての側面を含む法律関係〕もまた消滅するというべきである（なお、このように解しても、通常の場合には、会員の側になんらかの権利行使があり、また、ゴルフクラブ側にも、会員としての地位の承認と認められる行為があるので〔会報の発送、種々の事務連絡、年会費の受領、会員名簿への登載、会員名の施設内掲示などはこれに当たる。〕、消滅時効が完成することはほとんどない。）。」

そして、右の一般論を次のように適用して消滅時効の完成を認めた。すなわち、「原告の主張によっても、Aが本件会員権を取得したのは昭和三九年九月であるから、原告主張の据置期間である五年が経過した昭和四四年九月の時点で原告は預託金返還請求権を行使することができたことになり（前示のように、預託金返還請求権を行使するには、退会しなければならないが、退会は会員において随時することができるので、据置期間を経過した時点で権利の行使をすることができるようになったというべきである。）、遅くとも昭和五四年九月の時点で右消滅時効は完成していたことになる（商行為により生じた債権と解する場合には、消滅時効は、昭和四九年九月の時点で完成していたことになる。）。……仮に原告が本件会員権を有効に取得していたとしても、本件入会契約に基づき〔く？〕原告の権利は消滅し、これに伴い、本件会員権は消滅したことになる。」とした。

三　ここで、①判決と一審判決および本判決との異同を簡単にまとめておきたい。まず事実関係を比べると、①判決も本件もともに預託金会員制ゴルフクラブである。提訴の直接の原因は、①判決では会員権譲受人である原告の会員権の名義書換え請求が拒絶されたことにある。本件では、入会契約は昭和三七年であるが昭和四四年からゴルフ場施設を利用しておらず、会費も支払っていないというのであるから、ゴルフ場会社との入会契約で会員権を取得したXの名義で登録されているようである。おそらく、XはYによる会員権否定により、ゴルフ場の優先的施設利用を拒否されたか、会員権の譲渡に支障が生じたのであろう。しかし、ともに、請求の趣旨は個人正「会員（として）の地位」を有することの確認である。もっとも、事件名はともに、ゴルフ「会員権」確認請求事件となっている。要するに、①判決も本件も、預託金返還請求がなされその時効消滅が争われたという訳ではない。それもあってか、本判決では預託金返還請求権の消滅時効についての判断は傍論となっているが、①判決と一審判決では、「会員としての地位」ないし「ゴルフ会員権」の時効消滅の基準を預託金返還請求権の時効消滅に求めている。

つぎに判旨を比べると、①判決は、「本件クラブの会員としての地位は、これを会員の権利という面から見ると、……ゴルフ場施設の優先的利用権と預託金の返還請求権とを中核とする契約上の権利の総体であり、一種の債権として、消滅時効にかかる」とし、「預託金返還請求権を含む会員としての権利全部」が時効消滅すると「その時効消滅に伴い、会員としての地位〔会員の義務としての側面を含む法律関係〕もまた消滅」し、預託金返還請求権は据置期間経過時から一〇年または商事債権と解されるならば五年で消滅時効にかかるとする。一審判決もほぼ同様であり、①判決を踏襲したものといえよう。ただ、①判決は、本件クラブの「会員としての地位」は一種の債権として消滅時効にかかるというのに対し、一審判決は、本件のような預託金会員組織の「ゴルフ会員権」は債権であり消滅時効にかかるという（①判決は「会員としての地位」とか「本件会員権」と表現するが、一審判決は「会員としての地位」という言葉を使っていない）。これに対し、本判決は、Xの有する個人正「会員の地位」は、いわゆる預託金会員組織の「ゴルフ会員権」と呼ばれるものに該当するとしながらも、Xの個人正「会員の地位」それ自体が消滅時効にかかることはあり得ないという。また、括弧の中で付言して、預託金返還請求権は会員が退会を申し出て初めて消滅時効が進行するものであるという。なお、①判決と一審判決はともに、「会員としての地位」・「ゴルフ会員権」の内容として権利のみを挙げており、これについては義務の側面はどうなるかが指摘されていたことからすると（①判決に対する前掲判タの「解説」は、「本判決はゴルフ会員権を会員の権利という面からみれば一種の債権であるとして、その時効消滅を肯定したものである。したがって、会員の義務をも包摂したところの債権的法律関係の時効消滅については判断されていないとみるべきであり、この点は、今後の課題となろう。」といい、金判八四五号二六頁の「コメント」は「会員権の法律関係を個々の会員の会社に対する債権という面からみると、その消滅時効は肯定され得るものの、義務をも包含する契約上の地位の面からはなお問題が残る。」とする）、本判決が年会費納入等の義務にもふれていることは興味深い。

以上から、本判決の検討に際しては、①「会員権」と「会員（として）の地位」の区別の要否、②本件で消滅時効の対象として問題となるのは何か（預託金返還請求権、会員権、会員の地位のいずれか）、③それは消滅時効にかかるか、④会員権・会員の地位の時効消滅の有無は預託金会員制ゴルフクラブか否かで異なるか、に留意して、順次検討したい。

四　まず、用語の問題であるが、ゴルフクラブに関する法律問題を深く研究されている服部弁護士は、「形式上クラブに所属し、会員たる地位を取得する（その旨の理事会の承認を得る）ことは会員権発生の要件ではなく、行使の要件（対抗要件）にすぎないと解すべき」であるとして、「会員たる地位」と「会員権（入会契約上の地位）」との違いに留意すべきことを強調する（服部弘志『ゴルフ会員権の理論と実務』（商事法務研究会、一九九〇年）二四一頁）。この説は、「会員たる地位」の相続性を否定した最判昭和五三年六月一六日判時八九七号六二頁（判旨は、会則中に「会員が死亡したときはその資格を失う旨の規定が存することが認められるから、被上告クラブの会員たる地位は一身専属的なものであって、相続の対象とはなりえないものと解するのが相当である。」という）は「会員権」の相続性を否定したものと解すべきではなく、「会員権」の相続性を否定した東京地判昭和六三年七月一九日判タ六八四号二一六頁（判旨は、「会則により本件会員権が消滅するとしても」、原告は預託金返還請求権を相続できるのであるから、被告が、会員の死亡により会員としての資格を喪失する旨の会則の効果を主張しても信義則に反しないという）は「会員たる地位」と「会員権」とを混同するものである（「会員の死亡によって会員たる地位は当然に消滅するが、会員権は入会利用契約上の地位であるから、当事者の死亡によって消滅するわけがない。」）と説く（服部・前掲書二四〇－二四二頁、二四七－二四八頁。学説の状況については、同書二五六頁注（38）参照。なお、東京地判平成元年一〇月三一日金判八四六号三七頁は、原告が、「会員の地位とは、入会承諾がされた後の会員契約上の包括的権利義務であるが、会員権とは入会承諾がされる前の入会承諾を停止条件とする包括的権利義務を指すのである」から、両者は区別されるべきであり、仮に会員の地位は一身専属的であるとしても、会員権は相続可能であると主張したのに対し、死亡により会員資格を失う旨の会則を理由に「会員権は消滅する」とした。しかし、控訴審である東京高判平成三年二月四日判時一三八四号五一頁はこれを取消し、「死亡した会員の相続人は相続により入会承認を停止条件とする会員としての地位を承継取得する」とした）。この説によれば、「会員たる地位」は一身専属的であるから、「会員たる地位」を有するAの承継人（相続人・譲受人）Bは「会員権」を取得するにとどまり、会則による理事会等の承認を得て初めて「会員たる地位」を取得することになる（そして、預託金会員制ゴルフクラブは疑似クラブであり団体性を有しないから、クラブ構成員としての地位確認訴訟はありえず、会員権確認訴訟が正当な訴えの形式であるとする）。

「会員たる地位」と「会員権」（用語を区別するときは、入会承認後の地位を「会員たる地位」、承認前の地位を「会員権」と呼ぶことにする）を区別せず、たとえば、会員Aの相続人Bは会員権を相続できないといっても、Bに預託金返還請求権を認めるのであれば、Bが預託金の返還を求めている限りでは用語の区別に実益はない。しかし、Bが名義書換とその前提要件たる入会承認を求めている場合に、死亡により会員資格を失う旨の会則を根拠に、「会員たる地位＝会員権」は相続しえないとして右の請求そのものが認められないというのは（たとえば、Bは暴力団員であるから入会資格を満たさないとして承認されないことがありうることは格別）、少なくとも預託金会員制ゴルフクラブにあっては誤りであり実際にも不当である。意識的に区別することなく「会員たる地位」という類の語と「会員権」という言葉を用いることは、両者の同一視につながり右のような誤った解釈の原因となりうるとすると、両者の区別は必要となろう。本件は両者の区別の実益がある譲渡・相続の事案ではないが、問題により用語を区別したりしなかったりすることは混乱を招きかねない。その意味で、本判決が、「Xの有する右個人正『会員の地位』は、いわゆる預託金会員組織のゴルフ『会員権』と呼ばれるものに該当」するという表現には適当でないものがあると思われる。本判決が右のように「会員の地位」は「会員権」に該当するというのは、一審判決が「会員権」は債権であるから消滅時効にかかるというのに対して、二審において、単に、「会員の地位」は契約上の地位であるから消滅時効にかからないというのでは、一審判決に対する判断としてはかみあっていないと見られかねないと考えたからであろうか。

五　本判決は、まず、（1）「（a）Xの有する右個人正会員の地位は、いわゆる預託金会員組織のゴルフ会員権と呼ばれるものに該当し、（b）会員としてのゴルフ場施設の優先的利用権、年会費納入等の義務、据置期間経過後に退会とともに行使しうる預託金返還請求権などの債権債務関係を内容とする（c）契約上の地位である」（（a）－（c）は評釈者が便宜上付したものである）という。これは、最判昭和五〇年七月二五日民集二九巻六号一一四七頁が預託金制ゴルフクラブの会員権の法的性質について述べたのとほぼ同様の内容を簡潔に述べるものである（細かな表現上の違いは、本判決は「会員の地位」は「会員権」に該当するとし、「会員の地位は……契約上の地位である」というが、右最判は「会員権は……契約上の地位である」という）。

本判決は、右判旨（1）を根拠に、ただちに、（2）「たとえXが長期間会員としての権利を行使せず、あるいはYがXを長期間会員として認めてこなかったとしても、Xの個人正会員の地位それ自体が消滅時効にかかることはあり得ないというべきである」とするが、判旨（1）の（b）・（c）のいずれが判旨（2）の直接の根拠であるかははっきりしない。しかし、Xの「個人正会員の地位の内容をなす個々の債権債務の消滅時効の成否はこれと別個に検討すべき問題」であるとして括弧内で付言していることからすると、（b）は本件契約上の地位の内容の説明にすぎず、（c）が根拠として一般に妥当するものであるとの趣旨であると思われる。そうであれば、本判決の趣旨は、Xの個人正会員の地位（会員権）は契約上の地位であり、契約上の地位は消滅時効にかからないから契約上の地位である会員の地位も消滅時効にかからないというもの、すなわち、「契約上の地位は消滅時効にかからない」との一般的判断を暗に含むものであるということになる。契約上の地位が消滅時効にかかるかどうかは、これまで学説の論じるところではなかったが（もっとも、これを問題とする実益は思いつかない。個々の権利義務の消滅時効を問題とすれば足りるのではないか）、本判決は右の判断を含む初の裁判例ということになろう。

では、契約上の地位は消滅時効にかからないとすると、それはなぜか。前述のように、契約上の地位一般につき論じているかのような判旨からは、純理論的に消滅時効にかからないと考えているように思われるが、その根拠は不明である。

ところで、契約上の地位とは、契約により種々の債権債務が発生する場合に、その債権債務の総体をこのように呼ぶことが多く、種々の債権債務を一括して処理する場合（契約上の地位の引受）など（解除権者についても契約当事者または地位の承継人に限られるといわれる）に実益があるといわれる（星野英一『民法概論Ⅲ』（良書普及会、一九七八年）七―八頁）。そうすると、契約上の地位は消滅時効にかからないとしても、それは純理論的なものではなく、種々の債権債務の消滅時効が同時に完成することが考えにくいということにすぎないのではないか。そうだとすると、本判決が、「Xの個人正会員の地位それ自体が消滅時効にかかることはあり得ない」という結論は後述のとおり正当と考えるが、それは、Xの個人正会員の地位（会員権）は契約上の地位であるということからの純論理的帰結ではなく、Xの個人正会員の地位（会員権）はゴルフ場施設の優先的利用権等種々の債権債務からなり、それらは同時に時効消滅するものではないという点（すなわち判旨（1）（b）の部分が重要であるが、本判決では（c）の単なる説明にすぎない）に求められるべきものであろう。一審判決では、預託金返還請求権が時効消滅するとなぜ会員権も時効消滅するのかがややはっきりしないが、この点は①判決が明快に、「預託金返還請求権を行使することもできるようになっている場合において、会員が優先的利用権その他の会員としての権利の行使を全くしていないときは、預託金返還請求権を含む会員としての権利全部につき、消滅時効が進行するものと解するのが相当であり、その時効消滅に伴い、会員としての地位〔会員の義務としての側面を含む法律関係」もまた消滅する」といっている。はたしてそういえるのかが二審における論点でもあったといえよう。要するに、二審が判断すべきは、契約上の地位の内容をなす種々の債権債務が同時に時効消滅するか、預託金返還請求権の時効消滅は契約上の地位（会員の地位・会員権）の時効消滅の指標ないし基準となるかであったと思われる。したがって、本判決が「付言」として述べたのは適当でなく、しかもその部分は、「Xの個人正会員の地位それ自体が消滅時効にかかることはあり得ない」との判断を導くものとして、それ以前に述べられるべきであったといえよう。くり返しになるが、特に預託金返還請求権の消滅時効についての判断は括弧内の「付言」ではすまないように思われる。本判決は「Xの個人正会員の地位それ自体が消滅時効にかかることはあり得ない」というが、もし預託金返還請求権の消滅時効について一審と同様の判断をするならば、Xの請求は棄却せざるをえなくなるのではないだろうか（さもなければ、ゴルフ場施設の優先的利用権と年会費納入義務は残るが預託金返還請求権だけは時効消滅しているという奇妙な法律関係になってしまうであろう）。

六　前述の区別に従うと、Xは「会員たる地位」を有しているようである。それが消滅時効にかかるかどうかは、前述のようにその内容をなす個々の権利義務の消滅時効から考えていくべきであろう。そこで、本判決が、前掲最高裁昭和五〇年判決と同様、会員の地位ないし会員権の内容として挙げている、①ゴルフ場施設の優先的利用権、②年会費納入等の義務、③預託金返還請求権について検討する。

本判決は「付言」として、優先的利用権については、「会員の地位にあることによって常時有するものであるから消滅時効を論ずる余地はな〔い〕」という。しかし、「会員たる地位」の時効消滅の有無を個々の権利義務の同時時効消滅の有無によって判断すべきであるとするときは右の理由づけはとりえないことになる。厳密には、消滅時効を論ずる余地はあるが（①判決参照）、ゴルフ場会社とすれば、会費の納入がなされていればよしとすべきであり、未納であれば除名等の措置によるべきであるから、優先的利用権を独立に時効消滅させるべきでないというところに理由を求めるべきではないだろうか（あるいは、優先的利用権の時効消滅は時効利益を受ける債務者たるゴルフ場経営会社にとって法的利益となるものではないから、消滅時効の対象とならないとでもいうべきか）。年会費納入等の義務については、利息債権における基本権・支分権になぞらえていうと、いわば基本債務としての年会費等納入義務を問題とすべきである。この義務の消滅は優先的利用権の消滅にも結びつくであろうから（年会費は納めなくてもよいが優先的利用はできるということは考えにくい）、この義務の時効消滅もやはり時効利益を受ける債務者たる会員にとって利益となるものではなく、消滅時効の対象とならないと解される（なお、具体的に発生したいわば支分債務としての年会費等納入義務については判旨のいうとおりである）。預託金返還請求権については、「据置期間が経過しても、会員は退会を強制されるわけではないから据置期間経過により当然に消滅時効が進行するものではなく、……」として退会申出時を起算点とするが、「強制されるわけではない」ということと起算点の関係がわかりにくい。端的に、据置期間が経過し、かつ、退会していなければ権利を行使することができないから（民一六六条一項）、退会時（ただし、据置期間経過前に退会した場合は据置期間経過時）が起算点となるというべきである（ちなみに、時効期間は一般債権の一〇年（民一六七条一項）と解する）。①判決（や一審判決）は、いつでも退会できるから据置期間経過時が起算点となり、優先的利用権の行使や年会費受領が預託金返還請求権の消滅時効の中断事由（民一四七条三号）になると考えるようであるが無理な解釈である。

結局、優先的利用権は消滅時効にかからないというだけでも、Xの「会員たる地位」は消滅時効にかからないといえ、預託金返還請求権の起算点も一審判決は誤りであると解されるから、本判決の結論自体は妥当なものと考える。

七　なお、ゴルフ「会員権」を相続ないし契約により取得したがまだ入会承認（ないし名義書換）をえていない場合、すなわち、まだ「会員たる地位」にない場合は、「会員権」や入会承認（ないし名義書換）請求権の消滅時効が問題となろう（①判決におけるYの抗弁参照）。本件はこのような事案ではないが、この点について簡単に考察しておく。ここでも、「会員権」自体が消滅時効にかかるかどうかは、「会員たる地位」の場合と同様、個々の権利義務が同時に消滅時効にかかるかを考えるべきであろう。もっとも、「会員権」を有しているにとどまる場合は、ゴルフ場施設優先的利用権も会費等の納入義務も未だ発生していないから、入会承認請求権の消滅時効を問題とすれば足りるであろう。

まず、相続の場合、問題は、相続人（あるいは相続人からの譲受人）はいくら時間が経過していても、望む時に入会承認請求できるとしてよいかである。もし、それを不当と判断するのであれば、入会承認請求権は消滅時効にかかるということになろう。その場合は、入会承認請求権が時効消滅すると、預託金返還請求権はどうなるかということも問題になる。預託金返還請求権は退会により行使することができるが、ここに退会とは「会員たる地位」を失うことでもあるから、相続も同様の法律状態と考えられる。したがって、相続人は、相続により入会承認と預託金返還のいずれかを選択的に請求することができ、両請求権の消滅時効は相続時から進行を開始することになろう（したがって、入会承認請求権と預託金返還請求権は同時に時効消滅する。なお、いうまでもないが、入会承認がなされれば、もはや預託金返還請求権の消滅時効は問題とならない）。

契約により「会員権」を取得した場合は、ゴルフ場経営会社との関係では、いまだ名義人たる前主が「会員たる地位」を有しているのであるから、「会員権」の譲受人とゴルフ場経営会社との間では入会承認請求権の消滅時効というようなことは問題とならないであろう。考えられるのは、名義書換手続に会則等により前主の協力が必要な場合（たとえば共同申請とか譲渡通知が必要な場合）である。この場合は譲受人の譲渡人に対する入会承認申請協力請求権の如きもの（農地売買における農地法三条の許可申請協力請求権が想起される）の消滅時効が問題となろう。

八　以上、「会員たる地位」および「会員権」の消滅時効について述べたことは、基本的には、預託金会員制ゴルフクラブ以外のゴルフクラブにもあてはまると考える（「会員権」の譲渡・相続性については各種のゴルフクラブにより一様ではない。これらを含め、ゴルフの法律問題については、服部・前掲書のほか、藤井英男＝古賀猛敏『ゴルフクラブ会員権の法律知識』（青林書院、一九八七年）、今中利昭『現代会員契約法』（民事法情報センター、一九八八年）、木宮高彦ほか『ゴルフの法律相談』（有斐閣、一九九〇年）、などが詳しい）。

＊初出は、判評三九九号（一九九二年）一二頁（判時一四一二号一五八頁）。

＊＊上告審の最判平成七年九月五日民集四九巻八号二七三三頁（本書[62]の〔5〕判決）は、破棄差戻しとした。

[44]　じん肺患者の損害賠償請求権の消滅時効の起算点——長崎じん肺訴訟

最高裁平成六年二月二二日第三小法廷判決（平成元年（オ）第一六六七号、損害賠償並びに民事訴訟法一九八条二項による返還及び損害賠償請求事件）——一部破棄

差戻し、一部上告棄却
（民集四八巻二号四四一頁、判時一四九九号三二頁、判タ八五三号七三頁、労判六四六号七頁）
〈参照条文〉 民法一六六条一項、四一五条、七一〇条、じん肺法四条、一三条、民事訴訟法三九四条

〔事 実〕 Y会社は、昭和一四年に設立後、炭鉱を経営してきた。Xらは、Yとの雇用契約によりその炭鉱で働き、じん肺に罹患した元従業員六三名の本人またはその相続人である。Xらは、安全配慮義務違反を理由に、元従業員一名につき一律三〇〇〇万円の損害賠償（慰謝料）を求めて訴えを提起した。一審（長崎地佐世保支判昭和六〇年三月二五日民集四八巻二号六七二頁）は、右請求権は各人にとって最も重い行政上の決定（じん肺法上の健康管理区分決定）を受けた日から一〇年で消滅時効にかかるとし（元従業員二〇名の時効完成を認めた）、管理区分に応じて慰謝料額を算定した。これに対し、二審（福岡高判平成元年三月三一日民集四八巻二号七七六頁）は、起算点を最初の行政決定の日とし（さらに一〇名について時効完成を認めた）、慰謝料額も減額した。Xら上告。最高裁は、次のように判示して、二審敗訴者の損害と安全配慮義務違反との因果関係の有無や損害額につき審理するよう破棄差戻しとした。なお、慰謝料額も低すぎるとして、この点でも破棄差戻しとした。

〔判 旨〕「前示事実関係によれば、じん肺は、肺内に粉じんが存在する限り進行するが、それは肺内の粉じんの量に対応する進行であるという特異な進行性の疾患であって、しかも、その病状が管理二又は管理三に相当する症状にとどまっているようにみえる者もあれば、最も重い管理四に相当する症状まで進行した者もあり、また、進行する場合であっても、じん肺の所見がある旨の最初の行政上の決定を受けてからより重い決定を受けるまでに、数年しか経過しなかった者もあれば、二〇年以上経過した者もあるなど、その進行の有無、程度、速度も、患者によって多様であることが明らかである。そうすると、例えば、管理二、管理三、管般（ママ）四と順次行政上の決定を受けた場合には、事後的にみると一個の損害賠償請

求権の範囲が量的に拡大したにすぎないようにみえるものの、このような過程の中の特定の時点の病状をとらえるならば、その病状が今後どの程度まで進行するのかはもとより、進行しているのか、固定しているのかすらも、現在の医学では確定することができないのであって、管理二の行政上の決定を受けた時点で、管理三又は管理四に相当する病状に基づく各損害の賠償を求めることはもとより不可能である。以上のようなじん肺の病変の特質にかんがみると、管理二、管理三、管理四の各行政上の決定に相当する病状に基づく各損害には、質的に異なるものがあるといわざるを得ず、したがって、重い決定に相当する病状に基づく損害は、その決定を受けた時に発生し、その時点からその損害賠償請求権を行使することが法律上可能となるものというべきであり、最初の軽い行政上の決定を受けた時点で、その後の重い決定に相当する病状に基づく損害を含む全損害が発生していたとみることは、じん肺という疾病の実態に反するものとして是認し得ない。これを要するに、雇用者の安全配慮義務違反によりじん肺に罹患したことを理由とする損害賠償請求権の消滅時効は、最終の行政上の決定を受けた時から進行するものと解するのが相当である。」

【解　説】

本判決は、いわゆるじん肺訴訟に関する初の最高裁判決である。じん肺は、「特異な進行性の疾患であって、……その進行の有無、程度、速度も、患者によって多様である」（判旨）という点、特別法（じん肺法）所定の管理区分があるという点に特質がある。本判決は、雇用者の安全配慮義務違反によりじん肺にかかったことを理由とする損害賠償請求権の消滅時効の起算点につき、まず、「権利ヲ行使スルコトヲ得ル時」（民一六六条一項）との関係で、「一般に、安全配慮義務違反による損害賠償請求権は、その損害が発生した時に成立し、同時にその権利を行使することが法律上可能となるというべき」であるという。そして、「じん肺の所見がある旨の最初の行政上の決定を受けた時に少なくとも損害の一端が発生したものということができる」が、その後「病状が進行し、より重い行政上の決定を受けた場合においても、重い決定に相当する病状に基づく損害を含む全損害が、最初の行政上の決定を受けた時点で発生していたものとみることはできない」として、これに続けて右判旨を述べ、「最終の行政上の決定を受けた時」を起算点とした。判旨からは、管理区分がそれぞれの損害（したがって、損害賠償請求権）発生の目安とされているようであり、そうであれば、管理区分ごとに時効が進行する（たとえば、管理区分三の決定から一〇年経過後に管理四の決定がなされた場合は、時効援用により管理三に相当する賠償額が差し引かれる）ことになりそうであるが、明らかではない。右のような例があるならば、差戻審ではこの点も争点となろう。なお、最近の判例に、夫の同棲相手に対する妻の慰謝料請求権につき、妻が「同せい関係を知った時から、それまでの間の慰謝料請求権の消滅時効が進行する」として（民七二四条参照）、いわば分割して把握するものがある（最判平成六年一月二〇日判時一五〇三号七五頁）。

〈評釈等〉　倉吉敬・最判解民事篇平成六年度二二四頁（初出、曹時四八巻一二号二七一五頁）、石松勉・岡山商大論叢四号一二一頁、井上薫・判タ八四四号三八頁、岩村正彦・ジュリ一〇八二号一八九頁、岡本友子・法律のひろば四七巻一〇号四九頁、久保野恵美子・法協一一二巻一二号一七七四頁、高橋眞・判評四三三号四〇頁（判時一五一五号二一八頁）、新美育文・リマークス一一号三二頁、西村健一郎・労判六五五号六頁、平井一雄・民法判例百選Ⅰ〈第五版新法対応補正版〉（別冊ジュリ一七五号）一〇〇頁、藤岡康宏・平成六年度重判解（ジュリ一〇六八号）六五頁、前田達明・民商一一三巻一号七〇頁、松村弓彦・NBL五七〇号六八頁（別冊NBL四五号三六頁所収）、松本克美・ジュリ一〇六七号一二七頁、松本克美・民法判例百選Ⅰ総則・物権〔第6版〕（別冊ジュリ一九五号）八六頁、松本久・判タ八八二号六〇頁、柳沢旭・法時六七巻七号九二頁、柳澤旭『労働判例解説集一巻』（日本評論社、二〇〇九年）三六四頁、山田創一『民法判例30講民法総則・物権法』（板橋郁夫ほか編）（成文堂、二〇〇〇年）一一一頁。

＊初出は、セレクト'94（一九九五年）二一頁。

［45］

消滅時効の起算点――政府の保障事業に対する請求権

最高裁平成八年三月五日第三小法廷判決（平成四年（オ）第七〇一号、損害填補請求事件）――破棄自判

（民集五〇巻三号三八三頁、訟月四三巻一号二四五頁、判時一五六七号九六頁、判タ九一〇号七六頁、金判九九六号三頁、金法一四五九号三八頁）

〈参照条文〉民法一六六条一項、自動車損害賠償保障法三条、七二条（平成七年法律第一三七号による改正前のもの）、七五条、自動車損害賠償保障法施行規則二七条

〔事　実〕　X（原告・被控訴人・上告人）は、一九八四年（昭和五九）三月二四日ひき逃げ事故により負傷、翌年二月二日に症状が固定し、後遺障害が残った。事故当時飲酒運転をしていた被疑者Aは、司法警察員と検察官に対する各供述調書で一度自白したほかは一貫して記憶がないと供述してきたが、その間二度にわたりXを見舞って謝罪し見舞金も送った。しかし、Aは一九八六年（昭和六一）二月二七日嫌疑不十分で業務上過失傷害事件について不起訴となり、それまでAの自賠責共済からXに支払われていた治療費の給付も打ち切られた。Xは、一九八七年（昭和六二）一一月二〇日、Aに対し損害賠償の訴えを提起したが、Aが加害車両の保有者であるとは認めがたいとする敗訴判決が一九八九年（昭和六四）一月六日の経過により確定した。そこでXは、同年（平成元年）二月六日、政府に対し自賠法七二条一項前段に基づき後遺障害による損害の填補の請求をしたが、一九九〇年（平成二）二月六日、自賠法七五条の二年の消滅時効の完成を理由に右請求を却下する旨の通知を受けた。Xは、同月一三日、国Y（被告・控訴人・被上告人）に対して損害の填補を求めて本件訴訟を提起したが、Yは右消滅時効を援用して争った。

第一審判決（鳥取地判平成三年一月三〇日民集五〇巻三号三九四頁）は、自賠法七五条の消滅時効の起算点については民法一六六条一項が適用されるとしたうえで、自動車安全運転センター発行の交通事故証明書には当事者としてAが記載されているので、本件請求権を行使するには加害者の記載のない事故証明書かそれに代わるべき証明力のある文書が入手される

までは法律上の障害があり（自賠法施行規則二七条二項二号参照）、したがって、Aに対する損害賠償請求を棄却する判決が確定した翌日の一九八九年（平成元）一月八日（最高裁判決は七日としていることにつき、野山・後掲一一四九頁の（注三）参照）が起算点となり消滅時効は完成していないとしてXの請求額の一部を認容した。しかし、原審判決（広島高松江支判平成四年一月三一日民集五〇巻三号三九八頁）は右の文書がないことは法律上の障害にあたらないとして、後遺症状が固定した翌日の一九八五年（昭和六〇）二月三日を起算点として消滅時効の完成を認めXの請求を棄却した。本判決は第一審判決と理由づけは異なるもののその結論は正当であるとして原判決を破棄、控訴棄却の自判をした。

〔判　旨〕「ある者が交通事故の加害自動車の保有者であるか否かをめぐって、右の者と当該交通事故の被害者との間で自賠法三条による損害賠償請求権の存否が争われている場合においては、自賠法三条による損害賠償請求権が存在しないことが確定した時から被害者の有する本件規定による請求権の消滅時効が進行するというべきである。

けだし、㈠民法一六六条一項にいう『権利ヲ行使スルコトヲ得ル時』とは、単にその権利の行使につき法律上の障害がないというだけではなく、さらに権利の性質上、その権利行使が現実に期待のできるものであることをも必要と解するのが相当である（最高裁昭和四〇年（行ツ）第一〇〇号同四五年七月一五日大法廷判決・民集二四巻七号七七一頁参照）、㈡交通事故の被害者に対して損害賠償責任を負うのは本来は加害者であって、本件規定は、自動車損害賠償責任保険等による救済を受けることができない被害者に最終的に最小限度の救済を与える趣旨のものであり、本件規定による請求権は、自賠法三条による請求権の補充的な権利という性質を有する、㈢交通事故の被害者に対して損害額の全部の賠償義務を負うのも加害者であって、本件規定による請求権は、請求可能な金額に上限があり、損害額の全部をてん補するものではない、㈣そうすると、交通事故の加害者ではないかとみられる者が存在する場合には、被害者がまず右の者に対して自賠法三条により損害賠償の支払を求めて訴えを提起するなどの権利の行使をすることは当然のことであるというべきであり、また、右の者に対する自賠法三条による請求権と本件規定による請求権は両立しないものであるし、訴えの主観的予備的併合も不適法であって許されないと解されるから、被害者に対して右の二つの請求権を同時に行使することを要求することには無理がある、㈤したがって、交通事故の加害者ではないかとみられる者との間で自賠法三条による請求権の存否についての紛争がある場合には、右の者に対する自賠法三条による請求権の不存在が確定するまでは、本件規定による請求権の性質からみて、その権利行使を期待することは、被害者に難きを強いるものであるからである。
本件においては、XとAとの間で本件交通事故の加害車両の保有者がAであるか否かをめぐって自賠法三条による請求権の存否についての紛争があったところ、XのAに対する敗訴判決が昭和六四年一月六日に確定したので、Xの本件請求権の消滅時効は、その翌日である同月七日から進行し、本件訴訟が提起された平成二年一月一三日に中断されたことになるから、Xの本件請求権が時効により消滅したということはできない。」

【解　説】

一　自賠法七二条一項前段によりひき逃げ事故等の被害者が政府に対して有する保障請求権（保障金請求権、損害填補請求権）は、二年の短期消滅時効にかかる（自賠法七五条）。本判決は、その起算点に関する初の最高裁判決である。この保障請求権の時効進行開始は保障請求権の発生（ないし行使）要件の充足を前提とするが、本判決はこの要件に関しては判示していない（ただし、原判決が起算点とした時点においては要件を欠いていたとした）。

本判決は、まず、保障請求権の消滅時効の起算点については民法一六六条一項が適用されるとの従来の下級裁判決の考え（本件一・二審判決の他に、名古屋地判昭和五三年七月二八日交民集一一巻四号一一〇四頁、東京地判昭和六二年五月二六日判時一二三八号九九頁、東京高判昭和六三年七月二九日高民集四一巻二号一〇三頁）を前提としている。民法七二四条前段の類推適用という考えもありうるが（吉村・後掲二九七頁参照）、一般規定である民法一六六条一項を適用するのが素直であり、本判決が示した同項の柔軟な解釈は民法七二四条類推適用説との差を縮めるものといえよう。

二　民法一六六条一項は、旧民法証拠編一二五条が、期限到来・条件成就により行使できる権利の時効一般につき期限未到来・条件未成就を時効の停止事由としていたのを、消滅時効の起算点として再構成したものである（『法典調査会民法議事速記録一』（商事法務研究会、一九八三年）五三〇－五三一頁参照）。鳩山博士は、同項にいう「権利ヲ行使スルコトヲ得ル時」とは、「権利の内容ヲ実現スルニ付テ法律上の障碍の存セサル時」をいい、「権利行使ニ対する事実上ノ障碍ハ時効ノ進行ヲ妨ケス」と説き（鳩山秀夫『法律行為乃至時効〔合本版〕』〔巖松堂書店、一九一二年〕六九三頁）、これが通説・判例となった。

しかし、画一的な二分論では不当と思われる事案を前にして、本判決が援用する最（大）判昭和四五年七月一五日民集二四巻七号七七一頁は、「弁済供託における供託物の払渡請求、すなわち供託物の還付または取戻の請求について」という限定をつけたうえで、本判決と同一の表現、すなわち、「『権利ヲ行使スルコトヲ得ル』とは、単にその権利の行使につき法律上の障害がないというだけではなく、さらに権利の性質上、その権利行使が現実に期待のできるものであることをも必要と解する」とした。本判決は、右大法廷判決に続くものであるが、右限定を外し、民法一六六条一項の一般的解釈として判示した初めての最高裁判決としての意義をもつものといえよう（原判決等が画一的な二分論をとったのは、右大法廷判決が限定的解釈を示したものと受けとめられていたからであろう）。もっとも、右の解釈に例外がないかは検討を要する。例えば、不当利得返還請求権は、発生当初から権利の存在を知らないか、あるいは知りえない場合が多いと思われるが、この場合（特に、消滅時効期間が一〇年と長い場合）にはどうであろうか。

三　本判決のように、権利行使を現実に期待できる時を起算点とする場合、当該状況における誰を基準にして権利行使が現実に期待できたかを判断するのかという問題がでてくる。本判決では明らかでないが、学説には、「債権者の職業・地位・教育などから、『権利を行使することを期待ないし要求することができる時期』」が起算点であるとするもの（星野英一「時効に関する覚書（四・完）」法協九〇巻六号九二四－九二五頁〔同『民法論集四巻』（有斐閣、一九七八年）三一〇頁〕）、職業・地位・教育など当該債権者の個人的事情を捨象した通常人（一般人）を基礎としてなされるべきであるとするもの（松久三四彦「判批」判評三〇三号三五－三六頁〔本書[40]所収〕、徳本・後掲二二頁、吉村・後掲二九六頁、加藤・後掲七一頁、など）がある。

四　今後、本判決を先例として判断するとき、当該事案が本判決のいう、①「ある者が交通事故の加害自動車の保有者であるか否かをめぐって、右の者と当該交通事故の被害者との間で自賠法三条による損害賠償請求権の存否が争われている場合」に当たるか、当たるとすると、②「自賠法三条による損害賠償請求権が存在しないことが確定した時」はどの時点かが問題となる（①の場合には②の時点が起算点になるとする本判決の理由づけについては、堺・後掲五四－五六頁参照）。いずれも、当該状況に通常人（一般人）が置かれたとして（前記のようにこの点は考えが分かれうるが）、保障請求権の行使が現実に期待できるのはどの時点かという視点から判断されることになる（徳本・後掲三二－三三頁、吉村・後掲二九九頁参照）。それは、①以外の場合の起算点の判断においても同様である（具体的検討として、堺・後掲五六－五七頁、宮原ほか・後掲四八四－四八五頁〔松谷〕参照）。したがって、例えば、ひき逃げと殺人事件の両面からの捜査がなされた場合には（前掲東京高判昭和六三年七月二九日は、事故発生時を起算点としたが）、本判決が示した民法一六六条一項の解釈からは、捜査の終了時またはそれ以降の時点が起算点とされる場合が多いであろう（捜査の経緯や長期化等により具体的な起算点は事案ごとに異なりうるが。後藤・後掲八一頁参照）。なお、政府への保障請求に対する回答には手続上時間を要するという特殊性があり、右請求から不支給の通知までに六か月以上要する場合がありうることを考えると、右請求は時間的な幅のある継続的催告（いわゆる裁判上の催告よりも広い概念が必要である）として時効完成は不支給の通知から六か月延長される（民法一五三条）と解すべきであろう（丸山・後掲二八五頁も、被害者保護のための解釈を探る必要があるという）。

〈評釈等〉　野山宏・最判解民事篇平成八年度（上）一一八頁（初出、曹時五〇巻四号一一二頁）、同・最高裁時の判例2私法編（ジュリ増刊）五七頁（初出、ジュリ一〇九五号一六三頁）、石松勉・岡山商大論叢三三巻二号一八六頁、加藤新太郎・別冊NBL六二号一〇五頁（初出、NBL六二九号六八頁）、同・判タ九四五号一二二頁、北河隆之・交通事故民事裁判例集二九巻索引・解説号三六四頁、後藤勇・リマークス一五号七八頁、堺充廣・判タ九三五号五一頁、同・判タ一〇三三号二二二頁、櫻庭倫・訟月四三巻一号二四五頁、徳本伸一・判評四五五号二八頁（判時一五八二号一九〇頁）、丸山一朗・損害保険研究五八巻四号二七一頁、宮原守男ほか〈座談会〉・交通事故民事裁判例集二八巻索引・解説号四八一頁、吉田尚弘・平成八年行政関係判例解説三八四頁、吉村良一・民商一一六巻二号二八七頁。

＊初出は、交通事故判例百選〔第四版〕（別冊ジュリ一五二号、一九九九年）一八〇頁。

[46] 弁済供託における供託金取戻請求権の消滅時効の起算点

最高裁平成一三年一一月二七日第三小法廷判決（平成一〇年行（ツ）二二二号、供託金取戻却下決定取消請求事件）――上告棄却

（民集五五巻六号一三三四頁、訟月四九巻四号一三二〇頁、判時一七六九号一二頁、判タ一〇七九号一五五頁、金判一一三六号一五頁、金法一六三三号六八頁）

〈参照条文〉 民法一六六条、一六七条、一六九条、四九四条、四九六条、供託法八条、供託規則二五条

〔事　実〕 X（原告・被控訴人・被上告人）は、Aから、A所有の本件建物を、賃料月額一四万円、前月末日前払いの約定で賃借していたが、Aは昭和五二年一〇月四日死亡した。Xは、Aの相続人と主張するB_1らと、Aから本件建物の贈与を受けたと主張するCから賃料の支払請求を受けたので、債権者不確知を理由に、昭和五二年一二月分から同六〇年八月分までの賃料については八八回（第八八回の供託年月日は昭和六〇年〔一九八五年〕七月二三日）にわたり順次弁済供託した（以下、「本件各供託金」という）。Xは、平成七年（一九九五年）八月二日、法務局供託官Y（被告・控訴人・上告人）に対し、本件各供託金を含む一四〇件の供託金の取戻請求をしたが、本件各供託金についてはその取戻請求権は各供託後一〇年の時効期間の経過により消滅したとして払渡しを受けられなかった。同年九月一四日、XはYに対し、改めて本件各供託金の取戻請求をしたが、同じ理由で、同月二九日却下されたため、Xはこの処分の取消を求めて本件行政訴訟を提起した。

Xは、最大判昭和四五年七月一五日民集二四巻七号七七一頁（以下、「昭和四五年判決」という）を援用し、弁済供託における供託物取戻請求権の消滅時効の起算点は供託者が免責の効果を受ける必要が消滅した時であるとし、本件では、B_1らとCとの紛争が訴訟上の和解により解決しB_1らがXに対し本件建物の明渡し等を求める別件訴訟を提起した平成七年一月六

日に、Xとしては初めて本件建物の賃料債務の消滅時効を援用することが可能となり、この時点で初めて供託による免責の効果を受ける必要がなくなったのであって、本件各供託金の取戻請求権の起算点は早くても右平成七年一月六日であると主張した。これに対しYは、昭和四五年判決は供託者と被供託者との間に供託の基礎となった債務の存否について争いがある事案を前提としたものであり、本件のように債権者不確知を理由とする弁済供託には妥当せず、本件では供託時が起算点となると主張した。

一審判決（東京地判平成九年二月一九日民集五五巻六号一三五八頁）は、昭和四五年判決を引用したうえで、本件各供託金の取戻請求権は、本件各賃料債権（各月の賃料の弁済期は前月末日であるから、消滅時効の起算点は弁済期の翌日である当月一日）の五年の消滅時効（民一六九条）が完成した日の翌日から一〇年で時効消滅したとした。その結果、本件却下処分は、平成七年八月一日の経過により取戻請求権が時効消滅した二九回分の供託金については適法であるが、まだ消滅時効が完成していなかった五九回分の各供託金の取戻請求を却下した処分は違法であるとして、Xの請求を一部認容した。二審判決（東京高判平成九年八月二五日民集五五巻六号一三七八頁）も、一審判決をほぼそのまま引用してYの控訴を棄却したため、Y上告。

〔判　旨〕「弁済供託は、債務者の便宜を図り、これを保護するため、弁済の目的物を供託所に寄託することによりその債務を免れることができるようにする制度であるところ、供託者が供託物取戻請求権を行使した場合には、供託をしなかったものとみなされるのであるから、供託の基礎となった債務につき免責の効果を受ける必要がある間は、供託者に供託物取戻請求権の行使を期待することはできず、供託物取戻請求権の消滅時効が供託の時から進行すると解することは、上記供託制度の趣旨に反する結果となる。そうすると、弁済供託における供託物の取戻請求権の消滅時効の起算点は、過失なくして債権者を確知することができないことを原因とする弁済供託の場合を含め、供託の基礎となった債務について消滅時効が完成するなど、供託者が免責の効果を受ける必要が消滅した時と解するのが相当である（最高裁昭和四〇年（行ツ）第一〇〇号同四五年七月一五日大法廷判決・民集二四巻七号七七一頁参照）。

本件においては、各供託金取戻請求権の消滅時効の起算点は、その基礎となった賃料債務の各弁済期の翌日から民法一六九条所定の五年の時効期間が経過した時と解すべきであるから、これと同旨の見解に基づき、その時から一〇年が経過する前にされた供託に係る供託金取戻請求を却下した処分が違法であるとした原審の判断は、正当として是認することができ、原判決に所論の違法はない。」

【先例・学説】

一　問題の所在

弁済供託の原因には、受領拒絶、受領不能、債権者不確知がある（民四九四条）。また、供託金「払渡」請求権には、債権者（被供託者）の有する供託金「還付」請求権と、供託者の有する供託金「取戻」請求権がある（民法四九六条、供託法八条、供託規則二二条以下参照）。本判決は、これらのうち、債権者不確知による弁済供託における供託金「取戻」請求権の消滅時効の起算点（民一六六条一項）が問題となったものである。

二　先　例

1　昭和四五年判決前　　昭和四五年判決前の法務局の取扱いは、起算点を「供託時」とし、そこから一〇年経過後の供託物払渡請求は消滅時効の完成を理由に却下するというものであった（昭和三九年九月一四日民事甲第三〇四八号法務省民事局長回答、など）。しかし、昭和四五年判決の一審判決である、①東京地判昭和三九年五月二八日判時三七四号四頁（「供託による免責の利益を享受する必要の存しなくなったとき」〔和解成立日〕）、同二審判決である、②東京高判昭和四〇年九月一五日高民集一八巻六号四三二頁（「供託の原因となった債務について、紛争の解決、時効の完成等によって、その不存在が確定的となり、供託者が免責の効果を受ける必要が全く消滅したとき」〔和解成立日〕）、その後の、③旭川地判昭和四一年三月二八日下民集一七巻三・四号一八六頁（弁済供託者に債務免責の利益を享受する必要が消滅した時）、④富山地判昭和四一年三月三一日訟月一二巻八号一一二六頁（国に対する不当利得返還請求権の成否との関係で供託金「還付」請求権の消滅時効が問題となった。「権利の性質上その行使が現実に期待できる」時〔和解成立日〕）、⑤大阪地判昭和四一年五月一三日下民集一七巻五・六号四〇六頁（払渡請求時）、⑥名古屋地判昭和四一年七月九日判時四六四号一三三頁（「弁済供託は、供託者において供託の必要が消滅することを不確定期限とする寄託契約」であるとして、不確定期限到来時）、⑦名古屋高判昭和四二年一月一七日高民集二〇巻一号一頁（⑥の控訴審判決。「原説示のごとく弁済供託の供託者において供託を維持する必要のなくなったとき」）、⑧東京地判昭和四二年九月二一日判時五一三号五三頁（紛争終結時）、⑨広島地判昭和四三年三月五日判時五二〇号三七頁（供託を維持する必要がなくなった時）、⑩仙台高判昭和四三年八月一九日高民集二一巻四号三九五頁（「供託を維持する必要がなくなった時」〔一審も同様のようである〕）、⑪大阪地判昭和四四年二月一五日判タ二三三号一七九頁（供託を維持する必要がなくなった時）、⑫札幌高判昭和四四年二月一九日下民集二〇巻一＝二号六五頁（③の控訴審判決。「供託金取戻請求権（還付請求権も同じ）の消滅時効の起算点は、…供託の原因となった債務について紛争の解決、時効の完成等により不存在が確定し、供託者が民法四九四条所定の免責の効果を受ける必要が全く消滅したとき」）、⑬東京高判昭和四四年一一月二五日判タ二四六号二九九頁（⑧の上告審判決（原審判決維持））は、これとは異なる考えをとった。

2　昭和四五年判決　昭和四五年判決は、受領拒絶による弁済供託の事案において、「弁済供託における供託物の払渡請求、すなわち供託物の還付または取戻の請求について『権利ヲ行使スルコトヲ得ル』とは、単にその権利の行使につき法律上の障害がないというだけではなく、さらに権利の性質上、その権利行使が現実に期待のできるものであることをも必要と解するのが相当である」としたうえで、供託物の「取戻」請求権の消滅時効の起算点につき本判決とほぼ同様に判示して（相違点は後述）上告を棄却し、①判決以来多数現れた下級裁判決の考えを支持した（判旨は、「消滅時効の起算点となる『権利を行使し得るとき』とは、単に法律上、形式的に、権利の行使が可能であるだけでなく、権利の行使がその性質上期待され予想される場合でなければならない」とする一審判決（①判決）、および④判決に近い）。なお、昭和四五年判決では、「弁済供託における供託物の払渡請求、すなわち供託物の還付または取戻の請求について『権利ヲ行使スルコトヲ得ル』とは」という限定をつけていたが、最判平成八年三月五日民集五〇巻三号三八三頁（自賠法七二条一項前段の保障請求権の消滅時効の起算点が争点）は、右限定を外し、より一般的な判示となっている。

3　昭和四五年判決後　昭和四五年判決をうけて、「弁済供託における払渡請求権の消滅時効は、供託の基礎となった事実関係をめぐる紛争が解決する等により、供託当事者において払渡請求権の行使を現実に期待することができることとなった時点から進行するものと解するのが相当である」との新たな通達（昭和四五年九月二五日民事甲第四一一二号法務省民事局長通達。留意点につき、同日民事四発第七二三号民事局第四課長依命通知）が出され、供託実務も改められた（遠藤浩「供託先例判例百選第二版」〔別冊ジュリ一五八号〕一三六頁参照）。もっとも、債権者不確知を供託原因として供託された供託金の取戻請求権については、「供託時から起算すべきであるとの学説がある（遠藤「供託金払渡請求権の消滅時効の起算点」別冊ジュリ三五号一九六頁）が、原則的にはそのとおりであるとしても、実務の取扱いとしては供託書の記載内容から個別的に判断せざるをえないといえよう」（法務省民事局第四課監修『実務供託法入門〔きんざい、一九九一年〕三二六頁）との解説があり、原則としては供託時を起算点とする取扱いがなされてきたのではないかと思われる（なお、錯誤や供託原因消滅による取戻請求権についても供託時として差し支えないという〔同書三二五頁〕）。しかし、本判決をうけて、「債権者不確知又は受領不能を原因とする弁済供託のように、供託の時点では供託の基礎となった事実関係をめぐる紛争が存在することを前提としない弁済供託の場合にあっても、供託の基礎となった債務について消滅時効が完成するなど、供託者が供託による免責の効果を受ける必要が消滅した時をもって、供託金の取戻請求権の消滅時効の起算点とするのが相当である」との通達がだされた（平成一四年三月二九日民商第八〇二号法務省民事局長通達。留意点につき、同日同八〇三号法務省民事局商事課長依命通知）。

三　学説

1　供託金払渡請求権の消滅時効は、当事者である債権者債務者にとって利害の大きい問題であるが、ながく論じられることはなかった。ようやく、①判決直後に（朝岡智幸「弁済供託金に対する取戻請求権還付請求権の消滅時効」判タ一六六号五三頁〔執筆は①判決前とのこと－五九頁の注（2）〕）・判決と同様の考えが示された（田中真次「①判決の評釈」判評七一号一五頁も①判決に賛成し、村松俊夫「⑥判決の評釈」金法四六二号二三頁も「根幹の考え」は①判決と同じであるという）。ついで、下森定教授は、供託物取戻請求権の時効起算点は保管請求権に対する法的保障がなくなった時点、つまり供託原因消滅の時点であるとした（下森定「②判決の評釈」判評九一号一七－一八頁。なお、⑥判決は、この下森説に近い）。昭和四五年判決がでると、学説はこれを支持し、反対するものはみられない。なお、伊東・斉藤教授は、下森説を一歩すすめ、「供託関係では、保管請求権と供託金取戻請求権は本来両立し得ないと構成すべきではないか」として、「債権者が供託受領の意思表示をしたこと、又は供託の原因となった紛争の解決又は供託の原因たる債権の時効が完成したこと等によりはじめて供託金取戻請求権が発生する」と主張したいとされる（伊東乾＝斉藤和夫「昭和四五年判決の評釈」法研四四巻一一号二〇七〇頁）。

2　昭和四五年判決は、受領拒絶による弁済供託の事案につき、具体的には和解成立日を起算点とした原審判決を維持したものである。そこで、学説は、債権者不確知を原因とする弁済供託の場合については、従来どおり、供託時が起算点となると解していた（遠藤浩「昭和四五年判決の解説」ジュリ四八二号四四頁、水本浩「昭和四五年判決の評釈」法セ二二二号五〇頁、荒木一則（民事局）「供託金還付請求権および同取戻請求権の消滅時効の期間と起算点」手研四七五号九四頁、片山雅準（民事局）「供託金取戻請求権及び同還付請求権の消滅時効」手研三一九号一三三頁、坂田暁彦（法務局）「供託と時効」自正二五巻一〇号一九頁、門田稔人（法務局）「供託金払渡請求権の消滅時効と実務上の諸問題－弁済供託原因別による消滅時効の起算点－」吉戒修一編著『供託制度創設百周年記念　供託制度をめぐる諸問題』〔テイハン、一九九一年〕五〇二頁・五〇四頁・五〇七頁・五一一頁、など）。

3　本判決の解説・評釈（福井章代・ジュリ一二三〇号九七頁、笠井修・NBL七四四号五四頁、片野正樹・民研五四一号三〇頁、國井和郎・平成一三年度重判解〔ジュリ一二二四号〕六六頁、秦光昭・金法一六三六号四頁、藤原弘道・民商一二六巻二号一〇〇頁、吉岡伸一・判タ一〇八九号六五頁、和田照男・金法一六五七号二二頁）には、本判決が、弁済供託後も供託の基礎となった債務の消滅時効が進行し完成するとした点に賛成（笠井・五七頁）するものと反対するもの（秦・五頁）がある。また、供託金払渡請求権が消滅時効にかかることを疑問視するものがあり（藤原・二一七五頁以下）、本判決とは別な時点を取戻請求権の時効起算点と考えるもの（和田・二一七頁）も見られる。

【評　論】

一　本判決は、「弁済供託における供託物の取戻請求権の消滅時効の起算点は、過失なくして債権者を確知することができないことを原因とする弁済供託の場合を含め、供託の基礎となった債務について消滅時効が完成するなど、供託者が免責の効果を受ける必要が消滅した時と解するのが相当である」という。昭和四五年判決は、その事案を反映し、右傍線部分が、「供託の基礎となった債務について紛争の解決などによってその不存在が確定するなど」となっていた。したがって、債権者不確知による弁済供託における取戻請求権の消滅時効についても「供託者が免責の効果を受ける必要が消滅した時」が起算点となるかははっきりせず、学説は前述のとおり昭和四五年判決の射程を限定的にとらえ供託時と解していた。しかし、本判決により、債権者不確知の場合も受領拒絶の場合と同様に考えること、弁済供託における供託物の取戻請求権の消滅時効一般につき供託の基礎となった債務の消滅時効完成時も起算点となることが明らかとなった（本判決は、一般的な言い方をしており、受領不能を別異に扱うべき理由も見当たらないので、受領不能の場合も本判決の射程に含まれよう）。また、本判決は、本件供託の基礎となった債務の消滅時効の起算点は「各弁済期の翌日」であるとしているので、間接的ながら、供託は時効中断事由としての承認（民一四七条三号）にはあたらないことも示しているといえよう。本判決の判例法上の意義はこれらの点にある。

二　本判決によると、弁済供託後もその基礎となった債務について消滅時効が進行する。たとえば、債権者が行方不明の場合、弁済供託していなければ消滅時効の利益に預かれるが弁済供託していると預かれないというのは均衡を失し不当であるから、弁済供託後もその基礎となった債務について消滅時効が進行すると解すべき実質的理由はある。しかし、そのためには、弁済供託後も債務は存在することが理論的前提になる。この点につき、一審判決は、「供託者は、一定の事由が生ずるまでは供託物を取り戻すことができるとされているのであり、供託物を取り戻したときは、債務が消滅しなかったことになるのであるから、供託者が供託物の取戻請求権を有する限り、供託により債務は確定的に消滅してはいないのであって、弁済供託をした場合であっても、当該債務について免除、消滅時効等の消滅事由を観念することは何ら不合理なことではない」という。本判決も、この考えを前提にしているものと思われる。しかし、「供託者が供託物の取戻請求権を有する限り、供託により債務は確定的に消滅してはいない」という見方も、実際に取戻すまでは債務は消滅していることになるので、その間に消滅時効が進行するというのは理論的にはわかりにくい。むしろ、弁済供託の制度は、債務自体は供託のみでは消滅しないが（債権者が還付を受けたり、債務を免除したり、債務者が消滅時効を援用することにより債務は消滅する）、取戻すまでは債務を履行したと同様に扱う（したがって、債務不履行責任を免れ、債権者の給付の訴えの棄却を求めることができ、強制執行を阻止でき、質権や抵当権は消滅する〔民四九六条二項参照〕）ことにより債務者を保護する制度とみるべきではないだろうか（もっとも、学説の多くは弁済供託自体を債務消滅原因と位置づけてきた。これに反対するものとして、山中康雄『供託論』〔勁草書房、一九五二年〕参照）。このような弁済供託制度の理解は、「供託シテ其債務ヲ免ルル」（民四九四条。ちなみに、昭和四五年判決も、「〔弁済〕供託により弁済者は債務を免れる」という）との文理に（少なくとも正面から）抵触するものではないように思われる。この立場では、弁済供託後も債務は存続するので、その消滅時効も進行することになる。ただ、弁済供託制度が右のようなものであることから、権利行使による時効中断（民一四七条一号・二号）はできなくなるにすぎない。したがって、一審判決と（おそらく本判決とも）理由は異なるが、本判決が弁済供託後も供託の基礎となった債務の消滅時効は進行するとの前提をとったことには賛成したい。

三　しかし、本判決が、消滅時効の完成時を「供託者が免責の効果を受ける必要が消滅した時」とした点は疑問である。消滅時効による債務消滅の効果は時効の援用により発生し（最判昭和六一年三月一七日民集四〇巻二号四二〇頁）、援用をするかしないかは債務者の自由である（民一四五条）ということからすると、供託者が債務の履行を望むときは、債務の消滅時効が完成したからといって、「供託者が免責の効果を受ける必要が消滅した」とはいえないはずである。もし、右のようにいうのであれば、それは、時効利益の押しつけである。

四　時効は権利の実現に国家が助力する時間を限定するものであるとすると、権利の実現に国家の助力を得たいのであれば一定期間内に権利行使すべきとの規範的要請が生ずる。消滅時効の起算点である「権利ヲ行使スルコトヲ得ル時」（民一六六条一項）は、この規範的要請の生ずる時点ととらえるべきである。法律上の障害があるときは、この規範的要請が働かないのは明らかであり、問題は、事実上の障害のうちどのような場合にこの規範的要請が働くかである（昭和四五年判決が、「権利行使を現実に期待できる時」というのは、そのとらえ方の一つと見ることができようか）。そうすると、取戻請求権の消滅時効の起算点は、供託する意味がなくなった時ということになる（もっとも、供託する意味がなくなった時の取戻請求は、本来の取戻請求権ではなく、不当利得の思想に基づく請求権である〔我妻栄『新訂債権総論』〈岩波書店、一九六四年〉三二五頁参照〕）。そうすると、国は、国の負担する金銭債務につき時効の援用を要せず、かつ時効利益の放棄もできない（会計法三一条一項）から、被供託者の還付請求権は消滅時効（除斥期間）の完成とともに消滅する。還付請求権が消滅すると、弁済の意思があった債務者にとっても、もはや弁済供託を続ける意味はなくなるので、この時点が取戻請求権につき右規範的要請の働く時点、すなわち起算点となると解する。したがって、本判決が、債務の消滅時効完成時を起算点としたことには賛成できない。なお、右の立場からは、①供託原因が消滅した場合（供託法八条二項）は消滅時、②供託が錯誤による場合（供託法八条二項）は最初から供託する意味がないから供託時が取戻請求権の消滅時効起算点となる。

〈評釈等（初出の本文所掲に追加）〉　福井章代・最判解民事篇平成十三年度（下）七六二頁（初出、曹時五五巻一二号三一六三頁）、福井章代・最高裁時の判例2私法編（ジュリ増刊）一六九頁（初出、ジュリ一二三〇号九七頁）、片野正樹・民研五四一号三〇頁、下村正明・判評五二七号二二頁（判時一八〇〇号一八四頁）、西野牧子・判タ一一二五号二八頁、畠山和夫・訟月四九巻四号一三二〇頁、益井公司・日法六九巻二号五三九頁、渡邉千恵子・平成一三年行政関係判例解説二二一二頁。

＊初出は、リマークス二六号（二〇〇三年）一八頁。

[47]　過払金返還請求権の消滅時効の起算点

最高裁平成二一年一月二二日第一小法廷判決（平成二〇年（受）第四六八号、不当利得等請求事件）――上告棄却

（民集六三巻一号二四七頁、判時二〇三三号一二頁、判タ一二八九号七七頁、金判一三一四号三六頁、金法一八六二号二八頁）

〈参照条文〉　民法一六六条、七〇三条、利息制限法一条

〔事　実〕　X（原告・被控訴人・被上告人）は、貸金業者Y（被告・控訴人・上告人）から、一個の基本契約に基づき、一九八二〔昭和五七〕年八月一〇日に一〇万円を借り受け、以後、二〇〇五〔平成一七〕年三月二日にかけて、継続的に借入れと返済を繰り返す金銭消費貸借取引を行った。この借入れは、借入金の残元金が一定額となる限度で繰り返し行われ、また、その返済は、借入金債務の残額の合計を基準として各回の最低返済額を設定して毎月行われるものであった。この間の取引は合計二〇七回、借り入れ総額は二七六万三三一五円、弁済総額は五一三万五三五一円であった。一九九八〔平成一〇〕年九月二九日（同時点での過払額は元本が一二四万一二八四円）以降は新たな借り入れはなく、ほぼ毎月二万円前後の弁済がなされた。

Xは、利息制限法による引き直し計算をすると、最終取引日（二〇〇五〔平成一七〕年三月二日）の時点で元金の過払分

二五八万一二八四円とこれに対する民法七〇四条による年五分の割合による利息（六一万一五〇三円）が発生しているとして、二〇〇七〔平成一九〕年、その返還と元金過払分に対する最終取引日の翌日から支払済みまで民法七〇四条所定の年五分の割合による利息の支払を求めて訴えを提起した。これに対しYは、過払金返還請求権は過払金発生時から消滅時効が進行するから、過払金発生時から一〇年が経過した過払金返還請求権については消滅時効が完成しているとしてこれを援用した。

一審判決（東京地判平成一九年七月四日金判一三一〇号五九頁）は、過払金返還請求権の消滅時効の起算点につき過払金発生時説を採りつつ、本件のような「一定の極度額の範囲内で借入れと返済が繰り返されることが契約上予定されている継続的な金銭消費貸借契約においては、過払金が発生した場合にはこれを借入金債務に充当することについて当事者間の合意があるものと解するのを相当とするものと解される。そして、複数の過払金債権が存在する場合に、貸付金債権が発生した場合、いずれの過払金債権が貸付金債権に充当されるかについては、当事者による特段の指定がない場合には、四八九条が類推適用され、その結果、先に発生した過払金債権から順次相殺に供されるものと解するのが相当である。なお、この場合に、四八八条の類推適用により、過去に充当された複数の債権について後に当事者が充当する順序の指定を行うことはできないというべきである。……本訴請求に係る過払金債権は、消滅時効が完成しているものがあるとは認められない」としてXの請求を認容した。

二審判決（東京高判平成一九年一二月一三日民集六三巻一号二六〇頁）は、本件の継続的な金銭消費貸借取引の基本契約は、「過払金を、弁済当時存在する他の借入債務に充当することはもとより、弁済当時他の借入金債務が存在しないときでも後に発生する新たな借入金債務に充当する旨の合意を含むものと認められる」として一審判決と同じく過払金充当合意を認めたうえで、この「合意の趣旨に照らせば、上記基本契約に基づく取引が継続していて、先に生じた各過払金を充当すべき新たな貸付金がある限り、借主が各過払金の不当利得返還請求権を行使することは予定されておらず、その権利行使を期待することは難きを強いるものであり相当でないから、その間は、同返還請求権の時効は進行しないと解するのが相当である」として取引終了時起算説をとり、過払返還請求権の消滅時効は完成していないとしてXの請求を認容した。Yは上告受理の申立てをし、過払金発生時説に立ち、これは過払金充当合意が認められる場合においても別異に解すべきではなく、また、過払金の充当がなされるとしても、充当計算は一審判決のようにはならず、過払分が残存し消滅時効にかかっている部分があると主張した。

〔判　旨〕　上告棄却。原審の適法に確定した事実関係として、本件「基本契約は、基本契約に基づく借入金債務につき利息制限法一条一項所定の利息の制限額を超える利息の弁済により過払金が発生した場合には、弁済当時他の借入金債務が存在しなければ上記過払金をその後に発生する新たな借入金債務に充当する旨の合意（以下「過払金充当合意」という。）を含むものであった。」と述べたうえで、以下のように判示した。

「このような過払金充当合意においては、新たな借入金債務の発生が見込まれる限り、過払金を同債務に充当することとし、借主が過払金に係る不当利得返還請求権（以下「過払金返還請求権」という。）を行使することは通常想定されていないものというべきである。したがって、一般に、過払金充当合意には、借主は基本契約に基づく新たな借入金債務の発生が見込まれなくなった時点、すなわち、基本契約に基づく継続的な金銭消費貸借取引が終了した時点で過払金が存在していればその返還請求権を行使することとし、それまでは過払金が発生してもその都度その返還を請求することはせず、これをそのままその後に発生する新たな借入金債務への充当の用に供するという趣旨が含まれているものと解するのが相当である。そうすると、過払金充当合意を含む基本契約に基づく継続的な金銭消費貸借取引においては、同取引継続中は過払金充当合意が法律上の障害となるというべきであり、過払金返還請求権の行使を妨げるものと解するのが相当である。

借主は、基本契約に基づく借入れを継続する義務を負うものではないので、一方的に基本契約に基づく継続的な金銭消費貸借取引を終了させ、その時点において存在する過払金の返還を請求することができるが、それをもって過払金発生時からその返還請求権の消滅時効が進行すると解することは、借主に対し、過払金が発生すればその返還請求権の消滅時効期間経過前に貸主との間の継続的な金銭消費貸借取引を終了させることを求めるに等しく、過払金充当合意を含む基本契約の趣旨に反することとなるから、そのように解することはできない（最高裁平成一七年（受）第八四四号同一九年四月二四日第三小法廷判決・民集六一巻三号一〇七三頁、最高裁平成一七年（受）第一五一九号同一九年六月七日第一小法廷判決・裁判集民事二二四号四七九頁参照）。

したがって、過払金充当合意を含む基本契約に基づく継続的な金銭消費貸借取引においては、同取引により発生した過払金返還請求権の消滅時効は、過払金返還請求権の行使について上記内容と異なる合意が存在するなど特段の事情がない限り、同取引が終了した時点から進行するものと解するのが相当である。」

【評　釈】

一　判例法上の意義

継続的金銭消費貸借における過払金返還請求権の消滅時効の起算点については、過払金発生時説(1)と取引終了時説(2)などがあり、下級裁判所の裁判例が分かれていた(3)。本判決は、この問題に関する初めての最高裁判決であり（もっとも、最決平成一九年一二月二五日金法一八二七号五六頁があるが、上告棄却・上告不受理決定としたものである）、取引終了時説をとったものとして重要である。同様に解する最三小判平成二一年三月三日判時二〇四八号九頁（田原睦男裁判官の過払金発生時説を相当とする旨の反対意見がある）、最二小判平成二一年三月六日判時二〇四八号一二頁が続き、各小法廷判決がそろったことにより、最高裁の立場は固まったといえる。なお、最二判平成二一年七月一七日金判一三三二号四三頁・最二判平成二一年九月四日裁時一四九一号二頁は、過払金充当合意を含む基本契約に基づく継続的金銭消費貸借においても、貸主が悪意の受益者であるときは、貸主は過払金発生の時から民法七〇四条所定の利息を支払わなければならないとした（この利息は、貸付けが商行為であるときも民法四〇四条による年五分とされている〔最判平成一九年二月一三日民集六一巻一号一八二頁〕）。

二　消滅時効の起算点

一　起算点

民法一六六条一項は、旧民法証拠編一二五条が、期限到来・条件成就により行使できる権利の時効一般につき期限未到来・条件未成就を時効の停止事由としていたのを、消滅時効の起算点として再構成したものである(4)。鳩山博士は、同項にいう「権利ヲ行使スルコトヲ得ル時」とは、「権利の内容ヲ実現スルニ付テ法律上の障碍の存セサル時」をいい、「権利行使ニ対する事実上ノ障碍ハ時効ノ進行ヲ妨ケス」と説き(5)、これが通説・判例となった。

しかし、画一的な二分論では不当と思われる事案を前にして、①最（大）判昭和四五年七月一五日民集二四巻七号七七一頁は、「弁済供託における供託物の払渡請求、すなわち供託物の還付または取戻の請求について『権利ヲ行使スルコトヲ得ル』とは、単にその権利の行使につき法律上の障害がないというだけではなく、さらに権利の性質上、その権利行使が現実に期待のできるものであることをも必要と解するのが相当である」とした。ついで、②最判平成八年三月五日民集五〇巻三号三八三頁は、①最大判の上記判旨から、「弁済供託における供託物の払渡請求、すなわち供託物の還付または取戻の請求について」という限定部分を外し、それに続く部分のみを述べ、民法一六六条一項の一般的解釈として判示した。③最判平成一五年一二月一一日民集五七巻一一号二一九六頁も、①最判を援用しつつも、①最判のような特定の請求権に限定することなく、②最判と同旨を述べている。

このように、判例によれば、法律上の障害がある場合だけでなく、事実上の障害であっても権利の性質上その権利行使が現実に期待できない場合には消滅時効は進行を開始しないとされている。学説には、消滅時効の起算点を「『権利を行使しうることを知るべかりし時期』すなわち、債権者の職業・地位・教育などから、『権利を行使することを期待ないし要求することができる時期』」とするもの(6)、事実上の障害を主観的事実上の障害（債権者が債権の発生を知らない場合のように、権利者個人の単なる主観的な障害）と客観的事実上の障害（通常人を基礎に判断して権利を行使することを要求できない場合）に分け、後者は消滅時効の進行開始の障害となるとする考えがある(7)。

三　過払金返還請求権の消滅時効の起算点

本判決は、「過払金充当合意を含む基本契約に基づく継続的な金銭消費貸借取引においては、同取引継続中は過払金充当合意が法律上の障害となる」として、「取引が終了した時」を起算点とした。たしかに、過払金充当合意がある場合は、過払金返還請求権は期限（取引の終了）のある債権に類似したものとして法律上の障害とする構成もありうるところであるが(8)、やはり、法律上の障害そのものではないのであるから、上記の客観的事実上の障害にあたるといえよう(9)。また、そもそも、利息制限法所定の制限利息等を超える約定のもとでの取引において「過払金充当合意」

を認定するのは極めて不自然であり、過払金充当という結論を導くための強引ともいうべき法的構成である。したがって、「過払金充当合意」という構成をとらない場合はもちろん、このような苦しい法的構成をとった場合にも、その実質は「合意」ではないのであるから、やはり法律上の障害というのは適当ではないと考える。

それでは、過払金充当の構成と根拠はどこに、求めるべきか。学説は多彩であるが[10]、これについては、当然充当説をとり、利息制限法の債務者保護の趣旨を根拠とし[11]、信義則構成（貸主側の当然充当否定の主張は信義則違反）をとることが考えられよう。

四　本判決の射程

本判決は、過払金充当合意がある場合について判示したものである。したがって、本判決の射程は、最高裁が過払金充当合意を認める範囲となる。最高裁が過払金充当合意を認めるのは、債務間に一定の関連性がある場合、すなわち、①基本契約が存在し、債務の弁済が借入金の全体に対して行なわれるものと解されるような場合（最判平成一九年六月七日民集六一巻四号一五三七頁）、②一個の連続した貸付取引であると認定しうるような場合（最判平成一九年七月一九日民集六一巻五号二一七五頁）である。これに対して、③基本契約を締結しその下で同様の貸付けが継続されるなどの事情が認められない場合（最判平成一九年二月一三日民集六一巻一号一八二頁）、④二個の基本契約間に事実上一個の連続した貸付取引であると評価することができるような関係が存在しない場合（最判平成二〇年一月一八日民集六二巻一号二八頁）には、過払金充当合意が否定され、充当も否定される[12]。しかし、過払金充当の構成と根拠を過払金充当合意に求めず、上記のように当然充当説をとるときは、③④の場合にも充当され、本判決のとる取引終了時説が妥当すべきことになろう。

なお、過払金充当合意の内容につき、二審は「弁済当時存在する他の借入債務に充当することはもとより…」としているのに対し、本判決は、原審の適法に確定した事実関係としながら、「弁済当時他の借入金債務が存在しなければ…」と限定している。これは、別口既存債務への充当を認める③最判平成一五年七月一八日民集五七巻七号八九五頁が、充当の根拠を貸主と借主との「合意」ではなく、借主の意思（弁済指定の「推認」）としているためであろうか。

〈評釈等〉　中村心・ジュリ一三八三号一八二頁、荒井哲朗・ファイナンシャルコンプライアンス三九巻五号六四頁、石毛和夫・銀法七〇〇号六五頁、石田剛・法学セミナー増刊・速報判例解説五巻八七頁、石松勉・福岡大学法学論叢五四巻一号一二五頁、茆原正道・消費者法ニュース七九号六〇頁、茆原洋子・①月報司法書士四四七号三六頁、同・②消費者法ニュース八一号九八頁、小野秀誠・①市民と法五七号二頁、同・②民商一四〇巻四・五号五七四頁、香川崇・法時八一巻一一号一二三頁、蔭山文夫・NBL九一四号二三頁、鎌野邦樹・金法一八七六号六三頁、瀧康暢・消費者法ニュース七九号七八頁、田中幸弘・NBL八九八号四頁、永口学・金判一三三三号二頁、中村也寸志・金法一八六三号六頁、原田昌和・法セ六五三号一二〇頁、松本克美・判評六〇八号一〇頁（判時二〇四八号一五六頁）、丸山愛博・青森法政論叢一〇号四六頁、山本隆司＝宮本幸裕「過払金返還請求訴訟を巡る諸問題（一）、（二）」政策科学（立命館大学）四〇号二九頁、四二号四三頁。

初出後のものに、中村心・最判解民事篇平成二十一年度（上）七三頁（初出、曹時六三巻一〇号二四九三頁）、小野秀誠・現代消費者法三号八〇頁、同・セレクト'09［Ⅰ］一四頁、同・リマークス四〇号一〇頁、金山直樹・平成二一年度重判解（ジュリ臨増一三九八号）八五頁、下田大介・岡山商科大学法学論叢一八号八七頁、寺本昌広・判タ一三〇六号二八頁、長尾貴子・別冊判タ二九号九〇頁、山本隆司＝宮本幸裕「過払金返還請求訴訟を巡る諸問題（三・完）」政策科学（立命館大学）四三号四九頁、渡邊優子＝藤原利樹・民研六三二号一七頁がある。

（1）　近藤昌昭＝影山智彦「過払金返還請求訴訟における一連計算の可否をめぐる問題点について」判タ一二五〇号（二〇〇七年）二〇頁。

（2）　滝澤孝臣「過払金返還請求権の消滅時効の起算点」判タ一二八五号（二〇〇九年）一〇頁以下、金山直樹「過払い金の消滅時効の起算点」金判一三〇六号（二〇〇九年）一頁。

（3）　詳しくは、山下寛＝土井文美＝衣斐瑞穂＝脇村真治「過払金返還請求訴訟をめぐる諸問題（下）」判タ一二〇九号

（二〇〇六年）一四頁以下参照。
(4)『法典調査会民法議事速記録一』（商事法務研究会、一九八三年）五三〇–五三一頁参照。起草過程については、香川崇「時効の起算点」金山直樹編『消滅時効の現状と改正提言』（商事法務、二〇〇八年）三五頁以下、フランス法の詳細については、同「消滅時効の起算点・停止に関する基礎的考察（一）、（二・完）」富大経済論集五四巻一号（二〇〇八年）六九頁、三号（二〇〇九年）五五頁参照。
(5) 鳩山秀夫『法律行為乃至時効〔合本版〕』（巖松堂書店、一九一二年）六九三頁。
(6) 星野英一「時効に関する覚書–その存在理由を中心として（四・完）法協九〇巻六号（一九七三年）九二四–九二五頁〔同『民法論集四巻』（有斐閣、一九七八年）三一〇頁〕。
(7) 松久三四彦「福岡地小倉支判昭和五八年三月二九日判批」判評三〇三号三五–三六頁（判時一一〇八号一八一–一八二頁）〔本書[40]所収〕、香川・後掲一二六頁。徳本伸一「最三判平成八年三月五日判批」判評四五五号三三頁（判時一五八二号一九五頁）、同「消滅時効の起算点について」金沢法学四一巻二号（一九九九年）一三三頁、吉村良一「最三判平成八年三月五日判批」民商一一六巻二号二九六頁、加藤新太郎「最三判平成八年三月五日判批」ＮＢＬ六二九号七一頁も通常人基準説をとる。学説の状況については、徳本・前掲「消滅時効の起算点について」一三五頁の注（二二）参照。
(8) 小野・後掲②五八二頁。
(9) 同旨、香川・後掲一二六頁。
(10) 伊藤進「最二判平成二〇年一月一八日判批」リマークス三八号三一–三二頁参照。
(11) 吉田克己「最一判平成一九年六月七日／最一判平成一九年七月一九日判批」リマークス三七号三九頁参照。
(12) 吉田・前掲「判批」三九頁。

＊初出は、『金融・消費者取引判例の分析と展開』（金判増刊一三三六号、二〇一〇年）七四頁。

〔追記〕「取引が終了した時」に関する注目される判例として、名古屋高判平成二五年一一月二九日消費者法ニュース九九号二七二頁がある。事案は、約定利息で計算した場合には借主X（原告・控訴人・上告人）の最終弁済日においてXの貸金業者Y（被告・被控訴人・被上告人）に対する債務はいまだ完済になっておらず、その後、YにおいてもXの債務の存在を前提に訴外Aに債権譲渡をしたため、XのYに対する過払金返還請求権の消滅時効の起算点は最終弁済日かYのAに対する債権譲渡時かが争われたものである。一審（岐阜簡判平成二四年一〇月九日）・二審（岐阜地判平成二五年三月二一日）は起算点を最終弁済日としてYの消滅時効の援用を認めたが、上告審の名古屋高裁は、債権譲渡時として消滅時効は完成していないとした。

二　中断後の新たな進行

[48]　更生手続参加により中断した時効の進行開始時期

最高裁昭和五三年一一月二〇日第二小法廷判決（昭和五二年（オ）第六一一号、保証債務金請求事件）——上告棄却。

〈民集三二巻八号一五五一頁、判時九一一号五五頁、判タ三七五号七六頁、金判五六三号三頁、金法八八二号四二頁〉

〈参照条文〉　民法一五七条、会社更生法五条、一二三六条、二四〇条

〔事　実〕　X_1公団とX_2銀行（それぞれ原告・被控訴人・被上告人）は「代理業務契約」と称する契約を結び、それに基づいて、昭和三八年三月、X_2はX_1の代理人としてX_1の資金をA会社に貸し付け、Y（被告・控訴人・上告人）が連帯保証人となった。また、YはAの返済が不履行となりX_2がX_1に代位弁済したときはX_2のAに対する求償債権についても連帯保証することを約定していたが、Aは毎月末の返済が同年九月末から滞り、同年一二月、期限の利益を失った。そこで、X_2はAの債務の一部をX_1に代位弁済しX_2のAに対する求償債権が発生した。翌昭和三九年、Aに対する更生手続開始決定があり、X_1はAに対する残債権を、X_2は上記求償債権を更生担保権として届け出、その一部が更生担保権、その余が更生債権として確定し、それぞれ更生担保権者表、更生債権者表に記載された。昭和四一年一一月一九日、X_1X_2（以下、X_1らという）の上記債権の一部を免除する更生計画の認可決定があり、同年一二月二〇日、確定した。X_1らはこの一部免除による残部の弁済を受け、更生手続は昭和四五年三月二〇日終結した。そこで、X_1らはYに対し、昭和四六年一一月二五日、この免除部分につい

て連帯保証債務の履行を求めて本件訴えを提起した。これに対しYは、本件連帯保証債務は商事債務であり、その消滅時効はX_1らの更生手続参加により中断したとしても、その更生計画認可決定の日（昭和四一年一一月一九日）から再び進行を開始し五年の経過により完成しているとしてこれを援用した。一審（福岡地判昭和五〇年一月二九日民集三二巻八号一五五八頁参照）原審（福岡高判昭和五二年三月四日民集三二巻八号一五八二頁）ともに消滅時効の抗弁を排斥し、原審は、再び時効が進行を始めるのは更生計画認可決定が確定した時（昭和四一年一二月二〇日）であるから消滅時効はまだ完成していないとしてX_1らの請求を認容した（一審判決の理由については、金判五六三号三頁の「コメント」参照）。Y上告。

〔判　旨〕「更生手続参加は、更生債権者又は更生担保権者の権利行使としての実質を有し、会社更生法（平成一四年法一五四号による改正前のもの。以下「改正前会更」とする）五条〔会更一四五条を経て民一五二条〕の規定によってこれに認められる時効中断の効力は、更生会社の債務を主たる債務とする保証債務にも及ぶとともに、右権利行使が続いている限り維持されるものである。そうして、更生計画において債務の免除が定められた場合には、右債務は同法二三六条〔会更二〇一条〕、二四二条〔会更二〇五条〕の規定により更生計画認可決定の時に消滅したものとされるが、この法的効果が確定するのは右決定の確定時であるから、この時点において右債務につき債権者の更生手続における権利行使は終了するものというべく、したがって、右債務を主たる債務とする保証債務の消滅時効は、この時までは更に進行を始めないものと解すべきである。」

【解　説】

一　更生債権・更生担保権（以下、更生債権等という。会更二条八項・一〇項・一二項〔改正前会更一〇二条・一二三条一項〕参照）の消滅時効は、その届出（会更一三八条〔改正前会更一二五条・一二六条〕）、すなわち、更生手続参加により中断し（民一五二条〔改正前会更五条〕）、その保証債務の時効も中断する（民四五七条一項）。他方、更生計画により主債務の全部または一部が免除されても、保証債務は影響を受けない（会更二〇三条二項〔改正前会更二四〇条二項〕）。そこで、更生計画により主債務が免除された場合、中断していた保証債務の時効が再び進行を開始する時期はいつかが問題となる。本判決はこの問題に関する初めての最高裁判決である。

二　民法四五七条一項は、保証の担保目的に鑑み主債務よりも先に保証債務の時効が完成することのないよう、主債務の時効が中断すると保証債務の時効も同時に中断するとしたものである（梅謙次郎『民法要義巻之三〔一九一二年版復刻版〕』〔有斐閣、一九八四年〕一六八頁以下、西村信雄編『注釈民法(11)』〔有斐閣、一九六五年〕二六三頁〔中川淳〕参照）。したがって、保証債務の時効が主債務の時効中断に連動して中断するときは、保証債務の時効の中断時期だけでなくその再度の進行開始時期、すなわち、時効中断事由が「終了した時」（民一五七条一項）もまた、原則として主債務のそれと一致すると解すべきである。時効中断事由（民一四七条）は一定の権利主張（同条一号・二号。一号の請求の具体的内容は、時効中断効の失効事由を定める一四九条ないし一五三条で示されている）と承認（民一四七条三号）の二つに大別されるが、この権利主張型中断事由の「終了した時」は、通常は、当該権利主張が「裁判上の請求」（民一四九条）のように所定の手続を伴う場合は、「裁判が確定した時」（民一五七条二項）というように当該手続の終了時がこれにあたる。

なお、確定した更生債権等の更生債権者表または更生担保権者表への記載、更生計画によって認められた権利の更生債権者表または更生担保権者表への記載は会社に対して「確定判決と同一の効力」を有するが（会更二五一条一項・二三八条六項・二〇六条二項〔改正前会更二三八条・二八三条一項・二四五条一項〕）、その時点よりも更生手続の終了時期の方が遅いので、後者が時効の再進行開始時期となる。その意味で、この場合、民法一五七条二項の適用はないといわれている（三ケ月章ほか『条解会社更生法（上）』〔弘文堂、一九七三年〕一六三頁）。

三　このように、時効の中断した更生債権等の再度の時効進行開始時期は原則として更生手続終了時と解すべきであるが、更生手続の終了は、更生計画認可前の場合と後の場合に大別される。前者の更生手続終了時は、①更生手続開始決定取消の決定（会更四四条三項〔改正前会更五一条〕）、②更生計画不認可の決定（会更一九九条一項〔改正前会更二三八条参照〕）、③更生計画認可前の廃止決定（会更二三六条以下〔改正前会更二七三条以下〕）の確定時であり、ここから時効が再度進行する〔三ケ月ほか・前掲一六三－一六四頁、宮脇幸彦ほか編『注解会社更生法』〔青林書院、一九八六年〕三三三頁〔吉川純〕〕。もっとも、①の場合、および、②・③で会社が異議を述べたために更生債権等の更生債権者表または更生担保債権者表への記載が「確定判決と同一の効力」を有しない場合〔会更二三五条二項・二三八条六項〔改正前会更二三八条・二八三条一項但書〕〕には、完全な中断効は認められず、当該会社更生手続参加は継続的催告〔民一五三条参照〕としての効力にとどまる〔民一五二条〔改正前会更五条但書〕の「却下」に準ずる〕と解すべきであろう。

更生計画認可後に、終結決定〔会更二三九条〔改正前会更二七二条〕〕により更生手続が終了した場合は、それまでに弁済期の到来した債権については弁済を受けているので時効は問題とならない。弁済期未到来のものについては、その弁済期が再度の時効進行開始時期となる。廃止決定〔会更二四一条一項・二項〔改正前会更二七七条〕〕により更生手続が終了した場合〔この場合も更生計画の効力は失われない〔会更二四一条三項〔改正前会更二七九条〕〕〕は、更生計画所定の弁済期が手続終了後である債権については、更生計画所定の弁済期であるが〔民一六六条一項参照〕、弁済期が到来しながら弁済されないままに更生手続が終了したときは、ⓘ手続終了時〔廃止決定確定時〕説が通説と目されている〔玉城・後掲一五八頁、関沢・後掲ⓑ三六四頁参照。三ケ月ほか・前掲一六四頁は、「更生計画で定められている期限と廃止決定の確定の時とのいずれか遅い方の時である」という〕。更生手続中は計画で定められた期限に弁済がなされない場合でも強制執行はできない〔三ケ月章ほか『条解会社更生法（下）』〔弘文堂、一九七四年〕七八五頁、〔会更四七条・二四〇条、改正前会更一一二条・一二三条三項・二四五条二項参照〕〕から〔黒田直行「更生会社における保証債務の消滅時効」手研一九巻一〇号〔一九七五年〕二七頁〕、あるいは、更生債権者等は更生計画の定めの通り債務の履行がされると期待するのが当然であるから〔稲葉・後掲五二九頁〕との考えに基づく。これに対し、ⓘⓘ会社更生法二〇六条二項〔改正前会更二四五条一項〕を援用して〔そのため、民一五七条二項の趣旨を根拠とする説と理解されている〔玉城・後掲一五九頁〕〕、更生計画認可決定の確定時とする説〔川島武宜編『注釈民法（5）』〔有斐閣、一九六七年〕一三四頁〔岡本坦〕〕

や、③更生手続外の権利行使も可能であるとして（宮脇ほか編・前掲三四頁〔吉川〕は、この立場をとりつつも①説をとる）、弁済期説をとるものもある（長谷部茂吉「更生手続と時効の中断」金判五五四号〔一九七八年〕一四一頁以下）が、①説が妥当であろう。

四　以上は、その時点まで更生債権等の権利行使が継続していると解されることに基づくものである。しかし、本件のように、主債務たる更生債権等の一部が更生計画により免除された場合、免除部分の権利行使はもはや観念できない。そして、免除の効力は更生計画の認可決定時に生ずる（会更二〇一条〔改正前会更二三六条〕）が、「免除された債権の運命は、即時抗告（会更二〇二条一項〔改正前会更二三七条一項〕）による取消しの可能性を有するという意味において未だ浮動状態にあ」る（原審判決）から、免除部分の権利行使が「終了した時」とは、更生計画の認可決定時ではなく、決定確定時と解すべきである。したがって、更生債権等の免除部分に対応する保証債務の時効は更生計画認可決定確定時に再び進行を開始すると解すべきであり、本判決は理由づけ・結論ともに妥当である。学説もほぼ異論なく本判決を支持している（後掲の各「判批」のほか、大西良孝「更生計画の効力と遂行」金判七一九号〔一九八五年〕二二三頁、宮脇ほか編・前掲八八六頁〔白川和夫〕、長谷部・前掲一四三頁〔原審段階〕、播磨伸夫・金法一三九八号一一九頁、酒井廣幸『時効の管理〔増補改訂版〕』〔新日本法規、一九九五年〕七〇二頁。これに対し、鵜澤晉『金融法務の諸問題』〔有斐閣、一九八一年〕二一八頁は、民法一六六条一項により中断の時から更に進行するという）。Yは上告理由において、免除の効力が生ずる更生計画の認可決定時（会更二〇一条〔改正前会更二三六条〕）が保証債務につき「権利を行使することができる時」（民一六六条一項）であるから、この時点が再度の時効進行開始時期であると主張するが、更生債権者は更生手続に関係なく保証債務の履行を求めることができるのであるから（会更二〇三条二項〔改正前会更二四〇条二項〕）、これには理由がない（稲葉・後掲五三二頁など）。

なお、更生計画に基づく分割弁済は債務の承認にあたる（民一四七条三号）が、承認による時効中断の根拠からして（松久三四彦「時効制度」星野英一編『民法講座（1）』〔有斐閣、一九八四年〕五八六頁〔同『時効制度の構造と解釈』

〈有斐閣、二〇一一年〉一四一頁以下）参照）、その分割弁済は更生計画によって減免された債務額についての保証債務までは中断しないと解すべきである（山内八郎『実務会社更生法〔第三版〕』〔一粒社、一九七七年〕四一九頁。酒井廣幸『続時効の管理〔増補改訂版〕』〔新日本法規、二〇〇一年〕四〇五頁は反対〔未公表の下級裁判決の紹介がある〕）。

五　本件では争点とならなかったが、民法一七四条ノ二により主債務の短期消滅時効期間が一〇年に延長された場合、保証債務の消滅時効期間（商事債務であれば五年〔商五二二条〕）も一〇年に延長されるかという問題がある。最高裁はこれを肯定するが（最判昭和四三年一〇月一七日判時五四〇号三四頁〔調停の事案〕、最判昭和四六年七月二三日判時六四一号六二頁〔確定判決の事案〕）、会社更生手続（会更二〇六条二項・二三五条一項・二三八条六項〔改正前会更二四五条一項・二三八条・二八三条一項〕）により主債務の時効期間が一〇年に延長された事案に関するものはまだない。学説には、肯定説（小澤征行ほか「主債務者が法的整理に入った場合の保証債務の消滅時効」金法九九六号〔一九八二年〕二四頁、黒田・前掲三〇頁、関沢・後掲ⓑ三六五頁、酒井・前掲『時効の管理』七一二頁）と否定説（山内・前掲四一八頁、鵜澤・前掲二二〇頁、播磨・前掲一二〇頁）があり、肯定説は、本件X_1らはこの点も主張すべきであったという（小澤ほか・前掲二四頁）。

〈評釈等〉　加茂紀久男・最判解民事篇昭和五十三年度五一二頁（初出、曹時三三巻一〇号二七七二頁）、稲葉威雄・民商八一巻四号五二五頁、関沢正彦・ⓐ金法一一六二号一〇〇頁、ⓑ担保法の判例Ⅱ（ジュリ増刊）三六三頁、田村裕・金法一四二一号五四頁、西澤宗英・法研（慶大）五二巻八号九四五頁、山口和男・昭和五四年度民主判解（判タ臨増四一一号）三〇六頁。

＊　初出は、倒産判例百選〔第三版〕（別冊ジュリ一六三号、二〇〇二年）一五六頁であるが、〔第四版〕（別冊ジュリ一八四号、二〇〇六年）一三〇頁をもとに収録した。

＊＊　評釈等（第四版に追加）　小澤征行ほか・金法九九六号一六頁、関沢正彦・金法九八一号二九頁、玉城勲・新倒産判例百選〔第二版〕一五八頁。

三　消滅時効期間

[49]　被保険者の故意に基づく沈没事故により支払われた船舶保険金についての不当利得返還請求権の消滅時効期間は五年と解すべきである

大阪地裁昭和六三年八月二六日判決（昭和六一年（ワ）七九八八号、保険金返還請求事件）――請求棄却（控訴）
（判時一三一四号一二三頁、判タ六八七号二二三頁、）

〈参照条文〉　商法五二二条、六二九条、民法七〇三条

〔事　実〕　X保険会社はA会社との間で、昭和五二年六月二八日、A所有の本件汽船について、同日から翌昭和五三年六月二八日までを保険期間とする保険金額七〇〇〇万円の船体保険契約を締結した。また、Y会社とAとの間では、YのAに対する本件汽船の売買残代金債権を担保するために、AのXに対する保険金請求権のうえに第二順位の質権が設定され、Xはこれに対し異議なき承諾をなした。本件汽船は昭和五二年九月一五日に航行中沈没し全損となったため、同年一二月二八日、XはYに保険金一〇九一万余円を支払ったが、その際、YはXに対して「後日貴社に支払義務のないことが判明したときは、一切の責任を負い、保険金を返還いたします。」との誓約文言が不動文字で印刷されたX会社備付の船舶保険金領収書に記名・捺印のうえこれを差し入れた。その後、右沈没事故はA会社の代表者Bが保険金騙取の目的で故意に惹起させたことが発覚し、Bは昭和五八年九月七日ころ逮捕され、翌昭和五九年七月一九日、松山地方裁判所において艦船覆没、詐欺の罪で懲役刑の実刑判決を受け、右判決は一審限りで確定した。そこでXがYに対し、昭和六一年、不当利得返還請求権に基づき

既に支払った保険金一〇九一万余円の返還を求めて本訴を提起した。Yは、本件保険金の受領は不当利得にならない、仮になるとしてもXのYに対する不当利得返還請求権はYが本件保険金を受領した昭和五二年一二月二八日から五年の商事時効により消滅した、等と主張して争った。これに対し、本判決は、Yに不当利得が成立するとしたうえで、消滅時効の抗弁につき次のように判示してXの請求を棄却した（判旨中の各段落冒頭の（1）-（7）の数字は、評釈の便宜上、評釈者が付したものである）。

〔判　旨〕「（1）　ところで、商事取引活動の迅速な結了のため短期消滅時効を定めた商法五二二条の立法趣旨に鑑み、同条の適用又は類推適用されるべき債権は商行為に属する法律行為から生じたもの又はこれに準ずるものと解すべきである。

（2）　また、不当利得返還請求権は法律行為によって生ずるものではないが、不当利得制度自体が当事者間の不当な財産法秩序の回復と当事者間の公平の実現を目的とするものであり、特に当事者間の契約上の義務履行としてなされた財産的利益の移動（給付）がその原因行為の無効等の理由により法律上の原因を欠くこととなった場合に生ずる不当利得返還請求権は、契約の履行によって生じた法律関係の精算を目的とするものであるから、その性質・内容を確定するに当たっては当該契約関係が当然に考慮されるべきこととなる。そうすると、消滅時効の期間についても、このような場合の不当利得返還請求権については、右契約が商事取引に関連する場合には、右の精算関係についても早期に迅速な結了が要請されることとなるので、商事債権ないしはこれに準ずるものとして、一〇年の民事消滅時効ではなくて、五年の商事消滅時効の規定が適用されるべきものと解するのが相当である（最高裁判所昭和五三年（オ）第一一二九号同五五年一月二四日第一小法廷判決・民集三四巻一号六一頁も、商行為に関して生じた不当利得返還請求権のすべてについて、同条の適用ないし類推適用を否定した趣旨とは解されない。なお、右のように解すると、不当利得の返還と契約解除による現状回復との間に差異はないことになるが、最高裁判所昭和三三年（オ）第五九九号同三五年一一月一日第三小法廷判決・民集一四巻一三号二七八一頁は、商事契約の解除による原状回復義務が商法五二二条の商事債務たる性質を有するとしている。）。

（3）　これを本件についてみるに、前記認定説示のとおり、Yは、Aに対して有する本件汽船の売買残代金債権を担保するため、AからAのXに対する保険金請求権について質権の設定を受けていたところ、昭和五二年九月一五日、被保険者であるAの代表取締役Bらが保険金詐欺の目的で本件汽船を故意に沈没させ、同年一二月二八日、保険者であるXがその事実を知らないで質権者であるYに本件保険金を支払ったが、その後右詐欺の事実が司直の知るところとなり、Bらは、昭和五九年七月一九日、松山地方裁判所で有罪判決を受けたのであるから、XはYに対し本件保険金の支払義務がなかったのであり、したがって、同保険金の支払いは法律上の原因を欠くこととなるので、右保険金支払の時点で、XはYに対し、不当利得返還請求権に基づき本件保険金の返還を求めることができたものと解される。

（4）ところで、前記認定説示のとおり、X、Y及びAはいずれも商人であり、XとAとの間の船体保険契約並びにYとAとの間の本件汽船の売買契約及び質権設定契約はいずれも商行為に属するものであり、しかも、右保険金の支払はXのAに対する右商行為としての保険契約の義務の履行としてなされたものであるが、Yは、Aとの間における右商行為としての質権設定契約から生じた直接の取立権に基づいてこれを受領したものである。すなわち、本件保険金の給付は、その基礎的法律関係においていずれも商行為を原因とするものであり、YのXに対する本件保険金請求権は商行為に属する法律行為から生じた債権として迅速な解決のために商法五二二条の適用を受けることは明らかである。

（5）そうすると、XのYに対する本件保険金返還請求権は、右商行為に基づく財産の移動によって生じた不当な財産状態を正常な状態に回復すること、すなわち、右商行為に基づく不当な法律関係の精算を目的とするものであって、本件保険金請求権とはその基礎的法律関係を共通にして裏腹の関係にあって迅速な結了が要請されるものといわざるをえない。また、これを実質的にみても、Yとしては本件保険金を受領したことにより売買残代金債権の弁済を受けたものと信じて、本来の質権設定者であるAに対する右債権の回収を怠り、これに対する人的、物的担保を放棄し、或いは取引に関する証拠資料を散逸させ、更に、右債権を短期消滅時効にかからせてしまうことも容易に予想されるところであるから、右原因債権のみならず本件保険金の不当利得返還請求権についても早期の迅速な結了の要請はひとしく妥当するものということができるのである。このことは商法の他の条文、すなわち、保険金支払義務等について一年ないし二年の短期消滅時効を規定した商法六六三条の法意等に照らしても明らかである。

（6）なお、Xが損害保険会社でYがいわゆる総合商社であることを考慮すると、右のように解することが当事者間の正義・公平に反するものとはいえない。また、XのYに対する本件保険金の支払いがBらの犯罪行為に起因するものであって、これに基づいてされた本件保険金の保持自体が公序良俗違反ないし強い違法性の評価を受けるものであれば、不当利得または消滅時効とは別途の考慮がなされるべきものである。

（7）　したがって、本件保険金返還請求権については、商事取引関係の迅速な解決の要請が働くものといわなければならず、これが商行為に属する法律行為によって発生した債権に準ずるものとして、商法五二二条が類推適用され五年の消滅時効にかかるものと解するのが相当であり、その消滅時効の起算点は、本件保険金の支払時点である昭和五二年一二月二八日からと解すべきであるから、同債権は同日から五年の経過により既に時効消滅したものというべきである。」

【評　釈】

一　本判決は、被保険者Aの保険者Xに対する保険金請求権の質権者Yが、Aの保険事故招致（商六四一条参照）のため支払義務のないXから直接に保険金を受領した事案につき、まず、Yの不当利得を認め、次に、XのYに対する不当利得返還請求権の消滅時効期間はYのXに対する保険金請求権（が現実に発生した場合のその請求権）の消滅時効期間（五年）と同じになると解した。第一の、Yに不当利得が成立するか、第二の、成立するならば不当利得返還請求権の消滅時効期間は何年かという問題については、いずれも大審院・最高裁の判例はない。下級裁判決には、第一の点につき成立するとするものが数件（後出①—③判決）、第二の点につき保険者および被保険者が非商人の事案で一〇年とするものが一件（後出③判決）ある。

二　まず、被保険者の事故招致のため支払義務のない保険者から直接保険金を受領した質権者の不当利得成否に関しては、①大阪地判昭和三八年五月二四日判時三六八号六〇頁（解説として、南出弘「被保険者の放火と質権者の不当利得」金法三七八号二八頁、棚田良平・保険判例百選（別冊ジュリ一一号）八〇頁、などがある）、②大阪高判昭和四〇年六月二二日下民集一六巻六号一〇九九頁（①の控訴審判決。評釈・解説として、西島梅治・判評八九号一七頁、堀内仁「支払義務のない保険金を受領した質権者と保険会社の関係」銀行研究四一五号五二頁がある）、③札幌高判昭和五九年九月二七日判タ五四二号二二一頁（評釈として、春田博・判タ五六一号七二頁がある）があり、いずれも質権者に不当利得が成立するとしている。したがって、この点では本判決も従来の下級裁判例と同様に考えるものである。

しかし、学説は、特に限定を設けることなく質権者の不当利得を肯定するもの（南出・前掲「解説」二九頁（もっとも、三〇頁で、返還義務の範囲の解釈を通して質権者を保護している）、堀内・前掲五五頁、好美清光「不当利得法の新しい動向について（下）」判タ三八七号（一九七九年）二七頁、四宮和夫『事務管理・不当利得』（青林書院新社、一九八一年）二二五頁。なお、加藤雅信『財産法の体系と不当利得法の構造』（有斐閣、一九八六年）五〇六頁注（一六）参照）と、質権者が善意の場合には不当利得は成立しないとするもの（西島・前掲「判批」一九頁、春田・前掲「判批」七五頁）に分かれている。後者の論拠のうち、重要なのは、騙取金によって弁済を受けた第三者（騙取者に対する債権者）が善意（④最判昭和四二年三月三一日民集二一巻二号四七五頁）あるいは善意・無重過失（⑤最判昭和四九年九月二六日民集二八巻六号一二四三頁）であればこの第三者に不当利得は成立しないとする最高裁判例との整合性を図るべきであるとの指摘である。すなわち、右④・⑤最判に従うならば、質権者が質権を放棄して、いったん債務者（被保険者）に保険金を受領させたうえで債務者からその金銭を受領した場合には、質権者は善意（無重過失）であれば不当利得にならないことになろうが、これに対し、質権に基づいて保険者から直接に受領した場合には善意か悪意かにかかわらず不当利得になるというのは均衡を失する。また、質権を設定していた場合の方が設定しなかった場合よりも不利になるのは妥当でない、という理由である（春田・前掲「判批」七五頁）。このような考えに対し、前掲②判決の口頭弁論で、被控訴人（保険者）は、債権者が債務者経由で受領しようとするときは「債務者から債務の弁済を受けることができるか否かは全く予測の域を出ない」と反論している（下民集一六巻六号一一〇一頁）。しかし、比較すべきは質権を放棄して債務者経由で弁済を受けることができた場合との均衡であり、弁済を受けられなくなる可能性をもって論ずべきではない。また、前掲③判決は、簡単に、質権者が保険金を保険者から直接受領した場合と債務者（騙取者）経由で受領した場合では「法律関係を異にする」というにすぎない（判タ五四二号二二八頁）。本判決も、「中間者の介在しない本件とは事案を異に」するというが、「また実質的に考察しても」として次のようにいう。すなわち、「本件においては、Yは、前記のとおり、Xには本件保険金の支払義務がないにもかかわらず、質権の実行として直接の取立権に基づいてXから本件保険金を受領したものであるから、Xは、保険約款上の免責条項を含め保険者に対抗しうるすべての事由（保険抗弁）を本件保険金の受領者であるYにいわゆる物的抗弁として対抗することができ、客観的にみてYの本件保険金の受領が法律上の原因を欠く以上、Yの善意・悪意等その主観を問題にするまでもなく、YはXとの関係で本件保険金につき不当利得を構成するものと解さざるをえない。」（判時一三一四号二二六頁第一段・第二段）と。しかし、物的抗弁か否かは保険金支払前の段階での問題にすぎない（西島・前掲「判批」一九頁）として右の考えを否定できるかはともかく、少なくとも支払後であっても無制約に保険抗弁を対抗できるとすることの理由は明らかにされていない。結局、確実な債権回収方法を選択した者（質権の実行として保険金を受領した者）が不確実な債権回収方法を選択した者（無担保債権者として被保険者経由で保険金を受領した者）よりも不利な扱いを受けることの合理性は見出し難いとの疑問はもっともであり、これに対する十分な反論はいまのところなされていないように思われる。

　したがって、前掲④・⑤最判は妥当であるとの前提に立ち、それとの均衡で本件を処理すべきであるとするならば、さしあたり次のような解釈が考えられようか。第一は、民法九六条二項の適用ないし類推適用である。ここで類推適用ともいうのは、弁済の法的性質については争いがあり、XのYに対する弁済は同条項の「意思表示」そのものではないとの考えもありうるからである。第二は、民法一九二条の類推適用による実行しうる質権の取得である。ここで類推適用というのは、Aにあるのは占有ではなく表見的保険金請求権だからである。もっともXには表見的保険金請求権の発生については帰責性はなく、また、Xは免責の抗弁を少なくとも弁済時まではYに対抗できるのであるから、Yの善意無過失は質権設定時ではなくYの受領時に要求されることになる。つまり、即時取得の類推適用によりXがYに弁済した時にYが善意・無過失であればYは実行しうる質権を取得し同時にその質権を行使したものとしてYの受領に民法七〇三条の「法律上の原因」が与えられるということである。第三は、民法四六八条一項の類推適用である（質権設定に対する異議なき承諾に同条項が類推適用されることについては、我妻栄『新訂担保物権法』（岩波書店、一九六八年）一八五頁参照）。ここで類推適用というのは、異議なき承諾は債権譲渡に対してではなく権利質設定に対してなされているからである（民法三六四条には四六八条は組み込まれていない）。もっとも、前掲①判決は、「保険者は質権設定に異議を止めずに承諾を考えても、発生した保険事故に免責事由があれば、これを主張することができ、その抗弁は質権者に対抗できるものである。」という。前述したように保険抗弁は物的抗弁であるという本判決もこの説をとるものと思われる。しかし、仮にこの説をとるとしても、質権者にとって弁済は異議なき承諾以上に質権の有効性を信頼させる事実であるから、質権者に弁済された場合にはやはり同条項の類推適用という構成でもはや物的抗弁も切断されると解する余地はあろう（ここでは、弁済を類推適用の要件とするわけである）。もっとも、右第一または第三のように解しても、民法九六条二項の「相手方」、四六八条一項の「譲受人」には善意・無過失が要求されるとすると、前掲⑤最判との不均衡という問題はなお残る。したがって、一方では、騙取者経由で騙取金を受領した者が善意・無重過失であれば不当利得にならないという前掲⑤最判自体の妥当性が検討されねばならない。他方では、この前掲⑤最判が、たとえば近時の有力説（四宮・前掲書七八頁、好美清光「騙取金銭による弁済について」一橋論叢九五巻一号（一九八六年）二七頁・二九頁）のように、金銭に対する価値所有権（四宮和夫「物権的価値返還請求権について」『私法学の新たな展開』（有斐閣、一九七五年）一九九頁参照）が有価証券の即時取得（手形法一六条二項、小切手法二一条、商法五一九条）に準じて取得されるとの法的構成により正当化されるならば、本件のように質権者が保険者から直接受領した場合にも同様に解釈する余地がないか、等が検討されるべきであろう。しかし、本評釈ではそこまでの検討はできない。ここでは、Yの不当利得成立を前提に論を進めたい。

三　本判決は、まず、判旨（1）で、商法五二二条の適用又は類推適用とされるべき債権について述べ、（2）で不当利得返還請求権の消滅時効期間について一般論を述べる。ところで、本判決も引用する最判昭和五五年一月二四日民集三四巻一号六一頁は、「商法五二二条の適用又は類推適用されるべき債権は商行為に属する法律行為から生じたもの又はこれに準ずるものでなければならないところ、利息制限法所定の制限を超えて支払われた利息・損害金についての不当利得返還請求権は、法律の規定によって発生する債権であり、しかも、商事取引関係の迅速な解決のための短期消滅時効を定めた立法趣旨からみて、商行為によって生じた債権に準ずるものと解することもできないから、その消滅時効の期間は民事上の一般債権として民法一六七条一項により一〇年と解するのが相当である。」と判示した。しかし、これに対しては、中村裁判官の次のような反対意見（団藤裁判官も同調）が付されていた。それは、商法五二二条の適用又は類推適用される債権については多数意見と見解を同じくしながらも、「商事契約の解除による原状回復義務が商法五二二条の商事債務たる性質を有することは、当裁判所の判例とするところである」として最判昭和三五年一一月一日民集一四巻一三号二七八一頁を引用し、「契約上の義務の履行としてされた給付が右契約の無効等の理由により法律上の原因を欠くこととなり、その給付による利得につき不当利得返還義務が生ずるような場合……の不当利得の返還は、契約解除による原状回復と同じく、契約によって生じた法律関係を精算するものとしてこれと裏腹をなし、右契約が商事契約である場合には、右の精算関係についても早期結了の要請が等しく妥当するものということができる」との理由から、「商事契約の無効等の理由によって右契約に基づいてされた給付による利得につき不当利得返還請求権が生ずる場合には、右債権は、商事債権ないしはこれに準ずるものとして、商法五二二条所定の消滅時効期間に服すべきものと解するのが相当である」とする（調査官解説は篠田省二・最判解民事篇昭和五十五年度三一頁。評釈には、多数説と同じく民事時効説をとるものに森泉章・民商八三巻二号三〇〇頁、鎌田薫・法セ三一三号一〇九頁、柳澤秀吉・名城法学三〇巻四号七三頁、半田正夫・判タ四三九号一〇〇頁、江頭憲治郎・法協九九巻六号九三二頁、山田知司「不当利得返還請求権と消滅時効期間」『裁判実務大系第一三巻』（青林書院、一九八七年）三一八頁、反対説と同じく商事時効説をとるものに青竹正一・Law School二三号九三頁、浜田道代・判評二六〇号四〇頁、土田哲也・法時五二巻一〇号一三九頁、高木多喜男・昭和五五年度重判解（ジュリ七四三号）七一頁（ただし、起算点は「権利を行使しうること知るべかりし時点」とする）、などがある）。したがって、判旨（1）・（2）からして、本判決は右最判の反対意見に全面的に依拠するものといえよう。これは、近時の不当利得の類型論を基礎に、財貨が移転したがそれを基礎づけるべき法律関係に契約の無効等の瑕疵がある場合の不当利得返還請求権は、法的に有効ではないが財貨移転を基礎づけると事実上考えられていた「表見的法律関係」（四宮・前掲書七〇頁・九七頁は「基礎的法律関係」という）によって規律されるとの一般的基準（加藤・前掲書四三八頁。もっとも、加藤教授は、個別事例の検討から帰納的に一般的基準を導いている）から、この表見的法律関係に商法五二二条が適用される場合にはこの不当利得返還請求権にも五二二条が適用されるとの考え（加藤・前掲書四二四頁、四宮・前掲書九七頁）にきわめて近い（もっとも、判旨（4）・（5）でいう「基礎的法律関係」の意味は四宮・前掲書七〇頁・九七頁のそれとは異なる）。ところで、前掲③判決でも保険者の質権者に対する不当利得返還請求権の消滅時効期間が争点の一つとされたが、そこでは、㋐右昭和五五年最判を援用して、保険者の質権者に対する不当利得返還請求権は法律の規定によって発生する債権であり、商行為によって生じたもの、あるいはこれに準ずるものではない、㋑保険者も被保険者も商法上の商人ではなく保険の性格は相互保険であるから商法五〇二条九号の営業的行為には含まれないので、本件不当利得返還請求権を商行為によって生じた債権あるいはこれに準ずるものと解することはできない、との理由で、民法一六七条一項により時効期間は一〇年とされた。㋐と㋑の関係、あるいはいずれが決定的理由かはわかりにくく、そのため、本判決が前掲③判決と見解を異にするものか否かははっきりしない。いずれにせよ、本判決は、保険者・被保険者・質権者ともに商人の事案において、前掲昭和五五年最判の反対意見に明らかに依拠して時効期間を五年と解した初めてのものであるといえる（学説では、すでに、南出・前掲「解説」三〇頁が五年とする）。

四　判旨（4）・（5）はややわかりにくいが（「基礎的法律関係」の意味は、判旨（4）ではX・A間の船体保険契約とY・A間の売買契約および質権設定契約を指すが、判旨（5）でははっきりしない）、本判決は、要するに、YのXに対する保険金請求権が発生していたとするならばそれには商法五二二条が適用されるから、それと裏腹の関係にあるXのYに対する本件不当利得返還請求権にも「早期に迅速な結了」（判旨（2））ないし「商事取引関係の迅速な解決」（判旨（7））が要請され、したがって、同条が「類推適用」（判旨（7））されるとするものといえよう。問題は表見的法律関係、すなわちYのXに対する表見的保険金請求権に対するのと同様に、本件不当利得請求権にも「早期に迅速な結了」が要請されるかである。たしかに、移動した財貨の精算を図る不当利得返還請求権の内容は表見的法律関係の性質の影響を受けるとしても（その典型例としては、売買が無効な場合の目的物返還義務と代金返還義務が同時履行の関係にあるとされることが挙げられる）、例外を許さないものではない（加藤・前掲書二九五頁、四三九頁も、「どの程度表見的法律関係を顧慮するのかという程度の問題が必ず入ってくることになる」とし、表見的法律的関係の性質が全面的に精算関係に反映されるはずもない」と述べる）。一般的に不当利得返還請求権の消滅時効期間は民法一六七条一項により一〇年であるといえる（松坂佐一『事務管理・不当利得（新版）』（有斐閣、一九七三年）二一七頁）かはともかく、少なくとも、表見的法律関係に短期消滅時効が適用されるからといって、機械的に不当利得返還請求権も短期消滅時効に服するとはいえないのである（江頭・前掲「判批」九三六頁以下、四宮・前掲書九七頁参照）。さらに、立法論としては商法五二二条の削除が唱えられている（詳しくは、谷川久「商事消滅時効制度覚書」成蹊法学四号（一九七三年）七七頁参照）ことからしても、本判決のように同条を「類推適用」するというときは（判旨（7））、いっそう慎重を要するのであり、その実質的根拠の有無こそが検討されねばならない。

そこで、不当利得返還請求権は表見的法律的関係と同じく商事消滅時効に服するという説の実質的根拠であるが、学説は、まず、証拠保全上の理由を挙げている（加藤・前掲書四二四頁）。不当利得返還義務者（本件ではY）の二重弁済の危険を回避するということであろうか。これは、時効観にかかわるが、仮にいわゆる訴訟法説をとろうとも、不当利得返還義務者が商人であれば、商業帳簿の保存期間は一〇年である（商法三六条一項）ことからも、不当利得返還義務者の二重弁済の危険は少ないとの考えもありえよう。少なくとも本件では、Yは弁済の事実とともに消滅時効を援用しているわけではなく、二重弁済の危険はないようである。次に商人の営業生活上に生起する債権は不当利得返還請求権であっても、商人にとっては取引より生ずる債権と同じように予定しておくべきであるとの考えもある（手塚尚男「不当利得にもとづく返還請求権と商法五二二条」同志社法学二六巻三号（一九八四年）三三頁）が、疑問である。少なくとも、保険金を騙取した場合にまでこのように考え騙取者を短期消滅時効で保護する必要はないであろう。

また、判旨（5）は、実質的理由としてYがAに対する担保を放棄したり、債権を時効消滅させてしまう危険性などを挙げている。しかし、時効消滅についていうならば、可能性としては、XのYに対する不当利得返還請求権の消滅時効期間をできるだけ短期に解しようとも、YのAに対する債権の消滅時効の起算点とXのYに対する保険金の支払時（不当利得返還請求権の消滅時効の起算点）との間にかなりの時間が経過しているときは、YがXから不当利得の返還請求を受けた時には既にYのAに対する債権の消滅時効が完成している場合もありうるわけである。また、そもそもこのような事態への対処は民法七〇七条の類推適用によるべきであろう（南出・前掲「解説」二九頁参照）。ここで、類推適用というのは、Xは他人Aの債務を自己の債務と誤信したのではなく、自己の保険契約上の債務を有るものと誤信して弁済したものだからである。本件ではYのAに対する売買残代金債権は商事債権であり時効中断措置がとられていない以上短期消滅時効にかかっているから、同条の類推適用が一応考えられる。しかし、本件誓約文言のゆえに類推適用はできないと考えるべきであろう。

五　本判決は右に述べた判旨（5）における実質的理由からして、Aに対してではなくYに対する不当利得返還請求権であること、したがって、Aに比べYを保護すべき程度はより高く、それを不当利得返還請求権が短期消滅時効に服するとすることによってYの保護を図ろうとしている面があるようにも思われる。しかし、もしそうならばYの保護はこのような法的構成によるのではなく、むしろ、先に述べたように、Yの不当利得は成立しないとすることによって図られるべきものであろう。また、本判決の一般論は、Yが登場せず、Xが騙取者Aに対して不当利得の返還請求をした場合にも適用されるのであり、その結果はいっそう不当のように思われる。さらに、本判決が妥当するならば、今後の実務において、保険者は保険事故招致の疑いがあるときは本件のように誓約文言と引換に保険金を支払うということを極力控え、被保険者または質権者からの給付の訴えに敗訴した場合にのみ支払うという事態を招きかねない。すなわち、質権者または被保険者に対する不当利得返還請求権の時効期間を短期に解することは必ずしも質権者や被保険者に有利とは限らず、むしろ不利に働く場合もあることに注意する必要があろう。

要するに、本判決のいうようにYの不当利得が成立するとするならば、しかし不当利得返還請求権の消滅時効は一〇年と解されるのでXの請求は認容されるべきである。これに対し、不当利得が成立しないとすると、前述のようにYは本件誓約文言によりAの不当利得返還債務（主たる債務）について保証債務を負い、Aの不当利得返還債務の消滅時効期間は一〇年と解されるので、やはり支払義務を免れない。その場合には、主たる債務は「主タル債務者ノ商行為ニ因リテ生シタル」ものでもなく、Yの「保証カ商行為ナルトキ」でもないので、商法五一一条二項の適用はないが、本件誓約文言からしてYの債務は連帯保証債務と解すべきであろう。したがって、Yには催告および検索の抗弁権も認められず、Xの請求は認容されるべきことになる。いずれにしても、本判決の結論には賛成できないということになる。

なお、Yの不当利得成立を前提とする前説によるときは、YのAに対する債権が消滅時効にかかっていると、YがXに弁済した後でのYのAに対する求償を認めることは難しくなる。これに対し、後説ではYがXに弁済した場合には、YはAに対して民法五〇〇条の法定代位により請求できる。私見としては、先に述べた被保険者経由で保険金を受領した場合との不均衡という理由に加え、このような点からしても、Yの不当利得の不成立を前提とする後説に傾いている。

六　本判決は、本件保険金の支払時点から不当利得返還請求できたのであるから（判旨(3)）、その時点が消滅時効の起算点であるという（判旨(7)）。妥当であろう。Aの事故招致が発覚するまでは事実上Yに返還請求を期待できないが、しかしYがAの事故招致を知った時または知るべかりし時を起算点としたのではいつまでも時効が進行しない可能性がでてくるからである。これによるYの不利益の回避は、民法七二四条の期間制限内におけるAに対する不法行為に基づく損害賠償請求によってなすほかはないと思われる。

なお、本判決は、判旨(2)で前掲昭和五五年最判と本判決は抵触しないといい、また、不当利得の返還と契約解除による原状回復との間に差異はないことになるという。前者はその通りであろう。後者については一律にそのようにいえるか疑問があるが、傍論でもあり、検討は別の機会に譲りたい。

〈評釈等〉　山田純子・商事一三〇七号二三頁。

＊初出は、判評三七三号（一九九〇年）五九頁（判時一三三三号二二一頁）。一部、除くなどの修正を施した。

〔追記〕　二審の大阪高判平成元年五月三一日判時一三三八号一四八頁は控訴を棄却したが、上告審の最二小判平成三年四月二六日判時一三八九号一四五頁は、「商法五二二条の適用又は類推適用されるべき債権は商行為から生じたもの又はこれに準ずるものでなければならないところ、本件不当利得返還請求権は、商行為たる船体保険契約及び質権設定契約に基づき保険者から質権者に支払われた保険金の返還に係るものではあっても、保険者に法定の免責事由があるため支払原因が失われ法律の規定によって発生する債権であり、その支払の原因を欠くことによる法律関係の清算において商事取引関係の迅速な解決という要請を考慮すべき合理的根拠は乏しいから、商行為から生じた債権に準ずるものということはできない。したがって、本件不当利得返還請求権の消滅時効期間は、民事上の一般債権として、民法一六七条一項により一〇年と解するのが相当である（最高裁昭和五三年（オ）第一一二九号同五五年一月二四日第一小法廷判決・民集三四巻一号六一頁参照）」として原判決を一部破棄自判した。

[50]　公立病院における診療に関する債権の消滅時効期間

最高裁平成一七年一一月二一日第二小法廷判決（平成一七年（受）七二二号、診療費等請求事件）——上告棄却

（民集五九巻九号二六一一頁、判時一九二二号七八頁、判タ一二〇二号二四七頁）

〈参照条文〉　民法一七〇条一号、会計法三〇条、地方自治法二三六条一項

〔事　実〕　一　平成一一年六月一七日、当時一九歳のAが運転する自動車に衝突され重症を負ったBは、松戸市立病院に搬送されて治療を受けた。X（松戸市。原告・被控訴人・上告人）は、同月二〇日頃、Aの父親Y（被告・控訴人・被上告人）との間で、Bの本件診療費等の債務につき連帯保証契約を締結した。Bの本件診療費等（平成一一年六月一七日から同一二年一月三〇日まで入院治療、同年一二月六日まで通院治療）は、自賠責保険から一二〇万円がてん補され残金は九一三万六二〇〇円となった。Xは、平成一五年八月二一日、Yに対してその支払いを求めて訴えを提起した。これに対しYは、本件診療費等の債権は三年の消滅時効（民法一七〇条一号）にかかっているとしてこれを援用し、本件診療等のうち本件訴えの提起前に三年が経過した債権（平成一二年六月一四日までに発生したもの）は消滅したと主張した。そこでXは、本件診療等の債権の消滅時効期間は地方自治法二三六条一項により五年と解すべきで、この取り扱いはすべての行政実例で行われていると主張した。

二　一審（千葉地松戸支判平成一六年八月一九日民集五九巻九号二六一四頁）は、本件診療等の債権の消滅時効期間は地方自治法二三六条一項により五年であり、消滅時効完成前に本件訴えが提起されたことにより時効は中断しているとしてXの請求を認容した。五年であるとしたのは、「地方公共団体立の医療機関では、診療費等は、地方自治法二二五条に規定する公の施設の使用料の性質も併せ持っており、これからすると、公法上の債権であるともいえる」こと、「実務においても五年で運用されていることを考慮」したことによる。

しかし原審（東京高判平成一七年一月一九日民集五九巻九号二六二〇頁）は、次のように判示して一審判決を取り消し、三年の消滅時効が完成していない一万六四〇〇円についての支払いのみを認めた。

「公立病院において行われる診療は、私立病院において行われる診療と本質的な差異があるとは認められず、その法律関

係は本質上私法関係というべきであり、その結果生じた債権もまた私法上の金銭債権であって、公法上の金銭債権ではないから、地方自治法二三六条一項の規定により五年の消滅時効期間に服すべきものではなく、民法一七〇条一号の『医師、産婆及ヒ薬剤師ノ治術、勤労及ヒ調剤ニ関スル債権』として三年の消滅時効にかかるものというべきである」。これに続けて、公立病院は採算を取りにくい医療も担当し保健施設の中核としての役割も担っている、総務省・厚生労働省の行政実例も五年の消滅時効期間経過により援用を要せずして債権が消滅する（地方自治法二三六条二項）としておりこれが否定されると時効の援用がなされないまま未収債権が残ることになり公立病院の経営の健全性が著しく害されるので私立病院と異なった扱いをする実質的理由があるとのXの主張について、「公立病院がそのような公的役割を担っていることによって、個々の診療の法律関係の性質が変ずるとは解されないから、異なった扱いをする実質的理由とはならない」ことは「同様に公的役割を担っている国立病院の診療債権については、私法上の債権として会計法三〇条の適用はなく、民法一七〇条一号により三年の消滅時効に服するとして運用されていることからも明らか」であり、そのような運用によって国立病院に「別段支障が生じているとは認められない」としてXの主張を退けた。Xから上告受理申立て。

〔判　旨〕「公立病院において行われる診療は、私立病院において行われる診療と本質的な差異はなく、その診療に関する法律関係は本質上私法関係というべきであるから、公立病院の診療に関する債権の消滅時効期間は、地方自治法二三六条一項所定の五年ではなく、民法一七〇条一号により三年と解すべきである。」

【先例・学説】

一　普通地方公共団体を当事者とする金銭債権の消滅時効に関する地方自治法（昭和二二年四月制定）二三六条は、国を当事者とする金銭債権の消滅時効に関する会計法（昭和二二年三月制定）三〇条、三一条および三二条と同趣旨の内容を一括して定めたものであり（成田頼明ほか編『注釈地方自治法』〔第一法規、二〇〇〇年〕の地方自治法二三六条の説明〔荒秀〕）、会計法の規定と同様に解されている（地方自治法二三六条の説明として、成田ほか・前掲注釈書の他に松本英昭『新版　逐条地方自治法（第三次改訂版）』〔学陽書房、二〇〇五年〕八四八頁以下、小笠原春夫＝河野正一編『最新地方自治法講座⑧ 財務（2）』〔ぎょうせい、二〇〇三年〕二〇九頁以下〔河野正一〕、俵静夫『地方自治法〔第三版〕〔法律学全集〕』〔有斐閣、一九七五年〕三九〇頁参照）。そこで、会計法三〇条は「時効に関し他の法律に規定がないものは」五年の消滅時効にかかるとし、地方自治法二三六条一項は「時効に関し他の法律に定めがあるものを除くほか」五年の消滅時効にかかるとしているために、この「他の法律」の「規定」「定め」には民法（などの私法）の規定も含まれるのか、含まれるとするときは、当該債権が民法所定の時効期間に服するのかそれとも会計法三〇条ないし地方自治法二三六条一項により五年の時効期間に服するのかの判断はいかになされるべきかが問題となる。判例・学説は会計法に関するものが多く、以下では、会計法三〇条に関する先例・学説が中心になるが、それは地方自治法二三六条一項にもあてはまる。

二　昭和二二年制定の現行会計法三〇条の沿革は、大正一〇年改正の会計法（大正会計法）三二条、その前身である明治二二年制定の会計法（明治会計法）一八条・一九条に遡る。この明治会計法一八条・一九条は消滅時効を期満免除といい、「特別ノ法律」をもって期満免除の期限を定めたものは各々その定むるところによるとしていた。その後明治二九年に民法が制定されたが、この「特別ノ法律」が民法のような一般法を含むかについては議論があった（西野元『会計制度要論 上巻』〔日本評論社、一九二二年〕三六九頁以下参照）。政府の解釈は、民法は会計法にいう「特別ノ法律」ではなく、国の金銭債権債務については公法規定に別段の消滅時効期間の定めがない限り、公法関係か私法関係かを問わずすべて会計法の時効の規定が適用される（第一説）というものであり、これを支持する学説もあったといわれている（槇重博「いわゆる公法上の時効」金子芳雄ほか編『法学演習講座⑫行政法（上巻）』〔法学書院、一九七四年〕四五頁）。国有林盗伐の不法行為による損害賠償請求事件において、宮城控判明治四二年七月二二日新聞五九八号一三頁はこの説に立ち、「会計法第十九条及び第十八条に所謂特別の法律とは会計法に対して特別法たるの関係を有する他の法律を指したるものにして民法を包含せず蓋し民法は私法の普通法にして会計法は政府の一切の収入支出に関する特別法と謂ふべく決して民法を以て会計法の特別法と謂ふべからざればなり」という。しかし、上告審は、これを否定し、「特別ノ法律」とは会計法以外の一切の法律を指す（第二説）ので民法七二四条の三年の消滅時効の起算点を確定する必要があるとして破棄差戻しとした（大判明治四二年一二月一七日民録一五輯九六三頁）。同様に、大審院は私人の村に対する不当利得返還請求権には民法一六七条一項が適用されるとした（大判大正九年四月三〇日民録二六輯五八一頁（前掲大判明治四二年一二月一七日を引用している））。

その後、大正会計法三二条では、「期満免除」は「消滅時効」に、「特別ノ法律」は「他ノ法律」に改められたが、「他ノ法律」としたのは、「特別ノ法律」に民法の時効期間規定を含めるこれらの大審院判決の立場に従ったためであるといわれている（杉村章三郎『財政法〔新版〕』（有斐閣、一九八二年）二六〇頁、美濃部達吉「判批」『公法判例大系上巻』（有斐閣、一九三三年）八六頁以下。平野義太郎「判批」判民大正一一年度一〇三事件四四一頁以下に国務大臣の改正法提案理由〔『第四四回帝国議会衆議院議事速記録』一六九頁〕が紹介されている）。大正会計法下の判例もこの立場を踏襲し、会計法三二条にいう「他ノ法律」には会計法以外の一切の法律を含むとして、私人が村に対して有する消費貸借上の返還請求権の時効については民法一六七条の規定を適用すべきであるとし（大判大正一一年一一月二七日民集一巻六八八頁（前掲大判大正九年四月三〇日を援用している））、国の私人に対する不当利得返還請求権についても民法一六七条の規定を適用すべきであるとした（大判昭和一一年二月二六日法律新聞三九六八号八頁（前掲大判大正一一年一一月二七日を援用している））。大正会計法とほぼ同旨（大正会計法の年度経過を起算点とする立場はとらなかった）を規定した現行会計法三〇条のもとでも、大審院の立場を踏襲して民法一六七条一項を適用した下級裁判所判決がでている（福岡地判昭和三四年一〇月一二日訟月五巻一二号一六六八頁（国の私人に対する不当利得返還請求権）、東京地判昭和三九年一二月八日下民集一五巻一二号二八七九頁（国の私人に対する貸付金返還債権））。

三　最高裁が、会計法三〇条の五年ではなく民法所定の時効期間によるとしたものに、国の普通財産売払代金債権（最判昭和四一年一一月一日民集二〇巻九号一六六五頁（国の普通財産の売払いの法律関係は本質上私法関係というべきであり、その結果生じた代金債権もまた私法上の金銭債権であって公法上の金銭債権ではないとの理由による））、弁済供託における供託金取戻請求権（最（大）判昭和四五年七月一五日民集二四巻七号七七一頁（原審は供託上の法律関係は公法関係であることを理由に会計法三〇条により五年としたが、弁済供託は民法上の寄託契約の性質を有するものであるとして一〇年とした））、国の安全配慮義務違背を理由とする国家公務員の国に対する損害賠償請求権（最判昭和五〇年二月二五日民集二九巻二号一四三頁（「会計法三〇条が……五年の消滅時効期間を定めたのは、国の権利義務を早期に決済する必要があるなど主として行政上の便宜を考慮したことに基づくものであるから、同条の五年の消滅時効期間の定めは、右のような行政上の便宜を考慮する必要がある金銭債権であつて他に時効期間につき特別の規定のないものについて適用されるものと解すべきである」として民法一六七条一項により一〇年とした））がある。なお、地方公務員の日直手当請求権の時効期間については、「他の法律」として労働基準法一一五条が適用され二年であるとされた（最判昭和四一年一二月八日民集二〇巻一〇号二〇五九頁（昭和三八年法律第九九号による改正前の地方自治法二三三条が地方公共団体の支払金にも会計法三〇条を準用していた当時の事案））。

同様に、民法所定の時効期間によるため地方自治法二三六条一項の五年の消滅時効期間に服さないとされたものに、地方自治体の有する水道料金債権に関する原審判決（東京高判平成一三年五月二二日LEX／DB【文献番号】二八一〇〇三三九）に対する上告受理申立てを受理しなかった最（二小）決平成一五年一〇月一〇日LEX／DB【文献番号】二八一〇〇三四〇がある（橋本勇「水道料金の消滅時効」自治実務セミナー四二巻一二号（二〇〇三年）一九頁参照）。原審判決は、「私法上の金銭債権に当たるものについては民法の消滅時効に関する規定が適用される」としたうえで、水道供給事業者としての地方公共団体の地位は一般私企業のそれと特に異なるものではないから本件水道供給契約は私法上の契約であり、したがって、地方公共団体が有する水道料金債権は私法上の金銭債権であるとした。そして、水道供給契約によって供給される水は、民法一七三条一号の「生産者、卸売商人及び小売商人が売却したる産物及び商品」に含まれるので、その消滅時効期間は二年であるとした。

なお、行政実例は、公立病院の医療費は公の施設の使用料であり、公法関係に基づくものと解されるので、その請求権は公法上の金銭債権として地方自治法二三六条一項により五年の時効に服するとしていた〔昭和四三年一一月五日自治行第九二号、昭和三四年五月二六日自治丁行発七三号〕。

四　学説は、右第二説が古くから通説であった〔美濃部達吉『日本行政法下巻』（有斐閣、一九四〇年）一一〇四頁、清宮四郎『会計法（新法学全集）』（日本評論社、一九三九年）五八頁、杉村章三郎『財政法（新版）』（有斐閣、一九八二年）二六〇―二六一頁参照〕。

この他にも、会計法の時効規定は、国の公法上の金銭債権・債務について、その時効期間を定めた一般規定であると解する説がある〔第三説。田中二郎『行政法総論』（有斐閣、一九五七年）二四一頁。東京高判昭和三六年一〇月一一日高民集一四巻六号四二四頁は「特別規定」というが同旨〕。この説では、国の公法上の金銭債権・債務について「他の法律」がなければ会計法三〇条により五年の時効期間に服することになり、私法上の金銭債権は民商法等の規定〔「他の法律」には含まれない〕によることになる。

さらに、国を当事者とする金銭債権を、「国民との合意によって成立する国の債権・債務〔及びそのコロラリーとしての不法行為・不当利得・事務管理にもとづく請求権〕」と「国会制定法に発生の原因をもつ国の債権〔課徴金・収納金〕・国に対する債権〔給付金〕」とに区分し、前者の時効期間は「個々の債権の内容的特殊性に応じた民法の定め」によるが、後者の時効期間は当該課徴金等の根拠を定める法律が当該債権の内容的特殊性に応じた特別の時効期間を定めない限りは国庫金の出納を単純明確化するための会計法三〇条により五年であるとする説がある〔第四説。高柳信一「判批」法協八四巻一〇号一四〇一頁〕。

また、会計法三〇条の立法趣旨は、国を当事者とする金銭債権の時効期間を民法一六七条一項が定めているように一〇年としたのでは長過ぎるという認識の下に、行政事務の能率化をはかるために、これを五年とすることにあると理解する説がある。したがって、この説は、五年未満の消滅時効期間を定める民法の規定は国を当事者とする金銭債権に適用されるが、五年を越える消滅時効期間を定める民法の規定は適用されないとする〔第五説。『行政法の争点

〔新版〕』〔一九九〇年〕三三頁〔山内一夫〕）。この説は、国を当事者とする金銭債権の時効期間は短いほうがよいと考えることになりそうであるが、それでよいかが問われよう。ちなみに、明治会計法が制定された当時の出訴期限規則（明治六年制定）では六か月、一年、五年とされていたことから（内池慶四郎『出訴期限規則略史』〔慶應義塾大学法学研究会、一九六八年〕六九頁以下参照）、少なくとも、当初の立法趣旨には出訴期限規則よりも短くしようとする考えはなかったものと思われる。

【評　論】

一　本判決は、公立病院の診療に関する債権の消滅時効期間について、従来の行政実例とは異なり、地方自治法二三六条一項所定の五年ではなく、民法一七〇条一号により三年であるとした初めての最高裁判決であり、民法一七〇条一号が適用される事例を明らかにしたものとしての意義がある。本判決の射程は、国立病院の診療債権にも及び、国立病院の診療に関する債権の消滅時効期間も、会計法三〇条所定の五年ではなく、民法一七〇条一号により三年ということになろう。この点は、すでに同様の見解を前提にした運用がなされているようである（原審判決、土谷・後掲二〇七頁参照）。

二　本判決は、国や普通地方公共団体（以下では、国等という）を当事者とする金銭債権の時効期間が会計法三〇条や地方自治法二三六条一項（以下では、会計法三〇条等という）により五年となるか民法の定める時効期間によるかは、その法律関係が「本質上公法関係」か「本質上私法関係」であるかによるとするものであり、前掲最判昭和四一年一一月一日、最（大）判昭和四五年七月一五日と同様である。いわゆる公法私法二元論への批判に鑑みると、公法上の金銭債権を前掲最判昭和五〇年二月二五日のように「行政上の便宜を考慮する必要がある金銭債権」と表現する方が望ましいということになり（小早川光郎『行政法　上』〔有斐閣、一九九九年〕一七四頁参照。柴田保幸「解説」最判解民昭和五〇年度八事件七一頁は、このような表現は公法私法二元論に対する批判を考慮したものであるという）、前記の高柳説は説得的である。いずれにしても、個別の問題について個別に検討する作業を抜きに一般的に公法私法を語ることはできず（藤田宙靖『行政法Ⅰ総論〔第四版改訂版〕』〔青林書院、二〇〇五年〕四五頁参照）、他方、その個別の問題について、そのようにより深められ具体化された基準を指して依然として私法公法の語が用いられることはありうるところであろう。

三　本判決は、本件法律関係が「本質上私法関係」であるから民法の時効期間規定を適用するとしたものである。これが、民法の時効期間規定は地方自治法二三六条一項の「他の法律」の「定め」に当たるとして民法の時効期間規定を適用したものであるのかははっきりしない。会計法三〇条の五年ではなく民法所定の時効期間によるとした前掲最高裁諸判決においても、前掲大審院諸判決とは異なり、会計法三〇条の「他の法律」に民法が含まれることを明言してはいない。もっとも、最判昭和四四年一一月六日民集二三巻一一号一九八八頁は、労働者災害補償保険法二〇条一項により国が取得する損害賠償請求権は私法上の債権であって公法上の債権ではないから、その時効による消滅については会計法三一条一項にいう「別段の規定」である民法の規定が適用されるので時効の利益を放棄することができるとしている（前掲最判昭和四一年一一月一日について、小倉顕調査官の「解説」最判解民事篇昭和四四年度一六事件七八一頁は「他の法律」に民商法を含む趣旨と理解してよいというが、高柳・前掲「判批」一三九八頁は明らかでないとし、『行政法の争点〔新版〕』〔有斐閣、一九九〇年〕三二頁〔山内一夫〕は、この最判昭和四四年一一月六日が前掲最判昭和四一年一一月一日を引用していることから前掲最判昭和四一年一一月一日は第二説をとるものとみている）。他方、前掲最判昭和五〇年二月二五日は前記第三説のように見える。

四　この問題は、会計法三〇条等の適用範囲は公法私法に及ぶとしながら「他の法律」に私法も含まれる（前記第二説）としても、適用範囲は公法にのみ及ぶとして「他の法律」に私法は含まれない（前記第三説）としても事案の解決に変わりはなく、実益に乏しいともいえようが（したがって、最高裁はこの点を明らかにする必要はなかったと見ることもできよう）、条文適用の構造はどうなっているかを考えておきたい。

民法の時効期間規定をいわゆる私法上の債権についてのみの規定であるとすると、二つの解釈が考えられる。一つは、①会計法三〇条等は公法私法上の債権に適用されるが、私法上の債権については私法上の権利についてのみ適用される民法の時効期間規定が「他の法律」の「規定」「定め」（以下、単に「規定」という）として適用されるので、会計法三〇条等の五年は、結果的に公法上の債権についてのみ適用されるというものである（前記第二説はこれか）。もう一つは、②会計法三〇条等は公法上の債権にのみ適用され、「他の法律」の「規定」は公法上の債権に関するものに限られるという考え方である。

これに対し、民法の時効期間規定は、いわゆる公法私法を通して債権一般に適用される規定であるとすると（星野英一「民法の意義－民法典からの出発－」『民法論集第四巻』〔有斐閣、一九七八年〕〔我妻栄先生追悼論文集『私法学の新たな展開』〔有斐閣、一九七四年〕初出〕一三頁参照）、「他の法律」の「規定」に民法の時効期間規定が含まれると、会計法三〇条等により五年とされる債権は存在しなくなる。したがって、会計法三〇条等の規定を無意味にしないためには、③会計法三〇条等を民法の時効期間規定の特則と位置づけ、会計法三〇条等は公法上の債権に関して適用される規定であって、会計法三〇条等にいう「他の法律」の「規定」とは会計法三〇条等に対する特別規定を指すので民法の時効期間規定は含まれないということになろう（②と③の結論は第三説と同じであるが、第三説が民法の時効期間規定をいずれと見るものであるかは明らかでない）。

五　右③では、会計法三〇条等の五年は適用されず民法の時効期間規定が適用されるとする場合の理由づけとしては、論理的には、当該法律関係が私法上の法律関係であるということよりも、会計法三〇条等により五年とされる法律関係（公法上の法律関係）ではないということの方が先にくることになる。しかし、当該法律関係が私法上の法律関係であることは、通常は公法上の法律関係ではないことと同じであるから、右②はもちろん③をとるときも、本判決のように、私法上の法律関係であることを理由としてよいということになろう。なお、本判決が「本質上私法関係」というのは、その対概念としての「本質上公法関係」として前掲最判昭和五〇年二月二五日がいう「行政上の便宜を考慮する必要がある金銭債権」を考えているとするならば、少なくとも、従来の公法私法二元論にとどまるものであるとはいえないことになろう。この点に関し、会計法三〇条等の適用との関係で問題となる公法上の金銭債権とは、国や地方自治体が債権者または債務者になることが法定された金銭債権であるといえるのではないだろうか（前記高柳説と同旨）。

以上から、本判決は妥当であると考えるが、条文の適用において右①ないし③（さらに他の考え方もありうるかもしれない）のいずれをとるべきかは、民法の時効期間規定および会計法三〇条等の適用範囲をどう考えるべきか、立法者意思、時間経過の中で制定されてきた諸法律の公法私法論、一般法特別法のとらえ方、法全体のとらえ方にも関連する難しい問題であるように思われる。

〈評釈等〉　土谷裕子・最判解民事篇平成十七年度（下）八七三頁（初出、曹時六〇巻三号九四六頁）、同・最高裁時の判例Ⅴ（ジュリ増刊）一二三頁（初出、ジュリ一三三一号二〇六頁）、金山直樹・セレクト'06一〇頁、木村琢麿・判評五七七号一六頁（判時一九五三号一九四頁）、長久保尚善・判タ一二四五号二六頁、中舎寛樹・NBL八二九号八頁、橋本勇・自治実務セミナー四五巻一号五二頁、山本隆司・法教三五三号四六頁。

＊初出は、リマークス三四号（二〇〇七年）一〇頁。

四　不法行為による損害賠償請求権の期間制限

[51]　民法七二四条後段の二〇年の性質

最高裁平成元年一二月二一日第一小法廷判決（昭和五九年（オ）第一四七七号国家賠償請求事件）――破棄自判

（民集四三巻一二号二二〇九頁、訟月三六巻一二号二二一〇頁、判時一三七九号七六頁、判タ七五三号八四頁）

〈参照条文〉　民法七二四条

〔事　実〕　X_1は、昭和二四年二月一四日、鹿児島県の山中で米軍将兵による不発弾処理作業がなされるに際し、地元の巡査の要請を受けた消防団の求めに応じ山林の防火活動に従事していたところ、不発弾が至近距離で突然爆発し、その燃焼した油脂を顔面その他身体前面部全体に浴びて重傷を負い、現在、顔面全体の瘢痕、高度の醜貌、左眼は摘出により無眼球、右眼視力の極度の低下、両耳の難聴、瘢痕性萎縮による左肘関節の伸展位の固定等の後遺症がある。Y（国、被告・被控訴人・上告人）は、法律等に基づき、X_1に昭和二四年から二八年にかけて二〇万八四五〇円、昭和三七年に一三万七五〇〇円を、昭和四二年にX_1に一八万四〇〇〇円、その妻X_2に七万五〇〇〇円を支払った。しかし、X_1は終身業務に服することのできない廃人同様の状態にあるため、X_1ら（原告・控訴人・被上告人）は、「事故に遭遇して以後、今日にいたるまで鹿児島市役所、鹿児島県庁などの係員（Yの機関又は団体委任事務担当者を含む）を訪ねて必死に被害の補償を求めたけれども、いずれも要領を得ずその間僅かばかりの前示占領軍給付金の支給や生活保護の支給を受けたほか、係の間をいわゆるたらい回しにされるのみで責任の所在が明らかにならず、所管部局さえ判明しない始末であった」（原審の認定）。そこで、X_1らは、本件事故発生から二八年一〇か月余りを経過した昭和五二年一二月一七日、国家賠償法一条一項に基づき、Yに対し損害賠償（X_1が一〇〇〇万円、X_2が五〇〇万円）を請求して本訴を提起、Yは民法七二四条所定の期間経過を主張して争った。

第一審（鹿児島地判昭和五五年一〇月二七日民集四三巻一二号二二二七頁）はX_1らの請求を棄却（同条前段の三年の時効完成を理由とするようである）。原審（福岡高宮崎支判昭和五九年九月二八日民集四三巻一二号二二三三頁。徳本伸一「判批」判評三二四号（判時一一七三号）一八頁）は、まず、同条後段の二〇年の期間につき、その法的性質を時効と解したうえで、時効の完成を認めつつ、本件で「消滅時効を援用ないし除斥期間の徒過を主張することは、信義則に反し、権利の濫用として許されない」とした。次に、三年の時効につき、時効は完成していないが、仮に完成していても時効の援用は信義則に反し権利の濫用として許されないとして、結局、X_1らの請求を一部（半額）認容した。そこでYは、最（一小）判昭和五四年三月一五日（裁判集民事一二六号二四三頁、訟月二五巻一二号二九六三頁）を援用し、二〇年の期間は除斥期間であるから信義則違反や権利濫用を論ずる余地はない等と主張して上告。

〔判　旨〕「民法七二四条後段の規定は、不法行為によって発生した損害賠償請求権の除斥期間を定めたものと解するのが相当である。けだし、同条がその前段で三年の短期の時効について規定し、更に同条後段で二〇年の長期の時効を規定していると解することは、不法行為をめぐる法律関係の速やかな確定を意図する同条の規定の趣旨に沿わず、むしろ同条前段の三年の時効は損害及び加害者の認識という被害者側の主観的な事情によってその完成が左右されるが、同条後段の二〇年の期間は被害者側の認識のいかんを問わず一定の時の経過によって法律関係を確定させるため請求権の存続期間を画一的に定めたものと解するのが相当であるからである。

これを本件についてみるに、X_1らは、本件事故発生の日である昭和二四年二月一四日から二〇年以上経過した後の昭和五二年一二月一七日に本訴を提起して損害賠償を求めたものであるところ、X_1らの本件請求権は、すでに本訴提起前の右二〇年の除斥期間が経過した時点で法律上当然に消滅したことになる。そして、このような場合には、裁判所は、除斥期間の性質にかんがみ、本件請求権が除斥期間の経過により消滅した旨の主張がなくても、右期間の経過により本件請求権が消滅したものと判断すべきであり、したがって、X_1ら主張に係る信義則違反又は権利濫用の主張は、主張自体失当であって採用の限りではない。」

【解　説】

一　消滅時効と似て非なる制度として、民法の条文にはその語はないものの、除斥期間があるということについては異論がない。しかし、消滅時効との具体的な相違点、民法のどの条文の期間が除斥期間かとなると見解は一致せず、むしろ、近時の判例（下級裁判所のものがほとんどであり、その多くが民法七二四条に関するものである）・学説の状況は錯綜の度を増しつつある（椿寿夫ほか「特集／時効期間と除斥期間」法時五五巻三号・四号〔一九八三年〕参照）。そのようななかで、本判決は、最高裁が民法七二四条後段の二〇年の期間につき、第一に、その法的性質は除斥期間であるとし、第二に、裁判所は当事者の主張がなくとも除斥期間が経過していれば権利は消滅したものと判断すべきであるから（時効は援用を要することについては、最二小判昭和六一年三月一七日民集四〇巻二号四二〇頁がある）、当事者の二〇年の期間経過による権利消滅の主張が信義則違反又は権利の濫用となることはない、との判断を示したものとして重要である。

二　右第一点および第二点の理由部分（援用不要）に関する最高裁の判例としては、Yも上告理由で援用している最判昭和五四年三月一五日がある。これは、二〇年の期間は時効期間であるのに、除斥期間であるとして相手方の援用がないにもかかわらず二〇年の経過により損害賠償請求権は消滅したと判断した原判決は民法七二四条後段の解釈を誤ったものであるとの上告理由に対し、「所論の点に関する原審の判断は、正当として是認することができ、原判決に所論の違法はない。」と判示して、二〇年を除斥期間と解した第一審判決を維持した原判決を肯定したものである。その後も下級裁の裁判例は時効説・除斥期間説に分かれていたが、本判決により、最高裁が除斥期間説をとり援用不要とすることがより明確にされたわけである。

第二点の結論部分（信義則違反又は権利濫用の余地なし）は、最高裁として初めての判断である。この問題に関連する下級裁判例としては、近時、福島地いわき支判昭和五八年（後出）や、「消滅時効を援用ないし除斥期間の徒過を主張することは、信義則に反し、権利の濫用として許されない」とする本件原審のように、時効か除斥期間かで区別はしないものが数件見られるにすぎない。この問題に関しては、学説もながく論点としては明確には意識していなかったように思われるが、最近、除斥期間の目的から、あるいは援用不要の論理的帰結として本判決を予想するものが出ていた（徳本・後掲二四六頁、二五二頁、松久三四彦「時効（2）――わが民法における権利の期間制限」法教一〇八号〔一九八九年〕五四頁〔同『時効制度の構造と解釈』〈有斐閣、二〇一一年〉四〇九頁〕）。

三　本判決は、除斥期間経過により権利が法律上当然に消滅する（援用不要）という理由から、除斥期間経過による権利消滅の主張が信義則違反又は権利の濫用となることはないという。直接には民法七二四条後段の二〇年の期間につき判示したものではあるが、その理由の一般性からして、本判決の射程距離は、除斥期間一般に及ぶものと解される。

本判決により、最高裁判例における消滅時効と除斥期間の具体的相違点として（除斥期間の経過した債権を自動債権として相殺できるかという問題については、最一小判昭和五一年三月四日民集三〇巻二号四八頁がこれを肯定し、民法五〇八条が類推適用されるとしているので、両者で異ならない）、援用の要否、信義則違反又は権利濫用の有無、が明らかにされたが、その他の点は明らかでない（学説は、おもに、中断の有無を挙げてきた）。除斥期間は援用不要ということからは、時効利益の放棄やいわゆる消滅時効完成後の債務承認による時効援用権喪失に対応する事態は問題とならない、すなわち、除斥期間経過後にその利益を放棄したり（この場合は、贈与または新たな債務負担行為として債務を負うとの解釈も成り立たないではない）債務の承認をしても権利の消滅は影響を受けないということになろうか。

ちなみに、本判決に続いて、不法行為（軍隊内での上官の暴行）の時から約四一年後に訴えを提起した事案で本判決を引用する最（三小）判平成二年三月六日（昭和六一年（オ）第六四八号）裁判集民事一五九号一九九頁がでた。その第一審（福島地いわき支判昭和五八年一月二五日判タ五〇六号一四二頁）は、消滅時効完成後に債務を承認しているので、信義則に照らし、時効の援用は許されないとし、「なお、不法行為に基づく債権の二〇年の消滅時効期間（民法七二四条）について、これを除斥期間と解する説もあるが、そのように解したとしても右の結論を否定する理由はない。」と付言している。原判決が、時効の利益は放棄されていないとしてこれを取消したのに対し、民法七二四条後段の二〇年を消滅時効と解した点は誤りであるとして本判決を引用しつつ、「裁判所は、除斥期間の性質に鑑み、本件請求権は除斥期間の経過により消滅したとの主張がなくても、右期間の経過により本件請求権は消滅したものと判断すべきものであるから（右判例〔本判決のこと－筆者注〕参照）、上告人の本件請求権を棄却した原審の判断は、結論において相当である。」としたものである（手元の資料では上告理由は不明）。

四　本判決に対しては、さしあたり、信義則違反又は権利濫用の余地なしという結論の妥当性、この結論は除斥期間であれば援用不要ということからの論理的帰結であり反対の解釈は成り立ちえないのか、の二点が検討されるべき点であるといえよう。

沿革的には、七二四条の二〇年が消滅時効として規定されたものであることはほぼ疑いなく、学説の承認するところでもある（徳本伸一「損害賠償請求権の時効」『民法講座6』（有斐閣、一九八五年）七〇三頁以下参照）。しかし、近時の学説は、除斥期間説（加藤一郎『不法行為〔増補版〕』（有斐閣、一九七四年）二六三頁、広中俊雄『債権各論講義第五版』（有斐閣、一九七九年）四八九頁、など）が通説ないし多数説といわれ、消滅時効説（後掲・各文献）も少数ながら説得力がある（私見は消滅時効説）。これらの学説の多くは、信義則違反又は権利濫用の有無という本問題を視野に収めたものではない。それだけに、本判決が提示した論点をふまえてなお今後も除斥期間説が通説的地位を占め続けるか注目されるところである。

〈評釈等〉　河野信夫・最判解民事篇平成元年度六〇〇頁（初出、曹時四三巻七号一五七九頁）、飯村敏明・判タ七九〇号九八頁、石松勉・福岡五五巻一号一頁、内池慶四郎・判例リマークス二号七八頁、采女博文・鹿法二六巻二号一六一頁、大村敦志・法協一〇八巻一二号二一二四頁、手塚一郎・茨城大学政経学会雑誌八一号七一頁、副田隆重・法セ四三〇号一一四頁、徳本伸一・判評三九三号二六頁（判時一三九四号一八八頁）、橋本英史・判例地方自治二八八号九〇頁、半田吉信・民商一〇三巻一号一三一頁、松久三四彦・セレクト'90二七頁、松本克美・ジュリ九五九号一〇九頁、松本克美・立命三〇四号三一六頁、三輪佳久・民研三九五号二四頁、柳澤秀吉・名城四一巻一号一五五頁、良永和隆・民研六一二号七八頁、渡邉知行・名法一三九号五六九頁。

＊初出は、平成元年度重判解（ジュリ臨増九五七号、一九九〇年）八三頁。

[52]　ハンセン病訴訟熊本地裁判決の民法七二四条論

熊本地裁平成一三年五月一一日判決（平成一〇年（ワ）第七六四号、同第一〇〇〇号、同第一二八二号、同平成一一年（ワ）第三八三号、「らい予防法」違憲国家賠償請求事件）——一部認容、一部棄却（確定）

（訟月四八巻四号八八一頁、判時一七四八号三〇頁、判タ一〇七〇号一五一頁）

〈参照条文〉　民法七二四条、国家賠償法一条一項

〔事　実〕　らい予防法（一九五三（昭和二八）年八月一五日公布施行。以下「新法」という）の下で同法一一条の国立療養所に入所していた原告ら（一二七名）は、国家賠償法が施行された一九四七（昭和二二）年一〇月二七日から、新法がらい予防法廃止に関する法律（廃止法）により廃止された一九九六（平成八）年三月二八日（ただし、廃止法の公布は一九九六

年三月三一日、施行は同年四月一日）までの、①厚生大臣によるハンセン病政策（絶対隔離絶滅政策）の策定・遂行についての国家賠償と、②国会議員の立法行為（立法不作為を含む）についての国家賠償を求め、いわゆる包括一律請求として原告各自に一億一五〇〇万円（うち、一五〇〇万円は弁護士費用）を支払うよう求めて本訴を提起し（第一次提訴が一九九八年七月三一日、第四次提訴が一九九九年三月二九日）、①②は共同不法行為の関係に立つと主張した。被告（国）は、この賠償責任を全面的に争うとともに、仮に責任があるとしても、原告らの訴え提起時から二〇年前の日以前の行為を理由とする国家賠償請求権は、民法七二四条後段により消滅していると主張した。

〔判　旨〕　一　本判決は、まず、厚生省が遅くともすべての入所者及びハンセン病患者について隔離の必要性が失われた一九六〇（昭和三五）年以降は隔離政策の抜本的な変換やそのために必要となる相当な措置を採るべきであったのにそれをせず、入所者の入所状態を漫然と放置し、新法六条、一五条の下で隔離を継続させたこと、また、ハンセン病が恐ろしい伝染病でありハンセン病患者は隔離されるべき危険な存在であるとの社会認識を放置したことにつき、厚生大臣の不法行為が成立し、国家賠償責任があるとした。つぎに、新法によるハンセン病患者に対する「人権制限の実態は、単に居住・移転の自由の制限ということで正当には評価し尽くせず、より広く憲法一三条に根拠を有する人格権そのものに対するものととらえるのが相当である」としたうえで、「遅くとも昭和三五年には、新法の隔離規定は、その合理性を支える根拠を全く欠く状況に至っており、その違憲性は明白となっていた」とし、本件は、「他にはおよそ想定し難いような極めて特殊で例外的な場合として、遅くとも昭和四〇年以降に新法の隔離規定を改廃しなかった国会議員の立法上の不作為」は不法行為となり国家賠償責任があり、これは、国会議員の立法行為（立法不作為を含む）と国家賠償に関する最高裁判決（最判昭和六〇年一一月二一日民集三九巻七号一五一二頁など）に抵触するものではないとした。

二　賠償されるべき損害につき、本判決は、「原告らは、被告の違法行為によって受けた損害を、①隔離による被害、②烙印付け被害（スティグマによる被害）、③退所者の被害等、さまざまな角度から分析しつつ、これらを総体として、社会の中で平穏に生活する権利を侵害された被害として包括的に評価すべきであるとして、原告らに共通の損害（以下「共通損害」という。）につき、いわゆる包括一律請求をしている」としたうえで、原告らの損害の内容の「一つ一つにつき、立証を求めていたのでは、訴訟が大きく遅延することは明らかであり、真の権利救済は到底望めず、また、訴訟運営上も明らかに相当でないこと、もともと、慰謝料には、個別算定方式による場合であっても、各費目の損害を補完・調整して、全体としての損害額の社会的妥当性を確保する機能があることなどからすれば、原告らが主張する被害の中から、一定の共通性の見出せる範囲のものを包括して慰謝料として賠償の対象とすることは、許されなければならない」とした。

具体的には、原告ら主張の損害のうち、①財産的損害と②身体的損害は共通損害にあたらないが、③隔離による被害と、④ハンセン病患者としての地位に置かれてきたことによる精神的損害は共通損害にあたるとした。もっとも、個々の原告間には被害の程度に差異があるので、③は「より被害の小さいケースを念頭に置いて控え目に損害額を算定する」とし、④も「控えめに損害額を算定する」とし、優生政策による被害と患者作業による被害を「隔離による被害を評価する上での背景的事情として見ることとする」とした。また、③④の「二つの共通損害は、互いに密接に結び付くものである。……。したがって、入所者の被害については、この二つの共通損害を別々に金銭評価するのではなく、これらを包括して、社会内で平穏に生活することを妨げられた被害としてとらえるのが相当である」とした。さらに、損害額の算定についての基本的考えと具体的基準、慰謝料の減額事由を示し、各原告に損害として、八〇〇万円から一四〇〇万円とその一割の弁護士費用を認めた。

三　民法七二四条後段については、次のように判示し、二〇年は経過していないとした。

「第一　被告は、原告らが本件訴えを提起した時点から二〇年より以前の行為を理由とした国家賠償請求権が仮に発生していたとしても、除斥期間を定めた民法七二四条後段により消滅していると主張している。

第二　民法七二四条後段の規定は、不法行為による損害賠償請求権の除斥期間を定めたものと解するのが相当であるところ（最高裁平成元年一二月二一日第一小法廷判決・民集四三巻一二号二二〇九頁）、右除斥期間の起算点について、同条後段は『不法行為ノ時』と定めている。

そこで、右除斥期間の起算点について検討するに、本件の違法行為は、厚生大臣が昭和三五年以降平成八年の新法廃止まで隔離の必要性が失われたことに伴う隔離政策の抜本的な変換を怠ったこと及び国会議員が昭和四〇年以降平成八年の新法廃止まで新法の隔離規定を改廃しなかったという継続的な不作為であり、違法行為が終了したのは平成八年の新法廃止時である上、これによる被害は、療養所への隔離や、新法及びこれに依拠する隔離政策により作出・助長・維持されたハンセン病に対する社会内の差別・偏見の存在によって、社会の中で平穏に生活する権利を侵害されたというものであり、新法廃止まで継続的・累積的に発生してきたものであって、違法行為終了時において、人生被害を全体として一体的に評価しなければ、損害の適正な算定ができない。

このような本件の違法行為と損害の特質からすれば、本件において、除斥期間の起算点となる『不法行為ノ時』は、新法廃止時と解するのが相当である。

なお、退所者については、退所時に隔離という意味での違法行為が終了しているとも見られないではない。しかしながら、本件で賠償の対象となる共通損害は、隔離による被害の部分とそれ以外の部分に観念的には区別できるが、両者は、共通する違法行為から発生し、密接に結び付くものであって、分断して評価すべきものではなく、両者を包括して、社会の中で平穏に生活する権利の侵害ととらえるべきものであることからすれば、本件において、退所の事実は、除斥期間の起算点の判断に影響を与えないというべきである。

したがって、本件において、除斥期間の規定の適用はない。

第三　被告は、土地の不法占有による損害賠償に関する事案である大審院昭和一五年一二月一四日民事連合部判決（民集一九巻二三二五頁）を挙げるが、右判決は、民法七二四条後段とは権利消滅の法的性質や起算点の定め方が全く異なる同条前段の三年の短期消滅時効に関するものである上、損害が、加害行為の継続により定量的に発生するという点においても、本件とは事案を異にするものというべきである。

また、被告は、嘉手納基地や横田基地の騒音被害の短期消滅時効に関する下級審判決をるる指摘するが、これについても、右大審院判決について述べたところがそのまま妥当し、本件とは事案を異にするものというべきである。

さらに、被告は、加藤老国家賠償訴訟の広島高裁昭和六一年一〇月一六日判決（訟月三三巻九号二二〇三頁）が、刑の執行を違法行為とする国家賠償請求について、除斥期間が日々別個に進行する旨判示しており、本件もこれと同様に考えるべきであると主張している。しかしながら、右判決は、戦前の有罪判決（後に再審により無罪となった。）による国家賠償法施行前後にまたがる刑の執行による損害の賠償を求めた特殊な事案に関するものであり、本件とは事案を異にする。なお、付言するに、右判決は、結局、国家賠償法上の違法行為の存在を認めていないのであり、除斥期間に関する判断は、あくま

でも傍論的なものというべきである。」（傍線は筆者による。以下同じ）

【熊本地裁判決への政府声明（平成一三年五月二五日）】

「政府は、二〇〇一年五月一一日の熊本地方裁判所ハンセン病国家賠償請求訴訟判決に対しては、控訴断念という極めて異例の判断をしましたが、この際、本判決には、次のような国家賠償法、民法の解釈の根幹にかかわる法律上の問題点があることを当事者である政府の立場として明らかにするものです。

一　立法行為については、国会議員は国民全体に対する政治的責任を負うにとどまり、国会議員が個別の国民の権利に対応した関係での法的責任を負うのは、『立法の内容が憲法の一義的な文言に違反しているにもかかわらず国会があえて当該立法を行うというごとき、容易に想定し難いような例外的な場合』（最高裁判所一九八五年一一月二一日第一小法廷判決）、すなわち故意に憲法に違反し国民の権利を侵害する場合に限られます。これに対して、本判決は、故意がない国会議員の不作為に対して、法的責任を広く認めております。このような判断は、司法が法令の違憲審査権を超えて国会議員の活動を過度に制約することとなり、前記判例に反しますので、国家賠償法の解釈として到底認めることができません。

二　民法七二四条後段は、損害賠償請求権は二〇年を経過することにより消滅する旨規定していますが、本判決では、結果的に四〇年間にわたる損害の賠償を認めるものとなっております。この点については、本件の患者・元患者の苦しみを十分汲み取って考えなければならないものではありますが、そのような結論を認めれば、民法の規定に反し、国民の権利・義務関係への影響があまりにも大きく、法律論としてはこれをゆるがせにすることができません。」

【評　釈】

一　はじめに

歴代最高の支持率に支えられた小泉純一郎首相が、本判決を受け入れるべきであるとする世論にどう対応するか。それは、右内閣が真に国民の期待に答えうるものであるのかを占う試金石と見られたためか、一地裁判決ながら、本判決ほど集中的で多量の報道を通して世間に知られた例はなかったといえよう。大方の予測を覆す控訴せずとの決断は、国民の絶大な共感を呼んだが、同時に、政府声明という形で本判決の問題点が指摘された。その第二点として、本判決は民法七二四条後段に反するとされたが、はたしてそうか。以下では、この点を中心に検討したい。

二　法的性質

民法七二四条後段の二〇年の法的性質を述べる判例は、かつては除斥期間説が上回っていたものの消滅時効説をとる判例も多く見られた[1]。そこで、最一判平成元年（最判平成元年一二月二一日民集四三巻一二号二二〇九頁）は、民法七二四条の趣旨は「不法行為をめぐる法律関係の速やかな確定」にあるから、同条後段の二〇年は除斥期間であり、「本件請求権は、既に本訴提起前の右二〇年の除斥期間が経過した時点で法律上当然に消滅したことになる」ので、「このような場合には、裁判所は、除斥期間の性質にかんがみ、本件請求権が除斥期間の経過により消滅した旨の主張がなくても、右期間の経過により本件請求権が消滅したものと判断すべきであり、したがって、原告ら主張に係る信義則違反又は権利濫用の主張は、主張自体失当」であるとした。以後、判決はすべて除斥期間説に統一された。すなわち、〔1〕福島地いわき支判平成二年一二月二八日判時一三四四号五三頁（常磐炭鉱じん肺訴訟）、〔2〕最三判平成二年三月六日裁判集民事一五九号一九九頁（ジュリスト九六三号判例カード一九七）、〔3〕京都地判平成二年七月一八日判タ七四六号一三七頁（公立聾学校教員に対する差別的取扱）、〔4〕東京地判平成二年八月二七日判時一三七九号一〇五頁（町長の虚偽情報）、〔5〕東京地判平成四年二月七日訟月三八巻一一号一九八七頁（水俣病東京訴訟）、〔6〕東京高判平成四年一二月一八日高民集四五巻三号二一二頁（予防接種禍東京集団訴訟）、〔7〕京都地判平成五年一一月二六日訟月四〇巻一一号二五八一頁（水俣病京都訴訟）、〔8〕大阪高判平成六年三月一六日訟月四二巻三号四五七頁（予防接種禍大阪集団訴訟）、〔9〕大阪地判平成六年七月一一日訟月四一巻八号一七九九頁（水俣病関西訴訟）[2]、〔10〕東京地判平成七年七月二七日判タ八九四号一九七頁（上敷香韓人虐殺事件）、〔11〕富山地判平成八年七月二四日判タ九四一号一八三頁（不二越訴訟）、〔12〕東京高判平成八年八月七日訟月四三巻七号一六一〇頁（一審〔10〕）、〔13〕東京地判平成九年五月二六日判時一六一四号四一頁（川崎製鉄所強制労働訴訟）、〔14〕東京地判平成九年一二月一〇日判タ九八八号二五〇頁（鹿島建設花岡出張所強制労働訴訟）、〔15〕東京地判平成一〇年五月二六日判タ九七六号二六二頁（セクハラ訴訟）、〔16〕最二判平成一〇年六月一二日民集五二巻四号一〇八七頁（二審〔6〕）、〔17〕東京地判平成一〇年一〇月九日訟月四五巻九号一五九七頁（フィリピン性奴隷損害賠償請求訴訟）、〔18〕名古屋高金沢支判平成一〇年一二月二一日判タ一〇四六号一六一頁（一審〔11〕）、[3]〔19〕東京高判平成一一年七月二二日判タ一〇一七号一六六頁（一審〔15〕）、〔20〕東京高判平成一二年一二月六日訟月四七巻一一号三三〇一頁（一審〔17〕）は、すべて除斥期間説をとり、多くが最判平成元年を明示的に援用している（〔3〕〔4〕は明示せず）。本判決もこれに続くものである。

三　柔軟な解釈例

最判平成元年によれば、二〇年経過により権利は画一的に消滅するかの如くである。しかし、〔5〕判決は、加害者において除斥期間の利益を放棄し得ないものではなく、したがって、被告において原告の「損害賠償請求権が除斥期間の経過により消滅した旨の主張をしていないことが、被告が積極的に除斥期間の経過による利益を放棄する意思を有していることによるものと認められる特段の事情がある場合においては、裁判所は除斥期間の規定を適用すべきではない」とし、本件では除斥期間の利益の放棄ありとして、二〇年の満了未了を判断せずに請求を認容した。[4]同じく、満了未了を判断せずに請求を認容した〔7〕判決は、満了していても「加害者をして除斥期間の定めによる保護を与えることが相当でない特段の事情」がある場合には権利濫用になるとし、本件はそれに当たるとした。また、〔8〕判決は、被害児三名につき民法一五八条を類推適用し、被害児一名の相続人につき裁判外での除斥期間内の権利行使により損害賠償請求権が保存されているとして請求を認容し、〔16〕最判も民法一五八条の法意を理由に原告敗訴とする原判決の一部を破棄差戻しとした。[5]このように、最判平成元年後の判決には、①除斥期間の利益の放棄（〔5〕）、②権利濫用（〔7〕）、③民法一五八条の類推適用（〔8〕）、④民法一五八条の法意（〔16〕）という法的構成により被害者の救済を図るものが見られる。本判決は、⑤「被害を全体として一体的に評価」し違法行為終了時を起算点とすることにより除斥期間の壁を破るものであり、新たな構成例を加えるものである。[6]

四　起算点

民法七二四条後段の二〇年の起算点（「不法行為ノ時」）については[7]、加害行為時説と損害発生時説に大別されるが、最判平成元年はこれに触れていない。最判平成元年前の除斥期間判例はすべて加害行為時説をとるが[8]、最判平成元年後は被害者救済の道（除斥期間経過せず）を開きやすい損害発生時説の方が多いことが注目される。すなわち、〔1〕〔3〕〔9〕は損害発生時（不法行為の構成要件充足時）説をとり（〔1〕〔9〕は進行性〔蓄積型〕健康被害の事案）、加害行為時説をとる〔13〕も、実際には、後遺障害固定時としている。

本判決は明言しないが、実質的には本件原告らも主張している損害発生時説（原告らは加害行為の終了時ともいうが、いずれも具体的には新法廃止時）をとるものといえよう。注目されるのは、本件被害は「新法廃止まで継続的・累積的に発生してきたものであって、違法行為終了時において、人生被害を全体として一体的に評価しなければ、損害の適正な算定ができない」として、新法廃止時を起算点としたことである。損害発生時説においても、〔1〕は「損害の一部でも、それが発生していることが客観的に明らかになったことをもって足りる」といい、〔9〕も「損害の一部でも発生した時点」が起算点になるとしたが、本判決は、損害を包括一個ととらえ一括進行説をとったのである。

もっとも、損害を一体と見て起算点を遅らせるのは、既に、民法七二四条前段の三年時効の起算点に関する判例[9]が、継続的不法行為の特定の類型で採用するものである。すなわち、進行性（蓄積型）健康被害の場合には一括進行説をとる（本件原告らも、次の①②判決を援用している）。例として、労働災害につき、①東京地判昭和五六年九月二八日判時一〇一七号三四頁（日本化工クロム労災訴訟）、②宮崎地延岡支判昭和五八年三月二三日判時一〇七二号一八頁（松尾砒素鉱毒訴訟）、③福島地いわき支判平成二年二月二八日判時一三四四号五三頁（常磐炭鉱じん肺訴訟[10]）があり、生活妨害（公害）につき、④千葉地判昭和六三年一一月一七日判時臨増平成元年八月五日号一六五頁（千葉川鉄訴訟）、⑤大阪地判平成三年三月二九日訟月三七巻九号一五〇七頁（西淀川公害訴訟）、⑥横浜地川崎支判平成六年一月二五日訟月四三巻八号一七四一頁（川崎大気汚染公害訴訟）、⑦岡山地判平成六年三月二三日判時一四九四号三頁（倉敷大気汚染公害訴訟）がある（起算点は⑤－⑦が提訴時、④は特定せずに時効未完成とする）。②は二〇年期間についても消滅時効説をとり、全損害を一体としてとらえ一括進行説をとっている（鉱業法一一五条二項を参照させている）。

このように、本判決は、継続的不法行為の三年時効の起算点につき一括進行説をとる判例の立場を二〇年期間の起算点に導入した②判決の流れに位置しつつ、二〇年の法的性質につき除斥期間説をとるものとしては初めてのものである。

五　本判決は最判平成元年に反するか

二〇年の起算点につき損害発生時説をとるときは、損害論（時効進行との関係における）が問題となり、民法七二四条前段の三年時効における「損害」論と連動しうる。したがって、本判決のように、除斥期間説をとりつつ一括進行説をとることは従来の判決例と整合性を欠くものではない。本判決は、二〇年の性質については最判平成元年を援用し除斥期間であるとしており、その最判平成元年は二〇年の起算点については触れていないのであるから、本判決は最判平成元年に少なくとも形式的には抵触していない。したがって、民法の規定する二〇年が最判平成元年のいうように除斥期間であるとしても、本判決は、政府声明がいうような、「民法の規定に反」するものではないということになりそうである。もっとも、最判平成元年がいう、「不法行為をめぐる法律関係の速やかな確定」という点からすると、本判決は、実質的には最判平成元年に反し、その意味では「民法の規定に反」する面があるとみることもできよう。しかし、それは、最判平成元年自体の妥当性の問題でもある。(11)

〈評釈等〉　青井未帆・信州大学経済学論集五四号一五三頁、青柳幸一・セレクト'01三頁、飯田稔・法学新報一〇八巻一一＝一二号一七五頁、石埼学・法セ五六〇号五六頁、石森久広・法政研究（九州大学）六九巻一号一一七頁、磯部哲・医事法判例百選（別冊ジュリ一八三号）五六頁、宇賀克也・判評五一六号二頁（判時一七六七号一四八頁）、高佐智美・法セ五六二号一一七頁、小島慎司・自治研究七八巻五号一一〇頁、小山剛・ジュリ一二一〇号一五二頁、佐藤修一郎・憲法判例百選Ⅱ〔第五版〕（別冊ジュリ一八七号）四四〇頁、髙橋秀典・訟月四八巻四号八八一頁、土井真一・平成一三年度重判解（ジュリ臨増一二二四号）一五頁、徳田靖之・法時七三巻八号一頁、長尾英彦・中京法学三六巻三＝四号一頁、並木茂・リマークス二五号五八頁、番匠小百合・龍谷大学大学院法学研究六号二三頁、松本克美・法時七三巻一一号一〇八頁、同・法と民主主義三六一号七頁、村重慶一・判タ一〇七〇号一一五頁、吉本良・法令ニュース六四二号四八頁。

（1）松久三四彦「民法七二四条の構造」『星野英一先生古稀祝賀・日本民法学の形成と課題（下）』（有斐閣、一九九六年）一〇〇九頁（同『時効制度の構造と解釈』（有斐閣、二〇一一年）四二七頁）参照。

（2）控訴審判決大阪高判平成一三年四月二七日訟月四八巻一二号二八二一頁は、一審で除斥期間の適用を認めて棄却していた患者について、チッソにはその適用を認めず、賠償を新たに命じた。

（3）本件は上告され最高裁第一小法廷に係属したが、平成一二年七月一日、和解が成立した（第一法規 Newsletter 判例速報平成一二年第三号二頁）。最高裁の和解勧告があったとすると、最判平成元年の不都合さの傍証になりうると考え関係者に尋ねたところ、それはなかったとのことである。

（4）これに対し、〔9〕判決は、除斥期間経過による利益の放棄はできないとする（ただし、注（2）参照）。〔5〕〔9〕判決とも、被告チッソが除斥期間経過を主張していない事案。

（5）最判平成一〇年（〔16〕）は、民法七二四条後段の適用が「著しく正義・公平の理念に反する」場合には、「当該被害者を保護する必要があ」り、「その限度で民法七二四条後段の効果を制限することは条理にもかなう」という。その後、原告が最判平成一〇年を援用する例がふえたが、〔18〕〔19〕〔20〕判決は、事案を異にするとしていずれも控訴棄却とした。ちなみに、〔18〕判決は、「……〔原告ら〕を特別差別して苛酷な労働条件下に置いたり、監禁・虐待したといった重大な人権侵害を伴う事案ではないことも明らかであるから、この意味からしても、本件においては同法七二四条後段の効果を否定するまでの特段の事情はないというべきである」という。これとは対象的に、〔20〕判決は、最判平成一〇年は「被害が甚大であること、あるいは権利行使が困難であることを理由として除斥期間の延長を容認するものではなく、そのようなことは除斥期間を定めた民法の趣旨に反するというべきである」という。ハンセン病訴訟は、判旨も認めるように重大な人権侵害ケースといえるので、〔18〕判決からすれば、最判平成一〇年と同様の一般論から、除斥期間の適用を回避することも考えられないではないが、法的構成が難しく（民法一五八条等をもちだせない）、最判平成一〇年との整合性を保ちにくい。本件原告らも最判平成一〇年を援用して除斥期間適用排除論を展開したが、本判決はこれを退けている。

(6) なお、本判決は包括一律請求を認めたものであるが（ただし、本判決がいう包括は、財産的損害と非財産的損害の包括ではない）、（包括）一律請求でも、一部が時効にかかることはある。たとえば、名古屋地判昭和五五年九月一一日判時九七六号四〇頁（東海道新幹線公害訴訟）、その控訴審判決である名古屋高判昭和六〇年四月一二日下民集三四巻九～一二号一〇四五頁、神戸地判昭和六一年七月一七日民集四九巻七号二〇一四頁（国道四三号線公害訴訟）、その控訴審判決である大阪高判平成四年二月二〇日判時一四一五号三頁がそうである。

(7) 詳しくは、石松勉「民法七二四条にいう『不法行為ノ時』の意義」岡山商科大学法学論叢五号（一九九七年）六五頁参照。

(8) 松久・前掲注（1）論文一〇一二頁（同・前掲注（1）書四三〇頁）参照。

(9) 詳しくは、松久三四彦「消滅時効」『新・現代損害賠償法講座一巻』（日本評論社、一九九七年）二六五頁以下（同・前掲注（1）書四五九頁以下）参照。

(10) 最判平六年二月二二日民集四八巻二号四四一頁（長崎じん肺訴訟）は、安全配慮義務違反によるじん肺の損害賠償請求権の消滅時効（民一六七条一項の一〇年）の起算点（民一六六条一項）について、「最終の行政上の決定を受けた時」というが、起算点を遅らせるところは一括進行説に通じるところがある。

(11) ちなみに、最判平成元年の評釈の多くは時効説をとっており、その後の学説で除斥期間説をとるものも柔軟な解釈を探ろうとしている（松久・前掲注（1）論文一〇一六頁（同・前掲注（1）書四三二頁）参照）。また、既に、最判平成一〇年〔16〕には、最判平成元年は変更されるべきであるとする河合裁判官の反対意見が出ている。最判平成元年がいうように、損害賠償請求権は「二〇年の除斥期間が経過した時点で法律上当然に消滅したことになる」とすれば、原告が請求の原因として掲げる不法行為に示された「不法行為ノ時」から提訴まで二〇年が経過しているときは、それだけで、原告の請求は主張自体失当となろう。そうであれば、本文で紹介した最判平成元年に従いつつ除斥期間の利益の放棄ありとか被告の除斥期間経過の主張が権利濫用となるとして原告の請求を認容しようとする下級裁判決には無理があることになる。私見は、七二四条後段は加害行為の時から一七年経過時においても前段三年の時効が進行しない場合の二次的起算点を示すもの（三年という時効期間に二つの起算点がある）と解釈すべきというものであり、この二次的起算点が到来するには損害の発生が必要である（松久・前掲注（1）論文一〇二五頁〔同・前掲注（1）書四三七頁〕）。したがって、私見からは、事案によっては全損害につき一括進行説もありうるし、本判決が一括進行説をとった点は賛成である。なお、本件は新法廃止後三年経過の直前に第四次提訴がなされている。もし、三年経過後に提訴した原告がいて、七二四条前段の三年時効は完成しているとされても、その援用は援用権濫用となろうか。

＊初出は、本判決の特集「ハンセン病訴訟判決をめぐって」の記事の一つとして書かれたものを体裁を若干修正して収録したものである（判時一七四八号（二〇〇一年）九頁）。

[53]　民法七二四条前段の起算点——後遺障害等級の認定時ではないとされた事例

最高裁平成一六年一二月二四日第二小法廷判決（平成一四年（受）第一三三五号、損害賠償請求事件）——破棄差戻し

（交民集三七巻六号一五二九頁、判時一八八七号五二頁、判タ一一七四号二五二頁、金判一二一二号五六頁）

〈参照条文〉民法七二四条

〔事　実〕　本件では、交通事故の被害者Xが、加療約六か月間を要する傷害を負い、後遺障害が残った。Xは、平成九年五月二二日、症状固定という診断を受けて、加害者Y加入のJA共済を通じて、自動車保険料率算定会（自算会）に対し後遺障害等級の事前認定を申請したが、平成九年六月九日、非該当との認定を受けた。Xは、平成一一年七月三〇日、この認定に異議の申立てをしたところ、後遺障害等級表一二級一二号の認定を受けた。そこで、Xは、平成一三年五月二日、Yに対し不法行為に基づく損害賠償として本件後遺障害に基づく逸失利益等の支払を求めて訴えを提起したところ、Yは民法七二四条前段の三年の消滅時効を援用した。原審（大阪高判平成一四年五月三〇日交民集三七巻六号一五三七頁）は、後遺障害等級法一二級一二号の認定がなされた時を起算点とし、Yの消滅時効の抗弁を退けた。Y上告。

〔判　旨〕　以下のように判示して原審判決を破棄し、Yの消滅時効の援用は権利濫用にあたるとのXの再抗弁について更に審理させるため原審に差し戻した。

「（1）　民法七二四条にいう「損害及ヒ加害者ヲ知リタル時」とは、被害者において、加害者に対する賠償請求をすることが事実上可能な状況の下に、それが可能な程度に損害及び加害者を知った時を意味し（最高裁昭和四五年（オ）第六二八号同四八年一一月一六日第二小法廷判決・民集二七巻一〇号一三七四頁参照）、同条にいう被害者が損害を知った時とは、被害者が損害の発生を現実に認識した時をいうと解するのが相当である（最高裁平成八年（オ）第二六〇七号同一四年一月二九日第三小法廷判決・民集五六巻一号二一八頁参照）。

（2）　前記の事実関係によれば、Xは、本件後遺障害につき、平成九年五月二二日に症状固定という診断を受け、これに基づき後遺障害等級の事前認定を申請したというのであるから、Xは、遅くとも上記症状固定の診断を受けた時には、本件後遺障害の存在を現実に認識し、加害者に対する賠償請求をすることが事実上可能な状況の下に、それが可能な程度に損害の発生を知ったものというべきである。自算会による等級認定は、自動車損害賠償責任保険の保険金額を算定することを目的とする損害の査定にすぎず、被害者の加害者に対する損害賠償請求権の行使を何ら制約するものではないから、上記事前認定の結果が非該当であり、その後の異議申立てによって等級認定がされたという事情は、上記の結論を左右するものではない。そうすると、Xの本件後遺障害に基づく損害賠償請求権の消滅時効は、遅くとも平成九年五月二二日から進行すると解されるから、本件訴訟提起時には、上記損害賠償請求権について三年の消滅時効期間が経過していることが明らかである。」

【評　釈】

民法七二四条の「損害及び加害者を知った時」の意味について、最判昭和四八年一一月一六日民集二七巻一〇号一三七四頁は、「加害者」を知った時とは、「加害者に対する賠償請求が事実上可能な状況のもとに、その可能な程度にこれを知った時を意味する」という。また、最判平成一四年一月二九日民集五六巻一号二一八頁は、「損害」を知った時とは、「被害者が損害の発生を現実に認識した時」であるという。本判決は、この二つの最高裁判決を引用して、遅くとも症状固定の診断を受けた時には、「本件後遺障害の存在を現実に認識し、加害者に対する賠償請求をすることが事実上可能な状況の下に、それが可能な程度に損害の発生を知ったものというべきである」から、この時点が起算点となるとした。

本判決がいうように、「自算会による等級認定は、自動車損害賠償責任保険の保険金額を算定することを目的とする損害の査定にすぎず、被害者の加害者に対する損害賠償請求権の行使を何ら制約するものではない」ので、これまで、原告（被害者）側の起算点に関する再抗弁としても等級認定時が主張されることはまずなかったのではないかと思われる。本件では、いったん非該当と認定され、その後の異議申立てにより等級認定がなされたために、Xは等級認定時が起算点であると主張したわけであるが、非該当の認定はXの現実的提訴可能性を妨げるものではないといえるならば、本判決の結論は妥当なものということになる（従来の判例の整理分析として、松久三四彦「消滅時効」山田卓生編『新・現代損害賠償法講座第一巻』（日本評論社、一九九七年）二五五頁〔同『時効制度の構造と解釈』〈有斐閣、二〇一一年〉四五一頁所収〕参照）。原審判決のように考えるときは、症状固定の診断を受けた時から非該当の認定がなされるまでの間も時効は進行していないことになり、ひいては、後遺障害一般につき等級認定時まで時効は進行しないということにもなりそうである。そうではなく、あくまで、非該当の認定ののち、異議申立てにより等級認定がなされた場合に限って等級認定時が起算点になるというのであれば、その理由が問われるが、これに答えることも難しいように思われる。そうであれば、Yの時効援用を否定するには権利濫用しかなく、この点の判断が原審に委ねられたことになる。

なお、後遺症については、受傷時から相当期間経過後に後遺症が発生する場合（発生型）と、受傷時から相当期間経過後も回復せずに後遺症が残る場合（残存型）がある。前者の事案では後遺症が「顕在化した時」が起算点となるとする最判昭和四九年九月二六日（昭和四八年（オ）第一二一四号）交民集七巻五号一二三三頁などがある。本判決は、後者の事案の起算点に関する最高裁判決であるが、一般的に残存型の起算点について述べたものとして、大阪高判平成六年一月二五日判タ八四六号二二五頁がある。

〈評釈等〉牛山積・リマークス三二号六四頁、加藤了・交民集三七巻索引・解説号二四二頁、川井健・法律のひろば五八巻一〇号五〇頁、隈元慶幸・ほうむ五二号五五頁、塩崎勤・登記インターネット七巻八号一六〇頁、鈴木陽一郎・判タ一二一五号一一二頁、田中宏治・民商一三三巻四＝五号六四四頁。

＊初出は、ＮＢＬ八〇四号（二〇〇五年）七頁。

[54]　一　Ｂ型肝炎ウイルスに感染した患者が乳幼児期に受けた集団予防接種等とウイルス感染との間の因果関係を肯定するのが相当とされた事例

二　乳幼児期に受けた集団予防接種等によってＢ型肝炎ウイルスに感染しＢ型肝炎を発症したことによる損害につきＢ型肝炎を発症した時が民法七二四条後段所定の除斥期間の起算点となるとされた事例

最高裁平成一八年六月一六日第二小法廷判決（平成一六年(受)六七二号、六七三号、損害賠償請求事件）――一部破棄自判、一部上告棄却

（民集六〇巻五号一九九七頁、訟月五三巻一〇号二七五七頁、判時一九四一号二八頁、判タ一二二〇号七九頁）

〈参照条文〉　民法七二四条、国家賠償法一条一項、予防接種法二条、結核予防法四条、一三条

〔事　実〕　X_1－X_3（原告・控訴人・被上告人）並びにX_4・X_5（原告・控訴人・上告人）は、幼児期（〇－六歳時）に受けた集団予防接種等（集団ツベルクリン反応検査及び集団予防接種）の際に使用された注射器等の医療器具が被接種者ごとに交換されないまま、あるいは適切に消毒されないまま連続使用されたことによりB型肝炎ウイルスに感染し、さらにX_3を除く原告らはB型肝炎を発症して肉体的・精神的・社会的・経済的損害を被ったとして、平成元年六月三〇日、国家賠償法一条一項に基づき、集団予防接種等を実施したY（国－被告・被控訴人・上告人・被上告人）に対し、包括一律請求として各一五〇万円（慰謝料一〇〇〇万円と弁護士費用一五〇万円の合計）の支払を求めて訴えを提起した（X_2は原審係属中に死亡し、その妻子が訴訟を承継した）。原告の①出生年月、②提訴時の年齢、③集団予防接種等の時期、④B型肝炎（X_3についてはB型肝炎ウイルスの持続感染者）と診断された時期は、X_1が、①昭和三九年一〇月生まれ、②二四歳、③昭和三九年一二月－昭和四六年二月、④昭和六一年一〇月ころ（二二歳）。X_2は、①昭和三九年三月生まれ、②二五歳、③昭和四〇年二月－昭和四五年二月、④昭和五七年（一八歳）ころ献血の歳にHBs抗原陽性であると指摘され、昭和六〇年三月の職員採用時の検査で肝機能障害の指摘を受けた。X_3は、①昭和五八年五月生まれ、②六歳、③昭和五八年八月に集団ツベルクリン反応検査を受け同月に集団BCG接種を受けた、④翌昭和五九年四月（生後一〇か月）。X_4は、①昭和二六年五月生まれ、②三八歳、③昭和二六年九月－昭和三三年三月、④昭和五九年八月ころ（三三歳）。X_5は①昭和三六年七月生まれ、②二七歳、③昭和三七年一月－昭和四二年一〇月、④昭和六一年一〇月（二五歳）である。

本件での主な争点は、X_1らの本件集団予防接種等とB型肝炎ウイルス感染との間の因果関係と、民法七二四条後段の二〇年の起算点である。

第一審判決（札幌地判平成一二年三月二六日民集六〇巻五号二〇七七頁）は、因果関係は認められないとしてX_1らの請求を全部棄却した。しかし、原審判決（札幌高判平成一六年一月一六日民集六〇巻五号二一七一頁）は、①「大枠ではあるが疫学的観点からの時間的関係において因果関係を認め得る事実関係にあること」、②「本件各集団予防接種がいずれも一般人においてB型肝炎ウイルス感染の危険性を覚えることを客観的に排除し得ない状況で実施されたこと及びX_1らのB型肝炎ウイルス感染の原因として考えられる他の具体的な原因が見当たらないこと、すなわち、本件各集団予防接種の時期、場所、方法等については、いずれも具体的な事実が証明されているのに対し、Yが指摘するX_1らの本件各集団予防接種以外の原因に基づく感染の可能性をいうところの事由は、その時期・場所・方法等が抽象的であったり、感染の可能性という意味が、積極的な感染の蓋然性を必ずしも肯定し得ない、換言すれば感染の可能性を排斥しきれないといった消極的な意味における可能性を認め得るにとどまるものであり、他の原因を排斥し又は他の原因との比較において優勢であると認めるに足りる具体的可能性を伴わないものであること」に照らすと、本件各集団予防接種とX_1の各B型肝炎ウイルス感染との間の因果関係を肯定するのが相当であるとした。そして、「B型肝炎についての具体的な研究や発見が公表された昭和四五年ころ以前であっても、肝炎の病原であるウイルス（又は濾過性病原体）の存在が広く疑われていたのであるから」、Yには予見可能性があり、結果回避義務を怠った過失があるとして、X_1－X_5の損害額を一律五〇〇万円と認定した。

民法七二四条後段の二〇年の起算点については、原審判決は、民法七二四条後段所定の除斥期間の始期は最後の予防接種時期（X_1は昭和四六年二月五日、X_2は昭和四五年二月四日、X_4は昭和三三年三月一二日、X_5は昭和四二年一〇月二六日。昭和五八年五月生まれのX_3は、出生後約一一か月の間に感染したと認定した）とすべきであるとし、X_4、X_5については提訴時には除斥期間が経過していたとして請求を棄却し、X_1－X_3については弁護士費用を加算して各五五〇万円の限度で請求を認容した。

これに対して、Yから、X_1－X_3につきB型肝炎ウイルス感染と集団予防接種等との間の因果関係を認めたのは誤りであり、X_1・X_2につき最後の予防接種時期が始期であるから除斥期間は経過していないとしたのは誤りであるとして上告受理申立てがなされた。また、X_4・X_5から、除斥期間が経過したとの判断は誤りである（本件では民法七二四条後段の適用を排除すべき特段の事情がある、同条後段の二〇年は消滅時効期間であり本件ではYの援用権行使が信義則又は権利濫用法理により制限される、同条後段の二〇年は除斥期間であるとしてもその始期はどんなに早くとも客観的損害発生時であるB型慢性肝炎と診断された時である）として上告受理申立てがなされ受理された。最高裁は次のように判示して、Yの上告を棄却し、X_4・X_5の上告については、その請求をいずれも五五〇万円とその遅延損害金の支払を求める限度で認容した。

〔判　旨〕　一　「原審が適法に確定した事実関係の概要等」としてまとめているなかで、本評釈及び一般性があるため本判決の同種事案に対する先例的意義に関係するもの（以下の判旨・評釈中の傍線は筆者による）。

（1）「B型肝炎ウイルスは、血液を介して人から人へ感染する。ただし、皮膚接触による感染、経口感染、精液等の体液による感染についても、体液に血液が混じっていることがあり得ることや、B型肝炎ウイルスの感染力の強さなどから、その可能性は否定されない。」

（2）「免疫不全等に陥っていない成人が初めてB型肝炎ウイルスに感染した場合で、B型肝炎ウイルスの侵入が軽微な場合には、身体に変調を来さない不顕性のまま抗体（HBs抗体）が形成されて免疫が成立し、以後再び感染することはなくなるが、B型肝炎ウイルスの侵入が強度な場合には、黄だん等の症状を伴う顕性の急性肝炎又は劇症肝炎となる。顕性の肝炎が治癒した場合には、上記抗体が形成されて免疫が成立し、以後再び感染することはなくなる。……乳幼児は、生体の防御機能が未完成であるため、B型肝炎ウイルスに感染してウイルスが肝細胞に侵入しても免疫機能が働かないため、ウイルスが肝臓にとどまったまま感染状態が持続することがあり、持続感染者となる。……持続感染者に最もなりやすいのは二、三歳ころまで（最年長で六歳ころまで）で、それ以後は、感染しても一過性の経過をたどることが多い。」

（3）「昭和六一年からHBe抗原陽性の母親から生まれた子を対象として、公費でワクチン等を使用した母子間感染阻止事業（母子感染の主要な経路は出生時の経胎盤と考えられることから、出生後に新生児に感染防止措置を施すこととしたもの）が開始された結果、昭和六一年生まれ以降の世代における新たな持続感染者の発生はほとんどみられなくなった。」

（4）「B型肝炎ウイルスの発見は、一九七三年（昭和四八年）のことであるが、同一の注射器（針、筒）を連続して使用することなどにより、非経口的に人の血清が人体内に入り込むと肝炎が引き起こされることがあること、それが人の血清内に存在するウイルスによるものであることは、我が国の内外において、一九三〇年代後半から一九四〇年代前半にかけて広く知られるようになっていた。そして、欧米諸国においては、遅くとも、一九四八年（昭和二三年）には、血清肝炎が人間の血液内に存在するウイルスにより感染する病気であること、感染しても黄だんを発症しない持続感染者が存在すること、注射をする際、注射針のみならず注射筒を連続使用する場合にもウイルスが感染する危険があることについて、医学的知見が確立していた。また、我が国においても、遅くとも昭和二六年当時には、血清肝炎が人間の血液内に存在するウイルスにより感染する病気であり、黄だんを発症しない保菌者が存在すること、そして、注射の際に、注射針のみならず注射筒を連続使用した場合にもウイルス感染が生ずる危険性があることについて医学的知見が形成されていた。」

（5）ⅰ「我が国では、予防接種法（昭和二三年七月一日施行）、結核予防法（昭和二六年四月一日施行）等に基づき、集団予防接種等が実施されてきた。Ｙは、昭和二三年厚生省告示第九五号において、注射針の消毒は必ず被接種者一人ごとに行わなければならないことを定め、昭和二五年厚生省告示第三九号において、一人ごとの注射針の取替えを定めたが、我が国において上記医学的知見が形成された昭和二六年以降も、集団予防接種等の実施機関に対して、注射器（針、筒）の一人ごとの交換又は徹底した消毒の励行等を指導せず、注射器の連続使用の実態を放置していた。」

ⅱ「そして、原告らが集団予防接種等を受けた北海道内では、昭和四四、四五年ころ以降においては、集団ＢＣＧ接種については管針法（接種部位の皮膚を緊張させ、懸濁液を塗った後、九本針植付けの管針を接種皮膚面に対してほぼ垂直に保ち、これを強く圧して行うもの）による一人一管針の方法が大勢を占めていたが、集団ツベルクリン反応検査については、注射針、注射筒とも連続使用され、その他の集団予防接種については、注射針は一人ごとに取り替えられたものの、注射筒、種痘針等は連続使用され、そのころ以前にされた集団予防接種等については、注射針、注射筒、種痘における種痘針、乱刺針とも、一人ごとに取り替えられずに連続使用された。また、原告X_3が集団予防接種等を受けた際においては、集団ＢＣＧ接種では一人ごとに管針が取り替えられたが、集団ツベルクリン反応検査では注射針が一人ごとに取り替えられたものの、同検査における注射筒については連続使用された。」

二　因果関係（Ｙの上告受理申立て理由第二及び第三）について（判旨（1）中の「ⅰ」－「ⅴ」は、解説の便宜のために挿入したものである）

（1）「訴訟上の因果関係の立証は、一点の疑義も許されない自然科学的証明ではなく、経験則に照らして全証拠を総合検討し、特定の事実が特定の結果発生を招来した関係を是認し得る高度の蓋然性を証明することであり、その判定は、通常人が疑いを差し挟まない程度に真実性の確信を持ち得るものであることを必要とし、かつ、それで足りるものと解すべきである（最高裁昭和四八年（オ）第五一七号同五〇年一〇月二四日第二小法廷判決・民集二九巻九号一四一七頁参照）。

前記事実関係によれば、ⅰ①B型肝炎ウイルスは、血液を介して人から人に感染するものであり、その感染力の強さに照らし、集団予防接種等の被接種者の中に感染者が存在した場合、注射器の連続使用によって感染する危険性があること、②原告X_1らは、最も持続感染者になりやすいとされる〇－三歳時を含む六歳までの幼少期に本件集団予防接種等を受け、それらの集団予防接種等において注射器の連続使用がされたこと、③原告X_1らは、その幼少期にB型肝炎ウイルスに感染して持続感染者となり、うち原告X_1及び同X_2は、成人期に入ってB型肝炎を発症したことが認められる。ⅱまた、前記事実関係によれば、原告X_1らの母親が原告X_1らを出産した時点でHBe抗原陽性の持続感染者であったものとは認められないから、原告X_1らは、母子間の垂直感染（出産時にB型肝炎ウイルスの持続感染者である母親の血液が子の体内に入ることによる感染。以下において、「垂直感染」の語は、この意味で用いる。）により感染したものではなく、それ以外の感染、すなわち、水平感染によるものと認められる。ⅲさらに、前記事実関係によれば、昭和六一年から母子間感染阻止事業が開始された結果、同年生まれ以降の世代における新たな持続感染者の発生がほとんどみられなくなったことが認められるところ、この事実は、それ以前において、母子間の垂直感染による持続感染者が相当数存在したことを示すものであり、原告X_1らが本件集団予防接種等を受けた時期に、集団予防接種等の被接種者の中にこうした垂直感染による持続感染者が相当数紛れ込んでいたことを示すものということができる（現に、原審の確定するところによれば、原告X_3と同日に同一の保健所で集団ツベルクリン反応検査を受けた者を追跡調査したところ、被接種者の中にその母が持続感染者である者が見付かっている。）。ⅳそして、昭和六一年以降垂直感染を阻止することにより同年生まれ以降の世代における持続感染者の発生がほとんどみられなくなったということは、同年生まれ以降の世代については、母子間感染阻止事業の対象とされた垂直感染による持続感染者の発生がほとんどなくなったというだけでなく、母親が持続感染者でないのに感染した原告らのような水平感染による持続感染者の発生もほとんどなくなったということを意味し、少なくとも、幼少児については、垂直感染を阻止することにより同世代の幼少児の水平感染も防ぐことができたことを意味する。前記のとおり、母子間感染阻止事業は、B型肝炎ウイルスの持続感染者である母親から出生した子に対し、出生時において感染防止措置を施すものであり、同事業の開始後も、そのような措置を施されなかった幼少児が多数存在するとともに、家庭内を含めて幼少児の生活圏内には相当数の持続感染者が存在していたと推認されることにかんがみれば、幼少児について、垂直感染を阻止することにより水平感染も防ぐことができたということは、一般に、幼少児については、集団予防接種等における注射器の連続使用によるもの以外は、家庭内感染を含む水平感染の可能性が極めて低かったことを示すものということもできる。v以上の事実に加え、本件において、原告X_1らについて、本件集団予防接種等のほかには感染の原因となる可能性の高い具体的な事実の存在はうかがわれず、他の原因による感染の可能性は、一般的、抽象的なものにすぎないこと（原告X_1らの家族の中には、過去にB型肝炎ウイルスに感染した者が存在するけれども、家族から感染した可能性が高いことを示す具体的な事実の存在はうかがわれない。）などを総合すると、原告X_1らは、本件集団予防接種等における注射器の連続使用によってB型肝炎ウイルスに感染した蓋然性が高いというべきであり、経験則上、本件集団予防接種等と原告X_1らの感染との間の因果関係を肯定するのが相当である。これと同旨の原審の判断は正当として是認することができる。」

（2）「なお、原告X_1及び同X_2は、複数の集団予防接種等を受けているところ、原審は、そのいずれによってB型肝炎ウイルスに感染したのかを特定していないが、前記……のとおり、その集団予防接種等のいずれについても、被告が法律上賠償の責任を負うべき関係が存在することを認めているのであるから、被告が賠償責任を負う理由として欠けるところはない。」

三　民法七二四条後段の二〇年の起算点

1　X_4・X_5の上告受理申立て理由について

（1）「民法七二四条後段所定の除斥期間の起算点は、『不法行為の時』と規定されており、加害行為が行われた時に損害が発生する不法行為の場合には、加害行為の時がその起算点となると考えられる。しかし、身体に蓄積する物質が原因で人の健康が害されることによる損害や、一定の潜伏期間が経過した後に症状が現れる疾病による損害のように、当該不法行為により発生する損害の性質上、加害行為が終了してから相当期間が経過した後に損害が発生する場合には、当該損害の全部又は一部が発生した時が除斥期間の起算点となると解すべきである（最高裁平成一三年（受）第一七六〇号同一六年四月二七日第三小法廷判決・民集五八巻四号一〇三二頁、最高裁平成一三年（オ）第一一九四号、第一一九六号、同年（受）第一一七二号、第一一七四号同一六年一〇月一五日第二小法廷判決・民集五八巻七号一八〇二頁参照）。」

（2）「上記見解に立って本件をみると、前記事実関係によれば、①乳幼児期にB型肝炎ウイルスに感染し、持続感染者となった場合、セロコンバージョンが起きることなく成人期（二〇－三〇代）に入ると、肝炎を発症することがあること、②原告X_4は、昭和二六年五月生まれで、同年九月－昭和三三年三月に受けた集団予防接種等によってB型肝炎ウイルスに感染し、昭和五九年八月ころ、B型肝炎と診断されたこと、③原告X_5は、昭和三六年七月生まれで、昭和三七年一月－昭和四二年一〇月に受けた集団予防接種等によってB型肝炎ウイルスに感染し、昭和六一年一〇月、B型肝炎と診断されたことが認められる。そうすると、B型肝炎を発症したことによる損害は、その損害の性質上、加害行為が終了してから相当期間が経過した後に発生するものと認められるから、除斥期間の起算点は、加害行為（本件集団予防接種等）の時ではなく、損害の発生（B型肝炎の発症）の時というべきである。

したがって、原告X_4につき昭和三三年三月から、同X_5につき昭和四二年一〇月から除斥期間を計算し、本件訴えの提起時（平成元年六月三〇日）には除斥期間の経過によって同原告らの損害賠償請求権が消滅していたとした原審の判断には、民法七二四条後段の解釈適用を誤った違法がある。そして、前記事実関係によれば、原告X_4がB型肝炎を発症したのは昭和五九年八月ころであり、同X_5が発症したのは昭和六一年一〇月ころであるとみるべきであるから、本件訴えの提起時には、いずれも除斥期間が経過していなかったことが明らかである。」

2　Yの上告受理申立て理由について

原審判決がX_1・X_2につき最後の予防接種時期が始期であるから除斥期間は経過していないとしたのは誤りであるとのYの上告受理申立て理由については、「原告X_1がB型肝炎を発症したのは昭和六一年一〇月ころであり、同X_2が発症したのは昭和六〇年三月ころであるとみるべきであるから、本件訴えの提起時には、いずれも除斥期間が経過していなかったことが明らかである。これと結論において同旨の原判決は正当として是認することができる」とした。

【評　釈】

一　本判決[1]は、集団予防接種等とB型肝炎ウイルス感染との因果関係に関する初めての最高裁判決である。第一審判決では原告の本件集団予防接種等（集団ツベルクリン反応検査及び集団予防接種）とB型肝炎ウイルス感染との間に因果関係なしとして原告五名全員が敗訴、原審判決では一転して因果関係及び過失が認められ被告国に賠償責任ありとされたが、民法七二四条後段の二〇年の除斥期間経過を理由に二名が敗訴、そして各敗訴側からの上告受理申立てが認められるという緊迫の経緯を辿った。加えて、「現在の我が国におけるB型肝炎ウイルスの持続感染者は、推定で一二〇万－一四〇万人」（判決理由中から引用）という膨大な数[2]にのぼることから、最高裁の判断が注目されていたものである。

二　本判決は、判旨一（1）（2）の医学的知見と（3）（5）の事実等に基づき、「一般に、幼少児については、集団予防接種等における注射器の連続使用によるもの以外は、家庭内感染を含む水平感染の可能性が極めて低かった」とし（判旨二（1）iv）、また、「本件集団予防接種等のほかには感染の原因となる可能性の高い具体的な事実の存在はうかがわれず、他の原因による感染の可能性は、一般的、抽象的なものにすぎない」ことから（判旨二（1）v）、「原告X_1らは、本件集団予防接種等における注射器の連続使用によってB型肝炎ウイルスに感染した蓋然性が高いというべきであり、経験則上、本件集団予防接種等と原告X_1らの感染との間の因果関係を肯定するのが相当である」とした。これによると、昭和六一年の母子間感染阻止事業開始前に生まれた者で、B型肝炎ないしB型肝炎ウイルスの持続感染者と診断された者は、その診断の時期が成人になってからであっても、免疫不全等に陥っていないこと、母子間の垂直感染でないこと（出生時点で母親がＨＢｅ抗原陽性の持続感染者ではなかったこと）、最も持続感染者になりやすいとされる〇－三歳時を含む六歳までの幼少期に集団予防接種等を受けていること、及びそれらの集団予防接種等において注射器（針、筒）の連続使用がされたことを証明できれば（本件では、予防接種等に従事した保健婦の証言がある。もっとも、判旨一（5）ⅰは国が注射器の連続使用の実態を放置していたことを認めているので、今後同種の訴訟があるときに注射器の連続使用の有無をどちらが立証しなければならないかははっきりしない。）、国は、判旨一（2）の医学的知見が当てはまらない場合（幼少期を脱してのちの感染でも免疫が成立しない場合）があるという新たな医学的知見を示し、かつそれに当たるケースであることを証明するか、または、他の原因による感染の可能性を個別的、具体的に示すことができなければ、本件でYが主張した他原因がありうることをもって予防接種等との因果関係を否定することはできないということになろう（ただし、X_1らについては、原審において、「輸血を経験した事実は見当たらない」（民集六〇巻五号二二五五頁）とされており、輸血歴がある場合には、輸血されたのがウィルスの存在する血液である蓋然性が問題になる）。その意味で、本判決は、単に「高度の蓋然性」が証明されて因果関係が肯定されたといういわゆる事例判決にとどまるものではなく、同種事案に対する重要な先例としての機能を有するものと思われる。

また、本判決は、被告主張の他原因を、「他の原因による感染の可能性は、一般的、抽象的なものにすぎない」（判旨二（1）v）として退けている。最高裁として、原告側の主張する事実が原因である蓋然性があるときは、被告側で、ある程度個別的、具体的に他原因を主張できなければ原告主張の因果関係が高度の蓋然性ありとされることを示したものとして重要である。考えられるすべての他原因の可能性を否定する立証を原告側に要求するのは不可能を強いるに等しく、したがって、原告が原因を具体的に主張立証するに応じて他原因については被告に具体的な主張立証を要求するのが衡平であり妥当な説示である。もっとも、被告から抽象的に主張された他原因であっても、その可能性が小さいことを原告が立証できれば、原告主張の事実が原因である蓋然性をより高めることになる。原審判決は、①「第二次世界大戦前から医師資格を有する者にとって、医療器具を十分に消毒して使用すべきことは職業的常識」であり、「器具を洗浄・煮沸して消毒する方法が一般で、小規模の個人開業医院のように機器の装備が不十分な医療機関であっても、そこで使用する医療器具の消毒については十全に行うことこそむしろ一般的であった」のであるから、②一般の医療行為は「本件各集団予防接種と等位に並ぶ具体的な感染可能性あるものと認めることはできない」としている。一般の医療行為は考えられる他原因の主要なものであり、同種事案において原告が幼児期に一般の医療行為を受けた事実が被告により具体的に立証されることはありうるから、右①の部分は「原審が適法に確定した事実関係の概要等」の中に掲げておくのがよかったのではないかと思われる。因果関係の立証は「高度の蓋然性」の立証が必要であるとする本判決の立場からは、②の「等位」という表現が障害になったのか、あるいは、判旨二（1）iv・vがある以上、特に掲げる必要はないと考えたのであろうか。

なお、判旨一（3）は、原審における証人与芝真彰教授（昭和大学医学部藤が丘病院）の意見書（甲一五六号証）を採用したものであり、同意見書五頁は、B型肝炎ウイルスの母子間感染阻止事業を開始した「結果一九八七年出生の児のHBs抗原陽性率は〇・〇五%ー〇・〇三%に低下した」とある。(3) そこで引用されている文献からデータが掲載されている論文（一九九四年と一九九五年の白木和夫鳥取大学医学部教授の論文）を辿ると、(4) 一九八五年に生まれた乳児の推定キャリア率が〇・二六%、一九九四年に生まれた乳児の推定キャリア率が〇・〇三%になっている。これは、垂直感染によるキャリア発生率であるから、このデータだけから「同年生まれ以降の世代については、母子間感染阻止事業の対象とされた垂直感染による持続感染者の発生がほとんどなくなったというだけでなく、母親が持続感染者でないのに感染した原告らのような水平感染による持続感染者の発生もほとんどなくなったということを意味」する（判旨二（1）ⅳ）とはいえない（ちなみに、原審判決では、判旨二（1）ⅳに相当する説示はない）。水平感染による持続感染者の発生もほとんどなくなったというのは、ある年の垂直感染によるキャリア発生率と当該出生年の幼児が六歳以上になってからのデータに基づく推定キャリア率を比べてほとんど違いがないとなって初めていえることである。もっとも、垂直感染者が少なければ垂直感染者の血液が予防接種等による注射器の連続使用により他人の体内に入り水平感染者が生じるということも少なくなり、さらに、前記のように一般医療行為による水平感染の危険性が極めて小さいとなると、「少なくとも、幼少児については、垂直感染を阻止することにより同世代の幼少児の水平感染も防ぐことができた」（判旨二（1）ⅳ）ということはできよう。

三　証明度について、(5) 最高裁は、①最判昭和五〇年一〇月二四日民集二九巻九号一四一七頁を初めとして、②最判平成一一年二月二五日民集五三巻二号二三五頁（医師の不作為による不法行為事件）、③最判平成一二年七月一八日訟月四八巻六号一四六七頁（長崎原爆訴訟事件）と、「高度の蓋然性」を要求してきた（右②最判は①最判を引用している）。学説は、民事訴訟全般に通じる証明度の基準を立てるものと、訴訟類型などに応じて異なる基準を立てるものがあり（前者も例外を認めないものではないとすると、両者は接近するが）、前者では高度の蓋然性説、証拠の優越説、近時は優越的蓋然性説も有力に説かれており、後者でも証明度を軽減する理由や具体的類型について多様な考えが示されている。(6) また、判例は実際には「高度」の蓋然性までは要求していないとの指摘もある。(7)

この点、原審判決は、第一審判決と異なり右①最判を引用しておらず、Y主張の他原因については「本件各集団予防接種と等位に並ぶ具体的な感染可能性あるものと認めることはできない」としており、高度の蓋然性よりは証明度を下げているようにも見える。(8) これに対し、本判決は、民事事件で(9)訴訟上の因果関係の立証について初めて一般的基準を示した右①最判を引用し、訴訟上の因果関係の立証は「高度の蓋然性」を証明することであり、「その判定は、通常人が疑いを差し挟まない程度に真実性の確信(10)を持ち得るものであることを必要とし、かつ、それで足りる」とする従来の考えを改めて確認している。

第一審判決は、本件集団予防接種等の他にも、①一般の医療行為による感染、②対人的な接触による感染、③家庭内での感染、④感染力の強さからみて「想像を超える感染経路」という「他の可能性も十分にあり得る」として因果関係を否定した。しかし、「事実的因果関係の証明は他原因の否定に直結しているのであるから、……事実的因果関係につき高度の蓋然性の程度の証明を得るためには、……その裏側である他原因の可能性もまた、高度の蓋然性の程度をもって否定しておかなければならない(11)とすると、そして、被告の主張する他原因は具体的でなくともよいとすると、およそ「想像を超える感染経路」について高度の蓋然性の程度をもって否定することは、不可能な立証を要求するに等しい。さすがに、原審判決は原告側に「想像を超える感染経路」を否定する立証を求めることはなく（そもそも、判決理由中の「被控訴人の主張」のなかに「想像を超える感染経路」は挙げられていない）、Y主張の他原因の可能性を、①一般の医療行為による感染、②輸血による感染、③家庭内感染その他学校等の集団生活の場面等における感染等とまとめたうえで、①については、原審における与芝証言並びに弁論の全趣旨から、前記のように判断し、②③については、X_1らのB型肝炎ウィルス感染時期がいずれも乳幼児期（最大で六歳時）であり、その集団生活の場面は限定され、X_1らについて輸血を経験した事実は見当たらないとし、ここでも、与芝証言並びに弁論の全趣旨を根拠に、「B型肝炎ウィルスの感染は血液接触を典型とし、乳幼児期の者が日常生活において他人と血液的接触をする場面を一般的に想定することは困難であることが認められ、Yの主張は、時期・場所・方法等を何ら特定することなく、単に抽象的な感染の可能性をいうにとどまり、こうした主張に係る事由を本件各集団予防接種と等位に並ぶ具体的な感染可能性あるものと認めることはできない」とした。原審判決が認定したこれらの事実と、本判決が重視した昭和六一年からの母子間感染阻止事業により垂直感染による乳児の推定キャリア率が激減した事実は、本件予防接種等とB型肝炎ウイルス感染との因果関係につき高度の蓋然性を証明するものであり、本判決は、「高度」につき実質的な証明度を下げることなく因果関係を認めたものといえるように思われる。

本件では、右に見てきたように、原審における与芝意見書及び同証言で紹介された医学的知見ないしデータが、他原因を高度の蓋然性をもって否定するうえで重要なものであった。しかし、仮に、原告側がこの医学的知見等を法廷で示すことができなかったとしたら[12]、本件の結論は逆転せざるを得なかったということになるのであろうか。ちなみに、原告側は原審で、「X_1らが証明すべき程度は必ずしも高度の蓋然性にまで至る必要はなく、相当程度の蓋然性についての立証で足りる」と主張し、瀬川信久教授の意見書を出している。本件は、判例がいう「高度の蓋然性」は一般論ないし原則としては妥当であるとしても、例外を許さないものではなく、あるいは、「高度の蓋然性」という基準一本でいくとしても「高度」には幅をもたさざるをえないのではないかということを考えさせる事案であるように思われる。

証明度について、議論は多彩を極めるが、一般市民が被告の立場に置かれた場合を想定すると、原則としてはやはり「高度の蓋然性」説でよいと考える。問題は、その例外（実際に裁判で争われる事案には、この例外にあたりうる場合が少なくない）として証明負担の軽減が認められる場合をどのように析出しその理由をどこに求めるかである。右の瀬川意見書が、証明責任の分配に関する学説をまとめたのち、「証明負担の軽減も証明責任の分配と同じように、高度に蓋然的な経験則に基づくもののほかに、手続的衡平に基づくものや実体法的価値判断に基づくものがあると考えている」[13]というように、証明負担の軽減は証明責任の分配の問題と共通するところがあるといえよう。

なお、判旨二（2）は、概括的・択一的認定[14]である。概括的ないし択一的原因の蓋然性についても幅がありうるが、判旨二（1）で本件予防接種等のいずれについても原因である「高度の蓋然性」があるとしているのであるから、本判決は証明度を下げるものではない。

四　民法七二四条後段所定の二〇年（以下では、「二〇年」という）の起算点は、「不法行為の時」と規定されている。この「不法行為の時」に関する最高裁判決には、本判決が引用する④最判平成一六年四月二七日民集五八巻四号一〇三二頁（筑豊じん肺訴訟判決（国賠関係））[15]と⑤最判平成一六年一〇月一五日民集五八巻七号一八〇二頁（水俣病関西訴訟判決）があり、本判決はこれに続くものである。判旨三（1）は、この「不法行為の時」について、右④・⑤最判と同様に、①「身体に蓄積する物質が原因で人の健康が害されることによる損害や、一定の潜伏期間が経過した後に症状が現れる疾病による損害のように」、②「当該不法行為により発生する損害の性質上、加害行為が終了してから相当期間が経過した後に損害が発生する場合には」、③「当該損害の全部又は一部が発生した時が除斥期間の起算点となると解すべきである」という。その理由を、右④最判は、「このような場合に損害の発生を待たずに除斥期間の進行を認めることは、被害者に著しく酷であるし、また、加害者としても、自己の行為により生じ得る損害の性質からみて、相当の期間が経過した後に被害者が現れて、損害賠償の請求を受けることを予期すべきであると考えられるからである」という（右⑤最判も同旨を述べる）。最高裁は、右①②に当たる損害として、じん肺の損害（右④最判）、水俣病による損害（右⑤最判）、そして、本判決により「B型肝炎を発症したことによる損害」を認めたことになる。

本判決は、X_3を除く原告らが「B型肝炎を発症したことによる損害」につき、二〇年の起算点は「損害の発生（B型肝炎の発症）の時」であるとした。具体的に起算点と認定されたのは診断日であり、本判決の先例としての意味はこの点にも認められるが、「損害の発生（B型肝炎の発症）の時」という基準からは、体調不良で長期にわたり休職ないし退職して自宅療養の後、来院してB型肝炎と診断されたような場合には、必ずしも診断日が起算点になるとは限らず、それより前の時点が起算点になることもありうるということになろう。

なお、本判決はB型肝炎を発症していないX_3については持続感染による損害賠償を認めており、この点でも重要な先例となるものである。X_3は提訴時六歳であり二〇年の起算点は問題になっていないが、持続感染の場合の起算点は損害発生時説においても感染時となり、複数の予防接種等のいずれが原因か特定できないときは最後の予防接種等がなされた時となろう。しかし、そうすると、B型肝炎ウィルスの持続感染による損害と肝炎発症による損害を別個のものとして扱うことにもなりそうであるが、X_3がのちに肝炎を発症した場合には改めて賠償請求できるのかは、次に述べるようにはっきりしない。仮に請求できるとすると、持続感染者X_3と持続感染を経て肝炎を発症した他の原告らの認容額が同じなのはなぜかという問題もでてこよう。

五　右③は、「当該損害の全部又は一部が発生した時」が起算点であるというが、なぜ「全部又は一部」というのかはわかりにくい。損害が一時に全部生ずるときは全部発生時、そうでないときは一部発生時が起算点になるという意味（以下では、「第一の意味」という）であるならば、損害が一時に全部生じない場合には損害全部につき常に一部発生時を起算点としてよいということにはならず、一定の制限が必要である。ちなみに、福島地いわき支判平成二年二月二八日判時一三四四号五三頁は、損害発生時説をとり、「ここに『損害が発生した時』というのは、必ずしも損害の全部が確定していなければならないというわけではなく損害の一部でも、それが発生していることが客観的に明らかになったことをもって足りる」として最初の行政決定がなされた時を起算点とした。また、民法七二四条前段の三年の起算点に関するものであるが、最判昭和四二年七月一八日民集二一巻六号一五五九頁は、「牽連一体をなす損害」につき起算されるという。しかし、おそらく、右③は第一の意味ではないと思われる。損害の「全部又は一部」発生時が起算点になるという表現は右④最判で初めてでてきたものであるが、その原審判決である福岡高判平成一三年七月一九日訟月五一巻四号八二一頁は、「じん肺を原因とする死亡に基づく損害も、管理二、管理三、管理四の各行政上の決定に相当する病状に基づく各損害とは、質的に異なる」として、「最終の行政上の決定を受けた日あるいはじん肺を原因とする死亡の日」を起算点としていた。そのため、[16]右④最判でいう「損害の全部」が発生した時とは、「じん肺を原因とする死亡の日」をいうものと理解されているからである。そうすると、右③でいう「一部」とは、より大きな損害も生じうること、しかし、それらの損害は質的に異なるとして段階的に把握することができるものである場合（不確定的段階的進行性の場合）に、「全部」に至るまでの各段階の損害をさし（以下では、「段階的異質損害」という）、損害の「一部」が発生したときは、その「一部」について起算されるということを意味している（以下では、「第二の意味」という）ということになる。そうであるならば、右①・②に当たる性質上の遅発損害であるというだけで右④最判を引用し右③まで引用するのは適切でなく、段階的異質損害が生じる事案であることも必要であるということになる（しかし、右⑤最判の「遅発性」水俣病は進行性のものではないようであり、右⑤最判は右④最判よりも損害発生時説を採る事案を拡げたことになる）。本判決が右④最判を引用し右③も引用していることからすると、B型肝炎ウィルス感染による損害も、持続感染、発症、死亡等に応じて別個に考えるということになりそうであるが、はたしてそうなのか、そうであれば、各段階に応じて重ねて賠償請求できるのか。本判決はこのような関連問題を抱えているように思われる。

六　右③が右に述べたような内容（段階的異質損害発生時説）であるならば、それが当てはまるのは、段階的異質損害が発生しうるものについてであるから、そもそも二〇年の起算点につき一般的に右③が当てはまることはありえない（また、右①・②の場合には常に右③が当てはまるというわけでもない）。例えば、「鉄筋等により強度が確保されていないブロック塀を設置したため、その設置後二〇年以上を経過してから倒壊し、その下敷きとなった者の死傷事故」による損害について、「損害の全部又は一部が発生した時」が起算点になるということにはならない（もっとも、このことは、この設例では加害行為時説をとるということと自動的に結びつくものではない）。とはいえ、右③は損害発生時説であるから、最高裁は、右①②の場合ないし段階的異質損害が発生する場合にだけ損害発生時説を採るのか、あるいは、より一般的に損害発生時を採るものか、を考えることはできよう。

この点につき、右④最判の調査官解説は、右④最判は右①②の場合について損害発生時説が妥当することを明らかにしたものであるとしたうえで、右①とほぼ同じ表現である、製造物責任法五条一項後段所定の期間制限（「製造物を引き渡した時から一〇年」）の特則である同条二項（「身体に蓄積した場合に人の健康を害することとなる物質による損害又は一定の潜伏期間が経過した後に症状が現れる損害については、その損害が生じた時から起算する」）を引用し、右④最判の考え方は「この立法措置の思想と軌を一にするもの」であるという[17]。学説も最高裁は限定的に損害発生時説を採ったものと見るのが多数であるが[18]、一般的に損害発生時説を採ったものと見るべきであるというものもある[19]。判例（右④・⑤最判及び本判決）は、健康被害を例にして（①右）、性質上の遅発損害につき（②右）、損害発生時説を採っており（③右）、この点では限定的であると読むのが素直かと思われる。しかし、右④最判は、「加害行為が行われた時に損害が発生する不法行為の場合には、加害行為の時がその起算点になる」いい、損害未発生の場合でも加害行為時が起算点になる場合があるとまでは言っていない。「性質上」の遅発損害または段階的異質損害以外の遅発損害については判断を留保しており限定的かどうかははっきりしないと読むこともできる。

最高裁の考えが限定的なものである、すなわち、性質上の遅発損害または段階的異質損害以外の場合には加害行為時説をとるものだとしても、性質上の遅発損害または段階的異質損害とはいえない損害が加害行為から二〇年経過後に発生した場合にも加害行為時説を貫くものかは明らかでない[20]。損害が発生した時点ではすでに賠償請求権は消滅ないし不発生とするという扱いが不当であると考えるならば、損害賠償請求権を消滅させるには損害が発生してから一定期間（民法七二四条前段をふまえると、三年になろう）の経過が必要であるということになろう。さらには、二〇年経過前（例えば、加害行為から一九年目）に損害が発生した場合も同様に一定期間の経過が必要であるとしなければ均衡を失することになる。そうすると、翻って、性質上の遅発損害または段階的異質損害の場合にも、損害発生から一定期間が確保されていればよいということになる。結局、加害行為から二〇年経過後に損害が発生した場合にも賠償請求できる余地を残すときは、二〇年の起算点の考え方としては、①性質上の遅発損害・段階的異質損害か否かを区別せず、加害行為時を起算点とするが、損害賠償請求権行使の可能性を確保するため、損害発生から一定期間は損害賠償請求権は期間制限にかからないとするか[21]、それとも、②一般的に損害発生時説を採るかが基本型になると思われる。

〈評釈等（左記の初出の注（1）に追加）〉　松並重雄・最判解民事篇平成十八年度（下）七〇六頁（初出、曹時六一巻四号一二八三頁）、松並重雄・最高裁時の判例Ⅵ（ジュリ増刊）一六八頁（初出、ジュリ一三五六号一九四頁）、仮屋篤子・速

報判例解説（法セ増刊）二号八七頁、鈴木亨・訟月五三巻一〇号二七五七頁、蛭川明彦・判タ一二四五号一〇五頁、本田利美・平成一八年行政関係判例解説二三七頁、米村滋人・年報医事法学二二号一五六頁。

（1）評釈等に、青野博之・ひろば六〇巻三号五八頁、奥泉尚洋・法セミ六二六号二六頁（原告側弁護士の解説）、鹿野菜穂子・リマークス三五号五八頁、関義央・千葉大学人文社会科学研究一四号一四四頁、竹野下喜彦・ひろば五九巻一一号七四頁、田中宏治・法教三一六号一一〇頁、松久三四彦・平成一八年度重判解（ジュリ一三三二号）八五頁、丸山絵美子・法セ六二一号一〇九頁がある。原審判決の評釈として、松崎良・判評五六二号（判時一九〇六号）三四頁、渡邉知行・現代法学九号一五七頁がある。なお、松久三四彦「民法七二四条後段の起算点及び適用制限に関する判例法理」『山田卓生先生古稀記念論文集　損害賠償法の軌跡と展望』（日本評論社、二〇〇八年）四七頁（同『時効制度の構造と解釈』（有斐閣、二〇一一年）四八一頁）でも本判決を扱っている。

（2）渡邉将史「肝炎対策の現状と課題」立法と調査二六二号二七頁の注（5）によると、厚生労働省患者調査（平成一四年一〇月）における肝炎・刊硬変・肝がんの患者合計九・七万人、厚生労働省の推計で無症候性キャリアの数は一一〇－一四〇万人とのことである。

（3）原告側訴訟代理人の奥泉尚洋弁護士から、与芝真彰教授の意見書（二〇〇二年九月六日）及び証言（二〇〇二年一〇月一一日）の速記録のコピーをいただいた。記して感謝申し上げる。なお、意見書は、「昭和大学藤が丘病院消火器内科」のホームページから読むことができる。

（4）与芝意見書は、白木和夫「『B型肝炎母子感染防止事業』の改定をめぐって」日本小児科学会雑誌九九巻六号（一九九五年）一〇七五－一〇七八頁を参考文献として掲げている。この白木論文からさらに辿ると、Shiraki K. Vertical transmission of hepatitis B virus and its prevention in Japan. In Viral Hepatitis and Liver Disease, Springer-Verlag, Tokyo 1994; p530-532. 白木和夫「『B型肝炎母子感染阻止事業』の成果に関する研究」『厚生省心身障害研究　少子化時代に対応した母子保健事業に関する研究　平成六年度研究報告書（主任研究者　日暮眞）』（一九九五年）四六六頁以下に、データが示されている。

（5）　証明度の数量的表現については、太田勝造『裁判における証明論の基礎－事実認定と証明責任のベイズ論的再構成』（弘文堂、一九八二年）一一一頁に学説の紹介があり、ロルフ・ベンダーの見解が、森勇＝豊田博昭訳「証明度」『西独民事訴訟法の現在』（中央大学出版部、一九八八年）二六四頁にあり、加藤新太郎『手続裁量論』一二九頁（弘文堂、一九九六年）で紹介されている。

（6）　学説の状況については、伊藤眞「証明度（1）－ルンバール事件」『〔判例から学ぶ〕民事事実認定』（ジュリ増刊、二〇〇六年）一三頁、加藤新太郎「証明度（2）－長崎原爆症上告審判決」同一八－一九頁、門口正人編集代表『民事証拠法大系第一巻総論Ⅰ』（青林書院、二〇〇七年）二六四頁以下（石井俊和）及びそこで引用の文献を参照。

（7）　伊藤眞「証明度をめぐる諸問題－手続的正義と実体的真実の調和を求めて」判タ一〇九八号（二〇〇二年）五－六頁は、①最判、③最判、最判平成一二年九月二二日民集五四巻七号二五七四頁、東京地判平成一二年九月一九日判タ一〇八六号二九二頁を分析して、「高度の蓋然性という証明度の抽象的基準こそ維持されているものの、実際には、優越的蓋然性があれば主張事実が認められるのが通常であり、また、証明がないとして主張事実が否定されるのは、優越的蓋然性にも達しない、フィフティ・フィフティの場合に限られている」という。①最判については、野村好弘「①最判の解説」医事判例百選（別冊ジュリ五〇号、一九七六年）一三〇頁、太田勝造・前掲二〇四頁も、証明度は軽減されているという。なお、溜箭将之「因果関係－『ルンバール事件』からの問題提起」ジュリ一三三〇号（二〇〇七年）九〇頁は、①最判には、「結論に整合する証拠のみをとりあげている面を否定でき」ず、「具体的な認定と抽象的な判示との間の論理的な連関が明確でなく、また自由心証と経験則違背や理由不備との境界も曖昧で、どこまでが下級審での行為規範として機能しうるか、また反証可能性が在るのかも不分明」である危うさがあるという。

（8）　原審判決は、「Yが指摘する…事由は、…他の原因を排斥し又は他の原因との比較において優勢であると認めるに足りる具体的可能性を伴わない」として、Yの主張を退けている。これについて、「他原因の存在の立証の程度について等位又は優位である程度の立証を求めるというのであれば、従来の学説に照らして、Yに高度な立証を求めたことになりかねない」（判時一八六一号四七頁のコメント）との見方と、立証責任の分配に関する原則論であり第一審判決と同一の立場であろうとの見方（松崎・前掲「原審判決の評釈」一四四頁の注（16））がある。

(9) これより先、刑事事件に関する最判昭和二三年八月五日刑集二巻九号一一二三頁は、隣室の宿泊客の財布を抜き取り隠し持っていた被告人が、原審公判で「それは交際のきつかけを作るために隠したのである」と主張しだしたのに対して、「元来訴訟上の証明は、自然科学者の用ひるような実験に基くいわゆる論理的証明ではなくして、いわゆる歴史的証明である。論理的証明は『真実』そのものを目標とするに反し、歴史的証明は『真実の高度な蓋然性』をもつて満足する。言いかえれば、通常人なら誰でも疑を差挟まない程度に真実らしいとの確信を得ることで証明ができたとするものである」とし、本件では「被告人に窃盗の意思すなはち領得の意思があつたということが通常人なら誰れにも容易に推断し得られるのであるから、右推断を覆えすに足る新たな事実が反証せられない限り、判示事実に関する原審の認定は到底動かし得ないところである」と判示した。

(10) 「確信」については、加藤新太郎・前掲『手続裁量論』一三一－一三三頁、同「確信と証明度」『鈴木正裕先生古稀祝賀・民事訴訟法の史的展開』(有斐閣、二〇〇二年) 五四九頁参照。

(11) 賀集唱「損害賠償における因果関係の証明」『講座 民事訴訟5』(弘文堂、一九八三年) 二二四頁。

(12) 奥泉・前掲「本件判批」二八頁は、原告側の主張を立証するための医学者を見つけることは困難を極めたという。

(13) この考えを基礎として、本件について次のように二つの解釈を示す。一つは、「本件の場合に考えられる他原因は『一般の医療行為による感染』であるが、本件予防接種の当時、国は注射針の連続使用の危険性を認識していたのであり、しかも、本件接種が強制的であったのであるから、一般医療機関における注射針の連続使用を中止させる義務を負わないとしても、自らの予防接種に因る感染でないことを積極的に証明する義務を負っていたと考えるべきである。この意味で、一般の医療機関の連続注射に因る可能性があるという理由で、自らの予防接種に因る可能性もある被害について因果関係の欠如を理由に責任を免れるのは信義則に反する」とし、ここから、「本件においては、概括的認定によって、予防接種と肝炎ウイルス感染との因果関係を認定することができる」という。いま一つは、「予防接種は法律上または事実上強制的であったから、それが含む危険性については、強制した被告(国)が調査すべきであった。とくに、欧米では、一九四〇年代半ばには人の血液が人体に入ることによる肝炎がありその予防のためには各種治療に用いられる注射器(針や筒)の連続使用をしないことが肝要であることが明らかにされ、一九四五年にイギリス保健省は注射器の連続使用の危険性を警告し、一九五三年にWHO肝炎専門委員会は注射器（針）等の連続使用の問題性を指摘していた。国はこれらのことを認識しつつ注射器（針）等の連続使用による予防接種を実施していたのであるから、その予防接種の副反応の実態を調査しなかったことは重大な過失であったとすら言うことができるように思われる」とし、ここから、「本件では被告の証明妨害を理由に、原告の因果関係の証明負担を軽減すべきである」という。瀬川教授から、意見書（二〇〇二年九月二日）のコピーをいただいた。記して感謝申し上げる。

(14)　概括的・択一的認定については、瀬川信久「判批」判評四三五号（判時一五二二号）（一九九五年）四四頁以下、垣内秀介「概括的・択一的認定」前掲『〔判例から学ぶ〕民事事実認定』六六頁参照。概括的・択一的認定に関する判例としては、過失認定に関する最判昭和三二年五月一〇日民集一一巻五号七一五頁と最判昭和三九年七月二八日民集一八巻六号一二四一頁が引かれることが多いが、概括的・択一的認定は因果関係における原因の認定についてもあてはまることにつき、橋本英史「医療訴訟における因果関係の問題」『新・裁判実務大系 第一巻 医療過誤訴訟』（青林書院、二〇〇〇年）二二七頁参照。

(15)　④最判以前の下級裁判所の裁判例については、宮坂昌利「④最判の解説」最判解民事篇平成十六年度（上）三二三－三二四頁及び同所引用の文献参照。

(16)　右④最判を受けて、札幌高判平成一六年一二月一五日訟月五二巻二号五二五頁（北海道石炭じん肺訴訟）は、起算点は「当該損害の全部又は一部が発生した時」であり、じん肺被害を理由とする損害賠償請求権については「最終の行政上の決定がなされた日ないしじん肺を原因とする死亡の日」であるという。

(17)　宮坂・前掲「④最判の解説」三二五－三二六頁。さらに、三三五頁の注（30）では、本文のブロック塀倒壊事例では、④最判の考えからすると加害行為時説が妥当するのではないかとの見方を示される。この設例で加害行為時説を採ると、損害発生前に賠償請求権不発生が確定することになる。

(18)　吉村良一「④最判の評釈」平成一六年度重判解（ジュリ臨増一二九一号）八五頁、大塚直「④最判の評釈」セレクト'04二二頁、金山直樹「④最判の評釈」法協一二二巻六号一一二二頁、石松勉「民法七二四条後段における二〇年の除斥期間の起算点に関する一考察」香川法学二五巻一・二号（二〇〇五年）五九頁、円谷峻『不法行為法・事務管理・不当利得』（成文堂、二〇〇五年）一一一頁など。

(19) 五十川直行「④最判の評釈」・判タ一一六六号八六頁、松本克美「民法七二四条後段の『不法行為の時』と権利行使可能性－筑豊じん肺訴訟最高裁二〇〇四年判決の射程距離－」立命三〇七号（二〇〇六年）七二七頁。

(20) もっとも、宮坂・前掲「④最判の解説」三三五頁の注（30）では、本文のブロック塀倒壊事例では、④最判の考えからすると加害行為時説が妥当するのではないかとの見方を示される。この設例で二〇年につき除斥期間説をとり加害行為時説を採ると、損害発生前に賠償請求権不発生が確定することになる。

(21) 私見は、二〇年も消滅時効と解したうえで、二〇年という長期であることからも、この考え方をとるものである。松久三四彦「民法七二四条の構造－期間起算点の視角－」中川良延ほか編『日本民法学の形成と課題（下）〔星野英一先生古稀祝賀〕』（有斐閣、一九九六年）九九三頁（同・前掲注（1）書四一六頁所収）参照。この考え方によれば、本件では、X_4・X_5については消滅時効が完成しているが、国が本件予防接種等を重要な施策として実施しておきながら、それによって生じた損害賠償責任につき消滅時効を援用することは権利の濫用とすべきであったと解する。本判決によれば、そして、二〇年は援用が権利濫用となる余地のない除斥期間であるとする最判平成元年一二月二一日民集四三巻一二号二二〇九頁を前提にすると、提訴前二〇年以上前にB型肝炎ウイルスと診断されていた者は救済されないことになる。しかし、そのような者に長く原因を知りえなかった不利益を押し付けてよいということにはならないであろう。このことは、集団予防接種等によるB型肝炎ウィルス感染の問題は、本来は、政治的な解決によるべき事案ではないかということを思わせる。いずれにせよ、本件は、原告らは除斥期間経過前の訴え提起とされて救済されたとはいえ、除斥期間説の問題性を考えさせる事案を追加するものといえよう。

＊初出は、判評五八五号（二〇〇七年）一六頁（判時一九七八号一七八頁）。

＊＊本稿で引用した与芝教授および瀬川教授の意見書については、与芝真彰『B型肝炎訴訟 逆転勝訴の論理』（かまくら春秋社、二〇一一年）、瀬川信久「B型肝炎札幌訴訟における意見書－因果関係の証明負担の軽減について」北大法学論集六一巻六号（二〇一一年）二二一二頁参照。

[55]　国鉄による採用候補者名簿不記載等の不法行為による損害賠償請求権の消滅時効の起算点――独立行政法人鉄道建設・運輸施設整備支援機構職員解雇事件――

東京地裁平成二〇年三月一三日判決（平成一六年（ワ）第一五三五七号等、各雇用関係存在確認等請求事件）――一部却下、一部請求棄却

（ＬＬＩ／ＤＢ【判例番号】Ｌ〇六三三一九九〇）

〈参照条文〉　民法七二四条

【検討の対象】

本意見書は、東京地判平成二〇年三月一三日（以下「国労二次訴訟一審判決」または「本件一審判決」という）における、民法七二四条前段の三年の起算点に関する部分を検討の対象とする。同様の事案に関する、いわゆるＪＲ不採用訴訟の判決には、他にも、東京地判平成一七年九月一五日判例時報一九〇六号一〇頁（以下「国労一次訴訟一審判決」という）、東京地判平成二〇年一月二三日（以下「全動労訴訟一審判決」という）があり、これらの判決との比較も必要な限りで行なう（引用文中の傍線は筆者による）。

〔事　実〕　原告ら又はその被相続人は、いずれも、かつて日本国有鉄道（以下「国鉄」という）に勤務し、国鉄労働組合（以下「国労」という）に所属していた者であり、いずれも、国鉄の分割民営化の際、北海道旅客鉄道株式会社（以下「ＪＲ北海道」という）、東日本旅客鉄道株式会社（以下「ＪＲ東日本」という）、九州旅客鉄道株式会社（以下「ＪＲ九州」という）、日本貨物鉄道株式会社（以下「ＪＲ貨物」という）への採用を希望したが、昭和六二年四月一日、これらの会社に採用されなかった。

原告ら又はその被相続人は、日本国有鉄道改革法（以下「改革法」という）一五条により国鉄から移行した日本国有鉄道清算事業団（以下「事業団」という）の職員となった後、平成二年四月一日、日本国有鉄道退職希望職員及び日本国有鉄道清算事業団職員の再就職の促進に関する特別措置法（以下「再就職促進法」という）附則二条により同法が失効した際、日本国有鉄道清算事業団就業規則（以下「事業団就業規則」という）二二条四号に基づき事業団から解雇された（以下「本件解雇」という）。

その後、国労とその各地方本部は、原告らを含む国労組合員がJRの採用候補者名簿に記載されずJRに採用されなかったことが不当労働行為に当たるとして、採用候補者名簿に記載されなかった者をJRに採用されたものと扱えとの救済命令申立てをし、全国各地の各地労委において救済が命じられ、中労委においても、選考のやり直しと、その結果に基づく採用取扱い等が命じられた。しかし、JR各社が提起した救済命令取消訴訟において、JR各社は労働組合法七条の「使用者」に当たらないとの理由で同救済命令が取り消され、平成一五年一二月二二日、最高裁も同様の判断を示した（民集五七巻一一号二三三五頁（平成一三年（行ヒ）第九六号、労判八六四号五頁（平成一三年（行ヒ）第五六号）等。以下これらの判決を総称して「本件最高裁判決」という）。

そこで、原告らは、国鉄及び事業団を承継した被告（独立行政法人鉄道建設・運輸施設整備支援機構）に対し、主位的請求として、①事業団が行った本件解雇は無効であるとして、雇用契約に基づき、雇用関係存在確認と平成二年五月以降の賃金等の支払を、②国鉄、事業団又は被告は、原告ら又はその被相続人に対し、国労に所属することを理由として、不当な処分をするなど不利益取扱いをし、JR北海道、JR東日本、JR九州及びJR貨物への採用候補者名簿に記載をしないことによって上記各社に採用させず、再就職を妨害し、本件解雇をし、今日まで放置するなどしたとして、不法行為による損害賠償請求権に基づき、慰謝料及び弁護士費用の支払、名誉回復のための謝罪文の交付及び掲示、JR北海道、JR東日本、JR九州、JR貨物に対する採用要請を求めた。

また、予備的請求として、「本件解雇が無効ではないとしても、国鉄は、原告ら又はその被相続人に対し、国労に所属することを理由として、JR北海道、JR東日本、JR九州及びJR貨物への採用候補者名簿に記載せず、これにより上記各社に採用させなかったとして、不法行為による損害賠償請求権に基づき、賃金相当額等の逸失利益、慰謝料及び弁護士費用

（慰謝料及び弁護士費用の請求は主位的請求と共通である。）の支払」を求めた。

原告らはこの予備的請求において、国鉄および事業団は、原告らに対し、大別して、五つの不法行為、すなわち、①国鉄が、昭和五八年四月から昭和六二年にかけて行なった不当労働行為（以下「不法行為①」という）、②国鉄が、原告らをＪＲ各社の採用候補者名簿に記載せず、事業団に振り分けた行為（以下「不法行為②」という）、③事業団が、原告らを劣悪な労働環境に押し込め、原告らに自学自習しかさせず、その再就職活動を妨害した行為（以下「本件不法行為③」という）、④事業団が、平成二年四月一日付けで、原告らを解雇した行為（以下「不法行為④」という）、⑤被告や事業団が、原告らをＪＲに再就職させるよう要請する義務を負っているにもかかわらず、これを怠り、現在まで放置した行為（以下「不法行為⑤」という）を行なったと主張した。

また、被告がこの不法行為による損害賠償請求権の消滅時効を援用したことから、消滅時効の起算点について次のように主張して消滅時効は完成していないと主張した。

（１）　不法行為①、②は、不法行為⑤にとって先行行為であり、不法行為③、④は、不法行為⑤にとって法的評価の根拠となる事実であって、不法行為①ないし⑤は、一体の不法行為として判断されるべきものである。これらの不法行為は、被告や事業団が、今日に至るまで原告等を地元ＪＲ各社に採用要請しなかったという継続的な不法行為であり、違法行為はいまだ終了していないうえ、原告等の被害もまた、人材活用センターへの隔離収容を初めとする黄犬契約類似の行為、差別名簿作成、不採用、事業団への収容、解雇により作出・助長・維持された国労組合員に対する「不適格者」とのレッテル張り、社会内の差別・偏見の存在によって、今日まで継続的・累積的に発生してきたものであって、その精神的損害を全体として一体に評価しなければ、損害の適正な算定ができない。

このような場合、損害は先行行為に基づく作為義務違反として一体的損害と考えられるし、時効も一括して進行すると考えられる。特に、不法行為⑤は、現在も継続する不法行為であるから、一体の不法行為である不法行為①ないし⑤に関する消滅時効は、未だ、進行していない。

（２）　仮に、不法行為①ないし⑤が一体のものとして判断されず、不法行為①ないし④について消滅時効が個別に進行するものであるとしても、これらの時効の起算点は本件最高裁判決時であるから、未だ消滅時効は完成していない。

不法行為の消滅時効の制度の趣旨からすれば、民法七二四条の「損害及び加害者を知ったとき」の解釈としては、不法行為の被害者が「権利の上に眠る者」との非難を浴びる以上、また、被害感情が発生し沈静化する前提として、現実に損害賠償請求権を行使しうる場合に、その可能な程度に損害賠償義務者が誰か、加害行為が不法行為であること、それによる損害の発生を知っていることが必要と解される。これを原告らについてみると、改革法は、不当労働行為の責任を負うものを明確にしえない形で立法されたために、原告らは、採用差別の不当労働行為について使用者として責任を負うのが国鉄（これを承継した各法人）なのか、JR各社なのか明確にしえない状態に置かれ、法律の素人である原告らは、本件最高裁判決がだされるまで、被告に対する責任追及など考えも及ばなかった。

本件最高裁判決は、JR各社の不当労働行為の使用者としての責任を否定したが、それまでは労働委員会と地方裁判所、高等裁判所の間で判断がわかれ、国鉄とJR各社のいずれが採用差別の責任を負う加害者かまったく不明であったため、原告らが事業団およびその承継法人に損害賠償請求をなしうる状況にもなかった。原告らは、本件最高裁判決まで、事業団への配属自体が無効であるとして、被告への地位確認請求と両立困難な主張をしていたのであり、このような状況下において、被告や事業団への地位確認や損害賠償請求をすることは著しく困難であった。

以上によれば、JR各社に採用されていたら得られたであろう賃金、退職金および年金相当額の財産的損害ならびに慰謝料および弁護士費用については、JR各社に採用される余地がなくなったという損害が現に確定し、被告を加害者として知り、実際に被告に賠償を求めることが可能となったのは、本件最高裁判決時とされるべきである。

（３）　以上のとおり、国鉄、事業団および被告が行なった不法行為①ないし⑤による損害賠償請求権の消滅時効は、そもそも進行していないか、その起算点は平成一五年一二月二二日とされるべきであるから、いまだ、原告らの損害償請求権の消滅時効は完成していない。

〔本件一審判決の内容〕

一　消滅時効の判断の対象となる不法行為

本件一審判決（国労二次訴訟一審判決）における本件不法行為①－⑤は、国労一次訴訟一審判決において原告が主張する不法行為①－⑤に相当する（ただし、本件不法行為①②は、国労一次訴訟一審判決における不法行為②①に対応する）。全動労訴訟では、本件訴訟および国労一次訴訟において①－⑤の不法行為が主張されているのとは異なり、原告は、改革法（日本国有鉄道改革法）二三条二項所定の職員となるべき者の名簿に記載されなかった（「不選定」）ことが不法行為にあたるとして損害賠償を請求している（本件不法行為②に相当）。

本件一審判決は、「不法行為④（事業団による本件解雇）については、本件解雇が無効なものであるといえないことは既に説示のとおりであるから、不法行為が成立する余地はない。不法行為⑤（ＪＲ各社に就職させる義務違反）については、事業団や被告は、原告等をＪＲ各社に就職させるべき一般的義務を負うものではないし、仮に不法行為①ないし④が不法行為と認められ、あるいは国鉄や事業団が国労に対する不当労働行為をしていたと認められるとしても、そのような事実のみから、原告等をＪＲ各社に就職させるよう要請する被告や事業団の法律上の義務を導き得るとは解されないから、被告や事業団にそのような義務があることを前提とした不法行為⑤が成立する余地はない」とした。

国労一次訴訟一審判決も、本件不法行為④⑤に相当する原告主張の不法行為④⑤について不法行為は成立しないとしている。

二　本件不法行為①③による損害賠償請求権の消滅時効について

本件一審判決は、「不法行為①（国鉄による不当処分等）及び②（国鉄による採用候補者名簿不記載等）については、その行為の完了時は、遅くとも昭和六二年三月三一日であり、不法行為③（事業団による就職妨害等）については、その行為の完了時は平成二年四月一日であり」、不法行為①③に関する消滅時効は各不法行為の時点から進行するとして、民法七二四条前段の三年の消滅時効の完成と援用を認めた。なお、本件一審判決は、本件不法行為③につき、「ＪＲ各社に採用されなかったことについて、原告等が救済申立てをしていたこと等をもって本件最高裁判決時まで加害者や損害を知らなかったとはいえないことは、後記の不法行為②について説示するとおりである」としている。

国労一次訴訟一審判決も、本件不法行為①③に対応する原告主張の不法行為②③について、「損害賠償請求権は、その存否について判断するまでもなく、被告の時効援用の意思表示により時効消滅した」としている。

三　本件不法行為②にもとづく損害賠償請求権の消滅時効について

本件一審判決は、本件不法行為②にもとづく損害賠償請求権の消滅時効についても三年の消滅時効の援用を認めたが、国労一次訴訟一審判決および全動労訴訟一審判決は本件不法行為②に相当する不法行為にもとづく損害賠償請求権の消滅時効は（国労一次訴訟一審判決では原告のうち五名を除き）完成していないとした。その判示するところは以下のとおりである。

（1）　本件一審判決

「（3）　不法行為②の時効期間の経過

ア　原告らは、国鉄は、原告等が国労に所属していることを唯一の理由として、JR各社の採用候補者の選定及び採用候補者名簿の作成過程で原告等を対象外とし、事業団に振り分けた（不法行為②）と主張する。

不法行為②の行為は、前記のとおり、原告等がJR各社に採用されなかった昭和六二年四月一日までに完了している。

イ　そこで、まず、原告らが不法行為②の加害者を知った時がいつであるかについて検討する。

不法行為②において問題とされる行為は、採用候補者選定や採用候補者名簿作成といった行為であるところ、改革法二三条二項は、『日本国有鉄道は、前項の規定によりその職員に対し労働条件及び採用の基準が提示されたときは、承継法人の職員となることに関する日本国有鉄道の職員の意思を確認し、承継法人別に、その職員となる意思を表示した者の中から当該承継法人に係る同項の採用の基準に従い、その職員となるべき者を選定し、その名簿を作成して設立委員等に提出するものとする。』と定めている（前提事実（2）エ）のであり、採用候補者の選定や採用候補者名簿の作成を行う主体が国鉄であることは法文上明らかである。証拠（《略》）によれば、国労が昭和六二年四月以前にJR各社の共通設立委員が国労組合員をJR各社に採用しなかったことが不当労働行為であるとして各地方労働委員会に申立てをした救済申立事件の審理においても、国鉄が、実際に採用候補者選定や採用候補者名簿作成を行い、この過程で採用候補者に選定されなかった職員は承継法人に採用されなかったという事実は、当然の前提にされていたことが認められる。そうすると、原告等に対しては、昭和六二年二月一二日付けでされた採用通知がなく、JR各社への同年四月一日付け採用もされなかった（前提事実（4）アないしウ）のであるから、原告等は、遅くとも昭和六二年四月一日までには、国鉄が原告等を採用候補者に選定せず、採用候補者名簿に記載しなかったことを知ったものと認められる。

改革法一五条によれば『承継法人に承継されない資産、債務等』は事業団が承継することも明らかであるから、国鉄が加害者としての責任を負うとすれば、その責任を事業団が承継することは、一義的に明らかというほかない。

これに対し、原告らは、不法行為②に関する加害者は、採用差別に係る不当労働行為の責任はＪＲ各社ではなく国鉄を承継した事業団にあると判断した本件最高裁判決まで明らかではなく、損害賠償請求権を行使することができなかったとして、不法行為②の消滅時効の起算点は本件最高裁判決時とされるべきである旨主張する《略》。

原告らが主張するように、設立委員やＪＲ各社が労働組合法七条にいう『使用者』といえるか否か、採用候補者選定や採用候補者名簿作成の過程で行われた不当労働行為について不当労働行為救済命令の対象となり得るかどうかについては、本件最高裁判決において反対意見が付されているように（前提事実（６）ウ）、労働組合法や改革法の解釈上、争いがあり得るところであるが、他方で、採用候補者選定や採用候補者名簿作成を行った国鉄については、その行為の過程で所属組合による差別行為を行ったとすれば、当該行為について不法行為に基づく損害賠償責任を負うことが否定される余地はおよそない。このことは、国鉄が設立委員の補助者として採用候補者選定や採用候補者名簿の作成を行ったか否かにより左右される事柄でもない。そして、当該不法行為について、設立委員やＪＲ各社がいかなる態様であれ加担したといえるのであれば、設立委員やＪＲ各社に対する不法行為に基づく損害賠償請求権の行使も可能となるが、その場合であっても、国鉄ないしその債務を承継した事業団が負うべき責任と、設立委員やＪＲ各社の負うべき責任とは二者択一とされるものではなく、併存して行使可能な権利なのであるから、本件最高裁判決が出されるまで、採用候補者選定や採用候補者名簿作成に係る不当労働行為の加害者が国鉄ないし事業団であることを知らなかったとは到底いえない。

以上のとおりであるから、原告等は遅くとも昭和六二年四月一日までに、不法行為②の加害者を知ったと認められる。

ウ　次に、原告等が不法行為②に係る損害を知った時がいつであるかについて検討する。

前記のとおり、不法行為②は、原告等がＪＲ各社に採用されなかった昭和六二年四月一日に完了し、これにより、原告等とＪＲ各社との間には雇用関係は生じていないのであるから、一般的には、原告等がＪＲ各社の採用候補者に選定されなかったことに伴う損害は、採用をされなかった時に、経済的損害、精神的損害ともに発生し、同時に、原告等は損害を知ったと考えられる。

これに対し、原告らは、まず、請求する損害のうち、定年までの賃金相当額、退職金相当額及び死亡に至るまでの年金相当額については、本件最高裁判決により、原告等がJR各社に採用されないことが確定したことにより発生した損害であり、本件最高裁判決時に損害を知ったと主張する（《略》）。

本件最高裁判決において、JRの採用候補者に選定されず、採用候補者名簿に記載されなかった国労組合員について、JRに採用したものと扱うよう命じるのが相当であったと判断されたとすれば、原告等についても、昭和六二年四月一日以降、JRにおける労働者としての地位が確認されることになるのであるから、その場合には、同日以後の賃金相当損害金、退職金相当損害金、死亡するまでの年金相当損害金については、以後、およそ損害と観念することができなくなるという考え方は成り立つ。

しかし、そうであるからといって、本件最高裁判決まで、当該損害が発生していなかったとか、原告らが当該損害の発生を知らなかったといえるものではない。

原告らが不法行為②において問題とする国鉄の行為は採用候補者選定及び採用候補者名簿作成の過程の採用差別行為であり、当該行為の結果として生じる具体的損害は、昭和六二年四月一日付けで原告等がJR各社に採用されなかったことによるものである。原告等が採用されなかったことによる損害として観念する余地があるのは、慰謝料を除けば、逸失利益としての賃金相当損害金、退職金相当損害金、年金相当損害金であるが、これらの損害は、採用されなかったことと同時に発生する損害であって、法律に詳しくない一般人にとっても容易に認識し、想定することができる。現にJR各社に採用されなかった者には、JR各社から賃金が支給されず、これが将来も継続することは明らかであって、損害は現実に発生し、JR各社に採用されなかった者は損害が発生していることを認識しているというほかない。原告等がJR各社に採用されなかったことについて不当労働行為救済申立てをし、その結果によっては、原告等がJR各社に採用される可能性が残されていたとしても、その間、原告等がJR各社の社員としての具体的身分を取得しているのではなく（原告等に対する採用取扱い等の救済命令の存在のみによって、原告等がJR各社の社員としての身分を取得するものではない。）、賃金が支払われない状態には何ら変わりはないのだから、前記救済申立ての帰趨が定まらない間は、前記損害が発生していない、あるいは損害を知らなかったということができるものではない。

次に、原告らは、慰謝料についても、精神的苦痛は本件最高裁判決時まで確定していなかったのであり、本件最高裁判決時に損害を知った旨主張する《略》）。

原告らが主張する精神的苦痛は、原告等がJR各社の採用候補者に選定されなかったことにより、JR各社に採用されるという期待権が侵害され、昭和六二年四月一日以降、国鉄の鉄道事業を承継したJR各社で勤務することができず、事業団の雇用対策支所等に配属されたことによる苦痛、さらに、平成二年四月一日には、本件解雇が行われ、国鉄との雇用関係を承継した事業団との雇用関係も終了したことによる苦痛というものである。そうだとすると、仮に原告らの上記主張が認められるとしても、上記のような精神的苦痛は、JR各社に採用されなかったことによって始まるのであるから、昭和六二年四月一日に発生したものであることは明らかであり、損害が精神的苦痛である以上、その発生と同時に損害を知ったことも明らかである（本件解雇により職を失ったことについては、新たな損害が発生したとみることもできるが、そうだとしても、平成二年四月一日に損害が発生し、損害を知ったことになる。ただし、損害として認められるには、本件解雇により職を失ったことが、採用候補者に選定されなかったことと因果関係のある損害と認められる場合に限られるのは当然である。）。

原告等はJR各社に採用されなかったのであるから、その時以降、原告等がJR各社の職員として勤務することができない状態が継続することは当然である。不採用になった日の後、新たな精神的苦痛が日々、継続的に発生しているということはできない。

また、平成一五年一二月二二日の本件最高裁判決によって、JR各社の不当労働行為は認められず、原告等がJR各社に採用されるものではないことが確定したものであるが、昭和六二年四月一日以降は、本件最高裁判決の前においても、原告等がJR各社との雇用関係がない状態は継続していたのであって、本件最高裁判決によって、この状態は変わらない（仮に、本件最高裁判決によって原告等に対する救済命令が認められたとしても、本件最高裁判決時までの精神的苦痛が消滅するわけではない。）のだから、本件最高裁判決により、不法行為②に係る精神的苦痛が新たに発生したとか、これが拡大したと認めることはできない。本件最高裁判決によって、原告等がJR各社に採用される期待を完全に失ったとしても、すでに発生していた精神的損害について、その一部の回復がされることがないことが確定したものであって、新たに精神的苦痛が発生したり、これが拡大したりしたものとはいえない。仮に本件最高裁判決により何らかの精神的苦痛を受けたとしても、このような損害は被告や事業団の行為により生じたものとはいえない以上、当該損害について、被告や事業団が損害賠償義務を負うべき理由はない。

以上によれば、不法行為②に係る損害は、遅くとも昭和六二年四月一日に（あるいは、どんなに遅くとも平成二年四月一日に）発生し、原告等は同時にその損害の発生を知ったと認められる。

エ　加害者及び損害を知っていたとしても、損害賠償請求権を行使することができない特別の事情があるときは、実質的に加害者及び損害を知ったとはいえず、消滅時効が進行すると解すべきではない。そこで、次に、原告らが、不法行為②に係る損害賠償請求権を事実上行使し得る状態にあったか検討する。

証拠《略》によれば、①国労組合員の中には、停職処分六か月の処分を受けたことを理由に採用候補者に選定されなかったことを受け、直ちに、採用候補者名簿に記載されなかったことは不当労働行為であり、不法行為であるとして、事業団を被告とする損害賠償請求訴訟（未払賃金相当額を損害として主張した。）を提起した者も存在すること、②国労の地方本部の中には、国労組合員の多数がＪＲ各社に採用されなかったことを受け、昭和六二年三月ころ、事業団に対する損害賠償請求を検討していた地方本部も存在していたこと、③平成四年一一月ころには、国労組合員に対して事業団が提訴した建物明渡請求訴訟において、国労組合員である被告ら《略》が、採用差別が国鉄の不当労働行為であることが明らかである以上、国鉄が移行した法人そのものである事業団に、当該不当労働行為についての責任があることは明らかであるとの主張をしていたこと、④国労は、平成一〇年一〇月には、事業団法の失効に伴い事業団が解散したことを受け、その権利義務を承継した鉄建公団に対し、『この間の国鉄及び清算事業団による一連の不当労働行為及び不当な解雇によって被った損害の賠償を請求する権利を有している。』と通知していること、以上の各事実が認められる。なお、上記③の点に関し、原告18は、建物明渡請求訴訟における主張は訴訟代理人に委任していたため、上記③の主張に係る認識は有していなかった旨供述するが、訴訟代理人の主張はあくまでも依頼者の主張を代理するものであって、訴訟代理人の個人的な認識を主張するものではないことは明らかである上、この訴訟も国労が組織として取り組んでいたと推認され、原告18がこの訴訟に無関心であったとは考えられないから、前記供述はおよそ採用しがたい。

このように、国労の中には、不法行為②の結果が発生する前から、事業団に対する損害賠償を提起した国労組合員や、訴訟提起を検討した地方本部もあるのであるし、実際に原告等の一部も、平成四年一一月の時点において、事業団に対し、不法行為②に係る損害賠償責任を負うべきであるとの見解を表明していたことに照らせば、原告等が不法行為②について事業団に損害賠償請求をし得る立場にあることを想定することは容易であったというほかなく、原告等が事業団に対し損害賠償請求をすることが事実上できなかったとは認められない。

原告らは、賃金相当損害金、退職金相当損害金、年金相当損害金といった損害については、本件最高裁判決時まで事実上行使できない状態にあったとも主張するが、これらの損害は、性質上、原告等の不採用と同時に容易に想定することができる損害であって、不法行為②に係る慰謝料請求と同時に請求することが容易に可能な損害であるのだから、やはり、これらの損害についても、原告等が事実上行使することができない状態にあったとはいえない。

また、原告等の多くが採用差別を不当労働行為であるとしてJR各社への採用等を求めていたとしても、それと同時に採用差別について損害賠償請求を事業団に提起することは、何ら原告等の行動と矛盾する行動ではなく、原告等にそのような権利行使を期待することがおよそ困難であるとも解されない。

オ　以上によれば、原告等は、原告等がJR各社に採用されなかった昭和六二年四月一日の時点（どんなに遅くとも平成二年四月一日の時点）において、加害者及び損害を知ったものであり、事業団に対する損害賠償請求が事実上不可能であったとは認められないから、不法行為②についての消滅時効は昭和六二年四月一日（どんなに遅くとも平成二年四月一日）から進行する。」

（2）　国労一次訴訟一審判決

「（ア）　時効の起算点について

民法七二四条は、不法行為による損害賠償請求権の時効消滅は、被害者が『損害及び加害者を知った時』から進行する旨規定するが、この『損害及び加害者を知った時』とは、被害者において、加害者に対する損害賠償請求が事実上可能な状況の下に、その可能な程度にこれを知った時を意味するものと解するのが相当であり（最二小判昭和四八年一一月一六日民集二七巻一〇号一三七四頁参照）、同条にいう被害者が損害を知った時とは、被害者が損害の発生を現実に認識した時をいうと解するのが相当である（最三小平成一四年一月二九日民集五六巻一号二一八頁参照）。

これを本件についてみると、前記のとおり、国労は原告らを含む国労組合員が、国労に所属していることないし国労の指示に従って組合活動を行ったことを理由としてJRの採用候補者名簿に記載されず、JRに採用されなかったことが不当労働行為に当たると主張して、採用候補者名簿に記載されなかった者をJRに採用されたものと扱えとの救済命令申立てをし、全国各地の各地労委において救済が命じられ、中労委においても、選考のやり直しと、その結果に基づく採用取扱い等が命じられた。その後、JR各社による救済命令取消訴訟において、JR各社が労働組合法七条の『使用者』に当たらないとの理由で同救済命令が取り消され、控訴審及び上告審において同様の判断がされ、JR各社の採用候補者名簿に記載されなかった者は、それが不当労働行為に当たるか否かにかかわらず、JR各社への採用を求めることができないことが確定するに至ったのである。この点、JR各社が労働組合法七条の『使用者』に当たるか否かについては、本件最判においても意見が分かれ、承継法人の職員の採用については、国鉄に設立委員の補助的なものとして権限を付与したものと解し、JRの設立委員ひいては承継法人が労働組合法七条の使用者としての責任を負うとの少数意見が付されている。

これらの状況に照らしてみると、本件最判に至るまでは、JRの採用候補者名簿に記載されなかった国労組合員について、JRに採用したものと扱えなどとする救済命令が是認される可能性が多分にあったものであり、これが是認された際には、昭和六二年四月一日以降、JRにおける労働者としての地位が確認され、同日以降の賃金請求権が発生することになったのであるから、かかる訴訟が係属する間は、原告らが、国鉄のJRの採用候補者名簿への不記載によりJRに採用される余地がなくなったということを現実に知ることはできず、それに伴う損害の発生を知ることもできなかったといわざるを得ず、したがってまた、かかる損害について、被告を相手方として賠償を求める余地もなかったと言わざるを得ない。そうだとすると、原告B ら五名を除く原告らは、本件最判により、被告を相手方として、JR北海道、JR九州の各採用候補者名簿への不記載により前記JR各社に採用される余地がなくなったことに伴う損害についての賠償を請求することが可能なことを現実に知ったと解するのが相当であり、本件不法行為①に基づく損害賠償請求権等については、本件最判時が時効消滅の起算点であるというべきである。なお、原告Bら五名を除く原告らは、本件最判以前に本件訴訟を提起しているものの、①これは上告審において同原告らをJR各社に採用されたものと扱えとの救済命令が是認されなかった場合を想定したいわば予備的な訴え提起であり、救済命令が是認された場合には、JRの採用候補者名簿への不記載に関する損害賠償請求は認めることができなかったのであり、②また、本件最判が出る前の原告らの被告に対する損害賠償請求は、本件解雇が違法であることを理由とするもの（本件不法行為④）であり、本件不法行為①による損害賠償請求を明確にしたのは本件最判が出た後の予備的請求の中であることに照らすと、これにより原告らが本件最判以前に被告に対する損害賠償請求が可能な程度に加害者及び損害を知ったと解することはできない。」

（3）全動労訴訟一審判決

「（2）民法七二四条前段にいう『損害及び加害者を知った時』とは、加害者に対する賠償請求が事実上可能な状況のもとに、その可能な程度にこれを知ったときというのが相当である（最高裁昭和四八年一一月一六日第二小法廷判決・民集二七巻一〇号一三七四頁）ところ、上記アによれば、道労委に本件救済申立てをした時点では、全動労は、その組合員の多くがＪＲ北海道等に採用されなかったことの根本的原因が、国鉄による本件選定過程にあったこと（すなわち、全動労組合員の多くが本件名簿の採用候補者に記載されなかったこと）を認識していたと推認することができ、そうであれば、全動労所属組合員として前記救済申立てに関与していた原告等（《略》）も上記の時点で、本件選定過程で国鉄による差別的取扱いがあったことを認識していたと認められることは、被告の主張するとおりである。

（3）ア　ところで、本件において、原告等は、……国鉄による採用候補者の名簿の記載につき公平な取扱いを受けるべき利益を有していたのに、これを違法に害されたものであるが、その損害は、原告等が採用者名簿に適正に記載される可能性を奪われ、その結果としての名簿不記載という一定の法的地位に置かれたことにより受けた精神的打撃に対する慰謝料であると解される。そして、その金額は、単に違法に採用候補者名簿に記載されなかったとの事実のみからその金額を算定すべきものではなく、名簿に記載されなかったことにより原告等がその就労に関し被ることとなった不利益な状況、すなわち、既に承継法人に採用されないこととなったことを前提として、これに関連する他の諸事情をも斟酌して定めるべきものと解される。してみると、原告等が消滅時効の起算点である『損害を知った』ことの対象も、原告等の上記のような精神的打撃の前提として、原告等の置かれることとなった一定の法的地位についても認識することが当然含まれることとなるから、消滅時効が進行するには、原告等が自らの置かれた法的地位の少なくとも主要な部分を認識することを要するものと解すべきである。

イ　そこで、これを本件につきみると、上記のとおり、原告等は、昭和六二年当時、自らの採用を求めてＪＲ北海道等を相手方として不当労働行為救済の申立てをしていたことからすると、本件不選定の結果ＪＲ北海道等に採用されなかったものの、不当労働行為救済命令申立てなどの手段によって採用される可能性があると考えていたことが明らかである。そして、このような原告等の当時自らが置かれていた状況の認識は、その後最高裁判所の判決で判示されたとおり、ＪＲ北海道等を使用者とする救済命令によって採用される可能性が否定され、もはや採用の可能性がないという、原告等が現実に置かれた客観的な法的地位とは全く異なるものである。加えて、原告等がこのような認識に陥っていたのは、国鉄改革法二三条の規定の解釈が一義的に明確なものではなく、ＪＲ北海道等が国鉄の採用候補者名簿の記載について使用者として責任を負い、不当労働行為救済命令による救済が可能であるとの解釈を容れる余地があったことによるものであり、また、原告等がそのような解釈に基づいてＪＲ北海道等を相手方として不当労働行為救済の申立てを行ったことについては、現に、道労委や中労委がＪＲ北海道等の不当労働行為を認定して救済命令を発したこと、上記解釈は、取消訴訟の結果最高裁判所においても否定されることとなったものの、最高裁判決においてもこれを支持する旨の少数意見が付されていたこと《略》などからすると、結果として最高裁判所の採るところとならなかったとはいえ、相応の根拠が存したものということができる。

このように、上記の昭和六二年当時において原告等が本件不選定による損害として認識していたところは、現実の損害と解すべき事情とは、本件不選定の結果、原告等がＪＲ北海道等に採用されるための途が全く閉ざされるのか、労働委員会等による救済の途があるのかという点で大きく異なるのであり、この点はＪＲ北海道等への採用を強く望んでいた原告等としては、本件不選定の結果自らが置かれた法的状況に関し、結果的には誤った判断をしたといわざるを得ないものの、そのような解釈を採ったことについては、相応の理由もあり、やむを得ないことであったというべきである。してみると、原告等は、昭和六二年当時、慰謝料の前提となる原告等の法的地位について、客観的な状態とは全く異なった認識しか有していなかった以上、権利の行使についての適切な意思決定は期待できなかったといえるから、原告等がこの段階で『損害を知った』ということはできないものというべきである。そして、原告等がこの点につきＪＲ北海道等への採用されることが困難であることを前提とした自らの状況を認識するに至ったのは、救済命令の取消訴訟が最高裁判決により確定した平成一五年一二月二二日の時点であると解されるから、この時点で初めて『損害を知った』ものというべきである。

（4）よって、被告の時効の主張は、その主張する起算点において原告等が損害を知ったとは認め難いので、採用することができない。」

【検　討】

原告らは、予備的請求において、不法行為にもとづく損害賠償として、「賃金相当額等の逸失利益、慰謝料及び弁護士費用」の支払いを求めた。これに対し、本件一審判決は、本件不法行為②にもとづく損賠賠償請求権の民法七二四条前段による「損害及び加害者を知った時から三年」の消滅時効につき、まず、「加害者を知った時」、つぎに、「損害を知った時」について判断し、三年の消滅時効の完成を認めた。したがって、以下でも、「加害者を知った時」、「損害を知った時」の順で本件一審判決を検討するが、本件の起算点を考えるには、時効期間を三年という短期にすることの正当化根拠に照らした分析が不可欠であるので、まず、この点から述べることにしたい（民法七二四条前段をめぐる判例・学説の状況については、松久三四彦「消滅時効」山田卓生編『新・現代損害賠償法講座（1）総論』〈日本評論社、一九九七年〉二五五頁〔同『時効制度の構造と解釈』〈有斐閣、二〇一一年〉四五一頁所収〕参照）。

一　時効期間を三年という短期にすることの正当化根拠

（1）学説の考えは三つに大別される。第一に被告（加害者）側の不法行為の不成立（免責）に関する立証困難の救済、第二に被害者の感情の鎮静化、第三に賠償義務者のもはや賠償請求はないとの信頼（期待）の保護である。しかし、第一説は、民法七二四条後段（二〇年期間）の存在、および、起算点が「不法行為の時」ではなく「損害および加害者を知った時」という被害者の認識時とされていることと整合的でない。第二説は、実際に賠償請求ないし提訴までしている被害者に対してはあてはまらない。裁判で三年時効の不利益を被るのは感情の鎮静していない被害者であり、今なお感情の鎮静していない被害者にも三年の消滅時効が適用されることの説明にはなっていない。第三説は、通常は、被害者が「損害および加害者を知」っていることを加害者も知っている場合にあてはまることであるが、民法七二四条前段は、このような加害者側の認識を求めていない。

（2）　民法七二四条前段の三年時効の正当化根拠は、第一に、時効期間が短期とされていること（加害者保護ないし加害者有利の側面）、第二に、起算点が「損害および加害者を知った時」とされていること（被害者保護ないし被害者有利の側面）の二点を、不法行為の法律関係の一般的特質と結びつけて理解する必要がある。そうすると、この特質は、「不法行為に基づく法律関係が、通常、未知の当事者間に、予期しない偶然の事故に基づいて発生するものであるため、加害者は、損害賠償の請求を受けるかどうか、いかなる範囲まで賠償義務を負うか等が不明である結果、極めて不安定な立場におかれる」（最判昭和四九年一二月一七日民集二八巻一〇号二〇五九頁）ところにある。したがって、法律関係の不明確性という特質が、加害者側保護の側面では主に賠償請求の有無や範囲の不明確性ということから短期の時効を要請し、被害者側保護の側面では主に賠償請求の困難性ということから主観的起算点を要請し、さらに客観的起算点による一般債権の時効期間よりも長い二〇年期間を要請したものと理解すべきである。そして、起算点の解釈にあたっては、短期とされていること（被害者不利）とのバランスを顧慮し、被害者の現実的提訴可能性を確保することを基本的指針とすべきである。これにより民法七二四条後段の二〇年期間による救済しか受けられない加害者がでてくることは、一般債務者に比べ不利となるが、民法七二四条後段が一〇年（民法一六七条一項）ではなく二〇年と定めた以上やむをえないということになる。したがって、「損害及び加害者を知った時」とは現実的提訴可能性を生じた時を意味するとして、現実的提訴可能性の有無に照らして個々の事案を解釈すべきである（福岡地判昭和五一年一二月一三日交民集九巻六号一六九一頁に、「損害賠償を提訴できる現実的可能性が生じた」との表現がある）。ここに、現実的提訴可能性があるとは、提訴（権利行使）を現実に期待できるということでもあり（福岡高判昭和六二年一二月一〇日訟月三四巻七号一四四四頁は、「法人の代表者が加害者に加担して法人に対し共同不法行為が成立するような場合には、右代表者による損害賠償請求権の行使を現実に期待することは困難であるから……」といい、福岡高判平成四年三月六日判時一四一八号三頁は、「被害者に損害賠償請求権の行使を期待することが合理的に可能となった時点」が起算点であるという）、また、権利不行使を咎めて被害者から損害賠償請求権を奪う以上、現実的提訴可能性の認識には勝訴可能性の認識が含まれると解すべきである（沢井裕『テキストブック事務管理・不当利得・不法行為〔第三版〕』〔有斐閣、二〇〇一年〕二七三頁は、「被告に対して提訴可能であることの認識とは、相当な勝訴の見込みのあることの認識をも含んでいる」という。）。ちなみに、最判昭和五八年一一月一一日判時一〇九七号三八頁は、交通事故の被害者が逆に加害者として業務上過失致死傷罪で起訴され、一審で有罪、二審の無罪確定後に真の加害者に賠償請求した事案で、無罪判決確定時を起算点とした。現実的提訴可能性には勝訴可能性を含めて考えるべきであることを示すものといえよう。なお、現実的提訴可能性が生じたといえるためには、「被害者が損害の発生を現実に認識」することが必要であると解すべきである（最判平成一四年一月二九日民集五六巻一号二一八頁、以下「最判平成一四年」という）。

以上を基本的視点として、本件一審判決を見ていきたい。

二　本件一審判決の「加害者を知った時」

本件一審判決は、「損害を知った時」の判断に先行して「加害者を知った時」を判断し、①「原告等は、遅くとも昭和六二年四月一日までには、国鉄が原告等を採用候補者に選定せず、採用候補者名簿に記載しなかったことを知ったものと認められる。」、②「改革法一五条によれば『承継法人に承継されない資産、債務等』は事業団が承継することも明らかであるから、国鉄が加害者としての責任を負うとすれば、その責任を事業団が承継することは、一義的に明らかというほかない。」、③「採用候補者選定や採用候補者名簿作成を行った国鉄については、その行為の過程で所属組合による差別行為を行ったとすれば、当該行為について不法行為に基づく損害賠償責任を負うことが否定される余地はおよそない。」、④「国鉄ないしその債務を承継した事業団が負うべき責任と、設立委員やJR各社の負うべき責任とは二者択一とされるものではなく、併存して行使可能な権利なのであるから、本件最高裁判決が出されるまで、採用候補者選定や採用候補者名簿作成に係る不当労働行為の加害者が国鉄ないし事業団であることを知らなかったとは到底いえない。」として、「原告等は遅くとも昭和六二年四月一日までに、不法行為②の加害者を知ったと認められる。」という。

しかし、前記一で述べたように、「加害者を知った時」についても、現実的提訴可能性の観点から判断すべきであり、最高裁も、「加害者に対する賠償請求が事実上可能な状況のもとに、その可能な程度にこれを知った時を意味するものと解するのが相当」であるとしている（最判昭和四八年一一月一六日民集二七巻一〇号一三七四頁、以下「最判昭和四八年」という）。

そうすると、本件でも、「本件最判に至るまでは、ＪＲの採用候補者名簿に記載されなかった国労組合員について、ＪＲに採用したものと扱えなどとする救済命令が是認される可能性が多分にあった」（国労一次訴訟一審判決）、あるいは、「不当労働行為救済命令申立てなどの手段によって採用される可能性があると考えていた」（全動労訴訟一審判決）とするならば、「原告等は遅くとも昭和六二年四月一日までに、不法行為②の加害者を知ったと認められる。」とはいえないことになる。本件一審判決の前記①－③は、本件不法行為②が成立するときは国鉄が責任を負い事業団がその責任を承継するという法律関係（の分析）であって、これがただちに、原告らの「加害者を知った」との認識に結びつくものではない。また、本件一審判決の前記④が「国鉄ないしその債務を承継した事業団が負うべき責任と、設立委員やＪＲ各社の負うべき責任とは二者択一とされるものではなく、併存して行使可能な権利なのである」ということから「本件最高裁判決が出されるまで、採用候補者選定や採用候補者名簿作成に係る不当労働行為の加害者が国鉄ないし事業団であることを知らなかったとは到底いえない」というのは、これもまた、原告らは二つの請求権を有しうるという法律関係からただちに原告らの「加害者を知った」との認識に結びつけるものであって、論理に飛躍がある。

本件では、本件不当労働行為の救済命令にＪＲが従い原告らが救済されるときは、少なくともＪＲが救済命令に従うことによって回復される原告らの損害については、国鉄を加害者としてその不法行為責任を追及し重複満足を受けることはできないのであるから、まずは「損害を知った時」について、あるいは、それとあわせて「加害者を知った時」について判断すべきものである。少なくとも、「損害を知った時」の判断に先行して「加害者を知った時」を判断することには無理がある。

本件一審判決は、前記の現実的提訴可能性の観点ないし「加害者に対する賠償請求が事実上可能な状況のもとに、その可能な程度にこれを知った時を意味する」という最判昭和四八年の観点がきわめて希薄である。このことは、三年時効は完成していないとした国労一次訴訟一審判決が最初にこの最判昭和四八年を引用しているのに対し、三年時効は完成したとする本件一審判決においてはまったく引用がないことにも現れているように思われる。

三　本件一審判決の「損害を知った時」

本件一審判決は、①「原告等が採用されなかったことによる損害として観念する余地があるのは、慰謝料を除けば、逸失利益としての賃金相当損害金、退職金相当損害金、年金相当損害金であるが、これらの損害は、採用されなかったことと同時に発生する損害であって、法律に詳しくない一般人にとっても容易に認識し、想定することができる。現にJR各社に採用されなかった者には、JR各社から賃金が支給されず、これが将来も継続することは明らかであって、損害は現実に発生し、JR各社に採用されなかった者は損害が発生していることを認識しているというほかない。原告等がJR各社に採用されなかったことについて不当労働行為救済申立てをし、その結果によっては、原告等がJR各社に採用される可能性が残されていたとしても、その間、原告等がJR各社の社員としての具体的身分を取得しているのではなく（原告等に対する採用取扱い等の救済命令の存在のみによって、原告等がJR各社の社員としての身分を取得するものではない。）、賃金が支払われない状態には何ら変わりはないのだから、前記救済申立ての帰趨が定まらない間は、前記損害が発生していない、あるいは損害を知らなかったということができるものではない。」、②「原告らが主張する精神的苦痛は、……、JR各社に採用されなかったことによって始まるのであるから、昭和六二年四月一日に発生したものであることは明らかであり、損害が精神的苦痛である以上、その発生と同時に損害を知ったことも明らかである（本件解雇により職を失ったことについては、新たな損害が発生したとみることもできるが、そうだとしても、平成二年四月一日に損害が発生し、損害を知ったことになる。ただし、損害として認められるには、本件解雇により職を失ったことが、採用候補者に選定されなかったことと因果関係のある損害と認められる場合に限られるのは当然である。)。」として、「不法行為②に係る損害は、遅くとも昭和六二年四月一日に(あるいは、どんなに遅くとも平成二年四月一日に)発生し、原告等は同時にその損害の発生を知ったと認められる。」という。

しかし、前記一で述べたように、「損害を知った時」は、現実的提訴可能性(被害者に提訴を期待できるか)の観点から判断すべきであり、最高裁も、「民法七二四条は、不法行為に基づく法律関係が、未知の当事者間に、予期しない事情に基づいて発生することがあることにかんがみ、被害者による損害賠償請求権の行使を念頭に置いて、消滅時効の起算点に関して特則を設けたのであるから、同条にいう『損害及ヒ加害者ヲ知リタル時』とは、被害者において、加害者に対する賠償請求が事実上可能な状況の下に、その可能な程度にこれらを知った時を意味するものと解するのが相当である(最高裁昭和四五年(オ)第六二八号同四八年一一月一六日第二小法廷判決・民集二七巻一〇号一三七四頁参照)。そして、……、同条にいう被害者が損害を知った時とは、被害者が損害の発生を現実に認識した時をいうと解すべきである。」「民法七二四条の短期消滅時効の趣旨は、損害賠償の請求を受けるかどうか、いかなる範囲まで賠償義務を負うか等が不明である結果、極めて不安定な立場に置かれる加害者の法的地位を安定させ、加害者を保護することにあるが(最高裁昭和四九年(オ)第七六八号同年一二月一七日第三小法廷判決・民集二八巻一〇号二〇五九頁参照)、それも、飽くまで被害者が不法行為による損害の発生及び加害者を現実に認識しながら三年間も放置していた場合に加害者の法的地位の安定を図ろうとしているものにすぎず、それ以上に加害者を保護しようという趣旨ではないというべきである。」としている(最判平成一四年)。

そうすると、原告らの求める「JR各社に採用されていたら得られたであろう賃金、退職金及び年金相当額の財産的損害並びに慰謝料及び弁護士費用」は(法的に認められる範囲がこれよりも狭いときは、その認められる範囲においてであるが)、本件不当労働行為の救済命令にJRが従うことによって原告らが救済されるときは、その救済によって回復される損害部分は国鉄ないし事業団から重複して満足を受けることのできないものであるから、本件救済命令の帰趨が定まらない間は、現実的提訴可能性ないし前記最高裁判決の考えに立つならば、本件最判の時をもって「損害を知った時」と解するのが素直である。

本件一審判決は、ここでも、現実的提訴可能性ないし前記最判平成一四年の考えから離れたものになっている。三年時効は完成していないとした国労一次訴訟一審判決が最初に最判昭和四八年と最判平成一四年を引用して解釈の基本を示しているのに対し、三年時効は完成したとする本件一審判決においてはこの二つの最高裁判決にまったくふれられていないのは、対象的である。

四　終わりに──現実的提訴可能性（権利行使が期待できること）の視点の重要性

（1）　本件一審判決のポイントは、「国鉄ないしその債務を承継した事業団が負うべき責任と、設立委員やJR各社の負うべき責任とは二者択一とされるものではなく、併存して行使可能な権利なのであるから、本件最高裁判決が出されるまで、採用候補者選定や採用候補者名簿作成に係る不当労働行為の加害者が国鉄ないし事業団であることを知らなかったとは到底いえない。」というところにある（ここで「二者択一」というのは、「請求権は一個しか成立しない」との意味と、「請求権は債務者を異にして二個成立するが権利行使は択一的」との意味が考えられるが、後者か）。これは、あたかも法律に通暁した市民を想定し、権利行使につき法律上の障害がなければ、主観的起算点も容易に認められるとの姿勢をとっているかのようである。しかし、三年の消滅時効は、実体法上は、被害者に損害賠償請求権が存在し、それが行使できるものである（法律上の障害がない）ことを前提としたうえで、被害者が損害および加害者を知っていたならば、容易に権利行使ができた筈であるということから、権利行使を怠った被害者から権利を奪うものである。したがって、損害および加害者についての被害者個々人の実際の認識こそが重要であり、本件一審判決はこの点の判断につき最高裁判決の考えに依拠したものにはなっていない。

（2）　民法七二四条前段の三年時効の起算点の解釈においてだけではなく、一般に、権利行使が期待できない者に、その不行使を理由に権利を奪うことは、相手方保護の必要性が上回る場合をのぞき、認められるべきでない。最後に、この考えが現れている近時の最高裁判例を二つ挙げておきたい。

①最判平成八年三月五日民集五〇巻三号三八三頁

ひき逃げ事故の被害者が被疑者に対する損害賠償請求訴訟で敗訴したのち政府に対して保障請求（自賠法七二条一項・七五条）した事案において、「ある者が交通事故の加害自動車の保有者であるか否かをめぐって、右の者と当該交通事故の被害者との間で自賠法三条による損害賠償請求権の存否が争われている場合においては、自賠法三条による損害賠償請求権が存在しないことが確定した時から被害者の有する本件規定による請求権の消滅時効が進行するというべきである」とし、その理由として、「交通事故の加害者ではないかとみられる者との間で自賠法三条による請求権の存否についての紛争がある場合には、右の者に対する自賠法三条による請求権の不存在が確定するまでは、本件規定による請求権の性質からみて、その権利行使を期待することは、被害者に難きを強いるものであるからである」という。

交通事故の被害者は、加害者ではないかとみられる者に対する自賠法三条による請求と自賠法七二条一項による請求を同時にすることはできないが、本件では被告に対する損害賠償請求と不当労働行為の救済を同時に求めることとは、法的には不可能とはいえない。しかし、本件不当労働行為の救済命令に被告が従うことによって原告らが救済されるときは、その救済によって回復される損害部分は被告から重複して満足を受けることはできない。重複満足は認められないという点では、①最判の事案は本件と共通しており、問題状況は本件ときわめて類似している。

②最判平成二〇年七月一〇日（平成一九(受)一九八五）〔のちに、判時二〇二〇号七一頁に登載〕。

事案は以下のようなものである。上告人の所有する土地上に植栽された樹木について、被上告人の民法二四八条による償金請求権を被保全債権とする申立てにもとづき仮差押命令が発令され、その執行がなされた。そこで、上告人らは、前記仮差押命令の申立ては違法なものであり、前記仮差押命令の執行により、鹿児島県による買収が予定されていた前記土地を更地にすることができず、そのために前記土地に対する同県からの買収金が本来支払われるべき時期よりも遅れて支払われることとなったとして、不法行為にもとづき、被上告人に対し、本件買収金に対する前記仮差押命令の正本が上告人らに送達された日から、前記仮差押命令の執行が取り消され、前記樹木が撤去されて本件買収金が上告人らに支払われる見込みが生じた日までの、遅延損害金相当額の損害の賠償を求めて、本件訴訟を提起した。

これに先立ち、上告人らは、不法行為にもとづく損害賠償として、本案の起訴命令の申立および被上告人の前事件本訴（起訴命令を受けて、被上告人が上告人らに対して訴えを提起した訴訟）の応訴に要した弁護士費用相当額二五〇万円およびこれに対する遅延損害金の支払を求める反訴（以下「前事件反訴」という。）を提起していた。これについては、本件訴訟提起後に、弁護士費用相当額の損害各五〇万円およびこれに対する遅延損害金の支払を求める限度で認容する判決が確定した。

原審は、以下のように判示して、上告人らの請求を棄却した。

「本件訴訟に係る損害賠償請求権と前事件反訴に係る損害賠償請求権とは、いずれも違法な保全処分に基づく損害賠償請求権という一個の債権の一部を構成するものである。そして、上告人らは、前事件反訴において被上告人に対し本件仮差押命令の申立てによる損害として弁護士費用相当額の賠償を請求するに当たり、これが不法行為による損害の一部であることを明示していたとは認め難いから、前事件反訴においては、本件仮差押命令の申立てが違法であることを理由とする不法行為に基づく損害賠償請求権の全部が訴訟物になっていたというほかない。そうすると、本件訴訟に係る訴えは、前事件の確定判決の既判力に拘束されるというべきである。したがって、前事件の確定判決においてて本件仮差押命令の申立てに基づく損害として反訴請求が認容された分を超えて、本件仮差押命令の申立てにより上告人らが受けた損害の賠償を認めることはできない。」

これに対し、②最判は、以下のように判示して、原審判決を破棄差戻しとした。

「(1)　上告人らが本件訴訟で行使している本件仮差押執行のために本件買収金の支払が遅れたことによる遅延損害金相当の損害（以下『本件遅延金損害』という。）についての賠償請求権と、上告人らが前事件反訴において行使した本案の起訴命令の申立て及び前事件本訴の応訴に要した弁護士費用相当額の損害（以下『本件弁護士費用損害』という。）についての賠償請求権とは、いずれも本件仮差押命令の申立てが違法であることを理由とする不法行為に基づく損害賠償請求権という一個の債権の一部を構成するものというべきであることは、原審の判示するとおりである。

(2)　しかしながら、上告人らは、前事件反訴において、上記不法行為に基づく損害賠償として本件弁護士費用損害という費目を特定の上請求していたものであるところ、記録（前事件の第一審判決）によれば、上告人らは、このほかに、被上告人が、本件仮差押執行をすれば、上告人らにおいて長期間にわたって本件樹木を処分することができず、その間本件買収金を受け取れなくなるし、場合によっては本件土地が買収予定地から外される可能性もあることを認識しながら、本件仮差押命令の申立てをしたもので、本件仮差押命令の申立ては、上告人らによる本件土地の利用と本件買収金の受領を妨害する不法行為であると主張していたことが明らかである。すなわち、上告人らは、既に前事件反訴において、違法な本件仮差押命令の申立てによって本件弁護士費用損害のほかに本件買収金の受領が妨害されることによる損害が発生していることをも主張していたものということができる。そして、本件弁護士費用損害と本件遅延金損害とは、実質的な発生事由を異にする別種の損害というべきものである上、前記事実関係によれば、前事件の係属中は本件仮差押命令及びこれに基づく本件仮差押執行が維持されていて、本件仮差押命令の申立ての違法性の有無が争われていた前事件それ自体の帰すうのみならず、本件遅延金損害の額もいまだ確定していなかったことが明らかであるから、上告人らが、前事件反訴において、本件遅延金損害の賠償を併せて請求することは期待し難いものであったというべきである。さらに、前事件反訴が提起された時点において、被上告人が、上告人らには本件弁護士費用損害以外に本件遅延金損害が発生していること、その損害は本件仮差押執行が継続することによって拡大する可能性があることを認識していたことも、前記事実関係に照らして明らかである。

（3）以上によれば、前事件反訴においては、本件仮差押命令の申立ての違法を理由とする損害賠償請求権の一部である本件弁護士費用損害についての賠償請求権についてのみ判決を求める旨が明示されていたものと解すべきであり、本件遅延金損害について賠償を請求する本件訴訟には前事件の確定判決の既判力は及ばないものというべきである（最高裁昭和三五年（オ）第三五九号同三七年八月一〇日第二小法廷判決・民集一六巻八号一七二〇頁参照）。」

このように、②最判は、後訴で主張している債権を前訴において「請求することは期待し難いものであった」ことを主たる理由に、前訴において一個の損害賠償債権の一部についてのみ判決を求める旨が明示されていたとして、後訴の請求を認めるという妥当な結論を導いたものである。

前記①②の最高裁判例の考えの基本にあるところは、本件においても妥当するものと考える。

＊　初出は、労旬一七〇八号（二〇〇九年）一二頁。
＊＊　本判決の論評として、本件国労二次訴訟主任弁護人の萱野一樹・週刊法律新聞一七七三号二頁がある。

〔付記〕本稿は、控訴人ら訴訟代理人から、二〇〇八年一一月一〇日付で本件一審判決の控訴審である東京高等裁判所民事第一四部に、同月一四日付で国労第一次訴訟一審判決（東京地判平成一七年九月一五日判時一九〇六号一〇頁）の控訴審である同一七部（この控訴審の判決は東京高判平成二一年三月二五日判時二〇五三号一二七頁〔本書56所収〕）に提出された意見書に、若干の修正を施した（本件一審判決の内容）では、本件一審判決、国労一次訴訟一審判決および全動労訴訟一審判決の内容を表にしていたが文章に改めるなどした）ものである。控訴審の東京高判平成二四年一〇月一一日（LLI／DB【判例番号】L〇六七二〇九五一）によると、控訴人のうち一名について、労働委員会に対する救済申立ての対象者となっておらず、個人申立ても含めて何らの手続もとっていなかったのであるから、「他の一審原告等とは前提が大きく異なる」として消滅時効の完成を認めるなどして控訴を棄却した。また、この「控訴人を除く者は、別件の訴訟において成立した和解に利害関係人として参加し、同和解に従って、平成二二年六月三〇日、本件訴えを取り下げた。」ということである（本書[56]の〔追記〕参照）。

[56] ＪＲ採用候補者名簿不記載の不法行為と損害賠償請求権の消滅時効起算点（鉄道建設・運輸施設整備支援機構事件国労第一次訴訟控訴審判決）

東京高裁平成二一年三月二五日判決（平成一七年(ネ)第五〇一四号、平成一八年(ネ)第五四二六号、各雇用関係存在確認等請求控訴事件）――一部変更、一部控訴棄却

（判時二〇五三号一二七頁、労判九八四号四八頁、労旬一七〇八号六〇頁）

〈参照条文〉　民法七二四条、労働組合法七条

〔事　実〕　Xら（原告・控訴人兼被控訴人）はいずれも日本国有鉄道（以下「国鉄」という）に勤務し、国鉄労働組合（以下「国労」という）に所属していた者およびその相続人である（以下、Xらとは、原則として相続人については被相続人の趣旨であるが、相続人を含む場合もある）。昭和六二年の国鉄民営化に伴う承継法人の職員に採用されるには、日本国有鉄道改革法（以下「改革法」という）二三条三項により採用候補者名簿に記載されることが必要であるが、Xらは、希望するＪＲ北海道、ＪＲ東日本、ＪＲ九州の採用候補者名簿に記載されず不採用となり、改革法一五条により国鉄から移行した日本国有鉄道清算事業団（以下「事業団」という）の職員となり、日本国有鉄道退職希望職員及び日本国有鉄道清算事業団職員の再就職の促進に関する特別措置法（以下「再就職促進法」という）一条、日本国有鉄道清算事業団法一条二項に規定する「再就職を必要とする者」に指定された。しかし、平成二年三月三一日までに再就職しなかったため、事業団は、平成二年四月一日、再就職促進法附則二条による同法の失効に伴い、日本国有鉄道清算事業団就業規則二二条四号所定の「業務量

の減少その他経営上やむを得ない事由が生じた場合」に当たるとして、Xらを同日付で解雇した（以下「本件解雇」という）。

国労とその各地方本部は、Xらを含む国労組合員がJRの採用候補者名簿に記載されずJRに採用されなかったことが不当労働行為に当たるとして、採用候補者名簿に記載されなかった者をJRに採用されたものと扱えとの救済命令申立てをし、全国各地の各地労委において救済が命じられ、中労委においても、選考のやり直しと、その結果に基づく採用取扱い等が命じられた。しかし、JR各社が提起した救済命令取消訴訟において、JR各社は労働組合法七条の「使用者」に当たらないとの理由で同救済命令が取り消され、最高裁判決（最一小判平成一五年一二月二二日）でその取消しが確定した（国労北海道事件：民集五七巻一一号二三三五頁（平成一三年（行ヒ）第九六号）、全動労北海道事件：判時一八四七号一五頁（平成一五年（行ヒ）第一六号）、国労本州事件：労判八六四号五頁（平成一三年（行ヒ）第五六号）、国労九州事件（未公表））。本件一審判決および本二審判決では、国労北海道事件と全動労北海道事件の両最高裁判決を併せて「本件最判」と呼んでいる。これにより、JR各社の採用候補者名簿に記載されなかった者は、それが不当労働行為に当たるか否かにかかわらず、JR各社への採用を求めることができないことが確定した。

Xらは、平成一四年一月、同一五年一〇月および同年一二月、事業団を承継したY（独立行政法人鉄道建設・運輸施設整備支援機構、被告・被控訴人兼控訴人）に対し本件訴えを提起した。主位的請求として、本件解雇は憲法二七条、二八条、二九条三項に違反し無効であり、違法な解雇により損害を被ったなどと主張して、①雇用関係存在確認、②雇用関係があることを前提に、平成二年五月以降の未払賃金（既に死亡した者については、その死亡時までの未払賃金）の支払、③違法な解雇等により被った損害回復として、慰謝料一〇〇〇万円（相続人の場合は、各相続分）の支払、名誉回復のための謝罪文の交付および掲示、JR北海道、JR東日本、JR九州に対する原告らの採用要請を求めた。また、「本件最判」後の平成一六年四月、前記主位的請求①②が認められなかった場合に備え、予備的請求を追加し、本件不法行為（国鉄が、Xらを希望するJR北海道、JR東日本、JR九州の各採用候補者名簿に記載せず、JR各社をして不採用とさせ、事業団に振り分けた行為）に基づく損害賠償として、XらがJRに採用され定年まで勤務した場合（既に死亡した者については、同人がJRに採用され、死亡時まで勤務した場合）に得られたであろう賃金相当額、退職金相当額、年金相当額（以下「賃金相当額等」という）の請求をするとともに、慰謝料を前記③の一〇〇〇万円から二〇〇〇万円に増額請求した。

一審判決（東京地判平成一七年九月一五日判時一九〇六号一〇頁）は、本件解雇を有効とし、予備的請求については、「Xらは、国鉄がJR北海道、JR九州の各採用候補者名簿を作成するに際し、国鉄から違法に不利益取扱いを受けたことで、正当な評価を受けるという期待権（正当な評価の結果、前記JR各社の採用候補者名簿に記載される可能性があったとの期待、更には前記JR各社に採用される可能性があったとの期待も含む。）を、それぞれ侵害されたこと、また、国労に加入していることによりかかる差別を受け、精神的損害を被ったことが認められる」として、慰謝料請求額の一部（一人当たり五〇〇万円）を認めた（採用基準を充たさない等の理由でXらのうち五名の請求は棄却）。この損害賠償請求権の三年の消滅時効（民法七二四条前段）については、「本件最判」時が起算点になり完成していないとした。XY双方が控訴。Xらは、予備的請求のうち慰謝料を除いた逸失利益等の賠償請求を当初請求額の七割に訂正し、主位的請求および予備的請求について慰謝料だけでなく弁護士費用をもその損害費目として追加するなどした。

〔判　旨〕　以下のように判示し、一審判決と同じく、Xらの主位的請求は退け、予備的請求につきYの不法行為の成立を認め、損害賠償請求権の三年の消滅時効の起算点は平成一五年の「本件最判」時とした。賠償額は、一人当たり慰謝料五〇〇万円と弁護士費用五〇万円を認めた（採用基準を充たさない六名と第二希望に採用されながら辞退した四名の請求を棄却し、追加的広域採用に採用されながらこれを辞退した六名については慰謝料二五〇万円と弁護士費用二五万円を認めた）。

一　消滅時効の起算点

「消滅時効の起算点について検討するにあたっては、まず、本件において賠償が認められる損害の内容を明らかにする必要があるところ、……本件においては、Xらが、国鉄による不公正な選考に基づく採用候補者名簿不記載によって、採用手続上、四月採用の可能性が断たれたことにつき、当該可能性侵害による精神的損害が賠償の対象になるものというべきである。したがって、名簿不記載がいかなる結果を招くのかについての認識の如何によって損害の認識の如何も左右されることとなる。／……当裁判所は、不採用を招くという結果と切り離された、採用候補者名簿に記載されなかったことそれ自体による精神的損害について賠償すべきと考えるものではない。仮に名簿に記載されなくても四月採用の余地があったというのであれば、不記載について慰謝料の支払いを命じるほどの精神的損害があったとは解されないのであるが、本件では、名簿不記載により不採用という結果を制度上不可避的に招くからこそ、それにより慰謝料支払いの対象となるほどの精神的損害が生じるというべきである。そうすると、損害発生を認識するにあたっては、採用候補者名簿不記載により不採用という結果が確定してしまうことの認識が当然に必要となるというべきであ〔る〕。／……したがって、本件において、Xらが、Yに対する賠償請求が事実上可能な状況の下に、その可能な程度に損害及び加害者を知った時とはどの時点であったかについて判断するに当たっては、名簿不記載により不採用という結果が確定してしまうという点の認識の如何が問題になるというべきであるところ、本件では、これは改革法二三条の解釈の如何と関わることになる。……仮に〔各地の地労委及び中労委の〕救済命令が維持されていたならば、Xらには依然としてJRに採用される可能性があったこととなるが、これが取り消された以上、名簿不記載によりXらが希望するJR会社への採用可能性が絶たれたという法的効果は、民事実体法上、名簿不記載になった時点で確定していたといわざるを得ない。しかし、Xらにおいて当然にそのことを認識し得たかについてみると、改革法が前例のない新たな立法であることに加え、上記のとおり、政府の同法二三条に関する国会答弁の内容がJRの使用者性を認めるものとも解釈可能であったこと、国労委及び労働委員会の判断が同条の解釈からしてJRには労働組合法上の使用者性が認められると判断し、JRに対して選考やり直し等を命じていること、これに対する取消訴訟においても、JRの使用者性についての裁判所ないし裁判官の意見は必ずしも一致したものでなかったことに照らして、改革法二三条の解釈とこれを踏まえたJRの使用者性判断が一義的に導かれ得るような容易なものであったとはいい難い。そうすると、結果的に名簿不記載の時点で不採用の結果が確定していたことになるとしても、Xらにおいて当然にその旨を認識し得たとまではいい難い。／もちろん、そのような場合であっても、消滅時効の進行を止めるためにXらは別途国鉄又は事業団を相手に早い段階で訴訟を提起しておくべきであったとの議論も成り立ち得ないではない。しかし、……救済命令の維持を通してJRへの採用を求める訴訟を追行しながら、他方においてJRに採用されないことを前提とする損害賠償請求を一審被告に対して別途請求することは、相矛盾する態度を指摘されるなどして、最大の目的であるJR採用を求める取消訴訟において、国労ひいてはXらに不利益を与えるおそれがあることも否定はできなかったというべきである。このような事情に加えて、改革法二三条についての解釈が簡単なものでなく、Xらの同条についての解釈にもそれなりの根拠があったことをも考慮すると、救済命令が裁判所によって最終的に取り消される可能性に備えて時効中断のための措置を執っておくべきことが、X

らに当然に期待できたとまではいい難い。／以上検討してきたところによれば、平成一五年の本件最判で救済命令の取消が確定するまでは、Xらが、Yに対する損害賠償請求が事実上可能な状況の下に、その可能な程度に損害及び加害者を知っていたとはいい難いというべきである。／……具体的な事案において、別訴での判断確定後に時効の進行を認めた裁判例（最高裁判所大法廷昭和四五年七月一五日判決・民集二四巻七号七七一頁、最高裁判所第二小法廷昭和五八年一一月一一日判決・判例タイムズ五一五号一二四頁）に照らしても、本件の事実関係の下では、平成一五年の本件最判が言い渡された時点から、本件の不法行為に係る損害賠償請求についての時効が進行するものと解される。」

二　損害賠償の範囲

「Xらは、いずれもJR北海道又はJR九州への入社を希望していたものであるが、両社においては、入社希望者が本件基本計画に定められた要員数を大きく上回っており、Xら全員の国鉄在職中の勤務成績について正当な評価が行われたとしても、Xら全員が、入社希望者全体の中で上位に位置しJR各社の採用候補者名簿に記載されるべきであったと認めるに足る証拠はない。」「国鉄の不当労働行為とJR不採用との間に相当因果関係があるとして賃金相当額等の損害賠償を認めることはできない。しかし、……公正な選考がされればXらが採用候補者名簿に記載される可能性があったこともまた否定できない。……したがって、Xらには希望するJRに採用される相当程度の可能性はなおあったというべきところ、本件では、不公正な選考に基づく採用候補者名簿不記載により、そのような可能性が断たれたことになる。このような場合、不公正な選考に基づく名簿不記載によって採用の可能性が侵害されたことについて、Xらはその精神的損害の賠償を求めることができるというべきである（最高裁判所第二小法廷平成一一年九月二二日判決・民集五四巻七号二五七四頁参照）。／この点、Yは、……判例上、期待権侵害による損害賠償が認められている類型は限られており、それ以外の場合に認められるべきではないなどと主張するところである。しかし、……名簿記載の有無に生命等の重大な法益が関係するわけではないものの、それは、長年にわたり従事してきた地元での鉄道業務に引続き従事できるかどうかという、Xらの人生設計や家族の生計等に直接影響を与える事柄に関わるものであり、そこで問題となる法益は重要なものということができること、……等を指摘でき、これらの事情を考慮すると、本件においては上記のような採用可能性が侵害されたことについての損害賠償が認められるというべきである。」

【評　釈】

一　同種訴訟の判決との異同

本判決[1]および①本件一審判決（東京地判平成一七年九月一五日判時一九〇六号一〇頁[2]）のほかに、本件と同様の事案に関する判決として、②東京地判平成二〇年一月二三日労旬一六七七号二八頁（全動労訴訟一審判決）、③東京地判平成二〇年三月一三日（国労第二次訴訟一審判決[3]）がある。

①判決は、「正当な評価を受けるという期待権」（正当な評価の結果、JR各社の採用候補者名簿に記載される可能性があったとの期待、更にはJR各社に採用される可能性があったとの期待も含む）が侵害されたとして、②判決は、「国鉄による採用候補者の名簿の記載につき公平な取扱いを受けるべき利益」が違法に害されたとして、いずれも慰謝料五〇〇万円を認めたが、③判決は、仮に不法行為が認められるとしても（「原告等が採用されなかったことによる損害として観念する余地があるのは、慰謝料を除けば、逸失利益としての賃金相当損害金、退職金相当損害金、年金相当損害金である」として財産的損害も含める）、消滅時効が完成し援用されていることを理由に請求を棄却した。損害賠償請求権の消滅時効の起算点については、①・②判決は平成一五年の「本件最判」時（①判決は、消滅時効援用は濫用ともいう）とするが、③判決は不採用時の昭和六二年四月一日（どんなに遅くとも本件解雇時の平成二年四月一日）とする。本判決は、「可能性侵害による精神的損害が賠償の対象になる」とし、慰謝料額と消滅時効の起算点は①・②判決と同じである（慰謝料のほかに、新たに弁護士費用を認めた）。

二　消滅時効の起算点

1　「損害及び加害者を知った時」の意味

④最二小判昭和四八年一一月一六日民集二七巻一〇号一三七四頁は、民法七二四条前段の「損害及ヒ加害者ヲ知リタル時」（二〇〇五年施行の現代語化前）のうち、「加害者ヲ知リタル時」につき、「加害者に対する賠償請求が事実上可能な状況のもとに、その可能な程度にこれを知つた時」であるという。さらに、⑤最三小判平成一四年一月二九日

民集五六巻一号二一八頁は、「損害及ヒ加害者ヲ知リタル時」とは、「被害者において、加害者に対する賠償請求が事実上可能な状況の下に、その可能な程度にこれらを知った時を意味する」（傍線は引用者）として④最判を引用し、損害を知った時についても④最判の基準を述べつつ、「被害者が損害を知った時とは、被害者が損害の発生を現実に認識した時」であるとして、「損害を知った時」とは現実の認識時であるという。三年という短期の消滅時効が進行するには被害者保護との均衡から現実的提訴可能性が必要と解すべきであり(4)、したがって、④最判の基準の意味するところは⑤最判と同様のものと解すべきであるが(5)、⑤最判がいう現実の認識時よりも起算点の認定基準としては緩やかであるかのようにも受け取れる表現である。そうすると、本判決が、「損害を知った時」と「加害者を知った時」の意味を統一的に述べたのは妥当であるが、表現としては⑤最判の「現実に認識した時」(6)という方が適切であろう。

2　「損害を知った時」と「加害者を知った時」の認定

本判決は、Xらの「Yに対する損害賠償請求が事実上可能な状況の下に、その可能な程度に損害及び加害者を知っ（た）」のは、「平成一五年の本件最判が言い渡された時点」であるとして、一審判決と同様に判示したが、理由づけはいっそう詳細で説得的である。妥当な結論であるが(7)、分析的に、「損害発生時」、「損害を知った時」、「加害者を知った時」が示されるならさらに明快になろう。本判決のように、JRに採用される「相当程度の可能性」侵害による精神的損害が賠償されるべきであるとするときは、その損害は不採用確定により生じるものであるから、「損害発生時」は不採用確定時である平成一五年の本件最判時であり(8)、それは「損害を知った時」、「加害者を知った時」でもあるといえよう。本判決の認めるところではないが、賃金相当額の逸失利益の損害賠償まで認めるときは、その消滅時効は、平成一五年の本件最判時までの分は各支払期ごとに進行するとの考えもありうる（仮に最高裁が救済命令を取り消さなかったとしても、Yには賃金相当額の損害を支払う義務があるので）。しかし、現実的提訴可能性ということからは、その後の分と同じく平成一五年の本件最判時に進行を開始すると解することになろう。

三　損害賠償の範囲

本判決は、医療過誤の事案に関する最二小判平成一二年九月二二日民集五四巻七号二五七四頁を引用し、ＸらのＪＲに採用される「相当程度の可能性」侵害による精神的損害の賠償を認めた。医療過誤事案以外でも「相当程度の可能性」が不法行為法における保護法益とされる裁判例(9)に新たな事案を加えるものである。「相当程度の可能性」侵害では、因果関係の証明に要する「高度の蓋然性」（最二小判昭和五〇年一〇月二四日民集二九巻九号一四一七頁）に至らず、したがって、Ｘらの名簿不登載と不採用との間の因果関係を認めることは難しい。ＪＲ北海道・ＪＲ九州への「入社希望者が本件基本計画に定められた要員数を大きく上回って」いたことからも同様にいえよう。本判決が慰謝料のみを認めた理由の一半もそこにあるように思われる。さらに逸失利益の損害賠償まで認めるには、不公正な評定に基づく名簿不記載と不採用との因果関係の解明が困難であってもなおＹに逸失利益の賠償を認める根拠が必要とされる。考え方としては、因果関係解明困難の原因を作った者にそのリスクを負担させるのが公平であるとすると、本件ではその困難をもたらしたＹに名簿不登載と不採用との因果関係の不存在（Ｘらは不公正な評定がされていなくとも採用されなかったこと）の立証責任を負わせるとすることがありえよう。もっとも、Ｘら全員（採用基準を満たさないことが明らかな者は除く）に逸失利益の賠償請求を認めることは、理論的には損害額を上回ることになる。その調整が望ましいとするならば、控えめな賠償額の算定をするとか(10)、「相当程度の可能性」侵害のもとでも逸失利益を割合的に算定できるときは割合的に賠償請求を認める（本件で採用者数が割合的に把握できるときは、賠償総額をこの割合的採用者数の損害総額として、Ｘらには割合的な賠償額を認める）という考え(11)や民訴法二四八条の活用(12)が検討されよう。

＊初出、ＴＫＣ　ＬＥＸ／ＤＢのＷｅｂ版。その後、これをやや圧縮した、拙稿・速報判例解説八号（法セ増刊、二〇一二年）三二三頁がある。

〔追記〕　本件を含め同種の訴訟は六件ある。うち五件の九一〇世帯（被解雇者の相続人を含む九四八名）中九〇四世帯の原告は、二〇一〇年五月一七日、政治解決案受け入れについて前原国交大臣に承諾書を提出、大臣は翌一八日、鉄道運輸機構に和解を指示した。政府・与党および公明党と組合との合意に基づき、本件上告審の最高裁において、二〇一〇年六月二八日、九〇四世帯の原告について（他の訴訟の原告は利害関係人として参加し）和解（被解雇者一人当たり平均二二〇〇万円の解決金支払と原告の訴え取下げ）がなされた（本件原告弁護団の萩尾健太弁護士のご教示と新聞報道による）。

（1）評釈等に、萩尾健太・労旬一七〇八号六頁、水野謙・労旬一七〇八号八頁、米津孝司・ジュリ一三九八号（平成二一年度重要判例解説）二五一頁、林誠司・法時八二巻七号一〇八頁がある。

（2）評釈に、上田加代・判タ一二一五号二九二頁、小宮文人・判評五六八号二八頁（判時一九二五号一九八頁）、佐藤昭夫・労旬一六一八号四頁、松本克美・労旬一六一八号一九頁、萬井隆令・労旬一六一八号一〇頁がある。

（3）東京地裁平成一六年（ワ）第二五三五七号等。ＬＥＸ／ＤＢ文献番号二五四四一〇五三。松久三四彦「意見書」労旬一七〇八号二二頁〔本書55所収〕参照。

（4）松久三四彦「消滅時効」山田卓生編『新現代損害賠償法講座1』（日本評論社、一九九七年）二六三頁（同『時効制度の構造と解釈』〔有斐閣、二〇一一年〕四五八頁）参照。

（5）尾島明「⑤最判解説」最判解民事篇平成十四年度（上）一五四頁参照。

（6）松久・前掲注（4）「消滅時効」二七一頁では⑤最判以前の裁判例も用いている「確知」としたが、「現実に認識した時」は「確知した時」と同じと考えられる（松久・前掲注（4）『時効制度の構造と解釈』四六五頁参照）。

（7）松久・前掲注（3）「意見書」参照。

（8）林誠司・前掲注（1）「判批」一一〇頁。

（9）神戸地判平成一六年二月二四日判時一九五九号五二頁、横浜地判平成一八年四月二五日判時一九三五号一一三頁。東京高判平成一九年三月二八日判時一九六八号三頁も参照。

（10）水野・前掲注（1）一九頁参照。

(11)　米津孝司・前掲注（1）「判批」二五三頁参照。

(12)　林誠司・前掲注（1）「判批」一一一頁参照。

[57]　民法一六〇条の法意に照らした同法七二四条後段の効果の制限

最高裁平成二一年四月二八日第三小法廷判決（平成二〇年（受）第八〇四号、損害賠償請求事件）――上告棄却

（民集六三巻四号八五三頁、判時二〇四六号七〇頁、判タ一二九九号一三四頁、金法一八八一号四二頁）

〈参照条文〉　民法一六〇条、七二四条

〔事　実〕　東京都足立区立の小学校に学校警備主事として勤務していたY（被告・被控訴人＝附帯控訴人・上告人）は、昭和五三年八月一四日、同校に図工教諭として勤務していたAを同校内で殺害し、その死体を同月一六日までにYの自宅の床下に掘った穴に埋めて隠匿した。Aの両親BCは、Aの行方が分からなくなったため、警察に捜索願を出し、同校の教職員らと共に校内やAの住んでいたアパートの周辺を捜すなどしたが、手掛かりをつかむことができなかった。Aの父親Bは、昭和五七年に死亡し、母親Cと弟X_1、X_2（原告・控訴人＝附帯被控訴人・被上告人。以下、X_1らという）が相続した。Yは、本件殺害行為の発覚を防ぐため、自宅の周囲をブロック塀、アルミ製の目隠し等で囲んで内部の様子を外部から容易にうかがうことができないようにし、かつ、サーチライトや赤外線防犯カメラを設置するなどした。Yの自宅を含む土地は、平成六年ころ、土地区画整理事業の施行地区となった。Yは、当初は自宅の明渡しを拒否していたが、最終的には明渡しを余儀なくされたため、死体が発見されることは避けられないと思い、本件殺害行為から約二六年後の平成一六年八月二一日、警

察署に自首した。Yの自宅の捜索により床下の地中から白骨化した死体が発見され、DNA鑑定の結果、同年九月二九日、それがAの死体であることが確認された。これによりAの死亡を知ったCおよびX_1らは、翌平成一七年四月一一日、Yに対し不法行為に基づく損害賠償を求めて本件訴えを提起した。

一審（東京地判平成一八年九月二六日判時一九四五号六一頁）は、本件殺害行為による損害賠償請求権は民法七二四条後段の二〇年の除斥期間（起算点は本件殺害行為のあった昭和五三年八月一四日）の経過により消滅したとしたが、死体隠匿によるX_1らに対する不法行為（「遺族が故人に対して有する敬愛・追慕の念を侵害」）に基づく損害賠償請求権については、除斥期間の起算点は遺体発見時であるから消滅していないとして慰謝料等合計三三〇万円を認容した（Cは一審判決後の平成一九年に死亡しX_1らが相続した）。

二審（東京高判平成二〇年一月三一日民集六三巻四号八七三頁）は、「不法行為により被害者が死亡し、不法行為の時から二〇年を経過する前に相続人が確定しなかった場合において、その後相続人が確定し、当該相続人がその時から六箇月内に相続財産に係る被害者本人の取得すべき損害賠償請求権を行使したなど特段の事情があるときは、民法一六〇条の法意に照らし、上記相続財産に係る損害賠償請求権について同法七二四条後段の効果は生じないものと解するのが相当である」としたうえで、Aの遺体であることがDNA鑑定により確認された平成一六年九月二九日から三か月の熟慮期間（民九一五条一項・九二一条二号）が経過してその相続人が確定した時（同年一二月二九日）から六か月以内に本訴を提起した本件においては前記特段の事情があるのでAが取得すべき損害賠償請求権は消滅しないとして、X_1らに合計四二五五万余円を支払うよう命じた（遺体を隠匿し続けた行為はX_1らに対する独立の不法行為とはならないが、遺体を遺棄した行為はX_1らに対する独立の不法行為となるとしつつ、その損害賠償請求権は昭和五三年八月一五日から二〇年の除斥期間経過により消滅したとした）。Yが上告受理申立。

〔判　旨〕（解説の便宜上、一連の判旨を改行箇所で（1）－（2）に分けて示す。）

（1）「民法七二四条後段の規定は、不法行為による損害賠償請求権の除斥期間を定めたものであり、不法行為による損害賠償を求める訴えが除斥期間の経過後に提起された場合には、裁判所は、当事者からの主張がなくても、除斥期間の経過により上記請求権が消滅したものと判断すべきである（最高裁昭和五九年（オ）第一四七七号平成元年一二月二一日第一小

法廷判決・民集四三巻一二号二二〇九頁参照)。」

（2）「ところで、民法一六〇条は、相続財産に関しては相続人が確定した時等から六か月を経過するまでの間は時効は完成しない旨を規定しているが、その趣旨は、相続人が確定しないことにより権利者が時効中断の機会を逸し、時効完成の不利益を受けることを防ぐことにあると解され、相続人が確定する前に時効期間が経過した場合にも、相続人が確定した時から六か月を経過するまでの間は、時効は完成しない（最高裁昭和三五年（オ）第三四八号同年九月二日第二小法廷判決・民集一四巻一一号二〇九四頁参照)。そして、相続人が被相続人の死亡の事実を知らない場合は、同法九一五条一項所定のいわゆる熟慮期間が経過しないから、相続人は確定しない。」

（3）「これに対し、民法七二四条後段の規定を字義どおりに解すれば、不法行為により被害者が死亡したが、その相続人が被害者の死亡の事実を知らずに不法行為から二〇年が経過した場合は、相続人が不法行為に基づく損害賠償請求権を行使する機会がないまま、同請求権は除斥期間により消滅することとなる。しかしながら、被害者を殺害した加害者が、被害者の相続人において被害者の死亡の事実を知り得ない状況を殊更に作出し、そのために相続人はその事実を知ることができず、相続人が確定しないまま除斥期間が経過した場合にも、相続人は一切の権利行使をすることが許されず、相続人が確定しないことの原因を作った加害者は損害賠償義務を免れるということは、著しく正義・公平の理念に反する。このような場合に相続人を保護する必要があることは、前記の時効の場合と同様であり、その限度で民法七二四条後段の効果を制限することは、条理にもかなうというべきである（最高裁平成五年（オ）第七〇八号同一〇年六月一二日第二小法廷判決・民集五二巻四号一〇八七頁参照)。」

（4）「そうすると、被害者を殺害した加害者が、被害者の相続人において被害者の死亡の事実を知り得ない状況を殊更に作出し、そのために相続人はその事実を知ることができず、相続人が確定しないまま上記殺害の時から二〇年が経過した場合において、その後相続人が確定した時から六か月内に相続人が上記殺害に係る不法行為に基づく損害賠償請求権を行使したなど特段の事情があるときは、民法一六〇条の法意に照らし、同法七二四条後段の効果は生じないものと解するのが相当である。」

本判決には、田原睦夫裁判官の、「民法七二四条後段の規定は、時効と解すべきであって、本件においては民法一六〇条が直接適用される結果、X_1らの請求は認容されるべきものと考える」との意見がある。

【解　説】

一　民法七二四条後段の二〇年の法的性質については、除斥期間説と時効説が対立していたが、最判平成元年一二月二一日民集四三巻一二号二二〇九頁（以下「最判平成元年」という）は除斥期間説をとり、不法行為による損害賠償請求権は援用（民一四五条参照）がなくても二〇年の除斥期間が経過した時点で法律上当然に消滅したことになるので、請求権消滅の利益を受けることが信義則違反や権利濫用になることはない旨を明言した。それまでの議論が、当事者の勝敗を実質的に左右する具体的訴訟を巡るものではなかったのに対し、最判平成元年は、被告の二〇年経過の主張（消滅時効の援用）は信義則に反し権利の濫用にあたるとして原告の請求を認容した原審判決を破棄自判したものである。これは、除斥期間説がもつ冷徹な面を痛感させることとなり、学説は最判平成元年に反対し、時効説が多数となり、除斥期間説からも「最判平成元年」の考えは支持されなかった（松久三四彦「不法行為賠償請求権の長期消滅規定と除斥期間」椿寿夫＝三林宏編著『権利消滅期間の研究』〈信山社、二〇〇六年〉二四四頁、二五〇頁〔本書63所収〕参照）が、「最判平成元年」以後、判例は除斥期間説に統一されることとなった。

二　もっとも、その後の判例は最判平成元年の考えの形式的な当てはめによる結論が妥当でないと思われる事案において、その不都合を回避しようとしてきた（松久三四彦「民法七二四条後段の起算点及び適用制限に関する判例法理」山田卓生先生古稀記念『損害賠償法の軌跡と展望』〈日本評論社、二〇〇八年〉四七頁〔同『時効制度の構造と解釈』〈有斐閣、二〇一一年〉四八一頁所収〕参照）。その法的構成は二つに大別される。一つは、時効の停止規定の法意に依拠して民法七二四条後段の効果は生じないとするものであり、最判平成一〇年六月一二日民集五二巻四号一〇八七頁（以下「最判平成一〇年」という）は、予防接種禍の事案において、最判平成元年の考えを前提にしつつも、「民法一五八条の法意」という構成によって民法七二四条後段の適用を制限した。いま一つは、一定の遅発損害類型において二〇年の起算点を損害発生時にずらすものである（最判平成一六年四月二七日民集五八巻四号一〇三二頁〔筑豊じん肺訴訟、国賠関係〕、最判平成一六年一〇月一五日民集五八巻七号一八〇二頁〔水俣病関西訴訟〕、最判平成一八年六月一六日民集六〇巻五号一九九七頁〔B型肝炎訴訟〕）。さらには、援用不要とされる期間制限規定（自治二三六条）の適用を信義則を理由に制限したものがある（最判平成一九年二月六日民集六一巻一号一二二頁〔在ブラジル被爆者健康管理手当等請求事件〕）。本判決は、最判平成一〇年と同様に、最判平成元年の考えを前提にしつつ（判旨（1）参照）、最高裁として初めて「民法一六〇条の法意」により民法七二四条後段の適用を制限したものであり（判旨（2））、時効の停止規定の法意に依拠する二つ目の時効停止規定を示したものとして判例法上重要な意義を有するものである。

三　本判決の射程は、被害者を殺害した加害者が被害者の相続人において被害者の死亡の事実を知り得ない状況を「殊更に作出」した場合に限定されており、二審判決（「特定人の死亡（及びそれに伴う相続開始）の事実が相続人に知られないことになったのが当該不法行為に起因する場合」）よりもかなり狭い。これは、民法一六〇条にはない要件を付加するものであり、したがって、同条の単純な類推適用（ないし法意）ではないことに注意を要する（松本・後掲法時三八二頁、齋藤・後掲二二頁参照）。過失不法行為（交通事故など）により死亡した被害者が永く身元不明として処理された場合（加藤・後掲八七頁）などは除く趣旨であろう。

四　本判決は、民法九一五条一項所定のいわゆる熟慮期間が経過した時を民法一六〇条の「相続人が確定した時」の一例とし、被相続人の死亡が知られていない場合にはいつまでも熟慮期間は経過しないので時効は停止し続けるとの解釈を前提にするもののようである。そうであれば、不法行為に基づく損害賠償債権以外の債権はいつまでも時効にかからないという可能性がでてくることになり、上記の解釈でよいのかという問題が残されたように思われる。なお、民法（債権法）改正により不法行為に基づく損害賠償債権も消滅時効に服するとされ、停止規定も一般的に適用されるとするならば、本件の事案は、民法一六〇条の解釈問題に吸収されることになろう。

〈評釈等〉　中村心・最判解民事篇平成二十一年度（上）三九二頁（初出、曹時六四巻一号一四五頁）、同・ジュリ一三九五号一五七頁、飯田恭示・平成二一年度主判解（別冊判タ二九号）一二八頁、石松勉・福岡五五巻一号一頁（参考）、石綿はる美・法協一二七巻三号八二六頁、伊室亜希子・明治学院大学法律科学研究所年報二六号一四一頁、大坂恵里・法の支配一五七号七七頁、金山直樹・民研六四八号一八頁、仮屋篤子・速報判例解説（法セ増刊）六号八七頁、久須本かおり・愛知大学法学部法經論集一八三号六三頁、齋藤由起・セレクト'09［Ⅰ］二三頁、辻伸行・判評六一五号二九頁（判時二〇六九号一九一頁）、手塚一郎・茨城大学政経学会雑誌八一号七一頁、中村肇・法セ六五六号一三六頁、橋本佳幸・リマークス四一号六六頁、松本克美・法時八一巻一三号三七九頁、吉村良一・民商一四一巻四＝五号四六六頁。

一審判決の評釈等として、石松勉・福岡大学法学論叢五二巻二・三号二八三頁、塩崎勤・民事法情報二四五号六五頁、橋本英史・判時一九四六号三頁、松本克美・立命三一〇号四二四頁。二審判決の評釈として、新井敦志・立正法学論集四二巻二号一五三頁、加藤雅信・判タ一二八四号八三頁、瀧川和歌子・平成二〇年度主判解（別冊判タ二五号）一〇六頁、田中宏治・判評六〇二号一三頁（判時二〇三〇号一五九頁）、福田健太郎・法時八一巻二号一一六頁。

＊初出は、平成二一年度重判解（ジュリ臨増一三九八号、二〇一〇年）一〇三頁。

[58]　信用共同組合の出資勧誘における説明義務違反による不法行為損害賠償請求権の消滅時効の起算点——

最高裁平成二三年四月二二日第二小法廷判決（平成二一年（受）一三二号、損害賠償請求事件）——一部破棄自判、一部破棄差戻し

（判時二一一六号六一頁、判タ一三四八号九七頁、金判一三七一号三二頁、金法一九二八号一一四頁、ＮＢＬ九六五号一一七頁）

〈参照条文〉　民法七二四条

〔事　実〕　中小企業等協同組合法に基づいて設立されたY信用協同組合（被告・被控訴人・上告人）は、平成六年に行われた監督官庁の立入検査において、資産の回収可能性等を基に査定された欠損見込額を前提とする自己資本比率の低下を指摘され、さらに、平成八年に行われた立入検査では、欠損見込額が巨額になっており実質的な債務超過の状態にあるなどの指摘を受け、文書をもって早急な改善を求められたが、債務超過状態を解消することができないままであった。平成一一年頃、Yは資産の欠損見込額を前提とすると債務超過状態で早晩監督官庁から破綻認定を受ける現実的な危険性があり、代表理事らはこのことを認識していたにもかかわらずYの寺田町支店のA支店長をしてX（原告・控訴人・被上告人）に対し、そのことを説明しないままYに出資するよう勧誘させた。Xは、この勧誘に応じ、平成一一年三月二七日、Yに対し三〇〇万円の出資（以下「本件出資」という）をした。Yは、平成一二年一二月一六日、金融再生委員会から、金融機能の再生のための緊急措置に関する法律（平成一一年法律第一六〇号による改正前のもの）八条に基づく金融整理管財人による業務及び財産の管理を命ずる処分（以下「本件処分」という）を受け、その経営が破綻した。Xは、これにより本件出資に係る持分の払戻しを受けることができなくなり、その頃、Yが本件処分を受けてその経営が破綻したことを知った。平成一三年六月に開催された出資者らを対象とする説明会において、Yに対する出資金の返還又は出資金相当額の損害賠償を求める集団訴訟への参加が呼びかけられ、その頃からXと同様の立場にある出資者らにより上記内容の訴訟が逐次提起され、同年中には集団訴訟も提起されるに至った（以下、本件訴訟に先立つ上記の各訴訟を「本件各先行訴訟」という）。これらの事実は、その頃広く報道された。平成一二年当時のYの代表理事らは、平成一四年一月から二月にかけて金融整理管財人により背任罪で告訴され、その一部は起訴された（以下、上記告訴に係る刑事事件を「別件刑事事件」という）。Yは、平成一四年七月三一日、総代会の決議により解散した。本件各先行訴訟の一部において、平成一六年一月、その原告らから別件刑事事件の訴訟記録の写しが書証として提出された。Xは、平成一九年三月五日、本件訴訟を提起し、Yは、上記の勧誘に当たり、Yが実質的な債務超過の状態にあり経営が破綻するおそれがあることをXに説明すべき義務に違反したなどと主張して、Yに対し、主位的に、説明義務違反を理由とする不法行為による損害賠償請求権に基づき、予備的に、出資契約上の債務不履行による損害賠償請求権または出資契約にかかる意思表示の詐欺取消しもしくは錯誤無効を理由とする不当利得返還請求権に基づき、三〇〇万円及び遅延損害金の支払を求めた。これに対し、Yは、平成一九年四月二六日の第一審口頭弁論期日において、Xに対し、主位的請求に係る不法行為による損害賠償請求権につき、民法七二四条前段の三年の消滅時効を援用した。起算日については、Yが破綻した平成一二年一二月一六日、そうでないとしても、遅くとも本件と同様のYの出資者による損害賠償請求権の集団提訴（第一次）のあった平成一三年九月二八日であると主張した。他方、Xは、平成一八年一二月一五日にXの訴訟代理人の事務所を訪れた際に他の出資者がYに対して出資金の返還および損害賠償を求めた訴訟の控訴審判決を知り、初めてYの前記勧誘行為が不法行為を構成すること（Yの前記説明義務違反を基礎づける事実）を認識するに至ったとして、同日が起算点になると主張した。

一審（大阪地判平成二〇年三月二六日金判一三七一号四九頁）は、民法七二四条前段の「『損害及び加害者を知った時』とは、被害者において、加害者に対する賠償請求が事実上可能な状況のもとに、その可能な程度にこれらを知った時を意味する（最高裁昭和四五年（オ）第六二八号同四八年一一月一六日第二小法廷判決・民集二七巻一〇号一三七四頁参照）のであって、単に加害者の行為により損害が発生したことを知っただけではなく、その加害行為が不法行為を構成することをも知った時との意味に解するのが相当である（最高裁昭和四一年（オ）第七一二号同四二年一一月三〇日第一小法廷判決・裁判集民事八九号二七九頁参照）」という。そして、「Xは、遅くとも平成一三年一月初旬には、A支店長が本件出資を勧誘する際、Yが早晩破綻することを知りながら、Xに財務内容が健全であるという虚偽の事実を述べたのではないかと思うに至り、Yの寺田町支店又はその他の場所において、A支店長に対し、Xをだまして本件出資をさせたのではないかなどと詰問したのであるが、これに対し、A支店長が原告の疑いを払拭するに足りる合理的な説明をしたことを認めるに足りる証拠はない」ので、「Xは、遅くとも平成一三年一月初旬には、本件出資の際に告げられたYの財務内容が健全であるとの事実が虚偽であり、自己が欺罔されていたとの認識を有していたものと認められ……本件出資金は返還されず、Xはこれと同額の損害を被ったとの認識を有するに至ったというべきである。／したがって、仮にXがYの不法行為を理由とする損害賠償請求権を取得したとしても、同請求権の消滅時効の起算点は遅くとも平成一三年一月初旬であると解すべきであるから……」

同請求権の消滅時効は完成しているとして請求を棄却した。また、予備的請求については、仮にXがYの詐欺を理由とする本件出資契約の申込みの意思表示の取消権を取得したとしても五年間（民一二六条前段）の消滅時効が完成しているとし、錯誤については成立しないとした。

控訴審（大阪高判平成二〇年一〇月一七日金判一三七一号三六頁）は、まず、Yが破綻の危険性が著しく高い状況下にあって経営が破綻し出資金が戻らなくなる危険性が高いことを説明しないままXに対して本件出資を勧誘したことは、信義則上の説明義務に違反し、Xに対する不法行為を構成するとした。次いで、民法七二四条にいう「『損害及び加害者を知った時』については、一審と同様に述べる。そして、先行訴訟の経緯を詳しく述べたうえで、「先行事件原告らは、提訴時に、上記の不法行為にあたる事実（請求原因事実）を、いささかなりとも明確に認識していたわけではなく、事実や証拠の多くが被控訴人側に偏在して、先行き不確かななか、弁論を通じて事案を解明し、証拠を探索することを余儀なくされることを前提に、いわば模索的に先行訴訟を提起したとみられるところである」とし、Xが「先行訴訟のような模索的訴訟を提起することはともかくとして、通常人の立場に立って考えるならば、自らの受けた出資の勧誘が直ちに不法行為であると判断し、訴訟提起をも視野に入れた形で損害賠償を請求することは、難きを強いる（仮にその状態で訴訟を提起したとすると、主張自体失当での敗訴判決を受けかねない）ものといわなければならない。／そして、先行訴訟の経過をさらに追えば、先行訴訟被告の経営陣に同被告が当時債務超過に陥っていたことの認識ないしは認識可能性があり、それにもかかわらず、先行訴訟原告らは、本来あるべき必要な説明を受けることなく出資を勧誘されたという、先行訴訟の事実関係の概略が、先行訴訟原告らに判明したのは、平成一六年一月一九日の第五回弁論準備手続期日の前に、［Y信用協同組合の］B元会長らの刑事事件記録の写しを入手したときであったといわなければならない。／これによれば、先行訴訟に参加していなかったXが、自己に対する出資の勧誘が不法行為にあたることを認識することができたのは、早くとも、先行訴訟において上記刑事事件記録の写しが提出された平成一六年一月一九日から相当期間が経過した後であったといわざるを得ず、XのYに対する本件出資の勧誘に係る不法行為に基づく損害賠償請求権の消滅時効期間の起算点は、本件訴訟提起の三年前である平成一六年三月五日以後であったと認めることが相当である」として本件損害賠償請求権の消滅時効の完成を否定し、Xの主位的請求を認容した（判旨中の／は改行を意味し、傍線及び［］内の説明は筆者による。以下、同じ）。

〔判　旨〕　一部破棄自判、一部破棄差戻。

主位的請求について以下のように判示し、予備的請求について審理を尽くさせるために本件を原審に差し戻した。

「(1)　民法七二四条にいう「損害及び加害者を知った時」とは、被害者において、加害者に対する賠償請求をすることが事実上可能な状況の下に、それが可能な程度に損害及び加害者を知った時を意味すると解するのが相当である（最高裁昭和四五年（オ）第六二八号同四八年一一月一六日第二小法廷判決・民集二七巻一〇号一三七四頁参照）。

(2)　上記事実関係によれば、まず、Xは、本件処分がされた平成一二年一二月頃には、Yが本件処分を受けてその経営が破綻したことを知ったというのであるから、その頃、Yの勧誘に応じて本件出資をした結果、損害を被ったという事実を認識したといえる。さらに、①Xが平成一二年三月に本件出資をしてから本件処分までの期間は九か月に満たなかったことや、②本件処分当日に発表された金融再生委員会委員長の談話や平成一三年三月一二日に発表されたYの金融整理管財人の報告書において、平成一一年に行われた監督官庁の検査の結果、Yは、既に債務超過と見込まれ、自己資本充実策の報告を求められていたにもかかわらず、その後も適切な改善策を示すことなく、不良債権の整理回収とはならない表面的な先送りを続けていたなどの事情が明らかにされていたことに加え、③平成一三年六月頃以降、Xと同様の立場にある出資者らにより、本件各先行訴訟が逐次提起され、同年中には集団訴訟も提起されたというのであるから、Yが実質的な債務超過の状態にありながら、経営破綻の現実的な危険があることを説明しないまま上記の勧誘をしたことが違法であると判断するに足りる事実についても、Xは、遅くとも同年末には認識したものとみるのが相当である。上記時点においては、Xが上記の勧誘が行われた当時のYの代表理事らの具体的認識に関する証拠となる資料を現実には得ていなかったとしても、上記の判断は何ら左右されない。

そうすると、本件の主位的請求に係る不法行為による損害賠償請求権の消滅時効は、遅くとも平成一三年末から進行するというべきであり、本件訴訟提起時には、上記損害賠償請求権について三年の消滅時効期間が経過していたことが明らかである。」

【先例・学説】

一　不法行為の被害者が現実に損害賠償を請求できるためには、不法行為を基礎づける事実と、加害行為が不法行為であること（法的評価）の認識が必要である。したがって、早くから、民法七二四条前段の「損害及び加害者を知った時」とは、単に損害と加害者だけでなく、不法行為であることを知ることも必要であると解されてきた。たとえば、大判大正七年三月一五日民録二四輯四九八頁は、「民法第七百二十四条ニ所謂損害ヲ知ルトハ単純ニ損害ヲ知ルニ止マラス加害行為ノ不法行為ナルコトヲモ併セ知ルノ意ナリト解ス可キナリ何トナレハ被害者ハ損害及ヒ加害者ヲ知ルモ加害行為ノ不法行為ナルコトヲ知ラサルニ於テハ不法行為ニ因ル損害トシテ其賠償ヲ請求スルコトヲ得ス之ヲ請求スルコトヲ得サルニ時効ハ早ク既ニ其前ヨリ進行スルモノト為スハ同条ノ精神ヲ貫徹スル所以ニ非サレハナリ」という（違法な仮処分申立てによる仮処分執行の損害賠償請求事案で、仮処分命令執行時を起算点とした原判決を破棄差戻しとした）。最判昭和四三年六月二七日訟月一四巻九号一〇〇三頁も、同条にいう「『損害及ヒ加害者ヲ知リタル時』とは、単に損害を知るに止まらず、加害行為が不法行為であることをもあわせ知ることを要することは所論のとおりであるが、……」という。この不法行為であることの認識について、裁判例では違法性の認識時が問題とされることが多いが、因果関係の認識が問題とされることも少なくない（高松地判昭和五五年三月二七日判時九七五号八四頁、東京地判昭和五六年九月二八日判時一〇一七号三四頁、大阪地判昭和五七年七月一日交民集一五巻四号九〇三頁など参照）。

二　不法行為を基礎づける事実については、被害者の現実の認識が必要と解されており、不法行為であることの認識の有無の判断については、一般人ないし通常人を基準にすべきであるとの説が多数である（四宮和夫『不法行為』〔青林書院、一九八八年〕六四七頁、沢井裕『テキストブック事務管理・不当利得・不法行為〔第三版〕』〔有斐閣、二〇〇一年〕二七二頁－二七三頁、森島昭夫『不法行為法講義』〔有斐閣、一九八七年〕四三八頁－四三九頁、松久三四彦『時効制度の構造と解釈』〔有斐閣、二〇一一年〕四六四頁。末川博『権利侵害と権利濫用』〔岩波書店、一九七〇年〕六六一頁は、「一般に加害者を知るというのは、賠償義務者たる人そのものを知るという意味であって、その人が法律上果して賠償義務を負う者であるか否かについて知ることまでも要求するものではない」という）が、これについても被害者の現実の認識を要求する説がある（内池慶四郎『不法行為責任の消滅時効』〔成文堂、一九九三年〕一頁以下参照。「被害者の要件事実の認識と法的判断とは不可分に結び付いたものである」という〔同書三九頁〕）。

判例は、最判昭和四四年一一月二七日民集二三巻一一号二二六五頁が、使用者責任（民七一五条）における「加害者」の認識について、「この場合、加害者を知るとは、被害者らにおいて、使用者ならびに使用者と不法行為者との間に使用関係がある事実に加えて、一般人が当該不法行為が使用者の事業の執行につきなされたものであると判断するに足りる事実をも認識することをいう」として、一般人を基準とする立場をとっている。この問題に端的に答えるものとして、たとえば、東京高判昭和六二年七月一五日訟月三四巻一一号二一一五頁（横田基地騒音公害訴訟）は「〔違法の〕認識は一般通常人を基準とする」といい、福岡高判平成四年三月六日判時一四一八号三頁は一審を引用して、「違法性の認識があるというためには、一般人ならば損害賠償を請求し得ると判断するに足りる基礎的事実を被害者において認識していれば足りる」という。このように、判例・多数説は一般人ないし通常人を基準としている（具体的な起算点については、松久・前掲書四五九頁以下参照）。

三　認識の程度であるが、認識の対象である不法行為該当性・損害・加害者のうち、加害者については、最判昭和四八年一一月一六日民集二七巻一〇号一三七四頁（以下、「最判四八年」という。警察官の不法行為の事案）が、「加害者に対する賠償請求が事実上可能な状況のもとに、その可能な程度にこれを知つた時を意味するものと解するのが相当」であるとして、当該事案では「被害者が加害者の住所氏名を確認したとき、初めて『加害者ヲ知リタル時』にあたる」とした。このように、最判四八年は、「加害者」について述べたものであるが、最判平成一四年一月二九日民集五六巻一号二一八頁（以下、「最判平成一四年」という。拘置所に収監されていた被疑者の新聞記事掲載による名誉毀損事案）は、民法七二四条にいう「損害及ヒ加害者ヲ知リタル時」とはとして最判昭和四八年を引用したうえで、「同条にいう被害者が損害を知った時とは、被害者が損害の発生を現実に認識した時をいうと解すべきである」という。その理由として、「被害者が、損害の発生を現実に認識していない場合には、被害者が加害者に対して損害賠償請求に及ぶことを期待することができないが、このような場合にまで、被害者が損害の発生を容易に認識し得ることを理由に消滅時効の進行を認めることにすると、被害者は、自己に対する不法行為が存在する可能性のあることを知った時点において、自己の権利を消滅させないために、損害の発生の有無を調査せざるを得なくなるが、不法行為によって損害を被った者に対し、このような負担を課することは不当である。他方、損害の発生や加害者を現実に認識していれば、消滅時効の進行を認めても、被害者の権利を不当に侵害することにはならない」という（このように、理由部分では、加害者についても現実に認識していることを要するとの考えが示されている）。そして、最判平成一七年一一月二一日民集五九巻九号二五五八頁（以下、「最判平成一七年」という。船舶の衝突事案）は、最判平成一四年を引用して、加害者についても現実に認識することを要するとしている。

【評　論】

一　本最高裁判決（以下、「本判決」という）は、民法七二四条前段の三年の消滅時効の起算点について最判四八年を援用したうえで、本件の加害者がＹであることは明らかであることから、まず、「損害を知った時」について、Ｙが本件処分を受けてその経営が破綻したことをＸが知った時点をもってＸは損害を被ったという事実を認識したとしている。最判平成一四年、最判一七年があることからすると、三年の消滅時効の起算点の一般的基準については、やや抽象的な最判四八年の判旨を援用するだけでなく、より具体的に、加害者と損害の発生について被害者が「現実に認識していること」が必要であると述べてもよかったように思われる。

二　一審判決は「遅くとも平成一三年一月初旬」を起算点として時効完成、控訴審判決は「本件各先行訴訟の一部において別件刑事事件の訴訟記録の写しが書証として提出された平成一六年一月から相当期間が経過した後」を起算点として時効未完成とし、本判決は「遅くとも（同種の集団訴訟が提起された－評釈者による）平成一三年末」を起算点として時効完成としたが、本件の三年の消滅時効の起算点で問題になるのは、Ｙの行為の不法行為該当性の認識時点である。不法行為該当性の認識の有無を被害者本人を基準にして判断する立場にあっても、不法行為該当性を認識した時点について、原告である被害者本人の主張するところと異なる時点を認定するときは、一般人を基準に判断したところをもとにして本人もまたその時点で認識したであろうという判断構造になるのが通常であろう。そうであるなら、判旨が一般人を基準にしているかのようであってもそれは必ずしも一般人を基準にしているとは限らないことになる。したがって、判旨が被害者本人固有の事情をもとに不法行為該当性の認識時点を認定しているのであれば格別（このときは本人を基準にしていることがわかるが）、一般人を基準にしているか本人を基準にしているか明言していない場合、いずれを基準にしているか文面からは読みとりにくい。一審判決および本判決にもそれがあてはまるが、しかし、前述のように、最判昭和四四年や下級裁判所の裁判例および学説の状況からして、一般人を基準にしているものと思われる。控訴審判決も、本人の認識に重きをおいた認定をしているように見えなくもないが、やはり、「通常人の立場に立って考えるならば」としているところからすると、一般人（通常人）を基準にしているものと思われる。そうすると、本件は、不法行為該当性の認識について同一の判断基準によりつつも、一審から最高裁まで異なる時点を起算点としたものであり、起算点判断の難しさを示すものとして興味深い。

三　最判平成一七年は、最判平成一四年を援用して、民法「七二四条が、消滅時効の起算点を『損害及び加害者を知った時』と規定したのは、不法行為の被害者が損害及び加害者を現実に認識していない場合があることから、被害者が加害者に対して損害賠償請求に及ぶことを期待し得ない間に消滅時効が進行し、その請求権が消滅することのないようにするためである」という。このように、起算点として損害賠償請求することを被害者に期待できる時点を探求するとき、同種の集団訴訟が提起されている場合に被害者がそれを知った時点は常に起算点となるわけではないが、この時点が目安とされてよい場合は少なくないように思われる。本判決が判旨（２）①–③を理由として認定した起算点は、本件が金融機関の破綻処理の特例措置終了前の全額保護下での破綻事例であり破綻金融機関の早期かつ適正な処理が要請されるところからも、妥当なものと思われる（後掲・石井＝桐山三九頁）。

〈評釈等〉　石井教文＝桐山昌己・金法一九二八号二九頁、河津博史・銀法七三四号六三頁（同七四二号八七頁所収）、久保賢太郎・ビジネス法務一一巻八号一〇頁、佐久間毅・金法一九二八号四〇頁、篠原倫太郎・『実務に聞くM＆A・組織再編判例精選』（ジュリ増刊）一四七頁、白石友行・民商一四五巻三号三七九頁、辰巳裕規・消費者情報四二三号二八頁、松浦聖子・法セ六九〇号一四二頁、丸山昌一・ＮＢＬ九六五号一一六頁。

＊初出は、リマークス四五号（二〇一二年）四六頁。

Ⅳ　論説等

[59] 時効援用権者の範囲 ―― 最近の判例を契機として

Ⅰ はじめに

近時、広島高判平成二年二月二二日判時一三五六号九五頁（のちに、民集四六巻三号二三三頁に登載）は、売買予約の目的不動産の第三取得者は予約完結権の消滅時効を援用しうるとした。また、最三小判平成二年六月五日（後掲Ⅲ一判例〔9〕）は、大判昭和九年五月二日（後掲Ⅲ一判例〔3〕）を変更し、売買予約の目的不動産上に抵当権の設定を受けその旨の登記を経由している者に予約完結権の消滅時効の援用を認めた(1)。いずれも、かつて右大審院判決が時効により直接利益を受ける者にはあたらないとした者につき、今度は直接利益を受ける者にあたるとしたものである。このことは、判例が時効の援用権者の範囲を拡大しながら、依然として援用権者は時効により直接利益を受ける者に限られるとの一般的基準を堅持することに無理があることを象徴的に表しているように思われる。しかし、従来の学説にも、少なくとも全面的に判例理論にとってかわるべきものは見当たらないように思われる。学説の状況は、ある説が通説化しつつあるのではなく、むしろ多彩を究め混沌としているといってよいであろう。そこで、時効援用権者の範囲につき、改めて判例・学説の問題点を整理し、私見の骨子を述べることにしたい(2)。

なお、以下では、判例の用語と区別するために、時効の効果が発生すれば法律上の利益を受ける者のうち、取得時効完成の要件を満たした占有者や消滅時効が完成した権利の相手方を「直接の当事者」、それ以外の者を「第三者」と記すことにする。また、援用権者の範囲に何らの制限を設けない考えを無制限説、一定の制限を設ける考えを制限説と呼ぶことにする。

Ⅱ 起草者の考え

民法一四五条は、旧民法証拠編九六条一項「判事ハ職権ヲ以テ時効ヨリ生スル請求又ハ抗弁ノ方法ヲ補足スルコトヲ得ス時効ハ其条件ノ成就シタルカ為メ利益ヲ受クル者ヨリ之ヲ援用スルコトヲ要ス」に由来するが、同編九三条一項の「時効ハ総テノ人ヨリ之ヲ援用スルコトヲ得」との規定は現行民法では削除された。法典調査会における梅博士の説明によると、「誰レデモ援用ガ出来ルト云フコトハ言ハヌデモ知レタコト」だからというのがその理由である。[3]この説明からすると、民法一四五条にいう当事者（以下では「当事者」と記す）の範囲を限定する考えはなかったようである。これに対し、富井博士は、教科書において、「当事者」を「時効ノ完成ニ因リテ直説ニ利益ヲ受クル者」とその「承継人」に限っている。[4]例として、当事者の債権者は「承継人」ではないので援用権なしとするようである（ただし、債権者代位権に基づく援用は認める）が、しかし、保証人については主たる債務の消滅時効の援用を認めており、[5]はたしてどの程度限定する考えであったかは必ずしも明らかではない。

要するに、民法一四五条の文理上は、無制限説か否かは明らかでない。梅博士によれば、立法者意思は無制限説にあったかのようであるが、穂積説は制限説のようであり、立法者意思の特定は難しいところである。

Ⅲ　判　例

援用権者か否かの判断基準について判例を概観するが、最上級審判例については、誰にいかなる権利の時効援用を認め又は否定したものかを、認められた場合は「○」、否定され場合は「×」を付して示す。

一　大審院・最高裁判例

援用権者（民法一四五条の当事者）は時効により「直接利益を受ける者」であるとの一般的基準は、〔1〕大判明治四三年一月二五日民録一六輯二二頁（×抵当不動産の第三取得者・物上保証人（傍論）－被担保債権の消滅時効の援用）をはじめとして、〔2〕大判昭和三年一一月八日民集七巻九八〇頁（×詐害行為の受益者－詐害行為取消権者の債権の消滅時効の援用）、〔3〕大判昭和九年五月二日民集一三巻六七〇頁（×再売買の予約の仮登記のある不動産の所有権を取得した者・同不動産上に抵当権を取得した者－予約完結権の消滅時効）、〔4〕大判昭和一一年二月一四日大審院判決全集三輯三号五頁（×債権者－債務者に対する他の債権者の債権の消滅時効の援用）、〔5〕最二小判昭和四二年一〇月二七日民集二一巻八号二一一〇頁（〇他人の債務のために自己の不動産をいわゆる弱い譲渡担保に提供した者－その他人の債務の消滅時効）、〔6〕最二小判昭和四四年七月一五日民集二三巻八号一五二〇頁（×Xの土地を時効取得しうるAから、Aがその地上に所有する建物を賃借しているY－Aのその土地に対する所有権の取得時効の援用）、〔7〕最二小判昭和四八年一二月一四日民集二七巻一一号一五八六頁（〇抵当不動産の第三取得者－被担保債権の消滅時効の援用）、〔8〕最三小判昭和六〇年一一月二六日民集三九巻七号一七〇一頁（〇仮登記担保権の設定された不動産の第三取得者－被担保債権の消滅時効の援用）、〔9〕最三小判平成二年六月五日民集四四巻四号五九九頁、等で採られている。〔10〕大判大正四年七月一三日民録二一輯一三八四頁（〇保証人－主たる債務の消滅時効の援用）は、「直接」という限定がなく、単に「利益を受ける者」という。

他方で、〔11〕大判昭和四年四月二日民集八巻二三七頁（×僭称相続人から相続財産を買い受けた者・相続財産に抵当権の設定を受けた者－家督相続回復請求権の消滅時効の援用）、〔12〕大判昭和七年四月一三日新聞三四〇〇号一四頁（×供託金取戻請求権の譲受人－供託金により担保されるべき債権の消滅時効の援用）、〔13〕大判昭和七年六月二一日民集一一巻一一八六頁（〇連帯保証人－主たる債務の消滅時効の援用）、〔14〕大判昭和一二年六月三〇日民集一六巻一〇三七頁（×和議における和議債権者・整理委員（傍論）・和議管財人（傍論）－他の和議債権の消滅時効の援用）、〔15〕最一小判昭和四三年九月二六日民集二二巻九号二〇〇二頁（〇債権者代位権による消滅時効の援用）、〔16〕最二小判昭和四五年一月二三日判時五八八号七一頁（×詐害行為の受益者Y（約束手形の振出人Aから建物を譲受けた者）－詐害行為取消権者Xの債権（被裏書人Xの裏書人＝受取人Bに対する原因債権）の消滅時効の援用）、等は援用権者の基準を特に述べてはいない。

なお、判例〔5〕・〔7〕は判例〔1〕を変更するとし、判例〔9〕は前述したように判例〔3〕を変更するとしたものである。

二　下級裁判所の裁判例

援用権者の基準について、大審院・最高裁判例と比べて特色のあるものとして、次の裁判例がある。〔17〕東京地判大正七年一二月二四日評論五巻民一〇二〇頁は、「時効ヲ援用スルニ付法律上正当ノ利益ヲ有スル者」といい、〔18〕東京地判昭和三七年三月二七日下民集一三巻三号五五七頁は、「時効の援用権者は、『時効によって直接に権利を取得し、又は義務を免れる者及びその承継人』の他『この権利又は義務に基いて権利を取得し又は義務を免れる者』をも包含するものと解するのが相当」であるという。また、〔19〕大阪地判昭和四一年六月一三日判時四七一号四六頁は、代物弁済予約の負担がある不動産の第三取得者につき、「消滅時効により直接義務を免れる者に準じて利益を受ける地位にある者」であるから本来の債務の消滅時効を援用できるという。

これに対し、一般的基準を述べることなく、当該権利の性質や時効を援用している者の類型に応じた判断をしているものもいくつかあるが、なかでも、〔20〕前橋地判昭和四三年一〇月八日判時五六一号六五頁は、従来説かれてきた一般的基準は「それぞれ単なる抽象的基準に過ぎず、特に時効取得すべき者といかなる法律関係に立つ者までが取得時効を援用しうるかについては、その権利の性質や時効の援用を認めることによって生ずる法律関係の合理性ないしは非合理性を総合して、これを『当事者』とすべきか否かを決すべきである」という。

三　判例理論の問題点

このように、「直接」という限定のないものや、一般的基準を述べていないものもあるが、近時の判例〔7〕〔8〕〔9〕からしても、最上級審判例は「直接に利益を受ける者」という基準を堅持しているといってよいであろう。では、なぜ判例は援用権者を「直接に利益を受ける者」に限ろうとするのか。判例〔1〕はその実質的理由をこう述べている。すなわち、直接に利益を受ける者である債務者が援用しないのに、間接に利益を受ける者にすぎない物上保証人が被担保債権の消滅時効を援用する場合を例にあげ、このような援用が認められるならば、債権者は主たる債権を有しながら従たる抵当権を失うというような不都合を生じるという。しかし、判例〔1〕を変更した判例

〔5〕〔7〕はこれを不都合とは解さなかったことになる。また、判例〔5〕〔7〕をもち出すまでもなく、判例〔10〕〔13〕が「第三者」である保証人や連帯保証人に主たる債務の時効援用を認めたことにより、間接に利益を受ける者は時効を援用できないとする判例〔1〕の基本的な考えには実質的な変更があったといえよう。

ところで、直接・間接という言葉の通常の意味からすると、「直接の当事者」が直接に利益を受ける者であり、「第三者」は間接に利益を受ける者ということになろう。しかし、判例は「第三者」に援用を認める場合でも依然として「直接利益を受ける者」にあたるという（判例〔5〕〔7〕〔8〕）ため、直接・間接という言葉の通常の意味から「直接利益を受ける者」か否かを判断することはできなくなっている。[6] 判例によく見られる説明として、例えば、判例〔7〕は、抵当不動産の第三取得者は、「当該抵当権の被担保債権が消滅すれば抵当権の消滅を主張しうる関係にあるから、抵当債権の消滅により直接利益を受ける者にあたる」という。しかし、このような説明の仕方では、およそ時効を援用しようとする「第三者」は、「当該権利Aが消滅すれば（取得されれば）権利Bの消滅（取得）を主張しうる関係にあるから、権利Aの消滅（取得）により直接利益を受ける者にあたる」として、援用が認められることになろう。

このように見てくると、「直接利益を受ける者」という判例の基準が文字通りの意味で基準として使われたのは判例〔1〕だけであり、その後の判例においては、判例〔1〕が「当事者」を「直接ニ利益ヲ受クヘキ者」に限定しようとした立場は変更されたに等しい。それにもかかわらず、判例は同一の基準を堅持するが、それらの判例からは「直接利益を受ける者」か否かを決める実質的基準、少なくとも合理的な実質的基準を見出すことは困難である。したがって、多くの判例においては時効の援用を認めるか否かの判断が先行し、事後的に、援用を認める場合には「直接利益を受ける者」であるといい、認めない場合にはそれにあたらないといっているにすぎないようにさえ思われるのである。もしそうであるとすると、形だけとはいえ「直接利益を受ける者」という基準があり、その基準に関連させにくいということのために、判例がなした実質的判断の部分も判旨の中に現れにくくなろう。それは、新事案についての判例予測および古い判例の安定性の判断を困難にするだけでなく、判例の思考の過程および結論の妥当性を検討する可能性を大きく狭めてしまうということでもある。

Ⅳ　学説

一　学説概観

学説は多岐にわたるが、その主要なものを挙げておこう。

（1）我妻説　我妻博士は、「時効の援用は、時効によって生ずる一般的な法律効果（権利の得喪）と個人の意思の調和をはかる制度だとすると、これらの関係者［保証人・担保不動産の第三取得者等－引用者注］のそれぞれについて援用と放棄の自由を認め、時効の効果を相対的に生じさせることがその目的に適するはずである」として、援用権者は「時効によって直接権利を取得しまたは義務を免れる者の他、この権利または義務に基づいて権利を取得しまたは義務を免れる者」であるという。(7)

（2）川島説　川島博士は、時効は権利の得喪という証拠に関する訴訟法上の制度であるとの時効観（訴訟法説）から、援用権者は「当該の訴訟上の請求について時効の主張をなす法律上の利益を有する者」であるという。(8)

（3）四宮説　四宮博士は、援用は実体法的・訴訟法的二面性をもち、「実体法的援用については、時効を援用すれば権利を取得することができる者、および、時効を援用しなければ自己の権利がくつがえされる者（取得時効の場合）、あるいは、時効を援用すれば自己の義務や負担を免れることのできる者（消滅時効の場合）、という基準によるべく、訴訟法的援用については、時効を主張する訴訟法上の利益を有する者（時効の効果の発生によって当該訴訟において自己に有利な主張を基礎づけるような立場にある者）であれば誰でもよい（したがって、とくに援用権者の範囲を問題にする必要がない）」とされる。(9)

（4）遠藤説　遠藤教授は、「時効の制度は非倫理的色彩をもつものであることは否定できないが、その非倫理性を少しでも除去しようとつとめる」べきであるとの考えから、「時効の援用権者は、時効によって自らの義務なり責任なりを免れる者に限定すべきであり、それによって自己の利益が増進するような者は含まれない」とし、具体例として、債権者は、債務者に対する他の債権者の債権の消滅時効を援用できず、また、債権者代位による援用も認められないといわれる[10]。

（5）星　野　説　星野教授は、援用権者の範囲の問題は、「問題になっている者の類型（保証人か、第三取得者かなど）に応じ、きめ細かく考えるべきである」とされる[11]が、「根本的には時効制度の目的をどう考えるかという価値判断に関係するものであって」、「単に債権者と、当該第三者との利益考量だけの問題に止まらない。問題は、時効の効果を広く認めるのが適当か狭くするのが適当かという価値判断にある」ともいわれる[12]。

二　時効学説との関係

（1）時効観との関係　周知のとおり、時効については、権利得喪という実体法上の効果を生じさせる制度と解する実体法説と、権利の取得や債務弁済の証明を不要とするための制度と解する訴訟法説の対立がある。川島説、遠藤説では、この時効観との結びつきが明らかである。我妻説も時効制度の目的を意識したものである。星野説は、広く民法解釈でとられている方法がここでも貫かれているが、時効の目的論とも関係するとしている。

（2）援用論との関係　四宮説も時効観と関連するものではあるが、より直接的には独特の援用論と結びついている。

（3）理論的関係　右（1）・（2）では、各学説が時効観や援用論との関連を意識し、あるいは関連づけているかを見たが、理論的にはどうなろうか。まず、時効観であるが、少なくとも、実体法説と訴訟法説の違いは、それだけでは援用権者の範囲の広狭と理論的に結びつくものではないように思われる。さらに何らかの要素が加わるとき[13]、例えば、実体法説に立ち、取引安全の見地から、時効は第三者保護を目的とする制度であると考える場合には、援用権者の範囲を広く解することになろうか。

援用権者の範囲により直接的な影響を与えうるのは、時効の効果の発生と援用の関係、援用制度の存在理由をどう解するかであろう。すなわち、時効の効果は時効の完成だけで発生するとの確定効果説をとるときは、時効の援用はすでに発生している効果の主張であるから無制限説と結びつきやすい。また、援用により権利得喪の蓋然性がいっそう高まるところに援用制度（民法一四五条）の存在理由があると解するときは、そのような援用は「直接の当事者」によるものでなければ意味がない、すなわち、援用権者は「直接の当事者」に限られるとの解釈と結びつきやすいであろう。

三　右学説の検討

（1）我妻説　制限説のようであるが、援用権のない第三者の具体例は示されておらず、はっきりしない。もし制限説であるならば、この基準で援用権を有しない者を判別するのは無理であろう。もし無制限説であるならば、後述するように、制限説をとるべきであると考える。

（2）川島説　無制限説のようであり、そうであれば、まずその根拠が明らかにされるべきであろう。ちなみに、先に述べたように、無制限説の根拠としては確定効果説をとることが考えられる。しかし、判例（最二小判昭和六一年三月一七日民集四〇巻二号四二〇頁）・通説は不確定効果説をとり、私見も、不確定効果説（要件説）を妥当と考えるので、確定効果説を根拠に無制限説をとることには賛成できない。

（3）四宮説　この説における実体法的援用と訴訟法的援用との関係は難解であるが、「実体法的援用権者が時効を援用した事実は、なにびとも裁判上援用することができるものと解すべきである」といわれるところからする[14]と、次のようなものであろうか。すなわち、実体法的援用権者の範囲には制限があるが、実体法的援用の効果は絶対効のため、既に実体法的援用がなされている場合には、訴訟法的援用権者の範囲は無制限になるというものであろうか。もしそうならば、実体法的援用の効果を、「第三者」が援用した場合も絶対効とする点に疑問がある（この点については、絶対効・相対効の意味も含め後述する）。また、実体法的援用のほかに訴訟法的援用が要求されるのは、時効の不利益を受ける者に時効中断・停止の存在についての抗弁を提出する機会を与えるためであるといわれる。[15] しかし、時効の不利益を受ける者に対する不意打ち判決を避けるため、彼に抗弁提出の機会を与えるべきであるというのであれば、それは、むしろ、時効に基づく判決をしようとする裁判官の釈明権行使義務として把握すべきものであろう。民法一四五条がなければ、裁判官は時効中断・停止の抗弁提出の機会を与えることなく、不意打ち的に時効に基づく判決をしてもよいということにはならない筈である。確かに、同条があることにより、相手方の抗弁提出の機会が確保されるという機能は認められるかもしれないが、しかし、それをもって同条の（少なくとも、中心的な）存在理由と解することには賛成できない。[16]

（4） 遠藤説　後述するように、私もこの基準に賛成である（私見の第一基準）。ただし、その根拠に非倫理性を持ち出すことに対しては、正当な援用権者の援用にも非（反）倫理性はあり、したがって、非援用権者たるべき者に援用を許すことの非倫理性は程度の差にすぎず、両者を区別する根拠としては妥当でないとの反論が予想される。やはり、その根拠については、時効制度の存在理由ないし目的から基礎づけることができればその方が望ましいと思われる。また、この説においても、その基準からは排除されない者についての個別的検討の余地は残されていよう。

（5） 星野説　類型的考察の必要性の指摘は重要である。ただし、一般的基準が見出されるならば、それにこしたことはないであろう。もっとも、一般的基準による判断に際しても、類型的考察の必要な場合はあるのであり、私も示唆を受けたところである。

V 私見

一 第一基準

私見は、まず、時効は権利の取得・義務の消滅という実体法上の効果を生じさせる制度であるとの時効観（実体法説）に立つ。この実体法説から見ると、民法は取得時効と消滅時効という二元的な法的構成をとっているが、取得時効も権利者から権利を奪うという点では消滅時効と共通する面がある。したがって、取得時効と消滅時効に共通する時効の一元的目的は、現状（事実上権利者であるような状態、事実上義務の履行を免れている状態）の維持を法的に正当化するために、義務者を義務から解放することにあるといえよう（ここでは、他人の物を権限なしに占有する者が負う返還義務や物上保証人の責任なども含む広い意味で義務という言葉を用いることにする）。そこで、制限説をとるならば、この時効の目的が、まず一定の者を排除して援用権者の範囲を画する基準を提供するのではないかと考える。すなわち、時効の目的は義務からの解放にあるとすると、遠藤教授のいわれるように、援用権は時効の援用により自己の義務を免れる者にだけ認めればよく、援用により自己の利益が増進するような者にまで認める必要はないということになろう。

右のことがいえるとすると、そこから、「直接の当事者」の債権者は援用できないということになる[17]。具体的には、①消滅時効にかかった債権の債務者に対する他の債権者はその消滅時効を援用できない（前掲判例〔4〕・〔14〕の結論は妥当）、②後順位抵当権者は先順位抵当権の被担保債権の消滅時効を援用して順位上昇の利益を受けることはできない[18]、③時効取得しうる占有者に対する一般債権者[19]はその取得時効を援用できない、と解することになる。

二　第二基準

「直接の当事者」が時効を援用すれば、「直接の当事者」の権利取得・債務消滅に基づき「第三者」も利益を受ける。したがって、「直接の当事者」が「第三者」のために援用すべきであると考えられる関係にある場合には、一方、「第三者」のために援用すべきであるが、他方、「直接の当事者」の援用は彼自身に時効利益を帰属させるが、「直接の当事者」には時効の利益を受けるか否かの自由、すなわち、援用するか否かの自由があるから、「直接の当事者」に援用を強いることはできない。ここに、直接「第三者」に援用権を与える必要がでてくる。したがって、「直接の当事者」が「第三者」のために時効を援用すべき関係にあるか否かが、「第三者」の援用権の有無の主たる基準になると考える。

右の考えは、「直接の当事者」が援用した場合は時効による権利得喪の効果は「第三者」にも及ぶ（絶対効）、すなわち、「直接の当事者」に生じた権利得喪の効果は「第三者」の法律関係に組み込まれる（換言すると、「第三者」との関係でも「直接の当事者」は権利を取得し（取得時効の場合）、あるいは債務が消滅した（消滅時効の場合）ものとして扱われるということであり、したがって、もはや「第三者」の時効援用は問題とならない）が、「第三者」が援用した場合は時効の効果は「直接の当事者」には生じない（相対効）ということを前提にするものである。「直接の当事者」の援用は絶対効であるというのは、当事者により形成された法律状態は特別の理由ないし規定がない限り全ての利害関係人の法律関係の基礎として組み込まれるというのが実体法上の法律関係の基本構造であると考えるからである。これに対し、「第三者」の援用は相対効であるというのは、他人の法律関係（すなわち、ここでは「直接の当事者」の権利取得・債務消滅）を勝手に形成することはできないのが原則だからである[20]。

三　第二基準の適用例

時効援用の可否が問題となりうる事案は数多くあるが、ここでは若干の適用例を示すにとどめる。なお、以下の事案は全て「直接の当事者」が時効を援用していないことを前提とする。

a　取得時効の場合

以下の設例の「第三者」は取得時効を援用できるかを、第二基準により検討する。ただし、いずれの設例も、A所有の土地を占有していた「直接の当事者」Bのもとで取得時効が完成しているものとする。

（1）　Bからその地上にあるB所有の建物を賃借しているC、使用貸借契約により使用しているD、買受けたE。

（2）　Bからその土地を使用貸借契約により使用しているF、賃借しているG、地上権の設定を受けているH。

（3）　Bからその土地の上に抵当権の設定を受けたI。

Cにつき判例〔6〕は否定、Fにつき判例〔20〕は否定、Gにつき〔21〕東京地判昭和四五年一二月一九日判時六三〇号七二頁は肯定するがその上告審判決である〔22〕東京高判昭和四七年二月二八日判時六六二号四七頁は否定する。Hにつき判例〔21〕は傍論で肯定する。H・Iにつき判例〔22〕は傍論で否定する。

思うに、権利を設定・移転した者（B）は、その権利の設定を受けた者（C・D・F・G・H・I）や移転を受けた者（E）に対して、その権利を確定的に取得させる義務があるといえよう。したがって、BはCらのために時効を援用すべき関係にあるから、Cらに援用権を認めるべきである。このことは、Cらが対抗要件を備えているかどうか、あるいは、権利の設定・移転が時効完成の前であったか後であったかによって影響されない。ただし、使用借主D・Fについては、Bが返還請求できる場合（民五九七条参照）にはBはこれらの者のために時効を援用すべき関係にはないから援用権なしと解すべきであろう。なお、Cらが時効を援用できるのは、Aからの明渡請求や抵当権等の登記抹消請求に対してであり、土地所有権の登記をAからBに移転するために時効を援用することはできないと考える。これを許すと「第三者」の時効援用は相対効であることに反するからである。

b　消滅時効の場合　(1)　保証人・連帯保証人は主たる債務の消滅時効を援用できるか。

判例は肯定する（保証人につき判例〔10〕、連帯保証人につき判例〔13〕）。第二基準による判断においては、主たる債務者の委託を受けて保証人（連帯保証人）になった場合か否かを分けて考える必要があろう。委託による場合には、主たる債務者と保証人との間には、本来、主たる債務者が自ら弁済して保証債務を免れさせるべき関係があるというべきであろう。したがって、主たる債務者は依託を受けた保証人のために時効を援用すべき関係にあり、依託を受けた保証人には主たる債務の時効援用権ありとしてよいということになろうか。もっとも、このように保証人に主たる債務の時効援用権を認めても、通常は、保証債務も主たる債務も同時に時効が完成するであろう。この場合は、保証債務自体の時効を援用すればよいから、特に主たる債務の時効援用権を問題とする実益はない。これを問題とする実益があるのは、①主たる債務に遅れて保証債務が成立したため保証債務の時効完成時点の方が遅い場合、②保証債務の時効は中断のため完成していないが主たる債務の時効は完成している場合、③保証債務については時効利益を放棄したが主たる債務の時効は完成している場合、などである。①は第二基準により主たる債務の援用を認めてよい典型例と思われるが、②・③も同様に解してよいかは慎重な検討を要する問題である。②・③において主たる債務の援用を許すことは矛盾行為を許すことにもなりかねないからである。[21]

（2）　連帯債務者Aは他の連帯債務者B（負担部分あり－民法四三九条参照）の債務の消滅時効を援用できるか。

AとB（さらには債権者）との契約で連帯債務を負った場合についていうと、基本的には契約の内容等に照らして第二基準で判断することになる。例えば、実質がBの債務を保証するためにAとBが連帯債務者になった場合には、右（1）と同様にいえよう。可分物の共同購入者として連帯債務を負ったのであれば、Bは自分の購入分をAに負担させるべきではないからAのために時効を援用すべき関係にあり、したがってAは援用できると解する。

（3）　抵当不動産の第三取得者は被担保債権の消滅時効を援用できるか。

大審院（判例〔1〕）は否定していたが、最高裁（判例〔7〕）はこれを変更した。思うに、前記aで述べたように、権利（抵当不動産の所有権）を移転した者は移転を受けた者のために時効を援用すべき関係にあり、それは権利の移転が時効完成の前か後かで異ならないから、権利移転が時効完成の前か後かにかかわりなく肯定してよいと解する。なお、右の理由づけは権利を移転した者が「直接の当事者」の場合、すなわち、債務者が自分の不動産上に抵当権を設定している場合だけでなく、「第三者」の場合、すなわち、物上保証人がその抵当不動産を譲渡した場合にもあてはまる。

なお、仮登記担保権の目的不動産の第三取得者についても、抵当不動産の第三取得者と同様に解することになろう。

（4）　債権者代位における第三債務者は債権の消滅時効を援用できるか。

〔23〕京都地判昭和五六年三月六日訟月二七巻九号一六〇〇頁は否定する。思うに、債務者は第三債務者の債務を免れさせるべき関係にないから、彼のために時効を援用すべき関係にもない。したがって、援用できないと解する。

（5）　詐害行為における受益者は債権者取消権者の債権の消滅時効を援用できるか。

判例〔2〕は否定する。思うに、権利の設定・移転・弁済等を受益者のためにした債務者は、受益者との関係ではその権利の設定等を確実なものとする義務があるから、受益者のために援用すべき関係にあるといえ、したがって、肯定されると解する。詐害行為をした受益者が時効の利益を受けることに対する非難から援用権を否定しようとするならば、「直接の当事者」である債務者の援用権自体をも否定すべきことになってしまおう。

四　第一基準と第二基準の関係

第一基準で援用が認められない者はすべて第二基準によっても援用が認められないというのであれば、理論的な説明としてはともかく、わざわざ第一基準を立てる実益はなくなろう。第二基準とは別個に第一基準を残したのは、第一基準で援用が認められない者について第二基準を適用すると、判断が分かれる余地があるように思われたからである。例えば、債務者Aに債権者BとCがおり、AはBだけにならば弁済できるがBとCに弁済するに十分な財産はなく、さらにCの債権の時効は完成しているとする（前述1の①の例）。この場合、第二基準でははっきりせず、また、AはBのために援用すべきであるとの判断がなされる余地もあるように思われる。そこで、第一基準を第二基準に優先するものとしてそのまま残したわけである。

五　第三基準

事案に応じた検討の必要性は残されており、したがって、第二基準では援用権が認められない場合でも、他に「第三者」に援用権を認めるべき特別の理由が見出される場合には「第三者」に援用権を認めてよいであろう。例えば、主たる債務者の依託を受けずに保証人になった者についても、保証債務の附従性から、債権者は主たる債務者に対するよりも時間的制限において有利な権利を保証人に対して有するものではないと考えるならば、やはり時効援用権を認めてよいということになろう。

六　形成権と援用

時効の援用は、権利者の権利行使前になすこともできるが、権利の行使を受けて（この段階では権利は実現していない）防御的になされることが多いであろう。ところが、形成権については、形成権が請求権を行使するための単なる前提にすぎない場合（例えば、取消に基づき不当利得返還請求権が発生する場合）は別として（この場合の請求権は、請求権の前提となる形成権の期間制限に服すべきである）、形成権の行使だけで目的を達する場合には形成権が行使されるともはや援用の対象が失われることになる。したがって、そのような形成権（例えば、担保目的ではない売買の予約における予約完結権）[22]については、期間の経過だけで権利消滅の効果が発生し（除斥期間）時効援用権は問題にならないとの解釈が検討されてよいように思われる。[23]

Ⅵ　まとめ

私見をまとめると、「第三者」に時効の援用が認められるための要件は、①時効の援用により義務（債務だけでなく、土地の返還義務や担保責任をも含む広い意味での義務）を免れる者であること、②「直接の当事者」が「第三者」のために援用すべき関係にあること、③「直接の当事者」が「第三者」のために援用すべき関係にあるとはいえない場合であっても、他に、「第三者」に援用権を認めるべき特別の理由が見出されること、の三つであり、①と②または①と③が満たされるときは、「第三者」にも援用権が認められることになる。判例は制限説をとるが、しかし、「直接」利益を受ける者に限られるとの基準では「第三者」の一部にも援用を認める以上判断基準足りえない。制限説の表明としてならば、前掲判例〔17〕のように、時効の援用権者は、「時効を援用するにつき法律上正当の利益を有する者」に限られるとでもいうべきであろう。

（1）　この二判決の分析については注（23）参照。

（2）　詳しくは、松久三四彦「時効の援用権者」北大法学論集三八巻五・六合併号（下）〔一九八八年〕一五三三頁以下（同『時効制度の構造と解釈』〔有斐閣、二〇一一年〕一八一頁以下所収）参照。本稿は右拙稿の要約に近いが、補足的に、連帯債務者の援用権（Ｖ３ｂ（２））、私見とする第一基準と第二基準の関係（Ｖ四）、形成権にける援用の問題（Ｖ六）等に触れている。

(3)『法典調査会民法議事速記録一』(商事法務研究会、一九八三年)四一〇頁。なお、ボアソナードにも援用権者の範囲を制限する考えは見当たらない(G. Boissonade, Projet de Code civil pour l' Empire du Japon, accompagné d' un commentaire, t. 5, 1889, n°s 264, 268, et s.)。
(4)富井政章『訂正増補民法原論第一巻総論〔一九二二年合冊版完全復刻版〕』(有斐閣、一九八五年)六三三頁。
(5)富井・前掲注(4)六三九頁。
(6)柚木馨『判例民法総論下巻』(有斐閣、一九五二年)三五二頁は、「直接・間接の用語は極めてあいまいであって、その意を補捉し難」いという。
(7)我妻栄『新訂民法総則(民法講義Ⅰ)』(岩波書店、一九六五年)四四五‐四四六頁。
(8)川島武宜『民法総則』(有斐閣、一九六五年)四五四頁。
(9)四宮和夫『民法総則〔第四版〕』(弘文堂、一九八六年)二九三頁、三二四頁。
(10)遠藤浩「時効の援用権者の範囲と債権者代位権による時効の援用」手研三一九号(一九八一年)六一頁以下。
(11)星野英一「時効に関する覚書」『民法論集第四巻』(有斐閣、一九七八年)三〇九頁。
(12)星野英一「判批」法協八五巻一〇号(一九六八年)一四三三頁。
(13)内池慶四郎「時効における援用と中断との関係」法学研究三〇巻六号(一九五七年)三三頁参照。
(14)四宮・前掲注(9)三二六頁。
(15)四宮・前掲注(9)三二二頁。
(16)私見については、松久三四彦「時効制度」星野英一編集代表『民法講座1』(有斐閣、一九八四年)五八〇頁(同・前掲注(2)『時効制度の構造と解釈』一三八頁)参照。
(17)ただし、債権者代位権による援用の可否の問題は残る。この点については、松久・前掲注(2)「時効の援用権者」一五六四頁以下(同・前掲注(2)『時効制度の構造と解釈』二〇五頁以下)参照。
(18)反対、我妻・前掲注(7)四四五‐四四六頁(同『新訂担保物権法』(岩波書店、一九六八年)四二二頁も参照)。後順位抵当権者は先順位抵当権の被担保債権の消滅時効を援用できるとすると、例えば、三番抵当権者だけが一番抵当権の被担保債権の消滅時効を援用した場合の各抵当権者相互の法律関係をどう解するかという問題もでてこよう。

なお、仮登記担保権の目的不動産上に抵当権の設定を受けた者についても、後順位抵当権者と同様に解することになろう。

(19) 抵当権者は、援用が認められると抵当権の抹消義務を免れることになるので、第一基準によっては排除されない。抵当権者については、本文後述三a(3)参照。

(20) 近時、塚原判事は、「時効援用の効果についてのみならず、時効中断効についても、相対性の原則を貫くべきである」との注目すべき見解を説かれる(塚原朋一「主債務者の時効援用は絶対効か」金判八二六号(一九八九年)二頁)。これは、例えば債権者が主たる債務および保証債務の時効完成前に保証人を訴えたならば、もはや保証人は主たる債務については時効は中断していないから完成したとして援用することは許されなくなるとの結論を導くための法的構成である(この場合の相対的中断の意味は、主たる債務の時効は債権者と債務者との間では中断していないが、債権者と保証人との間では中断したものとして扱われるということであろう)。相対的中断についてはなお考えてみたいが、仮にこの考え方が妥当なものであるとしても、それは債権者が保証人を訴えるとか保証人が債務の承認をするなど、中断事由が「第三者」に生じた場合であり、「直接の当事者」に生じた場合は絶対的なものであろう。また、相対的中断という考え方を正当化するために援用の効果の相対性を持ち出すにしても、それは「第三者」の援用の場合に限定すべきであろう(塚原判事は、「直接の当事者」の時効援用も相対効と解しておられるが)。

(21) この点を重視して、松久三四彦「消滅時効制度の根拠と中断の範囲(二・完)」北大法学論集三一巻二号(一九八〇年)八三〇頁以下(同・前掲注(2)『時効制度の構造と解釈』七八頁以下)では、保証人は保証債務の時効を援用しうるにとどまると述べた。これと異なり、一般論として保証人は主たる債務の時効を援用しうるとしても、②・③の場合には、少なくとも、事案によっては信義則等により否定すべき場合もありうるであろう。また、②の場合は、一般的に主たる債務の時効援用を封じようとするならば、保証債務の中断により主たる債務も保証人との間では中断したものと扱われる(相対的中断)との構成が考えられる。このような構成は最一小判昭和六二年九月三日判時一三一六号九一頁の否定するところではあるが、右最判を調査官として担当された塚原判事は、のちに相対的中断を主張されるに到った（前述注（20））。相対的中断という考えは今後検討を要する問題である。そこでは、相対的中断は援用権者たる「第三者」に中断事由が生じた場合一般に認められるのか、一定の場合に限られるのか、それとも信義則等による個別的処理に委ねられるべきであるとして全く認められないのか、が検討されねばならない。

（22） 担保目的の場合とは区別すべきである。担保目的の場合は仮登記担保権となり、予約完結権の行使により直ちに所有権が移転し被担保債権が消滅するわけではない（仮登記担保法二条・一一条）からである。

（23） もしこのような解釈が認められるならば、担保目的ではない売買の予約がなされた不動産に抵当権が設定され、あるいはその不動産が譲渡されても、抵当権者や第三取得者の時効援用権の有無という問題は生じないことになる。つまり、判例〔9〕の事案が担保目的ではない売買予約のケースであるならば、売買予約の目的不動産上に抵当権の設定を受けた者の援用権の有無を問題とする必要もなかったことになる。右の判例は、予約完結権が行使される前に抵当権者が時効を援用して所有権移転請求権保全の仮登記の抹消を請求したのを認めたものであるが、のちに抵当権者が債務者から弁済をうけ抵当権も消滅した場合を考えてみると、予約完結権は一定の期間経過により消滅するとするならば格別、抵当権者の援用によって予約完結権を消滅させ仮登記まで抹消させることには問題があるといえよう。

なお、本文冒頭で紹介したように、広島高判平成二年二月二二日判時一三五六号九五頁は、売買予約の不動産の第三取得者は予約完結権の時効を援用しうるとした。しかし、右判例は担保目的で売買の予約がなされた事案であり（したがって、被担保債権の時効援用権の有無を問題とすることができた事案である）、しかも、被担保債権の弁済による消滅とそれによる予約完結権の消滅をも認定しているのであるから、右時効援用権の判断は不要であったケースである。

＊初出、金法一二六六号（一九九〇年）六頁。

〔追記〕 初出後に、前掲広島高判平成二年二月二二日の上告審判決である最一小判平成四年三月一九日（上告棄却）民集四六巻三号二二二頁が出た。初出後の拙稿に、「時効援用権者論の展開と検討」遠藤浩先生傘寿記念『現代民法学の理論と課題』（第一法規、二〇〇二年）九一頁（松久・前掲注（2）『時効制度の構造と解釈』二一九頁所収）がある。

Ⅰ はじめに

不動産に対する仮差押えが登記をする方法により執行された場合（民事執行法旧一七五条、民事保全法四七条）、仮差押えによる時効中断（民法一四七条二号）の効力はいつまで継続するか。換言すると、新たな時効起算点（民法一五七条一項）はどの時点かという問題がある。後掲最二小判昭和五九年三月九日は、仮差押登記が抹消されるまで中断効は継続するとしたが、それでは登記がある限り中断効の永続を認めることになり妥当ではないとして、登記の時点を新たな時効起算点と解すべきであるとの批判（松久・後掲「最二小判昭和五九年三月九日の判批」三六頁〔本書[12]所収〕）がなされた。その後、右批判説とほぼ同旨の結論を判示する後掲東京高判平成四年一〇月二八日（確定）が現れ、この判決は、「今後、実務をリードするものになろうことは容易に想像できるところである」（金山・後掲「判批」四八頁）として学説の支持（他に、岡本・後掲「判批」がある）を得た。はたして、後掲東京地判平成五年一一月一七日も右東京高判平成四年一〇月二八日と同旨を判示したが、その控訴審判決である後掲東京高判平成六年三月三〇日は、仮差押えの登記が存続している限り継続的に権利行使を表明していると推定されるとして原判決を取り消した。本件は上告されており、理論上も実務上も重要な問題に、最高裁がどのような判断を示すか注目されるところである。

Ⅱ 問題の所在

民法一五七条一項は、中断した時効はその「中断ノ事由ノ終了シタル時」からさらに進行を開始すると規定する。そこで、不動産に仮差押登記がなされた場合、右の「中断ノ事由ノ終了シタル時」はいつかがここでの問題である。より具体的には、被保全債権の消滅時効は仮差押登記の時点から再度進行するのか否か、後者とすれば、登記がある間はいつまでも中断効は継続するのか、それとも、登記後に本案の訴え提起など他の中断事由がある場合はその中断事由に接続移行するのかが問題となる。なお、保全処分（仮差押え・仮処分）については、かつては民事訴訟法が規定し、その後民事執行法（昭和五五年施行）が執行手続の部分を規定し、現在は、全面的に民事保全法（平成三年施行）が規定しているが、本問題の解釈は、旧法下と現行法下で基本的には異なるところはないといえよう。

Ⅲ 従来の判例・学説

仮差押えが不動産に対して登記をする方法で行なわれた事案であるのか不明のもの（後掲①－③判決）も含めると、仮差押えの中断効の継続が問題とされた判例には以下のものがあり、事案の類型は二つに大別される（この分析視角は、金山・後掲「判批」による。ただし、本問題に対する私見（登記の時点から進行）は両類型で異ならない）。一つは、仮差押え後に他の中断事由が存在する場合であり、より細かくは、（1）仮差押え（登記）後に他の中断事由（たとえば、訴えの提起）が発生し（かつ終了し）た場合、（2）仮差押え前に発生した他の中断事由が仮差押え後まで存続し終了した場合（後掲⑤判決）である。いま一つは、仮差押登記後は他の中断手続が採られることもなく放置されたままの場合である。前者を「中断事由後続型」、後者を「仮差押登記後放置型」と呼ぶことにする。

一 中断事由後続型

①大判明治三七年一二月一六日民録一〇輯一六三二頁－仮差押え→一審勝訴・仮執行により本差押えに移行→二審で訴え却下→債務者破産のため、破産手続に参加し、債権確定の申請をしたところ時効の抗弁が出された事案。仮差押えの「効力ハ当然本差押ニ移ルヘキモノ」であるから、二審で訴えが却下された時点が仮差押えによる時効中断効の終了時点であるとして、時効の完成を否定した。

②大判昭和三年七月二一日民集七巻五六九頁（宮崎孝治郎「判批」判例民事法昭和三年度五五事件二八二頁）－約束手形の所持人が裏書人に対する償還請求権を保全するため不動産に対し仮差押え→督促手続による執行命令確定→約五年後に株券を差押え→右執行命令確定時を起算点とする一年の消滅時効（明治四四年改正商法四四三条）を理由に請

求異議の訴え。

「仮差押ハ権利実行ノ一方法トシテ請求以外ニ時効中断ノ事由タルモノナレハ仮差押ヲ為シタル債権者カ一面債務者ニ対シ督促手続ニ依リ請求ヲ為シ其ノ結果債務者ニ執行命令正本ノ送達アリ該執行命令確定シテ本執行ヲ為シ得ヘキ債務名義ヲ生スルニ至リシトキト雖既ニ為シタル仮差押ニシテ存続スル限リ該仮差押ニ因ル時効中断ノ効力ハ依然トシテ存続スルモノ」であるとして、時効の完成を否定した。

③大判昭和八年一〇月二八日新聞三六六四号七頁−仮差押え→強制執行→消滅時効を理由に請求異議の訴え。

「中断シタル時効ハ其ノ中断ノ事由ノ終了シタル時ヨリ更ニ進行ヲ始ムルモノナレハ仮差押処分ニ依リ中断シタル時効ハ其ノ執行継続中時効ノ進行ヲ開始セサルコトハ論ヲ俟タサルトコロナリ」として、時効の完成を否定した。

④福井地判昭和四四年五月二六日下民集二〇巻五・六号三八九頁−仮差押登記→約一年七ヵ月後に本案判決確定→それから一〇年経過後に時効消滅を理由に債務不存在確認ならびに登記抹消手続の訴え。

「前になされた仮差押の中断効は、後に確定した本案の判決に吸収され、時効は、結局本案判決確定の時から更に進行する」として、仮差押え（の登記）がなされている以上は時効中断は継続しているとの被告の主張を斥け、本案判決確定時を起算点とする一〇年の消滅時効の完成を認めた。その理由として、第一に、時効制度を認めた理由は時の経過により生ずる権利存否の紛争を解決するためであり、「裁判上の請求の中断効に触れた民法第一五七条第二項の規定も、右趣旨の現われということができる」が、「同項の規定の趣旨に鑑みれば、仮差押による中断と裁判上の請求による中断とを異別に解すべき合理的な理由はない」こと、第二に、「請求権の存在を公証する効力を有する確定判決さえも、……、一〇年の消滅時効に服するのに」、「債権者が債務名義を得て本執行をなすまでの間の保全執行にすぎず、それ自体としては、なんら請求権の存在を公けに確認するものではない」仮差押えがなされているというその一事によって当事者間の権利関係が長く不確定の状態に放置されるのは不合理であり、前記時効制度を認めた民法の精神から遠ざかること、をあげる。

⑤東京高判昭和五六年五月二八日下民集三三巻五～八号一一一二頁－仮差押登記→これより先に支払命令の申立て・支払命令に対する異議申立てにより訴訟に移行・右登記から約三ヵ月後に本案判決確定→それから約八ヵ月後に強制競売決定の無剰余による取消命令確定→それから一〇年経過後、時効消滅による事情変更を理由に仮差押えの取消しを求めて訴え提起。

「仮差押による時効中断の効力は、仮差押債権者が被保全債権につき、確定判決を得た場合に当然に消滅し、新たに時効の進行が始まるものと解すべきではな」いとして、②大判を引用し、続けて、「右時効中断の効力は仮差押の執行が確定判決に基づく本執行に移行した場合においても、本執行が終了する時まではなお存続するものというべきである。そして、右にいう本執行の終了は、差押財産の価値の欠乏のため請求権の満足を受ける見込みがないことが判明して、執行機関が執行を中止した場合（……）を含むものと解するのが相当である（なお、仮差押が本執行の保全を目的とするものであることに徴すれば、本執行終了後も、仮差押の登記が存することの一事をもって、なお仮差押による時効中断の効力が存続するものと解すべきではない。）」として、競売開始決定の取消命令確定時を起算点とする一〇年の消滅時効の完成を認めた。

二　仮差押登記後放置型

⑥東京高判昭和四八年五月三一日金法七〇二号三三頁－仮差押決定による仮差押登記後三年を経過した時点で、被保全債権である手形債権の時効消滅を理由に異議を申し立てた事案。

「不動産の仮差押手続は、登記簿への記入登記によって執行が行なわれ、その決定の取り消しがない限り、右仮差押の登記の存在によってその執行は続いているのであるから、その間仮差押手続は依然として継続し、消滅時効の中断事由は終了しないものと解するのが相当」であるとして、時効の完成を否定。

⑦最二小判昭和五九年三月九日金法一〇六三号三八頁（松久三四彦「判批」判評三〇九号三三頁（判時一一二六号一九五頁）〔本書⑫所収〕）…弁済期が昭和三九年一〇月一五日の債権の執行受諾文言付公正証書を有する債権者により

仮差押登記→不動産が譲渡され、譲受人の債権者からの強制執行により登記抹消（登記から四年後）→それから八年後に右公正証書に基づいて強制執行がなされたのに対して、債務者が弁済期から一〇年の消滅時効を理由に債務不存在の確認と請求異議の訴えを提起。

「本件仮差押の登記は、本件建物が競落されたため、旧民訴法七〇〇条一項第二の規定に基づいて抹消されたというのであり、本件仮差押が、被上告人の請求によって取り消されたのではないのはもとより、被上告人が法律の規定に従わなかったことによって取り消されたものでもなく、本件仮差押の登記の抹消をもって、民法一五四条所定の事由があったものとはいえないと解するのが相当である。したがって、本件仮差押による時効中断の効力は、右仮差押の登記が抹消された時まで続いていたものというべく……本件債権の消滅時効は、いまだ完成していないものというべきである」とした。

三　従来の判例のまとめ

判例は、まず、中断事由後続型について、仮差押えによる中断効の継続を認める方向で積み重ねられてきた。すなわち、大審院は、仮差押え（登記）後に債務名義を取得しても仮差押えによる中断効はなお独立して存続するとし（②大判）、差押えがなされると中断効は差押えに移行し（①大判）、さらには中断効は強制執行とは独立に存続するとした（③大判）。下級審判決には、②大判とは異なり、仮差押えの中断効は本案判決に吸収され、本案判決確定時が起算点となるとする④判決と、③大判とは異なり、本執行終了時が起算点となるとする⑤判決（①大判はこれと同旨ということになろうか）がある。結局、仮差押えによる中断効は後続の中断事由の中断効に移行するとするもの（ただし、後続の中断事由が訴え提起と差押えというように複数ある場合、最初と最後のどちらの中断事由の中断効に移行するのかは、分かれうるところである。前者は④判決、後者は①大判・⑤判決か）と、独立に存続するとするもの（③大判）に分かれているわけであるが、どちらに属するのか明らかでないもの（②大判）もある。なお、中断事由後続型についての最高裁判例はまだない。

仮差押登記後放置型については、仮差押登記がある間は時効中断効は継続するというのが判例の見解である（⑥判決、⑦最判）。

四　学　説

宮崎・前掲二八六頁は、「強制執行保全の為めに暫定的に認められた仮差押の効力を本案の債務名義が確立した後まで存続せしめ当事者の権利関係を永く不確定の状態に置かしむべき理由は無い」として、②大判に反対した（④判決は、宮崎説と同旨）。しかし、近時の民法の教科書等では、民法一五七条一項の「中断ノ事由ノ終了シタル時」につき、差押え・仮差押え・仮処分を一括して「手続の終了した時」とし、仮差押えの場合の具体的な時点には触れていないものが多い（我妻栄『新訂民法総則』（岩波書店、一九六五年）四七四頁、星野英一『民法概論Ⅰ（改訂版）』（良書普及会、一九七四年）二七一頁、幾代通『民法総則（第二版）』（青林書院、一九八四年）五八九頁）。言及するものには、宮崎説に反対し、本執行手続の終了した時とするものが多い（川島武宜『民法総則』（有斐閣、一九六五年）四九九頁、川島武宜編『注釈民法（5）』（有斐閣、一九六七年）一三六頁〔岡本坦。ただし、後掲「判批」で改説〕、石田穣『民法総則』（悠々社、一九九二年）五八九頁）。また、③大判を引用して仮差押執行中は時効は進行しないとするものもある（川島編・前掲『注釈民法（5）』一一七頁〔川井健〕）。いずれも、仮差押登記がなされた時点からの時効進行を否定するものである点で共通している。手続法の文献では、「保全訴訟手続の終了期、換言すれば、通常は執行処分の効力消滅の時」（吉川大二郎「保全訴訟の基本問題」（有斐閣、一九四二年）二四九頁）とするもの、仮差押えによる中断効は差押えがあるまで継続し、差押えによる中断効に移行するとの趣旨のもの（山内敏彦「保全執行の終了」吉川大二郎先生還暦記念『保全処分の体系（上）』（法律文化社、一九六五年）四四一頁）、民法一五七条二項を類推し、保全訴訟の判決確定または異議訴訟の確定の時とするもの（西山俊彦『新版保全処分概論』（一粒社、一九八五年）六八頁〔後掲東京高判平成四年一〇月二八日はこの説を採れない理由を述べている〕）などがあった。

このように、継続的な中断効を認める説が有力ななか、①消滅時効制度は債務者といえどもいつまでも法的拘束状態に置かず、一定期間経過後は法律上債務者の地位から解放する制度であるから、仮差押えによる永続的中断は認められるべきではなく、また、②仮差押登記がなされることにより債権保全の目的は一応達せられたと考えられることを理由に、前記宮崎説を一歩進め、仮差押登記がなされた時点を新たな時効起算点と解すべきであるとして、⑦最判に反対するものが出てきた（松久・前掲「判批」三六頁）。その後、同様に永続的中断効を認めるべきではないとの考えから、「仮差押、仮処分によって中断した時効は、その時点から再進行する」と説くものが出てきた（戸根住夫「仮差押、仮処分による時効中断」姫路法学二号〔一九八九年〕一八二頁）。かくて、これらの見解と同旨の後掲東京高判平成四年一〇月二八日が出されるに至ったが、平成六年、同じ東京高裁でこれを否定する判決が出されたのである（後掲東京高判平成六年三月三〇日）。

Ⅳ　両判決の位置づけと妥当性

一　東京高判平成四年一〇月二八日の概要

東京高判平成四年一〇月二八日高民集四五巻三号一九〇頁（確定）〔中断事由後続型〕（金山直樹「判批」判評四一四号四一頁（判時一四五八号二〇三頁）、岡本坦「判批」手研四八九号四頁）の事案は、手形金債権者が仮差押登記→本案の訴えを提起し、仮差押えから約一年三ヵ月後に判決確定→同年、競売開始決定・差押え・無剰余につき右競売開始決定取消し・差押登記の抹消→右取消決定から約一〇年一ヵ月後に、債務者より消滅時効を理由に債務不存在確認の訴えが提起されたというものである。

一審判決（静岡地裁浜松支判平成四年五月一二日金判九二五号四五頁）は、「この仮差押は現在も存続しているから、本件手形債権に対する消滅時効の進行は中断され、消滅時効は完成していないことになる」とした。これに対し、本判決は、（1）「仮差押の執行手続が終了した時（不動産の仮差押についていえば、仮差押命令に基づき仮差押の登記がされ、右命令が債務者に告知された時）」、または、（2）「執行期間の経過等の事由により執行ができない場合には仮差押命令が債務者に告知された時」に時効の中断事由は終了するものと解するのが相当であるとした。そして、本件債権は（本案の訴え提起、差押えによりそのつど中断したが）、遅くとも競売開始決定取消しの効力が生じた時から新たに時効が進行し完成したとした（金山、岡本の前掲各「判批」は本判決に賛成する）。本判決の右結論の主要な理由づけは次のとおりである。

ａ「裁判上の請求の場合は裁判が確定した時から再び時効が進行を始めることとされ（民一五七条二項）、具体的な権利の実現（満足）を目的とする不動産競売手続における差押えの場合には右手続きの終了、具体的には配当手続きが終了した時に時効の中断事由が終了すると解されていることと対比すると」、右のように解するのが相当である。

ｂ「仮差押の執行がなされていれば、本執行に『移行』し、本執行手続が取り消されることなく完了する時まで、仮差押による時効中断は継続するとの説がある。しかし、この説によるときは、債権者が本執行の申立てをしない限り（つまり、債権者がなんの手続をとることもなく放っておけば）、いつまでも時効は中断したままとな〔り〕……まさに権利の上に眠る者を生み出しかねない結果となる。右の点と、仮差押は、……将来の執行保全のための手続にすぎないものであり、さらに強力な権利実現の手段（本執行）がとられることが常に予定されているというべきであるから、その意味でむしろより暫定的な中断事由と解すべきものであること（時効制度を「法定証拠」の観点からみても、仮差押手続においては、被保全権利は疎明されているにすぎないので、この点からも暫定的なものとして取り扱うのがふさわしい。）などの点を考慮すると、この説も採用し難い」。

ｃ「実際問題としても、仮差押えを得た債権者は、債務者が任意に債務を履行しないならば、……債務名義を得るために訴え等を提起し、あるいはその他の方法によって債務名義を得て本執行を開始する筈であり（まさにそのためのつなぎの制度なのである。）これらの事由により時効は新たに中断するのであるから」、右のように解してもなんら不都合はない。

二　東京高判平成六年三月三〇日の概要

東京高判平成六年三月三〇日判時一四九八号八三頁（上告）〔仮差押登記後放置型〕の事案は、仮差押登記➡一〇

年径過後、消滅時効を理由に異議申立てがなされたというものである。

一審判決（東京地判平成五年一一月一七日金法一三八八号三九頁）は、前掲東京高判平成四年一〇月二八日と同様に判示し、「仮差押えの登記が経由され債務者に告知がなされた」時から五年の商事債権の消滅時効の完成を認めた。これに対して、本判決は、「確に、仮差押えにおける債権者の権利行使の表明は、仮差押え命令の申請に端的に具現され、その後仮差押えの登記の存続中も継続的に存続していると断ずることはできないが、いったん仮差押え命令の申請において権利行使の意思が具現している以上、その後も仮差押えの登記が存続している限り－ということは仮差押え命令が効力を有している限りということであるが－継続的に権利行使を表明していると推定することはできるであろう」とし、「仮差押え債権者が権利の上に眠っているというのであれば、債務者は、異議訴訟、債務不存在確認訴訟等において、（被保全権利の消滅事由として、）仮差押え債権者が権利の上に眠っていることの具体的な事実、たとえば債権者が仮差押えの対象不動産の本執行をすれば債権の回収をすることができることを知りながら、本案訴訟の提起又は本執行の申立てを怠ったこと（及びその時から所定の時効の期間を経過したこと）を主張・立証して、仮差押えの登記による債権者の権利行使の表明の存続の推定を覆さなければならない」とした。そして、「本件不動産は二東三文の価値しかなく、したがって、控訴人が本案訴訟を提起して勝訴判決を取得し、その判決に基づいて本執行に着手しても本件被保全債権を回収できる見込みがなかったので、控訴人が本案訴訟を提起すること等は実効性の見地から見て不可能であったことを認めることができる」として、新たな時効の進行の開始自体を否定した（本判決には賛成意見が見られる（中務嗣治郎「不動産仮差押えと時効中断に関する判決の問題点」金法一三八八号一頁））。本判決は右の見解を次のように理由づけている。

a「原判決の立論の根拠になっている、時効中断事由の終了を裁判上の請求と対比することは、その時効の中断の終了が法定されている（民一五七条二項）ものであり、比較の態様も異なることからすると、裁判上の請求には時効の中断について終了の時期があるという以上の意味を見いだすことは難しく、差押えとの対比にしても、その中断の終了は、差押え手続の終了というよりも、執行終了の点に求めるべきであろうから、それを保全執行終了を観念することができない仮差押えと対比することには問題があるように思われる」。

b「原判決のように、一律に当該仮差押えの執行手続が終了した時又は執行期間の経過等の事由により執行ができない場合には仮差押え命令が債権者に告知された時に時効の中断事由が終了すると解すると、債務者から異議の申立てがあると、異議訴訟中であるにもかかわらず被保全権利の消滅時効が当然に進行し、場合によっては異議訴訟中にその消滅時効が完成して（消滅時効には、短期のものも少なくない）本来であれば仮差押え命令が認可されるべき事案であるにもかかわらずそれが取り消されるという奇妙なことになる（原判決には、少なくともその点について考慮したことをうかがわせる判示はない）」。

c「また、原判決は仮差押えの登記がある間に本執行の手続を採らない債権者を権利の上に眠る者だというが、仮差押えの登記が存続中は消滅時効の中断事由が終了しないことは確立した判例（〔②大判と⑦最判を引用〕）であって、したがって、本執行の手続を採らない債権者を一様に権利の上に眠っていると言い切ることはできないはずである」。

d「法律も、副次的な効果であるとはいえ時効の中断の事由でもある仮差押えの債権者に対して本案訴訟の提起を要求してはいないのであって、反対に債務者に対して起訴命令（民訴法旧七四六条）ないし異議（同法旧七四四条）又は取消し（同法旧七四七条。なお、旧七五四条）の申立て権を付与して、仮差押え命令（ないしその執行手続）を失効させることを期待しているのである。現実の問題としても、仮差押え不動産にその債権に先立つ負担があるために右不動産の強制競売をしても剰余の見込みがなく競売手続を取り消されるおそれがある（同法旧六五六条、六四九条参照）場合であるにもかかわらず、債権者に対して手間と時間と費用をかけて本案訴訟の提起ないし本執行の申立てをしなければならないとすることは、自己の不動産に仮差押えの登記がなされ処分が制限されているのに起訴命令ないし異議の申立てもしない、というよりは多分にすることができないいうなれば債務の履行に不誠実な債務者を放置して、債権者にいたずらに過剰な要求をするものであるというべきである」。

三　検　討

前掲東京高判平成六年三月三〇日（以下「平成六年判決」という）の理由と結論を、これと対照的な前掲東京高判平成四年一〇年二八日（以下「平成四年判決」という）と比較しつつ検討する。

（1）平成六年判決の理由aが、仮差押えは「保全執行終了を観念することができない」とするのは、仮差押登記がなされている間は時効中断は継続するとの結論を先取りしたものといえよう。保全執行終了を観念できるか否かは、時効中断の永続を認めるべきでないと考えるか否かの問題であり、たとえば、仮差押登記により中断は終了する、すなわち仮差押登記により執行は終了する（もちろん、仮差押えの効力は存続するが）との考えもありうるなかで、右のようにいうことは、理由を欠く断定といわなければならない。また、右のようにいうことは、仮差押えについてだけ民法一五七条一項の適用はないという異例の解釈となる。平成四年判決の理由aのほうが素直な解釈である。

（2）平成六年判決の理由bは、債務者から異議の申立てがある場合の不都合を述べる。おそらく、一面（異議ある場合）における時効進行否定の必要性をもって異議なき場合を含む全面的な時効進行否定の必要性を説こうとするものではなく、その意味では、補助的な理由なのであろう。しかし、それにしても、異議の申立てがなされた場合には、それに対する債権者の一種の応訴を、たとえば裁判上の催告に類するものとして扱うなどの解釈の方途も考えられよう。また、何よりも、異議の申立てがなされても、債権者としては仮差押え以外の他の中断手続を採れば済むことであろう。平成四年判決の理由cがいうように、とくに不都合はないと思われる。

（3）平成六年判決の理由cは②大判と⑦最判を援用し、仮差押えの登記存続中は消滅時効の中断事由が終了しないというのは確立した判例であるというが、右の判例援用自体は、また、②大判（仮差押えは請求とは別の中断事由であるというのみ）・⑦最判も、実質的理由を述べるものではない。なお、確立した判例といいながら、平成六年判決は、仮差押登記があれば権利行使表明の意思が推定されるとするもので、右の判例とも異なる独自のものである。

（4）平成六年判決の理由dは、予想されたものではある（松久・前掲三六頁）。しかし、債務者からの起訴命令申立て等が期待されているというが、それは主に仮差押えが不当な場合のことであり、その場合でも、右の申立てをするかは債務者の自由に任されている事柄である。債務が存在するときに本案の起訴命令を債務者に申し立てよということは、債務者に自らの首を絞めよというようなものであり、通常は期待できないことであり、期待すべきことでもない。本判決も理由dで、「起訴命令ないし異議の申立てもしない、というよりは多分にすることができない」というう限りではこれを認めながらも、続けて、「いうなれば債務の履行に不誠実な債務者」であるから、「債権者にいたずらに過剰な要求」をすべきではないとする。しかし、消滅時効の利益を受けるのは、これまた、いうなれば「債務の履行に不誠実な債務者」なのであり、このような債務者のためにも時効が進行することは異とするに足りないといえよう。

（5）　平成六年判決は、仮差押登記があれば権利行使表明の意思が推定されるとし、中断効の永続を認めるものであるが、この結論には、以下の疑問ないし問題がある。

第一に、「推定」という構成が、民法の中断制度になじむのか、整合的であるのかという点である。民法は、承認（民一四七条三号）・催告（民一五三条）は別として、一定の定型的事実を中断事由としているのであり、その事実は債権者の権利実現に向けた行為ではあるが、債権者の主観（権利行使意思）を推定する。したがって反証の余地があるという構造にはなっていない。

第二に、単なる権利行使意思の表明（催告）の場合は、それが継続的になされても中断効は継続しないのに、なぜ、仮差押登記ならばよいのかという点である。それは登記があるからだというのであれば、抵当権の登記がある場合（後順位抵当権のため、債権が回収できない場合という限定を付してもよいが）も同様に被担保債権は中断し続けるということになるのであろうか（岡本・前掲八頁の指摘するところである）。さすがに、そこまで徹底した解釈をするというわけではないであろう。また、目的物に対する支配があるからだというのであれば、民法三〇〇条、三五〇条との整合性を欠くことになる。

第三に、永続的な中断を認めることは、二重弁済の危険を生む（周知のように、学説はその回避に時効の〔主な〕存在理由があるとし、私見でも、時効制度の付随的機能として重要な機能を果たしていると考えている）ことになる（金山・前掲四七頁。④判決の理由部分、平成四年判決の理由bにも同旨がみられる）。

第四に、仮差押不動産の価値が被保全債権額を下回るため、仮差押登記後は放置している場合に、それにもかかわらず、被保全債権の「全額」につき時効が中断し続けることを理由づけるのは困難であるように思われる。

以上、要するに、平成四年判決が妥当であり、平成六年判決には賛成できず、前記両類型のいずれかを問わず、仮差押登記の時から新たな時効が進行すると解すべきであると考える（なお、平成四年判決の（1）の「右命令が債務者に告知された時」と（2）が民事保全法下で意味を持つかについては、金山・前掲四五頁参照）。

V　銀行実務上の留意点

⑦最判と平成六年判決があるとはいえ、現在上告中であること、近時の反対説、平成四年判決の存在を考えると、消滅時効の完成を防ぐには、仮差押登記後も、承認・支払命令の申立て・訴え提起・差押えなど、他の中断手続を採っておくのが無難である。

〔追記〕　本問題については、非継続説をとる東京高判平成六年四月二八日判時一四九八号八三頁②事件がでたが、その後、継続説を前提とする最判平成六年六月二一日民集四八巻四号一一〇一頁がだされた。しかし、なお非継続説をとる大阪高判平成七年二月二八日民集五二巻八号一七五四頁がだされ、その上告審である最判平成一〇年一一月二四日民集五二巻八号一七三七頁（本書[26]参照）は継続説をとることを確認した。

＊初出、金法一三九六号（一九九四年）三六頁。

[61]

主債務の時効完成後の保証債務の承認と主債務の時効援用

Ⅰ　問題の所在

保証人は、主債務の時効を援用（民一四五条）できるというのが判例（大判大正四年七月一三日民録二一輯一三八七頁、後掲②大判など）・通説である。また、民法は時効完成前の承認を中断事由とするのみであるが（民一四七条三号）、時効完成後に債務の承認をした債務者は、時効完成の事実を知らずに承認したときでも信義則に照らしもはや自己の債務の時効を援用することはできないというのが判例（①最（大）判昭和四一年四月二〇日民集二〇巻四号七〇二頁）・通説である。したがって、主債務の時効完成後に保証人が自己の保証債務を承認した場合は、その承認が保証債務の時効完成後であっても、(1)①最判の考えをあてはめると保証人はもはや信義則により保証債務の時効を援用することはできないということになろう。では、主債務の時効を援用して保証債務を免れることはできるのか。これがここで取り上げる問題である。

右の場合に保証債務の承認が主債務の承認を含むとすると、同様に、信義則により主債務の時効援用も認められないということになりそうである。しかしこれと反対に、保証債務と主債務は別個の債務であるということから主債務の時効援用を認める解釈も成り立ちうる。ここでの重要な実質論は、債権者が保証人の承認によって抱く保証債務履行の期待は、主債務の時効の援用も許さないということによって保護されるべきほどのものと評価できるかにあるように思われる（これに対し、主債務の時効完成前の保証人の承認の場合は、債権者が主債務の時効中断措置をとらなかったことを債権者の不利益に帰してよいと評価できるかにあるといえようか）。そうすると、この問題の解釈においては、「承認」の具体的内容や、いかなる場合に「承認」があったというかも留意されるべきであろう。このような視点から、以下に本問題に関する判例（事案中の債権者をX、債務者をA、保証人〔いずれも連帯保証人〕をYとする）・学説を概観し、若干の検討をすることにしたい。(2)

Ⅱ　大審院・最高裁判例

一　②大判昭和七年六月二一日民集一一巻一一八六頁（吾妻光俊・判例民事法昭和七年度九五事件）―主債務の時効完成後に連帯保証人が支払延期を申し入れた事案。

酒類製造業者XのAに対する売掛代金債権が二年の時効にかかった後で連帯保証人Yに本訴を提起した。Yは、連帯保証をした事実を否認し、仮定的に主債務の時効を援用した。Yは主債務の時効完成後に連帯保証債務を承認した（支払延期を申し入れたようである）ことが認定されている。本判決は次のように判示して（原審判決もほぼ同様）、Yの援用を認めた。

「主タル債務者ト連帯シテ保証債務ヲ負担シタルYモ亦自己債務ニ対スル消滅時効カ中断セラレ若ハ時効ノ利益ヲ拋棄シタルトキト雖主タル債務者ノ債務カ時効ニ因リ消滅シタルコトヲ主張スルヲ妨ケサルト同時ニ叙上ノ如キ事実アリタレハトテ単ニ此ノ一事ニ依リYニ於テ主タル債務カ時効ニ因リ消滅シタルコトヲ主張スルノ意思ナキモノト云フヲ得ス」

吾妻・前掲「判批」は、「時効完成後の承認を時効利益の拋棄なりと解する判例の立場に於ては、結局、かかる連帯保証人の承認は主たる債務に関する時効援用の拋棄を含むや否やの意思解釈の問題となるのであるが、判旨も云ふ如く単なる連帯保証人が承認したりとの一事によつて主たる債務の時効の援用を拋棄したりと見る事は不可能でありこの意味に於て判旨は正当であると考える」といいつつ、「唯時効完成後の承認を時効利益の拋棄と構成する判例の立場、従つて本件の如き場合を意思解釈の問題とする立場そのものには疑問を持つが問題は消滅時効の根本問題であり詳論を避ける」という。

二　③最判昭和四四年三月二〇日判時五五七号二三七頁（西村信雄・法時四一巻一一号一四四頁、川井健・判評一三一号一六頁）―主債務の時効完成後に主債務者である会社の代表取締役兼連帯保証人が一定額の支払意思を明示した事案。

X銀行はA会社に対して手形貸付による貸金債権をもっており（その全額は不明）、連帯保証人であるA会社の代表取締役Yに本訴を提起した。本判決は、Yが主債務の時効完成後（約三年五か月後）に「主債務者たるA会社の代表取締役兼連帯保証人としてXに対し本件貸金債務の存在を認め、右貸金元金を金五〇万円の限度において支払う意思を有することを明示した旨その他原判決の事実認定は、……是認することができるし、右事実関係に基づいてA会社及びXは……本件主債務及び保証債務を元金五〇万円の限度において承認したものであるとする原判決の認定を支持することができる」としたうえで、「主債務の消滅時効完成後に、主債務者が当該債務を承認し、保証人が、主債務者の債務承認を知って、保証債務を承認した場合には、保証人がその後主債務の消滅時効を援用することは信義則に照らして許されないものと解すべきである」として、①最判を引用し、Yの承認した貸金元金五〇万円の内の三〇万円（これはXの請求額）の支払いを命じた原判決は正当であるとした。

本判決について、西村・前掲「判批」は、まず、①最判を批判して、「債務者が時効完成後に一旦債務の承認をしておきながら、後になって時効を援用することが信義則から見て不当とされるのは、債務者が時効制度および時効完成の事実を知りながら敢えて債務の承認又はそれに準ずべき行為をした場合である」とし、「消滅時効制度が存在する以上、時効が完成すれば、債務者は時効援用権を取得する。これは債務者にとっては既得権であり、その意思に反してこれを奪うことは妥当でない。したがって、債務者自身が時効利益を放棄する意思を表示した場合にのみ（したがって、又、債務者が時効完成を知っている場合にのみ）時効援用権を失うものと解するのが妥当である」という。ここから、保証人が保証債務の時効完成を知らずに承認した場合は保証債務の時効援用権を失わず、さらに、本問において保証人が主債務の時効を援用できるか否かは主債務の時効完成を知っていて保証債務を承認したか否かによるとする。

これに対し、川井・前掲「判批」は、①最判を支持し、保証人の承認は「機能的には放棄とともに一種の債務負担行為的性質をもち、それにより債権者は安心して主債務者の放棄・承認の手続をとらないでいることも考えられ、そうした意味での信頼を重視する」立場から、保証人が時効利益の放棄・債務承認をした場合は、主債務者がその前または後で援用した場合でも、もはや保証人は主債務の時効を援用できないという。他方で、保証人の放棄・承認後に主債務者が援用した場合や、主債務者の援用を知らないで放棄・承認した場合にも保証人の求償権を認めることにより保証人の保護を図ろうとする。したがって、本判決がYの主債務時効援用を否定した点は賛成しつつも、判旨が、「保証人が、主債務者の債務承認を知って、保証債務を承認した場合には」という限定を付して主債務の時効援用を許さなかった点に反対する。

また、「会社の代表取締役が連帯保証人を兼ねている場合には、そのなす債務の承認は、代表取締役としての主たる債務の承認と、自己の連帯保証債務の承認と、それに加えて、連帯保証人として主たる債務の時効援用を放棄する意思を包含するものと解すべきものと思う」として本判決の結論は正当としつつも、右の判旨は「事実関係よりまったく遊離した理論構成」であると批判するものがある（柚木馨＝高木多喜男『判例債権法総論〔補訂版〕』（有斐閣、一九七一年）二九六頁）。

Ⅲ 最近の下級裁判所の裁判例

一 ④大阪高決平成五年一〇月四日高民集四六巻三号七九頁、判タ八三二号二一五頁、金判九四二号九頁（菅野佳夫・判タ八三八号一〇頁、野口恵三・NBL五四九号七四頁、岩城謙二・法令ニュース二九巻五号二〇頁、椿寿夫・リマークス一〇号一八頁）―主債務の時効完成後に連帯保証人が示談（一部弁済残部免除）の打診をし、その後に主債務者が主債務の時効を援用した事案。

X銀行は、A会社に対する貸金債権（残元本約一二二〇万円）の商事時効完成後（約三年五か月後）、連帯保証人Y所有の不動産に対する仮差押を申請し決定を得た。Yはこの決定に異議を申し立て、連帯保証契約の不存在を主張し、仮定的に主債務の時効を援用した。

原決定は、XY間の連帯保証契約を認定した。そして、Xの行員Bが、仮差押決定正本がYに送達された後にY宅を訪問して履行を求めた際、Yは五〇〇万円の弁済とその余の債務免除を申し出ており、この「言動は、本件貸金の連帯保証債務を認めたうえでの示談の提案と理解され、時効による債務の消滅と相容れない行為であり、またXにおいても、右言動からYがもはや時効を援用しないものと考えるのであって、このような場合時効の援用を認めないのが信義則に照らして相当」であるとして仮差押決定を認可した。Yは抗告し、その直後にA会社が主債務の時効を援用した。

Yは、連帯保証債務の承認自体も争ったが、抗告審はこの点については原審と同様に連帯保証債務を承認したうえで示談の打診がなされたものであるとした。原決定は、主債務の時効の援用も許されないといっているのかはっきりしないが（Yも抗告事由のなかで、「原決定は保証債務自体の消滅時効の援用と主債務の消滅時効の援用の区別を明確に意識していない疑いがある」という）、抗告審は、主債務の時効援用と保証債務の時効援用を明確に区別している。そして、時効完成後に債務者自身が承認した場合に信義則に照らして時効が援用できなくなるのと、「本件のように主債務について時効が完成した後に保証人が保証債務を承認した場合に主債務の時効消滅を主張しうるかどうかは別の問題である」として、次のように判示し、原決定を取り消した。

「本来保証人としてはその保証債務を履行した場合主債務者に対して求償することができるのに、主債務の時効が完成し主債務者がこれを援用してその債務を免れた場合には求償の途を絶たれることになり、保証債務は主債務が消滅した場合これに付従して消滅する性質の債務である（尤も、時効消滅の場合その援用が相対的であるから、保証人において援用しない限り保証人に対する請求は可能である。）ことを考えると、保証人は主債務の時効消滅後に自己の保証債務を承認したとしても、改めて主債務の消滅時効を援用することができると解するのが相当である。」

菅野・前掲「判批」は、「保証人は、附従性により求償が否定される限りにおいて、信義則による制約も働かない」として本判決に賛成する（主債務者が承認した場合には、保証人の求償権は裏付けられるので、保証人は主債務の時効を援用できないという)。また、椿・前掲「判批」は、「より根本的な次元にあるものとして保証人保護や責任軽減の要素をみるならば、〔保証人の放棄・承認後の主債務の時効援用も〕許すべからざる矛盾行動とは評価されないのではないか。援用・放棄の相対効も肯定説を支えるといえぬではない」とし、「決断は容易ではないが、以上の考慮から、とりあえず本決定の肯定説に賛成しておく」という。

二 ⑤東京高判平成七年二月一四日金判九七一号一五頁、判時一五二六号一〇二頁、金法一四一七号五八頁—主債務の時効完成の前後にわたり連帯保証人が一部弁済を継続した事案(主債務の時効完成、保証債務の時効は中断により未完成)。

X信用組合は、A会社に七二〇七万円余を貸付け、A会社の代表取締役の長男Yが連帯保証人となった。A会社はその後破産したが破産廃止となった。主債務の時効は遅くとも破産手続終了時から五年で完成した(一審および本判決の認定)が、Yは主債務の時効完成の前後にわたり弁済を継続してきた。この最後の弁済から約四年後に残債務三〇七〇万円余の支払いを求めて本訴を提起したところ、Yは主債務の時効を援用したのでXは主債務の時効は中断により完成していないと主張した。原審は、「特段の事情がないかぎり、右支払いは、YのXに対する保証債務の履行として支払われたものであって、……時効中断の効力は当事者間においてのみその効力を有する(民法一四八条)にすぎないのであるから、保証債務の履行が主たる債務の承認に当たると解することはできず」、右特段の事情もないとして、主債務の時効援用を認めXの請求を棄却した。Xは控訴し、①主債務の時効完成前の連帯保証債務の履行による主債務の時効中断のほか、②主債務の時効中断が生じないとしても主債務の時効援用は制限される、③主債務の時効完成後のYの(一部)弁済は主債務及び連帯保証債務の時効利益の放棄にあたると主張した。本判決は、①・②を否定し、③についても次のように判示して控訴を棄却した。

まず、一般論として、「主債務の時効完成後に保証人が保証債務を履行した場合でも、主債務が時効により消滅するか否かにかかわりなく保証債務を履行するという趣旨に出たものであるときは格別、そうでなければ、保証人は、主債務の時効を援用する権利を失わないと解するのが相当である。」という。そして、「Xは、本件においてYによる時効利益の放棄を認めるべき事情として、破産廃止後の代表取締役選任の懈怠、Yが主債務の代表取締役の長男かつ取締役の立場で支払ってきたこと及びYが主債務者は無資力であり、求償権行使ができないことを承知で弁済してきたことの三点を挙げている」が、「上記の事実があっても、それだけでは当然に、Yが、主債務の時効が完成し主債務者が債務弁済の責任を免れる場合でも保証債務を履行する確定的な意思を表明したとまでいうことはできない。したがって、Yの右弁済により、Yが主債務の時効の利益を放棄したものとは認められず、また、Yが主債務の時効を援用してその時効消滅に伴う保証債務の消滅を主張することが信義則によって妨げられることもないものといわねばならない。」とした。

Ⅳ　学　説

体系書では次のように述べられている。我妻博士は、保証人が保証債務について時効の利益を「放棄」したときという問題設定をする（①最判の前だからであろうか。例として時効完成後に債権者と弁済条件について和解をしたときを挙げている。これは時効完成を知らず、したがって放棄意思がない場合もあるから、いわゆる時効完成後の承認の例といえる）。そして、保証人の放棄には主債務者が放棄するときは保証人も責任を負う趣旨が含まれているとみるべきであるとして、①主債務者も放棄したときは保証人は主債務の時効の援用はできないとする。②主債務者が援用した場合については、まず、保証人だけがその利益を放棄するつもりなら、それを認めても、必ずしも保証債務の付従性に反するとはいえまいとしつつ、「ただ、かような場合には、保証人は主たる債務者に対して求償しえないものというべきであるから、保証人の右のような意思は、それを認めるだけの特別事情が存在する場合にだけこれを認定するのが正当である」という（我妻栄『新訂債権総論』（岩波書店、一九六四年）四八一－四八二頁）。奥田教授もほぼ同旨を述べる（奥田昌道『債権総論〔増補版〕』（悠々社、一九九二年）三九七頁）。平井教授は、「保証人だけが時効の利益を放棄し主たる債務者が時効を援用した場合に、保証人は改めて援用できるか」は、「放棄の意思表示の解釈によって決すべき問題であり、①放棄の意思表示が主たる債務がどうなろうとも履行の責めを負う、という趣旨であれば、援用できないことはいうまでもない。解釈によっても明らかでない場合には、②附従性の原則を重視するか、③それとも放棄の意思表示の効力を優先するか、のいずれに重きを置くかにより結論は分かれるが（②であれば肯定、③であれば否定）、疑わしいときには③をもって原則と解すべきであろう（①を出発点とするのでこう解すべきであろう。初版の所説を改める）」という（平井宜雄『債権総論〔第二版〕』（弘文堂、一九九四年）三一一頁）。

「放棄」と「承認」の語を並列的に用いるものとして、於保博士は、我妻・前掲書を引用して、「保証人の時効利益の放棄または債務承認は、保証債務のみについてと主たる債務に関する援用権の放棄とが区別されなければならない。前者は後者を含むことが多いであろうが（我妻・四八二頁参照）、必ずしも当然に含むとはいえないであろう」という（於保不二雄『債権総論〔新版〕』（有斐閣、一九七二年）二六九頁）。また、前田教授は、「保証人にとって保証債務の承認や時効利益の放棄は主たる債務の承認を含むと解すべき」であるとして主債務の時効援用を認めない（前田達明『口述債権総論〔第三版〕』（成文堂、一九九三年）三六二頁。教授は、単に「保証債務の承認」というが、②大判を引用しているので、これは、少なくとも保証債務の時効完成後の承認を含むと解してよいのであろう）。

V　検　討

一　まず、判例の事案をみると、主債務の時効完成後の保証人の「承認」の具体的内容は、支払い延期の申入み（②大判）、支払意思の明示（③最判）、示談の打診（④高決）、一部弁済（⑤高判）である（⑤高判がでる前であるが、一部弁済後に主債務者が援用したという④高決と⑤高判の事案を組み合わせたかのような設例を解釈する、金山直樹「主たる債務の時効と保証人による弁済」金法一三九八号（一九九四年）五〇頁がある）。結論は、③最判をのぞき、保証人による主債務の時効援用を認めている。ただし、③最判は、「保証人が、主債務者の債務承認を知って、保証債務を承認した場合」には援用が認められないとして主債務時効の援用制限には限定的であり、主債務者である会社の代表取締役が保証人を兼ねているという事案の特殊性も考えると、これらの裁判例に分裂はないと見ることができよう。根拠としては、意思解釈（②大判・⑤高判）、信義則（③最判）、主債務者が援用すると求償できなくなり、保証債務も附従して消滅すること（④高決）、が述べられている。要するに、判例は、保証人が主債務の時効完成後に保証債務を承認した場合のその後の保証債務の時効援用の可否と主債務の時効援用の可否を区別し、前者についてだけ①最判の考えをあてはめ、主債務の時効援用は広く認める傾向にあるといえる。ここに、保証債務の時効が承認による中断で未完成でも主債務の時効が完成すれば援用できるとする判例（大判昭和五年九月一七日新聞三一八四号九頁、大判昭和一〇年一〇月一五日新聞三九〇四号一三頁など。なお、最判昭和六二年九月三日判時一三一六号九一頁〔物上保証人による被担保債権の承認の事案〕参照）との一貫性を見ることもできよう。

二　学説には、右にみたように、問題設定において保証債務を「放棄」した場合という表現をするものと、「承認」した場合も付加するものがある。①最判以後は論者が意識的に用いているのかはっきりしないが、文字通り「放棄」した場合に限定すると、本問題は、「結局、自己の保証債務についての放棄の意思表示が、主債務についての放棄の意思をも包含するのか、という問題である」（林良平＝石田喜久夫＝高木多喜男『債権総論〔改訂版〕』〔青林書院、一九八二年〕四〇二頁〔高木〕）といえる。そこでは、意思がはっきりしない場合にどう解釈するかが問題となるが、主債務の時効援用の制限に慎重なものから積極的なものまで考えの分かれていることがわかる。また、前田説は、前掲諸判例とは反対に、「承認」の場合も「主たる債務の承認を含むと解すべき」であるとして主債務の時効援用を認めないが、そこには、債務の自認行為をしたものはもはや時効の利益に預かれないとの、いわば実際の意思の解釈を超えた評価（椿・前掲「判批」二一頁の指摘するところ）が根底にあるようにも思われる。このように、評価ないし価値判断という点からは、保証人保護の観点も要素となろう（椿・前掲「判批」二一頁、椿久美子「保証法理の物上保証人等への適用可能性（2）」金法一二六四号〔一九九〇年〕三〇－三一頁参照）。このような見方からは、「保証人は、附従性により求償が否定される限りにおいて、信義則による制約も働かない」とする菅野・前掲「判批」の考えは債権者保護と保証人保護の調和を探るものとして興味深い。

三　では、これをどう考えるか。まず、消滅時効は債権の存在を前提にして債務者に時効援用による債務消滅の利益（履行を強制されないという利益）を与えた制度であると解する（弁済により消滅した債権の行使からも、弁済の証拠を失った弁済者は時効を援用することにより保護されるが、これは債権が存在していても時効消滅するということから生ずる時効の裏面の機能であるといえよう）。したがって、時効完成後は債務者には援用権が認められ、債権者はその援用を覚悟すべき立場に置かれるから、①最判のように債務者の時効利益（援用権）の放棄意思を問題とせずに広く援用権を否定する考え（喪失理論）には反対である。保証債務についても同様であり、保証債務の時効完成後に保証債務の承認があっても、「承認」の具体的内容に即して放棄意思の有無を判断すべきであり、後日に時効を援用して争いになっている場合にはなおのこと放棄意思なしと推定すべきであろう。前掲諸判例は、保証債務の時効援用を否定しつつ主債務の時効援用と付従性による保証債務の消滅を認めるので、結論において違わないが、それならば、最初から保証債務の時効援用を認めるのが筋ではなかろうか（川井・前掲「判批」一七頁は、判例理論を「いいのがれの理にすぎる」と批判する）。

このように解するときは、主債務の時効を援用できるかという本問に立ち入る必要はほとんどの場合なくなるであろう。必要になるのは、保証債務の時効について放棄意思ありとされた場合である。保証債務の別個債務性からは、論理的にはその場合には主債務の時効についても放棄意思があるかによって決せられることになる。保証人においては保証債務の時効と主債務の時効を意識的に区別してはいないのが普通であるならば、通常は主債務の時効についても放棄意思ありと推定してよいということになりそうである。しかし、本来の最終的負担者は主債務者であるから、できるだけ保証人の求償の道を残す解釈がなされるべきであると思われる。さらには、求償により満足を得られる保証はないのであるから、保証人が求償権行使よりも主債務の時効援用を望むときは、広くこれを認めてよいと考える。

具体的には、①保証人の保証債務の時効利益放棄の前後を問わず、主債務者が主債務の時効を援用した場合には、付従性により保証債務も消滅し、もはや時効の問題も残らないと解する。ただし、主債務者の援用を知りながらなお保証人が放棄した場合は、保証人は履行の責めを負うが、それは厳密にはもはや保証債務の時効の放棄ではなく、保証人の債務は新たな債務負担行為によるものといえよう。②保証人の保証債務の時効利益放棄の前後を問わず、主債務者が放棄した場合は、主債務の時効についても放棄意思ありと推定してよいであろう。もっとも、観念的にはこのようにいえても、実際には、後日保証人が主債務の時効を援用して（おそらく保証債務の時効も援用して）争っているのであるから、そもそも、そのような場合には保証債務の時効利益の放棄意思はなかったとされるべき場合が多いであろう。③主債務者が援用も放棄もしない間に保証人が主債務の時効を援用するときは、これを認めてよいと考える。

なお、保証債務の時効は一部弁済等により中断したため、主債務の時効だけが完成し、その後に保証人が一部弁済等による保証債務の承認をした場合（⑤高判参照）は、主債務の時効援用権を放棄する意思の有無が決め手になり、放棄意思なしと推定すべきであると考える。

（1）　民法四四八条の趣旨を根拠に、少なくとも保証債務成立時においては（成立後〔履行期後〕には保証債務だけの時効中断があるので）、保証債務の時効期間の方が主債務の時効期間よりも長くなり、あるいは保証債務の時効完成時点の方が遅くなることはないと解するときは、保証債務の時効中断がないまま主債務の時効が完成したときは、通常は保証債務の時効も同時に完成していることになる。もっとも、右と異なり、たとえば主債務が商事債務で保証債務が民事債務の場合には保証債務の時効期間の方が長くなり、主債務の履行期到来後に保証契約が締結されたときは保証債務の時効完成時点の方が遅れると解しても、保証人は主債務の時効を援用できるとすると、両債務の時効期間の異同や完成時点を問題とする実益はない。実益があるのは、保証債務の時効期間の方が短い場合であるが、主債務が民事債務で保証債務が商事債務の場合には保証債務は五年の商事時効にかかるというのが判例である（大判昭和一三年四月八日民集一七巻六六四頁）。

(2) かつて、保証債務の時効は中断したため主債務の時効だけが完成した場合の解釈において、保証人は自己の保証債務の時効が完成したときにそれを援用できるのみで、主債務の時効は援用できないとの考え方(星野英一「判批」法学協会雑誌八六巻一一号〔一九六九年〕一三八四頁。同『民事判例研究二巻1』〔有斐閣、一九七一年〕に収められているが若干の加除がある)に賛成した(松久三四彦「消滅時効制度の根拠と中断の範囲(二完)」北大法学論集三一巻二号〔一九八〇年〕八三〇頁以下。同『時効制度の構造と解釈』〔有斐閣、二〇一一年〕七八頁以下)。しかし、その後、保証人は主債務の時効を援用できると考えるに至った(松久三四彦「時効の援用権者」北大法学論集三八巻五・六合併号〔下〕一五六一－一五六二頁〈一九八八年〉〔同・前掲『時効制度の構造と解釈』二〇二－二〇三頁〕)。したがって、右の保証債務の時効中断後に主債務の時効だけが完成した場合の解釈も改めて検討する必要があり(保証人には主債務の時効援用権があることを前提としつつ、その援用が制限される場合があるか、あるとすればどのような根拠・法的構成になるかを考えることになる)、それは本問題の解釈に影響するかも知れないが、本稿では、さしあたり本問題だけを独立させて考察することとし、総合的な検討は他日を期したい。

＊初出、銀法五一二号(一九九五年)一二頁。

[62] ゴルフ会員権の消滅時効

Ⅰ 問題の所在

近時、いわゆる預託金会員制ゴルフクラブの会員権の譲受人が名義変更の承認を求めた場合などにおいて、ゴルフ場経営会社がこれを拒み、裁判になるとその理由の一つとして会員の地位(会員権)の消滅時効を援用するという紛争が生じるようになった。そのため、預託金会員制ゴルフクラブの会員権が消滅時効にかかるかどうかについて、いくつか下級裁判決がでてきた。すなわち、平成元年の後掲〔1〕判決を初めとして、〔2〕－〔4〕判決（〔3〕は〔2〕の控訴審判決）がでてきたが、消滅時効にかかるとするものと（肯定説）、かからないとするもの（否定説）に分かれていた。学説は、これらの判決を契機に初めてこの問題に言及するようになったが、いずれも否定説であった。このような状況のもと、最近、最高裁（第三小法廷）、同日（平成七年九月五日）、同一判旨の法的構成の点でも注目すべき二つの破棄差戻し判決を出した（一つは〔3〕判決の上告審判決）。それは、会員のゴルフ場施設利用権は消滅時効にかかるとして、その起算点につき継続地役権の消滅時効起算点に関する民法二九一条を参照させ、施設利用権が時効により消滅すると、ゴルフ会員権はその基本的な部分を構成する権利が失われることにより、もはや包括的権利としては存続し得ないとするものである。本問題に関する初の最高裁判決として重要であるだけでなく、その法的構成、特に起算点論には意表をつくものがあり、結論の妥当性や残された問題（預託金返還請求権はどうなるか）とともに今後論議を呼ぶものと思われる。そこで、以下では、これまでの判例と学説を整理し、若干の検討をおこないたい。なお、とくにことわらずにゴルフクラブの会員たる地位とか会員権というときは、預託金会員制ゴルフクラブのそれをさすこととする。

Ⅱ　判例

一　概観

まず、裁判例を判決日順に概観しておこう（傍線は筆者による）。いずれも預託金会員制ゴルフクラブの事案である。Ｘ（原告）には当初からの会員（原始会員）である者と、その者から会員権を譲り受けた者があり、Ｙ（被告）はゴルフ場経営会社である。

〔1〕　東京地判平成元年九月二六日判タ七一八号一二七頁（請求棄却、確定）　会員権をＡ（Ｙの代表取締役）→Ｂ→Ｃ→Ｘという経緯で取得したとするＸがＹ（株式会社東松山カントリークラブ）に対し名義書替えを求めたところ

拒絶されたので（本件会員権はAが入金の意図なく自己宛に発行したものであり、無効であるというもののようである）、個人正会員としての地位の確認の訴えを提起した。Yは、抗弁の一つとして各種の消滅時効（「遅くとも」として一〇年）、すなわち、①名義書換請求権の消滅時効、②預託金返還請求権の消滅時効（施設優先利用権は預託金返還請求権の存続を前提とするので、預託金返還請求権の時効消滅により施設優先利用権も消滅したと主張）、③会員権自体の消滅時効、を援用した。本判決は、Xへの譲渡につきYの承諾があったとはいえないので、「Xは、Yとの間では、本件クラブの会員としての地位（本件会員権）を有していない」としてXの請求を棄却したが、傍論として次のように判示した。

「本件クラブの会員としての地位は、これを会員の権利という面から見ると、ゴルフ場施設の優先的利用権と預託金の返還請求権（中略）とを中核とする契約上の権利の総体であり、一種の債権として、消滅時効にかかるものと解すべきであるから、会員が優先的利用権やその他の会則上の権利の行使を認められている間は、預託金返還請求権の存在も承認されていることになるから、預託金返還請求権についても消滅時効は進行しないが、預託金返還請求権を行使することもできるようになっている場合において、会員が優先的利用権その他の会員としての権利の行使を全くしていないときは、預託金返還請求権を含む会員としての権利全部につき、消滅時効が進行するものと解するのが相当であり、その時効消滅に伴い、会員としての地位（会員の義務としての側面を含む法律関係）もまた消滅するというべきである（なお、このように解しても、通常の場合には、会員の側になんらかの権利行使があり、また、ゴルフクラブ側にも、会員としての地位の承認と認められる行為があるので〔会報の発送、種々の事務連絡、年会費の受領、会員名簿への登載、会員名の施設内掲示などはこれに当たる。〕、消滅時効が完成することはほとんどない。）。」

そして、右の一般論を次のように適用して消滅時効の完成を認めた。すなわち、「Xの主張によっても、Aが本件会員権を取得したのは昭和三九年九月であるから、X主張の据置期間である五年が経過した昭和四四年九月の時点でXは預託金返還請求権を行使することができたことになり（前示のように、預託金返還請求権を行使するには、退会しなければならないが、退会は会員において随時することができるので、据置期間を経過した時点で権利の行使をすることができるようになったというべきである。）、遅くとも昭和五四年九月の時点で右消滅時効は完成していたことになる（商行為により生じた債権と解する場合には、消滅時効は、昭和四九年九月の時点で完成していたことになる。）。……仮にXが本件会員権を有効に取得していたとしても、本件入会契約に基づくXの権利は消滅し、これに伴い、本件会員権は消滅したことになる。」

〔2〕　東京地判平成二年八月二一日民集四九巻八号二七七七頁（請求棄却）　XがYの代表取締役A（YとAは〔1〕判決のYとAに同じ）との入会契約（昭和三七年）を根拠に、個人正会員の地位確認の訴えを提起。Yは、本件契約は入会契約ではなく会員権を担保として取得する契約であるとか、Aの権限濫用による契約であり民法九三条但書により無効であると主張し、さらに、会員権の消滅時効（一〇年）を援用した。本判決は、有効な入会契約であることを認定したのち、次のように判示した。

「本件のような預託金会員組織のゴルフ会員権は、ゴルフ場施設の優先的利用権と、据置期間経過後退会とともに行使する預託金返還請求権とを中核とする債権であり、消滅時効にかかるものと解すべきである。本件において、Xが、昭和四四年一月一日以降、本件ゴルフ場施設を利用していず、右同日現在、Xの会員権に係る預託金返還請求権の据置期間が経過していたことは、当事者間に争いがない（なお、〈証拠〉によれば、Xは昭和四四年以降会費を支払ってないことが認められる。）。よって、Xの会員権は、昭和五四年一月一日（商事債権と解するときは昭和四九年一月一日）の経過により時効消滅したことになる。Yが本訴において右時効を援用していることは、当裁判所に顕著である。なお、退会の意思表示は据置期間経過後いつでもすることが可能であり、預託金返還請求権は退会の意思表示とともに行使することができるのであるから、現実にXが退会の意思表示をしたか否かは、消滅時効の進行に無関係というべきである。」

〔3〕　東京高判平成三年二月一三日民集四九巻八号二七八〇頁（〔2〕の控訴審判決、原判決取消し・請求認容）（松久三四彦「判批」判評三九九号一二頁〔判時一四一二号一五八頁〕〈本書[43]所収〉）　「Xの有する右個人正会員の地位は、

いわゆる預託金会員組織のゴルフ会員権と呼ばれるものに該当し、会員としてのゴルフ場施設の優先的利用権、年会費納入等の義務、据置期間経過後に退会とともに行使しうる預託金返還請求権などの債権債務関係を内容とする契約上の地位であるから、たとえXが長期間会員としての権利を行使せず、あるいはYがXを長期間会員として認めてこなかったとしても、Xの個人正会員の地位それ自体が消滅時効にかかることはあり得ないというべきである（付言すれば、右個人正会員の地位の内容をなす個々の債権債務の消滅時効の成否はこれと別個に検討すべき問題であり、例えばゴルフ場施設優先的利用権は、会員の地位にあることによって常時有するものであるから消滅時効を論ずる余地はなく、各年度の年会費支払義務はそれぞれの支払時期から消滅時効が進行し、また、預託金返還請求権は、据置期間が経過しても、会員は退会を強制されるわけではないから据置期間経過により当然に消滅時効が進行するものではなく、会員が退会を申し出て初めて消滅時効が進行するものである。）。」

〔4〕　東京地判平成三年一〇月一五日判タ七八八号二〇三頁（請求認容、控訴）（出口正義「判批」ジュリ一〇四七号一一九頁）　原始会員Xは年会費不払いによるY（栃木観光開発株式会社）の無催告解除の効力を争い、正会員の地位確認の訴えを提起した。Yは抗弁の一つとして、会員権につき除名決議の日の翌日を起算点とする五年の消滅時効を援用した。

「預託金会員制ゴルフクラブの会員権（会員契約上の地位）は、ゴルフ場施設の優先的利用権、据置期間経過後退会とともにする預託金返還請求権、年会費等支払義務等の債権債務関係を内容とする契約上の地位であるから、会員たる地位自体が消滅時効にかかることはあり得ないが、その地位の内容をなす個々の権利はそれが債権であるとされている以上、消滅時効が問題となると解される。

まず、預託金返還請求権は、据置期間が経過しても会員は退会を強制されるわけではないから、据置期間経過後に退会の申出をしたことにより、又は除名死亡等の事由により、ゴルフ場施設の優先的利用権を喪失し同時にその後の年会費等支払義務を免れてはじめて権利行使が可能となるものであって、ゴルフ場施設の優先的利用権や年会費等支払義務を有していながら預託金返還請求権のみについて権利行使を可能とすることは考えられない。本件においては、Xが退会の申出をした事実はなく、除名も無効であって、その他Xがゴルフ場施設の優先的利用権を喪失した事実はないのであるから、据置期間満了日を消滅時効の起算日とすることはできない。

次に、ゴルフ場施設の優先的利用権は、会員がその権利を常時行使することを予定した権利ではないから、消滅時効を論じる余地はないと解すべきである（中略）。なお、除名決議はY内部の意思決定にすぎないから、この時点を消滅時効の起算日とすることはできず、また仮に除名の告知が有効である場合には（本件では除名が無効であること前記のとおり）、その時点でゴルフ場施設の優先的利用権は消滅するのであるから、消滅時効を論じる余地はない。」

〔5〕　最三小判平成七年九月五日（平成三年（オ）第七七一号）民集四九巻八号二七三三頁（〔3〕の上告審判決、破棄差戻し）（後藤元伸「判批」法教一八五号一一二頁）　「原審の確定した事実関係によれば、Xの有する本件ゴルフクラブの個人正会員としての地位は、いわゆる預託金会員組織のゴルフ会員権に該当する債権的契約関係であり、その内容として、会員は、ゴルフクラブ会則に従ってゴルフ場施設を利用し得る権利を有するとともに年会費納入等の義務を負担し、また、入会の際に預託した預託金を会則に定める据置期間の経過後に退会に伴って返還請求することができるというのである。これによれば、右契約関係においては、会員のゴルフ場施設利用権がその基本的な部分を構成するものであるところ、会員は、ゴルフクラブの会員としての資格を有している限り、会則に従ってゴルフ場施設を利用することができ、Yは、会員に対してゴルフ場施設を利用可能な状態に保持し、会則に従ってこれを利用させる義務を負うものというべきである。

そうだとすれば、会員がゴルフ場施設の利用をしない状態が継続したとしても、そのことのみによっては会員のゴルフ場施設利用権について消滅時効は進行せず、契約関係に基づく包括的権利としてのゴルフ会員権が消滅することはないが、Yが会員に対して除名等を理由にその資格を否定してゴルフ場施設の利用を拒絶し、あるいはゴルフ場施設を閉鎖して会員による利用を不可能な状態としたようなときは、その時点から会員のゴルフ場施設利用権について消滅時効が進行し、右権利が時効により消滅すると、ゴルフ会員権は、その基本的な部分を構成する権利が失われることにより、もはや包括的権利としては存続し得ないものと解するのが相当である。けだし、Yにおいて会員の資格を否定することなく、ゴルフ場施設を会員による利用が可能な状態に保持している場合には、Yは会員に対し契約に基づく債務の履行をし、会員は右債務の履行を受けているものというべきであるから、そのような状態の下においては、会員のゴルフ場施設利用権について消滅時効が進行する余地はないが、Yが会員の資格を否定してゴルフ場施設の利用を拒絶し、あるいは会員によるゴルフ場施設の利用を不可能な状態としたようなときは、Yによる前記債務の履行状態が消滅し、会員のYに対する権利の行使を妨げるべき事実が生じたものということができ、その時点から消滅時効が進行するもの（民法二九一条参照）と解すべきだからである。」

〔6〕最三小判平成七年九月五日（平成二年（オ）第一八四三号）LLI／DB【判例番号】L〇五〇一〇〇八一（破棄差戻し）　原始会員A（昭和三五年に入会契約）から会員権を昭和四〇年に譲り受けたXが、Y（霞ヶ浦開発企業株式会社）に対し名義書換えを求めたが拒否されたため、会員資格変更請求の訴えを提起。これに対して、Yは譲渡承認請求権の消滅時効（一〇年）を援用した。会費の支払いについては不明（おそらく不払いか）。本判決によれば、「原審（東京高判平二年九月六日－筆者注）は、いわゆる預託金会員組織のゴルフ会員権について譲受人の有する譲渡承認請求権は、その性質上当該会員権に付随するものとみることができるから、譲受人が譲渡承認請求権を行使せず、かつ、ゴルフ場経営者に対する関係ではなお会員権を保有する譲渡人が会員権を行使しない状態が継続し、会員権が時効により消滅する場合には、これに伴って譲渡承認請求権も消滅するものとした。そして、本件においては、昭和四〇年八月二五日以降、Aが本件会員権を行使したことも、Xが本件会員権につき譲渡承認請求をしたことも認められないから、本件会員権は、Yの主張する時効期間の経過により消滅し、これに伴ってXの譲渡承認請求権も消滅したとして、Yの消滅時効の抗弁を認め、Xの請求を棄却すべきものと判断した。」。X上告。

判旨は、当事者を別にすると、〔5〕最判と全文一致。さらに、時効期間につき次のようにいう。「本件ゴルフクラブの入会契約が商行為に該当するのであれば、本件ゴルフ会員権は商法五二二条にいわゆる商事債権に該当し、五年の経過によって時効により消滅し、これに伴って、XのYに対する譲渡承認請求権も消滅するものと解すべきである。」

二　整理

一　右に掲げたのは、四事案六（〔5〕の原審を数えると七）判決である。原告には、原始会員（〔2〕＝〔3〕＝〔5〕、〔4〕）と譲受人（〔1〕〔6〕）がある。

時効消滅の可否については、①会員の地位（会員権）は消滅時効にかかるとするもの（〔1〕〔2〕。なお、〔6〕最判の原審判決もそのようである）、②かからないとするもの（〔3〕〔4〕。これらは、施設の優先的利用権も消滅時効にかからないという）、③施設利用権が消滅時効にかかるとするもの（〔5〕〔6〕）に分かれる。起算点につき、右①は、進行開始のためには、ゴルフ場施設を利用していないことと、預託金返還請求権の据置期間が経過していることが必要であるとする。右③は継続地役権の消滅時効起算点と同様である。消滅時効期間については、右①・③は商事債権の可能性を認める（〔1〕〔2〕〔6〕）。

二　〔2〕〔4〕判決は同一裁判官によるもののようであるが、〔2〕判決では会員権は消滅時効にかかるとしていたのに対し、〔4〕判決ではかからないとしている。この〔4〕判決は、〔3〕判決を全面的に採用したものとなっている。

Ⅲ　学説

判決の批評をとおして若干の学説がある。以下、公表順に紹介する。

一　第一説（松久・前掲「判批」（一九九二年））は、まず、用語について、「会員たる地位」と「会員権」を区別し、会則により理事会等の入会承認が「会員たる地位」取得の要件とされている場合には、「会員たる地位」を有する者

（会員）の承継人（相続人・譲受人）は、右承認以前は「会員権」を取得するにとどまるとする。そして、種々の債権債務の発生源たる「会員たる地位」それ自体が消滅時効にかかるかは、会員の有する個々の権利義務が同時に完成するものであるか否かによるとする。そうすると、①施設優先的利用権、②年会費納入義務については、これらの権利義務を時効消滅させることは会員であることの実質を失わせることであるから、消滅時効によって利益を受ける筈の債務者（①におけるゴルフ場経営会社、②における会員）にとって法的利益とならない（時効にかかるとゴルフ場経営会社は顧客を失い、会員は施設を利用できなくなるから。なお、ゴルフ場経営会社にとって好ましくない会員の排除は、消滅時効によってではなく会則に則った除名等によるべきである）ので、消滅時効を認めるべきではない。また、③預託金返還請求権の消滅時効については、これを独立にとりあげればよい（この消滅時効が進行するには、退会しかつ据置期間が経過していなければならない）から、結局、「会員たる地位」は消滅時効にかからないとする。なお、「会員権」の消滅時効については、相続と契約の場合を分けて考える。相続人は、入会承認が必要な場合は、入会承認と預託金返還のいずれかを選択的に請求することができ、両請求権の消滅時効は相続時から進行を開始する。契約により「会員権」を取得した場合は、ゴルフ場経営会社との関係では、いまだ名義人たる前主（譲渡人）が「会員たる地位」を有しているから、その消滅時効というものはない。

二　第二説（今中利昭「ゴルフクラブ会員権の消滅時効」手研四七五号六八頁（一九九三年））は、「会員権は会員たる会員契約上の地位であり、債権・債務の集合体であり、一体性を有するものであるから、本来、会員権の存続中においては消滅時効にかかるものではなく、会員権が分解〔除名、退会、入会契約解除等により会員契約が終了した場合－筆者注〕されて、個々的な権利をそれぞれ別個に請求しうるようになった時点から消滅時効期間が起算され、それぞれ消滅時効にかかっていくものであると解すべきである」、という。

三　第三説（出口・前掲「判批」（一九九四年））は、「一般に、預託金制ゴルフクラブの会則には、前述のような会員資格の喪失事由〔退会、除名、死亡等－筆者注〕の定めがあるが、これは会員がそのような事由以外の理由で会員資格を失うことはない、逆にいえばそのような事由のないかぎり、会員は会員たる地位が保証されていると解されるのであるから、およそ消滅時効を論ずる余地はないのである」とし、会則が通例見られるようなものであれば、その「会則規定の解釈として、会員資格が消滅時効にかかることはあり得ず、会員権（会員契約上の地位）の法的性質を論ずるまでもない問題である」という。

Ⅳ　検　討

一　〔1〕〔2〕判決はともに預託金返還請求権に着目し、会員権不行使と据置期間経過によりその消滅時効が進行し、完成すると会員としての地位（会員権）も消滅時効にかかるとするものである。しかし、退会前から預託金返還請求権の消滅時効が進行するというのは無理である。その後の〔3〕〔4〕判決が会員権の時効消滅を否定したのは妥当であり、また、〔2〕〔4〕判決がおそらく同一裁判官によるものであることは、肯定説から否定説に改めたという点で否定説の妥当性の傍証として見ることも許されるのではないかと思われた。しかし、〔5〕〔6〕最判は、今度はゴルフ場施設利用権が消滅時効にかかるとし（〔3〕〔4〕判決はかからないとしていたものである）、その場合会員権はもはや包括的権利としては存続しえないという全く予期せぬ構成でこの問題に対する解決を示した。

二　〔5〕〔6〕最判を引き出したのは、〔5〕最判のYの上告理由（第九点）である。その趣旨を要約すると、①契約上の地位（債権債務関係の総体）は消滅時効にかからないというのであれば、賃借権（賃貸借契約上の地位）も消滅時効にかからないということになる。②会員の地位といっても、消滅時効にかかる債権債務の総体にすぎないのであるから、原則として消滅時効にかかると解する方が素直である。③そこで、「会員の地位とは常時有するものである」（原判決）が、「会員が権利を永続的に行使せず、且つ、ゴルフ会社側も会員を永続的に会員として扱っていない場合」は、もはや「常時有するもの」とはいえず、消滅時効が進行する。④実際にも、会員としての権利行使もなく、ゴルフ場も会員として扱っていない状態が百年二百年と永続しても消滅時効にかからないというのは常識に反するし、時効制度の存在理由に照らしても不当である、というのである。

三　そうすると、最判の起算点論は、右③を汲み取りつつより条文に即した表現として民法二九一条に着目したものではないかとも思われる。判旨は単に同条「参照」としているのであるが、実質的には類推適用であろう。いずれにせよ、問題は、ゴルフ会員権の消滅時効につき、継続的地役権のそれと同じく扱ってよいかということにある。

これを考えるに、まず、ゴルフ場は会員の便益に供されている（人役権）面があるとしても、会員の土地の便益（民二八〇条参照）に供されているものではない。それはさておいても、地役権の時効消滅は、承役地所有権が負担のない状態に復帰するものとして妥当視しうる。これに対し、XY間の関係を同様に考えることはできない。通常は、会員の離脱はYにとり不利益だからである。実際には、好ましからざる会員を排除したいという場合はあるであろうが、そのような排除が許されるかは会則等によるべきことがらであろう。会則等によっては排除できない会員を消滅時効によって排除しようというのは、Yの側に無理があり（会員の閉め出し、預託金の返還拒否）筋違いであるように思われる。

もっとも、会員ではないこと、会員権を取得していないことを個別の証拠で立証するのではなく、消滅時効で一挙に解決したいということはあるかもしれないが、会員証書などに基づいた個別の証拠で判断する方がむしろ真の権利関係に則したものとなるように思われる。ちなみに、〔5〕最判の上告理由第八点におけるYの主張に、「会員でないというためには、会員の地位喪失等の抗弁で充分であるが、斯様な確認ではさらに会員権を有することを前提として入会請求が為され得る可能性があるので、会員権自体〔最判をふまえていうならば、「施設利用権」というべきか－筆者注〕の消滅時効まで将来予想される争いを断つべく主張した」とあるが、消滅時効の抗弁が認められたほうが将来の紛争予防になるとは思われない。

四　〔5〕〔6〕最判は、債務不履行時を起算点とするもののようにも見えるが、もしそれが民法一六六条一項にいう「権利ヲ行使スルコトヲ得ル時」の一般的な具体化であれば問題である。期限の定めのない債務は請求を受けた時から遅滞となるが（民法四一二条三項参照）、時効起算点は債権発生時と解されているように、債務不履行時が起算点となるとの定式にはなっていないからである。

五　前記上告理由①との関係で一言するならば、ゴルフ会員権は賃借権と同様には扱えないように思われる。ある物をある人に貸さなくてもよくなれば、他の人に貸し、あるいは自己使用できるが、ゴルフ場ではそのような関係にないからである。わずかに、会員総数が限定されている場合に類似の関係を観念できるにすぎない。しかし、この場合でも、預託金返還請求権を施設利用権の時効消滅と同時に消滅させてよいということにはならず、賃借権とゴルフ会員権を同列に論じることはできないように思われる。

六　もっとも、〔5〕〔6〕最判は、施設利用権の時効消滅により預託金返還請求権がどうなるかについては何もいっておらず、残された問題である。施設利用権がなくなれば預託金の返還請求ができるということと、時効の遡及効（民一四四条）を結びつけると、施設利用権の消滅時効の起算点と預託金返還請求権のそれとは一致し、施設利用権の時効消滅により預託金返還請求権も時効消滅することになりそうであるが、その結論の妥当性には大いに疑問がある。そこで、この結論を回避するとなると、はたしてどのように理由づけるか、これまた難しい問題を抱えることになろう。

七　最後に学説にふれておきたい。まず、第二説に特に異論はない。私見（第一説）は、「債権・債務の集合体であり、一体性を有するもの」であるからという第二説の根拠自体を、若干分析的に述べようとしたものである。第三説は、あるいは会員の意識に最も適合的かと思われるが、時効は時効制度を知らない者にも適用される。もし、会則にないから時効にかからないが規定があれば時効にかかるというのであれば、契約当事者で時効を排斥できることになり問題であろう。

八　結局、最判には賛成できず、なお、前記私見を維持したいと考える。

＊初出、金法一四四二号（一九九六年）四二頁。

[63] 不法行為賠償請求権の長期消滅規定と除斥期間

Ⅰ はじめに

最判平成元年（最一小判平成元年一二月二一日民集四三巻一二号二二〇九頁）[1]は、民法七二四条後段の規定は、「不法行為によって発生した損害賠償請求権の除斥期間を定めたものと解するのが相当である」とした。「同条がその前段で三年の短期の時効について規定し、更に同条後段で二〇年の長期の時効を規定していると解することは、不法行為をめぐる法律関係の速やかな確定を意図する同条の規定の趣旨に沿わず、むしろ同条前段の三年の時効は損害及び加害者の認識という被害者側の主観的な事情によってその完成が左右されるが、同条後段の二〇年の期間は被害者側の認識のいかんを問わず一定の時の経過によって法律関係を確定させるため請求権の存続期間を画一的に定めたものと解するのが相当であるからである」との理由による。そして、「本件請求権は、すでに本訴提起前の右二〇年の除斥期間が経過した時点で法律上当然に消滅したことになる」とし、「このような場合には、裁判所は、除斥期間の性質にかんがみ、本件請求権が除斥期間の経過により消滅した旨の主張がなくても、右期間の経過により本件請求権が消滅したものと判断すべきであり、したがって、原告主張に係る信義則違反又は権利濫用の主張は、主張自体失当」であるとした。これにより、同条後段の二〇年（以下、「二〇年」という）の法的性質に関する問題意識はにわかに高まった感がある。それまでの議論が、当事者の勝敗を実質的に左右する具体的訴訟を巡るものではなかったのに対し、右最判は、被告の二〇年経過の主張（消滅時効の援用）は信義則に反し権利の濫用にあたるとして原告の請求を認容した原審判決を破棄自判したものであっただけに、除斥期間説がもつ冷徹な面を痛感させたからである。[2]これを境に、

判例は除斥期間説に統一されるが、逆に、従来の少数学説であった消滅時効説を一気に多数説へと導くことになった。(3)

Ⅱ　沿革と起草者の考え

民法七二四条は、起草委員の説明および原案の内容から、ドイツ民法第一草案七一九条一項・二項、これを一つの項にまとめた第二草案七七五条一項をもとにしたものと考えられている。(4)右第二草案にわずかな表現上の修正をしたにすぎないドイツ民法旧八五二条一項（新一九九条二項・三項参照）も、長期期間を消滅時効としており、二〇年は、沿革上、また、各起草委員の考えにおいても、消滅時効であった。(5)

Ⅲ　判例

二〇年の法的性質に関する最高裁判決は四件ある。最一小判昭和五四年三月一五日訟月二五巻一二号二九六三頁、(6)前掲最一小判平成元年、最三小判平成二年三月六日裁判集民事一五九号一九九頁(7)（ジュリスト九六三号判例カード一九七）、最二小判平成一〇年六月一二日民集五二巻四号一〇八七頁(8)である（以下、それぞれ「最判何年」とよぶ）。最一小判平成元年は、除斥期間説を明言した初の最高裁判決として重要であり、これを援用する最三小判平成二年、最二小判平成一〇年が続き、除斥期間説をとる各小法廷判決が出揃ったことになる。もっとも、最判平成元年の考え方を忠実に踏襲するならば、二〇年経過後に被害者の損害賠償請求を認める道は閉ざされるか、極めて狭いものとなるが、二〇年経過後といえども被害者救済を図るべきと考えられる事案はありうるはずである。はたして、以下に見るように、最判平成元年以降、下級裁判所の判決は二〇年の性質については除斥期間説に統一されるものの、その具体的内容においては消滅時効説に接近し被害者救済を図るものがでてきた。そして、最判平成一〇年は、最判平成元年の除斥期間説の形式的あてはめを回避するため、部分的ながら消滅時効と同様の扱いをし、最判平成元年は変更されるべきであるとの反対意見も付されるにいたった。さらに、その後の下級際判決には、最判平成一〇年がいう「著しく正義・公平の理念に反する」場合の射程を拡大しようとするものがでてきたが、最高裁はこれらの判決を最判平成元年と整合的なものと考えるのであろうか。今後の判例の集積と展開が注目されるところである。

一　最判平成元年以前　　最判平成元年以前に二〇年経過による権利消滅が争われた四一の判決（三六事案）をみると、消滅時効説一五、除斥期間説二一、除斥期間ないし時効期間というもの一、言及なし三、不明一、である。[9] これらの事案において、被告が除斥期間説を主張する主たる意図は、被告が二〇年経過による権利消滅を主張するのは消滅時効の援用権の濫用であるとの原告側の再抗弁を封ずることにあった。[10] 除斥期間説をとる根拠としては、①権利の速やかな行使、②三年時効は浮動的なものなので画一的にできるだけ速やかに法律関係の確定を図る、③二〇年は通常の消滅時効期間を倍加するものであるから、その上さらに中断を認めるべきではない、といわれている。[11] 消滅時効説をとる根拠としては、①条文の文言、②ドイツ法からの沿革、③起草者の説明、④三年時効を補充するものであること、⑤時効の中断・停止・援用を認めないと被害者に極めて酷な場合が生ずること、などがあげられている。[12]

二　最判平成元年以後　（1）　最判平成元年から最判平成一〇年までの判決に、①福島地いわき支判平成二年二月二八日判時一三四四号五三頁（常磐炭鉱じん肺訴訟）、②前掲最判平成二年、③京都地判平成二年七月一八日判タ七四六号一三七頁（公立聾学校教員に対する差別的取扱）、④東京地判平成二年八月二七日判時一三七九号一〇五頁（町長の虚偽情報）、⑤東京地判平成四年二月七日訟月三八巻一一号一九八七頁（水俣病東京訴訟）、⑥東京高判平成四年一二月一八日高民集四五巻三号二一二頁（予防接種禍東京集団訴訟）、⑦京都地判平成五年一一月二六日訟月四〇巻一一号二五八一頁（水俣病京都訴訟）、⑧大阪高判平成六年三月一六日訟月四二巻三号四五七頁（予防接種禍大阪集団訴訟）[13]、⑨大阪地判平成六年七月一一日訟月四一巻八号一七九九頁（水俣病関西訴訟）、⑩東京地判平成七年七月二七日訟月四二巻一〇号二三六八頁（上敷香韓人虐殺事件）、⑪富山地判平成八年七月二四日判タ九四一号一八三頁（不二越訴訟）、⑫東京高判平成八年八月七日訟月四三巻七号一六一〇頁（⑩の控訴審判決）、⑬東京地判平成九年五月二六日判時一六一四号四一頁（川崎製鉄所強制労働訴訟）、⑭東京地判平成九年一二月一〇日判タ九八八号二五〇頁（鹿島建設花岡出張

説をとり、あるいは、除斥期間説をとる一審判決を維持するものであり、③④の他は明示的に最判平成元年を援用している。

もっとも、最判平成元年の考え方（除斥期間経過による法律上当然の権利消滅）の適用範囲を制限し、被害者救済を図るものも見られる。すなわち、⑤判決は、民法七二四条後段は「加害者の法的地位の安定を図ることを主たる目的としたもの」であるから、加害者において除斥期間の利益を放棄し得ないものではなく、したがって、「除斥期間の経過後において、加害者である被告において原告の請求に係る損害賠償請求権が除斥期間の経過により消滅した旨の主張をしていないことが、被告が積極的に除斥期間の経過による利益を放棄する意思を有していることによるものと認められる特段の事情がある場合においては、裁判所は除斥期間の規定を適用すべきではない」という。そして、被告チッソには「仮に除斥期間が経過していることがあったとしても、除斥期間の規定による利益を積極的に放棄するという意思」が認められるとして、二〇年経過の有無を判断せずに請求を認容した[14]。同じく、経過の有無を判断せずに請求を認容した⑦判決は、経過していても「加害者をして除斥期間の定めによる保護を与えることが相当でない特段の事情」が認められる場合には、「加害者において訴訟上、除斥期間の経過の事実を主張することは権利の濫用」になり、被告国および熊本県が訴訟上除斥期間経過の事実を主張することは権利の濫用であるとした。また、⑧判決は、二〇歳になった当時、禁治産者と同様の著しく事理を弁識する能力を欠き実質上行為能力を欠如した状態にあり、訴訟を自ら提起することは不可能な状態にあった予防接種の被害児三名につき、民法一五八条の「類推適用」により本件訴訟提起当時まで「除斥期間の満了は停止されていたことになる」とした。また、他の被害児一名の相続人につき、裁判外での除斥期間内の権利行使（行政救済措置に基づく給付申請）により損害賠償請求権が保存され、かつ、「右給付申請行為時点から当然に損害賠償請求権の短期消滅時効の進行が開始されることになるわけでない」として、それぞれ請求を認容した。しかし、予防接種から二〇年経過後に行政救済措置に基づく給付を受けた被害児一名については、仮に右給付を債務の承認に準ずる行為とみる余地がありうるとしても、右給付開始以前に除斥期間が経過してしまっている以上、除斥期間の法的性質からも、その後に損害賠償債務が復活することにはならないとして請求を棄却した。

(2) 最判平成一〇年(⑥の上告審判決)は、原審で敗訴したうちの一家族(被害児X_1とその両親X_2X_3)が上告した事件であり、⑧判決と同様の事案に関するものである。まず、最判平成元年を援用し同旨を述べたのち、次のようにいう。民法一五八条の趣旨は、法定代理人を有しないため時効中断措置をとることができない無能力者を保護することにある。これに対し、民法七二四条後段を字義どおりに解すれば、被害者が不法行為の時から二〇年を経過する前六箇月内において心神喪失の状況にあるのに後見人を有しない場合には、損害賠償請求権は行使できないまま消滅することになる。しかし、それでは被害者の「心神喪失の常況が当該不法行為に起因する場合」であっても、被害者は「およそ権利行使が不可能」であるのに単に二〇年が経過したということのみをもって一切の権利行使が許されないこととなる反面、心神喪失の原因を与えた加害者は賠償義務を免れる結果となり、「著しく正義・公平の理念に反する」。そうすると、「少なくとも右のような場合にあっては、当該被害者を保護する必要があることは、前記時効の場合と同様であり、その限度で民法七二四条後段の効果を制限することは条理にもかなうというべきである」。したがって、「不法行為の被害者が不法行為の時から二〇年を経過する前六箇月内において右不法行為を原因として心神喪失の常況にあるのに法定代理人を有しなかった場合において、その後当該被害者が禁治産宣告を受け、後見人に就職した者がその時から六箇月内に右損害賠償請求権を行使したなど特段の事情があるときは、民法一五八条の法意に照らし、同法七二四条後段の効果は生じないものと解するのが相当である」として、原判決の一部(X_1敗訴部分)を破棄差戻しとした。

本判決は、民法一五八条の「法意に照らして」といっており、「類推適用」という⑧判決とは法的構成が若干異なる。効果も、「同法七二四条後段の効果は生じない」としており、これが除斥期間は満了するが「効果は生じない」

という意味であれば、⑧判決がいう「除斥期間満了の停止」とは異なることになる。この点ははっきりしないが、民法一五八条を持ち出すところからして除斥期間は経過していないとの構成を意図したもののように思われる。民法七二四条後段の効果が生じないための要件も必ずしも明らかではないが、「少なくとも右のような場合」とされる、「著しく正義・公平の理念に反する」場合とは、判旨全体からすると、被害者の「およそ権利行使が不可能」な状態が加害行為に起因し、民法一五八条の法意ないし類推適用を根拠としうる場合という極めて限定的なものと思われる[15]。

なお、本判決には河合裁判官の意見（X_1の上告について）及び反対意見（X_2X_3の上告について）があり、二〇年が除斥期間と消滅時効のいずれであっても、「特段の事情の存在が主張され、あるいはうかがわれるときには、期間経過の一事をもって直ちに権利者の権利行使を遮断するべきではな」く、最判平成元年は変更されるべきであり、X_2X_3敗訴部分についても破棄差戻すべきであるという。

（3）　その後の下級裁判決に、⑯東京地判平成一〇年一〇月九日訟月四五巻九号一五九七頁[16]（フィリピン性奴隷損害賠償請求訴訟）、⑰名古屋高金沢支判平成一〇年一二月二一日判タ一〇四六号一六一頁（前記⑪の控訴審判決）、⑱広島地判平成一一年三月二五日訟月四七巻七号一六七七頁（三菱重工強制労働訴訟）、⑲東京高判平成一一年七月二二日判タ一〇一七号一六六頁（⑮の控訴審判決）、⑳東京高判平成一二年一二月六日訟月四七巻一一号三三〇一頁（⑯の控訴審判決）、㉑大阪高判平成一三年四月二七日訟月四八巻一二号二八二一頁（⑨の控訴審判決）、㉒熊本地判平成一三年五月一一日訟月四八巻四号八八一頁（ハンセン病訴訟）、㉓東京地判平成一三年七月一二日訟月四九巻一〇号二八一五頁（劉連仁強制連行訴訟）、㉔福岡地判平成一四年四月二六日訟月五〇巻二号三六三頁（三井鉱山強制労働訴訟）、㉕広島地判平成一四年七月九日民集六一巻三号一二二四頁（西松建設強制労働訴訟）、㉖東京地判平成一五年九月二九日訟月五〇巻一一号三三一三頁（旧日本軍毒ガス兵器遺棄訴訟）があり、すべて除斥期間説をとっている。

⑰⑱⑲⑳判決では、原告は最判平成一〇年を援用したが、事案を異にするとして、いずれも控訴は棄却された。㉕判決も、最判平成一〇年とは事案を異にし、「特段の事情」も認められないとした。㉑判決は一審判決を変更し、⑤

判決と同様に民法七二四条後段は「加害者の法的地位を安定させることを主たる目的としたもの」であるとし、「そうだとすると、除斥期間経過による消滅の効果は絶対的なものではなく、また、およそ加害者において除斥期間の経過による利益を放棄し得ないものでもないと解するのが相当で、除斥期間の経過後、加害者である被告において除斥期間の主張をしていないことが、積極的に除斥期間の経過による利益を放棄する意図を有していることによると認められる場合は、裁判所は除斥期間の規定を適用すべきでないとするのが相当である」として除斥期間経過を主張していない被告チッソに対する請求を認容した（一審は、除斥期間経過による利益の放棄はできないとしていた）。また、⑧判決と同様に裁判外の権利行使（救済法または補償法適用のための行政認定の申請）により損害賠償請求権は保存されるとして、被告の国と熊本県に対する請求を認容した（一審は、水俣病認定申請は除斥期間の経過により消滅すべき権利の行使とはいえないとしていた）。㉒判決は、権利侵害は「継続的・累積的に発生してきたものであって、違法行為終了時において、人生被害を全体として一体的に評価」しなければならず、二〇年は経過していないとして原告の国家賠償請求を認めた。除斥期間説をとりながら全損害を一体とみて一括進行説をとった初めての判決である。[17] 特に注目されるのは㉓判決である。「除斥期間制度の趣旨を前提としてもなお、除斥期間制度の適用の結果が、著しく正義、公平の理念に反し、その適用を制限することが条理にもかなうと認められる場合には、除斥期間の適用を制限することができると解すべきである」として、二〇年経過の事案で原告の請求を認容した。最判平成一〇年とほぼ同様の表現を用いつつも、民法一五八条の法意に照らし民法七二四条の効果は生じないとした右最判とは法的構成が異なり、民法七二四条後段の適用制限が認められる基準についても一般的に述べているため、右最判の射程距離を大きく超えるものと思われる。㉔・㉖判決も、㉓判決と同旨を述べる。

Ⅳ 学説

学説は、当初、消滅時効説をとっていたが、昭和五年の吾妻論文[18]が除斥期間説を示唆したのを機に、除斥期間説が徐々に増えてきた。近時の教科書等では除斥期間説が通説であると書かれるようになったが、実際には、消滅時効説をとるものも増えつつあり[19]、また、除斥期間説の問題点の適切な指摘もなされていた[20]。最判平成元年は、このような「学説の近時の動向を見誤った[21]」ものと捉えることもできよう。はたして、実際に除斥期間説をとり原判決を覆す最判平成元年がでると、学者の多くは消滅時効説に立ち[22]、また、除斥期間説をとるものも援用権濫用の余地なしと解すべきではないとして右最判の結論に反対している[23]。「除斥期間に名を借りて被害者の救済を公権的に一方的に切り捨てるものであって寒心に耐えない[24]」とか、「民事紛争において私人の権利を裁判官の職権で消滅させ、しかも信義則、権利濫用則も認めないというようなことには到底賛成できない[25]」、最判平成元年ほど「疑問の多い最高裁判決は滅多にないと思われる[26]」といった強い批判は、本判決がはらむ問題性を示すものといえよう。そのため、民法七二四条後段の二〇年を巡っては、消滅時効説と除斥期間説との対立にとどまらず、除斥期間の要件・効果は一律か個々の規定により異なりうるか、同条後段の適用制限の根拠ないし構成・要件・効果等をめぐって考察が深められつつあるというのが現在の状況である。

Ⅴ　検　討

一　最判平成元年について

（1）　最判平成元年の論理は、①二〇年は「請求権の存続期間を画一的に定めたもの」＝除斥期間→②除斥期間経過→③請求権の消滅（援用不要）→④信義則違反又は権利濫用の余地なし、というものである。そして、右最判が、「除斥期間の性質にかんがみ」として②以下を述べているため、その射程距離は除斥期間一般に及ぶように見える。しかし、たとえば、最判昭和四五年四月二一日判時五九四号六二頁は、民法五八〇条の期間徒過による買戻権消滅の主張は信義則上許されないとした。右期間が除斥期間か否かはともかく、権利の存続期間を画一的に定めたものであるから、右最判昭和四五年は最判平成元年の考え方にはなじみにくい。また、最判昭和五一年三月四日民集三〇巻二号四八頁は、民法六三七条一項の一年は除斥期間であるとしながらも、右期間経過前に請負代金請求権と瑕疵修補にかわる損害賠償請求権が相殺適状に達していたときは、民法五〇八条の類推適用により、右期間経過後であっても相殺をなしうるとした。しかし、もし最判平成元年の除斥期間論（右②→③。これは④につながるいわば絶対的消滅のごとくである）が除斥期間一般にあてはまるものとすれば、最判平成元年は右最判昭和五一年と抵触するようにも見える。このことは、最判平成元年の考え方を貫くことの不当性を示す[27]とともに、他方で、個々の規定につき除斥期間説をとる最高裁判決を全体としてできるだけ整合的に理解しようとするならば、最高裁は除斥期間に一律の効果を認めるものではないということを窺わせるものといえようか。

（2）　最判平成元年は、「不法行為をめぐる法律関係の速やかな確定を意図する民法七二四条の趣旨」を根拠に除斥期間説をとる。二〇年という長期期間の趣旨を法律関係の「速やか」な確定に求めるのは「どうみても奇妙である[28]」といわれるが、このような理由づけは従来の除斥期間説をとる下級裁判決にも見られた。ただし、従来は、除斥期間説をとる下級裁判決・学説とも、二〇年について中断を認めるべきではないというのが主な具体的理由であった[29]。しかも、実際に二〇年の中断の有無自体が争われる事案はなかったため、除斥期間説が通説であるといわれる状況が揺るぐことはなかった。これに対し、最判平成元年では、信義則違反又は権利濫用の余地が現に争点となり、これを否定した右最判は当該事案との関係から学説の強い反発を招いたわけである[30]。最高裁は、二〇年の法的性質を明言することなく、消滅時効であるとしても本件では援用権濫用にあたらないとして原判決を破棄することもできたはずである。それをとらず、最高裁として判例の統一をはかろうとするのも理解できないではないが、「信義則違反又は権利濫用の主張は、主張自体失当」とまでいったのはなぜか。従来の訴訟では権利濫用の再抗弁が比較的多く、その場合には権利濫用と認める判決の割合も多く、権利濫用を認めるとさらに上訴され争われていた[31]。消滅時効説では権利濫用の有無を判断しなければならず（権利濫用とするときは、それに先立ち賠償責任の発生も認定しなければならない）、裁判所の負担増が懸念されたのであろうか。しかし、裁判所の負担軽減が実質的ないし主たる理由とは考えにくいとすると、権利濫用の余地なしというのは、除斥期間は援用不要ということからの論理的帰結として導かれたようにも思われる。もしそうならば、最判平成元年は、あまりに形式論理を楯にするものと映る一方で、形式論理のもつ強さ故に、援用不要を維持しつつ、「信義則違反又は権利濫用の主張は、主張自体失当」とする結論を回避する解釈ないし法的構成はかなり難しいことになる。

そこで私は、「本判決の論理を回避して請求権の行使を認容しうる余地を探ろうとするならば、債務者側の請求権消滅の主張を問題とする（すなわち、その主張が信義則違反または権利濫用となりうるとする）のではなく、裁判官の法の解釈・適用自体に請求権認容の余地が残されているのではないかを問題とするのも一つの方途であろう[32]」と述べた。大村教授は、広中教授の考えをふまえて[33]、「信義則・権利濫用は、ある規定の『適用』の次元と『解釈』の次元で発動可能」であり、「本判決は、信義則・権利濫用の問題を前者の『適用』の次元で考え、その適用の余地なしとしたわけだが、後者の『解釈』の次元で考える余地はなお残されているように思われる」といわれる。そして、援用不要としても期間経過の主張は必要であるとして、その主張が信義則違反・権利濫用にあたるような場合にはその主張を制限すべきであり、原告敗訴が信義則に反する結果をもたらすような場合には、裁判官は、少なくとも職権では、民法七二四条後段を適用すべきではないと解することもできようとする[34]。はたして、最判平成元年後、この線に沿う判決がでてきた。それは、最判平成元年から離れ消滅時効説に接近する動きではあるが、しかし、なお除斥期間であるという以上、消滅時効説に同化するものではない。ここに、両者の違いとあえて除斥期間説をとることの意味が問われることになろう。

二 消滅時効説への接近と限界

（1） 最判平成元年後、最判平成一〇年までに、最判平成元年を援用しつつ除斥期間経過による原告敗訴を回避しようとする下級裁判決がとった法的構成には、①被告が除斥期間経過を主張していないことが除斥期間経過の利益を放棄する意思によると認められるときは、裁判所は除斥期間の規定を適用すべきではない（前掲⑤・㉑判決）、②除斥期間の定めによる保護を与えることが相当でない特段の事情があれば加害者の除斥期間経過の事実の主張は権利濫用になる（前掲⑦判決）、③民法一五八条の類推適用（前掲⑧判決）、④裁判外での二〇年内の権利行使により損害賠償請求権は保存される（前掲⑧㉑判決）、というものがある。しかし、右①②③は、実質的には消滅時効説と同じである。そして、最判平成元年がいうように、損害賠償請求権は「二〇年の除斥期間が経過した時点で法律上当然に消滅したことになる」とすれば、原告が請求の原因として掲げる不法行為に示された「不法行為ノ時」（七二四条）から提訴まで二〇年が経過しているときは、それだけで、原告の請求は「主張自体失当」になろう。[35] そうであれば、右②はもちろん右①も最判平成元年に抵触しよう。もっとも、右③のように例外的に二〇年未了の扱いがなされる場合がありうるとすると、ただちに右のように原告の請求は「主張自体失当」になるとはいえないが、例外的扱いをうけるべき事由は原告において主張すべきであるから、その主張がないときは同様となろう。また、原告ら主張に係る「信義則違反又は権利濫用の主張は、主張自体失当」とする最判平成元年は、「不法行為をめぐる法律関係の速やかな確定」を極めて重視しているのであるから、右③④も最判平成元年とは整合的でないとの見方もありえよう。とくに、右④については、除斥期間内の裁判外請求権行使により保存された請求権の保存期間は何年になるのか、これまで判例の立場は明らかではなかった。[36] ㉑判決は、保存期間を二〇年とするようであるが（損害賠償請求が認められた患者番号四五・四九は認定申請から一一年後に提訴している）、消滅時効でも裁判外の権利行使は最長で六カ月の延長であること（民一五三条）との不均衡を正当化することはできないと思われる。

（2）　最判平成一〇年は、民法一五八条の「法意に照らし」、民法七二四条の「効果」は生じないとした。この表現からは、二〇年未了とするようでもあり、そうであれば、最判平成元年とは形式的には抵触しない。しかし、実質的には抵触するとの見方もありうるところである。[37] いずれにしても、最判平成一〇年の射程はごく狭いと解されるのに対し、㉓判決は、最判平成一〇年の表現に酷似しつつも、「除斥期間制度の趣旨を前提としてもなお、除斥期間制度の適用の結果が、著しく正義、公平の理念に反し、その適用を制限することが条理にもかなうと認められる場合」には除斥期間の適用を制限できるとして、より広く一般的に民法七二四条の適用制限基準を述べた。最判平成元年の結論部分（援用権濫用の余地なしとして原告敗訴）を回避するための方途についての前記私見からは、最判平成一〇年のように時効停止をもちだすことのできる事案でない以上、このようにいうしかなかったように思われるが、「条理」を制定法の上位法とするかのような理由づけに窮余の解釈であることが感じられる。

（3）　法規所定の効果を回避する解釈方法ないし法的構成としては、特定の要件の縮小解釈、相手方の効果主張を信義則違反ないし権利濫用とすることのほかに、法規の解釈により適用除外ルールを設定するということがありうる。㉓判決は、この適用除外ルールを設定するものであるが、最判平成元年の判旨および事案処理からみて、最判平成元年は民法七二四条後段の適用除外（適用制限）ルールの設定を許さないもののように解される。したがって、㉓判決は、実質的には、最判平成元年に抵触すると思われる。最判平成元年は民法七二四条後段が適用される場合についてのものであるのに対し、㉓判決は適用されない場合のものであるから両者は抵触しないという見方があるとすれば、それは強弁であろう。本判決は控訴されたが、ぜひとも最高裁の判断が望まれる。本判決ほど、最判平成元年の硬直な除斥期間論の不備を暗に、しかし強力に訴えるものはない。もし、最高裁が㉓判決の原告勝訴という結論を覆すならば、「著しく正義、公平の理念に反」するという法的評価の脆弱さを示すことになる。逆に、原告勝訴を維持するならば、最判平成元年の変更は不可避であろう。変更には、除斥期間説を維持したうえで信義則違反及び権利濫用の余地なしとした点を部分的に変更するのと、消滅時効説への全面的変更がありうるが、最高裁には、一度判断を明示した以上、前者についてさえも強い抵抗感があるものと推測される。しかし、前述のように学説はこぞって批判し、早くも最判平成一〇年では最判平成元年に対する反対意見が付され、実質的には消滅時効説に接近する下級裁判決がでてきている。最高裁がこれらを正面から受け止め、判例を変更し消滅時効説をとることを切に望みたい。もちろん、除斥期間説から少なくとも五分に持ち込むだけの根拠が示されるならば、除斥期間説でもよいといえようが、そのような状況にいたる事は考えにくい。

（4）　前述のとおり、除斥期間説は、二〇年は通常の消滅時効期間を倍加するものであるから、その上さらに中断を認めるべきではないという。しかし、たとえば、実際に、①訴え提起により三年時効が中断し、訴訟係属中に二〇年が経過した場合や、②一部弁済（承認）を繰り返し、三年時効は完成していないが二〇年経過した場合に、突如として二〇年経過による権利消滅を認める判決が出たならば、最判平成元年を上回る批判がなされよう。除斥期間説をとる者も、権利濫用の余地ありとし、また、右のような場合にまで権利が消滅するというものではないとするならば、それでもなお除斥期間説をとるのはなぜなのか、消滅時効説に接近してもなお超えることのできない限界はどこになぜあるのか、その積極的根拠を明示する必要があろう。

三　消滅時効説の課題　除斥期間説を支えていたのは、①二〇年の中断はありえないとか、あるとしても、②二〇年という長期の期間について中断を認める必要はないという点にあった。したがって、時効説からは、右の点をどう考えるのか、より根本的には民法七二四条の構造（三年と二〇年の関係）をどのように考えるのかを示す必要があろう。消滅時効説でも、三年時効が進行するときは、もはや二〇年時効の適用はなくなるとして①については除斥期間説とで異ならない（したがって、②は問題とならない）との考え方があるかもしれない。しかし、たとえば、一九年目に三年時効が進行を開始した場合は、二〇年時効の方が先に完成しうるから、二〇年時効はなお意味を持つ。そこで、両期間は独立して併存するとの考え方もありうるが、たとえば、五年目に判明した加害者が債務を承認した場合に、二〇年時効も中断すると解すべきではないと思われる。前段三年時効の起算点（「損害及ヒ加害者ヲ知リタル時」）が到来しない場合にそなえて後段二〇年期間があるということからすると、二〇年のうち一七年は、前段三年の時効に置き変わりうる期間であり、一七年以内に三年時効が進行を開始した場合は、以後三年時効だけが問題となるからである。したがって、二〇年が独自の意味をもつのは、一七年間前段の三年が進行を開始しなかった場合であるから、二〇年時効の実質を一八年目から三年の時効と把握する（このように解して初めて、たとえば、一九年目に加害者が匿名で一部弁済し、その後の支払いを約束するので探索しないようにといってきた場合にも承認による時効の中断ありとし、しかし、新たな時効期間はそこから三年となるとすることができよう）のは十分あり得る解釈であろう。[39]

（1）X_1が地元の巡査の要請を受け米軍将兵による不発弾処理作業に従事中、不発弾が至近距離で爆発し重症を負った事案。X_1とその妻X_2は、「事故に遭遇して以後、今日にいたるまで鹿児島市役所、鹿児島県庁などの係員（国の機関又は団体委任事務担当者を含む）を訪ねて必死に被害の補償を求めたけれども、いずれも要領を得ずその間僅かばかりの前示占領軍給付金の支給や生活保護の支給を受けたほか、係の間をいわゆるたらい回しにされるのみで責任の所在が明らかにならず、所管部局さえ判明しない始末であった」（原審の認定）。そこで、X_1、X_2は、事故から二八年後に国家賠償法一条一項に基づき国に対し損害賠償請求の訴えを提起した。本判決の評釈等に、河野信夫・最判解民平成元年度三三事件六〇〇頁（曹時四三巻七号一一一頁）、飯村敏明・判タ臨増七九〇号九八頁、内池慶四郎・リマークス二号七八頁、采女博文・鹿法二六巻二号一六一頁、大村敦志・法協一〇八巻一二号二一二四頁、鎌倉克彦・訟月三六巻一二号二一一〇頁、河村吉晃・平成元年行政関係判例解説四九八頁、座談会・訟月三六巻一号別冊六七頁、徳本伸一・判評三九三号二六頁、副田隆重・法セ四三〇号一一四頁、半田吉信・民商一〇三巻一号一三二頁、松久三四彦・平成元年度重判解（ジュリ九五七号）八三頁（本書[51]所収）、同・セレクト'90二七頁、松本克美・ジュリ九五九号一〇九頁、三輪佳久・民研三九五号二四頁、柳沢秀吉・名城四一巻一号一五五頁、渡邉知行・名法一三九号五六九頁がある。

（2）除斥期間説（援用不要）が本判決の結論に結び付きやすいことは、すでに徳本伸一「民法七二四条における長期二〇年の期間の制限の性質について」金沢法学二七巻一＝二合併号（一九八五年）二四六頁の指摘するところであった。簡略ながら、除斥期間に関する私の考察については、松久三四彦「時効（2）――わが民法における権利の期間制限」法教一〇八号（一九八九年）五三頁〔同『時効制度の構造と解釈』（有斐閣、二〇一一年）四〇七頁所収〕参照。

（3）最判平成元年後の教科書等においても、なお除斥期間説が通説とされているものがあるが、最判平成元年後の学者の見解は消滅時効説が多数ないし通説といえよう（後出注（22）（23）参照）。春日・後出注（8）最判解五七七頁の注（7）も、最判平成元年に対する評釈は、「消滅時効説一色となり、右判決を強く批判している」と述べる。

（4）『法典調査会民法議事速記録五』（商事法務研究会、一九八四年）四五九頁以下、内池慶四郎『不法行為責任の消滅時効』（成文堂、一九九三年）四頁以下、一二〇頁以下、徳本伸一「損害賠償請求権の時効」『民法講座6』（有斐閣、一九八五年）七〇三頁参照。

(5) 前出注(4)速記録五巻四五九頁(穂積)、梅謙次郎『民法要義巻之三債権編』(一九一二年版復刻版)(有斐閣、一九八五年)九一八頁、富井政章『債権各論』(信山社、一九九四年復刻版)二二二頁。

(6) 原審が除斥期間説をとり援用がないのに二〇年経過により権利は消滅したと判断したのは違法であるとの上告理由を、「原審の判断は、正当として是認でき」るとして棄却したものである。

(7) 一審は、福島地いわき支判昭和五八年一月二五日判タ五〇六号一四二頁。旧陸軍の上官の暴行に対し、約四一年後に訴えた事案。一審、原審とも消滅時効説をとったが、一審が消滅時効完成後の債務承認ありとして原告の請求を認容したのに対し、原審はこれを否定した。本判決は、原審が消滅時効説をとったのは誤りであるが結論に影響しないとして上告棄却とした。除斥期間経過後の債務承認については、後出⑧判決が、債務は復活しないという。

(8) 本判決の評釈等に、永谷典雄・民研四九七号五〇頁、春日通良・ジュリ一一四二号九〇頁、松本克美・法時七〇巻一一号九一頁、吉村良一・法教二一九号五一頁、橋本恭宏・金判一〇五七号五四頁、徳本伸一・セレクト'98二〇頁、渡辺博之・高千穂論叢三三巻三号八二頁、前田陽一・判タ九九五号五九頁、井上陽・訟月四五巻五号九五四頁、石松勉・岡山商大論叢三五巻一号二〇八頁、大塚直・平成一〇年度重判解(ジュリ一一五七号)八二頁、内田博久・法律のひろば五二巻九号五六頁、河本晶子・判タ一〇〇五号一〇〇頁、松村弓彦・NBL六七四号六九頁、斎木敏文・平成一〇年行政関係判例解説二八六頁、半田吉信・判評四八一号二五頁、矢澤久純・法学新報一〇五巻一二号二八五頁、大塚直・書斎の窓四九六号二二頁、春日通良・最判解民平成十年度二三事件五六三頁(曹時五三巻五号二五八頁)がある。

(9) 松久三四彦「民法七二四条の構造」『星野英一先生古稀祝賀・日本民法学の形成と課題(下)』(有斐閣、一九九六年)一〇〇九頁(同・前出注(2)『時効制度の構造と解釈』四二七頁)参照。二〇年に関する判例については、内池・前出注(4)一八一頁以下、石松勉「民法七二四条後段の二〇年の期間制限に関する判例研究序説(1)・(2)」岡山商科大学法学論叢二号四一頁・三号一一一頁(一九九四－一九九五年)、同・前出注(8)「判批」が詳しい。

(10) この再抗弁を認めたものに、東京地判昭和五六年二月二三日訟月二七巻五号九三一頁、最判平成元年の原審判決である福岡高裁宮崎支判昭和五九年九月二八日民集四三巻一二号二二三三頁がある。なお、本文で述べたように、最判昭和五四年では、当事者の援用の要否が争われている。

(11)　①は大阪地判昭和四八年四月二五日下民集二四巻一―四号二二六頁、②は仙台地判昭和五四年四月二七日訟月二五巻八号二一九四頁、②③は東京高判昭和五三年一二月一八日下民集三三巻五―八号九七九頁、東京地判昭和五六年二月二三日訟月二七巻五号九三一頁、東京地判昭和五八年二月二一日判時一〇九一号一一〇頁。

(12)　①は東京地判昭和五六年九月二八日下民集三三巻五＝八号一一二八頁など、②は大阪地判昭和五三年三月三〇日訟月二四巻七号一三九六頁、③・④・⑤は前出注（10）の福岡高裁宮崎支判昭和五九年九月二八日。

(13)　本件は、平成一一年一一月二六日、最高裁で裁判上の和解が成立した（春日・前出注（8）最判解五七七頁の注（1）参照）。

(14)　これに対し、⑨判決は、除斥期間経過による利益の放棄はできないとするが、控訴審で覆った（後出㉑判決）。⑤⑨判決とも、被告チッソが除斥期間経過を主張していない事案。

(15)　春日・前出注（8）最判解五七七頁も、「本判決の射程は、極めて狭いものと思われる」として、「本件の事案と同程度に著しく正義・公平に反する事情がある上、時効の停止等その根拠となるものがあることが必要であろう」といわれる。もっとも、本判決が、民法七二四条後段の形式的適用が制限される場合を、本判決の射程に入る事案に限る趣旨かは明らかではない。学説には、本判決は除斥期間の適用制限の例示をしたのであって限定したと解すべきではないとするものもある（松本・前出注（8）九三頁、同「消滅時効・除斥期間と権利行使可能性」立命館法学二六一号〔一九九九年〕八六九頁）。

(16)　本件は上告され最高裁第一小法廷に係属したが、平成一二年七月一日、和解が成立した（第一法規 Newsletter 判例速報平成一二年第三号二頁）。最高裁の和解勧告があったとすると、最判平成元年の不都合さの傍証になりうると考え関係者に尋ねたが、それはなかったとのことである。この和解については、吉田邦彦「在日外国人問題と時効法学・戦後保証（2）」ジュリ一二一五号（二〇〇二年）一六九頁参照。なお、同頁で⑬判決の和解が、同論文（1）ジュリ一二一四号（二〇〇一年）六三頁で⑭判決の和解が紹介されている。

(17)　消滅時効説の立場から一括進行説をとるものに、宮崎地延岡支判昭和五八年三月二三日判時一〇七二号一八頁（松尾砒素鉱毒訴訟）がある。なお、政府は控訴せず・判決は確定したが、「本判決には……国家賠償法、民法の解釈にかかわる法律上の問題点がある」との政府声明がだされた。これについては、松久三四彦「ハンセン病訴訟熊本地裁判決の民法七二四条論」判例時報一七四八号九頁〈二〇〇一年〉(本書52所収)参照。

(18) 吾妻光俊「私法に於ける時効制度の意義」法協四八巻二号(一九三〇年)一七五頁(二二八頁、二三一頁参照)。

(19) 宗宮信次『債権各論〔新版〕』(有斐閣、一九七一年)三九七頁、内池慶四郎「不法行為による損害賠償請求権の時効起算点」法学研究四四巻三号(一九七一年)一五六頁以下(同・前出注(4)五〇頁以下)、柳澤秀吉「判批」金判六二二号五一頁(一九八一年)、同「判批」判タ四七二号(一九八二年)一〇九頁、橋詰洋三・判時一〇一七号(一九八一年)二三頁、新美育文「クロム職業病判決の因果関係論と時効論」ジュリ七五八号(一九八二年)七七頁(ただし、同「不法行為損害賠償請求権の期間制限(2完)」法時五五巻五号(一九八三年)一一一頁は、一概に消滅時効であるとか除斥期間であるとはいえないとする)、石田喜久夫「消滅時効と除斥期間」法セ三三八号(一九八二年)一一三頁、徳本・前出注(2)二五六頁、氏家茂雄「損害賠償請求権の時効の起算点」判タ六二七号(一九八七年)五〇頁など。伊藤進「二重期間規定をめぐる検討の総括と整理」法時五五巻四号(一九八三年)六五頁も除斥期間説に懐疑的である。

(20) 徳本・前出注(2)論文。

(21) 北大民事法研究会(二〇〇一年六月二三日)における五十嵐清教授の発言。

(22) 前出注(1)「判批」の、松久・八四頁、松本・一一〇頁、半田・一四三頁、采女・一七九頁、内池・八一頁、徳本・三〇頁、柳沢・一九九頁、渡辺・五七六頁。前出注(8)「判批」の大塚・ジュリ一一五七号八三頁。石田穣『民法総則』(悠々社、一九九二年)五三六頁、田口文夫「不法行為にもとづく損害賠償請求権と長期の期間制限(二)」専修法学論集五八号(一九九三年)六五頁、金山直樹「権利の時間的制限」ジュリ一一二六号(一九九八年)二三二頁、吉田・前出注(16)論文(2)ジュリ一二一六号(二〇〇二年)一二七頁(さらに、起算点につき民法一六六条一項も重畳適用されるとする)。なお、山本敬三『民法講義I総則』(有斐閣、二〇〇一年)五〇二−五〇四頁参照。

(23) 石松勉「除斥期間の経過と信義則に関する一考察」岡山商科大学法学論叢一号八一頁以下(一九九三年)、広中俊雄『債権各論講義〔第六版〕』(有斐閣、一九九四年)五〇三頁、内田貴『民法II』(東京大学出版会、一九九七年)四三六頁、潮見佳男『不法行為法』(信山社、一九九九年)二九七頁。除斥期間説をとり最判平成元年への批判がないものに、四宮和夫＝能見善久『民法総則〔第六版〕』（弘文堂、二〇〇二年）四〇三頁以下、近江幸治『民法講義Ⅰ〔第四版〕』（成文堂、二〇〇三年）三四一頁・三四三頁がある。なお、澤井裕『テキストブック事務管理・不当利得・不法行為〔第三版〕』（有斐閣、二〇〇一年）二七七頁は、期間の性質は明言せず、中断を認めないことは理解できるという。

(24)　半田・前出注（1）一四〇頁。

(25)　澤井・前出注（23）二七七頁。

(26)　清水誠「除斥期間・合意管轄など」法時六八巻三号（一九九六年）七八頁。

(27)　竹野厳生「七二四条後段の期間制限と例外的判断」ジュニア・リサーチ・ジャーナル（北大）七号（二〇〇〇年）四八頁以下の指摘するところである。

(28)　椿寿夫「除斥期間に関する一つの視点」法時七二巻七号四頁（二〇〇〇年）。

(29)　下級裁判決につき、前出注（11）参照。学説がそうであったことにつき、幾代通『民法総則〔第二版〕』（青林書院、一九八四年）六〇三頁参照。

(30)　もっとも、本件の事実関係から破棄自判の結論を正当化する見方もありうることにつき、大村・前出注（1）二一三七頁以下参照。

(31)　松久・前出注（9）論文一〇一一頁（同・前出注（2）『時効制度の構造と解釈』四二九頁）。

(32)　松久・前出注（1）セレクト'90二七頁。

(33)　広中俊雄「民法第一条の機能」法教一〇九号（一九八九年）六頁。

(34)　大村・前出注（1）二一三三頁以下。もっとも、広中・前出注（33）一三頁は、契約法、より広くは「財貨移転法の領域で信義則は適用される」という。なお、除斥期間についても弁論主義の適用があるので、信義則を導入できる場合があるとするものに、三間地光宏「民法七二四条後段の適用制限」山口経済学雑誌四八巻五号（二〇〇〇年）一〇三九頁がある。

(35)　したがって、原告が「不法行為ノ時」を示すことなく勝訴しうる場合があれば格別（「不法行為ノ時」につき損害発生時説をとり、加害行為時と損害発生時が異なる事案で、原告が損害発生時については特定していないような場合がこれに当たりうるのであろうか)、通常は、「不法行為ノ時」は原告により示されるであろうから、援用不要としても被告による期間経過の主張は必要であるとしてその主張を信義則違反・権利濫用で封ずることは難しいように思われる。

(36) 曽野裕夫「売主担保責任の裁判外追及と期間制限」『山畠正男＝五十嵐清＝藪重夫先生古稀記念・民法学と比較法学の諸相Ⅱ』(信山社、一九九七年)三六頁参照。

(37) 橋本・前出注(8)五五頁、松村・前出注(8)七一頁、内池慶四郎「近時最高裁判決と民法七二四条後段の二〇年期間」法学研究七三巻二号(二〇〇〇年)一九八頁は、実質的には判例変更であるという。

(38) 鈴木禄弥『民法総則講義〔二訂版〕』(創文社、二〇〇三年)三一二頁参照。

(39) 詳しくは、松久・前出注(9)論文一〇二五頁以下(同・前出注(2)『時効制度の構造と解釈』四三七頁以下)参照。なお、私見の基本的考え方(一期間二起算点説)においても、二〇年の起算点を不法行為時に固定するか、遅発性損害においては損害時とするかは考えの分かれうるところであるが、私見は、折衷的見解である。なお、半田吉信「判批」判評四八一号二九頁(一九九九年)は、私見に対し、「①明らかに民法七二四条の明文や同条の沿革と背馳するのみならず、②不法行為後一七年経ち関係者の記憶や証拠関係も曖昧になってから更に三年の時効が開始するとすることは、問題の実態に必ずしも忠実な理論構成とはいえないとの印象を抱かせる」といわれる。しかし、私見は、二〇年は三年時効の起算点が到来しない場合に備えたものであるとする起草者の考えに沿うものである。また、二〇年の実質に法的構成を与えたものであり、外見としての七二四条の明文にも反するものではないと考えるがどうであろうか。右②は、民法七二四条後段が一七年ではなく二〇年としている以上、致し方ないであろう。なお、矢澤久純「判批」法学新報一〇五巻一二号(一九九九年)三〇六頁は、一部修正されるが私見の基本的考えに賛成される。

＊初出、椿寿夫編・三林宏編『権利消滅期間の研究』(信山社、二〇〇六年)二四三頁。

[64] 消滅時効の機能

Ⅰ　問題の所在

民法は、所有権の取得時効の効果を「所有権を取得する」（民一六二条一項）、債権の消滅時効の効果を「債権は……消滅する」（民一六七条一項）と規定している。しかし、そうすると、他人の物はその所有者に、借金は債権者に返済しなければならないはずなのに、なぜ長く時間が経過すると他人の物が自分の物になり、借金を返さなくてもよくなるのかという、時効制度に対する素朴な、しかしそれだけに根本的な疑問が出てくることになる。これが、時効の存在理由（意義・根拠・目的・機能といわれることもある）は何かという長く議論され続けてきた問題である（星野英一「時効に関する覚書―その存在理由を中心として―」同『民法論集第四巻』〔有斐閣、一九七八年、初出一九六九―一九七三年〕一六七頁所収参照）。消滅時効についていうと、権利の消滅という一元的な法的構成のもとで、既に弁済等により債務は消滅しているがその証拠を保持していない者（弁済者）だけでなく、未弁済者も消滅時効の利益を受けることになる。このいずれもが、消滅時効制度の意図した、あるいは、現在はたすべき存在理由ないし機能であるのかが問題となる（消滅時効の研究書に、後掲（金山、吉野）のほか、内池慶四郎『消滅時効法の原理と歴史的課題』〔成文堂、一九九三年〕、同『不法行為責任の消滅時効』〔成文堂、一九九三年〕、大木康『時効理論の再構築』〔成文堂、二〇〇〇年〕、松本克美『時効と正義』〔日本評論社、二〇〇二年〕があり、存在理由論を含む）。

Ⅱ　消滅時効の存在理由

一　沿　革

時効は、ローマ法以来の沿革をもつ制度である（原田慶吉『日本民法典の史的素描』〔創文社、一九五四年〕七七頁以下参照）。時代や国によりその要件・効果は一様ではないが、権利不行使が長く続くと権利の強制的実現ができなくなる制度として共通している（ヨーロッパの時効法史については、フランスにつき、金山直樹『時効理論展開の軌跡』（信山社、一九九四年）、ドイツにつき、吉野悟『近世私法史における時効』（日本評論社、一九八九年）の詳細な研究がある）。日本の現行時効制度は、フランス民法の時効（金山直樹「時効」北村一郎編『フランス民法典の二〇〇年』（有斐閣、二〇〇六年）四五七頁参照）をもとにボアソナードが起草した旧民法の時効を修正してできたものである（ボアソナードの時効論については、内池・前掲『消滅時効法の原理と歴史的課題』八三頁以下、一八一頁以下参照）。フランス法が取得時効と消滅時効をまとめて規定している点（フ民二二一九条以下）や、時効を権利取得・義務からの解放の方法としている点（フ民二二一九条）、援用を必要としている点（フ民二二二三条）、登記が不動産取得時効の要件となっていない点（フ民二二二九条）などからは、日本法はフランス法に近いといえる。これに対し、ドイツ民法は、総則の部分で消滅時効を規定し、請求権が消滅時効にかかると義務者に履行拒絶の抗弁権が認められるという構成をとっている（ド民一九四条（旧一九四条）・二一四条一項（旧二二二条一項）。ドイツの債務法は大改正され二〇〇二年一月一日に発効している。ドイツの新消滅時効規定については、半田吉信『ドイツ債務法現代化法概説』（信山社、二〇〇三年）参照。なお、ヨーロッパ契約法委員会作成のヨーロッパ契約法原則第一四：五〇一条や、ユニドロワ（私法統一国際協会）起草のユニドロワ国際商事契約原則二〇〇四第一〇：九条も消滅時効の効果を抗弁権として構成している。この点は、同志社大学ヨーロッパ契約法研究会訳「ヨーロッパ契約法原則・第三部（第六回）」同志社法学五八巻五号（二〇〇六年）二三頁以下、内田貴「ユニドロワ国際商事契約原則二〇〇四—改定版の解説（5）」ＮＢＬ八一五号（二〇〇五年）四九頁参照）。

二　起草者の考え

旧民法の消滅時効は、権利の消滅を法律上推定する（旧民証拠編八九条本文）制度であり、この推定を破る反証が許されるのは一定の場合に限定されていた（旧民証拠編九〇条）。しかし、現行民法の起草者は、この旧民法の時効制度を受け継がず、消滅時効を権利消滅の制度とした。民法起草者（梅謙次郎、富井政章、穂積陳重）の一人、梅は、その理由として、①反証を許さぬ推定というものは認めがたい、②沿革からも、起源とされるローマ法の消滅時効は訴権の消滅方法であった、ということを挙げている（『法典調査会民法議事速記録一』〔商事法務研究会、一九八三年〕四〇六頁以下）。そして、時効は公益のための制度であるとし、公益の内容として、取引の安全と証明困難からの救済が説かれ、権利者が時効により権利を失う場合を正当化するために、「怠慢ナル権利者ヲ戒メ」ることも挙げられている（梅謙次郎『訂正増補民法要義巻之一』〔有斐閣、一九一一年版一九八四年復刻〕三六九－三七〇頁）。これに対し、富井は、時効制度の根拠は永続した事実状態を保全する必要性にあるという。そして、時効は法律生活の安全を保証するために不可欠の制度であり、もし時効制度がなく過去の事実に基づいて権利を主張することができるならば紛争百出して共同生活の秩序が乱されるとして、消滅時効については、真の弁済者を証明困難から救済する必要を説く。梅のように、「公益」を前面に出さないのは、時効の利益を受けるか否かを当事者の判断に委ねる時効の援用（民一四五条）や放棄（民一四六条）の規定があるため、時効は純然たる公益上の制度であるとはいえないからである（富井政章『訂正増補民法原論第一巻総論』〔有斐閣、一九二二年合冊版一九八五年復刻〕六二三－六二五頁）。

Ⅲ　学説の状況

一　三つの存在理由

時効の存在理由について、通説的な説明としては、①「社会の法律関係の安定のため」、②「証拠保全の困難を救済すること」、③「権利の上に眠っている者を保護しないということ」、が挙げられている。①が時効制度の根本的存在理由で、取得時効ではこの理由が特に顕著であるが、消滅時効でも根本の趣旨は同じであるという。②・③は時効の第二次的存在理由であり、消滅時効、ことに債権の短期消滅時効においては②・③の趣旨が強いとされる（我妻栄『新訂民法総則』〔岩波書店、一九六五年〕四三一－四三二頁）。近時は、より細かく、個々の時効制度ごとに存在理由を考えようとするもの、時効制度全般につき統一的にその存在理由をとらえようとするものもある。また、文理や起草者の考えにはなじまないものの、ボアソナードのように権利消滅を強力に推定することにより真の弁済者を保護する制度として理解すべきであるとの考えも根強く主張され続けている〔学説の状況については、松久三四彦「時効制度」星野英一編集代表『民法講座（1）』〈有斐閣、一九八四年〉五四一頁〔同『時効制度の構造と解釈』〈有斐閣、二〇一一年〉一一四頁所収〕参照〕。この立場では、消滅時効の効果は理論的には債権消滅の「推定」となるが、民法は、この「推定」が破られることのないよう、債務者を確実に保護するために、債権は「消滅する」〔民一六七条一項〕という表現をとったものであると理解することになろうか。

二　二つの時効観の対立と交錯

消滅時効制度の捉え方は大きく二つに分かれる。一つは、権利の不行使という事実状態が長く継続したときは、債務の履行を強制されないですむよう、現状を法的に正当化するために、権利を消滅させる制度とみる立場である〔権利消滅説〕。もう一つは、権利の不行使という事実状態が長く継続したときは、債務は弁済等によりすでに消滅している蓋然性が高いので、権利の消滅を推定する制度であるとみる立場である〔推定説〕。上記の三つの存在理由、すなわち、①「社会の法律関係の安定のため」、②「証拠保全の困難を救済すること」、③「権利の上に眠っている者を保護しないということ」のうち、①・③は権利消滅説と、②は推定説と結びつきやすいが、権利消滅説においても、消滅時効が②の存在理由ないし機能を持つことを否定するものではない。もし、消滅時効制度がなければ、債務者はいつまでも弁済の証拠〔領収書〕を保存していなければならず、領収書を紛失すると二重弁済を強いられる危険にさらされるからである。したがって、消滅時効の中心的な存在理由が②にあることは明らかであり、権利消滅説もこれを否定するものではない。考えが分かれるのは、消滅時効はまだ弁済されていない債権が消滅することを正面から認めたものと考えるのか〔権利消滅説の立場であり、弁済の証拠がない弁済者が消滅時効で保護されるのは、法的構成の上では消滅時効の裏面の機能ということになる〕、それとも、消滅時効は弁済の証拠をもたない弁済者の保護だけを目的とするものであるが、未弁済者が未弁済であることを隠して消滅時効を援用するときは未弁済者も債務を免れるという望ましくない事態が生じてしまうと考えるか〔推定説の立場〕、である。権利消滅説では不道徳を許すことになり妥当でないと見るならば推定説に傾くことになる。これに対し、推定説では権利の存在が認定される場合にはいつまでも権利行使ができ権利の永続性を認めることになり妥当でない、もし永続性までは認めず個別の事案ごとに権利行使を否定するというのであれば、時効期間経過後の権利行使の可否につき計算可能性を奪うことになりこれも妥当でないと考えるときは、権利消滅説に傾くことになろう。

三　各論的問題との関連

消滅時効の存在理由をどのように解するかは、時効の援用（民一四五条）や中断（民一四七条）などの時効の個々の制度の理解の違いにつながることがある（例えば、中断事由については、権利消滅説ではもはや権利の上に眠っているとはいえない事由ということになり、推定説では弁済等による債務消滅の蓋然性を破る事由というように）だけでなく、具体的な問題の解釈に影響を与える場合がある。例えば、消滅時効の完成を知らずに債務の承認をすると、信義則により時効を援用できないという判例（最（大）判昭和四一年四月二〇日民集二〇巻四号七〇二頁。なお、本判決は、このように解しても「永続した社会秩序の維持を目的とする時効制度の存在理由」に反するものでもないという）・通説の考えは、推定説になじみやすいといえよう（ユニドロワ国際商事契約原則二〇〇四はこれと異なる考えをとることにつき、内田・前掲の解説の「(4)」NBL八一四号七〇頁参照）。他方、判例・通説は、時効にかかった権利の相手方（債務者）が時効を援用しない場合に、一定の第三者（その範囲をめぐっては議論のあるところであるが）に独立の援用権を認めているが、これは、推定説からは説明しにくい。

Ⅳ　消滅時効が有している機能

あるべき存在理由・機能をどう考えるかはともかく、消滅時効は現に次のような機能を有しているといえよう。

一　証拠保存解放機能

消滅時効が完成すると、弁済者はその証拠をもはや保存する必要はなくなる。近時の立法は消滅時効期間を短くする傾向にあるが（金山・前掲「時効」四九一頁以下、半田・前掲五八頁参照）、期間が短くなればなるほど、この機能は強まることになる。いつまで証拠を保存していなければならないかは、時効期間や起算点（満了時）が統一化されるほど債務者には明快となる。前者は国際的な傾向であり（前掲「ヨーロッパ契約法原則・第三部（第四回）」同志社法学五七巻七号一二頁以下参照）、後者については、ドイツ法は、通常の消滅時効の起算点を年末の終了時とする年末時効（ド民一九九条一項）を採用している。

二　義務解放機能・権利行使促進機能

消滅時効は、債務者を債務から、より広くは、義務者を義務から解放する機能を果たしている。これは、権利者が権利を失うことでもあるから、義務解放機能と対応して権利行使促進機能があるといえよう。この機能も、消滅時効期間が短くなるほど強まることになる。なお、援用権者の範囲が拡大すると、義務から解放される者の範囲も拡大するが、判例は後順位抵当権者が先順位抵当権の被担保債権の消滅時効を援用することを認めていない（最判平成一一年一〇月二一日民集五三巻七号一一九〇頁）。したがって、消滅時効により利害関係人が義務を免れる（例えば、保証人が主債務の消滅時効を援用することにより自己の保証債務を免れる）だけでなく、さらに自己の利益を増進させる（債権回収額を増加させる）までの機能は果たしていない。

三　裁判所の負担軽減機能（提訴抑止機能、判決迅速化機能）

消滅時効が完成した事案では、訴え提起が事前に回避されるか（提訴抑止ないし回避機能）、実際に提起されても、当事者が時効を援用するならば、権利の有無の判断に立ち入ることなく裁判所は迅速に原告敗訴の判決を出すことができる（判決迅速化機能。ただし、実際の判決では、債権の存否についても判断し、その後で消滅時効ついて触れるものも少なくない）。当事者の援用を必要としない場合（除斥期間）には、この裁判所の負担軽減機能（特に、判決迅速化機能）は極めて大きくなるが、民法七二四条後段の二〇年についてはその法的性質や同規定の適用制限をめぐって、判例（最判平成元年一二月二一日民集四三巻一二号二二〇九頁。なお、援用不要との関係で、最判平成一九年二月六日民集六一巻一号一一二頁（援用を要しないとする地方自治法二三六条二項に関する事案で、信義則を理由に、消滅時効を主張して義務を免れることはできないとしたもの）も参照）と学説が鋭く対立している（松久三四彦「不法行為損害賠償請求権の長期消滅規定と除斥期間」椿寿夫＝三林宏編『権利消滅期間の研究』（信山社、二〇〇六年）〔本書63所収〕二四三頁参照）。

＊初出、民法の争点（ジュリ増刊、二〇〇七年）八三頁。

[65] 犯罪被害者等給付金不支給裁決取消訴訟（北九州監禁殺人事件）意見書

Ⅰ　はじめに

本意見書は、原告（以下、「X」という。）が犯罪被害者等給付金支給法（平成三年改正により犯罪被害者等給付金の支給等による犯罪被害者等の支援に関する法律。以下では、「犯給法」と略し、現在の条文と内容の異なる条文は「旧」を付して示す。）に基づいて犯罪被害者等給付金（以下、「犯給金」という。）の支給を申請したのに対し、被告（以下、「Y」という。）が不支給とした裁定の当否（以下「本問題」という。）につき意見を述べるものである。

Ⅱ　事案の概要

以下に、意見を述べるうえで基礎となる事案の概要を、訴状、答弁書、当事者の準備書面からまとめておく。ただし、Xが不知とするところ（左記の五）、Yが不知とするところ（左記の六）、および、当事者間で一部争いのあるところ（左記の八）等を含んでいる。

一　訴外Aは、平成八年二月二六日頃、訴外B及びCから暴行を受け殺害された犯罪被害者であり、Aの長女X

（A死亡時一一歳）は、犯罪被害者遺族である。

二　平成一四年に事件が発覚し、同一五年二月にB・C起訴。同一七年九月に一審のB・C有罪判決がだされた。

三　Aは殺害後に解体され海に遺棄され、訴外Bは公判において全面的に事実を否認し、いまだに有罪判決が確定していない。

四　Xは、平成一四年一〇月（Xは一七－一八歳）、養子縁組をしており、法定代理人が定まっている（甲二号証七頁）。

五　犯給金の申請に当たっては、犯給法施行規則の一部を改正する規則（平成一三年国家公安委員会規則第六号）による改正前の犯給法施行規則（昭和五五年国家公安委員会規則第六号）一六条は所定の書類の添付を要求し（柱書）、その一つに「被害者の死亡診断書、死体検案書その他当該被害者の死亡の事実及び死亡の年月日を証明することができる書類」（一号）をあげている。他方、乙三号証によると、この「添付書類を準備することが事実上できない場合には、申請者に対し、書類を添付しないまま申請を受け付けた上で、審査を行なう旨の教示を行っております。」とある。そして、Yの主張するところによれば、「Xが児童相談所に一時保護された平成一四年一〇月頃に、同所の担当者から福岡県警察に犯給金制度についての問い合わせがあったことから、犯給金制度について教示を行なっている。」（答弁書二頁、Xは不知〔X第二準備書面一頁〕）。

六　平成八年二月当時Aの死体は解体され海に投棄されており、死亡診断書も死体検案書も存在しない。そこでXの代理人は、当時の上記犯給法施行規則一六条一号の「被害者の死亡の事実及び死亡の年月日を証明することができる書類」として、平成一八年一月一二日に福岡高等裁判所に対し福岡地方裁判所小倉支部におけるB・Cの一審判決の謄写申請を行った。Xが一審判決の謄本を現実に入手できたのは平成一八年二月一三日であり、Xは平成一八年二月一四日に死亡届を提出し、Aは平成一八年三月二七日に戸籍から消除された（訴状五－六頁、Yはこの申請等の日時は不知〔答弁書三頁〕）。

七　平成一八年二月二一日、XはYに対し犯罪被害者等給付金の支給を申請したが、犯給法旧一〇条二項（「前項の申請は、当該犯罪被害の発生を知つた日から二年を経過したとき、又は当該犯罪被害が発生した日から七年を経過したときは、することができない。」）所定の七年経過を理由に不支給の裁定をした。そこで、XはYの上級庁である国家公安委員会に対し不服申立てをしたが、平成二〇年六月二六日、同委員会はその申立てを棄却した。

八　XはB・Cから精神的支配をうけ、監禁状態にあった。その期間については、争いがあり、XはA死亡時（平成八年二月）より前から監禁状態にあり平成一四年二月一五日にも通電が繰り返され、同月一八日にも暴行虐待がなされ、翌一九日には二度と逃げない旨の誓約書を書かされたと主張している（訴状三－四頁）。これに対し、Yは、「Xがマンションの一室に閉じ込められ、暴行、脅迫により、脱出することが著しく困難であった状態、すなわち監禁状態にあったのは、平成一四年二月一五日から同年三月六日までの間であり、それ以外の期間は、XがBらの監視下で精神的支配を受けていたという事実はあるものの、監禁状態におかれていたものではない」（答弁書二－三頁）と主張している。

Ⅲ　争　点

当事者の主張は種々対立しているが、その中で、本問題で重要と思われる争点を簡略に示すと以下のように言えよう。

一　Xによれば、①犯給金を申請することは客観的に不可能である。②権利行使のための客観的資料が一切ない。他方、犯給法旧一〇条二項の二年・七年はともに時効期間である。したがって、犯給法旧一〇条二項の七年は民法一六一条により死亡届が受理された平成一八年二月一四日まで停止し、完成前に本件支給裁定の申請がなされている（訴状三－八頁）。仮にこの七年が除斥期間であるとしても、民法一五八条の法意ないし類推適用により犯給法旧一〇条二項の効果は生じない。

二　これに対し、Yは、犯給法旧一〇条二項の二年、七年につき、「これらは、いわゆる除斥期間と解されるべきであって、中断や民法第一六一条の適用の余地はない」（答弁書四頁）、したがってともに経過していると主張する。

Ⅳ　検　討

一　犯給法旧一〇条二項の二年・七年は消滅時効期間か除斥期間か

（1）　民法典の起草者は、除斥期間の目的は権利を特に速やかに行使させることにあるとし、ここから消滅時効との主な違いとして、①中断や②停止のないことをあげている（『法典調査会民法議事速記録一』（商事法務研究会、一九八三年）四〇九―四一〇頁）。また、一般論として除斥期間には時効の規定は適用されないとしている（梅謙次郎『訂正増補民法要義巻之一総則編』（法政大学ほか、一九一一年）三七〇頁）。そこで、その後の学説は、①②以外の相違点として、③援用（民一四五条）を要しないことをあげるが、その他に、④起算点は権利を行使しうる時で（民一六六条一項）はなくて権利の発生した時であること、⑤権利消滅の効果は遡及（民一四四条）しないことをあげるものもある。しかし、④⑤については疑問もだされており、また、停止の規定はその範囲に広狭（我妻栄『新訂民法総則』（岩波書店、一九六五年）四三七頁は一六一条を挙げるが、川島武宜『民法総則』（有斐閣、一九六五年）五七四頁は特に限定はしない）はあるものの除斥期間にも類推適用されるというのが通説であり、②は決定的な相違点ではなくなっている。さらに、①についても、訴えの提起により中断されることには異論がなく、中断事由の広狭はあっても、除斥期間にあっては中断はおよそ考えられないというものではない。したがって、学説においては、少なくとも消滅時効と除斥期間の違いとしては③援用の要否が重要であると考えるところに異論はないように思われる。

（2）　判例も、民法七二四条後段の二〇年につき、援用を要しないことを理由に除斥期間と解している（最判平成元年一二月二一日民集四三巻一二号二二〇九頁）。そして、民法一五八条の法意を理由にその期間の満了を延長したものがある（最判平成一〇年六月一二日民集五二巻四号一〇八七頁）。「法意」としているが、実質的には類推適用と異ならず、この点では除斥期間にも停止規定は類推適用されるとの学説の考えと大差ない。

（３）　そこで、判例（通説）と同じく、援用の有無という点から犯給法旧一〇条二項の二年・七年の法的性質をみると、ともに援用は要件とされていない。それは、実質的にも合理的なものである。私人間においては時効を援用するかどうかは利益の押し付けはしないという点からも相手方の任意としてよいのに対し、個別事案ごとに犯給金申請に期間制限をかけるかどうかを公安委員会の任意とすることは申請者の平等公平な扱いという点から許されないからである。したがって、その意味で、犯給金申請の期間制限は画一的でなければならず、援用は期間制限の要件とすべきものではない。犯給法旧一〇条二項の二年・七年は、ともに除斥期間と解すべきである。

（４）　もっとも、まず権利行使の期間を制限する規定の法的性質を決定し、ひとたび除斥期間とされるとそこから演繹的に個別の問題がすべて一律に解釈されるというものではない。個別の問題との関係で当該規定に時効の中断・停止・援用等の個々の規定（この「個々」とは、たとえば各種中断事由中の個々も意味する）の適用があるかどうかを見ていくのが本来の順序である。「本問題」を考えるにあたって、たとえば、援用権の濫用の有無の判断が必要となれば、まず、犯給法は期間制限の効果発生に援用を要件としているかを見ることになる。ここでは、犯給法は旧一〇条二項による二年・七年の満了だけで期間制限の効果を発生させるものであり援用は要件とされていないことが重要であり、この二年・七年を除斥期間と呼ぶかどうかそれ自体は重要な問題ではない（犯給金支給申請のような手続の申請期間を、私人間の権利の除斥期間と同様にここでも除斥期間と呼ぶのが適当かという問題もあるが、ここでは措くこととする）。その意味では、犯給法旧一〇条二項の二年・七年を除斥期間と呼ぶのは便宜的な面があることをお断りしておきたい。

二　本件における犯給法旧一〇条二項の二年の起算点

（１）　犯給法旧一〇条二項の二年・七年が除斥期間であるということは、消滅時効と異なり援用を要しないという違いを示すものであって、この二年・七年を消滅時効と解する場合とで、その起算点が当然に異なってくるということを意味するものではない。前述のように、期間が経過していても請求（あるいは申請）に応ずるか否かを相手方の任意に委ねるのは適当ではないというところに援用を要件としないことの理由を求めるときは、起算点については当該期間が消滅時効期間である場合と同様の解釈をすべきである。

（2） そうすると、犯給法旧一〇条が二年の起算点とする「犯罪被害者等給付金の支給を受けようとする者」（一項）が、「当該犯罪被害の発生を知つた日」（二項）の解釈にあたっては、民法七二四条前段の三年の起算点である「損害及び加害者を知った時」が参考にされるべきである。

（3） 判例は、民法七二四条前段の三年の起算点である「損害及び加害者を知った時」の起算点の解釈にあたっては、短期とされていること（被害者不利）とのバランスを顧慮し、現実的提訴可能性を生じた時と解している（たとえば、福岡地判昭和五一年一二月一三日交民集九巻六号一六九一頁に、「損害賠償を提訴できる現実的可能性が生じた」との表現がある）。ここに、現実的提訴可能性があるとは、提訴（権利行使）を現実に期待できるということでもある（福岡高判昭和六二年一二月一〇日訟月三四巻七号一四四四頁は、「法人の代表者が加害者に加担して法人に対し共同不法行為が成立するような場合には、右代表者による損害賠償請求権の行使を現実に期待することは困難であるから……」といい、福岡高判平成四年三月六日判時一四一八号三頁は、「被害者に損害賠償請求権の行使を期待することが合理的に可能となった時点」が起算点であるという）。学説には、権利不行使を咎めて被害者から損害賠償請求権を奪う以上、現実的提訴可能性の認識には勝訴可能性の認識が含まれると解すべきであるとするものがある（沢井裕『テキストブック事務管理・不当利得・不法行為〔第三版〕』〔有斐閣、二〇〇一年〕二七三頁は、「被告に対して提訴可能であることの認識とは、相当な勝訴の見込みのあることの認識をも含んでいる」という）。判例も、交通事故の被害者が逆に加害者として業務上過失致死傷罪で起訴され、一審で有罪、二審の無罪確定後に真の加害者に賠償請求した事案で、無罪判決確定時を起算点とした（最判昭和五八年一一月一一日判時一〇九七号三八頁）。現実的提訴可能性には勝訴可能性を含めて考えるべきであることを示すものといえよう。

（4）　なお、消滅時効の一般的起算点である「権利を行使することができる時」（民一六六条一項）につき、判例は、最初は、「弁済供託における供託物の払渡請求、すなわち供託物の還付または取戻の請求について『権利ヲ行使スルコトヲ得ル』とは」（最（大）判昭和四五年七月一五日民集二四巻七号七七一頁（供託金取戻請求権の時効起算点判決））とし、供託金取戻請求権に限定して言及していたが、ついにこの制限を外し、一般的に、「単にその権利の行使につき法律上の障害がないというだけではなく、さらに権利の性質上、その権利行使が現実に期待のできるものであることをも必要と解する」というに至った（最判平成八年三月五日民集五〇巻三号三八三頁（自賠法七二条一項の保障請求権の時効起算点判決））。民法七二四条の三年の起算点よりも民法一六六条一項の消滅時効の一般的起算点の方が進行しやすい内容になっている、あるいは、民法七二四条の三年の起算点は民法一六六条一項の消滅時効の一般的起算点の特則であるとの理解があるが、上記の判例によって、民法一六六条一項の起算点は民法七二四条の三年の起算点と接近ないし同質化したと見ることができる。

（5）　このように、民法七二四条前段の三年の起算点は少なくとも一般債権に適用される民法一六六条一項の起算点よりも起算されやすいものであってはならず、また、民法七二四条前段の三年の起算点の実体は、現実的提訴可能性を生じた時であり、犯給法旧一〇条二項の二年起算点の解釈に際してもこれを踏まえて行なうべきであるとすると、本件における起算点は、少なくとも、Xまたは養子縁組後の法定代理人が単にAの死亡を知った日と解すべきではない（なお、犯給法旧一〇条一項の文理からは、法定代理人の認識が起算点に明白に結びつくものとはなっていない）。また、犯給法の犯罪被害者等を支援しようとする趣旨からは、犯罪被害者等の保護を重視した起算点を探るべきである。したがって、起算点は犯給金の支給裁定の申請ができること、さらには、申請手続をクリアできることを知った時と解すべきである。そうすると、Aの死体は解体され海に投棄されており死亡診断書も死体検案書も存在しないにもかかわらず、犯給法施行規則一六条一号が「被害者の死亡の事実及び死亡の年月日を証明することができる書類」を要求している本件においては（前記Ⅱの六）、Xが一審判決の謄本を現実に入手できた平成一八年二月一三日を起算点と解すべきであり、本件犯給金支給の申請（平成一八年二月二一日）は期間内になされたことになる。

なお、仮に、Yが、平成一四年一〇月頃にXを一時保護した児童相談所の担当者に犯給金制度についての教示を行なっていたとしても（前記Ⅱの五）、被害者本人（もしくは法定代理人）以外の者に対する教示をもって二年の期間を進行させてよいということにはならない。

三　本件における犯給法旧一〇条二項の七年の起算点と満了時点

（1）犯給法旧一〇条二項の七年の起算点は「当該犯罪被害が発生した日」である。したがって、これを形式的にあてはめると、起算点は平成八年二月二六日頃となり、本件犯給金支給の申請はこの七年を約三年超過していることになる。

（2）しかし、前記のとおり、犯給法施行規則（昭和五五年国家公安委員会規則第六号）一六条は所定の書類の添付を要求し（柱書）、その一つに「被害者の死亡診断書、死体検案書その他当該被害者の死亡の事実及び死亡の年月日を証明することができる書類」（一号）をあげている。他方、本件では平成八年二月当時Aの死体は解体され海に投棄されており、死亡診断書も死体検案書も存在しない。これは、Xの犯給金申請にとって法律上の障害（かりにそれに至らないとしても、法律上の障害に準ずる障害）がある状態である。法律上の障害があるときでも期間は起算され満了しうるとすることは、そもそも権利を認めないことがありうるということであって、これは許されない。だからこそ公安委員会は、「被害者の死亡診断書、死体検案書その他当該被害者の死亡の事実及び死亡の年月日を証明することができる書類」（犯給法施行規則一六条一号）を準備することが事実上できない場合には、申請者に対し、書類を添付しないまま申請を受け付けた上で審査を行なう旨の教示を行っている（前記Ⅱの五）のである。そして、このような教示がなされているということをもって法律上の障害（もしくは法律上の障害に準ずる障害）が解消されたということにはならない。あくまで、このような教示は不都合を少しでも避けようとする事実上の措置であって、法律上の障害（もしくは法律上の障害に準ずる障害）そのものを一掃するものではないからである。

（3）　そうであるとするならば、法律上の障害があるときでも期間は起算され満了しうるということを避けるには二つの解釈が考えられる。

第一は、犯給法旧一〇条二項の七年が起算されるには、「当該犯罪被害が発生した日」の到来に加え、法律上の障害（もしくは法律上の障害に準ずる障害）がないことを要件とするものである。

第二は、七年の満了に際して、法律上の障害（もしくは法律上の障害に準ずる障害）がなくなってから六か月は満了しないというものである。その法的構成としては、Xは遺族給付金の申請をしているのであるから、「遺族」であることが確定してから六か月は満了しないとして、民法一六〇条の「法意」あるいは「類推適用」が考えられる。「遺族」であることが確定した時点をどこに求めるかは、刑事事件の一審判決時から判決が確定した時点までの幅で様々な考えがありうるかと思われるが、Aを戸籍から消除する手続をとった時期につきX側に落ち度がない本件では、Aが戸籍から消除された平成一八年三月二七日としてよいと考える。

また、本件の法律上の障害（もしくは法律上の障害に準ずる障害）は「天災その他避けることのできない事変」そのものではないが、これに類するものとして、民法一六一条の「法意」あるいは「類推適用」が考えられる。民法一六〇条と一六一条いずれの構成をとっても、本件では、Aが戸籍から消除された平成一八年三月二七日から六か月または二週間は七年の制限期間は満了しておらず、本件犯給金支給の申請（平成一八年二月二一日）は期間内になされたことになる。

私見としては、二週間の満了停止は短すぎること、本件の事実関係からは、民法一六〇条の「法意」あるいは「類推適用」の方が適切であると考える。

（4）　平成二〇年改正により犯給法一〇条三項（「前項の規定にかかわらず、当該犯罪行為の加害者により身体の自由を不当に拘束されていたことその他のやむを得ない理由により同項に規定する期間を経過する前に第一項の申請をすることができなかつたときは、その理由のやんだ日から六月以内に限り、同項の申請をすることができる。」）が付加されたことは、このような解釈の合理性の証しであるといえよう。犯給法一〇条三項制定前は申請不可能であった者は救済されないというのではなく、犯給法一〇条三項制定前の不備は、前記のような解釈で補うことこそ、あるべき法の解釈であり運用であると考える。

そして、このような解釈は、次に述べるように、近時の学説および判例の立場にも沿うものである。

四　援用不要の制限期間規定の効果制限ないし適用制限に関する学説・判例

（1）　民法七二四条後段の二〇年は除斥期間であるとする最判平成元年一二月二一日民集四三巻一二号二二〇九頁（以下、「最高裁平成元年判決」という。）に対しては、学説はこぞって反対している。と同時に、同判決に抵触せずに権利行使を認める解釈ないし法的構成についても論じられている。すなわち、「本判決の論理を回避して請求権の行使を認容しうる余地を探ろうとするならば、債務者側の請求権消滅の主張を問題とする（すなわち、その主張が信義則違反または権利濫用となりうるとする）のではなく、裁判官の法の解釈・適用自体に請求権認容の余地が残されているのではないかを問題とするのも一つの方途であろう」（松久三四彦「最高裁平成元年判決の批評」判例セレクト'90二七頁）とか、「ある規範の適用に際し、一定の事情がある場合には、その規定の適用を認めるべきではないという裁判官の客観的な判断に際しても、信義則・権利濫用の理念に訴えることが可能であるし、またそうされているという考え方……によれば、本件の場合、裁判所が職権で民法七二四条後段の適用の可否を判断するとしても、その際に、信義則・権利濫用を理由にこれを適用しない、すなわち、民法七二四条後段は一定の場合には適用されないのだという解釈（縮小解釈）をすることもありうるということになる（たとえば、民法一七七条、六一二条などの例を見よ）」、「信義則・権利濫用は、ある規定の『適用』の次元と『解釈』の次元で発動可能」であり、「本判決は、信義則・権利濫用の問題を前者の『適用』の次元で考え、その適用の余地なしとしたわけだが、後者の『解釈』の次元で考える余地はなお残されているように思われる」（大村敦志「最高裁平成元年判決の批評」法学協会雑誌一〇八巻一二号二一三三頁）といわれている。

（２）判例は、以下のように、援用を不要とする期間制限についてもその効果制限ないし適用制限を認めている。

〔１〕最判平成一〇年六月一二日民集五二巻四号一〇八七頁（予防接種ワクチン禍事件）

「民法七二四条後段の規定の趣旨は、前記のとおりであるから、右規定を字義どおりに解すれば、不法行為の被害者が不法行為の時から二〇年を経過する前六箇月内において心神喪失の常況にあるのに後見人を有しない場合には、右二〇年が経過する前に右不法行為による損害賠償請求権を行使することができないまま、右請求権が消滅することとなる。しかし、これによれば、その心身喪失の常況が当該不法行為に起因する場合であっても、被害者は、およそ権利行使が不可能であるのに、単に二〇年が経過したということのみをもって一切の権利行使が許されないこととなる反面、心身喪失の原因を与えた加害者は、二〇年の経過によって損害賠償義務を免れる結果となり、著しく正義・公平の理念に反するものといわざるを得ない。そうすると、少なくとも右のような場合にあっては、当該被害者を保護する必要があることは、前記時効の場合と同様であり、その限度で民法七二四条後段の効果を制限することは条理にもかなうというべきである。／したがって、不法行為の被害者が不法行為の時から二〇年を経過する前六箇月内において右不法行為を原因として心神喪失の常況にあるのに法定代理人を有しなかった場合において、その後当該被害者が禁治産宣告を受け、後見人に就職した者がその時から六箇月内に右損害賠償請求権を行使したなど特段の事情があるときは、民法一五八条の法意に照らし、同法七二四条後段の効果は生じないものと解するのが相当である」。

〔２〕最判平成一九年二月六日民集六一巻一号一二二頁（在ブラジル被爆者健康管理手当等請求事件）

「上告人の消滅時効の主張は、四〇二号通達が発出されているにもかかわらず、当該被爆者については同通達に基づく失権の取扱いに対し訴訟を提起するなどして自己の権利を行使することが合理的に期待できる事情があったなどの特段の事情のない限り、信義則に反し許されないものと解するのが相当である。本件において上記特段の事情を認めることはできないから、上告人は、消滅時効を主張して未支給の本件健康管理手当の支給義務を免れることはできないものと解される」とした。また、法律に特別の定めがある場合を除くほか時効の援用を要しないとする地方自治法二三六条二項との関係については、「同規定が上記権利の時効消滅につき当該普通地方公共団体による援用を要しないこととしたのは、上記権利については、その性質上、法令に従い適正かつ画一的にこれを処理することが、当該普通地方公共団体の事務処理上の便宜及び住民の平等的取扱いの理念（同法一〇条二項参照）に資することから、時効援用の制度（民法一四五条）を適用する必要がないと判断されたことによるものと解される。このような趣旨にかんがみると、普通地方公共団体に対する債権に関する消滅時効の主張が信義則に反し許されないとされる場合は、極めて限定されるものというべきである。／しかしながら、地方公共団体は、法令に違反してその事務を処理してはならないものとされている（地方自治法二条一六項）。この法令遵守義務は、地方公共団体の事務処理に当たっての最も基本的な原則ないし指針であり、普通地方公共団体の債務についても、その履行は、信義に従い、誠実に行う必要があることはいうまでもない。そうすると、本件のように、普通地方公共団体が、上記のような基本的な義務（地方自治法二条一六項による法令遵守義務）に反して、既に具体的な権利として発生している国民の重要な権利に関し、法令に違反してその行使を積極的に妨げるような一方的かつ統一的な取扱いをし、その行使を著しく困難にさせた結果、これを消滅時効にかからせたという極めて例外的な場合においては、上記のような便宜を与える基礎を欠くといわざるを得ず、また、当該普通地方公共団体による時効の主張を許さないこととしても、国民の平等的取扱いの理念に反するとは解されず、かつ、その事務処理に格別の支障を与えるとも考え難い。したがって、本件において、上告人が上記規定を根拠に消滅時効を主張することは許され」ず、「最高裁平成元年判決」は「事案を異にし本件に適切でない」とした。

〔3〕　最判平成二一年〇四月二八日民集六三巻四号八五三頁（死体床下隠匿事件）

「被害者を殺害した加害者が、被害者の相続人において被害者の死亡の事実を知り得ない状況を殊更に作出し、そのために相続人はその事実を知ることができず、相続人が確定しないまま除斥期間が経過した場合にも、相続人は一切の権利行使をすることが許されず、相続人が確定しないことの原因を作った加害者は損害賠償義務を免れるということは、著しく正義・公平の理念に反する。このような場合に相続人を保護する必要があることは、前記の時効の場合と同様であり、その限度で民法七二四条後段の効果を制限することは、条理にもかなうというべきである（最高裁平成五年（オ）第七〇八号同一〇年六月一二日第二小法廷判決・民集五二巻四号一〇八七頁参照）。

そうすると、被害者を殺害した加害者が、被害者の相続人において被害者の死亡の事実を知り得ない状況を殊更に作出し、そのために相続人はその事実を知ることができず、相続人が確定しないまま上記殺害の時から二〇年が経過した場合において、その後相続人が確定した時から六か月内に相続人が上記殺害に係る不法行為に基づく損害賠償請求権を行使したなど特段の事情があるときは、民法一六〇条の法意に照らし、同法七二四条後段の効果は生じないものと解するのが相当である。」

〔3〕〔1〕〔3〕は「最高裁平成元年判決」の考えを形式的に当てはめると「著しく正義・公平の理念に反する」こと、「当該被害者を保護する必要があること」から、最高裁自ら、修正を図り、「民法一五八条の法意」・「民法一六〇条の法意」という構成で「民法七二四条後段の効果を制限」し、それは「条理にもかなう」とするものである。また、〔2〕は規定の趣旨に照らし当該規定の適用の「基礎を欠く」ときは、「信義則」を理由に「時効〔地方自治法二三六条は時効というが、援用不要のものを除斥期間というならば、同条の制限期間は除斥期間にあたる－松久注〕の主張を許さないこととしても、国民の平等的取扱いの理念に反するとは解されず、かつ、その事務処理に格別の支障を与えるとも考え難い」とする。

このように、判例もまた、正義・公平の理念、信義則、条理を根拠に、援用不要の制限期間の効果の制限ないし適用制限を認めていることが重要である。

もっとも、前記判例〔1〕〔3〕に依拠するとき、「民法一五八条の法意」や「民法一六〇条の法意」という法的構成をとることができる射程は広いものではない。しかし、民法七二四条後段の「二〇年」という長期にわたる期間の完成の停止を認める場合の射程の狭さを、これに比べ約三分の一にあたる犯給法旧一〇条二項の「七年」にそのまま当てはめることは妥当ではないように思われる。さらに、仮に前記判例（〔1〕〔3〕）と同様に、時効停止規定の「法意」構成をとることができる射程を狭くとろうとも、本件で民法一六〇条の法意という構成をとることは、判例〔3〕の射程を越えるものではないと考える。

Ⅴ　おわりに

犯給法旧一〇条二項の文理だけを形式的に解釈するならば、たしかに同条項所定の七年は経過しているように読める。しかし、犯給金申請をこの七年内にすることがXに現実に期待できたであろうか。関係の資料を読む限り、私には、期待できなかった事案であるように思われる。もしそうであるならば、本問題は、Xが権利行使するための法（規則を含めてこのように言うことにする）所定の手続要件を満たすことができない状態が継続する間に権利行使の制限期間を満了させてよいかということである。一般市民のみならず、法律家の多くもまたこれを否定するように思われる。しかし、法律家は、感覚のみで結論の妥当性を主張することはできない。ここに大きく立ちはだかるのは、時効のように援用を要件とするものではないために、援用権の濫用という構成をとることができないということである。しかし、学説のみならず、最高裁自らそれを乗り越える努力をし法的な構成も示しているのは先に見てきたとおりである。本件で、犯給金申請をこの七年内にすることがXに現実に期待できたのか、この点をどう考えるかが本問題の出発点であり終着点であるように思われる。

＊本稿は、原告代理人から、本件訴訟が係属していた福岡地方裁判所に提出された意見書である。

〔追記〕　本件は、二〇〇二（平成一四）年に発覚した犯罪史上稀に見る凶悪犯罪、いわゆる「北九州監禁殺人事件」により殺害された被害者（A）の遺族（X）が、処分行政庁（福岡県公安委員会）に対して、犯給法に基づき、犯罪被害者等給付金（意見書では「犯給金」と略したが、以下では、一審が用いる「給付金」という。）の支給裁定を申請したところ、処分行政庁が支給しない旨の裁定をしたことから、国家公安委員会の裁決を経て、福岡県（Y）に対し、同裁定の取消しを求めて訴えを提起した事案である。

一審の福岡地判平成二二年七月八日判時二一一〇号二五頁はXの請求を認容し本件裁定を取り消した。一審は、まず、犯給「法の趣旨及び規定からすれば、給付金は、犯罪被害者等の加害者に対する不法行為に基づく損害賠償請求権を補完する意義をも有しているものということができる。そうであるとすれば、給付金の支給裁定の申請権の消長は、法一六条に給付金の支給を受ける権利についての時効期間が規定されていることを考慮しても、不法行為に基づく損害賠償請求権のそれと同様に理解されるのが相当であって、上記の申請権の期間制限に関する法一〇条二項の規定の解釈にあたっては、上記の損害賠償請求権の消滅時効及び除斥期間を定めた民法七二四条前段及び後段の各規定の解釈並びにこれに関する判例等が参酌されるべきである。」とし、同法の二年の期間制限は消滅時効を定めたもの、七年の期間制限はいわゆる除斥期間を定めたものと解するのが相当であるとした。そして、「そもそも、ある権利が除斥期間の経過によりその行使を制限されるのは、権利者が抽象的・客観的には当該権利を行使することのできる状態にあることを前提とした上で、それにもかかわらず主観的な事情により権利行使ができることを知らなかったために、事実上当該権利を行使することができないまま長期間が経過したような場合、もはや権利行使が遮断されたとしてもやむを得ないとの価値判断に基づくものであると解される。ところが、除斥期間の経過前の時点において、当該権利の行使が客観的に不可能であるような特別な事情がある場合には、上記のような、除斥期間による権利行使を制限するための前提状態を欠くものであるから、このような場合には、民法の時効の停止に関する規定を準用等することにより、除斥期間の経過による効果は生じないものと解すべきである（最高裁平成一〇年六月一二日第二小法廷判決・民集五二巻四号一〇八七頁及び同平成二一年四月二八日第三小法廷判決・民集六三巻四号八五三頁各参照）。」とし、このような解釈は「当該権利が公法上の権利であっても同様に妥当する」として、本件では、「Bらに対する第一審判決が言い渡され、その判決書が作成された平成一七年一〇月五日……から六か月の間は、除斥期間の経過による効果は生じないものと解すべきところ、Xは、同日から六か月内である平成一八年二月二一日ころに、給付金の支給裁定の申請をしているから、申請権が除斥期間により消滅したということはできない。」とした。また、二年の期間制限についても、その起算点は「Bらに対する刑事事件の第一審判決書が作成された平成一七年一〇月五日」であり、「Xはそのときから二年内……に給付金の支給裁定の申請をしていることから、申請権が時効により消滅したということはできない。」とした。

控訴審の福岡高判平成二二年一一月三〇日判時二一一〇号二三頁はYの控訴を棄却、最判平成二三年九月五日もYの上告・上告受理申立てを棄却・不受理としたことにより、本件裁定の取消しが確定した。二審判決の評釈として、神山智美・判例地方自治三五二号四八頁がある。

なお、この「北九州監禁殺人事件」を扱ったものに、豊田正義『消された一家　北九州・連続監禁殺人事件』（新潮社、二〇〇五年〔新潮文庫、二〇〇九年〕）がある。

事項索引

あ 行

か 行

事項索引

た　行

な　行

は　行

判例索引

［大審院判例］

大判明治34年6月27日民録7輯6巻70頁… *114*
大判明治37年12月16日民録10輯1632頁 …… *86,211,538*
大判明治38年11月25日民録11輯1581頁……… *28*
大判明治42年4月30日民録15輯439頁……… *94*
大判明治42年12月17日民録15輯963頁…… *420*
大判明治43年1月25日民録16輯22頁…… *10,22,35,43,48,58,114,520*
大判明治44年4月7日民録17輯187頁…… *263*
大判明治44年10月10日民録17輯552頁…… *252*
大判大正2年3月20日民録19輯137頁……… *95*
大判大正3年4月25日民録20輯342頁…… *252*
大判大正3年10月19日民録20輯777頁 …… *146,148,203*
大判大正4年4月1日民録21輯449頁……… *95*
大判大正4年5月20日民録21輯750頁……… *95*
大判大正4年7月13日民録21輯1384頁 …… *35,359,521,550*
大判大正5年10月13日民録22輯1886頁…… *108*
大判大正6年2月19日民録23輯311頁…… *252*
大判大正6年3月2日民録23輯360頁…… *252*
大判大正6年4月26日民録23輯672頁…… *252*
大決大正6年10月29日民録23輯1620頁…… *108*
大判大正6年11月8日民録23輯1772頁…… *263*
大判大正7年3月2日民録24輯423頁 …… *284,291,310*
大判大正7年3月15日民録24輯498頁…… *512*
大判大正8年4月1日民録25輯643頁…… *109*
大判大正8年6月24日民録25輯1095頁……… *16*
大判大正8年7月4日民録25輯1215頁……… *28*
大判大正8年12月2日民録25輯2224頁 …… *131,219*
大判大正9年4月30日民録26輯581頁…… *420*
大判大正9年9月29日民録26輯1431頁……… *68*
大判大正9年11月27日民録26輯1797頁…… *325*
大判大正10年2月7日民録27輯233頁…… *253*
大判大正10年2月14日民録27輯285頁 …… *109,252*
大判大正10年3月4日民録27輯407頁…… *109*
大判大正10年3月5日民録27輯493頁……… *35*
大判大正11年4月14日民集1巻187頁……… *68*
大判大正11年11月27日民集1巻688頁…… *420*
大判大正13年5月20日民集3巻203頁 …… *93,195*
大判大正13年10月29日新聞2331号21頁…… *285*
大(連)判大正14年7月8日民集4巻412頁 …… *5,285,291*
大判昭和2年1月25日新聞2666号14頁…… *100*
大判昭和2年1月31日新聞2672号12頁…… *126*
大判昭和2年9月30日新聞2771号14頁…… *240*
大判昭和2年10月10日民集6巻558頁…… *312*
大判昭和3年7月21日民集7巻569頁 …… *86,212,539*
大判昭和3年11月8日民集7巻980頁 …… *47,520*
大判昭和4年4月2日民集8巻237頁…… *521*
大判昭和5年6月27日民集9巻619頁…… *239*
大判昭和5年9月17日新聞3184号9頁 …… *114,558*
大判昭和5年11月19日評論20巻民法115頁 …… *290*
大判昭和6年10月2日新聞3322号8頁…… *253*
大判昭和7年4月13日新聞3400号14頁…… *521*
大判昭和7年6月21日民集11巻1186頁 …… *521,551*
大判昭和8年10月28日新聞3664号7頁 …… *86,212,539*
大判昭和9年5月2日民集13巻670頁…*10,21,34,37,42,43,48,519,520*
大判昭和9年5月28日民集13巻857頁…… *298*
大判昭和9年11月26日新聞3790号11頁 …… *100,102*
大判昭和10年10月15日新聞3904号13頁 …… *114,558*
大判昭和11年2月14日大審院判決全集3輯3号5頁…… *520*
大判昭和11年2月14日民集15巻158頁‥*100,102*
大判昭和11年2月26日新聞3968号8頁…… *420*
大判昭和11年2月28日新聞3966号17頁…… *223*
大判昭和12年4月30日大審院判決全集4輯11号13頁…… *109*
大判昭和12年6月26日大審院判決全集4輯12号19頁…… *132,219*
大判昭和12年6月30日民集16巻1037頁…… *521*
大判昭和12年11月27日大審院判決全集4輯23号10頁…… *115*
大判昭和13年4月8日民集17巻664頁…… *561*
大判昭和13年4月16日大審院判決全集5輯9号8頁…… *360*
大判昭和13年5月11日民集17巻901頁……… *68*
大決昭和13年6月27日民集17巻1324頁 …… *93,102,167*

大判昭和13年11月10日民集17巻2102頁…… 252
大(連)判昭和14年3月22日民集18巻238頁 …… 68,240
大判昭和14年5月12日新聞4444号14頁…… 109
大判昭和14年8月30日新聞4465号7頁…… 148
大判昭和15年8月12日民集19巻1388頁…… 299
大判昭和15年11月26日民集19巻2100頁 …… 45,176
大(連)判昭和15年12月14日民集19巻2325頁 …… 439
大判昭和15年12月21日大審院判決全集8輯7号10頁…… 114
大判昭和16年10月29日民集20巻1367頁 …… 121,157,161
大判昭和17年1月28日民集21巻37頁…… 68,240
大判昭和17年6月23日民集21巻13号716頁 …… 236
大判昭和17年11月28日法律新聞4819号7頁 …… 100
大判昭和18年6月15日法学13巻4号265頁 …… 331
大判昭和20年9月10日民集24巻82頁…… 52,77

[最高裁判所判例]

最判昭和23年8月5日刑集2巻9号1123頁 …… 464
最判昭和28年1月30日民集7巻1号116頁 …… 361
最判昭和30年12月1日民集9巻13号1903頁 …… 70
最判昭和32年5月10日民集11巻5号715頁 …… 466
最判昭和32年12月10日民集11巻13号2103頁 …… 360
最判昭和33年8月28日民集12巻12号1936頁 …… 5,291,297,303,310
最判昭和34年2月20日民集13巻2号209頁 …… 69,234,240
最判昭和34年7月17日民集13巻8号1077頁 …… 361
最判昭和35年6月23日民集14巻8号1498頁 …… 250,253
最判昭和35年7月27日民集14巻10号1871頁 …… 284,285,291,297,303,311
最判昭和35年9月2日民集14巻11号2094頁 …… 504
最判昭和35年11月1日民集14巻13号2781頁 …… 331,352,406,411
最判昭和35年12月9日民集13巻3020頁…… 152
最判昭和36年4月20日民集15巻4号774頁… 100
最判昭和36年7月20日民集15巻7号1903頁 …… 284,285,289,292,298,303,310
最判昭和37年5月18日民集16巻5号1073頁 …… 266
最判昭和37年10月12日民集16巻10号2130頁 …… 240
最判昭和38年2月1日裁判集民事64号361頁 …… 92,102,142,160
最判昭和38年5月24日民集17巻5号639頁 …… 313
最(大)判昭和38年10月30日民集17巻9号1252頁…… 72,241
最判昭和39年7月28日民集18巻6号1241頁 …… 466
最判昭和39年10月20日民集18巻8号1740頁 …… 275
最判昭和40年4月6日民集19巻3号564頁… 21
最判昭和40年12月21日民集19巻9号2221頁 …… 303
最(大)判昭和41年4月20日民集20巻4号702頁 …… 7,112,249,550,596
最判昭和41年11月1日民集20巻9号1665頁 …… 420
最判昭和41年11月22日民集20巻9号1901頁 …… 278,283,291,297,303,310
最判昭和41年12月8日民集20巻10号2059頁 …… 421
最判昭和42年3月31日民集21巻2号475頁 …… 409
最判昭和42年7月18日民集21巻6号1559頁 …… 460
最判昭和42年7月20日民集21巻6号1601頁 …… 359
最判昭和42年7月21日民集21巻6号1643頁 …… 289,298
最判昭和42年7月21日民集21巻6号1653頁 …… 278,291,292,297,303
最判昭和42年10月6日民集21巻8号2051頁 …… 183
最判昭和42年10月27日民集21巻8号2110頁 …… 10,35,43,49,58,114,174,521
最判昭和42年10月27日民集21巻8号2171頁 …… 28
最判昭和43年3月29日民集22巻3号725頁 …… 61,91,92,95
最判昭和43年6月27日訟月14巻9号1003頁 …… 240,512
最判昭和43年8月2日民集22巻8号1571頁 …… 303
最判昭和43年9月26日民集22巻9号2002頁

……36,174,521
最判昭和43年10月17日判時540号34頁
……75,184,404
最判昭和43年10月17日裁判集民事92号601頁
……77
最(大)判昭和43年11月13日民集22巻12号2510頁……65
最(大)判昭和43年11月13日民集22巻12号2526頁……338
最判昭和43年11月15日民集22巻12号2671頁
……303
最判昭和43年12月24日裁判集民事93号907頁
……239
最判昭和43年12月24日民集22巻13号3366頁
……167,299
最判昭和44年1月16日民集23巻1号18頁……303
最判昭和44年3月20日判例時報557号237頁
……552
最判昭和44年6月24日判時569号48頁……69
最判昭和44年7月15日民集23巻8号1520頁
……9,35,43,49,521
最判昭和44年10月31日民集23巻10号1932頁
……28
最判昭和44年11月6日民集23巻11号1988頁
……424
最判昭和44年11月27日民集23巻11号2251頁
……68,134,241
最判昭和44年11月27日民集23巻11号2265頁
……513
最判昭和44年12月18日民集23巻12号2467頁
……291,298
最判昭和45年1月23日判時588号71頁……521
最判昭和45年5月21日民集24巻5号393頁
……112,255
最(大)判昭和45年7月15日民集24巻7号771頁
……317,332,353,378,381,393,420,423,497,604
最判昭和45年7月24日民集24巻7号1177頁
……69,239
最判昭和45年9月10日民集24巻10号1389頁
……72
最判昭和46年7月23日判時641号62頁
……76,184,404
最判昭和46年11月5日民集25巻8号1087頁
……288
最判昭和46年11月11日判時654号52頁……284
最判昭和48年1月30日裁判集民事108号119頁
……124
最判昭和48年2月16日民集27巻1号99頁……124
最判昭和48年10月4日金法701号30頁……234
最判昭和48年10月5日民集27巻9号1110頁
……303
最判昭和48年10月30日民集27巻9号1258頁
……72
最判昭和48年11月16日民集27巻10号1374頁
……444,445,485,498,514
最判昭和48年12月14日民集27巻11号1586頁
……10,20,21,34,36,43,49,58,115,521
最判昭和49年9月26日(昭和48年(オ)第1214号)交通民集7巻5号1233頁……446
最判昭和49年9月26日(昭和45年(オ)第540号)民集28巻6号1243頁……409
最(大)判昭和49年10月23日民集28巻7号1473頁……21
最判昭和49年12月17日民集28巻10号2059頁
……483
最判昭和50年2月25日民集29巻2号143頁
……350,421
最判昭和50年4月11日民集29巻4号417頁
……28,272,278
最判昭和50年7月25日民集29巻6号1147頁
……368
最判昭和50年9月25日民集29巻8号1320頁
……272
最判昭和50年10月24日民集29巻9号1417頁
……451,456,500
最判昭和50年11月21日民集29巻10号1537頁
……139,145,166,191,192,198,203,233
最判昭和50年12月25日金法780号33頁……240
最判昭和51年3月4日民集30巻2号48頁……430
最判昭和51年5月25日民集30巻4号554頁
……276
最判昭和51年12月2日民集30巻11号1021頁
……266
最判昭和52年2月17日民集31巻1号29頁……28
最判昭和52年3月3日民集31巻2号157頁
……272
最判昭和52年10月24日金判536号28頁……361
最判昭和53年3月6日民集32巻2号135頁……261
最判昭和53年4月13日訟月24巻6号1265頁
……235,239
最判昭和53年6月16日判時897号62頁……366
最判昭和53年11月20日民集32巻8号1551頁
……399
最判昭和54年3月15日訟月25巻12号2963頁
……428,574
最判昭和55年1月24日民集34巻1号61頁
……333,406,411
最判昭和55年12月11日判時990号188頁……361

最判昭和56年2月16日民集35巻1号56頁…348
最判昭和56年7月3日判時1014号69頁……69
最判昭和56年10月1日判時1021号103頁…278
最判昭和57年3月4日判時1042号87頁……124
最判昭和57年4月23日(判例集未登載)……264
最判昭和58年9月30日裁判集民事139号587頁……1
最判昭和58年11月11日判時1097号38頁(判タ515号124頁)……484,497,603
最判昭和59年3月9日判時1114号42頁(裁判集民事141号287頁)……82,210,212,541
最判昭和59年4月24日民集38巻6号687頁……90,102,142,167,169,194,222
最判昭和59年5月25日民集38巻7号764頁…267
最判昭和60年2月12日民集39巻1号89頁…187
最判昭和60年11月21日民集39巻7号1512頁……437
最判昭和60年11月26日民集39巻7号1701頁……18,36,43,49,521
最判昭和61年2月20日民集40巻1号43頁……185,246
最判昭和61年3月17日民集40巻2号420頁……26,292,305,388,429,526
最判昭和62年9月3日判時1316号91頁……112,144,558
最判昭和62年10月8日民集41巻7号1445頁……357
最判昭和62年10月16日民集41巻7号1497頁……132,239
最判平成元年10月13日民集43巻9号985頁……127,226
最判平成元年12月21日民集43巻12号2209頁……427,434,437,467,503,505,573,598,602,607
最判平成2年3月6日裁判集民事159号199頁……430,437,574
最判平成2年6月5日民集44巻4号599頁……10,32,43,49,519,521
最判平成3年4月26日判時1389号145頁…416
最判平成4年3月19日民集46巻3号222頁……41,46,49,536
最判平成5年3月26日民集47巻4号3201頁……150
最判平成5年4月22日裁判集民事169号25頁……204
最判平成6年1月20日判時1503号75頁……374
最判平成6年2月22日民集48巻2号441頁……356,372
最判平成6年6月21日民集48巻4号1101頁……210,212,550
最判平成6年9月8日判時1511号66頁……29
最判平成6年9月13日判時1513号99頁……304
最判平成7年3月10日判時1525号59頁……172
最判平成7年3月23日民集49巻3号984頁……181,247
最判平成7年9月5日(平成3年(オ)第771号)民集49巻8号2733頁……372,566
最判平成7年9月5日(平成7年(オ)第374号)民集49巻8号2784頁……191,192
最判平成7年9月5日(平成2年(オ)第1843号)LLI/DB〔判例番号〕L05010081……567
最判平成7年9月8日金法1441号29頁……56
最判平成8年3月5日民集50巻3号383頁……375,384,489,604
最判平成8年3月28日民集50巻4号1172頁……226
最判平成8年7月12日民集50巻7号1901頁……190
最判平成8年9月27日(平成7年(オ)第1914号)民集50巻8号2395頁…193,197,233,236
最判平成8年9月27日(平成4年(オ)第1110号)(判例集未登載)……200
最判平成9年2月25日判時1607号51頁……56
最判平成9年7月1日民集51巻6号2251頁……313
最判平成9年8月27日民集50巻8号2395頁……225
最判平成10年2月13日民集52巻1号65頁…306
最判平成10年6月12日民集52巻4号1087頁……437,504,505,508,574,602,608,612
最判平成10年6月22日民集52巻4号1195頁……46
最判平成10年11月24日民集52巻8号1737頁……209,550
最判平成10年12月17日判時1664号59頁……239
最判平成11年2月25日民集53巻2号235頁……456
最判平成11年2月26日判時1671号67頁……49
最判平成11年4月27日民集53巻4号840頁……215
最判平成11年9月9日判時1689号74頁……229
最判平成11年10月21日民集53巻7号1190頁……49,597
最判平成11年11月9日民集53巻8号1403頁……51
最判平成11年11月25日判時1696号108頁…237
最判平成12年7月18日訟月48巻6号1467頁……456
最判平成12年9月22日民集54巻7号2574頁

……………………………………464,500
最判平成13年7月10日家月54巻2号134頁
……………………………………………15
最判平成13年11月27日民集55巻6号1334頁
……………………………………………380
最判平成14年1月29日民集56巻1号218頁
…………………444,445,484,498,513
最判平成15年7月18日民集57巻7号895頁
……………………………………………395
最決平成15年10月10日ＬＥＸ／ＤＢ
〔文献番号〕28100440……………………421
最判平成15年10月31日判時1846号7頁……295
最判平成15年12月11日民集57巻11号2196頁
判時1847号15頁……………………………393
最判平成15年12月12日（平成13年（行ヒ）
第56号）労判864号5頁………………469,494
最判平成15年12月12日（平成13年（行ヒ）
第96号）民集57巻11号2335頁………469,494
最判平成15年12月22日（平成15年（行ヒ）
第16号）判時1847号15頁…………………494
最判平成16年4月27日民集58巻4号1032頁
……………………………452,459,506
最判平成16年10月15日民集58巻7号1802頁
……………………………452,459,506
最判平成16年12月24日交民集37巻6号1529頁
……………………………………………443
最判平成17年11月21日民集59巻9号2558頁
……………………………………………514
最判平成17年11月21日民集59巻9号2611頁
……………………………………………417
最判平成18年1月17日民集60巻1号27頁
……………………………………………301
最判平成18年6月16日民集60巻5号1997頁
…………………………………447,506
最判平成18年11月14日民集60巻9号3402頁
……………………………………………245
最判平成19年2月6日民集61巻1号122頁
……………………………506,598,608
最判平成19年2月13日民集61巻1号182頁
…………………………………393,395
最判平成19年4月24日民集61巻3号1073頁
……………………………………………392
最判平成19年6月7日（平成17年（受）第1519
号）判時1979号61頁（裁判集民事224号479頁）
……………………………………………392
最判平成19年6月7日（平成18年（受）第1887
号）民集61巻4号1537頁…………………395
最判平成19年7月19日民集61巻5号2175頁
……………………………………………395
最決平成19年12月25日金法1837号56頁……392
最判平成20年1月18日民集62巻1号28頁…395
最判平成20年7月10日判時2020号71頁……489
最判平成21年1月22日民集63巻1号247頁
……………………………………………390
最判平成21年3月3日判時2048号9頁……393
最判平成21年3月6日判時2048号12頁……393
最判平成21年4月28日民集63巻4号853頁
……………………………502,610,613
最判平成21年7月17日金判1332号43頁……393
最判平成21年9月4日裁時1491号2頁……393
最判平成23年1月21日判時2105号9頁……308
最判平成23年4月22日判時2116号61頁……507
最判平成23年9月5日（判例集未登載）……613

［控訴院・高等裁判所判例］

宮城控判明治42年7月22日新聞598号13頁
……………………………………………419
東京控判明治43年1月8日新聞632号12頁
…………………………………100,103
宮城控判昭和2年1月10日新報137号18頁
……………………………………………102
東京控判昭和3年3月14日新聞2814号15頁
……………………………………………86
札幌高判昭和31年7月9日高民集9巻
6号417頁…………………………………167
東京高判昭和32年12月11日週間法律新聞
86号7頁……………………………………16
仙台高判昭和33年2月10日下民集9巻
2号172頁…………………………………123
大阪高決昭和35年2月4日下民集11巻
2号276頁…………………………………35
大阪高判昭和36年2月25日下民集12巻
2号374頁…………………………………223
東京高判昭和36年10月11日高民集14巻
6号424頁…………………………………422
仙台高秋田支判昭和37年8月29日民集20巻
4号715頁…………………………………250
福岡高判昭和38年1月31日民集20巻9号
1910頁……………………………………283
大阪高判昭和38年5月28日民集19巻574頁…21
大阪高判昭和38年11月16日高民集16巻8号
728頁………………………………………21
大阪高判昭和40年6月22日下民集16巻6号
1099頁……………………………………408
東京高判昭和40年9月15日高民集18巻
6号432頁…………………317,319,383
広島高判昭和41年5月3日民集22巻12号
2520頁……………………………………66
大阪高判昭和41年10月12日判タ200号103頁
……………………………………………127

名古屋高判昭和42年1月17日高民集20巻1号1頁……320,383
大阪高判昭和42年1月26日民集25巻8号1113頁……289
札幌高判昭和42年3月15日高民集20巻2号150頁……94
仙台高判昭和43年8月19日高民集21巻4号395頁……320,383
札幌高判昭和44年2月19日下民集20巻1・2号65頁……320,383
東京高判昭和44年12月25日判タ246号299頁……320,384
東京高判昭和47年2月28日判時662号47頁……9,529
名古屋高判昭和47年10月31日判時698号66頁……276
東京高判昭和48年5月31日金法702号33頁……86,540
大阪高判昭和49年7月10日判時766号66頁……271
大阪高判昭和49年7月16日民集29巻4号427頁……272
札幌高判昭和51年6月7日下民集34巻9～12号1045頁……280
福岡高判昭和52年3月4日民集32巻8号1582頁……400
大阪高判昭和52年3月9日判時857号86頁……99
東京高判昭和52年3月23日民集32巻2号172頁……262
高松高判昭和52年5月16日判時866号144頁……276
福岡高判昭和52年7月21日訟月23巻12号2130頁……271
東京高判昭和53年6月19日民集34巻1号73頁……333
大阪高判昭和53年7月21日判時927号204頁……347
名古屋高金沢支判昭和53年9月20日金判613号8頁……359
大阪高判昭和53年11月7日判タ375号90頁……102
東京高判昭和53年12月18日下民集33巻5～8号979頁……588
東京高判昭和54年9月26日判時946号51頁……359
名古屋高判昭和55年3月31日下民集31巻1～4号336頁……350
札幌高判昭和55年9月4日(判例集未登載)……264
東京高判昭和56年5月28日下民集33巻5～8号1112頁……86,540
大阪高判昭和56年9月30日判時1043号61頁……123
仙台高判昭和56年10月13日(判例集未登載)……2
大阪高判昭和57年3月11日民集39巻7号1715頁……20
東京高判昭和57年4月8日民集38巻6号694頁……91
大阪高判昭和58年1月26日民集41巻7号1461頁……359
東京高判昭和58年2月24日下民集33巻5～8号1245頁……350
東京高判昭和58年4月27日下民集33巻5～8号1256頁……350
仙台高判昭和58年5月13日金判695号11頁……83
名古屋高判昭和58年5月30日民集38巻7号775頁……270
東京高判昭和58年8月30日判タ511号141頁……313
大阪高判昭和58年11月30日民集40巻2号436頁……27
札幌高判昭和59年9月27日判タ542号221頁……408
福岡高宮崎支判昭和59年9月28日民集43巻12号2233頁……428,588
広島高判昭和60年2月14日交民集18巻1号35頁……155
東京高判昭和60年2月27日東高民時報36巻1・2号26頁……204
名古屋高判昭和60年4月12日下民集34巻1～4号461頁……442
広島高判昭和61年10月16日訟月33巻9号2203頁……435
東京高判昭和62年7月15日訟月34巻11号2115頁……513
福岡高判昭和62年11月25日民集44巻4号607頁……33
福岡高判昭和62年12月10日訟月34巻7号1444頁……483,613
高松高判昭和63年5月31日判時1297号58頁……132
東京高判昭和63年7月29日高民41巻2号103頁……378
東京高判昭和63年8月22日金法1231号38頁……148,204
東京高判平成元年1月30日民集43巻9号997頁……129
福岡高判平成元年3月31日民集48巻2号776頁……356,373

大阪高判平成元年５月31日判時1338号148頁……416
広島高判平成２年２月22日民集46巻３号232頁……42,519
東京高判平成３年２月４日判時1384号51頁……367
東京高判平成３年２月13日民集49巻８号2780頁……362,565
名古屋高判平成３年６月27日民集49巻３号1000頁……182
大阪高判平成３年12月25日民集47巻４号3216頁……152
東京高判平成４年１月29日高民集45巻１号１頁……144,201
広島高松江支判平成４年１月31日民集50巻３号398頁……376
東京高判平成４年２月17日判タ786号186頁……147,201
福岡高判平成４年３月６日判時1418号３頁……483,513,603
東京高判平成４年10月28日高民集45巻３号190頁……212.543
東京高判平成４年12月18日高民集45巻３号212頁……437,575
高松高判平成５年７月19日民集50巻７号1907頁……164,191,194
大阪高決平成５年10月４日高民集46巻３号79頁……553
大阪高判平成５年10月27日判タ846号215頁……175
東京高判平成５年11月30日民集52巻４号1217頁……46
大阪高判平成６年１月25日判タ846号225頁……446
大阪高判平成６年３月16日訟月42巻３号457頁……437,576
東京高判平成６年３月30日判時1498号83頁……212,541,545
東京高判平成６年４月28日判時1498号83頁……212,549
札幌高判平成６年９月13日金判969号16頁……174
大阪高判平成６年11月25日金判962号31頁……184
東京高判平成７年２月14日判時1526号102頁……555
大阪高判平成７年２月28日民集52巻８号1754頁……210,212,550
東京高判平成７年５月31日民集50巻８号2419頁……198,201
福岡高判平成７年12月26日判時1568号63頁……237
東京高判平成８年７月11日（判例集未登載）……230
東京高判平成８年８月７日訟月43巻７号1610頁……576,437
大阪高判平成８年11月27日民集53巻８号1419頁……52
広島高岡山支判平成９年７月17日民集53巻４号860頁……217,223
東京高判平成９年８月25日民集55巻６号1378頁……382
東京高判平成９年10月29日金判1033号27頁……212
名古屋高金沢支判平成10年12月21日判タ1046号161頁……438,578
東京高判平成11年３月17日金法1547号46頁……56
東京高判平成11年７月22日判タ1017号166頁……438,578
札幌高判平成11年９月９日平成11年（ネ）第14号……54
広島高松江支判平成12年９月８日金判1191号36頁……296
東京高判平成12年12月６日訟月47巻11号3301頁……438,578
大阪高判平成13年４月27日訟月48巻12号2821頁……441,578
東京高判平成13年５月22日ＬＥＸ／ＤＢ〔文献番号〕28100339……421
福岡高判平成13年７月19日訟月51巻４号821頁……460
大阪高判平成14年５月30日交民集37巻６号1537頁……444
札幌高判平成16年１月16日民集60巻５号2171頁……448
札幌高判平成16年12月15日訟月52巻２号525頁……466
東京高判平成17年１月19日民集59巻９号2620頁……417
福岡高判平成17年４月27日民集60巻９号3422頁……246
東京高判平成19年３月28日判時1968号３頁……501
東京高判平成19年12月13日民集63巻１号260頁……391
東京高判平成20年１月31日民集63巻４号873頁……503
大阪高判平成20年10月17日金判1371号36頁……510

東京高判平成21年１月15日金判1365号21頁……309
東京高判平成21年３月25日判時2053号127頁……493
福岡高判平成22年11月30日判時2110号23頁……613
東京高判平成24年10月11日ＬＬＩ／ＤＢ〔判例番号〕L06720951……492
名古屋高判平成25年11月29日消費者法ニュース99号272頁……397

[地方裁判所・簡易裁判所判例]

山口地判大正７年５月３日新聞1449号22頁……322,331
東京地判大正７年12月24日評論５巻民1020頁……522
福岡地判昭和34年10月12日訟月５巻12号1668頁……418
福岡地判昭和34年12月23日民集20巻９号1907頁……283
秋田地湯沢支判昭和35年９月28日民集20巻４号712頁……250
東京地判昭和37年３月27日下民集13巻３号557頁……10,522
津地四日市支判昭和37年７月27日下民集13巻７号1574頁……192
大阪地判昭和38年５月24日判時368号60頁……408
広島地尾道支判昭和38年７月４日民集22巻12号2515頁……66
東京地判昭和39年１月23日下民集15巻１号54頁……279
東京地判昭和39年５月28日民集24巻７号800頁……317,319,383
東京地判昭和39年12月８日下民集15巻12号2879頁……420
旭川地判昭和41年３月28日下民集17巻３・４号186頁……320,383
富山地判昭和41年３月31日訟月12巻８号1126頁……320,383
大阪地判昭和41年５月13日下民集17巻５・６号406頁……320,383
大阪地判昭和41年６月13日判時471号23頁……21,522
名古屋地判昭和41年７月９日判時464号23頁……320,383
札幌地判昭和41年11月２日下民集17巻11・12号1043頁……94
東京地判昭和42年９月22日判時513号53頁……320,383
広島地判昭和43年３月５日判時520号37頁……320,383
東京地判昭和43年３月25日判時540号45頁……359
東京地判昭和43年８月19日判時548号77頁…99
前橋地判昭和43年10月８日判時561号65頁……9,522
東京地判昭和44年１月20日下民集20巻１・２号19頁……76
大阪地判昭和44年２月15日判タ233号179頁……320,383
福井地判昭和44年５月26日下民集20巻５・６号389頁……86,212,539
東京地判昭和45年５月27日判タ252号25頁……127
東京地判昭和45年10月15日判時621号55頁……359
東京地判昭和45年10月30日判時621号55頁……359
東京地判昭和45年12月19日判時630号72頁……8,529
東京地判昭和48年３月20日金法693号31頁……132,220
大阪地判昭和48年４月25日下民集24巻１～４号226頁……588
東京地判昭和48年10月18日判時732号70頁…99
東京地判昭和49年３月28日判時750号66頁……359
水戸地判昭和49年７月29日民集30巻４号557頁……276
福岡地判昭和50年１月29日民集32巻８号1558頁……400
京都地判昭和50年12月23日判タ335号304頁……347
福岡地判昭和51年５月13日判タ357号298頁……99
広島地呉支判昭和51年５月20日訟月22巻７号1897頁……280
東京地判昭和51年６月24日民集32巻２号147頁……262
和歌山地新宮支判昭和51年８月20日訟月22巻11号2567頁……280
神戸地判昭和51年９月20日判時854号94頁……280
福岡地判昭和51年12月13日交民集９巻６号1691頁……483,603
大阪地判昭和53年３月30日訟月24巻７号1396頁……588
釧路地帯広支判昭和53年４月17日判時902号91頁……264

名古屋地豊橋支判昭和53年6月20日民集38巻7号773頁……270
名古屋地判昭和53年7月28日交通民集11巻4号1104頁……378
大阪地判昭和54年4月23日下民集31巻1～4号257頁……347
仙台地判昭和54年4月27日訟月25巻8号2194頁……588
盛岡地判昭和54年6月29日下民集33巻5～8号1008頁……155
東京地判昭和54年9月17日下民集33巻5～8号1024頁……124
神戸地尼崎支判昭和54年10月25日判時943号12頁……347
東京地判昭和54年12月21日下民集31巻1～4号308頁……350
仙台地古川支判昭和55年3月26日（判例集未登載）……2
高松地判昭和55年3月27日下民集31巻9～12号1346頁……512
札幌地判昭和55年4月17日下民集31巻9～12号1387頁……330
名古屋地判昭和55年9月11日判時976号40頁……442
鹿児島地判昭和55年10月27日民集43巻12号2227頁……428
東京地判昭和56年2月23日訟月27巻5号931頁……588
京都地判昭和56年3月6日訟月27巻9号1600頁……531
奈良地判昭和56年4月28日民集39巻7号1707頁……19
神戸地龍野支判昭和56年7月22日民集40巻2号427頁……27
東京地判昭和56年9月28日下民集33巻5～8号1128頁……588
東京地判昭和56年9月28日判時1017号34頁……347,439,512
神戸地尼崎支判昭和56年10月30日判時1023号3頁……347
長野地上田支判昭和56年11月16日民集38巻6号693頁……91
東京地判昭和57年3月29日訟月28巻6号1135頁……350
福島地郡山支判昭和57年3月31日金判695号12頁……83
大阪地判昭和57年7月1日交民集15巻4号903頁……512,516
名古屋地判昭和55年9月11日判時976号40頁……442
大阪地判昭和57年9月30日訟月29巻4号599頁……347
福島地いわき支判昭和58年1月25日判タ506号142頁……430,587
東京地判昭和58年2月21日判時1091号110頁……588
宮崎地延岡支判昭和58年3月23日判時1072号18頁……439,589
福岡地小倉支判昭和58年3月29日判時1091号126頁……327,353
京都地判昭和58年10月14日判時1114号75頁……347
広島地福山支判昭和59年7月6日交民集18巻1号37頁……154
福島地郡山支判昭和59年7月19日判時1135号16頁……347
東京地判昭和59年11月27日判時1166号106頁……359
長崎地佐世保支判昭和60年3月25日民集48巻2号672頁……341,373
東京地判昭和61年5月26日判時1234号94頁……97
神戸地判昭和61年7月17日民集49巻7号2014頁……442
大阪地判昭和61年11月13日判時1249号90頁……105
福岡地大牟田支判昭和62年2月13日民集44巻4号604頁……33
東京地判昭和62年5月26日判時1238号99頁……378
広島地判昭和63年4月26日民集46巻3号227頁……43
東京地判昭和63年7月19日判タ684号216頁……367
東京地判昭和63年7月26日民集43巻9号989頁……129
大阪地判昭和63年8月26日判時1314号123頁……405
千葉地判昭和63年11月17日判時臨増平成元年8月5日号165頁……439
東京地判平成元年6月30日判時1343号49頁……7
大阪地判平成元年8月7日判時1326号18頁……117,163
東京地判平成元年9月26日判タ718号127頁……363,563
東京地判平成元年10月31日金判846号37頁……367
福島地いわき支判平成2年2月28日判時1344号53頁……437,439,460,575
東京地判平成2年3月28日金法1281号28頁……201

東京地判平成2年3月28日判時1374号58頁……147
津地四日市支判平成2年4月9日民集49巻3号995頁……182,184
大阪地判平成2年7月2日判時1411号96頁……312
京都地判平成2年7月18日判タ746号137頁……437,575
東京地八王子支判平成2年7月30日民集52巻4号1207頁……46
東京地判平成2年8月21日民集49巻8号2777頁……362,363,564
東京地判平成2年8月23日民集50巻8号2413頁……147,198,201
東京地判平成2年8月27日(平成1年(ワ)第14140号)判タ756号223頁……147,201
東京地判平成2年8月27日(昭和62年(ワ)第13352号)判時1379号105頁……437,575
東京地判平成2年8月30日判タ756号223頁……147,201
東京地判平成2年10月22日判タ756号223頁……147,201
東京地判平成2年10月25日金法1294号26頁……147,201
東京地判平成2年12月4日判時1386号116頁……147,201
鳥取地判平成3年1月30日民集50巻3号394頁……376
京都地判平成3年3月20日民集47巻4号3210頁……151
大阪地判平成3年3月29日訟月37巻9号1507頁……439
東京地判平成3年10月15日判タ788号203頁……565
名古屋地判平成3年12月4日判時1445号162頁……184
東京地判平成3年12月20日判タ783号138頁……147,201
東京地判平成4年2月7日訟月38巻11号1987頁……437,575
静岡地浜松支判平成4年5月12日金判925号45頁……543
名古屋地判平成4年9月14日金判915号19頁……184
静岡地沼津支判平成4年9月22日(判例集未登載)……61
高松地判平成4年10月5日金判1004号9頁……165
東京地判平成5年11月17日金法1388号39頁……212,537,545
京都地判平成5年11月26日訟月40巻11号2581頁……437,576
横浜地川崎支判平成6年1月25日訟月43巻8号1741頁……439
大阪地判平成6年1月26日金判962号35頁……184
岡山地判平成6年3月23日判時1494号3頁……439
旭川地判平成6年4月6日(判例集未登載)……173
京都地判平成6年5月26日民集52巻8号1752頁……210
大阪地判平成6年7月11日訟月41巻8号1799頁……437,576
熊本地判平成7年4月5日(昭和63年(ワ)第1135号)(判例集未登載)……237
水戸地判平成7年7月10日金法1447号55頁……228
東京地判平成7年7月27日訟月42巻10号2368頁……437,576
京都地判平成8年6月6日民集53巻8号1412頁……52
富山地判平成8年7月24日判タ941号183頁……437,576
岡山地判平成8年11月14日民集53巻4号851頁……216
東京地判平成9年2月19日民集55巻6号1358頁……381
新潟地判平成9年3月17日金判1033号30頁……212
東京地判平成9年5月26日判時1614号41頁……437,576
広島高岡山支判平成9年7月17日民集53巻4号860頁……219,225
東京地判平成9年12月10日判タ988号250頁……437,576
東京地判平成10年5月26日判タ976号262頁……437,576
東京地判平成10年10月9日訟月45巻9号1597頁……437,578
東京地判平成10年10月15日金判1066号48頁……234
札幌地判平成10年12月15日平成10年(ワ)第1879号……54
広島地判平成11年3月25日訟月47巻7号1677頁……578
札幌地判平成12年3月26日民集60巻5号2077頁……447
鳥取地米子支判平成12年3月27日金判1191号36頁……295

東京地判平成12年９月19日判タ1086号292頁
……………………………………………… *464*
熊本地判平成13年５月11日訟月48巻４号
881頁 ……………………………………*432,578*
東京地判平成13年７月12日訟月49巻10号
2815頁………………………………………… *578*
福岡地判平成14年４月26日訟月50巻２号
363頁 ………………………………………… *579*
広島地判平成14年７月９日民集61巻３号
1224頁………………………………………… *579*
東京地判平成15年９月29日訟月50巻11号
3233頁………………………………………… *579*
神戸地判平成16年２月24日判時1959号52頁
……………………………………………… *501*
千葉地松戸支判平成16年８月19日民集59巻
９号2614頁………………………………… *417*
東京地判平成17年９月15日判時1906号10頁
…………………………………………*495,498*
横浜地判平成18年４月25日判時1935号113頁
……………………………………………… *501*
東京地判平成18年９月26日判時1945号61頁
……………………………………………… *503*
東京地判平成19年７月４日金判1310号59頁
……………………………………………… *390*
東京地判平成20年１月23日労旬1677号28頁
……………………………………………… *498*
東京地判平成20年３月13日ＬＬＩ／ＤＢ
〔判例番号〕L06331990 ………………*468,498*
大阪地判平成20年３月26日金判1371号49頁
……………………………………………… *509*
東京地判平成20年６月19金判1365号26頁… *308*
福岡地判平成22年７月８日判時2110号25頁
…………………………………………*612,492*
岐阜簡判平成24年10月９日（判例集未登載）
……………………………………………… *397*
岐阜地判平成25年３月21日（判例集未登載）
……………………………………………… *397*

〈著者紹介〉

松久三四彦（まつひさ・みよひこ）

1952年　北海道生まれ
1976年　北海道大学法学部卒業
1981年　北海道大学大学院法学研究科博士後期課程退学
博士(法学)(北海道大学)
現　在　北海道大学大学院法学研究科教授

〈著　書〉

『民法Ⅰ　総則（第３版補訂）』（共著，有斐閣，2007年）
『時効制度の構造と解釈』（有斐閣，2011年）
『民法学における古典と革新（藤岡康宏先生古稀記念論文集）』
（共編著，成文堂，2011年）
『事例で学ぶ民法演習』（共著，成文堂，2014年）

学術選書
138
民　法

時効判例の研究

2015(平成27)年３月30日　第１版第１刷発行

著　者　松　久　三四彦
発行者　今井 貴 今井 守
発行所　株式会社 信 山 社
〒113-0033 東京都文京区本郷 6-2-9-102
Tel 03-3818-1019　Fax 03-3818-0344
info@shinzansha.co.jp
笠間才木支店　〒309-1600 茨城県笠間市才木515-3
笠間来栖支店　〒309-1625 茨城県笠間市来栖2345-1
Tel 0296-71-0215 Fax 0296-72-5410
出版契約 2015-6738-01010 Printed in Japan

印刷・製本／亜細亜印刷・渋谷文泉閣
ISBN978-4-7972-6738-9 C3332 分類324.101-a011民法総則
6738-0101:012-035-015